庆祝中国改革开放40周年

改革开放梦工场

招商局蛇口工业区开发建设40年纪实（1978—2018）

钟 坚 编著

科学出版社

北 京

内 容 简 介

本书以中国改革开放和现代化建设的历史进程和伟大实践为时代背景，以不断发展的中国经济特区为事实根据，认真回顾了招商局蛇口工业区（简称"招商蛇口"）从酝酿、创办、发展到转型升级的全过程。本书详细记录了招商局蛇口工业区发展每一阶段取得的重大进展和形成的阶段性特征，系统总结了招商局蛇口工业区创办与发展所取得的历史性成就和作出的历史性贡献，特别记述了蛇口工业区创办与发展过程中的重要历史事件和关键历史人物。本书内容丰富、视角独特、史料珍贵、记录完整、观点新颖、结构清晰、语言流畅、简练易懂，是国内第一部完整记述招商局蛇口工业区 1978—2018 年酝酿、创办与发展 40 年光辉历程的历史著作。

本书适合对中国现当代历史、改革开放发展史、深圳发展史和招商局历史感兴趣的读者阅读。

图书在版编目（CIP）数据

改革开放梦工场：招商局蛇口工业区开发建设40年纪实：1978—2018 / 钟坚编著. —北京：科学出版社，2018.11
ISBN 978-7-03-059517-1

Ⅰ. ①改⋯ Ⅱ. ①钟⋯ Ⅲ. ①工业区-经济建设-概况-深圳-1978—2018
Ⅳ. ①F427.653

中国版本图书馆 CIP 数据核字（2018）第254688号

责任编辑：李春伶 / 责任校对：张小霞　何艳萍
责任印制：张克忠 / 封面设计：袁世杰
编辑部电话：010-64005207
E-mail: lichunling@mail.sciencep.com

科学出版社 出版
北京东黄城根北街 16 号
邮政编码：100717
http://www.sciencep.com
广东洪力印务有限公司 印刷
科学出版社发行　各地新华书店经销
*
2018 年 11 月第　一　版　开本：787×1092　1/16
2018 年 11 月第一次印刷　印张：36
字数：580 000
定价：178.00元
（如有印装质量问题，我社负责调换）

序

今年是中国改革开放 40 周年。40 年前，党的十一届三中全会召开后，中国改革开放和现代化建设春潮涌动，一场伟大的变革席卷全国。

任何社会变革都需要有一个突破口，中国推进改革开放同样需要突破口和排头兵。在党的领导下，1979 年 1 月，百年招商局以"敢为天下先"的勇气，创办了中国第一个外向型经济开发区——蛇口工业区。蛇口的一声炮响，开启了一场新的伟大革命。从此，蛇口这片弹丸之地和一个大时代，紧紧联系在了一起。

招商局在创办蛇口工业区的过程中，率先提出"时间就是金钱，效率就是生命""空谈误国，实干兴邦"，打破了思想禁锢，引领了全国的思想解放；率先进行了一系列市场化改革，更好地激发人的积极性、主动性和创造性，更好地促进了社会生产力的解放和发展，培育了招商银行、平安保险、中集集团、招商蛇口、华为等一大批全球优秀企业，为中国的现代化建设开辟了新的路径和模式；率先实行对外开放，加大引进来的力度，坚定不移地融入全球产业分工体系，为全国的对外开放提供了宝贵经验。

在滚滚的历史洪流中，蛇口的探索虽是沧海一粟，但蛇口每一点革新尝试，都是撬动中国改革开放事业前行的重要推动力，蛇口在改革开放过程中的许多创新举措，成为中国社会整体走向的历史选择。由此，蛇口工业区被誉为中国改革的"试管"、开放的"窗口"，"改革开放梦工场"和中国现代化建设的"希望之窗"。

改革开放的脚步，只能也只会向前迈进。党的十八大以来，招商局围绕建设具有全球竞争力的世界一流企业战略目标，以改革促创新，以创新促发展，深化国企改革，积极投身自贸区、粤港澳大湾区、"双创"基地建设以及国家区域发展战略。同时，紧紧抓住"一带一路"倡议的契机，加快了走出去的速度，在认真总结蛇口综合开发经验的基础上，把"前港—中区—后城"的招商蛇口商业模式，复制推广到吉布提、白俄罗斯、斯里兰卡等"一带一路"沿线国家。

　　40 年前的敢闯敢试，40 年持续不断的改革创新、真抓实干，推动招商局的事业不断发展。改革开放之初，招商局资产总额不足 1 亿元人民币，利润总额仅 1000 多万元人民币；经过 40 年的发展，到 2017 年底，招商局资产总额发展到 7.33 万亿元、年利润总额 1271 亿元，40 年复合增长率分别为 31% 和 25%。招商局今年首次申报世界 500 强并成功入选。蛇口也从昔日的小渔村，发展成为人均 GDP 超过 6 万美元的现代化、国际化滨海新城。蛇口最早见证了中国改革开放 40 年的伟大历程，也是中国实现历史性变革的一个生动缩影。

　　铭记梦想，不忘来路。蛇口的历史，不仅属于蛇口、属于招商局，更属于整个中国。当前，中国特色社会主义进入新时代，外部环境也发生明显变化，世界处于百年不遇的大变局。认真回顾蛇口工业区的开发建设历史，展现蛇口梦想成长的路径、脉络，是对蛇口敢想敢干、敢闯敢试、敢为人先的改革精神的还原和总结，是对中国梦宏大战略构想的时代解读，对于在新起点上推动改革开放实现新突破，努力形成更高层次改革开放新格局，具有重要的理论价值和现实意义。本书是首部完整记叙招商局蛇口工业区从 1978 年到 2018 年创业历程的专著，作者深圳大学经济学教授钟坚，采用了大量珍贵的历史资料，以开阔的视野再现蛇口 40 年来波澜壮阔的改革发展历程。相信本书的出版，能为所有读者呈现一部改革开放的时代奏鸣曲，同时能为当代经济史的研究提供一份有价值的史料，给未来的发展以深刻启示。

　　改革开放是实现中华民族伟大复兴"中国梦"的必由之路，也是实现建设世界一流企业"招商梦"的最强大推动力。唯有以党的领导为舵，以改革开放为帆，以真抓实干为桨，我们才能永立时代潮头，中国梦、招商梦才能一往无前。

　　是为序。

招商局集团董事长

李 建 红

2018 年 10 月 31 日

目　　录

第一章

潮起南海　中国国门率先从这里打开
（1978—1979）

20 世纪 70 年代末，国内外形势发生重大变化。为顺应形势发展的需要，中国共产党在第十一届中央委员会第三次全体会议（以下简称"中共十一届三中全会"）上作出把党和国家工作重点转移到社会主义经济建设上来，实行改革开放的重大历史决策。

一、改革开放需要排头兵

任何社会变革都需要有一个突破口，中国推进改革开放和现代化建设同样也需要突破口和排头兵。由于中国地域广大，发展极不均衡，情况极为复杂，改革开放和现代化建设的推进只能从局部做起，从点到面，先取得经验，然后向全国逐步推广。在中共十一届三中全会前后，中央与广东、福建上下互动，酝酿利用毗邻港澳、华侨众多的优势，在对外开放中"先走一步"和试办特区。

1951 年 3 月 15 日，国家决定封锁边防，设立边防线，加强边防管理。在随后几十年，内地经济发展缓慢，香港、澳门经济发展很快，广东与港澳之间贫富悬殊。广东连续发生群众偷逃香港、澳门事件。与香港一河之隔的宝安县①和与澳门相连的珠海县②，由于长期受"左"倾思想影响，边境地区以"阶级斗争为纲"，大搞"政治边防"，长期忽视经济建设，致使经济社会发展缓慢，边境秩序混乱，人员外逃严重。特别是 20 世纪 70 年代后期的广东，其经济实力居全国后列，边境地区偷渡外逃现象十分突出。因此，

① 现深圳市，后同。

② 现珠海市，后同。

宝安、珠海两地一时成了中央和广东省一些领导深入基层调研的重点区域。

1976 年 12 月至 1977 年春，财政部部长张劲夫到广东省宝安县进行调研，视察宝安县罗芳、莲塘、沙头角、皇岗、福田、渔民村等边境社队，中共宝安县委向他反映边境偷渡问题和社队干部希望上级批准恢复边境小额贸易和过境耕作的建议。张劲夫赞同中共宝安县委的意见，并说云南边境也有此要求。他深有感触地说：过境耕作和边境小额贸易是可以搞活经济，提高人民生活水平的，我们为什么要把这条路堵死呢？张劲夫表示回去后要向国务院反映宝安的情况和宝安干部群众迫切要求开放、搞活的要求。①

1977 年 7 月 16 日至 21 日，中共十届三中全会在北京召开，通过《关于恢复邓小平同志职务的决议》，恢复邓小平中共中央委员、中央政治局委员、常委、中央委员会副主席、中共中央军事委员会副主席、国务院副总理、中国人民解放军总参谋长的职务。

1977 年 8 月 19 日，邓小平出席中共十一届一中全会，当选为中央政治局委员、中央政治局常委、中央委员会副主席、中共中央军事委员会副主席。邓小平第三次复出，重新走上党和国家的重要领导岗位，成为推动中国内政外交出现重大转机的关键和转折点。

1977 年 9 月 29 日，邓小平在一份反映宝安县深圳口岸出入境人数增加但接待工作滞后的《情况汇编》（由人民日报社总编室编印）上批示："先念、登奎同志：这样事情需要国务院具体抓一下，绝非深圳一处问题，所有口岸都要管好，设置专业职工，严格规章和奖惩制度，如何？"②这是深圳这个小县城第一次进入邓小平的视野。

1977 年 11 月，国务院财贸办公室主任姚依林受中共中央、国务院领导委托，来调研处理香港同胞对深圳口岸工作的反映。中共宝安县委书记方苞陪同姚依林视察边境村镇，向他汇报了"文化大革命"前后边境经济政策的变化及影响。中共宝安县委建议把宝安县建设成向香港提供鲜活食品的外贸生产基地。姚依林很赞成宝安县委的看法和建议，答应回京后向党中央、国务院领导报告。在此前后，外贸部的领导郑拓彬、贾石和广东省负责人刘田夫、王首道、王全国、寇庆元、范希贤、曾定石、李建安等也先后到宝安蹲点、调研，了解宝安经济社会发展情况，他们表示支持把宝安建设成为供应香港、澳门鲜活农副产品的出口商品生产基地。③

1977 年 11 月，中共中央副主席、中央军委副主席叶剑英在广东听取

① 钟坚：《大试验：中国经济特区创办始末》，北京：商务印书馆，2010 年，第 52 页。

② 中共中央文献研究室编：《邓小平年谱》（上），北京：中央文献出版社，2004 年，第 212 页。

③ 钟坚：《大试验：中国经济特区创办始末》，北京：商务印书馆，2010 年，第 53 页。方苞：《深圳经济特区初创时期的实践与认识》，载深圳市人民政府编：《崛起的深圳》，深圳：海天出版社 2000 年。

中共广东省委汇报，谈到边境的经济发展时，肯定和支持广东搞出口商品基地的思想。他说："在珠海、宝安搞出口商品基地比较好。姚依林同志和我谈话时，他同意在这些地方进口粮食发展养猪、养鸡业。……我看，这样做好。"①

1977年11月11日至20日，中共中央副主席、国务院副总理邓小平把广东作为他复出后首次视察全国的第一站。11月11日，邓小平乘专列抵达广州，中央政治局委员、中央军委常委苏振华，中央政治局委员、中央军委常委、中央军委秘书长罗瑞卿与他同行。当天，中共中央副主席、中央军委副主席叶剑英也由北京乘专机飞抵广州。邓小平在广州与叶剑英进行多次交谈，并同叶剑英一道主持过两三次座谈会。11月17日下午及18日上午，邓小平在苏振华、罗瑞卿、梁必业等人陪同下，分别听取广东省委负责人韦国清、王首道、焦林义、李坚真及广州军区负责人许世友、向仲华等人的工作汇报，并发表讲话。由于刚刚摆脱10年"文化大革命"动乱，广东经济发展水平与毗邻的香港差距很大，一些边境地区的农民外逃出港的问题十分突出，边防部队防不胜防。当听取韦国清、王首道等广东省委负责人汇报这一情况时，邓小平说："这是我们的政策有问题。""此事不是部队能够管得了的。"②"逃港，主要是生活不好，差距太大。"③邓小平认为，"看来最大的问题是政策问题。政策对不对头，是个关键。这也是个全国性的问题。过去行之有效的办法，可以恢复的就恢复，不要等中央。"④他还指出："过去许多行之有效、多年证明是好的政策要恢复。""哪些好的要恢复，省里自己定的，现在就可以恢复。""说什么养几只鸭子就是社会主义，多养几只就是资本主义，这样的规定要批评，要指出这是错误的。"⑤在谈到外汇问题时说："'文化大革命'前，全国侨汇才3亿美元，现在广东就有4亿多。所以我们搞外汇有很多门路，多搞点外汇，争取进口些大设备。""供应香港、澳门，是个大问题。你们提个方案，把情况作个分析，如实反映情况，说清楚你们负担的是什么任务、遇到了什么问题，哪些可以自己解决，哪些要中央解决。比如，搞几个现代化养猪场、养鸡场。宁肯进口一点粮食养猪养鸡，以进养出，赚回钱来。生产生活搞好了，还可以解决逃港问题。"⑥在谈到口岸工作问题时说："你们是第一个口岸，然后才是上海、天津等地方。深圳每年光兑换外币就三千多万美元，可是还用打算盘的办法，花点钱买几个小计算机嘛。广东、福建还有个侨务政策问题，中央侨委建立后还要研究。"最后，邓小平指出："你们的问题相当集中，比较明确，要写个报告给中央，把问题分析一下，什

① 吴健民：《创办珠海特区五年的回忆》，广州：广东人民出版社，1998年，第8页。

② 方苞：《深圳经济特区初创时期的实践与认识》，载深圳市人民政府编：《崛起的深圳》，深圳：海天出版社，2000年。

③ 中共中央文献研究室编：《邓小平年谱》（上），北京：中央文献出版社，2004年，第238页。

④ 中共中央文献研究室编：《邓小平年谱》（上），北京：中央文献出版社，2004年，第238—239页。

⑤ 中共中央文献研究室编：《邓小平年谱》（上），北京：中央文献出版社，2004年，第238页。

⑥ 中共中央文献研究室编：《邓小平年谱》（上），北京：中央文献出版社，2004年，第238页。

① 中共中央文献研究室编：《邓小平年谱》（上），北京：中央文献出版社，2004 年，第 239 页。

② 中共广东省委、中共中央文献研究室：《永远的春天：邓小平与广东改革开放》解说词，《南方日报》2004 年 8 月 18 日。

③ 中共广东省委、中共中央文献研究室：《永远的春天：邓小平与广东改革开放》解说词，《南方日报》2004 年 8 月 18 日。

么是自己要解决的，什么是需要外省和中央解决的，看来中心的问题还是政策问题。"①离开广州后，邓小平在四川、在北京曾反复讲到一句话。他说：我在广东听说，有些地方养三只鸭子就是社会主义，养五只鸭子就是资本主义，我看荒唐得很！②中央党史和文献研究院院长冷溶曾撰文说过："他点了三把火，第一把火就在广东点的，在广州点的；第二把在四川点的；第三把才是在东北点的。所以，邓小平提出改革开放的起点，广东就是个起点。"③这无疑为后来中央批准广东、福建两省先行一步和创办经济特区埋下了历史的伏笔。

1978 年 3 月 15 日至 24 日，国家计委宋一民司长、外贸部基地局杨威局长率领国家计委、外贸部、中国人民银行、国家进出口总公司及其驻香港五丰行等单位和广东省外贸厅组成联合工作组到宝安、珠海两地实地调研建立供港、澳鲜活农副产品生产基地问题。工作组除参观当时创汇高、成本低的出口传统产品生产基地，还下到社队跟干部座谈，并制订生产和出口的年度计划和三年、五年规划，研究落实这些计划的政策、措施。初步计划调减宝安粮食种植面积 5 万亩（1 亩 ≈ 666.7 平方米）及相应的粮食征购任务，用以养"三鸟"、生猪、塘鱼和种果菜，外贸部门答应增加出口配额。当时形成会议纪要，上报广东省革委会和国务院审批。

1978 年 2 月 24 日至 3 月 8 日，习仲勋作为特邀委员，出席第五届政协全国委员会第一会议。会议选举邓小平为第五届全国政协主席，习仲勋当选为全国政协常委。与此同时，第五届全国人民代表大会第一次会议也同时举行。习仲勋列席这次会议，听取国务院总理华国锋所作的政府工作报告，会议选举叶剑英为全国人大常委会委员长。这是习仲勋在被审查、关押、监护达 16 年之后的重新出山。会议期间，叶剑英亲切接见习仲勋。叶剑英说："仲勋同志，你备受磨难，身体竟还这么好！"④习仲勋由衷地感谢叶帅在百忙中接见自己，并简要地汇报自己的情况。当时，身兼数职的韦国清，已调北京担任中国人民解放军总政治部主任。韦国清是中央政治局委员、全国人大常委会副委员长、中国人民解放军总政治部主任，同时兼任广州军区第一政委、中共广东省委第一书记、广东省革委会主任。他在北京军务政务工作繁忙，广东的工作实际上已无暇顾及。而广东是祖国的南大门，战略位置相当重要。中央正考虑找人接替韦国清在广东的地方职务。习仲勋和叶剑英在延安时期就相识。叶剑英认为，如果能派习仲勋这位资格老、级别高、领导工作经验丰富的大员坐镇广州，由他主持广东省日常工作，那是再好不过的了。1978 年 3 月，经叶剑英与华国锋、邓小平、

④《习仲勋传》编委会：《习仲勋传》（下卷），北京：中央文献出版社，2013 年，第 358 页。

李先念等交换意见后，中央决定派习仲勋南下广东，出任中共广东省委书记（当时设有第一书记）。习仲勋南下广东之前，华国锋、叶剑英、邓小平、李先念、汪东兴和中央其他领导同志都与他谈了话。叶剑英交代习仲勋说：广东是祖国的南大门，战略位置相当重要。那里的问题比较复杂，还有大量的冤假错案。希望你团结好本地和外地的干部，妥善解决广东的历史遗留问题，率领广大干部群众，把广东的各项工作搞上去。邓小平也接见了习仲勋，他鼓励习仲勋大胆工作，要放手干，中央会全力支持他的工作。习仲勋后来回忆说："我已有 16 年没有工作了，一出来工作就来到了祖国的南大门广东，觉得任务很重，心里不大踏实。当时，中央几位领导同志，特别是小平、剑英同志都找我谈话，要我大胆工作，来了要放手干。"① 1978 年 4 月 3 日，中共中央任命习仲勋为中共广东省委第二书记、广东省革命委员会副主任。此时习仲勋已是 65 岁高龄的老人了。4 月 6 日，在中共广东省委四届一次全体会议上，韦国清当选为中共广东省委第一书记，习仲勋当选为第二书记，焦林义当选为常务书记，王首道、刘田夫、李坚真、郭荣昌、王全国、吴南生等当选为省委书记。习仲勋在会上很动感情地说，他由北方水土养育了大半辈子，现在到了广东，要靠南方水土养育下半辈子。② 4 月 11 日至 5 月 8 日，叶剑英来到广东视察工作和休息。习仲勋向叶剑英汇报了广东工作的初步设想。叶剑英听后以三十六言相赠："深入调查研究，稳妥制定计划；及时报告中央，按步执行实施；分清轻重缓急，注意保密安全。"③ 7 月，中央任命习仲勋为广州军区第二政治委员。8 月，叶剑英委托中共中央秘书长胡耀邦写信给习仲勋并省委各同志，转告他们几句话："仲勋同志去广东后，大刀阔斧，打破了死气沉沉的局面，工作是有成绩的。我们完全支持仲勋同志的工作。如果同志们感到有问题，希望直接找仲勋同志谈。"④ 1978 年 12 月 12 日，中共中央任命习仲勋为中共广东省委第一书记、广东省革命委员会主任。12 月 18 日至 22 日，习仲勋出席中共第十一届三中全会，被增选为中共中央委员。1980 年起，习仲勋兼任广州军区第一政委。1978 年 12 月，中共中央决定恢复杨尚昆的工作，任命他为中共广东省委第二书记、省革委会副主任，协助习仲勋主持广东工作。习仲勋主政广东，成为广东率先走上改革开放之路的关键。他思想解放，敢想敢干敢闯，大胆实践，开拓创新，在领导广东拨乱反正，平反冤假错案，推进经济体制改革，增强党和人民的团结，调动各方面积极性，实现党的工作重点转移和广东改革开放先走一步，成功创办经济特区等方面，发挥关键性作用。

① 中共广东省委办公厅编：《中央对广东工作的指示汇编（1986—1987 年）》（上），1988 年，第 262—263 页。

② 《习仲勋传》编委会：《习仲勋传》（下卷），北京：中央文献出版社，2013 年，第 361 页。

③ 习仲勋：《痛悼敬爱的叶帅》，《人民日报》1986 年 10 月 31 日。

④ 钟坚：《大试验：中国经济特区创办始末》，北京：商务印书馆，2010 年，第 56 页。

1978 年 4 月 19 日，邓小平在出席中共中央政治局会议讨论《今后八年发展对外贸易，增加外汇收入的规划要点》时指出："政策放宽一点，可以多吸收一些。扩大进出口贸易问题，我已经说了多次，现在的问题是如何做得快一些好一些。政策上大胆一点，抢时间进口设备，是划得来的，得到的比付出的利息要多，问题是要善于去做。目前的时机是有利的。""要想一想，现在思想解放得够不够，到底还有什么障碍，看看上层建筑、生产技术方面存在什么问题。有些事情不能总在北京转圈子，一拖就一两年，要尽快研究解决。广东搞出口基地，要进口饲料，应该支持，试一试也好嘛。"① "我们总要有点鼓励，精神的鼓励和物质的鼓励，先从外贸做起。今天会议批准这个报告。"② 华国锋说："我们要经过二十三年实现四个现代化，就要真正动脑筋，想办法，争速度，这里就有一个引进的问题。太急了不行，慢腾腾也不行。我同意小平、先念同志的意见，思想要解放一点，胆子再大一点，放手一点。"③

1978 年 4 月 10 日至 5 月 6 日，受国务院委派，以国家计委副主任段云为团长的国家计委和外经贸部组织港澳经济贸易考察组，对香港、澳门地区和广东的宝安、珠海两县进行了实地调查研究。考察组的目的很明确：探索弹丸之地的香港、澳门经济飞速发展的奥秘，吸取有益的经验。他们通过考察酝酿出一个方案设想：把宝安、珠海两县改为两个省辖市（相当于地级市），建设出口生产基地。派得力干部，加强领导力量；两地的农业，从"以粮食为主"逐步转到"以经营出口副食品为主"；积极发展建筑材料工业和加工工业；开辟游览区，办好商业、服务业和文娱场所等。考察组回到广州，向习仲勋、刘田夫等广东省党政领导人介绍他们在港澳地区实地考察经济的情况，并提出了他们的上述建议。对于考察组的建议，习仲勋、刘田夫等人完全赞同，并提出一些补充意见。考察组回到北京后，写出一份《港澳经济考察报告》于 5 月 31 日上报中央。报告提出：可借鉴港澳的经验，把靠近港澳的广东宝安、珠海划为出口基地，力争经过三五年努力，在内地建设成具有相当水平的对外生产基地、加工基地和吸引港澳同胞的游览区。报告说，为了把两个县尽快地建设好，有必要实行某些特殊管理办法和特殊政策。6 月 3 日，中央政治局听取段云率领的赴港澳经济贸易考察组的汇报。当汇报到在宝安、珠海搞出口基地时，中共中央主席、国务院总理华国锋说："这个我感兴趣。就在那里养牛、养猪、养鸡、养鱼，省得从外地运。从黑龙江运牛到香港，经过这么远的路途，途中喂水、喂料跟不上，那牛还不瘦？""把宝安、珠海搞好，不单是个经济问题，

① 中共中央文献研究室编：《邓小平年谱》（上），北京：中央文献出版社，2004 年，第 298 页。

② 中共中央文献研究室编：《邓小平年谱》（上），北京：中央文献出版社，2004 年，第 298—299 页。

③ 房维中编：《在风浪中前进：中国发展与改革编年纪事（1977—1989）》第一分册，内部资料，第 93 页。

还有个政治问题，人都跑出去了，还荒了地。广东是祖国的南大门，宝安、珠海是大门口，人跑要拦，但光靠拦不行，总是要把生产搞上去。"李先念说："针织、家具、电子表，还是尽量在广州搞，那里有基础。宝安、珠海主要搞农、林、牧、副、渔，搞砖、瓦、沙石。"华国锋还说："这样出去考察好，汇报中提到的问题，这次听一听，不能马上批准。有些意见我很赞成，有些要进一步探讨。比如在宝安、珠海两个县搞出口基地，那里的工资问题、工厂的摆法要研究。从广西、福建调上山下乡知识青年去，要慎重。广东还有 30 万人没有安置。两个汇报总的精神我很赞同。加工订货，进料加工，来料加工，原则定下来，具体问题还要研究，最好搞个文件，经过讨论，发下去执行，首先在上海、广州、北京、天津（李先念插话：还有青岛），把来料加工搞起来。""总的意见，参观以后，看准了的东西就要动手去干，不要议而不决，决而不行。看准了，就要抓落实，把它办起来。"①

　　1978 年 6 月 20 日，习仲勋主持召开中共广东省委常委会，学习、讨论和落实华国锋、邓小平、李先念在中央政治局讨论《今后八年发展对外贸易、增加外汇收入的规划要点》时所作的指示和中央政治局同志听取赴日本经济代表团、赴港澳经济贸易代表团汇报时的指示。常委会认为，宝安、珠海两县建设问题，目前可组织一个班子，在省委、地委统一领导下，与地、县一起研究制定规划。会议决定，为搞好对外加工装配业务和宝安、珠海两县的建设，由分管经济工作的省委常委、省革委会副主任李建安主持召集省有关单位开会研究，提出方案，经省革委会批准后落实，重大问题由省委讨论决定。这次会议，是中共广东省委在"文化大革命"结束后首次研究宝安、珠海问题的会议。李建安雷厉风行，第二天下午就与省革委会副主任黄静波一起召集省直有关部门负责人，研究如何抓好宝安、珠海两个边防县建设和外贸出口问题。

　　1978 年 6 月 23 日，李建安和黄静波联名向中共广东省委呈报《关于搞好宝安、珠海边防县建设和外贸出口的意见》。该报告提出，对两县实行省、地双重领导，省有关部门对两县建设可直接进行领导；在省计委内成立"宝珠建设办公室"，定期开会，及时研究解决两县建设中的问题，同时也提出建立农副产品出口基地、进出口物资、工业交通建设、来料加工、引进生产线、搞好城镇建设和发展旅游业等意见，建议有计划地组织有关部门负责人赴香港、澳门进行考察。广东省委基本上采纳了这一方案。习仲勋和广东省委根据广东省的特点，并且研究了亚洲"四小龙"经济腾

①《华国锋听取林乎加、段云汇报后的谈话》（1978 年 6 月 3 日），《中央政治局听取赴日本经济代表团、赴港澳经济贸易考察组汇报时的指示》（记录稿），房维中编：《在风浪中前进：中国发展与改革编年纪事（1977—1989）》第一分册，内部资料，第 119 页、第 120 页；朱玉：《对外开放的第一块"试验田"：蛇口工业区的创建》，《中共党史研究》2009 年第 1 期。

飞的成功经验，开始着手筹建大规模的出口基地。

1978年6月，中共广东省委书记王全国随国务院副总理谷牧访问西欧五国回到广东后，向习仲勋作了汇报，习仲勋决定由王全国向省委常委会作汇报。王全国向省委常委会作了汇报后，根据省委意见，又于7月8日在广州市的中山礼堂向出席省委扩大会议的省直机关、广州市处级以上干部300多人进行了传达。省委领导和其他干部听了传达，反应强烈。有些同志说，只要改革国家高度集中的计划管理体制，充分发挥地方和企业的积极性，利用广东沿海的有利条件，广东的现代化建设一定可以高速度前进。省里许多领导同志也认识到，广东省的人口、面积比欧洲一些大国还要多、还要大，可是省里管理经济的权限却很小，难以发挥主动性。国家实行高度集中的计划经济体制，许多事情都得跑到北京去解决。要求中央放权的呼声，在那段时间显得很强烈。[①]

1978年7月5日至10日间，习仲勋在中共广东省委书记王全国、南方日报副总编辑张汉青等陪同下前往宝安县调查。习仲勋到任后第一次到地市县考察，就选择了逃港最严重的宝安县。习仲勋一行考察了罗芳、莲塘、沙头角、皇岗、水围、渔农村、蛇口渔业一大队等边境地区，还先后参观两家来料加工厂，与10多位农村党支部书记进行座谈，就如何搞好生产，发展经济，改善群众生活和制止非法外流等问题，征询了干部群众意见。中共宝安县委书记方苞向他汇报了过境耕作、小额贸易和过境探亲等问题，希望省里支持宝安发展小额贸易。习仲勋当即指示要落实政策，大力发展经济，提高群众生活，尽快缩小宝安与香港的差距，并强调可以建立供应香港的外贸商品基地，引进外资办厂，也可以搞来料加工。习仲勋说："沙头角怎么搞上去，你们要优先考虑。一条街两个世界，他们那边很繁荣，我们这边很荒凉，怎么体现社会主义的优越性呢？一定要想办法把沙头角发展起来。"[②] 他鼓励宝安干部："说办就办，不要等"。[③]"只要能把生产搞上去，就干，不要先去反他什么主义。""只要能把生产搞上去，农民能增加收入，国家法律没有规定不能搞的，就大胆去干，资本主义有些好的方法我们也要学习。"[④]他还说，"你们有什么具体问题就找田夫、全国同志，他们负责具体的工作。"[⑤]对于宝安提出的问题，习仲勋指示省委、省革委会尽快落实。这次宝安之行，习仲勋感触很深，对他认识广东和考虑如何解决问题起到重要作用。同年7月中旬，广东省革委会批复同意宝安县提出的过境耕作。同年冬，广东省革委会批准宝安县过境兴办养鸡场。1979年1月23日，广东省革委会以〔1979〕21号文批准恢复边境小额贸

① 中共广东省委党史研究室编：《广东改革开放决策者访谈录》，广州：广东人民出版社，2008年，第240页。

② 《习仲勋主政广东》编委会：《习仲勋主政广东》，北京：中共党史出版社，2007年，第74页。

③④ 《习仲勋主政广东》编委会：《习仲勋主政广东》，北京：中共党史出版社，2007年，第72页。

⑤ 《习仲勋主政广东》编委会：《习仲勋主政广东》，北京：中共党史出版社，2007年，第75页。

易，并且放宽地区范围和政策，搞活边境经济开始有了转机。

1978年7月24日，习仲勋一行来到汕头地区调研。习仲勋提出，汕头地区要根据自己的特点，努力发展轻工业和加工工业，逐步把汕头建成外贸出口基地。缺少煤、电、原材料的汕头地区，要和资源丰富的梅县地区搞经济协作。

1978年8月，习仲勋和中共广东省委派省计委副主任张勋甫带领省外贸局、商业局、经委、计委一批干部，分成两个调查组，前往宝安和珠海调查这两个地区的现状及前景，研究能否在这两个地方分别建立以生产出口产品为主的边境城市。调查组经过一个月的调查，整理出一份报告。报告建议，把宝安与珠海由县改为市，并提出一些发展措施，如减少水稻种植面积，搞多种经营，发展商品经济等。报告认为，照此发展，其建设速度将不会低于香港。报告提出，要在三至五年内把宝安、珠海两县建设成为具有相当水平的工农业结合的出口商品生产基地、吸引港澳游客的旅游区、新兴的边防城市。广东省委、省革命委员会听取工作组汇报后，对举办出口商品生产基地进行了反复讨论和论证，并在领导层中形成了一致的意见。

1978年10月18日，习仲勋主持中共广东省委常委会议，研究省计委起草的《关于宝安、珠海两县外贸基地和市政建设规划设想的报告》，同时讨论中共惠阳地委8月22日上报省委的《关于宝安县改为深圳市的请求报告》。会议决定把宝安县改为深圳市，建立相当于地区级的中等城市。[①] 8月22日，中共惠阳地委给中共广东省委呈交《关于宝安县改为深圳市的请求报告》（惠地委发〔1978〕20号），提出："根据省委的指示精神，经地委常委讨论，我们建议把宝安县改为深圳市。这个市的建制相当于地区级，即低于地委半级，高于县半级的建制，仍受地委领导。"这是正式文件中第一次出现"深圳市"名称。

1978年10月初，福建省派出由省革命委员会副主任张遗带队的考察组赴香港考察，在香港参观13个工厂、家禽饲养场、超级市场，以及集装箱码头，并召开各种座谈会。考察组回到福州后，向中共福建省委提出，应该充分利用香港来发展福建省国民经济，可通过香港转口，打开国际市场，发展对外贸易，争取现汇，利用香港引进先进的技术和设备，积极扩大对港贸易，发展本省独特的产品出口，扩大轻工产品贸易，做好原材料和机电产品、水产品出口等；同时要大胆运用国际通用做法，发展对外贸易；同华侨、外商做生意、办企业，搞进料加工、来料加工、来样加工、

① 深圳史志办：《中国共产党深圳历史（第二卷）》，北京：中共党史出版社，2012年，第286页。

① 中共中央党史研究室第三研究部编：《中国沿海城市的对外开放》，北京：中共党史出版社，2007 年，第 85—86 页。

② 中共中央党史研究室第三研究部编：《邓小平与改革开放的起步》，北京：中共党史出版社，2005 年，第 410 页。

③ 习仲勋：《广东的建设如何大干快上》，《习仲勋文选》，北京：中央文献出版社，1995 年，第 274—285 页。

④ 宋晓明、刘蔚主编：《追询 1978——中国改革开放纪元访录录》，福州：福建教育出版社，1998 年，第 561 页。

装配业务和补偿贸易，搞保本定息和合股办企业等。[1]

1978 年 10 月 23 日，广东省革命委员会向国务院呈送《关于宝安、珠海两县外贸基地和市政建设规划设想的报告》（粤革发〔1978〕160 号文），提出："两县地处珠江口，近海靠山，毗邻港澳，与九龙、新界、澳门相连"。"发展出口商品生产，尤其是出口鲜活商品，开展来料加工、装配业务，条件十分有利，是任何地方都比不上的，把宝安、珠海建设好，对扩大对外贸易和国际交往，发展旅游，促进边防地区经济建设，巩固社会主义祖国南大门，具有重大的政治意义和经济意义。"该报告提出："在三五年内把宝安、珠海两县建设成为具有相当水平的工农业结合的出口商品生产基地，成为吸收港澳游客的旅游区，成为新型的边防城市"。

1978 年 10 月间，参加全国计划工作会议的福建省代表提出"突破中间，武装两头"的设想，即利用海外华侨多的特点，把轻工业搞上去，扩大对外贸易，以促进农业和重工业加速发展。[2]

1978 年 11 月 10 日至 12 月 15 日，中共广东省委第一书记习仲勋与分管工交工作的省委书记王全国、分管农业工作的省委常委薛光军参加在北京召开的中央工作会议。11 月 8 日，习仲勋在中南组分组会议上，作了题为《关于广东工作问题的汇报》的长篇发言，他请求中央根据广东特点，给广东更大的支持，同时给地方更大的自主权，让广东吸收外资，引进先进设备和技术，加强与港澳的合作，调动华侨建设祖国的积极性，以便更快地发展广东经济。他提出："在生产布局上，要大胆发挥广东的特点，广辟生产门路，把经济工作做活做好。""这里又毗邻港澳，华侨众多，只要政策对头，多做工作，可以成为建设广东的一个有利因素。"习仲勋还提出："从广东来看，要大干快上，当前面临的困难还很多，其中主要的是粮食压力大，电力、燃料紧张，钢铁等原材料供应不足……同时，我们也希望中央能给广东更大的支持，同时多给地方处理问题的机动余地。"习仲勋甚至大胆进言："建议中央考虑：鉴于广东与港澳来往密切，希望能允许广东在香港设立办事处，加强调查研究，与港澳厂商建立直接联系；凡是来料加工、补偿贸易等方面的经济业务，授权广东决断处理，以减少不必要的层次和手续。"[3]王全国就国民经济比例失调和体制改革问题作了发言，他提出：不破不立，首先你得破，方才能立，不能闭关自守了，要改革开放，而且已经到了不搞不行的地步。[4]在会上，中共福建省委第一书记廖志高在发言中提出，要充分利用福建华侨多的有利条件，积极而又稳妥地吸收侨资、侨汇，引进先进技术和设备，大力发展进出口贸易，促进福建工农业生产建设的发展。福建省革委会主任马兴元也提出：从福建实际出发，充分发挥地区特点和有利条件，利用侨乡这一特殊条件，计划成立"华福公司"，大量吸收外资，引进先进技术和设备，放手大搞出口贸易，为发展福建经济闯出一条路子来。只要中央同意我们就可以大胆干。为此，请求中央解决一些具体问题，即：引进侨资办厂的管理体制和政策问题；外贸分成应适当放宽，多给地方一点；开放港口和加强码头建设问题，建议开放福州马尾港和厦门港等。①广东和福建两省领导的意见和建议，引起中央的高度重视。这实际上成为广东、福建请求中央放权，让广东、福建在改革开放中先行一步的先声。

　　1978年12月18日至22日，中国共产党十一届三中全会在北京举行。这次会议从根本上冲破了长期"左"倾错误和"两个凡是"的束缚，重新确立马克思主义的思想路线、政治路线和组织路线，特别是恢复了解放思想、实事求是的思想路线，作出了把党和国家的工作重点转移到社会主义现代化建设上来、实行改革开放的历史性决策，实现了中国共产党的历史上具有深远意义的伟大转折和共和国历史上的伟大转折，开创了中国改革开放和社会主义现代化建设新的历史时期。

　　1979年1月8日至25日，中共广东省委第一书记、省革委会主任习仲勋在广州越秀宾馆主持召开中共广东省四届二次常委扩大会议，会议主题是传达和贯彻中央工作会议和十一届三中全会精神，联系广东实际，研究如何实现党的工作重点转移到社会主义现代化建设上来。习仲勋指出："广东一定要把工作着重点转移到社会主义现代化建设上来。""我省毗邻港澳，对于搞四个现代化来说，这是很有利的条件。我们可以利用外资，引进先进技术设备，搞补偿贸易，搞加工装配，搞合作经营。中央领导同志对此已有明确指示，我们要坚决搞，大胆搞，放手搞，以此来加速我省工农业生产的发展。""要充分利用广东的有利条件，冲破旧的条条框框，提出新倡议，采取新措施，尽快使广东出现一个新面貌。"②

　　1979年1月3日至23日，中共福建省委召开工作会议，传达中国共产党十一届三中全会的精神，集中讨论如何把党的工作重点转移到社会主义现代化建设上来。此后不久，中共福建省委第一书记廖志高和福建省革委会主任马兴元在作大量调查研究、听取各方面的意见后，根据福建省拥有的发展农业生产的潜力和"山、海、侨、特"的优势，而基础工业相对薄弱的实际状况，提出发展福建经济实施"突破中间，武装两头"的战略设想。

① 中共中央党史研究室第三研究部编：《邓小平与改革开放的起步》，北京：中共党史出版社，2005年，第86页。

② 习仲勋：《在省委四届二次常委扩大会议上的总结讲话》，1979年1月25日。《习仲勋主政广东》，北京：中共党史出版社，2007年，第167—169页。

① 1979 年 1 月，广东省委发出宝安撤县建市的通知，3 月 5 日，获国务院批准。宝安县在名称上改为深圳市还是宝安市，上下意见不太统一。惠阳地委和宝安县委认为，"必须把全县所辖范围都改为市，名称叫深圳为好，因为深圳口岸全世界早已闻名，而宝安县则很少人知道"。中共广东省委最终采纳了地委和县委的意见。深圳建市后第一次市委常委会就讨论市名叫宝安市好还是深圳市好的问题，最后确定叫深圳市。选择"深圳"原因是深圳比宝安在国际上的知名度高，许多外国人都知道深圳离香港很近，就在罗湖口岸一带。当地的方言俗称田野间的水沟为"圳"或"涌"，深圳因其水泽密布，村落边有一条深水沟而得名。广东人和香港人都认为水是好意头，是发大财的地方。参见南兆旭编著：《深圳记忆：1949—2009》，深圳报业集团出版社，2009 年，第 262 页。在深圳原居民的传统理解上，"深圳"只是指现今罗湖东门市场一带，即"深圳墟"。据考证，"深圳"一词最早见于史籍是 1410 年（明永乐八年），1688 年（清康熙二十七年）建"深圳墟"，正式成为一个地名。至乾隆、嘉庆年间（1736—1820），相当于今日深圳的区域内已出现 36 个墟（集镇），深圳墟即是其中颇为繁华的一个，拥有东、南、西、北四门。每到农历之二、五、八日，深圳墟便迎来了一片热闹的"墟日"（赶集日），最为繁荣之所是东门一带。今天深圳的商业中心区之一东门老街，便是由此发展而来的。1953 年，宝安县府由南头迁往深圳墟。

1979 年 1 月 23 日，中共广东省委决定，为加强对宝安、珠海地区生产建设的领导，建设出口基地，发展对外贸易，决定：一、将宝安县改为深圳市[1]，珠海县改为珠海市。这两个市均为省辖市，分别由省和惠阳、佛山地区实行双重领导。二、成立中共深圳市委和珠海市委，任命张勋甫同志为深圳市委书记，方苞同志为深圳市委副书记；任命吴建民同志为珠海市委书记，麦庚安同志为珠海市委副书记。三、以上决定，先在内部宣布执行。待国务院正式批准这两个市的行政区划后，再对外公布。

1979 年 2 月 14 日，国务院批转广东省革命委员会《关于宝安、珠海两县外贸基地和市政建设规划的报告》（国发〔1979〕38 号文），原则上同意广东省提出的关于宝安、珠海两县外贸基地和市政建设的规划设想，提出经过三五年的努力，实现中央领导同志提出的，把宝安、珠海两个县建设成为具有相当水平的工农业结合的出口商品基地，建设成为吸收港澳游客的游览区，建设成为新型的边防城市。

1979 年 3 月 5 日，国务院批复广东省革委会的报告，下发《关于广东省设置深圳、珠海市的批复》（国发〔1979〕63 号文），同意：（一）将宝安县改设为深圳市，以宝安县的行政区域为深圳市的行政区域，市革命委员会驻深圳；（二）将珠海县改为珠海市，以珠海县的行政区域为珠海市的行政区域，市革命委员会驻香洲。深圳、珠海两市的设立，是广东省根据中央和邓小平的指示，在实行对外开放这一国策过程中迈出的第一步。

1979 年 2 月 21 日晚上 9 时，吴南生在汕头给中共广东省委第一书记习仲勋、第二书记杨尚昆和省委发了一份 1300 多字的电报。吴南生在电报中提出：我还同地区有关部门的同志研究了利用外资发展经济和扩大对外贸易的问题。汕头市 1949 年前是中国重要港口之一，货物吞吐量最高年份达 400 多万吨，海上的客运达 35 万人。汕头地区劳动力多，生产潜力大，对外贸易、来料加工等条件很好，只要认真落实政策，调动内外积极因素，同时打破条条框框，下放一些权力，让他们放手大干，这个地区生产形势、生活困难、各方面工作长期被动的局面，三五年内就可以从根本上扭转。我们已拟定了一个初步意见，待报省

委研究。[①]

　　1979年3月3日，中共广东省委第一书记习仲勋主持召开省委常委会议，吴南生汇报了自己的想法。他说："现在老百姓的生活很困难，国家的经济已到了崩溃的边缘了，我们应该怎么办？我是喜欢下象棋的人，懂得先走一步，叫做'先手'，就先掌握主动权。现在要贯彻三中全会的决定，我主张广东先走一步。"[②]先走一步的那个"子"怎么下呢？吴南生提出应当拿出一个地方对外开放。先划出一块地方，用各种比较优惠的政策来吸引外资，把他们先进的东西引到我们这个地方来。吴南生提出，这个地方最好从汕头开始，可以在汕头建一个像台湾搞的那样的出口加工区。吴南生提出的建议，得到了省委常委们的一致赞成，并且认为广东不单是在重要侨乡汕头办出口加工区，在毗邻港澳的深圳、珠海也可以进行试验。习仲勋指出："要搞，全省都搞。先起草意见，4月召开中央工作会议时，我带去北京。"[③]

　　1979年4月2日，中共广东省委召开常委会，讨论《关于广东经济工作的汇报材料》，会议决定向中央提出四个方面的要求和建议：一是改革现行管理体制，将引进外资和技术搞地方建筑材料、农业及农工联合企业、水产捕捞和养殖、地方交通等项目的补偿贸易、合作经营的审批权限下放到省，加工装配业务则全部下放省审批。改变外贸独家经营的体制，给地方一定的经营外贸的权力。边境小额贸易应予恢复，由省掌握。二是外汇收入扩大地方分成比例，使地方有周转余地，以便地方利用外汇发展农业，建立农副产品出口基地；解决电力、燃料、交通运输问题；解决市场供应和城市建设中配套问题。三是划定工业加工区，吸收外商来广东投资建厂。建议运用国际惯例，将深圳市、珠海市和汕头市划为对外加工贸易区，并把作为潮（州）梅（州）和闽西南出海口岸的汕头市，辟为进出口岸，促进全省经济的发展，为国家创造更多的外汇。四是相应解决开展对外经济技术交流所需的国内配套资金、材料和劳动力指标。习仲勋认为试办贸易合作区富有创新，决定将这一大胆设想在中央工作会议期间向中央领导作口头汇报。

　　1979年4月4日，中共福建省委下发《关于认真贯彻中央〔1979〕7号文件积极开展侨务工作的意见》，提出要充分调动归侨、侨眷和国外华侨的积极性，为社会主义现代化建设服务。决定尽快开放厦门、福州两港口，开辟厦门直达香港的快轮航线。

　　1979年4月5日至28日，中共中央在北京召开专门讨论经济建设问题的工作会议，参加会议的有中央党政军机关主要负责人和有关各省、市、自治区第一书记和主管经济工作的书记，共计190人。广东省委第一书记、

[①] 林亚杰主编：《经济特区的由来》，广州：广东人民出版社，2002年，第183—185页。

[②] 梁川主编：《广东经济特区的创立和发展》，广州：中共党史出版社，2007年，第21页。

[③] 《习仲勋主政广东》编委会：《习仲勋主政广东》，广州：中共党史出版社，2007年，第262页。

省革委会主任习仲勋，广东省委书记、省革委会副主任王全国参加了这次会议。习仲勋被中央指定为中南组的召集人之一。4 月 7 日上午，习仲勋主持中南组会议。王全国、周光春、廖承志先后发言。王全国代表广东在中南组向中央汇报了广东如何利用有利条件为国家多创外汇等措施，以及广东政治、经济情况和干部群众的思想情况，重点谈了当时主要是中央权力过于集中，地方权力过小，企业缺乏自主权，对外经济技术交流统得过死，以及现行管理体制的问题。习仲勋插话说："不仅经济体制，整个行政体制上也要考虑改革。中国这么大的国家，各省有各省的特点，有些事应该根据各省的特点来搞。这也符合毛主席讲的大权独揽，小权分散的原则。"[1] 4 月 8 日下午，中南组继续讨论李先念的报告，湖北省委书记赵辛初主持会议，习仲勋、段君毅作了发言。华国锋、李先念、胡耀邦等中央领导出席中南组会议。习仲勋在发言中说："广东临近港澳，华侨众多，应充分利用这个有利条件，积极开展对外经济技术交流。这方面，希望中央给点权，让广东先走一步，放手干。看来，在计划、财政、外贸、外汇、物资、对外经济技术交流等方面，都有正确处理中央和地方的关系问题。'麻雀虽小，五脏俱全'，作为一个省，等于人家一个或几个国。但现在省的地方机动权力太小，国家和中央统得过死，不利于国民经济的发展。我们的要求是在全国的集中统一领导下，放手一点，搞活一点。这样做，对地方有利，对国家也有利，是一致的。"习仲勋还说："如果广东是一个独立的国家（比喻借用），可能几年就上去了，但是现在的体制下，就不容易上去了。"[2] 4 月 10 日，王全国在中南组会议上就如何利用广东有利条件为国家多创外汇的问题作了发言。他指出："我们要求国家在这方面能给广东一些必要的自主权，让广东先走一步，多干一点。广东完全有条件为国家创造更多的外汇，并通过开展对外经济交流，促进四个现代化建设。"接着王全国根据省委常委会的讨论结果，提出了四个方面的要求和建议，其中一个建议是：划定工业加工区，吸收外商来广东投资建厂。建议运用国际惯例，将深圳市、珠海市和汕头市划为对外加工贸易区，并把作为潮（州）梅（州）和闽西南出海口岸的汕头市，辟为进出口岸，促进全省经济的发展，为国家创造更多的外汇。[3]

中共福建省委第一书记廖志高等，听说广东省提出在对外开放先走一步的建议，他们认为福建华侨也不少，又面对台湾，提出要求比照广东，希望中央对福建省也实行特殊政策。

1979 年 4 月 17 日，中共中央政治局召开中央工作会议各组召集人汇

① 《王全国同志在中央工作会议中南组的发言》，1979 年 4 月 7 日，参见中共广东省委四届三次常委扩大会议文件之一。《习仲勋主政广东》，北京：中共党史出版社，2007 年，第 240 页。

② 《习仲勋同志在中央工作会议中南组的发言》，1979 年 4 月 8 日，参见中共广东省委四届三次常委扩大会议文件之一。《习仲勋主政广东》编委会：《习仲勋主政广东》，北京：中共党史出版社，2007 年，第 242 页。

③ 《中央会议简报》第 13 期（1979 年）。《王全国同志在中央工作会议中南组的发言》，1979 年 4 月 10 日，参见中共广东省委四届三次常委扩大会议文件之一。

报会议，华国锋、邓小平、李先念、谷牧等中央领导出席会议，听取习仲勋、林乎加等同志的汇报。习仲勋在汇报中说：广东临近港澳，可以发挥这一优势，在对外开放上做点文章。"我们省委讨论过，这次来开会，希望中央给点权，让广东能够充分利用自己的有利条件先走一步。"他再次讲："广东要是一个'独立国'的话，现在会超过香港。"[1]他请求中央：允许在毗邻港澳的深圳、珠海以及属于重要侨乡的汕头，各划出一块地方，单独进行管理，作为华侨、港澳同胞和外商的投资场所，按照国际市场的需要组织生产，初步定名为"贸易合作区"。[2]邓小平在插话中说，新加坡吸收外资开厂，利润收入百分之五十可以拿到，还有劳务收入、税收。[3]广东、福建有这个条件，搞特殊省，利用华侨资金、技术，包括设厂。只要不出大杠杠，不几年就可以上去。美国人问我，你们这样搞会不会变资本主义？我说，我们赚的钱不会装到华国锋同志和我们这些人的口袋里，我们是全民所有制，社会主义变不了资本主义。如果广东这样搞，每人收入搞到1000至2000元，起码不用向中央要钱嘛。广东、福建两省8000万人，等于一个国家，先富起来没有什么坏处。[4]华国锋就习仲勋提出的"希望中央给点权"问题说："要放给权，明确提出来。""小平提的问题今后谷牧到广东研究一下如何解决。珠（海）、宝（安）要研究搞加工区，深圳沙子，现华润（有限公司）包了，不让搞。要搞起来。仲勋同志说，广东要是一个国家，早搞上去了。统死了，影响了速度，经过两年认识，更深刻了"，"要进行大的体制改革，广东可以搞一个新的体制，试验进行大的改革。"[5]"广东可以先走一步，中央、国务院下决心，想给广东搞点特殊政策，与别的省不同一些，自主权大一些。"[6]在中央工作会议期间，邓小平对习仲勋提出的在临近香港、澳门的深圳、珠海以及重要侨乡汕头兴办贸易合作区的意见，表示赞同。当听说"贸易合作区"的名字定不下来，大家意见不一致时，邓小平说"还是叫特区好。陕甘宁开始就叫特区嘛！"当谈到配套资金时，邓小平说："中央没有钱，可以给些政策，你们自己去搞。""杀出一条血路来！"[7]

　　1979年4月，在中央工作会议期间，中央已作出在深圳、珠海、汕头、厦门，甚至在上海崇明岛试办出口特区的重大决策。中央决定派主管对外开放工作的国务院副总理谷牧带领工作组到广东、福建考察，和两省省委一起研究，共同起草实行特殊政策、灵活措施和试办出口特区的文件。行前，邓小平叮嘱谷牧：要杀出一条血路来。不要怕局部出现资本主义，解决局部的问题我们有经验。[8]

[1] 张汉青：《习仲勋在广东改革开放中》，载《习仲勋革命生涯》，北京：中共党史出版社，2002年，第549页。
[2] 《习仲勋主政广东》编委会：《习仲勋主政广东》，北京：中共党史出版社，2007年，第242—243页。《广东改革开放决策者访谈录》，第246—247页。
[3] 何立波、马红敏：《"英雄一世，坎坷一生"的习仲勋》，《党史博采》2006年第6期。
[4] 中共中央文献研究室编：《邓小平年谱》（上），北京：中央文献出版社，2004年，第506页；黄海：《改革先驱功炳青史：习仲勋在广东留下的改革开放足迹》，《党史文苑》2007年第1期。
[5] 林亚杰主编：《经济特区的由来》，广州：广东人民出版社，2010年，第41—42页。
[6] 周茉：《中国经济特区创办发展的高层内幕》，《当代经济》2001年第1期。
[7] 中共中央文献研究室编：《邓小平年谱》（上），北京：中央文献出版社，2004年，第510页。
[8] 刘向东主编：《对外开放起始录》，北京：经济管理出版社，2008年，第7页。

1979 年 5 月 11 日至 6 月 5 日，根据邓小平的意见，中共中央、国务院派主管对外开放工作的国务院副总理谷牧带领工作组，前往广东、福建两省调研，同两省领导人一起研究制定对广东、福建两省实行特殊政策、灵活措施和试办特区的方案，并指导两省起草向中央的请示报告，确定在深圳、珠海、汕头、厦门 4 个城市各划出一块地方试办出口特区。6 月 6 日，中共广东省委向中共中央、国务院呈报《关于发挥广东优越条件，扩大对外贸易，加快经济发展的报告》，建议在深圳、珠海、汕头三市试办出口特区。6 月 9 日，中共福建省委、省革委会向中共中央、国务院呈报《关于利用侨资、外资，发展对外贸易，加速福建社会主义建设的请示报告》，提出厦门出口特区的设立和办法，按照中央的有关规定办。

1979 年 7 月 15 日，中共中央、国务院发出《中共中央、国务院批转广东省委、福建省委关于对外经济活动实行特殊政策和灵活措施的两个报告》（中发〔1979〕50 号文件），批转广东省委《关于发挥广东优越条件，扩大对外贸易，加快经济发展的报告》和福建省委《关于利用侨资、外资，发展对外贸易，加快福建社会主义建设的请示报告》，中央决定，对两省对外经济活动实行特殊政策和灵活措施，给地方以更多的自主权，使之发挥优越条件，抓紧当前有利的国际形势，先走一步，把经济尽快搞上去。关于出口特区，可先在深圳、珠海两市试办，待取得经验后，再考虑在汕头、厦门设置的问题。至此，中共中央正式作出试办出口特区的重大决策。

二、开国上将慧眼识英雄

在中央和广东省正在酝酿、决策把宝安建设成为外贸出口基地的同时，交通部与广东省联合向中央提出了由香港招商局在毗邻香港的广东宝安县蛇口公社举办对外工业区的设想。

1975 年 1 月，叶飞恢复工作并出任交通部部长。叶飞，原名叶启亨，中国人民解放军最年轻开国上将之一，也是唯一一位由海外归国的高级将领。祖籍福建省南安县，生于菲律宾吕宋岛奎松省一个华侨小商人家庭，父亲叶荪卫 1900 年只身下南洋谋生，母亲麦尔卡托，是有着西班牙血统的菲律宾人。1918 年与父亲及长兄叶启存回到中国。1928 年 5 月加入中国共产主义青年团。1932 年 3 月转入中国共产党。解放战争初期，任山东野战军第 1 纵队司令员。1947 年 2 月，任华东野战军第 1 纵队司令员兼政治委员、第 1 兵团副司令员兼第 1 纵队司令员。1949 年 2 月，叶飞任第三野战军第 10 兵团司令员。1955 年被授予上将军衔。新中国成立后，叶飞历任中共福建省委第二书记、南京军区副司令员、福建军区司令员、中共中央华东局书记处书记、福建省省长、中共福建省委第一书记，南京军区副司令员兼福建省军区司令员、第一政治委员。"文化大革命"开始后，叶飞即被诬为"福建走资本主义道路的当权派"，遭到冲击、监禁。[1]

　　1975 年 1 月，叶飞恢复工作并出任交通部部长。当时，已经病重的周恩来总理交代叶飞要排除万难，建设国家远洋船队。邓小平对叶飞说，要干，要不怕第二次被打倒。叶飞顶着巨大压力和阻力，开始全面整顿生产秩序，努力振兴国家交通事业。叶飞知道，当时有限的造船能力主要用于建造海军军舰，向国外买一些船来组建自己的远洋船队对于国家、对于发展国民经济是十分必要的。1956 年，毛泽东曾提出，希望中国将来能有一二千万吨船。1970 年、1974 年，周恩来曾提出"力争 1975 年基本改变主要依靠租用外轮局面"。1975 年 3 月初，叶飞到任交通部不久，邓小平问：现在远洋船舶多少吨位？叶飞答：500 万吨不到，一半以上的外贸运输靠租外轮。邓小平说："靠租外轮，吃亏了。我们目前要有一千万吨才行。"1975 年开始，叶飞重点抓了贷款买船，建设国家远洋船队。同年 11 月初，叶飞又向邓小平作了汇报，说当年买船可以达到 400 多万吨。邓小平说："好的。照我推算，我们的远洋队目前要有 1000 万吨，以后要有 2000 多万吨到 3000 万吨才行。"[2]

　　但是，买船的资金哪里来？叶飞认为，一是国家计划调拨的外汇。买来的船舶列入国家固定资产，船舶营运收入悉数归入国家预算。但是国家财力和外汇有限，那点拨款只能是杯水车薪，每年买不了几艘船。二是向香港中国银行贷款，由远洋营运收入分期返本付息。香港中国银行吸收游资 600 亿美元，有款贷不出去，四处寻找客户。贷给中国人自己，总比贷给外国人好，交通部牌子硬，又有信誉，中国银行乐于贷款给交通部。三是由中国远洋运输公司出面，向国外有关方面洽商，在条件公平合理和核实偿还能力的情况下，由中国银行担保，或用船舶抵押的方式，自行向国外取得造船和买船贷款。这样用贷款买来船一至二年的运营收入就可以还本付息并偿清贷款，再往后的盈利就可以用来买新船，同时也为国家节省了每年用以租船的巨额外汇费用。这样，贷款买船成为交通部扩建远洋船队的主要途径。李先念多次强调指出，在国内造船能力不能适应需要的情况下，可利用香港中国银行吸收的游资，用贷款的办法买进一批船舶，以

[1] 1979 年，叶飞调任人民解放军海军第一政治委员。1980 年 1 月至 1982 年 8 月，任海军司令员。1983 年 10 月至 1988 年 8 月，兼任华侨大学校长。1988 年 8 月至 1999 年 4 月，任华侨大学名誉校长。1999 年 4 月 18 日，叶飞在北京去世，享年 85 岁。

[2] 《叶飞传（1914—1999）》，北京：中央文献出版社，2007 年，第 776 页。

求尽快壮大自己的远洋船队，减少租用外轮。

1977 年，叶飞认为，"四人帮"粉碎了，自己和交通部的工作，应多主动一点，多一点前瞻性。他随即组织交通部各个司、局、室、研究院所，对全国交通运输现状作调查研究，自己也见缝插针，到各地进行实地考察，听取专题汇报，召开座谈会。题目只有一个，中央已经明确指出，当前国民经济的薄弱环节是煤、电、运，在"运"方面，交通部至少管着半壁江山——水运和公路，应该怎样去奋斗，不做发展国民经济的"瓶颈"，而做发展国民经济的"先行"。

1977 年 5 月 9 日至 29 日，交通部部长叶飞率代表团一行 7 人应邀访问瑞典、芬兰，并顺访丹麦、挪威等。代表团除叶飞、交通部外事局副局长袁庚、外交部一名兼任翻译的工作人员外，其余均系交通运输工程方面的专家。这是叶飞到交通部两年多来第一次率团出访，出访考察的重点是西方国家交通运输的现代化。瑞典、芬兰等国，普遍海运发达，技术设备比较先进，且此前均同中国签订了政府间的海运协定。叶飞率团到访，各国政府都很重视，不仅接待友好、周到，参观考察的内容也安排得非常丰富，几乎有求必应。前后半个多月的时间里，叶飞与代表团成员一起参观了斯德哥尔摩、哥德堡、赫尔辛基、奥斯陆和哥本哈根等港口，考察了滚装船、纯集装箱船、多用途破冰船等各种功能的船舶，对大小不等的多家造船厂、与交通运输有关的研究机构，从技术到管理进行了多方面的考察和了解。参观考察后，这些国家现代化的交通设备、科学有效的管理模式，给叶飞留下了难忘的印象。特别是他们重技术、重人才、重科研的管理理念，强烈的国际市场意识、竞争意识，以及通过港口保税区、工业区扩大生产经营的做法，对叶飞的思想触动很大。北欧四国都是工党、社会民主党执政，仍是资本主义体系，但社会生产力有很大发展，人民生活水平较高。为什么资本主义社会能够做到的事，在社会主义制度下却前进不快？若干年后，叶飞还多次与人讲起：出访北欧四国的那些日子里，他脑海中经常思考一个问题，中国封建社会过于漫长，在帝国主义列强侵凌下，社会发展缓慢甚至停滞，但是中华人民共和国成立快 30 年了，为什么社会经济发展仍然不快？人民生活水平提高仍然迟缓？为什么资本主义社会能做到的事，社会主义却做不到？如果我们还是（按）老办法（走）下去，二三十年能实现现代化吗？叶飞还不时与同行的袁庚等人议论、探讨：哪些东西可以"拿"回来为我所用？中国交通发展怎样才能快些、更快些？

　　叶飞在访问期间与袁庚交换了对香港和招商局发展的看法，一起讨论利用香港的设想。那里有交通部所属的香港招商局。袁庚前半生主要从事情报工作，由此也培养了他胆大心细、喜欢挑战，能独当一面，擅长打开局面的风格，深得叶飞的赏识。特别是袁庚是广东人，早年有外事工作的丰富经历，对香港和东南亚地区比较熟悉和了解，懂得和国际市场打交道。加上出访期间，工作非常得力，有关外事问题、国际市场问题，香港和招商局问题，叶飞经常找袁庚商量。

　　他们还谈到"亚洲四小龙"之一的香港。尽管香港的资源、劳动力都很缺乏，但 1966 年后的近 10 年间竟新开了 30000 多家工厂，产值增长几十倍，速度之快，在资本主义世界也很突出。根据中央对港澳"长期打算，充分利用"的方针，是可以充分利用招商局的有利条件的。招商局尽管有 100 多年的历史，在香港有老职工、航运业、房产和仓库，但由于受"四人帮"的干扰和破坏，加上我们的思想又没有彻底解放，以致没有充分利用招商局有利条件放手大干，丧失许多大好时机，教训甚多。我们的条件比人家优越，完全可以利用香港招商局这个现成基础，多办一些事情，更多地为国家增加外汇收入，积累建设资金，引进新技术、新装备，为加速四个现代化建设服务。叶飞对袁庚说："香港招商局大有可为，我们要把这个老牌企业搞兴旺起来。"[①]叶飞当时就有意让袁庚过去"打开局面"，袁庚本人也跃跃欲试。只因为利用香港招商局问题还没有经过部党组讨论，暂且还谈不上人事安排的问题，叶飞才没有明确说。

　　1978 年 1 月 22 日，叶飞签发经过近一年的广泛调查和研究，由叶飞主持撰写、经过党组反复讨论、反复修改的《关于加速发展水运和公路运输交通的意见》，报送党中央、国务院。

　　1978 年春，刚刚离任的中共港澳工委原书记、新华社香港分社社长梁威林回北京向中央汇报工作，叶飞派交通部的袁庚、杨战生去列席旁听。袁庚他们回来后向叶飞汇报说：梁威林谈到香港招商局的情况，说招商局受内地"文化大革命"的影响，分为两派，很乱。建议交通部派干部去香港加强招商局的工作。

　　1978 年 6 月 24 日，叶飞签发《交通部党组关于实现交通运输现代化的汇报提纲》，并将其上报国务院。国务院通知交通部，国务院领导定于 6 月 25 日、27 日专门讨论这个《汇报提纲》。1978 年 6 月 25 日下午和 27 日下午，中共中央副主席、国务院副总理李先念，国务院副总理方毅、陈慕华、王震、谷牧、康世恩和有关部委负责人出席会议。叶飞和交通部副部长

① 《叶飞回忆录》（下），北京：解放军出版社，2014 年，第 222 页。

周惠、郭建出席国务院会议，并汇报交通部座谈会情况和交通现代化规划。当汇报到今后若干年内国家远洋船舶是否主要还是靠在国际市场贷款买船来解决时，财政部部长张劲夫立即表态：可以。人民银行行长李葆华问李先念：交通部的外汇贷款我们就照办吧！李先念说：照办。事情就这样解决了。当汇报到交通部建议今后进口所需船舶、设备时，一经国务院批准，就请国务院授权由交通部直接办理采购时，外贸部副部长说：旧船由交通部买，新船由外贸部买，这是有老规矩的。李先念说：你外贸部去管他干什么呢，至多给他们当当顾问嘛。要支持交通部嘛，我是支持交通部这个意见的。事实上这样做更好，他们贷款买船的路子已经走通了嘛。对交通部要支持，几百万吨船都是这几年搞的，就是这五六年搞了这么多船。老实讲，我们手还没有完全放开，如果完全放开，发展还要快。①

①《叶飞回忆录》（下），北京：解放军出版社，2014 年，第 126 页。

在这次汇报中，叶飞第一次向中央领导正式提出关于充分利用香港招商局的问题。交通部党组认为，现在国家对设在香港的招商局利用得很不够，交通部计划今后要通过招商局，充分利用香港的资金、技术，来为国家的社会主义建设服务。利用招商局的有利条件，在香港创建一个航运公司，实行单独经营，单独核算，目的是为国家赚外汇，除了经营海上运输外，还可以在香港创办一批与航运有关的工厂，如修理厂、浮船坞、钢丝绳厂、尼龙缆厂、配件厂等，发挥香港在资金、技术、管理方面的优势，既为国家海运服务，又把生意做到境外去，为国家赚取外汇，搞扩大再生产，何乐而不为？李先念说："这样做好呀，外贸部为什么不在香港设几个工厂？"六机部部长柴树藩说："我们提了好久了，外贸部不敢答应。"李先念说："对香港，我的意思是要放手利用，现在连苏联都在香港建厂，我们为什么不搞？我的意见，不光交通部这几个厂可以搞，还可以搞他几十个厂。香港是我们的嘛，搞一百个厂也不算多。毛主席以前讲过，我们对香港要长期打算，充分利用。现在长期打算是长期打算了，就是没有充分利用，交通部开这个头是好的。"②

②《叶飞传》，北京：中央文献出版社，2007年，第 879 页；叶飞：《招商局大有可为》，《福建党史月刊》2008年第 1 期。

国务院汇报会上，有些问题已经作了决定，有些问题还要全面权衡后再作决定，但国务院完全同意交通部充分利用香港招商局和发展招商局的意见。这次国务院汇报会议可以说是开了改革开放的先河。要知道，此时中共十一届三中全会尚未召开，改革开放的历史决策还未做出。这时中共中央副主席、主持国务院日常工作的国务院副总理李先念就已代表中央批准交通部在引进外资和外国技术设备，利用香港资金、技术和管理经验创办工厂上先想一步、先走一步了，而且汇报会还涉及体制放权问题。有了这个作历史铺垫，后面叶飞派袁庚去执掌香港招商局，李先念代表中央批准香港招商局创办蛇口工业区，也就是一件顺理成章的事情了。会上的最后一句话，是李先念对叶飞说的："我看交通部有点希望，你这个部长当起来有点味道了！"[①]

　　1978 年 6 月底，交通部党组讨论充分利用香港招商局的问题，经叶飞建议，决定派袁庚去香港招商局。当时，派到香港去工作，至少要具备三个条件：熟悉香港；会讲广东话；懂得市场，会做生意。[②]叶飞知道，袁庚是广东宝安县人，会讲广东话，思想开放，办事果断，对于香港、招商局和国际事务比较熟悉，是派往香港招商局的理想人选。1978 年，已经 61岁的袁庚，本该考虑"船到码头车到站"退休回家养老时，却突然被交通部党组委派赴香港担任招商局的领导工作。叶飞找袁庚谈话，问他愿不愿到香港招商局去打开局面。袁庚当即答应，但表示要先过去看看，做点调查研究，有了发言权再说。叶飞随即指示袁庚认真考察，了解这个机构能否有用？能用到什么程度？要求他在招商局调查两三个月后，拿出一套让招商局走出困境的办法来，供交通部党组研究决定。[③]

三、袁庚执掌香港招商局

　　1978 年 6 月底，袁庚受交通部部长叶飞委派抵达香港，以"钦差大臣"身份检查交通部直属企业香港招商局的工作。袁庚在招商局集体宿舍安顿下来后，立即投入调查考察工作。他首先找干部谈话，时任招商局办公室副主任的梁鸿坤是袁庚的第一个谈话对象，也是其多次实地考察的伙伴，后来成了袁庚的得力助手。几天以后，他叫招商局干部带着他到处走走，实地看看。他不仅对招商局本身的工作和人事进行调查了解，还对招商局所处的社会环境进行广泛而多方面的考察。招商局同事们用"像一头灵敏的猎豹"形容初到香港的袁庚。令招商局同事感到惊奇的是，就连招商局总部大楼底下的士多店（杂货店）、水果摊老板们的姓名、经营状况，每月赢利情况，袁庚都摸得一清二楚，甚至与招商局干部的收入进行对比分析。一天，袁庚在报纸的分栏广告里看见"风月片"的广告，遂找到梁鸿坤，劈头便问对方是否看过风月片，要梁鸿坤带他去看。因为怕被熟人发现，梁鸿坤七弯八绕地领着袁庚钻进位于湾仔的利舞台电影院。这是一

① 《叶飞传》，北京：中央文献出版社，2007年，第 879 页。

② 《叶飞回忆录》（下），北京：解放军出版社，2014 年，第 223 页。

③ 叶飞：《招商局大有可为》，《福建党史月刊》2008 年第 1 期。

部拳头加枕头的烂片，还没看到一半，袁庚拉起梁鸿坤就走，在电影院门外，冲着梁鸿坤说：有什么了不起的，结婚也就是这样子！后来，袁庚告诉梁鸿坤：有些东西要敢于接触，你才敢于批评嘛，老是说那个东西坏，你不了解，你怎么知道那个东西坏？这样的"敢于"很快就在袁庚后来的工作中得到体现。

　　一天，袁庚找到香港远洋公司总经理张振声交谈。交通部在香港的益丰公司与远洋公司不属招商局，却由招商局代管，属一个党委。张振声是党委委员。袁庚了解到，招商局是靠船队起家的船务公司，如今连一条船都没有！张振声说：国家对派来香港工作的干部限制很多，出门也必须有两人集体同行。业务上也管得死死的，但凡业务上的事，必须报北京批准，几千元的开销都必须经北京同意才行。部里对派驻香港企业不放权。记得 20 世纪 60 年代，招商局的办公室十分小，只有一座四层小木楼[①]，旁边的房主想把他 1000 平方米的房子卖掉，招商局想买下来，然而没有自主权，必须报请部里审批，我去北京跑了两次，结果没有获批。我请示的时候，领导说，香港都是咱们的，为什么要买呢？如同香港就要解放似的。眼看着香港飞速发展，咱们啥事都不能做，大家都感觉十分压抑。[②]

　　在香港，袁庚打开电视一看，几乎每天都有这样的镜头：一群群内地偷渡客，戴着手铐，在港警押解下蹒跚而行，有男有女，一个个年轻力壮的。他看到这些倍感辛酸，总要过去关上电视。袁庚后来说到当时的心情：四个字，欲哭无泪。过去多年的情报工作，让袁庚养成读报的习惯，从报纸的字里行间获取信息。让袁庚感触很深的是，我们"文化大革命"十年停滞不前，而日本、中国香港地区、中国台湾地区、韩国和新加坡正是抓住这十年大踏步前进，大大发展和繁荣了经济。对于香港，过去袁庚并不陌生。袁庚知道，在 20 世纪 40—50 年代，香港经济还非常落后，许多人跑回广州找工作。这次故地重游，香港高楼林立，车水马龙，商品琳琅满目，经济一片繁华，这让袁庚感慨万千。袁庚后来回忆说："真是不看不知道，一看吓一跳。置身于繁华的香港，我当时的感受是：'山中方七日，世上已千年'，与内地相比，一个繁华，一个贫困落后，这样强烈的对比，深深地震撼了我。"[③]

　　对袁庚刺激更大的是，曾经辉煌一时的招商局目前仅居香港一隅，虎落平阳，奄奄一息。袁庚了解到，肇始于洋务运动、靠船队起家的百年老店招商局已徒具虚名，只能从事一点单一的航运业务，一派死气沉沉。1950 年起义时，香港招商局有 13 条船，当时包玉刚只有 2 条船。然而 28

① 1966 年 12 月，招商局投资 150 万港元，将干诺道西 15 号原四层高办公楼改建为楼高 14 层的招商局大厦竣工。
② 涂俏：《袁庚传：改革现场（1978—1984）》，深圳：海天出版社，2016 年，第 5—6 页。
③ 朱玉：《对外开放第一块试验田：蛇口工业区的创建》，《中共党史研究》2009 年第 1 期。

年过去了，包玉刚却拥有 2000 万吨的船队，成为赫赫有名的世界船王。而香港招商局从 1949 年过后接近 30 年的岁月里却墨守成规，守着老店惨淡经营着，连一条船都没有，总资产只有区区 1.3 亿港元。后来袁庚执掌招商局时，香港《文汇报》曾这样写道："招商局在过去几十年间只剩下了一块牌子，除了能够实现内地政府的一些意图——比如从西方购买一些船只之外，它所有的经营架构都需要重新组建。"[1]可以说，招商局在香港工商界早已是默默无闻，常常被人们误以为是"照相局"。因为广东话中的"招商"与"照相"语音相似。百年老店沦落至此，怎么不令袁庚心急如焚。

来香港一个星期后，袁庚请梁鸿坤在总部底楼茶餐厅吃快餐，作了一次较深入的交谈，主题是如何发挥招商局的作用。梁鸿坤认为，目前招商局没有什么出息，根本干不了事情，也发挥不了什么作用。问题主要是什么权都没有，这里什么事情都是北京管，什么事都要上报，不能经营地产，不能买房子。只能这样可怜地守摊子。守摊子有什么用？袁庚说，招商局是一定要变的，不变不行啊！这样下去，对国家一点好处都没有。袁庚问，招商局应该怎么办？梁鸿坤说，招商局一定要独立自主，一定要扩大，一定要发挥作用。既然我们在外边，外边就有外边的作用。我相信，国家也是想让我们发挥身在外边的作用。袁庚又问，你觉得究竟应该如何发挥外边的作用？梁鸿坤说，我们自己就有一个友联船厂[2]，可是我们招商局却送过不少内地的船到外边修理。如果将友联船厂扩大，这一大笔钱就可以省下来。大的干不了，我们可以干小的，可以做拖头，拖船靠岸。他接着告诉袁庚，东九龙一带工厂，全部是香港人靠拆船起家的，就是这几年的事，为什么我们不可以拆船呢？不管怎么说，招商局可以做的事情太多了，问题是可不可以干，能不能让你干？袁庚听到这里，想起张振声也提出过许多关于航运、修船、制造方面的意见。袁庚说：招商局可以做的事情太多了，关键是下决心干起来！在香港弄块小地方先搞起来也行。[3]袁庚让梁鸿坤带路出去转转，梁鸿坤就带他到了招商局下属的码头、仓库、船厂等调研。[4]

袁庚请人带着，马不停蹄连续在香港看了几块地，新界、大屿山等地都留下他们的身影，但都因地价高得离谱而作罢。他们还到了一个叫"西坪洲"的地方去考察，一问地价，立即驱车返回，为什么？买不起，就是把招商局所有家当都卖掉，在那里也买不起 5000 平方米的地皮。1978 年的香港，经历六七十年代的大发展之后，已由一个消费城市变为工贸城市，从

[1] 王玉德、杨磊等：《再造招商局》，北京：中信出版社，2008年，第14页。

[2] 1965年6月14日，友联船厂成立。主要负责修理国内大部分船舶，因为国内当时修船技术条件有限，加上很多船舶配件得从国外找。

[3] 参考涂俏：《袁庚传：改革现场（1978—1984）》，深圳：海天出版社，2016年，第10—12页。

[4] 刘向南：《潮起蛇口：是改革试管，也是"爱迪生的灯"》，《界面新闻》2018年6月21日。

一个转口港成为远东金融中心和贸易中心。市区用地已达饱和，地少人多，寸金寸土。香港中区地价每平方英尺（1 平方英尺 ≈ 0.0929 平方米）已涨至 1.5 万港元，地价之高，仅次于日本东京的银座。就是郊区工业用地也在每平方英尺 500 港元之上。[①]此外，劳动力不足，工资高昂。实际上，要在香港办一般传统工业和加工企业，已经没有机会了。

8 月初，就在要结束在香港的调研返回北京之前，袁庚在招商局总经理金石和招商局办公室副主任朱士秀陪同下坐船赶赴澳门考察。香港高昂的地价让袁庚望而却步，只好去澳门看看。澳门南光公司总经理柯平接待了袁庚一行。袁庚一行还拜访澳门中华总商会会长，即后来澳门回归祖国担任澳门特首的何厚铧的父亲何贤，表明招商局想在澳门买一块地兴办工业区，何贤表示支持，并带袁庚参观一个倒闭的爆竹厂和一个码头。袁庚他们考虑到这两处都不太适合办工业区，只好婉言谢绝，打道回府。袁庚不得不放弃在港澳买地的念头，开始酝酿在内地筹建招商局后勤服务基地和加工区的设想。

1978 年 8 月上旬，袁庚完成在香港的调研工作返回北京。8 月 10 日，袁庚向交通部党组和叶飞部长作了详细汇报。汇报的主要内容有：香港招商局很有发展前途，现在招商局已有干部职工和船员 6000 人，下属机构包括有 130 万吨船舶的两个远洋运输公司、香港友联修造船厂、新加坡船务代理公司、海通物料公司、远东验船公司等，都具有一定的竞争能力，成为交通部在香港航运中心的重要支柱，而且摸索出了一些发展业务的经验。如：着眼于国内与利用港澳结合，怎样与当地和国外厂商建立业务联系，掌握国际航运业动向，不仅为国内提供情况，也承担买船业务。几年来，共买船 600 多万吨。再如：以航运为重点与多种经营结合，开办工厂，接受修船业务，出租仓储、码头等。又如：利用香港自由港的地位，一方面在港澳竖起招商局的红牌，占领地盘，站稳脚跟，另一方面又以在港澳注册的公司（人们称为"灰牌"），进行"红牌"以外的业务。总之，香港招商局很有发展前途。交通部党组听取汇报后一致认为，我们应该冲破思想束缚，放手大干，争取时间，加快速度，适应国际市场的特点，走出门去搞调查研究，做买卖，凡是投资少、收效快、盈利多、适应性强的企业可以争取多办。袁庚的大胆设想感染了交通部领导，他的构想得到交通部领导层的广泛支持。

袁庚随即根据交通部党组对香港招商局工作所制定的方针和措施，以交通部党组的名义执笔起草一份向党中央、国务院的请示报告。

① 《招商局简史》，2003 年印，参见涂俏：《袁庚传：改革现场（1978—1984）》，深圳：海天出版社 2016 年，第 14 页；陈禹山、陈少京：《袁庚之谜》，广州：花城出版社，2005 年，第 122 页。

1978 年 8 月 23 日，国务院侨务办公室正式复函交通部《同意派袁庚同志去港工作》（〔78〕侨港发字第 038 号），同意派袁庚同志去香港工作，担任招商局轮船股份有限公司董事会副董事长，请仍按规定报国务院审批。

1978 年 9 月 7 日，国务院政工小组就袁庚担任招商局轮船股份有限公司副董事长报请国务院领导审批："交通部建议并经国务院侨务办公室同意，袁庚同志去香港担任招商局轮船股份有限公司董事会副董事长，经研究，我们认为可同意交通部的建议。现将交通部的报告送上，请审批。"国务院副总理康世恩批示："拟同意，请李副主席、登奎、秋里、谷牧同志批示。"随即，李先念副主席、纪登奎副总理、余秋里副总理、谷牧副总理圈阅同意。

1978 年 9 月，经国务院批准，中共交通部党组决定，由交通部第一副部长曾生①兼任香港招商局董事长。袁庚以招商局常务副董事长的职务常驻香港，作为交通部在香港的总负责人。这一人事安排，叶飞是经过慎重考虑确定的。曾生、袁庚两人不仅政治坚定、思想开放，有强烈的革命责任感、事业心，而且都是广东人。战争年代，曾生担任过香港海员工会书记、新四军东江纵队司令员，毗连香港的广东省宝安县当年是东江纵队的基本活动地区。可以说，曾生是袁庚的老上级。1979 年 2 月至 1981 年 3 月，曾生接任交通部部长。袁庚后来能够再造百年招商和实现个人人生的第二次辉煌，与叶飞和曾生两位领导的赏识和有力支持是分不开的。蛇口工业区创建之初，曾引来不少非议，曾生力排众议，三次亲临蛇口工业区调查研究，指导工作，支持袁庚在蛇口大胆开展工作。

1978 年 9 月 20 日，叶飞主持中共交通部党组会议，讨论上报中央的《关于充分利用香港招商局问题的请示》。叶飞说："往香港派的干部，要懂得做买卖，懂得广东话，懂得资本主义经营方式的人，否则是要吃亏的。既然派袁庚去，就要授予袁庚在香港工作的权力，他有权就地处理，不要事事请示。不能'驭将于千里之外'，'驭将'必败。什么事都要请示，在香港早晚市价都有变化，那还行！我们在香港的摊子很大，行政上都归招商局，袁庚同志总负责，就是大老板，就在香港能拍板。只有涉及重大方针政策要请示部里，其他业务工作，不要事事请示。经营方面凡能赚钱的都办，要跳出交通部的范围。不光从交通部的角度，要从国家的角度出发。体制完全改变，单立户头，独立核算，自负盈亏，就是和国内断线，不上缴财政，利滚利，滚雪球，这样才能越滚越大。实际上是利用香港为国家

① 曾生（1910—1995），原名曾振生。广东宝安县龙岗坪山人，是袁庚老乡和老上级。1928 年毕业于澳大利亚悉尼商业学院。1936 年加入中国共产党。1937 年毕业于中山大学。1942 年 2 月至 1943 年 12 月，任广东人民抗日游击总队副总队长、总队长、东江军政委员会委员。1943 年 12 月至 1946 年 10 月，任广东人民抗日游击队东江纵队司令员、中共广东区党委委员。1955 年授少将。曾生先后担任广东军区副司令员、华南军区第一副参谋长、中共海军党委委员、南海舰队第一副司令员、中共广东省委常委、广东省副省长兼广州市市长等职。"文化大革命"期间，曾生遭受迫害，1967 年 2 月至 1974 年 7 月，被关押、审查、入狱。1974 年 7 月 16 日，因为周恩来的过问，曾生"无罪释放"。1975 年 10 月，曾生被任命为交通部副部长，后兼任香港招商局董事长，协助部长叶飞抓全面工作，支持和协助叶飞整顿交通企业，发展远洋船队和开发蛇口工业区。1979 年 2 月，叶飞调去海军工作，曾生接任交通部部长、党组书记。1981 年，调任国务院顾问。1982 年为中共中央顾问委员会委员。1995 年 11 月，在广州病逝，享年 85 岁。

① 《叶飞回忆录》（下），北京：解放军出版社，2014 年，第 225 页。

② 《叶飞回忆录》（下），北京：解放军出版社，2014 年，第 225 页。

赚外汇，只是不通过财政部，由交通部自己上缴。"①有人说叶飞交代袁庚，除掉妓院、赌场两项不能干，什么赚钱都可办。其实当时叶飞是这样说的："你去以后，可以看哪个赚钱就可以干，如盖旅馆办餐厅赚钱，你可以搞。只要看准了就可以干。授你权，就是这个方针。"②可见，叶飞的思想和做法是相当有胆略、开放和开明的，不愧为久经沙场的开国上将。正因为这样，袁庚"胆大"才有底气。

1978 年 10 月 9 日，经叶飞签发，中共交通部党组向中共中央、国务院呈报《关于充分利用香港招商局问题的请示》（〔78〕交党字 36 号文）。如图 1-1 所示。

关于充分利用香港招商局问题的请示

党中央、国务院：

由于"四人帮"的干扰、破坏，我们的思想又没有彻底解放，以致至今还没有放手大干，丧失时机，教训甚多。特别值得深思的是，尽管香港的资源、劳力都很缺乏，但近十年来竟新开了三万多个工厂，产值增长了十几倍。速度之快，在资本主义世界也很突出。我们的条件比人家优越，完全可以利用招商局这个现成基础，多办一些事情，更多地为国家增加外汇收入，积累建设资金，引进新技术、新设备，为加速（实现）四个现代化服务。

为了贯彻中央对港澳"长期打算，充分利用"的方针，根据国务院务虚会议的精神，我们认为：充分利用交通部香港招商局，以加强我在港澳的经济力量与发展远洋运输事业，是极为有利的。

根据过去的经验和今后的要求，我们认为今后的经营方针应当是"立足港澳、背靠国内、面向海外、多种经营、买卖结合、工商结合"③。争取五至八年内将招商局发展成为能控制香港航运业的综合性大企业。我们应当冲破束缚，放手大干，争取时间，加快速度，适应国际市场的特点，走出去搞调查研究、做买卖，凡是投资少，收效快，盈利多，适应性强的企业可以争取多办。如：进一步发展一批中小型现代交通工业和其他工业企业；接受来料加工、装备业务；就地引进新技术、新设备和装备线，聘请专家、技师，为国内培训技术和管理人员；兴办现代化建筑公司，承包港澳、国内基建工程与建港任务；抓住船价大跌时机，增添一批新船或半新船开辟班轮航线，承办旅游联运，开展对外揽载业务；收购超龄轮船，发展拆船业，把废钢重炼

③ 1980 年 2 月 8 日，在交通部党组第十四次会议上，进一步明确招商局的经营方针要加上"以航运为中心"六个字，将原"二十四字"方针改为"三十字"方针，即："以航运为中心，立足港澳、背靠国内、面向海外、多种经营、买卖结合、工商结合。"1985 年变为"四十七字"方针："围绕航运，增强实力，扩大阵地，形成体系；发展多种经营；办好蛇口工业区；充分发挥航运支柱和内外交通的窗口作用。"

重轧为各种钢材；增设浮船坞，修造国内外船只；兴建集装箱码头；积蓄经验；购进或卖出与航运有关的港湾、房地产、仓储等。经营这些企业的资金来源，我们本着自力更生的精神，不向国家要投资。主要是就地筹集资金，依靠扩大发展业务，采取"滚雪球"的办法；或向银行贷款（包括向外资银行抵押贷款）；也可试行发股票和有价证券，多方设法吸收港澳与海外的游资；并建议允许香港招商局的中转代理、仓储、驳运等业务每年约500万港币的净收入，从一九七九年起留用五年，不上缴财政，用于扩大业务。

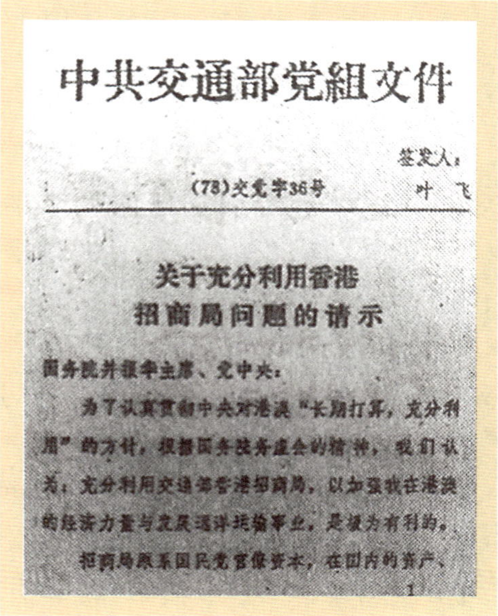

图1-1　1978年10月9日，中共交通部党组：《关于充分利用香港招商局问题的请示》

对这些企业，要加强管理，实行独立核算，自负盈亏。经营形式应根据市场情况灵活多样，有的用灰色公司面目或在控制股权条件下，同当地爱国华侨或外商合办；有的可能在国外设分支机构，跨国经营等等，路子要宽广，做到越办越活，越办越好。

为了完成上述任务，必须加强领导。拟采取以下措施：

（一）招商局由交通部和港澳工委双重领导。凡涉及业务方面的问题，以交通部为主。涉及当地政策、方针和干部教育管理等方面的问题，主要由港澳工委统一领导。

（二）鉴于港澳的资本主义竞争剧烈，情况瞬息多变，一定要改革上层建筑，简化审批手续。应该确定就地独立处理问题的机动权。建议授权香港工委可以一次批准招商局动用当地贷款五百万美元的权限，从事业务活动；可以批准从港澳派去海外进行业务活动的人员，不必再报经国内审批。

（三）招商局要抓紧整顿内部，充实干部。为了发展业务的需要，我们拟增派一些得力干部，特别是熟悉经济、技术，懂得外语和广东话的干部，去加强招商局及其所属企业机构。招商局在港澳工委统一领导下，还应注意培育、提拔当地干部。

（四）为加强与国内的联系，招商局在北京设办事处，要简化来往人员手续，并请外交部批给十人左右的长期护照。

一九七八年十月九日①

① 香港招商局编:《广东省深圳特区招商局蛇口工业区文件资料汇编》，1981年，第3—6页，当时未能标明第一集，实为第一集。下同。

这份请示报告，即使放到中国改革开放的历史进程去看，其实也是意义非凡的。这些意见和建议，在今天看来也许不算什么，但在当时"文化大革命"刚刚结束，中共十一届三中全会还未召开的背景下，算得上是大胆陈言、石破天惊了。这份请示报告，突破多年的思想禁锢，依据中央领导对港澳"长期打算，充分利用"[①]的方针和国务院务虚会议的精神，大胆地提出了未来香港招商局发展的新思路、新建议、新举措和经营方针。报告中提出的如"立足港澳""面向海外""国际市场""独立核算""自负盈亏""现代化公司""承包工程""买卖港澳房地产""吸收游资""发行股票和有价证券""引进新技术新设备和装配线"等等提法，当时在国内更是闻所未闻，耳目一新。交通部党组主动提出的意见和建议，正好与当时中央酝酿、启动改革开放，加速四个现代化建设的思路和设想相吻合，即实行改革开放，充分利用外国的资金、技术和管理，加速四个现代化建设。特别是当时中央和广东省正想在毗邻港澳的地方筹建"出口基地"，而交通部党组这份请示报告递得正是时候。可谓是恰逢其时，先人一步。

1978 年 10 月 12 日，中共中央副主席、国务院副总理李先念对中共交通部党组呈报的《关于充分利用香港招商局问题的请示》报告欣然给予批示："请华主席、叶、邓、汪副主席、纪登奎、余秋里、谷牧、康世恩同志阅批。拟同意这个报告，只要加强领导，抓紧内部整顿，根据华主席'思想再解放一点，胆子再大一点，办法再多一点，步子再快一点'的指示，手脚可放开些，眼光可放远些，可能比报告所说的要大有作为。妥否，请阅示。"（图 1-2）10 月 14 日，中共中央主席华国锋，副主席叶剑英、邓小平、汪东兴和国务院副总理纪登奎、余秋里、谷牧、康世恩也很快圈阅并批准这份报告。10 月 20 日，李先念副主席再批示：退叶飞同志办。10 月 25 日，叶飞处理完这份文件，并批示：此件存档。就从现在的眼光来看，当年交通部的思想是很解放的，而国务院领导批复这份请示报告的速度更超出人一般人想象，招商局要"放手大干"的申请三天即获中央批准。

叶飞在其《回忆录》中说："为什么这么快？想起来也简单，因为'不向国家要投资'。"[②]笔者认为，除了不要国家出钱以外，更主要的是当时党和国家正在酝酿开放搞活，改革经济体制，为地方、部门和企业松绑，加快经济发展。袁庚后来回忆说："1978 年 6 月，我受交通部（部）长叶飞委派，到香港招商局调查经营情况。那时招商局总资产 1.3 亿（港）元，经营状况很不好，领导班子内的'远洋派'和'长航派'之间矛盾很深，国务

① 毛泽东主席和周恩来总理生前规定对香港"八字方针"："长期打算，充分利用"。所谓"长期打算"，只是对短期而言，不是马上收回香港。所谓"充分利用"，就是做生意、做买卖、做基地，作为观察整个世界的瞭望哨，可通过它吸收外资，争取外汇。

② 《叶飞回忆录》（下），北京：解放军出版社，2014 年，第 226 页。

院就责成交通部整顿这个企业。到了香港，我发现整个招商局的形势非常严峻，回来之后就为交通部写了一份报告给中共中央和国务院。这个报告，即《关于充分利用香港招商局问题的请示》，提到要改变经营方针，冲破束缚，利用外资，引进技术等内容。报告是1978年10月9日递上的，三天之后，10月12日，五个主席（华国锋、叶剑英、邓小平、李先念、汪东兴）就都在报告上先后圈了圈。最先圈阅的是李先念。说来凑巧，当年李鸿章向同治皇帝呈报筹建轮船招商局的奏折，也是三天时间批下来的。"①中央主要领导的批示，为香港招商局加快发展松了绑，放了权，为之后不久香港招商局提出和实施在毗邻香港的宝安县境内创办蛇口工业区（出口加工区）的设想提供了可能。

1978年10月12日，就在李先念签批交通部《关于充分利用香港招商局问题的请示》的同一天，叶飞在上海验收上海港学大庆先进集体时，在锦江饭店交通部工作队办公地点主持召开交通部党组会议，除彭德清、陶琦、王西萍、程望副部长等党组成员外，袁庚和买船小组的江波、远洋局的林默之、上海港的李维中、上海船厂的冷大章等同志列席会议。这次会议再次讨论了如何利用香港招商局的问题。此时，叶飞或许还不知道报送中央的《关于充分利用香港招商局问题的请示》李先念已经签批，但他坚信中共中央、国务院领导会支持交通部的意见，所以没等文件批复即先行开会研究如何落实了。叶飞在会上指出："香港招商局可以搞跨国公司，新加坡没有代理公司不行，西欧、日本也都需要。就是采取丹麦宝隆行的办法，这样就活了。香港招商局可以在国外设经纪人，有的可设分公司，有的派一两个代理人就行了。""不要只限于香港一个地方，完全可以打出去。招商局总部可以设在香港，要打出去，日本、旧金山、西欧都可以设分公司。"彭德清说："先搞代理公司。"叶飞说："不要搞外运公司的办法，他们是官商、坐商的办法，等人家上门。我们不搞坐商，要搞行商，要到处拉生意。""只要对国家有利，现在马上就干。这样干，我们就有两个渠道了：一个是远洋运输公司，一个是招商局。只要为中华人民共和国服务，能够干的都要干。"叶飞还提出："还有一条，要赶快搞个拆船公司，香港搞一个，国内也搞一个。"袁庚说："70

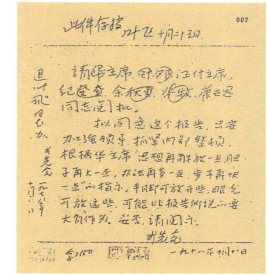

图 1-2　1978 年 10 月 12 日，中共中央副主席李先念等领导人签批《关于充分利用香港招商局问题的请示》，开启了招商局引领潮头的新时代

① 何文辉记录整理：《袁庚谈蛇口的十年辉煌》，《百年潮》1999年第 2 期。10 月 12 日，是中央副主席李先念签字的日期。华国锋、叶剑英、邓小平、汪东兴和纪登奎、余秋里、康世恩圈阅的时间是 10 月 14 日。

年代曾在香港搞拆船公司，但香港的地皮贵。在靠近香港的广东大鹏湾可以搞一个。"叶飞立即说："这个，你到广州时就可以同广东省谈。"林默之说："拆下来的东西是国内用的，还是放在北边一点好。在香港搞，拆下来的东西要进来，还有不少问题要解决，拆船还不如放在上海。"冷大章说："拆船厂我们负责包建，这个并不复杂。"叶飞当即拍板："那好，大鹏湾建一个，上海建一个，作为党组决定就定下来。"[①]当袁庚谈到要突破一些原来国家规定旧框框的问题时，叶飞说："这个问题看来要到国务院去提，不提不行。不突破这一步，就寸步难行。"[②]"形势发展了，非变不可。这个问题，要在适当时提出来。你们不要在下面扯皮，由我们来解决。要改变上层建筑，是不是事事都要经过批准才办？这叫奉公守法，但有时候，有些事这样做就不行，要冲破一些框框，怎么冲破，要有点胆量，但不能乱来，看准了就办，否则怎么创造？当然不能乱来，否则就要天下大乱。讲这个主要是解放思想，不要受这个束缚，即使出一点毛病，我们替你们承担，你们放心好了。"[③]这次会议，本着叶飞提出的"用足用够香港对外窗口、技术先进优势"的精神，议定了如何具体落实《关于充分利用香港招商局问题的请示》的三条具体意见：一、招商局总部可以设在香港，但工作要打出去，日本、旧金山、西欧都可以设分公司；二、考虑到操作方便，不适于用招商局名义的企业，可以用灰色公司的名义，在欧洲共同体、日本分别设分公司；三、立即开办两个拆船公司，香港一个，内地也要搞一个。

　　会后，叶飞从袁庚提出在广东省宝安县大鹏湾建立拆船厂的问题想到，在香港办工厂的确有困难，香港地皮贵，人工贵，袁庚设想在大鹏湾建厂是有道理的。叶飞又找来袁庚谈话，把袁庚在大鹏湾建拆船厂的设想再扩大一点，交代袁庚去和广东省负责同志商谈一下，由招商局向广东省提出在大鹏湾地区划一块地方建一片工业区，地皮和劳动力用广东省的，资本和技术、设备用香港的，企业所获利益，两方分享，是否可以。[④]这或许是交通部、香港招商局酝酿在邻近香港的广东省宝安县创办工业区的最早动议。

　　1978 年 10 月，为全面落实中央关于交通部党组请示报告的批示精神，尽快地把招商局搞上去，交通部对招商局的领导机构进行重大调整，组成新的第四届董事会。按照惯例，招商局董事长由交通部第一副部长曾生（后任部长）担任，袁庚担任常务副董事长，作为交通部在香港的总负责人，全面主持招商局日常工作，成为招商局第 29 代掌门人。而此时的袁庚，已经是一位 61 岁的花甲老人了，可谓是临危受命。袁庚生肖属蛇，

① 《叶飞回忆录》（下），北京：解放军出版社，2014 年，第 227 页。

② 交通部党组 1978 年 10 月 12 日上海会议记录。

③ 交通部党组 1978 年 12 月 12 日上海会议记录。《叶飞传》，北京：中央文献出版社，2007 年，第 891—892 页。

④ 《叶飞传》，北京：中央文献出版社，2007 年，第 892 页。

他一生中最绚丽的一页就在蛇口写就，退休之后，袁庚晚年定居于蛇口，这也是一种冥冥之中的历史巧合。当时，正值全国拨乱反正、改革开放酝酿与启动之际，袁庚奉命主持香港招商局的工作，深感肩负的责任与使命。

1978 年 10 月中旬，年逾花甲的袁庚赶赴香港，正式出任香港招商局常务副董事长，主持全面工作。当时，交通部有位副部长对袁庚说，一定要带一批人去，可袁庚还是只身前往。袁庚知道香港招商局内部派系斗争挺严重，为搞好团结，更好地开展工作，袁庚考虑再三决定一个干部也不带，单枪匹马去上任，对原来干部不做变动，让大家安心和放心。10 月 18 日，香港招商局召开党委会，袁庚正式与招商局董事和部门经理以上干部见面，开始履行招商局常务副董事长的职责。

1978 年 11 月 1 日，招商局董事总经理金石在香港富丽华酒店举行盛大招待酒会（图 1-3），介绍袁庚与中外人士见面。200 多位嘉宾应邀出席招待酒会，其中香港企业界、商界代表霍英东、包玉刚、董浩云、王宽诚、马灿洪，文化界人士石慧等应邀出席。招商局招待会拟邀请的嘉宾，是袁庚自己挑选的。袁庚请办公室买来两百多张请柬，然后，整整花了一个下午的时间，亲笔挥毫，在每张请柬上用毛笔签署自己的名字。目的是把香港招商局这块百年老牌子打出去，打响亮，从中传递内地的重要信息，

图 1-3 1978 年 11 月 1 日，招商局在香港富丽华酒店举行招待会，介绍袁庚与中外人士见面

展示内地决心打破闭关自守的开放姿态。袁庚早为香港老一辈人士所熟知，此次衔命来港，在香港各界引起不小的反响。这次招待会在招商局的历史上也是"亘古未见"。这标志着由袁庚担任主演的铸造百年招商第二次辉煌的历史大剧正式拉开帷幕，招商局由此走上"立足港澳、背靠国内、面向海外、多种经营、买卖结合、工商结合"的发展之路。

四、跳出香港向外求发展

袁庚上任后第一件事就是传达中央指示和交通部党组的《关于充分利用香港招商局问题的请示》报告，研究贯彻落实的具体办法，对香港招商

局大行整顿。然而，袁庚发现，要真正落实中央的方针困难很大。当时的招商局在香港只有一个仓库、一幢小楼和一个很小的修船厂。根据当时国际市场的特点，袁庚认准招商局要发展成为一个多元化的大型跨国集团公司，必须要做到两条：一、必须扩大船舶的修造业务；二、必须增加中流作业的能量。但要做到这两点，都必须有一块较大的场地来建设一个后勤服务基地或加工区。但袁庚之前通过调研发现，香港的土地竟然比黄金还贵，当时在香港难以找到一块物美价廉的土地。袁庚也曾想过到澳门或新界离岛去，但澳门和离岛要么电力不足，港口水浅，要么交通不便，难以发展起来。

　　袁庚第一次在与香港招商局的董事及部门经理开会时就提出：现在，中央吹起了改革之风，我们为什么不乘着东风好好做一些有益的事情呢？还在调查时，我就和部分同志交换过意见。我们的本行是航运，就要搞与航运有关的业务。能不能先把拆船、修船、轧钢等工业搞起来？不能困守一隅，要弄一块地皮来施展拳脚，找一块风水宝地来开工厂。[1]袁庚在会上就在宝安县附近搞一个后勤服务基地征求大伙意见。袁庚告诉大家前些日子他在香港、澳门找地困难重重的情况，希望大家的思路能够跳出香港，寻求一个更大的发展空间。袁庚赴香港上任前，曾回过一趟阔别数十年的家乡宝安县大鹏镇水贝村。[2]家乡大量青壮年偷渡香港，造成村里破烂不堪，大量田地荒芜，许多乡亲家徒四壁。作为一名老共产党员的袁庚心里有一种说不出来的痛苦滋味。同时，袁庚刚到香港不久注意到一个奇怪的现象，就是招商局的船不经过任何检查，也不用办任何手续，可以直接进出香港码头，在内地与香港之间往来非常方便。袁庚觉得这是一个非常便利的条件，有利于在靠近香港的地方搞个基地。袁庚还想到，如果利用广东的土地和劳力，加上香港和国外的资金、技术、专利和全套设备等，将会同时拥有内地和香港两方面的有利因素。由此，袁庚和招商局的同事们萌生了在与香港隔水相望的宝安县找块地方建立一个出口加工基地的想法（图 1-4）。

　　为此，袁庚与招商局同事抓紧收集世界各地举办自由贸易区、出口加工区的信息和做法。自由贸易区已有一百多年的历史，出口加工区的发展也近二十年了。在海外，不管自由贸易区，还是出口加工区，都在不同程度对繁荣当地经济、扩大劳动就业、扩大出口和促进本国工业建设有所助益。[3]1978 年，联合国工业发展组织曾召开世界出口加工区会议，并成立世界出口加工区协会。

　　同时，袁庚和招商局同事也了解到，中央正酝酿启动改革开放，1978

① 涂俏：《袁庚传：改革现场（1978—1984）》，深圳：海天出版社，2016 年，第 21 页。

② 陈禹山、陈少京：《袁庚之谜》，广州：花城出版社，2005 年，第 122—123 页。

③ 招商局集团办公厅、招商局史研究会：《袁庚文集》，2012 年 9 月编印，第 46 页。

年 5 月国家计委和外贸部港澳经济贸易
考察团曾向中央提交一份考察报告《港
澳经济贸易考察报告》，该报告吸收中
共广东省委的意见，建议把靠近香港和
澳门的宝安和珠海划为出口基地，力争
三五年里建设成为对外生产基地、加工
基地和吸引港澳客人的旅游区，该报告
得到中央领导的高度重视。1978 年 10
月中旬，交通部部长叶飞曾专门交代
袁庚，要与广东省负责同志商谈在大鹏

图 1-4　1978 年招商局领导班子在香港的办公室讨论问题

湾建厂的设想。因此，袁庚决定立即找广东省领导，商谈在宝安县选址举
办工业区的具体设想。

　　1978 年 11 月 22 日下午，袁庚带领香港远洋轮船公司总经理张振声、
招商局发展部经理梁鸿坤等人北上广州，与中共广东省委书记、省革委会
副主任刘田夫商谈在广东省沿海邻近香港边境地区筹建招商局出口加工区
的问题。会谈在广东省革委会小会议室里进行。刘田夫当时分管广东省的
工业，和袁庚是老相识，两人是两广纵队的老战友。在解放战争时期，刘
田夫曾任两广纵队政治部副主任，袁庚任司令部作战科科长、炮兵团长，
时有来往。1949 年后，袁庚调去北京工作，而刘田夫一直在广东省工作。
参加会议还有省革委会副秘书长陆荧、省革委会办公厅副主任杨青山、省
外贸局局长冯学彦、省计委加工装配办公室副主任王奇、李逊等。袁庚介
绍了党中央、国务院批准交通部党组《关于充分利用香港招商局问题的请
示》的情况，以及准备在香港多办企业的情况，但因为香港地皮太贵，劳
动力也贵，交通部党组、叶飞部长考虑把原拟建在香港的大部分企业移到
香港和广东边界的广东一边，想在广东省沿海选个地方发展与航运相关的
工业和后勤服务项目。这样既可以免受香港地皮、劳动力价格贵之苦，大
大降低生产成本，又可以利用香港和国际市场的资金、技术、设备、管理
经验和产品销售诸方面的便利，还可以为广东解决一部分就业问题。这与
中央、广东省正在酝酿的建立出口加工基地的想法不谋而合。此时，广东
省正在思考如何利用毗邻港澳优势，发展广东经济的问题，正在着手把
宝安、珠海两县建设成为具有相当水平的工农业结合的出口商品生产基
地，成为吸收港澳游客的旅游区，成为新型的边防城市。听完袁庚的陈述
后，刘田夫当即表示鼎力支持，说你们有什么困难尽管提出来，他想办法

解决。双方原则上同意在广东省大鹏湾一带选择适当地方，作为招商局发展工业区用地，该工业区将由招商局参考香港的做法进行经营管理。双方商定，此事在交通部部长叶飞同志下个月出国考察经香港到广州时再作进一步商讨和决定。①袁庚对刘田夫说："曾生同志曾经向我交代，在广东宝安筹建工业区之事，如果刘田夫同志支持就干，不支持就不干。"刘田夫同志说："这是大好事，有利于国家和广东现代化建设，我当然支持！"②刘田夫后来说："我听了袁庚介绍招商局的经营方针和筹建工业区的构想之后，感到十分振奋，觉得他们的构想很有胆识，很有气魄，和我们建立出口特区的设想不谋而合。当时，我正为办出口基地而操心，老是考虑如何开局，树立几个样板的问题，现在招商局主动找上门来，这真是求之不得的好事。"③

　　1978 年 12 月初，为了及时了解袁庚及其提出的计划是否可行，招商局能不能发展，叶飞派出一个四人工作组赶赴香港招商局进行考察。组长王大勇，局级干部，副组长孙绍先，基建司工程师。这个小组名义上是技术交流小组，事实上是来调查袁庚和招商局新班子的。因为，此时关于袁庚的告状信不断飞往北京，有人告他经营"独立王国""里通外国""胆大妄为""独断专行"等等。叶飞不希望在这个问题上有丝毫闪失，所以派出调查组到香港招商局，调查组与叶飞单线联系。在揭发袁庚的告状信中，有一封信说他不顾招商局大多数干部的意见，不在广州选址而要在他老家宝安县搞，是狭隘的地方主义、家乡观念。孙绍先通过调查搞清楚，这个所谓"多数"是招商局内大多数来自广州远洋公司的干部。这些同志中有个别同志有自己的考虑，反对袁庚在宝安选址。大约一个月后，孙绍先独自一人返回北京，在叶飞安排下，向交通部党组汇报关于招商局新班子的调查情况，汇报内容主要有两点：一是招商局可以而且应该发展，发展航运以及与航运有关的工业；二是香港无地可用，只有在国内，在广东发展。④

　　1978 年 12 月 14 日，叶飞与国家经委副主任郭洪涛一行抵达香港。此前，11 月 17 日至 12 月 12 日，叶飞、郭洪涛率团出访荷兰、联邦德国、比利时三国，考察了鹿特丹、安特卫普、汉堡等六大港口。这些国家的政府官员和经济界人士，几乎无一例外地表示愿意向中国提供技术、设备和资金，与中国发展经济合作，急切地想和中国做生意，为资金寻找出路。叶飞在访欧期间，接到香港招商局的电报，要他和郭洪涛返国途中，在香港作短暂逗留，听取香港招商局工作情况汇报。16 日下午和晚上，叶飞听取招商局工作汇报，会后参观了重点企业。叶飞在香港了解到，招商局有

①《叶飞传》（下），北京：中央文献出版社，2007 年，第 893—894 页。

②《经济特区的建设》，北京：中国文史出版社，2009 年，第 17 页。

③ 刘田夫：《蛇口的开发和深圳特区的早期建设》，《人民政协报》2008 年 6 月 26 日。

④ 涂俏：《袁庚传：改革现场（1978—1984）》，深圳：海天出版社，2016 年，第 46—48 页。

关买船、远洋运营、修船、船舶代理、仓库、码头等工作，都有相应发展。友联船厂正在扩建。准备新建的企业有集装箱厂、钢丝绳制造厂（与港商合作）、无线电导航仪器厂（与日商合作）、玻璃纤维厂（与英商合作）、油漆厂、铲锈油漆厂（与港商合作）、冷藏工程公司（与港商合作）、船舶物料公司、船舶伙食烟酒公司，另外还打算筹建氧气厂、新加坡修船厂、建筑公司等。拆船厂占地面积大，在香港买地皮太贵。招商局总经理金石说：拟与广东省和日商在广东大鹏湾一带兴建，投资比例为招商局占四成，广东省和日商各占三成，引进日本技术。

　　听了袁庚等人的汇报，叶飞非常满意。他表示："同意你们这么办，是符合中央精神的。在宝安县沿海地区选择一个适当的地址，划作工业区，兴办有关工业企业，立即就办。我这次就和广东省委商谈这个问题，交通部与省委可根据商谈的意见，联合向中央写报告。"[1] 郭洪涛此前对交通部利用招商局的规划知之不多，听了袁庚他们汇报后深受鼓舞，说："你们的设想和规划很好，按中央指示办吧，在广东大鹏湾一带划个工业区（那时没有叫"特区"的问题），广东省委同意后，向中央写个报告。你们可以把这里作交通部的技术后方，内地搞不了的在这里搞，国内培训不了的到这里培训，作为交通部的基地。"[2] 叶飞对郭洪涛说："让我们和广东的同志们一起，快点在大鹏湾把工业区搞起来吧"。[3] 叶飞接着又对袁庚他们说："立即就办。"叶飞作为一位开国上将，能有这样的开放思想和办事魄力，实在令人钦佩。一个月后，中国共产党十一届三中全会在北京召开。

　　1978 年 12 月 18 日，在香港逗留五天后，叶飞与郭洪涛、招商局总经理金石、张振声一起抵达广州。在广东省委招待所与中共广东省委书记、省革委会副主任刘田夫和中共广东省委书记、广东省革委会副主任王全国进一步商谈筹建工业区事宜。参加商谈的还有专程从北京赶到广州的交通部第一副部长、招商局董事长曾生。叶飞认为曾生在抗日战争前担任过香港海员工会书记，抗战时期是东江纵队司令员，熟悉香港和东江地区的情况，宝安县是东江纵队的基本活动地区，他现在又是招商局的董事长，所以叶飞把他请来一起与广东省领导商谈。

　　这次会议已转入实质性商谈，主要是讨论工业区的选址、初期用地面积、原材料、产品购销和境外技术人员进出工业区的手续，初期所需非技术工人数额等问题。会上，金石首先汇报了招商局筹建工业区的设想，并提出了要请广东省解决的问题：（1）初期筹建工厂用地 10 万—15 万平方米；（2）原材料进口、产品出口免税放行，工厂聘用的国外技术人员进入工业

[1]《叶飞回忆录》（下），北京：解放军出版社，2014 年，第 229 页。

[2]《叶飞回忆录》（下），北京：解放军出版社，2014 年，第 228—229 页。

[3]《叶飞传》（下），北京：中央文献出版社，2007 年，第 894 页。

区时要简化签证手续，给予较长的居留权；（3）初期所需的非技术工人 800—1000 名及以后随着生产发展需要增加的工人，请省革委会抽调安排。刘田夫态度很积极，当即表示：征地、用地、拆迁、基建、招工等问题，凡是在广东省革委会权力范围内能解决的问题，我们责无旁贷，全力帮助解决。除第二点省革委会无权允诺外，一、三两点都好解决。具体问题广东省革委会指定陆茨、曾定石同志与招商局金石、张振声同志商谈。叶飞建议由交通部和广东省根据商谈情况，联合向中央写报告。关于工业区的选址，招商局提出拟到毗邻香港的宝安县沙头角、蛇口、大鹏湾三个公社实地察看，然后根据三地的地理、经济条件及水电供应情况再作决定。王全国提出：招商局搞工业区，要有配套设备，包括水、电、码头、道路和相应的福利、文化、医疗设施等。金石说：水、电要地方解决，码头由工业区解决，有关福利、文化、医疗等设施可随生产的发展，逐步解决。至于员工工资，最好根据按劳分配、多劳多得原则，实行计件工资。工资额以不高于每人每月 200 元人民币（包括工人福利金及生产奖金），由招商局以外币付给广东省换取人民币发给工人。那年月，月工资 200 元，只有老资格"县太爷"才能拿到这样的工资。刘田夫、王全国不约而同地说："可以。"双方都有准备，谈得很顺利。叶飞见主要问题都谈到了，均无异议，遂对金石他们说：那下一步由你们和广东省革委会的同志根据商谈的情况，联合向中央写个报告。[①]

　　1978 年 12 月 21 日至 23 日，袁庚委派招商局总经理金石带领张振声、朱士秀和友联船厂厂长陈松、香港远洋公司部门经理张鸣、招商局发展部主任许康乐等 6 位同志在广东省革委会办公厅彭鹏、宝安县革委会副主任杨克陪同下，先后到宝安县的蛇口公社、大鹏湾公社和沙头角、盐田地区作实地考察。12 月 21 日上午，他们首先来到宝安县委县政府所在地深圳镇，受到宝安县委副书记李定的接待，然后在彭鹏、杨克等 4 人陪同下前往现场考察。当天下午，考察组由深圳镇西行，先来到蛇口公社。蛇口公社所在的蛇口镇，坐落在荒寂的海边。蛇口公社位于珠江出海口东侧的南头半岛上，约 30 平方公里。与香港元朗、流浮山隔海相望，著名的伶仃洋就在附近。蛇口因蛇口山而得名，这里有一组形同蛇头伸向南海的小山，包括南山、太子山、蛇口山和其他一些小山丘，连绵数公里，宛如一条巨蛇。站在香港新界的元朗山畔，对岸的深圳南头半岛南高宽、北低窄，形似出洞的蛇头，东侧山嘴，像张开的蛇口，故称为蛇口半岛。蛇口半岛分布着蜿蜒曲折的九个海湾，陆域多为丘陵或小块平地（图 1-5）。他们实地

① 香港招商局编：《广东省深圳特区招商局蛇口工业区文件资料汇编》（第一集），1981 年，第 47—49 页；吴殿卿：《叶飞与"蛇口模式"》，《党史博览》2013 年第 2 期。

查看了南水村、五湾、六湾等处，张振声、
陈松特地爬上山头，远眺蛇口一带的地形
地貌。他们借来一条船，在蛇口修船厂一
位老师傅帮助下测量海水深度。陈松后来
还专门乘坐招商局的交通艇从香港中环到
蛇口进行水上测量，香港到蛇口距离约 27
海里，航行时间约 1 个小时。12 月 22 日，
考察组由深圳镇东行，到大鹏湾、大亚湾
考察一天。12 月 23 日上午，他们又到沙
头角、盐田考察。他们每到一处，便下车
做实地查看，向当地居民询问了解情况，
进行目测和步测。

图 1-5　1978 年蛇口三至六湾地貌图

　　经过实地考察和相互比较，考察组认为，选择蛇口公社滨海地带为工
业区的地址更好。盐田水深港宽，宜建深水港，大亚湾海域辽阔，环境优
美，但这两处都缺淡水和电力，且道路不通，交通不便，如开发，初期投
资额巨大、工程量巨大。而蛇口公社的白泥湾和虎地（即六湾）两处海滩
条件比较好，地势平缓，容易开发。一是白泥湾建有白泥水库，可解决开
发初期的淡水供应问题；二是蛇口公社计划兴建发电厂，将来可就近供电；
三是海岸边可兴建码头，便于船舶通航；四是修 8 公里长的公路，即可与
省公路网连接，便于汽车运输；五是靠近蛇口镇，便于生活供应；六是占
用农田仅 280 亩，青苗补偿费不多。[①]

　　1978 年 12 月 24 日，招商局的金石、张振声到广州向中共广东省委书
记、省革委会副主任刘田夫汇报了他们在宝安三地实地察看选址的情况，
正式提出选择宝安县蛇口公社开设工业区的建议。他们认为选择蛇口公社
兴建工业区有下列有利条件：一是靠近电网，用电较易解决；二是有白泥
水库供应食水，淡水不足时可建渠道引进沙河水；三是占用农田不多；四
是靠近蛇口镇，较易解决生活供应问题；五是水陆交通较便利，离香港中
区只有20多海里。缺点有：一是海滩水浅，离岸二百米处涨潮水深仅 5 米。
退潮时水深仅 3 米；二是距离后海湾养蚝场仅 2 公里，要注意防止海水污
染，在建厂时必须解决污水处理问题。刘田夫代表广东省委、省革委会同
意招商局选择蛇口公社开设工业区。他说："招商局是交通部驻香港的机
构，不是资本家。对充分利用香港招商局问题，交通部已有文件，且经中
央批准。应放手让招商局干，先干起来再说，然后总结经验，进一步发展。

① 参考张后铨编著：《招
商局与深圳》，广州：
花城出版社，2007年。

① 香港招商局编：《广东省深圳特区招商局蛇口工业区文件资料汇编》（第一集），1981年，第49—50页。

招商局干起来了，对地方也是一个很好的促进。"① 广东省革委会办公厅的陆荧、王奇、魏震东等参加了这次会议。

1978 年 12 月 26 日，袁庚带领张振声、朱士秀、梁鸿坤、陈松、许康乐等人搭乘招商局"海燕八号"交通艇从香港中环码头驶向宝安县蛇口公社作实地考察。交通艇在蛇口水产码头靠岸（图 1-6、图 1-7）。所谓码头不过是半截残旧的突堤，艇上的人必须迎面爬上三四格铁架梯子才能上岸。这里既无海关设施，也无边防检查站，只有一个穿制服的海关关员站立在突堤上等他们。袁庚大步跨过铁梯站在突堤上，与前来接站的海关关员李发辉握手致谢。李发辉为他们一一验证、盖章和放行。袁庚、张振声、朱士秀、梁鸿坤、陈松、许康乐等人被一一验行进关，踏上了蛇口公社这块土地（图 1-8、图 1-9）。袁庚一行顺着码头向西行，被带到蛇口公社办公楼，蛇口公社党委书记郑锦平接待他们。一阵寒暄过后，郑锦平随即带领袁庚他们四处转转看看。郑锦平带袁庚他们抄近路走到白泥湾（也叫五湾），那间修船厂就在这里（图 1-10）。因为是周末，修船厂空无一人。1978 年之前宝安县蛇口公社所在地蛇口镇，坐落在荒滩边，全镇人口不足千人，由农民、渔民、蚝民共居，街上基本上见不到男人，只有老弱妇孺瑟缩在门前或墙角。袁庚他们这群穿着西装的港客走在小街上反倒显得十分刺眼。镇上还有一间渔民小学，小学操场上堆放着一箱箱从香港北角电厂拆下后运过来的旧机器，原来是来自香港北角电厂旧的 5×3 万千瓦发电机组。1978 年，广东省电力工业局派火电安装公司低价购买和拆运回深圳蛇口，拟作为建设宝安电厂的一部分机组。原本是买下来兴建发电厂的，只是不知为何迟迟没有动工，机器日晒雨淋，变成一堆废铁。后来，5 台发电机调给变电站改作调相机，大部分设备作报废处理。此时，仅有一条从深圳南头输电的农

图 1-6　开发前蛇口的码头

图 1-7　开发前的蛇口水产码头

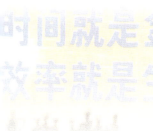

图 1-8　1978 年底，袁庚等人在蛇口公社考察

图 1-9　1978 年底，袁庚与梁鸿坤到宝安县大鹏镇、沙头角、蛇口公社进行实地勘察

用架空线。小小的木头电线杆歪歪斜斜，已经老化的细细的电线耷拉着，把少得可怜的宝贵电力输送到蛇口这个荒僻的渔村。镇上有一条狭窄的铺着碎石的老街，200 米左右，街两边是曲折、破败的红砖瓦房，路面坑坑洼洼，连厕所和洗脸水都没有（图 1-11）。小镇上没有任何工商业基础（图 1-12），只有十多家杂货小商店和几家为流动渔民服务的简陋场所。贫穷、落后是这个小镇的基调，大部分村民过着"日出而渔，日落而息"的生活。街上的建筑全为平房，杂乱而陈旧，海滩上到处是垃圾和蚝民丢弃的蚝房。镇上只

图 1-10　1978 年 12 月，位于蛇口五湾的蛇口白泥船厂

有一条泥巴路通向宝安县城所在地深圳墟镇，道路坑坑洼洼，崎岖不平，来往深圳墟镇非常不易。不远处还有一片晒鱼场，散发出阵阵腥臭，苍蝇在周边漫天飞舞。当地曾流传这样一句话："蛇口的苍蝇，南头的蚊，又大又狠吓死人。"明清两朝曾实施过严格的海禁。[1] 20 世纪 50 年代初，香港往来蛇口的班轮停止通航，沿海全面施行"政治边防"，经济的发展受到严重制约。到 70 年代末，"逃港"问题非常严重。1963 年，此地改为宝安县蛇口（水产）公社，含 7 个生产大队 1000 多人。青壮年大部分逃往香港，农田基本上已经荒芜。那时的蛇口与香港只有一湾之隔，与香港新界西北部隔海相望，但两地在发展上却相差巨大（图 1-13、图 1-14）。由于这种巨大的差距，多年来蛇口地区都是非法偷渡香港的出发点之一，每年的

① 陈禹山、陈少京：《袁庚之谜》，广州：花城出版社，2005 年，第 127—128 页。

图 1-11　开发前的蛇口老街

图 1-12　1978 年 12 月 蛇口渔民村

夏天，这里便成为内地偷渡者的聚集地。这里是非法越境者游水偷渡到香港的出发点（图 1-15），不少偷渡者的尸体被潮水送回蛇口海滩。以至于当年第一批踏上这块土地的建设者们要做的第一件事，就是掩埋偷渡者的尸体。郑锦平告诉袁庚，1969 年外逃风盛的时候，郑锦平任公社革委会副主任兼蛇口养蚝场场长，一个 3000 人的养殖场，一天偷渡者竟有 30 余人。1973 年，郑锦平每天早晨五六点钟例行巡视海岸线，从后海海岸到赤湾沿线七八公里的路程，最多一次发现八具尸体。特别临近年底，逃港风潮有愈演愈烈之势。有一则谣言说，因纪念伊丽莎白女王登基，凡在 1978 年底非法进入香港的内地人都将获得大赦。据不完全统计，1978 年 1 月至 11 月 20 日，宝安县共外逃 1.38 万人，逃出 7037 人。其中 8 月份以后外逃的 1 万多人，逃出 5400 多人。全县逃出大、小队干部 121 人。另据有关方面统计，1978 年在宝安县就堵截收容外逃人员 4.6 万多人。[1]郑锦平说，这边劳动一天的工分值几角钱，香港那边打工一个月赚 2000 多港币，差距实在太大。

　　袁庚听后，不让郑锦平继续说下去。袁庚清楚，如果不把经济搞上去，这样的噩梦还会继续下去。如果我们用"经济边防"代替"政治边防"，把蛇口经济搞上去，外流偷渡的人自然就会回来的。袁庚对金石、朱士秀几个表示同意他们几个的观点，这个地方不错，容易开发，见效快，海岸边还可以兴建码头，方便船舶通航。当时港督麦理浩希望袁庚能够在香港大揽角兴建货运码头，袁庚想拿下这个地方，但商谈的条件并不优惠，也就迟迟没有表态。他同意选择隔海相望的蛇口，还有一个原因是，万一不成功，万一政策有了变动，不允许搞下去，也是肉烂在锅里，码头、设备等都还在内地。在蛇口，从国家来讲，损失也不会太大。他对郑锦平说：失败了，招商局的东西都留给你们。[2]袁庚应蛇口公社党委书记郑锦平的邀

① 李成刚、张孔娟：《袁庚：蛇口风云》，《中国经济时报》2015 年 1 月 12 日。

② 涂俏：《袁庚传：改革现场（1978—1984）》，深圳：海天出版社，2016 年，第 44 页。

请，在公社食堂共进午餐。1981 年 5 月，袁庚在国务院特区工作会议上说："蛇口工业区位于后海湾西北部，珠江口东岸，东距深圳市区 30 里，与九龙的元朗和流浮山只有一水之隔，离香港中区只有 20 海里，水路交通十分便利，地理环境非常优越，是建设工业区的理想地方。"①

根据叶飞、曾生、刘田夫、王全国等商定的事项，招商局代广东省革委会和交通部起草的向中央请示的报告，袁庚请朱世秀写了第一稿。1979 年新年期间，袁庚把自己关在职工宿舍里，在金石修改稿的基础上，又反复推敲修改。

1979 年 1 月 3 日，袁庚主持招商局领导班子会议，经过反复斟酌、修改，完成报告初稿。袁庚说，要抓紧时间送广东省、交通部修改、审定，越快越好。

1 月 4 日，招商局的张振声、梁鸿坤赶到广州，与广东省革委会副秘书长陆荧和杨青山等共同修改向中央提交的请示报告，随即飞往北京。

1 月 5 日上午，张振声、梁鸿坤向交通部副部长兼招商局董事长曾生作了汇报，曾生审阅了这一文件草稿并亲自作了修改。下午，张振声、梁鸿坤随即飞回广州，把文件送到广东省革委会，刘田夫当即审阅签批："拟同意，请全国同志、定石同志阅示。"

1 月 6 日，广东省革委会副主任王全国、曾定石先后审阅该文件草稿，并签批表示同意。广东省革委会 1 月 6 日当日即予签发。

1 月 9 日，由广东省革委会将《关于我驻香港招商局在广东宝安建立工业区的报告》草稿铅印为正式文件，并盖上广东省革委会印章。

1 月 10 日，招商局派专人将广东省革委会签发的《关于我驻香港招商局在广东宝安建立工业区的报告》（粤革发〔1979〕4 号文）送达交通部，

图 1-13 开发前的蛇口海滨

图 1-14 开发前的原居民住房

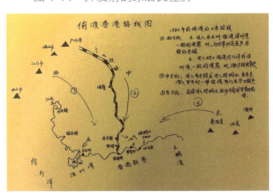

图 1-15 偷渡香港路线图

① 袁庚：《招商局蛇口工业区工作汇报——在国务院特区工作会议上的发言》（1981 年 5 月），招商局集团办公厅、招商局史研究会：《袁庚文集》，2012 年编印，第 40 页。

① 参考涂俏：《袁庚传：改革现场（1978—1984）》，深圳：海天出版社，2016 年，第 45—46 页；张后铨编著：《招商局与深圳》，广州：花城出版社，2007 年，第 31—32 页；《辑录蛇口：招商局蛇口工业区（1978—2003）》，2004 年 12 月编印，第 7—8 页。

由交通部部长叶飞签发加盖交通部印章后呈报李先念副总理、国务院并报党中央。①如图 1-16 所示。

关于我驻香港招商局在广东宝安建立工业区的报告（略）

先念副总理并国务院：

　　为了贯彻华主席、党中央对交通部《关于充分利用香港招商局问题的请示》的批示："立足港澳，依靠国内，面向海外，多种经营，工商结合，买卖结合"的方针，我驻香港招商局要求在广东宝安县邻近香港的沿海地带，建立一批与交通航运有关的工业企业。经我们共同研究，一致同意招商局在广东宝安境内邻近香港地区的地方建立工业区。

　　现将情况和意见报告如下：

　　一、招商局初步选定在宝安蛇口公社境内建立工业区，这样既能利用国内较廉价的土地和劳动力，又便于利用国外的资金、先进技术和原材料，把两者现有的有利条件充分利用并结合起来，对实现我国交通航运现代化和促进宝安边防城市工业建设，以及对广东省的建设都将起积极的作用。

　　二、招商局工业区的建设工程项目有：货箱（集装箱）制造厂、钢丝绳厂、玻璃纤维厂、拆船厂和氧气厂等五个厂。占地约 300 亩，需用劳动力，第一期 1000 名，今后发展到 3000 名，由广东省安排解决。

　　三、这一工业区可作为宝安市区②的一部分。但工业区的建设和管理，由招商局负责。按照"参照香港特点，照顾国内情况"的原则进行管理。工业区的党政工作、治安管理、生活供应等由广东省宝安市负责。

　　四、工业区第一期建设由招商局投资人民币 7000 万元至 1 亿元（约 2 亿至 3 亿港币）。所需建筑材料和设备，由招商局负责。产品以出口为主。利润按三七分成，即广东占三成，招商局占七成（包括与外商合作的分成）。

　　五、工业区拟从一九七九年上半年踏看测量设计，下半年开始建设，一九八〇年上半年建成投产。

　　六、这一工业区进口的建设施工设备、建筑材料、生产用的原材料、燃料和该工业区工人的生活必需品，以及出口产品和厂房建成后调

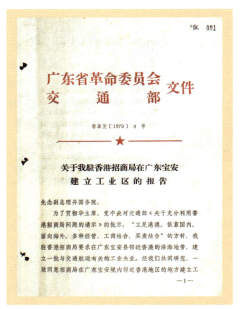

图 1-16　1979 年 1 月 6 日，广东省革委会与交通部呈报国务院《关于我驻香港招商局在广东宝安建立工业区的报告》

② 当时广东省委已决定将宝安县改为省辖市，可能起初定名为"宝安市"。实际上后来宝安县改为深圳市。

走施工设备等，参照国务院关于颁发《开展对外加工装配业务试行办法》第四条规定，免税放行。招商局在这一工业区聘请来的外国技术人员和招商局来往的工作人员，出入边境签证手续应从简，具体办法另订。①

　　当否，请批示。

广东省革命委员会　　交通部

一九七九年一月六日②

① 林亚杰主编：《经济特区的由来》，广州：广东人民出版社，2010年，第275—276页。

② 香港招商局编：《广东省深圳特区招商局蛇口工业区文件资料汇编》（第一集），1981年，第8—10页。

　　为了让国务院领导同志了解香港招商局建立蛇口工业区的设想和计划，争取国家领导人的支持，交通部党组决定让袁庚进京当面汇报。袁庚接到交通部里的通知，比预定时间早了一个星期飞进北京，在述职汇报后，焦急地等待中央领导的召见。

　　交通部基本建设局原副处长、教授级高级工程师，后任蛇口工业区管委会委员、总工程师室副主任、总工程师的孙绍先回忆说：

　　1979 年元旦过后，袁庚到北京开会，向交通部汇报蛇口工业区建设设想。部长叶飞召集交通部内十几个司局长参加会议。我所在的基本建设局局长是李浩然同志，当时他级别很高，是九级干部。那天下午四五点钟，我接到他的电话："小孙，过来一下，下午有个会，我有事，你代我开。"我进会议室一看，我是最后一个到的。会上，袁庚打开海图，说部长派我到香港，那里地很贵，我找不到地方，就在香港对面的宝安要了一块地，可以搞个后方基地，建油漆厂、缆索厂、帆布厂、轮胎厂，为航运服务。蛇口渔人码头是上岸的地方，不过是"箱子海关"，印章都放在海关人员皮箱里，随手掏出来就给人盖。香港方面的商人说，这太随便了，哪像海关的样子。袁庚说，要香港人过来，当务之急是在蛇口建一个工业区，首先要建一个码头。没有一个司局长当场同意袁庚的看法。有的抽身离席，有的说海泥淤塞严重，你招商局有那么多钱搞疏浚吗？大家都表态了，叶飞就点我说："你还没代表基建司发言呢。"我听了袁庚的报告，很认同他的思路，于是就讲了三点意见：一是珠江是中国最清的河流；二是地球自转导致蛇口淤泥不严重，疏浚工程不会很大；三是蛇口离岸 3.5—4 公里处，有一条 18—20 米深的水道，是天然良港。我这三点摆明了就是支持袁庚。有司局长反驳我说：你说淤泥问题不大，怎么袁庚报告说还要清淤呢？我说现在的淤泥是在过去千百万年历史中形成的，清理以后就没这么严重了。叶飞最后拍板：按基建局的意见做。③

③《开山第一炮说法的由来》，《深圳特区报》2010 年 1 月 31 日。

① 涂俏：《袁庚传：改革现场（1978—1984）》，北京：作家出版社，2008 年，第 49 页。

1979 年 1 月 26 日，叶飞给李先念副主席去信，请他抽空听取香港招商局袁庚汇报并给予指示。叶飞的信[①]这样写道：

李副主席：

去年十一月至十二月我访问西欧荷、比、西德三国结束后，在返国时经过香港，在香港停留了五天，看了一下在香港的招商局所属单位，并听取了航委同志汇报，他们的工作正在开展，局面已开始打开，正如您的批示所说的，确实是大有可为，大有希望。

袁庚同志（招商局副董事长、港澳工委航委书记）现已由香港回京度春节并汇报招商局工作情况，知道您对香港招商局工作很关心，希望您能抽一个空听取袁庚同志汇报并给予指示。我由香港回国经广州时，已与广东省委商妥在广东宝安地区建立一个招商局的工业区，我部已和广东省革委会联名写了一个报告呈国务院，请您审阅，如可行，望即批示，就可以动手去干了。

顺致敬礼，并贺春节！

叶飞

1 月 26 日

五、中央批准创办蛇口工业区

招商局的请示报告和叶飞的信很快引起中共中央副主席、国务院副总理李先念的高度重视，他与国务院副总理谷牧商量，决定请交通部负责人和香港招商局袁庚到他那里去当面商议这个报告。按国务院春节放假通知，1 月 31 日，大年初四，结束春节假期，各机关单位上班。就在这天，交通部和袁庚接到让他们进中南海汇报工作的通知。年前年后的日子，中央领导都很忙。叶飞和袁庚猜测，至少要到十天半个月以后，才可能安排汇报，没有想到这么快就接到通知。由于叶飞已去天津塘沽新港检查工作，来不及赶回，只好由交通部副部长彭德清和招商局副董事长袁庚前去中南海汇报工作。

1979 年 1 月 31 日，上午 10 时至 11 时 45 分钟，中共中央副主席、国务院副总理李先念和国务院副总理谷牧在中南海李先念办公室接见交通部副部长彭德清、香港招商局副董事长袁庚，听取关于招商局建立蛇口工业区问题的专门汇报。

李先念首先询问招商局的有关情况，袁庚将招商局的历史及现状作了汇报，说如今全部资产仅剩 1.3 亿港元，已到了非变革不能生存的地步。当袁庚汇报到要把香港的有利条件（资金、技术）和国内的有利条件（土地、劳动力）结合起来时，李先念说："现在就是要把香港外汇和国内结合起来用，不仅要结合广东，而且要和福建、上海等连起来考虑。"①

袁庚从灰色的文件夹中拿出一张香港出版的繁体字的《香港明细全图》展开来，细心地指着地图请李先念副主席看，讲解着香港与内地边界线上的情况，并请示说："我们想请中央大力支持，在宝安县的蛇口划出一块地段作为招商局工业用地。"

李先念看着这幅香港地图，含笑着说："给你一块地也可以"。当李先念好像要寻找什么的时候，袁庚立即站起来，从李先念案头的笔筒里抽出一支铅笔递了过去。李先念接过红铅笔在地图上南头半岛的根部用力画了粗粗的两根线条，说道："就给你们这个半岛（指南头以南的半岛）吧！"南头以南的半岛，足足有 30 多平方公里，袁庚顿时大吃一惊，作为一个企业的招商局哪里需要这么大的地盘，要知道当时世界许多国家和地区举办的加工出口区，面积都只有几平方公里，开发 1 平方公里就需要很多钱。事先香港招商局曾测算过，开发 1 平方公里，大概需要 1 亿港元。要多了地，招商局显然无力承受。所以，这份呈交国务院的请示报告明确提出工业区占地约 300 亩，这也是经过招商局反复推敲而得出的数字。李先念要给招商局整个南头半岛，显然袁庚没有思想准备，不敢要，也不能要。因此，袁庚不敢要李先念给的几十平方公里的整个南头半岛，只要了半岛尖上一块名为蛇口的 2.14 平方公里的地方，开发用地大约 300 亩。李先念当年画了圈的那张香港地图的照片，今天仍挂在招商局历史博物馆的墙上。上面清晰可见铅笔和红色的水笔画出的两道面积迥异的版图。李先念原先勾勒出南头半岛的铅笔印迹已经用橡皮擦擦浅了一些，但仍可清晰地看出"划地"痕迹，而他重新在南头半岛南部所画的粗短线条，却非常清楚（图 1-17）。

袁庚回来后在这张地图旁加注：

　　　　1979 年 1 月 31 日，向先念、谷牧同志汇报关于在蛇口建立工业区的设想时带去汇报的地图。先念同志批了就照此办理。从而奠定了开办工业区的基础（法律依据）。

① 林亚杰主编：《经济特区的由来》，广州：广东人民出版社，2010年，第 277—279 页。《李先念副主席、谷牧副总理听取关于招商局建立工业区汇报纪要》（摘要），载香港招商局编：《广东省深圳特区招商局蛇口工业区文件资料汇编》（第一集），1981 年，第 11—14 页。根据中共广东省委办公厅粤办字（1979）14 号文摘录。下同。

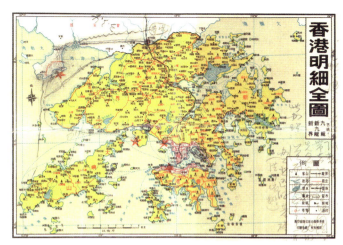

图 1-17　1979 年 1 月 31 日，李先念划给蛇口工业区用地时所用的地图，左上角为李先念用铅笔所画

李先念接着说，"你要赚外汇，要向国家交税，要和海关、财政、银行研究一下，不然你这一块地搞特殊，他们是要管的。'普天之下，莫非王土'嘛！"。当袁庚汇报到和银行、海关没有什么关系时，李先念说："剩下就是要缴税的问题。广东拿了 30%，其实就是缴税。"谷牧插话说："邓小平同志出国时对荣毅仁交代，要他以后不要管政协的事了，专门去研究利用外资，去搞四个现代化，荣毅仁建议成立一个投资公司。小平也批了，但说要和有关部门研究。要同狼打交道，要学会狼叫才成。"李先念问谷牧："请外国专家帮助建设连云港那个会开过没有？"谷牧说："叶部长有个雄心壮志的设想，准备请各国专家到现场考察，进行研究，投标后再定。"李先念说："看起来可以。用贷款建设码头是可行的。连云港我不准备投资，由他们去用贷款搞，我不想给钱了。这样搞还要和海关等单位研究，通通气比较好。应该让叶飞同志闹个'独立性'，我们支持他。"[①]

李先念拍拍手里拿着的请示报告问谷牧同志："对招商局的这个报告，你看怎么办？"谷牧回答说："你批原则同意，我去征求他们（有关部）的意见好了。"

袁庚汇报说："《报告》中关于免税进出口问题是根据国务院颁发的《开展对外加工装配业务试行办法》第四条规定而提出来的。""现在只要中央点个头，在《报告》上面签个字，（这块地皮）价值就大大提高了。"

李先念说："好，我批。"于是，他拿起笔就在报告上批示（图 1-18）：

拟同意。请谷牧同志召集有关同志议一下，就照此办理。

李先念

一九七九年一月三十一日

为什么袁庚不敢要李先念给他的整个南头半岛？后来，蛇口工业区与深圳市发生土地之争时，有人重提此事，认为当初没有将整个南头半岛要下来是一个大错误，但袁庚却不这样认为。

① 《叶飞回忆录》（下），北京：解放军出版社，2014 年，第 232 页。

1984 年 3 月 28 日，袁庚在中央书记处扩大会议（沿海部分城市座谈会）的发言中谈道：

　　1979 年 1 月 31 日，我们向先念、谷牧同志汇报开发蛇口工业区的构思，先念、谷牧同志听了很感兴趣，要把整个蛇口半岛给我们。当时由于思想不够解放，只要了现在的 2.14 平方公里的"弹丸之地"。①

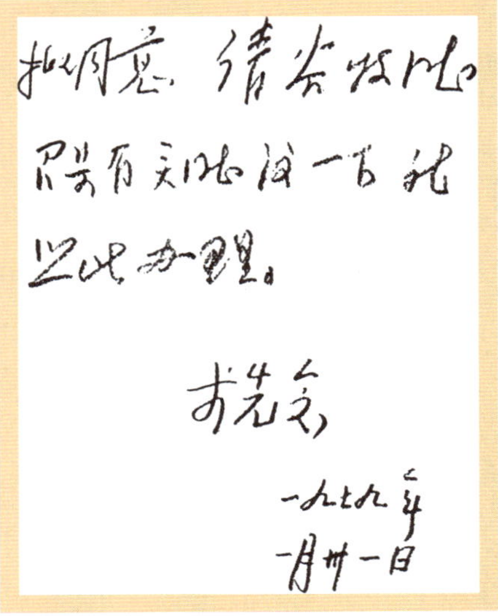

1984 年 7 月 25 日，袁庚在沿海部分开放城市经济研讨会上作了题为《我们所走过的路》的发言时说：

　　1979 年 1 月 31 日，三中全会闭幕不久，我们向先念、谷牧同志汇报开发蛇口工业区的构想，先念、谷牧同志听了很感兴趣，要把整个蛇口半岛都划给我们。当时我们思想不够解放，只要了现在的 2.14 平方公里的"弹丸之地"。②

1985 年 12 月 25 日，袁庚在国务院特区工作会议上发言再次谈到这件事：

　　我们工业区是小小的。在开发之前，先念、谷牧同志很慷慨，要给整个南头半岛，但我们只向广东省要了 1 平方公里。搞了 6 年，现在才拓大开发了 4.5 平方公里。有些新来的同志埋怨我们，说我们前几年太客气了，为什么不要几十平方公里，搞一个大大的宏伟规划？说实在话，这不是我们想要不想要的问题，而是一个敢要不敢要的问题。表面上看来，气派不大。但是比较稳妥，可以避免投资太多，周期太长，规模过大的风险。③

1999 年，袁庚接受记者谈《蛇口十年的辉煌》时这样描述：

　　说到在蛇口划出一块地段作为招商局工业用地时，李先念说："给你们一块地也可以，就给你这个半岛吧。"当时，我们就要了蛇口两平方公里的地方。后来，蛇口与深圳发生土地之争，丁宁宁说我犯了一个不可饶恕的错误，没有顺口将整个南头半岛要下来。现在回想起来，这不是想要不想要的问题，而是一个敢要不敢要的问题。在一片荒滩上开发一平方公里，总投资就得 1 亿元。如果我们当时铺开一个大摊

图 1-18　1979 年 1 月 31 日，李先念对招商局创办蛇口工业区请示的批复

① 袁庚：《在沿海部分城市座谈会上的讲话》（1984 年 3 月 28 日），招商局集团办公厅、招商局史研究会：《袁庚文集》2012 年 9 月编印，第 73 页。

② 袁庚：《我们所走过的路》（1984 年 7 月 25 日），招商局集团办公厅、招商局史研究会：《袁庚文集》2012 年 9 月编印，第 104 页。

③ 袁庚：《在特区工作会议上的发言》（1985 年 12 月 25 日），招商局集团办公厅、招商局史研究会：《袁庚文集》，2012 年 9 月编印，第 166—167 页。

子，一下子开发几十平方公里，很有可能就陷进去拔不出来了。那么几十亿的债留给谁来还呢？①

2004 年夏，袁庚接受记者，也是《袁庚传》一书的作者涂俏采访时这样描述：

> 2004 年一个初夏午后，我和袁庚坐在一块神聊，谈及蛇口工业区早期用地，我清晰地感觉到，有一种遗憾穿透他的骨髓。这一天，他再一次提起他此生最大的遗憾——李先念给他整个南头半岛，他只敢要蛇口 2.14 平方公里、开发用地约 300 亩这么个范围。
>
> "我当时怎么敢要整个南头半岛呢？我要这么一小块蛇口，也是蛮大的一块土地了。国家能够给予一个企业这么大的自主权，作为一个领头人，我是要负责任的。"直到他离休之后，万事都能放得下的时候，他还能感受到当年的压力。开发 1 平方公里土地，时价将近 1 亿元，国家不给投资，全靠企业自筹，对一个资金仅有 1.3 亿的驻港企业来说，并非易事。"这不是我们想不想要的问题，而是一个敢不敢要的问题。"袁庚坦承："我没那么大的胆量。"
>
> 晚年袁庚回忆当年，检讨自己有"三大遗憾"，不敢吃下约 36 平方公里的南头半岛，为其第一大遗憾。②

2008 年，袁庚在接受《南方都市报》采访再次说到这件事：

> （当时）我向中央写了一个报告，说招商局成立 107 年，到现在几乎什么都没有，我不要一分钱，希望国家给我一块地。李先念用笔将整个南头半岛都画进去了，但当时我不敢要。实际上当时不是我们想要不想要的问题，而是一个敢要不敢要的问题。蛇口是我国第一个没有纳入国家计划、没有国家拨款进行国土开发的工业区。蛇口是由企业自筹资金，自担风险来搞开发和建设。我们来自国家的唯一的财源是招商局直属机构五年利润不上交，总共也才 5000 万人民币。但当时的蛇口是一片荒山野岭，开发一平方公里的投资要花将近一个亿。而当年手头上的资金仅为投资总额的 1/8，其余的钱都是从银行，主要是从香港银行借的。如果我们当时要了整个南头半岛，一下子铺开一个大摊子开发几十平方公里，很有可能就陷进去拔不出来了。到那时，几十亿的债留给谁来还呢？③

其实，当时袁庚不敢要这么大的地方，与他了解海外举办出口加工区

① 何文辉记录整理：《袁庚谈蛇口的十年辉煌》，《百年潮》1999 年第 2 期。

② 涂俏：《袁庚传：改革现场（1978—1984）》，北京：作家出版社，2008 年，第 53 页。

③ 2008 年 12 月 18 日，《南方都市报》改革开放 30 周年口述史第 42 期。

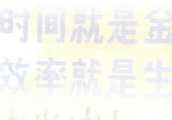

的做法有关。在海外，出口加工区一般面积较小。后来，中央领导就深圳经济特区划定范围大小征询过袁庚的意见，袁庚也提出不宜划得太大的意见。对此，袁庚曾谈到当时的思想说：

> 他早有所闻，当时中央高层在对外开放问题上认识并不一致。要一块地盘，搞"面向海外"的工业区，是人民共和国史无前例的一场试验，一旦出现闪失，势必对随之而来的改革开放形势造成不利影响，政治责任重大；另开发工业区，国家不给投资，资金全靠自筹，找米下锅，每开发1平方公里，需要港币上亿元，要的地方愈大，需要的资金就越多，困难就越多；高雄、巴丹、裕廊等较为成功的工业区，面积都只有几平方公里。这些地方的基础条件，又都比蛇口优越许多。他对李先念说，只想要一块小地方，搞点试验，探索一下中国未来的经济走向。[①]

言归正传，李先念接着又说：交通部就是要同香港结合起来，搞好国内外的结合，可以创造外汇，要把远洋船队管理好，要为外贸服务，要耐心些，他们（指外贸部）对你们意见就少了。我想不给你们钱买船、建港，你们自己去解决，生死存亡你们自己管，你们自己去奋斗。长江两三千吨的船要买一百几十条开到国内来嘛！我们上了十多年的当，以前某某某说，这不能用咯！什么有失国体咯！以后"四人帮"出来干扰，说什么"造船不如买船。买船不如租船"是刘少奇说的，其实刘（少奇）并没有说过，是坏家伙编造的，是"四人帮"那里出来的嘛。当然备战也搞了我们一下，少搞了十几年，如果中间不动摇，现在已达一千四百万吨。李先念接着问：香港有个什么公司是外贸部租船的？当汇报说是华润公司属下的华夏公司时，李先念又问：你们的船是否可以全部承包外贸运输？当彭德清回答还要一年才能满足外运需要时，李先念说：华夏公司要取消，但一年后再说。你们的船现在可以到美国，但要有个海运协定。当听到有关拆船的汇报时，李先念说：拆船可以搞大一点，轻工业部不是也搞拆船吗？要搞活一点，给他个任务。拆船有很多副产品，船长、大副的房间就有不少可用的家具。李先念又说：交通部生意还可以做大一些，国内外结合起来，很好。国内投资是一个方面，更主要的是利用外资，你们有了个路子，现在路子开了。八百多万吨船，十多年经验，说明路子是对了。[②]

① 陈禹山、陈少京：《袁庚之谜》，广州：花城出版社，2005年，第125页。

② 香港招商局编：《广东省深圳特区招商局蛇口工业区文件资料汇编》（第一集），1981年，第11—14页。

这里值得探讨的一个问题，就是：当年李先念副主席、谷牧副总理为什么没有同时召见广东省的负责人？随后，谷牧副总理召集有关部门负责人商定如何落实李先念副主席的批示，为什么也没有广东省的负责人参加？该报告是由广东省革委会和交通部联合呈报的，而且署名排序上广东省还排在前面。在当时两次中央高层会议上，为什么广东省的负责同志都缺席？这是当时体制问题造成的？还是当时一时疏忽造成的？最有可能的情况是，通知会见时间比较紧，即使通知广东的负责同志赴京也来不及。因为连交通部部长叶飞到塘沽港调研都来不及赶回参加会议，那时的交通远没有现在这样便利。

袁庚后来曾总结说：那时候中央已经决定要吸收国际资金和先进技术，三中全会又正式提出将工作重心转移到经济建设上来，国务院也派出了经济代表团出国考察，大家都在寻找打开局面的机会。我们的报告恰在这个时候递上去，中央看到有一个驻外企业愿意积极试验，又有广东省支持，还不要财政拨款，认为可以试一下，因此事情才能很快定下来。[1]

在纪念改革开放 40 周年的今天，我们不能忘记李先念在中国改革开放和现代化建设中所做出的历史性贡献。中国的改革开放，作为党的路线的重要组成部分被确定下来，是在中共十一届三中全会上。在此之前的两年，即粉碎"四人帮"后的 1977 年和 1978 年，实际上是一个过渡和准备阶段。在这个两年和此后一年半时间里，改革开放从酝酿准备转入探索起步，李先念一直负责主持国务院日常的全面工作，是过渡和准备阶段的掌舵者之一。李先念首先提出"理直气壮地抓经济"的指导思想，一方面积极拨乱反正，消除"四人帮"流毒，狠抓国民经济的恢复和发展；另一方面按照周恩来总理提出的实现四个现代化的目标，努力探索实现这一目标的新路径。社会主义革命和建设时期，李先念同志是党和国家财经工作的卓越领导人。他担任国务院副总理达 26 年，长期分管财政、金融、贸易等工作，为确立社会主义基本经济制度、建立独立的比较完整的工业体系和国民经济体系做了大量卓有成效的工作，为探索社会主义经济建设规律倾注了大量心血。改革开放后的历史新时期，李先念先后担任中共中央副主席、中央政治局常委、国务院副总理、国家主席、全国政协主席等重要职务，是以邓小平同志为核心的党的第二代中央领导集体的重要成员。他坚持解放思想、实事求是，积极探索中国特色社会主义道路。毛主席一生中曾说过两次李先念是"好人"，一次是在延安，一次是在"文化大革命"期间。毛主席还在一次会见外宾时称赞李先念说："建国之初我们非常缺乏经

① 李成刚、张孔娟：《袁庚：蛇口风云》，《中国经济时报》2015 年 1 月 12 日。

济方面管理人才，于是，我们只好抓了个大兵来管钱。事实证明，我们这样的做法也没有什么不好的。我们的李先念同志就把中国的人民币和其他各种钱财管理得非常好！"[1]陈云曾称赞说：李先念"是将军管理经济，但他能很快精通当时的经济工作，这是十分难得的"[2]。可以说，当时主持国务院日常工作的李先念副主席是相当大胆、开明、开放与果断的，正是他一手批准建立中国第一个对外开放工业区——蛇口工业区（相当于海外的加工出口区，属于经济特区的一种形式），吹响中央做出改革开放和创办经济特区重大历史决策的前奏曲。李先念作为以邓小平同志为核心的党的第二代中央领导集体的重要成员，解放思想、实事求是，为推进改革开放做了大量开创性工作。

同时，历史应记住叶飞。正是叶飞大胆启用袁庚，领导并支持袁庚和招商局创办蛇口工业区，在中国改革开放历史进程中留下浓彩重墨的一笔。2014年5月7日，中央政治局委员、全国人大常委会副委员长李建国在纪念叶飞同志诞辰100周年座谈会上发表讲话时说：

> 叶飞同志认真贯彻党的十一届三中全会以来的路线方针政策，坚决拥护改革开放，积极引进外资，引进国外先进科学技术和管理经验。在国务院领导同志的支持下，创建蛇口工业区，对深圳特区的建设起到了积极作用。[3]

六、谷牧牵头落实李先念批示

1979年2月2日上午，国务院副总理谷牧在西黄城根的一个大院子里主持召开国务院有关部委负责人会议，研究如何落实李先念副主席在广东省革委会和交通部报送国务院《关于我驻香港招商局在广东宝安建立工业区的报告》上所作出的批示。参加会议的有国家计委副主任段云、顾明，国家建委副主任彭敏，外贸部副部长刘希文，人民银行副行长乔培新、卜明，财政部副部长王丙乾，交通部副部长彭德清，招商局常务副董事长袁庚，中远总公司副总经理江波等人。在李先念副主席批示后，中间只隔一天，谷牧就召集开会落实，可见谷牧同志的办事风格，及时而且高效。

谷牧在会议上指出："现在议一议香港招商局在蛇口办厂的问题。香港招商局原来设想在香港设厂，受条件限制，他们已和广东省委商量好，要

① 宋毅军：《从"将军不下马"到"将军管理经济——纪念李先念诞生100周年"》，《北京日报》2009年6月22日。

② 宋毅军：《从"将军不下马"到"将军管理经济——纪念李先念诞生100周年"》，《北京日报》2009年6月22日。

③ 李建国：《在纪念叶飞同志诞辰100周年座谈会上的讲话》（2014年5月7日），《人民日报》2014年5月8日。

在靠近香港一边蛇口地区开设工厂，在这里设厂当然要得到特殊待遇。除了地方行政按国内的一套以外，在经济上要闹点'特殊化'，就是要享受香港的待遇，进出自由。""他们的分红办法是给广东省三成，给资本家三成，招商局得四成，就是我们合起来占七成。"他接着又说："根据小平同志的意见，广东、福建可以更放开一些。先念同志一月三十一日听了交通部的汇报后做了批示：'拟同意。请谷牧同志召集有关同志议一下，就照此办理。'"谷牧同志还说，议的结果要写个报告。先请袁庚把主要问题向大家说一下。

袁庚简略地介绍了前天向李先念同志和谷牧同志汇报情况。袁庚从香港招商局 107 年的历史对比，以及香港英资财团、华人财团的发展说明我们已经错过了时机。袁庚说：目前香港中区地价之高仅次于东京银座，1 平方英尺要 15000 元港币，郊区工业用地每平方英尺也要 500 元以上，因此，要完成中央领导在《关于充分利用香港招商局问题的请示》报告上的批示所赋予的任务有不少困难。银行利息高，劳动工资高。我们在反复分析和研究了香港的经济情况之后向港澳工委作了汇报，并与广东省委交换了意见，就是要充分利用广东省毗邻港澳的土地和劳力，又利用香港及外国的资金、技术、专利、全套设备，将两者结合起来；这样我们就有了内地和香港的有利因素，排除了在香港办厂的不利因素，这是任何香港财团都不能和我们竞争的。这个问题后来经过叶飞部长和广东省委共同商定了方案，即《关于我驻香港招商局在广东宝安建立工业区的报告》的内容。进出口免税问题要中央定才行。（谷牧插话说："也就是要'自由化'"）土地、行政、企业主权全是国家的，广东省派行政管理人员。以企业利润分红来说，我们和广东省合共可以控制 70%。工厂的管理完全用香港的办法办。由招商局管理，产品从香港出口偿还外债和外商投资。劳动力由广东省解决。工人工资，原则上参照香港，照顾国内，不超过 200 元人民币（包括职工公共福利等）。这个工业区的建成不用财政部、银行一分钱，要求财政部 10—15 年免税，以后全部交给国家。

谷牧说："你把想要办的工厂先和大家介绍一下。"袁庚说："我们第一期上马的有五六个厂，如拆船厂、钢丝绳厂、集装箱厂、油漆厂、无线电导航装配厂及玻璃钢厂等。目前用地 300 亩，在 960 万平方公里国土上，这是微不足道的。"

财政部王丙乾说："其他没有什么意见。关于纳税问题，你们说有竞争性，又说按香港办法管理，是否可以考虑，不按国内的办法而按香港的办法收税。在香港你们怎么纳税的，你们也怎么向国家交税。"

袁庚说："我双手赞成这个意见。香港为什么在近 10 年之内工业发展得这么快，主要是因为它是自由港，进出口都免税，吸收了大量外资、技术、人才。我们在香港纳的只有所得税。……我赞成按我们招商局向港英当局的纳税办法向财政部纳税。"

谷牧插话说："要是这样，广东省就不能拿百分之三十了。"

外贸部刘希文说："第一，对这样办无意见。第二，目前看来，你们的产品只是为了满足交通远洋船的需要，还涉及不到外贸的问题，以后你们出口多了，就涉及外贸的管理问题，这个问题以后再说。关于海关进出口税问题可以给以优惠，但具体怎么办，我要回去和海关商量一下。"

国家计委段云说："我们本来早就想把珠海和宝安两个县开放。"

谷牧插话说："广东不仅两个县可以搞，广东、福建很多地方都可以搞。"

段云接着说："我看用香港的办法管不妥当，我的意见是要比国内放宽一些就是了。"

谷牧说："那个地方（指蛇口）就是要特殊化嘛。按文件办事。"

国家计委顾明说："一、那个地方主要应以出口为主，外销还外债，国家不给钱；二、在国内销要按照国内进口办法，要纳税；三、参考几个国家的自由贸易区，要搞出一个法律来，这样就可以统一了；四、要按经济规律办事，要搞独立核算，要少干预为好。工资福利不能过高，也要有一套办法。一般在自由贸易区有所得税，所以要纳所得税。这样，地方就不能拿 30%，外汇工资广东不能全捞去。"

谷牧最后说："不要再议论了，原则已定，大家要支持，总共就三百亩这样一块地方。交通部先走一步，试一下，现在就这样'照此办理'（指李先念副主席批示）起来。""你（袁庚）回去和习仲勋、刘田夫同志商量，继续搞，不要说按香港的办法办，实际上也不能按国内办法办。要给你们方便，不怕你们多赚钱。小平同志认为不仅宝安、珠海县可以搞，广东、福建的其他县也都可以搞。"[①]

这次会议所讨论的问题看似简单，但实际上涉及一个国家和地区举办经济特区的一系列复杂问题，包括管理体制、税收优惠、立法保障、发展方向等。而这些都是我们过去从未遇到过的问题，解决这些问题也还没有任何经验。这些问题也是随后深圳、珠海、汕头、厦门等经济特区创办中所要遭遇和解决的问题。谷牧在协调会上透露：小平认为不仅宝安、珠海县可以搞，广东、福建的其他县也都可以搞。这说明中央和邓小平正在酝

[①] 香港招商局编：《广东省深圳特区招商局蛇口工业区文件资料汇编》（第一集），1981年，第15—20页。《谷牧副总理召集国务院有关同志开会研究落实李副主席同意招商局建立工业区批示的简报（摘录）》，根据中共广东省委办公厅粤办字（1978）14号文摘录。

酿从广东、福建两省起步，从而启动中国的对外开放的历史进程。

当天谷牧就将会议讨论情况书面报告李先念副主席。报告说，关于招商局在宝安建立工业区问题，大家一致表示支持，认为原则上可先按交通部、广东省提出的办法搞起来，具体问题在执行中逐步完善。讨论中大家提出的意见有：（一）税收问题。袁庚要求 10 年内免税，财政部同志的意见是，参照香港的办法收税，这样可以促进企业不断地加强经济核算，提高经营管理水平。（二）利润分成问题。与会者一致认为，如果广东省利润分成 30%，则其他收入如所得税、工人工资差额等，应全部上缴国家。（三）产品销售问题。这些企业产品销售方向以出口为主，如果内销，则应按国内的办法收税。（四）进出口关税问题。报告中提出工业区进出口物资免缴关税。外贸部的同志认为，这个问题涉及有关海关管理的一些具体规定，拟与交通部研究，订出合适的办法。1979 年 2 月 3 日，李先念对这一报告作出批示："拟可以办。"余秋里、王任重等也圈阅同意。[1]

1979 年 1 月 31 日，中共中央副主席、国务院副总理李先念在报告上的批示，标志着中共中央、国务院正式批准香港招商局在广东省宝安县建立蛇口工业区的设想。这意味着中国第一个经济特区诞生。蛇口工业区，相当于国外的出口加工区和中国后来设立的出口加工区，是经济特区的一种形式。中央批准建立蛇口工业区的时间，比 1979 年 3 月 5 日国务院批准将宝安县改设为深圳市早 1 个月零 5 天，比 1979 年 7 月 15 日中央批准在深圳、珠海、汕头、厦门划出部分地区建立出口特区早六个半月，比 1980 年 8 月 26 日，全国人大常委会批准《广东经济特区条例》、深圳经济特区正式成立早 1 年零 7 个月。可以说，这是中央作出创办深圳、珠海、汕头和厦门经济特区（综合性经济特区）决策的一个前奏。后来，蛇口工业区成为深圳经济特区的一部分。

1984 年 6 月 8 日，袁庚在沿海部分开放城市经济研讨会上发言时说：

> 1979 年初，我们带着蓝图到北京去向中央汇报，先念、谷牧同志允许我们招商局利用自己利润的一小部分，到蛇口开发工业区。先念、谷牧同志听取了汇报，很感兴趣，当时就同意把整个南山半岛都给我们。我们当时没有这个胆量，只要了二点一四平方公里。那时还没有特区，深圳特区是半年后才决定的，所以我们是先走了一步，我们这样做，就是上面所讲的爱国主义的动机，怎样使我们社会主义的经济建设加快速度。此外，当时我们也想利用这样一块地方将外面的一些管理

① 朱玉：《对外开放的第一块"试验田"：蛇口工业区的创建》,《中共党史研究》2009 年第 1 期。

经验、技术和知识引进来。[1]

1992 年，曾任交通部部长的曾生在其《曾生回忆录》一书中说：

> 在 1979 年春，我国对如何对外开放，引进外资来开办工业区还没有现成的经验。在这样的情况下，我们在蛇口开办引进外资的工业区，是冒很大风险的，没有开拓精神是不敢这样做的。当时，社会上以至交通部内对我们开发蛇口工业区的做法议论纷纷，有的同志认为交通部是搞交通运输的，搞工业是不务正业。在叶飞同志调离交通部后，这种议论就更多了，主管工业区开发的袁庚同志面临着很大的压力，一度使工业区的筹建工作受到影响。我接任部长职务后，继续执行党组的决定，排除各种议论，坚决支持招商局把工业区办下去，支持袁庚同志的工作。[2]

1997 年 10 月 11 日，谷牧在给《争议与启示：袁庚在蛇口纪实》一书写的序言中写道：

> 那是 1978 年 12 月，中央收到交通部和广东省的联合请示报告。他们要求在当年还称作宝安县蛇口人民公社境内，划一两平方公里，由交通部香港招商局举办工业区。报告说，这样做可以发挥我们劳务、土地的优势和招商局长期从事海外经营的优势，引进利用国外的资金、技术，促进工业的发展。据悉，此建议的主要创意者，是时任招商局副董事长的袁庚同志。那时，全党全国正在为如何医治十年"文革"动乱造成的创伤，把国民经济搞上去，广泛深入地进行思考和讨论。这项颇有见地的建议，很快得到中央、国务院批准，并由袁庚同志主办其事。翌年春天，即破土动工。1979 年 7 月，中央、国务院按照邓小平同志的倡议，做出创办深圳、珠海、汕头和厦门四个经济特区的重大决策。蛇口工业区被划为深圳经济特区的一个重要组成部分。我当时在中央书记处和国务院分管经济特区和对外开放，深圳、蛇口是我常去的地方，经常与袁庚等同志研究工作，讨论问题。蛇口工业区的创始、成长和不断壮大的整个过程，我比较熟悉。我对那里有着深厚的感情。[3]

[1] 袁庚：《在沿海部分开放城市经济研讨会上的发言》（1984 年 6 月 8 日），招商局集团办公厅、招商局史研究会：《袁庚文集》，2012 年 9 月编印。

[2] 涂俏：《袁庚传：改革现场（1978—1984）》，北京：作家出版社，2008 年，第 97 页。

[3] 鞠天相：《争议与启示：袁庚在蛇口纪实》，北京：中国青年出版社，1998 年。

第二章

蛇口拓荒　打响中国改革开放第一炮
（1979—1981）

1979 年 1 月 31 日，中共中央、国务院批准招商局创办蛇口工业区。袁庚带领他的团队开始在蛇口这片偏僻荒凉的海滩野岭上披荆斩棘，筚路蓝缕，冲破重重阻碍，迈出中国改革开放和经济特区建设的第一步。

一、打响改革开放"第一炮"

1979 年 1 月 8 日至 18 日，招商局在香港雇请香港技术人员前往蛇口进行地形、水文地质等测量工作，同时对海域的水深、流向、海床地质进行探测工作，并绘制工业区港口、临港工业及其附属设施的布局草图。蛇口工业区位于深圳市西面 30 公里的蛇口半岛（南头半岛），背山面海，自然环境良好。蛇口工业区西依珠江口，东临深圳湾，与香港新界的元朗和流浮山隔海相望，水路距香港元朗 6 海里，距香港中区 20 海里，距澳门 24 海里，距广州 80 海里，有公路与广深线相连。蛇口工业区有 25 公里长的海岸线和狭长的滨海腹地，有蛇口湾、赤湾和妈湾可建深、浅水码头，具有开发建设外向型工业区的优越区位和自然条件。袁庚是个急性子，做事一向雷厉风行。中央还没有批准报告，也不知道会不会批准报告，不过他相信中央会批准下来，所以他早早就开始着手蛇口工业区的筹建工作（图 2-1）。

1979 年 1 月 12 日，袁庚在招商局扩大会议上通报了由广东省革委会、交通部联合向国务院呈报的《关于我驻香港招商局在广东宝安建立工业区的报告》的内容，并宣布将成立香港招商局蛇口工业区建设指挥部，负责蛇口工业区的筹建工作。

1979 年 1—2 月春节期间，袁庚在北京休假并等待中央首长召见。在北京的日子里，袁庚几乎天天都可以听到和看到拨乱反正、平反昭雪的消息。

1 月 20 日，袁庚收到中央政治局委员、中央纪律检查委员会第三书记、中央宣传部部长、中央委员会秘书长胡耀邦的秘书写来的一封信：

　　袁庚同志：

　　据中央组织部编的《康生在"文化大革命"中点名诬陷的人名册》中有你的名字。耀邦同志着我摘抄给你。原文如下：

　　1968 年 3 月 28 日在调查部业务领导小组报告上的批示"此人问题极为严重，立即逮捕与曾生案一并审讯"。调查部报告上要求"停职接受审查"。

敬礼！

元月二十日[1]

图 2-1　1979 年，蛇口工业区早期的开发建设者在施工现场讨论工作。左起：许智明、梁鸿坤、袁庚

[1] 陈禹山、陈少京：《袁庚之谜》，广州：花城出版社，2005 年，第114 页。

1979 年 2 月 5 日，袁庚接到中央调查部一位老朋友的电话，说就在几天前，部里对一大堆冤假错案进行了平反昭雪，在礼堂开会，很隆重，很多干部喜气洋洋接过了平反书。"仅剩三个人没有平反，你袁庚是其中之一"，老朋友为袁庚鸣不平，"老兄，你蹲了五年半牢狱总不能不给个说法吧？"袁庚听后非常着急和关切，当天就找到中央调查部的老领导罗青长，谈了对该问题的看法，希望给他有个说法。罗青长说要为袁庚平反，初步承认当年调查部领导有错误。当天袁庚回到家，已近半夜。袁庚连夜提笔给中组部部长宋任穷写信，以书面形式向组织提出给自己彻底平反的要求，同时也希望对涉及当年抗战华南游击队和地方党的假案、冤案能一一予以平反。很快，也就是离京前，袁庚收到中共中央调查部委员会对他平反结论：经复查，所谓"曾生案"纯属林彪、"四人帮"制造的一个假案、冤案。袁庚同志的历史、工作是清楚的，政治上无问题。全部撤销关于袁庚同志的审查结论。在袁庚同志的档案中，一切有关诬陷不实之词的材料予以销

① 参考涂俏：《袁庚传：改革现场（1978—1984）》，深圳：海天出版社，2016 年，第 59—66 页；陈禹山、陈少京：《袁庚之谜》，广州：花城出版社，2005 年，第 114—117 页。

毁。①这为即将走上改革开放最前线的袁庚消除了些许后顾之忧。

1979 年 2 月 8 日，袁庚从北京直飞广州，晚上赶到广东省革委会小会议室里，向广东省革委会副主任刘田夫、李建安等传达李先念副主席的批示和谷牧副总理在研究落实上述批示的会议上的讲话精神。陆荧、杨青山等同志参加会议，专程从香港赶来的香港招商局郭玉骏、张振声、许智明、梁鸿坤等也列席会议。刘田夫听完传达后当即说：中央批了就好办了，可以先筹备。一定要把香港的办法与我们的人力和地利结合起来。先实践，从实践中定出具体办法来。招商局办事很快，希望把工业区搞成功。接着双方着重谈了工业区的供水、供电问题。刘田夫说：供水、供电由广东省负责，发电燃油有困难可以由招商局进口燃油，到时油算油价，电算电价，或者将香港供给广东的电力首先供给蛇口工业区，这一具体工作由省电业局负责。供水则由宝安市②负责，也可以由招商局和他们分别签订合同，有困难则找省里解决。袁庚说：交通部已派出一名总工程师带领 30 多人到蛇口实地勘察，将会很快搞出总体规划和"三通一平"（通水、通电、通车、平整土地）工程的方案。希望省里也有个专门班子抓工业区。袁庚提出可否立即把中央批示的精神向宝安市和各县负责同志传达。刘田夫表示：中央正式文件下来后，省革委会将召开正式会议进行传达和贯彻落实，同时将发个文件为工业区解决劳动力抽调、粮食供应等问题。目前，可以把中央批示的精神先向宝安市委和各县县委传达。刘田夫后来在接受采访时回忆说："我听了传达，感到国务院会议给我们提供了几个重要的信息：一是中央早就想把宝安、珠海开放；二是要参照外国自由贸易区搞出一个法律来；三是小平同志认为不仅宝安、珠海县可以搞，广东、福建的其他县也都可以搞。"③中共广东省委第一书记和省革委会主任习仲勋和刘田夫认为李先念副主席、谷牧副总理的指示很重要，因此以省委办公厅粤字办〔1979〕14 号文，下发《李先念副主席、谷牧副总理听取关于招商局建立工业区汇报纪要》和《谷牧副总理召集国务院有关同志开会研究落实李副主席同意招商局建立工业区批示的简报》，这对于随后广东向中央提出先走一步和试办特区，具有重要的启发和促进作用。

② 此时深圳还未正式建市，宝安市最早是建市拟定名称之一。下同。

③ 中共广东省委党史研究室编：《广东改革开放决策者访谈录》，广州：广东人民出版社，2008 年，第 108 页。

1979 年 2 月 10 日上午，袁庚在香港招商局召开所属单位部门副经理（部分主任）以上的干部会议上，与会者 50 多人。袁庚首先传达李先念副主席的批示和谷牧副总理在落实上述指示的会议上的讲话精神，动员全体员工全力支持蛇口工业区建设，为建设工业区贡献力量。袁庚说：蛇口坐落在宝安县的南头半岛上，上颚有座山，下颚有座山，中间是个湾，看上去就像一条蛇昂着头，张着个大口。他还说：可不要被这个名字吓着了。蛇口是个好地方，那里有绵绵细沙的海滩，海滩上有风吹瑟瑟的树林，你们有谁去过夏威夷吗？蛇口，美得就像夏威夷一样。①

　　1979 年 2 月 10 日下午，香港远洋轮船有限公司（简称"香港远洋"或"远洋公司"）总经理张振声、招商局办公室副主任许智明前往深圳新园招待所，向中共宝安县委负责人（当时还没有叫深圳市）张勋甫、方苞、贾华等传达李先念副主席的批示和谷牧副总理的讲话精神，并商讨建设工业区的一些具体配合问题。张勋甫说："好说，我们支持你们，你们在深圳发展，你要哪块地，我们给你哪块。"②

　　1979 年 2 月 11 日，招商局张振声、许智明陪同交通部派出的一个 34 人组成的工作组前往蛇口进行实地勘察，认真研究工业区第一期基建的各个项目和工程。同时，交通部第四航务工程局（简称"交通部四航局"）也派出陈金星为组长的工程技术小组进驻蛇口。

　　1979 年 2 月 13 日，香港航委召开扩大会议，听取张振声向中共宝安县委负责同志传达李先念副主席批示的情况，讨论交通部工作组对蛇口工业区第一期工程的建议。蛇口工业区建设应首先进行七大工程：（1）修公路；（2）建码头；（3）筑堤岸；（4）平整土地；（5）加固水库；（6）供水；（7）供电。对于张振声，袁庚是很看重的。张振声原是香港远洋轮船有限公司总经理。1979 年初，招商局代管的远洋公司的远洋船队统划归中远公司。从一开始，袁庚就有意把远洋公司总经理张振声推向前台，让他参与筹备和策划工作。从 1978 年底，袁庚就派张振声进到蛇口打前站。从 1979 年 2 月开始，袁庚把在蛇口坐镇指挥的重担交给张振声。在动员会后，袁庚找人多次谈话，招商局总部没有一个干部主动提出愿意离开香港到蛇口创业。不得已，袁庚从招商局下属的益丰公司抽调严华、从远洋公司抽调林远生、张鸣赶往蛇口协助张振声工作。

　　1979 年 2 月 16 日，香港招商局负责人袁庚、郭玉骏等和爱国华侨商人罗新权、施惠堂乘招商局交通艇"海燕八号"从香港到蛇口进行实地勘察。招商局在蛇口建立工业区的消息很快传播开来，不少商人从中看到巨大商机，纷纷向招商局打探消息，寻求合作机会。所以，袁庚决定带人到蛇口看看，现场听听他们的意见。在蛇口，袁庚他们与中共宝安市委副书记方苞、市革委会主任贾华、工交办主任杨克和蛇口公社革委会副主任邓启良、交通部四航局工程技术人员等一起，实地踏勘了蛇口的陆地和水域，认真商讨有关工业区应占面积及如何进行"三通一平"的工程方案。罗新权等人也

① 陈禹山、陈少京：《袁庚之谜》，广州：花城出版社，2005 年，第 126 页；涂俏：《袁庚传：改革现场（1978—1984）》，深圳：海天出版社，2016 年，第 69 页。

② 张后铨编著：《招商局与蛇口》，广州：花城出版社，2007 年，第 35 页。

从投资方的角度提出一些建议。

1979 年 2 月 20 日，港澳工委召开"如何把工作重点转移到支援我国实现现代化上来"专题会，招商局袁庚汇报了兴建蛇口工业区的设想，并传达李先念副主席的批示和谷牧副总理在落实上述批示的会议上的讲话内容。港澳工委表示，要大力支持蛇口工业区的兴建，同时要求兴办工业区注意几个问题：一是关于水电、市政的建设问题，招商局要积极想办法解决；二是有关涉外问题，有关部门要密切关注并配合做好工作；三是要大量收集有关华商、外商在中国内地投资的资料，以及中国台湾加工出口区的条例、各国自由工业区的税收资料等，以便参考制订蛇口工业区的条例。建议派人到南斯拉夫参观学习，研究南斯拉夫吸收外资的办法和经济立法问题。[①]

1979 年 2 月 28 日，招商局与广东省公路勘察规划设计院、交通部四航局正式签订蛇口工业区"三通一平"（通水、通电、通车和平整土地）设计委托书。该委托书主要内容为：由广东省公路勘察规划设计院负责由宝安县南头至蛇口公社第五湾公路（全长 8 公里）的勘察设计工作，规定在两个月内交付上述设计文件；由交通部第四航务工程局承担工业区陆域、水域的测量和钻探工作，以及码头、航道、平整土地、排水排洪、供水供电、厂区道路等设计工作，规定在两个月内交付有关设计文件。

1979 年 3 月 1 日，广东省革委会副主任曾定石率广东省赴港经济考察组访问香港，同时拜会香港招商局，袁庚、郭玉骏向考察组介绍了招商局的历史和现状以及当前筹建蛇口工业区的基本情况。

1979 年 3 月 1 日，招商局正式成立发展部，任命梁鸿坤为负责人。该部的主要职责是负责蛇口工业区的政策拟订、外资引进及内外联系。同时开展多种经营，积累资金。

1979 年 3 月 5 日，国务院批复同意广东省宝安县改设深圳市，以宝安县行政区域为深圳市行政区域，蛇口工业区行政隶属关系从宝安县变为深圳市。

1979 年 3 月 6 日，招商局邀请香港《经济导报》负责人就如何吸收外资、兴建工业区问题作了专题资料介绍，介绍的主要内容包括一些国家、地区经营出口加工区、自由贸易区的情况。在此之前，招商局在华润公司、中国银行资料室的支持和友好商人的帮助下，收集新加坡、菲律宾、马来西亚、罗马尼亚、南斯拉夫等国家和中国台湾地区有关开辟出口加工区、自由贸易区的条例、法令和合资经营办法。

1979 年 3 月 12 日，招商局参考在华润公司、中国银行资料室和海外

① 香港招商局编：《广东省深圳特区招商局蛇口工业区文件资料汇编》（第一集），1981 年，第 55—56 页。

商人协助下收集到的各国和地区举办的出口加工区、自由贸易区的条例、法令和合资经营办法，结合蛇口工业区的特点和香港商人提出的意见，初步制订《招商局蛇口工业区投资暂行条例（草案）》（以下简称"《条例》"），作为同客商洽谈的依据。条例包括总则、地价、企业年期、股权比例、税收、保障权、职工工资、外汇管制、劳工保险等共 10 条。该《条例》草案正式将招商局在蛇口开发的工业区定名为"招商局蛇口工业区"。《条例》主要内容有：土地年租金为每平方英尺 3 元到 5 元；企业年期一般为 15 到 20 年；招商局占股 50% 以上；企业设备原材料和出口产品均免税；企业从投产日起 3 年内免所得税，第四年收 6%，第六年收 12%，最高收 17%；工人最高工资每月港币 600 元计算，技术人员、管理人员工资另议。可见，蛇口工业区采用的是境外加工出口区的模式，企业所得税低于香港，前六年对企业所得税有个动态管理。这体现海外经济性特区建设立"法"（规）先行的开发建设时序。这是中华人民共和国第一个吸引外商投资的条例。这对于后来中央和广东、福建两省设立经济特区和全国人大常委会制定《广东经济特区条例》提供了重要参考（企业所得税定为 15%）。

1979 年 3 月 17 日，中共深圳市委书记张勋甫，副书记贾华、曹喜之、方苞，常委李新亭，工交办主任杨克和招商局的张振声、梁鸿坤就蛇口工业区建设有关问题举行座谈。张振声汇报了蛇口工业区的工程情况，重点汇报了在和外商接触中碰到的一系列问题。如工业区收益"三、三、四分成"问题（即广东省得三成，客商得三成，招商局得四成）；工业区土地面积、出租方法、出租年期和租金的计算问题；所得税问题；供水供电问题；职工工资、福利以及生活供应问题。张勋甫说，欢迎和大力支持招商局在蛇口兴建工业区，过去关于工业区利润"三、三、四分成"问题，看来还是行政的办法，不是按经济规律办事。过去这样提是因为大家没有经验，现在在实践中发现行不通，可以重新考虑。招商局和地方收益都是国家的，好商量。[1]深圳市与招商局经过会谈协商最后达成以下一致意见：

（一）招商局工业区的土地面积暂定以蛇口以西（冰厂以西）至第五湾，约占荒田 1000 亩。同意将赤湾划给招商局作旅游区，面积另算。

（二）同意招商局在蛇口工业区成立地产公司，今后由地产公司与地方发生关系，商人与招商局发生关系。土地以出租形式，地方每年按实际已租出地皮（指占用荒田）每亩收回租金 4000 元港币。另增收

① 香港招商局编：《广东省深圳特区招商局蛇口工业区文件资料汇编》（第一集），1981年 1 月，58 页。

一定比例的租金作为市政建设费，租期为 15 年左右。

（三）供水问题，同意铺设水管引"西沥水库"①的水，招商局负责进口水管，由深圳市委负责组织施工。

（四）同意招商局在蛇口工业区成立劳动力服务公司，专门负责招工和制定工资、奖励办法。奖金部分可以发给港币。工人的粮食、副食品等由深圳市委设法优先供应。

（五）请招商局向省里反映：（1）地租收入归深圳；（2）工人工资收入外汇部分深圳市占 30%，省占 70%；（3）所得税同意招商局意见，对商人要有吸引力，开始三年免税，第四年 6%，以后每年抽 10% 至15%。税收应按现行的财政办法办理。

（六）支持招商局在深圳设一联络点，4 月 1 日开始办公。

（七）关于收购白泥小船厂问题，大家认为要实事求是，重新估价，由招商局按价用外汇进口物资支持蛇口公社搞船厂。

（八）招商局提出为了配合基建工程施工，从 5 月份开始，每天从香港开定期交通班船到蛇口，深圳市委表示同意。②

② 香港招商局编：《广东省深圳特区招商局蛇口工业区文件资料汇编》（第一集），1981 年，第 58—60 页。

从上述这个协商意见，可以看出，蛇口工业区一期开发面积不到 1 平方公里，只有 1000 多亩。另还将赤湾划给招商局开发旅游，面积 3 平方公里左右。在计划经济体制下，招商局在深圳市创办蛇口工业区涉及多方的利益和关系，牵涉的问题很多。这对于企业、地方政府乃至国家而言都是前所未有的，只能摸着石头过河，走一步，看一步，逐步推进和完善。尽管千头万绪，但袁庚和招商局知道，必须首先就有关问题事先与深圳市委市政府、广东省委省革委会协调好，取得一致意见，否则将寸步难行。

1979 年 3 月 20 日，招商局的张振声、许智明、梁鸿坤等到广州向中共广东省委书记、省革委会代主任刘田夫，省革委会副主任曾定石、李建安等汇报蛇口工业区建设进程和在与香港客商洽谈在蛇口合资建厂的情况和问题，在座还有省革委会副秘书长陆荧、省计委加工装配办公室副主任王奇等。招商局的同志在汇报中指出："三、三、四"分成提法不够科学，对商人提出各方投资比例、盈亏应如何分担等问题很难解释。"三通一平"工程概算的投资就需要 8000 万至 1 亿港元，贷款利息要一分多，这些钱招商局怎么收回是个问题，为此，招商局方面参考新加坡、菲律宾、马来西亚、罗马尼亚以及中国台湾地区有关条例、办法，提出在蛇口工业区收地租和所得税的意见，请省革委会审定。

刘田夫说："招商局提出原来文件中的'三、三、四'方案，现在根据实际情况要改为地租，这个办法我看可以。招商局与商人合资，占股50%以上，我的意见是招商局赚的利润可否支持一下地方，照顾一下地方。"

陆荧说："招商局要搞两种经营了，一是地产，二是与商人合资办厂。现在'三、三、四分成'不谈了，光是地租、工资外汇收入，所得税等中央要拿，省就没有多少了。我同意刘书记的意见。广东省和香港油麻地小轮公司合办飞翔船是这样分成的，省得20%。招商局能不能除地租外还在招商局得的利润中20%给广东。劳动力服务公司省准备搞，深圳可以搞个分公司。"

刘田夫说："我们不好同你们讨价还价，请你们回去算个账，提出个比例，反正都是归国家的，招商局是中央企业，我们是地方，要调动地方积极性嘛。至于和深圳市如何分，我们内部另行商量。"

王奇说："招商局是我们自己的企业，但如何办工业区，应成立一个班子研究一下，如收地租一亩一年4000港元，是高了还是低了也要研究研究，每平方公尺（米）值多少钱，肯定比香港卫星城市的地要便宜。"

刘田夫说："不要研究了，就这么定吧。我们照顾你们，你们也适当照顾我们；对其他资本家可以研究，你们不适应这个办法。"

曾定石说："招商局搞加工区是解放思想的，想出的办法是好的；中央决定在宝安、珠海搞特区也是必要的。我们去香港考察，在香港也考虑过，你们提出收地租，这是个好办法，价格多少可以商量。省里没有入股，'三、三、四分成'不好解释。我赞成在招商局赚得的利润中分点给地方，调动各方面积极性建设好工业区，这是一。第二，要多想点门路搞投资少、赚钱快的工厂。赞成赤湾作旅游区。第三，水电要尽快落实，水源不要与当地农民发生矛盾。由香港供电，蛇口25万千瓦的电厂明年可能建成，就是缺油，由招商局进口，油算油价，电算电价。"

刘田夫又说："地租问题就这样解决，招商局自己人嘛，低就低点吧。在工业区里，工厂和工人应是雇佣关系，不能再搞'铁饭碗'这一套了。其他大问题，中央文件都有了，税收也定了，进出口免税也定了。"①

从这个会话中可以看到，一是曾定石讲"中央决定在宝安、珠海搞特区也是必要的"，出现"特区"两字。我们不清楚是招商局记录有误，还是当时广东省委、省革委会就已经有"特区"概念。1979年初，中共广东省委第一书记习仲勋提出，要利用邻近港澳的有利条件，在广东选择一些地

① 香港招商局编：《广东省深圳特区招商局蛇口工业区文件资料汇编》（第一集），1981年，第60—63页。

区办出口加工区，当初广东省委不敢叫出口加工区，暂定名为贸易合作区。习仲勋认为试办贸易合作区富有创意，决定将这一大胆设想在中央工作会议期间向中央领导作口头汇报。在 1979 年 4 月中央工作会议上，中央和邓小平赞同广东提出的设想，决定在深圳、珠海、汕头、厦门等地试办出口特区。邓小平知道加工区名称难以确定时，就说：还是叫特区好。"出口特区"是 1979 年 4 月份中央工作会议才出现的概念，不知为何在 1979 年 3 月 20 日广东省革委会副主任曾定石就提出"中央决定在宝安、珠海搞特区"，出现"特区"概念。二是广东省委省革委会领导非常具有改革开放意识，要求招商局在蛇口工业区办企业不要再搞"铁饭碗"体制。

1979 年 3 月 26 日，香港总督麦理浩访问北京途经广州时，与广东省革委会副主任刘田夫、曾定石谈及招商局兴建蛇口工业区和赤湾旅游区的情况。麦理浩说：广东省提出的计划很好，香港方面一定予以合作。在赤湾建旅游区，与香港有轮渡来往，对香港也有利。

图 2-2 蛇口工业区成立初期的建设指挥部

1979 年 4 月 1 日，招商局成立蛇口工业区筹建指挥部（不久改称建设指挥部，图 2-2），全面负责蛇口工业区的筹建工作，包括基础工程建设、劳动力招聘和后勤保障等事宜。袁庚宣布张振声为蛇口工业区筹建指挥部负责人。张振声、许智明率领先遣人员进驻蛇口。招商局征购蛇口六湾的 8 座破旧小楼房（人们戏称"小别墅"），连同后来搭盖的铁皮房，便成为蛇口工业区建设指挥部早期的办公地点和职工宿舍。这些房子一字排开，紧靠沙滩，大都是两层砖瓦结构，是外地蚝民养蚝和剥蚝的地方。

1979 年 4 月 2 日，袁庚召集蛇口工业区筹建工作有关负责人会议，讨论了工业区建设指挥部组织领导和人员的编制及工资待遇问题，决定指挥部设立 7 个组，编制为 25 人。其中，办公室 3 人；人事组 3 人；工程组 4 人；水电组 3 人；材料组 3 人；总务组 6 人；财务组 3 人。

1979 年 4 月 2 日，中央政治局候补委员、国务院副总理、对外经济联络部部长陈慕华在香港听取袁庚关于招商局蛇口工业区筹建情况后，非常重视。她说：蛇口工业区找商人合作投资，一定要择优合作，即从中选择条件较好的商人合作，不要以为"来者必成"，也不可能"来者必成"。①

1979 年 4 月 1 日至 24 日，招商局蛇口工业区筹建指挥部审查和确定蛇口工业区码头、港池和航道工程方案。4 月 1 日，蛇口工业区筹建指挥部检查了第一期（修建码头、港池、航道）的勘探、测量工作。这些工作是由交通部四航局和航道局的工程技术人员进行的。4 月 15 日，交通部水运规划设计院对上述勘探及测量报告作了认真的审查，认为在蛇口第五湾建设码头、港池和航道，由于施工海域淤泥深达 6 米，挖航道、港池时将使整个后海湾的海水污浊，影响当地养蚝场生产，建议另选地址施工。4 月 20 日，袁庚从香港赶至蛇口，与张振声再一次在蛇口沿岸各海湾进行详细勘察。袁庚听取了筹建指挥部同志的意见后，同意将原定于在五湾建码头改为在第五湾西边的第一湾进行，以避免上述不良影响。同时建议四航局和航道局在第一湾进行勘探、测量。4 月 24 日，海上测量船对第一湾海域 6 个点勘探测量后认为水深和上层结构较为理想。

这段时间，征地是一件首要的工作。由于招商局自身的财力有限，工业区最初只要了 1000 亩土地和鱼塘，面积不到 1 平方公里。就在这块不大的土地上，工程技术人员抓紧勘探、测量、规划和设计蛇口工业区一期基础工程建设方案。当然，无论是开始的宝安县委还是新成立的深圳市委，一直把支持招商局举办蛇口工业区当作自己分内的工作，尽可能地给予最大的帮助，深圳市委书记张勋甫和市长贾华多次到蛇口调研。贾华还到水湾头给农民做报告，说服他们支持招商局的建设。

1979 年 3 月 25 日，深圳刚建市两个月，深圳市革委会便向广东省革委会送上一份报告，提出发展旅游业、合办企业和报批地产等几个方面的问题。1979 年 4 月 13 日，广东省委书记、省革委会副主任刘田夫主持召开工作会议，省革委会副主任范希贤、黄静波，省革委会副秘书长陆荧，深圳市委书记张勋甫，市革委会主任贾华以及省直有关部门的负责同志参加会议。会议就深圳市革委会报告中提出的几个方面的问题进行了讨论，议定了如下事项：（一）原则上同意在深圳市范围内划出一块地方出租给外商，由外商投资建设工厂、旅馆、旅游区，但出租要有个年限，要按照中国规定的政策法令进行管理和收税。可以先搞试点。可考虑采取投标办法，谁价高租给谁。具体办法即向国务院写报告。（二）同意在深圳市开设外币商店，外汇分成问题待中央通知再定。（三）深圳市提出兴建旅游别墅，同

① 《辑录蛇口：招商局蛇口工业区（1978—2003）》，2004 年 12 月编印，第 15 页。

港商合作经营旅游业，开放梅沙、赤湾两个口岸接待旅客；向外贷款兴建宾馆问题，原则上都可以搞。旅游宾馆可以建，但高级宾馆或别墅少搞一些，要面向中下层旅客，多搞一些收费较低的旅馆或宾馆，吸引更多的香港同胞和旅客回来度假和旅行。贷款兴建宾馆要少搞或不搞，因我们还没有经验，偿还贷款没有把握。关于开放梅沙、赤湾两个口岸供游客前来游览、游泳、度假问题，请深圳市提出具体办法，报请中央有关部门审批。深圳市应建立一个旅游管理机构。（四）对与外商、港商合办企业征税问题，由深圳市具体写个报告，然后报中央有关部门审定。这些决议是在中央批准广东实行特殊政策、灵活措施之前议定的。其中出租土地给外商，同港商合作经营旅游业在国内尚无先例，一些决定与蛇口工业区开发与建设有很大关系。

1979 年 4 月 20 日，袁庚从香港赶到蛇口，与张振声等再一次在蛇口海岸各海湾进行详细考察。袁庚问张振声，这些天在干什么？张振声直言相告：当拉尸佬。此时，逃港风潮正盛，不少淹死的尸体被海浪送回蛇口海滩，需要及时处理。不可想象的是，第一批拓荒者来到这片荒凉海滩边上所干的第一件事，竟是掩埋那些偷渡者的尸体。袁庚要求张振声他们赶快干起来。招商局拓荒者在蛇口的生活，比袁庚预计的要艰苦。这时，内地的粮油肉还需凭票供应，差不多每天都是清水煮白菜。袁庚交代梁鸿坤一项硬任务：保证在蛇口工作的人员炒菜有油、锅里有饭、碗里有肉。[1]

1979 年 4 月 25 日，招商局发展部负责人梁鸿坤、时清、何建华等到港英海事处会见英籍助理处长、太平绅士洛奇，介绍了招商局在蛇口建设工业区的情况，商谈在蛇口工业区和赤湾旅游区筹建期间，有关工业区工作人员从香港到蛇口的出入境和建设物资的进出问题，要求港英海事处给予便利。具体做法是：由招商局向海事处提供每次进出人员名单和物资品名、数量，暂不办理移民、海关手续，即予放行。待到工业区建成后，有定期班轮往返蛇口时，来往人员和物资进出口手续也须简化，并建议届时在九龙地区（如大角咀码头）和香港岛适当地点设置进出口的移民、海关等手续的办理点，具体办法以后再议。洛奇表示：海事处已经知道招商局交通船来往蛇口的情况，对招商局所提的意见，待上级指示后再转告招商局。[2]

1979 年 4 月 29 日至 5 月 3 日，交通部副部长彭德清来港检查工作。5 月 2 日，彭德清在袁庚、张振声陪同下从香港乘船前往蛇口工业区视察工

① 涂俏：《袁庚传：改革现场（1978—1984）》，深圳：海天出版社，2016 年，第 73 页。

② 《辑录蛇口：招商局蛇口工业区（1978—2003）》，2004 年 12 月编印，第 15 页。

作，并打算会见深圳市委、蛇口公社和边防部队负责人。然而那天，一上船，彭德清副部长就显得很不高兴，与袁庚平时了解的彭部长完全变了一个人似的，上了船，彭副部长得知要去蛇口就大声说，不去，回去。袁庚赔着小心说，船开往蛇口，请部长前去蛇口视察、指导工作。彭德清副部长瞪着袁庚说：荒山野岭有什么看头？袁庚说：彭部长，还是去看看吧。到了蛇口，张振声前来迎接，彭德清还是皱着眉头，不发一言。袁庚请张振声简略地介绍了工业区第一期码头、港池、航道工程的勘察与测量情况。汇报结束后，袁庚请彭德清到一湾工地看看，袁庚早就注意到领导不耐烦的神情。袁庚在一湾沙地上铺了张地图，要向领导汇报规划情况。彭德清说，不看了，回香港吧。[①] 15 分钟，这就是彭德清从蛇口上岸视察到离岸的全部时间。这让袁庚、张振声他们的心一下子凉了半截。

　　袁庚心里清楚，他一定在什么地方闯了祸。回到香港，已是午后。袁庚估计彭德清会找他个别谈话，或者召集会议，对他的工作提出批评。下午 4 点左右，彭德清突然提议大伙儿一块去袁庚家的"别墅"坐坐。我的"别墅"？袁庚立即意识到大事不妙，仓促中用一句玩笑话来掩饰内心的不安：也许我的"庙"太小了，容不下诸位啊！原来，当他夫人正式调到香港招商局三个月后，袁庚向办公室提出不住招商局集体宿舍，在外面租房子住。他过去在驻外使馆工作，就不住集体宿舍。现在年纪大了，带了家眷，他觉得挤住在招商局集体宿舍既不方便，也有失身份，就向办公室提出个人要求。招商局办公室很为难，因为在此之前，任何一位从交通部派驻到招商局的工作人员，不管级别和个人情况如何，都按照交通部的要求住集体宿舍。但最后办公室还是在铜锣湾的伊丽莎白大厦租了一间公寓房，两室一厅一卫，面积为 57.95 平方米，地段很好，每月租金 8000 港币，由招商局支付。结果有人向部里报告袁庚集体宿舍不住，住进"伊丽莎白"。有人从这个洋名称断定袁庚住上了"豪华别墅"。彭德清副部长莅临香港的目的之一，就是要来亲眼看看袁庚究竟腐化堕落到了什么程度。彭德清副部长，是福建省同安县人，比袁庚年长 6 岁，入党比袁庚早 9 年，参加过解放战争、抗美援朝战争，一生军功卓著，1955 年被授予少将军衔。新中国成立后担任解放军第 27 军军长，参加过抗美援朝，在第一、第二、第三次等重大战役中打出国威，率部在长津湖地区歼灭美军骑一师一个加强团。回国后任华东军区海军副司令员，东海舰队副司令员兼福建基地司令员和政委。1965 年调任交通部副部长。这位老干部一贯原则性很强，眼睛是容不下半点沙子的。大家进了袁庚家里后，七八双眼睛好奇地打量着。

① 参阅涂俏：《袁庚传：改革现场（1978—1984）》，深圳：海天出版社，2016 年，第81—83 页。

客厅显得很拥挤，坐不下。彭德清环顾四周，显然不知道说什么好，过了一会儿他才说："什么豪华别墅？就是两间小屋子。"他很为自己偏听偏信不安，他说："部里的人不了解情况，老袁，你应该知道，大家还以为你在香港被腐蚀了。"袁庚说："吃饱了无事生非的人，这么能乱告状。"彭德清笑了笑，带头离开"别墅"。①

5 月 3 日，彭德清接见招商局部门副经理以上和下属各公司负责人。彭德清指出，招商局要发展船队，要把工业区建设起来。船队发展起来了，工业区建设起来了，招商局便有实力了。他还指出，要认真贯彻执行党中央和国务院的两次批示。②建工业区就是要多赚外汇，为实现四化多作贡献。③袁庚看了看他的老上级，希望听到对蛇口工业区的批评意见，也希望对他个人提出公开批评。然而，彭德清并没有对蛇口工业区提出任何批评和指责。不过，彭德清的讲话也似乎在提醒袁庚要分清楚什么是主业和副业。彭德清副部长一贯的思想就是交通部必须主抓航运，离开交通运输老本行，把兴建工业区作为头等大事，在他看来，这种做法不论怎么说，都是不务正业。彭德清讲话中把交通部的主业"船队"放在副业"工业区"之前，其目的袁庚后来才明白。实际上，彭德清副部长的意见并没有什么不对，交通部的主业当然要主抓交通。彭德清对工业区的看法，实际上代表了当时交通部大多数人的意见。坚持创办工业区的袁庚在交通部属于少数派。当时交通部不少人提出：什么工业区，还不是为广东省搞的。将来广东省一口吃掉，"人财两空"，看你们如何"交代"，简直是不务正业。其实，他们提出的意见也不是没有根据的。交通部曾投入大量人力财力进行港口建设，结果建成后无不划给地方所有。更重要的是，这时的彭德清副部长并没有不让袁庚把工业区办下去，而且提出要把工业区建设起来，要多赚外汇，为实现四化多作贡献。对袁庚他们来说，这就足够了。袁庚那颗忐忑不安的心又开始热乎起来。1981 年，彭德清担任交通部部长，招商局董事长。1992 年，招商局庆祝成立 120 周年，袁庚邀请已经离任的老部长、老董事长彭德清前来蛇口工业区参加庆祝活动。此时，原来荒山野岭的蛇口已经发生了天翻地覆的变化。彭德清看到蛇口的变化，恳切地对袁庚说："老袁，看起来，你这样搞是正确的。"④

1985 年 7 月 30 日，袁庚在培训中心全体师生会议上讲道：

> 如果要翻老账的话，过去这里确实是一片荒滩。六年之前，不是很多人会相信在这个地方能建起一个新型港口城市。最初我领一位顶

① 涂俏：《袁庚传：改革现场（1978—1984）》，深圳：海天出版社，2016 年，第 83—85 页。

② 指中共中央、国务院对交通部党组《关于充分利用香港招商局问题的请示》的批示和对交通部和广东省革委会《关于我驻香港招商局在广东宝安建立工业区的报告》的批示。

③《辑录蛇口：招商局蛇口工业区（1978—2003）》，2004 年 12 月编印，第 15—16 页。

④ 涂俏：《袁庚传：改革现场（1978—1984）》，深圳：海天出版社，2016 年，第 80—85 页。

头上司来看地形，刚一上岸，我连地图还没有打开，他扭头就跑了。我对他讲，我们想在这里开辟一个工业区。这个工业区有我们社会主义的优点，也吸收资本主义的优点；扬弃了资本主义的缺点，也包括内地的某些缺点。于是人们讥笑我们是典型的理想主义者。那时只有一张规划草图，现在看来是一幅很不理想的蓝图，但它是蛇口的一个起点，将来可以放进蛇口的历史博物馆。有些身经百战的将军到了这儿也摇头，很难相信在这可办工业区。[①]

① 招商局集团办公厅、招商局史研究会：《袁庚文集》，2012年9月编印，第143页。

1979年5月30日，广东省革委会印发《关于香港招商局蛇口工业区海关边防管理试行办法》（粤革发〔1979〕75号文），共六条，其主要内容有：

（一）有关用于招商局工业区的建筑材料，机械设备（包括备件、工具），生产上所需的原材料和燃料及生活供应品等，均准予免税进口，凭招商局开具证明放行。

（二）有关招商局工业区生产的产品（包括成品、半成品），以及工业区建筑的机具设备，用完后调出香港，凭招商局工业区证明放行。

（三）来往招商局工业区的工作人员及招商局聘请的外籍人士，从香港经水路进入工业区的，可凭招商局制订的出入蛇口工业区证明放行；经深圳进入工业区的，按正常出入境手续办理。招商局驻广州办事处工作人员经常来往工业区，可发定期的边防通行证。

（四）来往招商局工业区的汽车（包括生产运输的机动车辆）、轮船（包括小货船、交通船、拖船、驳船、趸船等），凭招商局开具证明予以放行。有关港务方面的事宜，请黄埔港监协助解决。

（五）蛇口工业区内的工作人员、物资进入内地的管理办法，以及工业区以外的人员、物资进入工业区的办法，另行议定。

（六）为了使海关、边防便于对招商局工业区进行监督和管理，海关、边防可派代表驻在工业区，或在工业区设立相应机构。招商局应对驻工业区的海关、边防人员的工作、生活提供方便。

该办法从1979年6月起实行，说明当时的办事效率还是非常高的。从这个办法可以看出，招商局蛇口工业区是按照出口加工区模式进行开发和管理的。在海关、边防机构设置还不健全的情况下，给予招商局极大的便利，许多免税物品和人员凭开发主体招商局开具的证明即可放行，就今天来说，也是不可想象的。这也说明，招商局是一个非常自律的一个国有企业，1981 年广东、福建爆发走私大潮，也没发现招商局搞了走私活动。

1979 年 6 月 10 日，香港移民局通知招商局在工业区筹建期间来往香港至蛇口的商人和工作人员只要乘坐招商局的交通船，可以从中区政府西翼码头上下船和办理简单的入境签证。抗日战争以前，蛇口至香港每天有轮渡往返，时人称之为"南头街渡"，上午从香港开航，下午从南头返回香港。抗战期间，这条航线仍维持不定期开航，到 1949 年大陆解放后才完全中断。1981 年 11 月 20 日，停航 31 年的香港至蛇口客运航线得以恢复。

图 2-3　许智明指挥与同事们举杯庆祝基建队伍进场

1979 年 6 月，张振声、许智明率大队人马移师蛇口，各地基建工程施工队伍也相继抵达蛇口，大量施工设备陆续运进这片荒芜的滨海之地（图 2-3）。到 7 月份，蛇口工业区第一期基础工程的勘测设计工作基本完成，"五通一平"基础工程开始施工。

1979 年 7 月，蛇口公社水湾村的咀头山响起了中国改革开放的第一炮，蛇口工业区基础工程正式破土动工。当时蛇口工业区需要建 3000 吨级的驳船码头，水深要求 3.5 米，要挖掉 20 万立方米淤泥，然后用等量的实土回填。当时那里全是荒山，只有现在的南海酒店那边退潮的时候有条小路，其余的都要翻山走，路很难走。为打通蛇口五湾至六湾间的通道，蛇口工业区开始炸山填海。在现微波山和龟山之间的山地，挖了六个洞，每个洞里填了两到三吨炸药，由四航局的副局长马国安（音）负责这件事。当日六个洞同时引爆，成功爆破。与此同时，要建 600 米的顺岸码头，码头边滩涂开始清挖，大概需要填土 40 万立方米左右，按当时的价格，1 立方米土运过来是 15 块钱，太贵了。所以当时决定就近炸山取土。炸掉微波山和龟山之间 100 米宽、200 米深的一个山包，大约能炸出 45 万立方米土石来。彼时，南海之滨，虎崖山下，开山炮硝烟腾起，隆隆爆破声和马达的轰鸣声振聋发聩，交汇成一曲空前嘹亮而欢快的乐章。一个崭新的外向型工业区在中国对外开放的前沿阵地深圳经济特区宣告诞生。这轰隆隆的开山炮炸醒了沉睡的蛇口，它既是蛇口工业区的第一炮，又是深圳特区的第一炮，也是中国改革开放的第一炮，意义重大、影响深远。隆隆的开山炮声，正式掀开中国改革开放和经济特区建设的历史大幕。

现在一谈改革开放就会说到"开山第一炮"，而且都会用到同一张山石爆炸的图片。但是，"开山第一炮"究竟是哪一天？那一张被用过无数次的图片是否是"开山第一炮"？后来多方对此进行考证，结果是："开山第一炮"没有一个确切的时间，当事人都不记得了，当时也没有人留意这所谓的"第一炮"；那张"经典"图片，不是现场照片，是珠江电影制片厂用摄像机拍的某个场景！对蛇口工业区爆破破土动工时间有好几种说法：或7月2日，或7月8日，或7月12日，或7月18日，或7月20日，或7月份。

根据后来一直负责工业区大事记录的诸彪回忆："这个时间也是很难确定。也反复向老同志求证，有一些老同志曾经跟我说过，原来定的是7月1日，后来考虑到是党的生日不太合适，就推后一天。所以，在《辑录蛇口》一书中，我们就把开山第一炮的时间确定为7月2日。"而诸彪收集到的《蛇口》十周年纪念封的邮戳上，这一时间确定为1979年7月2日。诸彪说："我是1982年来的，我到的时候还没有听说'开山第一炮'这种说法。等到后来有了这样的说法，我是负责资料收集整理的，也看到了那张照片。我就反复跑到现场那边去看。当时炸山的地方是在微波山和龟山之间，应该是个山包才对，但这张照片上却有一个整齐的平整切面，一看就是已经平整过的，不像。而且，这张照片不是照相机拍的，是从电影胶片上截取的，所以，我基本判断，这张照片不是准确的'开山第一炮'。但它肯定是最早拍摄蛇口开山建设的照片。从查阅的资料看，蛇口工业区本身对这一时间没有权威的认定，其最新出版的画册《春天的故事》中，这一时间只是被定为1979年7月。张后铨编著的《招商局与蛇口》一书把爆破的时间写为'7月8日'，但作者没有提出依据。"据孙绍先回忆："'第一炮'具体时间说不清。正因为当时人们都没把蛇口工业区的建设当回事，所以后来记录开山打响'第一炮'时，忽然发现一直没有一个确切的时间。那天天气不错，施工队放炸药的工人很有经验，称得上是六洞齐爆。近20吨炸药把地面轰得直摇晃。在当时，炸个山取土修码头，算不上什么大事，所以现场的亲历者都没拿相机拍。直到1984年小平视察深圳，人们才渐渐提起'开山第一炮'的事情。遗憾的是，人们现在看到的，其实是珠江电影制片厂的摄影师用摄像机拍的，照片也是从胶片上截取的。但我不能证实画面所记录的就是'开山第一炮'。蛇口工业区记录这件事时，用了模糊的手法，只提 7 月上旬，放了第一炮。《蛇口》十周年纪念封的邮戳上，这一时间确定为 1979 年 7 月 2 日。有的同志在回忆时提出，是 7 月 18 日放的第一炮。我查看的施工队的施工日志很清晰记录着，1979 年 7 月 12 日，在蛇口五湾成功爆破。此前，施工日志就没提过爆破的事。"[1] 根据 1983 年工业区工会俱乐部美工、曾在工业区党委宣传部文化科、党群工作部文化科、企业文化建设部任职，现已从招商局历史博物馆退休的诸彪说："现在我们经常看到的影像资料的'开山炮'均出自 20 世纪 80 年代初的一次海边爆破（应该是南海酒店工地），由珠江电影制片厂拍摄，多年前（好似1989 年蛇口工业区成立 10 周年前夕）蛇口工业区编辑画册，没有开山炮照片，到处找都没有，结果求助珠影厂，因为珠影厂那时为蛇口拍纪录片，珠影厂提供了剪辑剩下的胶片，我们用这些胶片晒了照片去分色制版印刷画册，所以就有了开山炮的照片。现在我们看到的电视和照片的所谓'蛇口开山第一炮'（图 2-4），就是 20 世纪 80 年代初珠影厂拍摄的那次海边爆破。因为 1979 年 7 月的第一次爆破没有留下任何影像资料，所以这 20 世纪 80 年代初海边爆破就权当为第一炮了，也不失为珍贵的历史资料了。说开来'蛇口开山第一炮'，我还想说的是，这不是真正意义上的'第一炮'。'第一炮'没有留下任何影像资料，我在当时的蛇口工业区宣传部工作很长时间，再清楚不过了。"[2] 所以，综合起来看，7 月 12 日这个日子有可能是最接近事实的，因为有施工日志记录。

其实开山第一炮的具体时间、照片是否相符已经不是很重要了，重要的是从那时起，蛇口工业区、深圳经济特区和中国开始走上改革开放之路。

从 1979 年 2 月至 7 月，招商局主要是展开蛇口工业区的筹建和准备工作。招商局除请交通部、广东省派工程技术人员前来对蛇口工业区进行勘察设计外，还先后派得力人员与广东省革委会、深圳市委以及香港海事处等负责人就蛇口工业区土地面积、出租方法、供水供电、劳动力招聘以及出入境等具体问题进行沟通和商谈，并取得广东省、深圳市和香港方面的大力支持。到了 6—7 月份，工程建设大军陆续进场，在沿海滩涂和荒山秃岭上开展大规模的建设，蛇口工业区改革开放和开发建设的历史序幕正式拉开（图 2-5、图 2-6、图 2-7、图 2-8）。

① 王轲真：《1979 "开山第一炮"说法的由来——孙绍先谈蛇口工业区诞生秘事》，深圳论坛（szbbs.sznews.com），2013年 11 月 29 日。

②《"没有想到这一响成了标志性事件"》，《深圳特区报》2010年 8 月 25 日。

图 2-4　蛇口打响开山第一炮

图 2-5　蛇口工业区开发建设工地场景

图 2-6　20 世纪 70 年代末的蛇口港工地

图 2-7　20 世纪 80 年代初建设中的蛇口　　　　图 2-8　1980 年底组建中的第一家中外合资企业
"中瑞机械工程有限公司"

二、特区建设蛇口先走一步

1979 年 7 月 15 日，中共中央、国务院批准广东、福建两个省委的报告，决定对广东、福建两省实行"特殊政策、灵活措施"，在广东省的深圳、珠海、汕头和福建省的厦门试办"出口特区"。1980 年 5 月，中共中央和国务院决定将深圳、珠海、汕头和厦门这四个出口特区改称为经济特区。四个经济特区中，深圳经济特区建设起步最早，于 1980 年 8 月开始。1979 年 7 月，蛇口工业区开始大规模开发与建设，早于深圳经济特区一年多。

1979 年 7 月至 10 月，袁庚、金石多次奔走于广州、深圳之间，同广东省、深圳市负责人进行商谈，并草拟《关于经营蛇口工业区的内部协议》，解决蛇口工业区开发与建设中涉及的一些急迫问题。

1979 年 7 月 13 日至 17 日，招商局总经理金石率领发展部负责人梁鸿坤和王良到广州，再次和省有关部门商谈外籍人士由香港到蛇口的出入境签证等问题。7 月 17 日，经过与各方商议后，广东省革委会办公厅主持召开工作会议，就"香港招商局蛇口工业区建设急需解决的以下几个问题"进行讨论。广东省革委会办公厅副主任陆荧、关相生，香港招商局金石、梁鸿坤、王良，广东省外事办杨可忠，省公安局宋志英、王明阁、黄导，省劳动局郑永辉，省交通局吴习民、王重，省电力局张强，省革委会办公厅杨青山，广州市建委贾泽民等参加了会议。金石介绍了工业区的筹建情况，与会者对工业区建设中急需解决的几个问题进行了讨论，决定广东省革委会印发的《关于香港招商局蛇口工业区海关边防管理试行办法》

（粤革发〔1979〕75号文）仍然有效，并对外籍人士的出入境手续作了补充规定。会议对工业区的用电、工业区3.8公里公路改线和支援司机、工业区所需劳动力等问题作了规定。具体内容概括如下：

（一）关于招商局工作人员来往蛇口工业区和招商局聘请的外籍人士入境手续问题。招商局工作人员中的港澳同胞，从香港经水路进入蛇口工业区，暂凭招商局制订的出入蛇口工业区证明放行；经深圳至工业区的，按港澳同胞回乡手续办理。凡是招商局聘请及介绍来蛇口工业区的外国人员，无论从水路或陆路来，均需办理入境签证，但手续可从简。办法是：在公安部门没有正式批准在深圳市设立签证机构以前，委托深圳市外事处临时负责办理入出境签证手续。为方便管理，省边防检查站决定派出两人常驻蛇口工业区，负责检验证件。

（二）蛇口工业区用电问题。工业区的"三通一平"工作正在紧张进行。目前的生活用电，应先行解决。深圳至蛇口的高压输电线路，由省电力局抓紧施工，争取今年年底架通，明年三月保证工业区的用电。因我省电力不足，需用外汇向香港中华电力公司买电。蛇口电厂投产后，也还需要从香港进口油料。为此，蛇口工业区的电费，双方同意以外汇支付，或由招商局代购进口油料。

（三）蛇口工业区3.8公里公路改线和支援司机问题。由省交通局承建蛇口工业区3.8公里公路，同意从省交通局抽调4名司机。

（四）蛇口工业区所需劳动力问题。蛇口工业区所需工人，由招商局将用人计划和具体要求，提前一个半月送省劳动局。[①]

1979年7月20日，招商局总经理金石率员前往深圳市，向中共深圳市委书记张勋甫、市革委会主任贾华等汇报：（一）招商局与广东省有关部门商定关于外籍人士进出工业区的手续问题；（二）工业区建设指挥部临时党委负责人人选问题。当即获中共深圳市委批准。

1979年7月20日，招商局蛇口工业区建设指挥部正式成立，张振声任总指挥，许智明、郑锦平（蛇口公社党委书记）、林运生任副总指挥。蛇口工业区建设指挥部召开第一次全体会议，招商局总经理金石在会上作了动员报告，他要求全体干部团结一致，发扬艰苦奋斗的创业精神，积极参加工业区的建设工作，为实现四化作出贡献。同日，招商局蛇口工业区建设指挥部接着召开第二次全体干部会议，正式宣布指挥部下设办公室、人事科、物资供应科、财务科、总务科、工程科、水电科。确定指挥部当前的主要工作是：（一）做好蛇口工业区"三通一平"工程的组织和指挥工作；（二）为下

① 《广东省革命委员会办公厅讨论"关于香港招商局蛇口工业区建设中急需解决的几个问题"》，香港招商局编：《广东省深圳特区招商局蛇口工业区文件资料汇编》（第一集），1981年，第23—25页。

一步建立劳动力服务公司、解决劳动力问题作好准备工作；（三）筹建一批单身职工宿舍和生活设施，为工业区的建设创造一些必要条件。

1979 年 7 月 22 日，蛇口工业区建设指挥部颁布《有关职工待遇几个问题的暂行规定》（〔79〕招蛇人字 1 号文），就职工工资、附加工资、粮差补贴、房租水电费补贴、加班工资、探亲路费报销、医疗费报销等作了规定，合同工、临时工供养直属亲戚不享受劳保待遇。文件基本上还是沿用全国的一些相关制度。

1979 年 8 月 16 日，九龙海关在蛇口工业区设立办事处，按广东省革命委员会《关于香港招商局蛇口工业区海关边防管理办法》，对进出口的货物进行监管。对建筑材料、机械设备、生产所急需的原材料及生活供应品，准予免税进口，凭招商局证明放行。

1979 年 9 月 21 日，中共蛇口工业区临时党委成立，张振声任临时党委书记，许智明、李新庭（深圳市秘书长）任党委副书记，郑锦平、林运生任党委委员。

1979 年 10 月 5 日，中共广东省委书记、广东省革委会副主任刘田夫同招商局常务副董事长袁庚一起对《关于经营蛇口工业区的内部协议》逐字逐句作了修改。之后，广东省革委会两次召集财政、银行、电力、劳动等部门负责人开会，听取他们对协议的意见，但在一些原则问题上仍存在争议。

1979 年 10 月 14 日，中共广东省委书记吴南生在呈报给中共广东省委《关于加快深圳建设必须解决的几个问题》报告中第四部分谈到蛇口工业区的问题：

（四）关于蛇口工业区。这个工业区占地 1000 亩（不包括山岭和沿海林带），投资 1.6 亿港币，今年 6 月着手兴建，工程进度很快，预计明年 9 月以前按"六通一平"的要求建好，提供给外商投资建厂。当前的问题主要是地租价格没有定下来，影响同外商的谈判。招商局的同志认为省里的价格偏高，对外商缺乏吸引力。这个问题确实值得研究。"既欲取之，必先予之"，开始多给外商一点甜头，调动胃口，从长远来说对我们是很有利的。（按：菲律宾巴丹加工区头三年免征租金，其后两次调整，1977 年规定每平方公尺（米）租金为 3 比索，折合美金 0.43 元）。他们要求仍按原定协议每年每亩给 4000 元港币（相当于每平方公尺 6 元港币），从"六通一平"完成开始征收。我们认为可以这样办。①

① 香港招商局编：《广东省深圳特区招商局蛇口工业区文件资料汇编》（第一集），1981 年，第 26 页。

1979 年 10 月 30 日，交通部以〔79〕交人字第 2021 号文对香港招商局就蛇口工业区的机构编制、工资待遇等问题呈送的报告给予批复，同意蛇口工业区成立地产管理处（对外称地产管理公司）和人事管理处（对外称劳动服务公司），工业区的编制人数暂定 30 人。确定工业区工厂所需要的工人，原则上由部属企业单位选派，由工业区聘请，受聘职工的工资、劳保以及升级等有关待遇，按国家的规定执行，并由工业区负责支付。

1979 年 11 月 16 日，中共广东省委书记、省革委会副主任刘田夫作出批示："协议已经多次商谈，不要在原则上提出异议。"[①]

1979 年 11 月 17 日，中共广东省委书记吴南生、广东省革委会副主任曾定石主持召开省各主管部门负责人会议，再次对上述协议稿进行修改，并最后确定协议文本。

1979 年 11 月 18 日，由中共广东省委书记吴南生主持，广东省革委会副主任曾定石、中共深圳市委书记张勋甫、招商局代表金石在广州签署广东省、深圳市、招商局《关于经营蛇口工业区的内部协议》，参加协议签署仪式的还有广东省委副秘书长秦文俊、省革委会副秘书长陆荧、招商局发展部经理梁鸿坤。协议主要内容有：

工业区定名："招商局蛇口工业区"。

工业区的范围：在蛇口公社冰厂以西至五湾，使用土地约 1000 亩（以实际测量为准）。

建立工业区的目的：吸收国外资金，引进先进技术、设备和原材料，发展新兴工业，多创外汇，积累资金，为实现我国交通航运现代化，促进深圳工业和城市建设的发展做出积极贡献。

工业区的经营管理：蛇口工业区的规划建设和经营管理，遵照国家的政策法令，在深圳市人民政府领导下，由招商局负责。工业区的边防、治安、海关、银行、邮电、文教、卫生等行政管理工作由深圳市负责。有关具体措施，由深圳市与工业区协商制定。

土地和土地使用费：以实际使用面积计算，每年每市亩向深圳市交港币 4000 元。土地使用年限暂定 30 年。

税收：凡是用于工业区的机械设备、原材料进口和外销的成品、半成品出口一律免税。工业区职工生活必需品免税进口。利得税从投产日起三至五年免征，从第四年或第六年起按企业利润额征收 10%。

职工：工人和技术人员，由深圳市劳动服务公司招聘，经工业区

① 《辑录蛇口：招商局蛇口工业区（1978—2003）》，2004 年 12 月编印，第 20 页。

劳动服务公司或人事部审查合格，与深圳市劳动服务公司签订合同。员工在工作期间如有违反规章制度，雇主有权解雇。

工资：收取港币，用人民币支付，一般工人每月工资不低于广州市的平均工资，另按工资总额提成 10% 作为福利医疗劳保等费用。按质量完成或超额完成可发给奖金，每月可领取 10% 的外币工资，在工业区内商店购物。

外汇管理：厂商以外币进行核算，外币一律通过工业区银行兑换，来往自由，但要经过工业区银行汇进汇出，并接受银行监督。

电力供应：高压输电工程投资，从深圳至蛇口由广东省电力局负责；蛇口至工业区一段，由招商局负责，电费以外币支付。

供水：由西沥水库供应，引水工程的设计、施工由广东省水利局负责。建自来水厂由深圳市自来水公司设计和施工。以上投资由招商局负责。收水费标准，按东深水库供应香港价格标准的三分之一计收。

粮食供应：职工及其家属共约 5000 人，按人定量由深圳列入用粮计划，保证供应。超过部分，以外币支付。

这是有关开发、经营和管理蛇口工业区的第一份正式文件，它比 1980 年 8 月 26 日全国人大常委会通过的《广东省经济特区条例》早 9 个月。从这里可以看出：蛇口工业区当年所采用的就是海外出口加工区的模式。这一协议虽确定了基本原则，土地使用费、税收问题得到解决，但仍有诸多问题被留了下来，没有得到很好解决。此后，蛇口工业区名义上成为深圳经济特区的一个组成部分，但在实际运作中，因深圳经济特区初创，自身问题应接不暇，蛇口工业区的党政工作、治安管理等主要由工业区自行管理。从 1982 年开始，深圳经济特区建设进入高潮阶段，各方面工作开始全面纳入正轨，深圳经济特区与蛇口工业区之间的矛盾和问题才日益凸现出来。

1979 年 12 月 12 日上午，中央政治局委员、国务院副总理、中央军委常委王震上将在中央军委委员、国务院国防工业办公室主任洪学智上将，中央军委委员、南京军区司令员聂凤智中将，中共深圳市委书记张勋甫、招商局常务副董事长袁庚、蛇口工业区副总指挥许智明陪同下视察招商局蛇口工业区。他详细听取了关于蛇口工业区的规划（图 2-9）、筹建经过、当前施工进度和建设中存在的问题，并就规划建设的具体问题做出了指示。当许智明谈到广东省、深圳市对工业区的关心与支持时，王震指着张勋甫说："他是中国人，应该支持你们。"当许智明说到特区是个新鲜事，怎么特法，还有许多问题没解决，请多多给我们提出宝贵意见时，王震说："看一看再提意见吧！不要太苛求啦！你们招商局提出的平面布置方案，要请交通部四航局一起研究作出决定。"袁庚说："交通部科学技术委员会派人来参加了意见。"王震在认真看了蛇口工业区平面图（图2-10）后说："第一，这条公路加两边虚线28米，要考虑公路两旁的绿化，是不是就按28米宽的公路考虑绿化问题，不要尘土飞扬，以后我们这些年纪比较大的人来，就不会灰尘满面了。第二，这些（指图上工地北面南山）都可以给你们招商局，招商局要把这山都开发起来。"王震在视察中还就其他问题作了指示。①在乘车从指挥部到五湾的途中，洪学智提出："在工业区规划里，下水道要很好设计、规划一下。一开始就规划好才不乱；公路交叉点要设转台，要注意拐弯的角度，从现在起就要注意交通秩序，不然将来车多了，指挥部指挥不过

图2-9　蛇口工业区总体规划图（1986年）

来。"在参观五湾时，聂凤智提出："为什么把重工业和化工两区分开，中间放轻工业，这不太合理，因为化工、重工业污染都比较大，轻工业比较清洁的，希望在规划时考虑。"王震是第一位到蛇口工业区视察工作的国家领导人。王震等提出的建议对于处于初创中的工业区有重要的指导意义。

1980年1月21日，蛇口工业区建设指挥部与深圳市邮电局就工业区电信通信②工程的建设方案进行磋商。深圳市邮电局认为：蛇口工业区电信通信工程，应按照当时的邮电管理体制进行建设。蛇口邮电支局属深圳市邮电局的分支机构；蛇口地区对深圳的中继通信按郊化长途线、路办理；深圳至蛇口建设60路—120路的小微波，蛇口市话局容量为4000门；建设资金按预算总投资额由招商局提供无息贷款，以"以话养话"的办法解决，即：待投产后，按容量的有效放号门数摊分总投资，每部电话收1门的初装费还投资贷款，逐年放号，逐年偿还，放号完毕，

① 香港招商局编：《广东省深圳特区招商局蛇口工业区文件资料汇编》（第一集），1981年，第90、91页。
② "通信"，旧称"通讯"。下同。

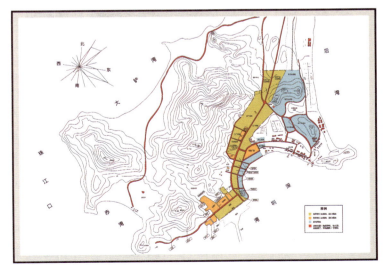

图2-10　1981年招商局蛇口工业区平面规划示意图

贷款还清；该工程的设计、施工由邮电部门办理，深圳市邮电局为建设单位，招商局参加工程设计审定，并负责引进设备。

1980 年 1 月 22 日，交通部副部长郭建一行 20 多人到蛇口工业区检查工作。郭建在听取工业区建设指挥部负责人工作汇报后指出：蛇口工业区只能搞好不能搞坏。国内外报刊已经对蛇口工业区的兴建作了许多报道，工业区搞不好不只是招商局、也不只是交通部的问题，而是关系到中华人民共和国的声誉问题。虽然蛇口工业区目前碰到不少困难，但这是可以克服的，工业区有很多优越条件，是可以搞好的，有前途的。[1]

1980 年 2 月 20 日，蛇口工业区建设指挥部向招商局报告，为迎接蛇口 150 米顺岸码头（图 2-11、图 2-12）在该月底投入使用，要求增建储运管理处和办公室，并因此增加编制用人。拟增建的储运管理处即为工业区港务公司的前身。

1980 年 3 月 22 日，中央书记处书记、国务院副总理，国家进出口管

① 香港招商局编：《广东省深圳特区招商局蛇口工业区文件资料汇编》（第一集），1981 年，第 71 页。

图 2-11　1979 年 8 月，五湾顺岸码头正式动工

图 2-12　初步建成的顺岸码头

理委员会、国家外国投资管理委员会主任、党组书记谷牧率领国务院有关部门负责同志 20 多人到蛇口工业区视察工作，其中包括国家计委副主任甘子玉、段云，国家进出口管理委员会、国家外国投资管理委员会副主任江泽民、马宾，财政部副部长田一农等，广东省委书记吴南生、广东省副省长曾定石和深圳市委书记张勋甫陪同视察（图 2-13、图 2-14、图 2-15、图 2-16、图 2-17、图 2-18、图 2-19 反映了蛇口工业区当时的建设情况）。谷牧一行由北京抵穗转乘火车到达深圳，稍作休息后于当天下午转赴蛇口工业区。招商局袁庚、许智明、梁鸿坤参加接待。袁庚将蛇口工业区的筹建过程、工程进度及当前存在的困难等作了汇报。谷牧说："干部、工人的来源和劳动工资的问题好解决，工业区一定垮不了。"广东省委书记

图 2-13　蛇口工业区早期"蛇口—南头"的公路

图 2-14　建设之初的蛇口工业区大门

图 2-15　远东饼干厂（中国）有限公司的厂房

图 2-16　中集集装箱有限公司奠基仪式在蛇口举行

图 2-17　蛇口工业区早期行政部办公的铁皮房

图 2-18　1980 年，蛇口工业区变电站第一期启用

图 2-19　1979 年袁庚与来访客人在集装箱改造的建设指挥部门前合影

吴南生、广东省副省长曾定石表示，这些问题应该解决，省里可以帮助。谷牧又说："有关蛇口工业区的一些具体问题，待听取广东、福建两省的汇报后，再请袁庚赴穗作详细汇报，共同研究解决，希望袁庚同志在广州会议上作一次发言。"国家进出口管理委员会副主任马宾在谷牧来之前就在蛇口工业区蹲点多天。他认为，关于特区建设，当前不宜把战线拉得过长，应该集中力量先搞一两个，取得经验后逐步推广。在此之前，中国社会科学院副院长兼经济研究所所长许涤新率队由香港乘船访问了蛇口工业区，并收集了有关工业区发展情况的资料。谷牧一行参观了蛇口工业区码头，当时正值港口第一次作业，卸下刚由招商局驳船从日本转运而来的设备 900 多吨。谷牧对此很高兴和重视，在码头停留时间较长，详细询问了港深、泊位和航道情况。当询问是否可以搞深水泊位时，袁庚说，赤湾南头主航道水深 10 米以上，可以建设深水港，交通部曾有此设想，但投资要多，如国家投资，分期分批可以搞的。[①]这是主管全国对外开放，广东、福建两省改革开放先走一步工作和经济特区工作的谷牧副总理第一次来到蛇口工业区视察和指导工作。

1980 年 3 月 26 日，国务院副总理谷牧在广东、福建两省汇报会上指出："关于特区的基本建设。我看了蛇口工业区，觉得有可取之处。他们基本上是按经济规律办事。比如他们搞计件工资，超过定额后可以增加付酬。所以很快突破原定计划，大大缩短工期，提前完成任务。他们建的码头，现在已经有几个泊位开始营业，以自己的积累养自己，逐步扩大发展。这个路数对头。现在需要解决的问题，比如劳动指标和技术力量可以不受限制，按实际需要，择优招雇聘请，在劳动管理上，采取一些新的管理制度，都像内地那样搞人海战术不行。"刘田夫插话："达成的内部协议中已有明文规定，现在有新问题，可以再提出来。""你们要把蛇口工业区先办好，就可以取得一些经验，"谷牧说。袁庚插话："我们要求中央、广东省加强领导，帮助解决一些问题，否则那里就要卡住了。"刘田夫说："有问题可以提出来，加以研究解决。先念同志、谷牧同志同我们谈过，问题要分别加以解决。"谷牧接着说："我看，劳动指标和技术力量，可以允许他们登报

① 香港招商局编：《广东省深圳特区招商局蛇口工业区文件资料汇编》（第一集），1981年，第 98—100 页。

招考，条件符合要求的录用，不符合的不要，另作其他安排。总之，一定要把蛇口工业区先办好，从中摸索一些经验。"①在这里，谷牧代表中央允许蛇口工业区在劳动用工和技术人才计划体制下开一个口子，并要求把蛇口工业区先办好，为中国经济特区建设积累经验。

① 香港招商局编：《广东省深圳特区招商局蛇口工业区文件资料汇编》（第一集），1981年，第32—33页。

　　1980年4月27日下午，中共中央副主席、全国人大常委会委员长叶剑英元帅在广东省副省长王宁、叶选平和中共深圳市委书记张勋甫的陪同下视察蛇口工业区。蛇口工业区副总指挥许智明扼要地汇报了工业区"五通一平"工程进展情况（图2-20、图2-21、图2-22、图2-23、图2-24）及当前存在的主要困难（包括微波通讯②、电话设备的安装未落实，外商入境码头签证未解决等）。叶剑英对工业区要不要建筑铁路、已与外商签订了多少合同、有何经验、上述困难问题有无向谷牧同志汇报等，逐一垂询，并说："你们的汇报很好，我回京将这些问题同有关同志说一下；祝你们成功，很快把工业区建设好。"

图2-20　1980年，建设中的碧涛苑别墅区

在和工人群众见面时，叶剑英又说："你们办得很好，希望你们继续努力。"随后，叶剑英在指挥部前同在场的全体同志合影留念，并同意为"招商局蛇口工业区"题名③。5月12日，叶剑英为蛇口工业区题名："香港招商局蛇口工业区"（图2-25）。叶剑英是中央政治局常委中最早视察深圳经济特区和蛇口工业区的国家领导人。

② 现称"通信"，本书部分内容依据史料沿用旧称"通讯"，未做统一。下同。
③ 香港招商局编：《广东省深圳特区招商局蛇口工业区文件资料汇编》（第一集），1981年，第108—109页。

三、四分钱奖金惊动中南海

　　在构想蛇口工业区之初，袁庚就提出要摆脱现行体制中"大锅饭"的做法，他的想法曾得到中央谷牧和广东省刘田夫的支持。

　　蛇口工业区600米长的顺岸码头工程，由交通部四航局二处承建，于1979年8月正式动工。当时由于采取平均主义的奖励办法，即每月在工人中评定一、二、三等奖，按等级分别发给七、六、五元奖金，工人们对此兴趣不太，工作干劲不高。车队工人每人每个工作日（八小时）运泥只达20—30车左右。针对这种情况，四航局二处为了调动生产积极性，加快施

图 2-21　蛇口工业区"五通一平"现场

图 2-22　1980 年，华益铝厂有限公司奠基仪式

图 2-23　1980 年 7 月，江辉船舶工程有限公司的游艇厂

图 2-24　蛇口工业区早期建成的标准厂房（工业大厦）

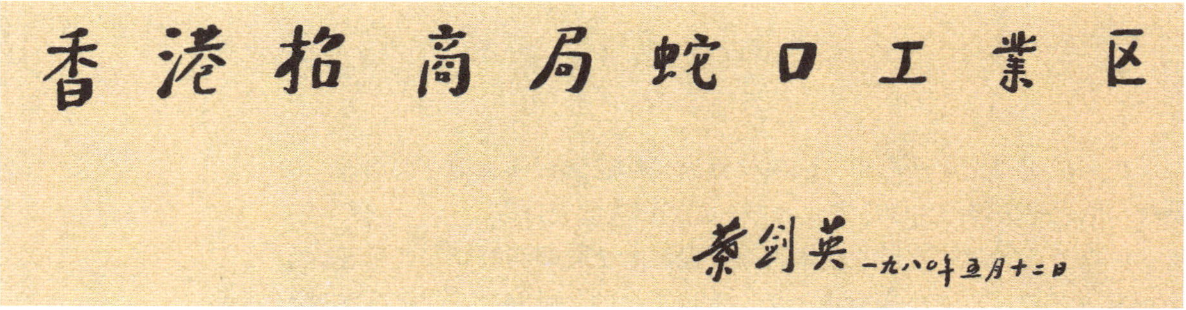

图 2-25　1980 年 5 月，叶剑英为蛇口工业区题字

工速度，从 1979 年 10 月起在车队工人中实行超额超产奖励制度，办法是每人每个工作日劳动定额为运泥 66 车，完成这一定额者每车奖金 2 分钱；超过定额者每超一车奖金 4 分钱。实行这一制度后，工人生产情绪高涨，劳动效率明显提高。一般每人每个工作日运泥达 80—90 车，最多达 105 车。工人们还主动加班加点，实行每天工作 12 小时的大班制，效率最高的每天运泥达 131 车。工业区 600 米长码头中的 150 米，原计划是于 1980 年 3 月底完成，由于实行定额超产奖励，于 1980 年 2 月提前一个月完成。初步测算，工人为国家多创造的产值达 130 万元，而工人每人每月平均得到的超额奖金仅为 24.3 元，只占他们多创产值的 2% 弱。1980 年 4 月，这个奖励制度停止实行，原因是国家劳动总局和交通部相继发出"红头文件"，文件说，为了纠正滥发奖金，规定每年奖金不得超过一个半月到两个月的工资。甚至有人指责蛇口"奖金挂帅"是倒退。工业区重新采用过去平均主义的奖励办法。结果造成劳动生产力迅速下降，又回到每人每天运泥 20—30 车，施工速度也就迅速急降下来。在现场调查时，有工人对袁庚说："如果不实行奖金制度的话，我保证没有一个人愿意多干，拖就是唯一途径。"看到码头上懒洋洋的施工现场，袁庚说："想办法，奖金制度一定要执行。"

　　1980 年 5 月 17 日，蛇口工业区建设指挥部向交通部、国家进出口委员会、广东省经济特区管理委员会递呈《关于蛇口工业特区基本建设按经济规律办事实行定额超额付酬办法的请示报告》，并附上相关调查报告。[①]这份报告陈述："4 月，工业区基础工程建设第一次出现月度计划未完成的现象，原因是为施工单位规定职工年奖金额不超过两个月的平均工资和按平均数发奖金给各个工人，即由于改变奖金制度，挫伤了工人积极性，使工程进度和完成的工作量明显下降，拟采取定额制超额增加付酬方法。"报告还列举了两个在工业区的建设和土石方工程施工中的例子来说明按经济规律办事的好处，反映有的单位因执行最近国务院有关部门的文件，改变了奖金制度，职工积极性不能充分调动起来，计划在 9 月底提前完成二期工程已不可期。报告认为搞平均主义，吃"大锅饭"的倾向不能调动广大建设者的积极性，已成为加快工业区建设的障碍。报告主张工业区应根据这里的实际情况，采取灵活措施，实行特殊政策，应坚持和推广前段时间所实行的按经济规律办事，搞"定额制"，超额增加付酬等行之有效的做法，以加快蛇口工业区的建设。报告最后指出："关于今年国务院颁发的制止滥发奖金的规定，我们认为是完全正确的，我们今后要坚决制止滥发奖金的倾向，但工业区实行的计件制超额增大付酬的办法

① 附件 1:《关于特区基本建设按经济规律办事，实行定额超额付酬办法的调查报告》；附件 2:《关于贯彻执行"关于整顿和改进国营企业职工奖金制度的意见"的通知》（交四航〔1980〕人字第 135 号）。

与滥发奖金根本不同。为此我们今后在提高工效，节约工时，缩短建设周期，降低工程成本的前提下，拟继续采取定额超额增大付酬办法，为实现四化作出贡献。"1980 年 6 月 12 日，中共广东省委决定：吴南生兼任深圳市委第一书记、革委会主任；张勋甫任市委常务书记；秦文俊任市委书记；黄施民任市委书记、革委会副主任；方苞、罗昌仁任市委书记；贾华任市委书记、革委会副主任。

1980 年 6 月 24 日，交通部批复同意试行招商局上报的《关于香港招商局蛇口工业区中外合资企业职工工资方案》，适用于蛇口工业区中外合营企业中的中国一般员工。工人工资标准等级设为 8 级，工资分别为人民币 40 元、47 元、55 元、64 元、75 元、87 元、102 元和 120 元。职员、技术人员工资等级设为 15 级，工资分别为人民币 185 元、170 元、157 元、144 元、131 元、119 元、108 元、98 元、89 元、80 元、71 元、63.5 元、57 元、50.5 元和 44 元。方案还就职工的劳保、医疗费用、奖金、各种津贴、物价补贴、留给工业区和劳动服务公司的服务费用和劳保福利费作了规定。由于各企业均为独立法人，有权决定员工的工资福利，实际执行中则是千差万别。

1980 年 7 月 30 日，中共中央总书记胡耀邦看到新华社《国内动态清样》（第 20687 号）刊登一则消息：深圳市蛇口工业区码头工程因被迫停止实行超产奖的改革，造成延误工期，影响外商投资建厂。胡耀邦阅后立即作出批示（图 2-26），严厉批评国家劳动总局和交通部阻碍蛇口工业区改革。其批示如下：

> 请谷牧同志过问一下此事。我记得中央讨论奖金时，中央并没有哪位同志同意奖金额不得超过一个半月到两个月工资额的规定，总理是坚决反对这种硬性规定的。我也赞成他的意见。为什么国家劳动总局能这么办？交通部也这么积极？看来我们有些部门并不搞真正的改革，而仍然靠作规定发号施令过日子。这怎么搞四个现代化呢？请你顺便在财经小组例会上提一提。[1]

1980 年 7 月 30 日，中央书记处书记、国务院副总理谷牧接到胡耀邦的批示文件后，当天马上做出批示解决此问题：

> 请（周）剑（建）南、（江）泽民同志考虑，既实行特殊政策，交通部、劳动局这些规定在蛇口就完全可以不实行。如同意，请通知广东。[2]

1980 年 8 月 1 日，在中共中央总书记胡耀邦、国务院副总理谷牧和国

① 香港招商局编：《广东省深圳特区招商局蛇口工业区文件资料汇编》（第一集），1981 年，第 36 页。
② 香港招商局编：《广东省深圳特区招商局蛇口工业区文件资料汇编》（第一集），1981 年，第 36 页。

图 2-26　1980 年，胡耀邦等对蛇口工业区超产奖励问题的批示

图 2-27　早期的蛇口工业区出入证

家进出口委和外国投资委副主任江泽民的过问下，蛇口工业区码头建设工程很快就恢复实行定额超产奖励制度。8 月 11 日，中共广东省委书记吴南生接到国家进出口管理委员会的电话通知文字稿后作出批示：8 月初已接到进出口委员会电话转告这两个批示，即告深圳市委通知蛇口，按原来奖励继续办，在特区，不必执行那些规定。[①] 8 月 1 日，承建码头工程的四航局二处恢复定额超产奖，并对原来某些规定作了修改，即按定额 55 车完成的不发奖金，超额完成者每超一车奖金 6 分钱，劳动生产率迅速提高，施工速度加快。此后此制度在华益铝厂、华美钢厂、南海石油基地等项目继续得到实施。该制度使这些工程都比原计划提前竣工，蛇口以其高效率成为外商来华投资的首选之地。蛇口工业区实践证明，冲破旧条条框框，打破平均主义"大锅饭"的束缚，实行定额超产奖励制度，按经济规律办事，坚持按劳分配，多劳多得，才能真正调动广大职工的社会主义建设积极性（图 2-27）。

① 林亚杰主编：《经济特区的由来》，广州：广东人民出版社，2002年，第 290、291 页。

四、中央领导为"卡脖子"问题作出批示

蛇口工业区建设之初，通讯设施非常落后。1979 年 12 月，国务院副总理王震来到深圳要去蛇口工业区视察工作，因从深圳到蛇口的电话一直不通，市委只好派员驱车前往蛇口去通知。当时蛇口仅靠一台手摇电

话机保持与外界联系，不能直接与对方通话，必须通过总机转接。打深圳市内电话还好些，打国内国外长途电话就麻烦了，往往一天也打不通几个电话。外商打长途联系业务还得跑去广州。为此，袁庚急得像热锅上的蚂蚁，他联系香港一家通讯公司，希望其帮助解决这一问题，即打算从香港拉一条海底电缆过来，开通与香港直拨的程控电话。同时，袁庚打报告向省里申请蛇口工业区自办通讯，省里很快批准，呈送国务院有关部门批准。

　　1980 年 7 月 4 日，香港招商局与香港大东通讯系统有限公司达成协议。由大东公司负责供应及安装设于蛇口工业区的电话交换机以及连接蛇口与深圳两地的微波通讯系统，合同总值 561 485 美元。该微波系统所提供的 DTS1202 数字自动电话交换机将可连接 600 个用户，微波系统将设 64 条线路和 4 个接线生控制台，最多可装 800 台电话和 120 条外线，蛇口、深圳、香港之间电话可以自动直拨，并附有电传设备供香港与内地电讯联系。这是蛇口工业区最早使用的电话总机，总机号码为 22626，电传号为 44206 SIZ Cn。[①]该系统基本可以满足整个蛇口工业区通信所需。但此举犯了"大忌"——邮电通讯是国家专控专管的行业，一个企业怎能自办通讯？这下可惹怒了某些部门，一时间"泄露国家机密""损害国家利益"等大帽子铺天盖地而来。一天，招商局接到邮电部的通知，要他们派人到邮电部开会，袁庚、许智明和梁鸿坤三人立即飞赴北京。在会上，邮电部的人说：你们申请专线电话，搞微波通讯，实际上就是要开一个出口局，你们不知道，当年毛主席、中央军委、国务院只定了北京、上海两个出口局。你们有什么资格、条件提出这个要求？谁敢负这个责？袁庚他们又是请求，又是汇报，邮电部门总算有了答复：可以自办通讯，但必须使用国产设备，建成后由邮电部门管理。即由招商局出资 3000 万元至 4000 万元，邮电部派人建一微波站、机楼以及职工宿舍，交邮电部管理。招商局预算只有 6000 万元，搞通讯的钱只有几百万元，这哪能成。袁庚不得不越级向谷牧汇报，坚持招商局投资、招商局管理。经过一段时间，中央负责同志同意和广东省邮电部门商议"试验一下"。后来，考虑到国产通讯设备落后，邮电部门又回复：同意进口设备，但如果这样的话最快三年才能交付使用。[②]袁庚逐渐发现，一些对生产发展有利、对经济建设有利的措施，总是被有关部门官僚式的作风给"拦截"，工业区的建设举步维艰。万般无奈之下，袁庚他们只好把问题让新华社记者"捅"到北京。

　　1980 年 8 月 8 日，国家进出口管理委员会和国家外国投资管理委员会副主任兼秘书长江泽民奉中央书记处书记、国务院副总理谷牧之命带领工

①《辑录蛇口：招商局蛇口工业区（1978—2003）》，2004 年 12 月编印，第 29 页。

② 陈禹山、陈少京：《袁庚之谜》，广州：花城出版社，2005 年，第 137 页。

作组在广东省经济特区管理委员会副主任、中共深圳市委副书记秦文俊陪同下到蛇口工业区检查工作，参观了蛇口码头工地。江泽民听取了工业区建设指挥部负责人许智明、郭日凤的工作汇报后，就工业区建设过程中碰到的难题作了讲话。袁庚因招商局公务不得不返回香港，无法听取江泽民的指示，嘱咐许智明等人及时向他汇报。江泽民说："我们这个工作组是奉谷牧副总理之命来广东了解中央41号文件（关于广东、福建两省建立经济特区问题）贯彻的情况的。我今年3月和谷牧副总理来过蛇口工业区一次，现在是第二次。在短短的几个月中，我认为蛇口工业区建设速度快、有章法、效果好。听了工业区同志在汇报中谈到关于合营工厂的建设安排，我和秦书记以及工作组成员都很受鼓舞。"接着，江泽民讲了三点意见：

第一，我们在四化建设中确实碰到许多问题。我认为有些是认识问题，因为特区是个新事物，而我们长期闭关锁国，也有外国长期对我们封锁的影响，对国外新情况缺乏了解，因此，想的、做的，常常是老框框，这种认识问题，我认为是可以原谅和可以说服的；但也有属于封建主义甚至是封建割据的问题，有些单位大权在手，不照我们的旧框框办，怎样说他都不同意，对这种封建割据，则要做必要的斗争。

第二，讲几点具体意见：（1）如何解决各合营新建工厂所需的技术人才，确是个大问题。这个问题省特区管理委员会要研究，要帮助解决，要认真贯彻谷牧副总理关于公开招聘技术人才的批示；同有关专业单位合营。由他们配备新建厂所需的技术人才，也是一条路子。（2）通讯问题是个大问题，和外商合作建厂，通讯不便是不行的。……蛇口工业区为了适应和外商合营的需要，自己筹钱建设由蛇口经深圳通香港的微波电话，是件好事情，一定要支持。微波电话建设过程中属于要由深圳市邮电局和广东省邮电局帮助解决的问题，请秦（文俊）书记回去跟他们谈；属于邮电部解决的问题，请秦书记打电话告诉我，我找朱（学范）部长帮助解决。（3）蛇口工业区施工单位外汇工程款使用问题，我的意见，凡是蛇口工业区内所需要的设备由施工单位写委托单，可由工业区领导审批，由招商局代购，免税进口，工程完成后折旧补税调出；凡属于广东几个特区范围内需要的施工机械，应给广东省特区管理委员会一定审批权；在区外使用的，则应向有关上级单位申请批准。关税是国家的重要收入，该纳税的就应纳税，减免要经申请批准，但海关对特区建设一定要起促进作用。（4）工业区的工资福利问题，可以和其他地区不一样，工资可比其他地区高，可以冲破国内的框框，另搞一套。

第三，特区要立法。现在只是广东省成立了特区，因此，首先制定一个广东省特区管理条例。蛇口工业区是深圳特区的一部分，他们和广东省签订了内部协议，先走了一步。他们已签订的合同，不能否定，继续有效。秦（文俊）书记谈到蛇口工业区某些规定与省特区条例有些矛盾，可以研究。为了避免同一地区合营项目产品有重复，我认为签订协议时最好由省特区管理委员会商议解决平衡问题。[①]

秦文俊说：我来蛇口工业区这是第四次，每次都看到蛇口工业区建设有进展，特别是听了工业区同志汇报和外商签订合同情况以及下半年狠抓工厂建设的安排，很受鼓舞。蛇口工业区的《投资简介》是根据和省签订的协议制定的，已签订的合同应该继续有效，但和即将公布的（广东）省特区条例有些地方有矛盾，有待研究。[②]

1980 年 8 月 21 日，国家进出口管理委员会、国家外国投资管理委员会副主任兼秘书长江泽民在五届全国人大常委会第十五次会议上作《关于在广东、福建两省设置经济特区和〈广东省经济特区条例〉的说明》时指出："深圳经济特区筹建以来进展良好，其中蛇口工业区进展较快，已显示出一些好的前景。"[③]

1980 年 8 月 21 日，邮电部、广东省邮电管理局、深圳市邮电局专家组与蛇口工业区在蛇口进行会谈。袁庚原认为蛇口的通讯问题可顺利解决。邮电部代表重申通讯建设可由特区自己搞，但收费由邮电部门收，长途电话和香港通话必须经长途局，不能直拨。工业区方面提出微波电话建设的急迫性，并希望管理部门大力支持。袁庚无奈，不得不再次把蛇口遇到的问题设法向中央反映。

1980 年 8 月 21 日，交通部副部长李清来蛇口工业区检查指导工作。

1980 年 9 月 3 日，中共中央总书记胡耀邦看到新华通讯社《国内动态清样》（第 2447 期）题为《蛇口工业区建设中碰到的几个"卡脖子"问题》的内参文章。该文章反映，蛇口工业区在建设中由于通讯问题迟迟得不到解决，影响外商的生产和生活；技术工人和技术干部工业区无法直接招聘，受到户口等问题的阻碍；施工设备进口受阻；因公路局的一个处长个人提出的要求没得到满足，致使其将剩下的 200 米道路不给铺沥青路面，全部

① 香港招商局编：《广东省深圳特区招商局蛇口工业区文件资料汇编》（第一集），1981 年，第 111—113 页。

② 香港招商局编：《广东省深圳特区招商局蛇口工业区文件资料汇编》（第一集），1981 年，第 113 页。

③《江泽民文选》第 1 卷，北京：人民出版社，2006 年，第 2 页。

道路无法通车。这些问题严重地使工业区建设"卡脖子"。中共中央总书记胡耀邦看完这份内参后，立即批示：

谷牧同志：

中央现在决心坚决反对形形色色的官僚主义，这个特区是否确有"卡脖子"的官僚主义，是否有拦路打劫的官僚主义，建议你抓住这个麻雀，弄个水落石出，必要时裁一点人（最好采取经济制裁），否则不但官僚主义克服不了，四化也遥遥无期。

胡耀邦[①]

中央书记处书记、国务院副总理谷牧立即将此事转国家进出口管理委员会、外国投资管理委员会副主任江泽民处理，要求尽快落实胡耀邦同志的批示。

1980年9月12日上午，国家进出口管委会召集会议，研究解决"蛇口工业区建设中碰到的几个'卡脖子'的问题"。会议由国家进出口委副主任江泽民主持，邮电部、外贸部、海关总署、劳动总局、科技局及深圳市委等单位的负责同志和干部，以及招商局驻京办事处的马希曾参加了会议。会议开始，江泽民传达了胡耀邦同志的批示，然后就反映的蛇口工业区建设中碰到的问题进行讨论。（一）安装通讯设备问题。邮电部的同志说，8月21日同广东省、深圳市邮电局及蛇口工业区的负责同志一起进行了研究，确定在深圳市的通讯设备解决前，蛇口工业区可先行安装一台进口的专用交换机，可直拨香港等地，第二年三四月份投入使用，由招商局自行管理，但不能让外商参加管理。（二）技术工人和技术干部问题。首先由广东省解决，省内解决不了的可在全国范围内调配，也可以在全国招聘。科技局的同志说，当前三线和军工科研单位不少没有任务，可从中选些去，也可在全国招聘。在职职工学非所用者，所在单位不得阻拦。户口可不转。（三）施工设备在特区内使用免税进口。但运出特区使用必须折旧上税，否则不得了，有的往往打着特区使用的名义，大量进口。（四）关于200米左右一段公路[②]不给铺柏油问题，在座人定不了，待下午刘田夫（广东省省长）来时再定。江泽民在会上还多次讲到，请大家支持工业区，开点绿灯。交通部是责无旁贷。请邮电、海关、人事等单位提供书面材料，说明情况和解决的意见，以便汇集上报。[③]

1980年9月24日上午，中央书记处在中南海勤政殿听取广东省委习仲勋、杨尚昆、刘田夫向中央处汇报工作，中共中央总书记胡耀邦主持。

① 香港招商局编：《广东省深圳特区招商局蛇口工业区文件资料汇编》（第一集），1981年，第37页。

② 广深105国道与蛇口工业区内的干道对接，工业区外7.6公里长的专用道路快要验收前，有人执意在接口处设置通行障碍，留下200米路面在很长一段时间不铺设沥青。在进出工业区门外慢慢变成满是泥浆、石子的沼泽地，严重影响到工业区的进出通道。

③ 《辑录蛇口：招商局蛇口工业区（1978—2003）》，2004年12月编印，第32—33页。

谷牧说："广东的同志提出特殊政策'特殊'在哪里？灵活措施'灵活'在哪里？感到困难很多，'特殊'不起来。这一年多来，中央各部门确实有毛病，本来不应管的一些具体的事，也去管。如蛇口的工程，通知人家奖金不准超过两个月（工资），积极性一下就掉了下来。他们搞计件工资，积极性很高，你管这些干什么？我一听就叫改正过来。"胡耀邦插话说："有些司局长脑子发霉，没有工作做，不搞调查研究为主，而是搞发号施令为主，有人专门干这种事。"谷牧接着说："这权交给广东了嘛，你管得着吗？中央各部没有认真学习、贯彻五十号、四十一号文件，甚至脑子里没有这东西，还是老一套；另一方面，广东完全可以顶，有文件为凭嘛。"胡耀邦又说："京剧《孙安动本》里那个定国公徐龙，手上有明太祖赐的黑虎铜锤嘛！"[1]

1981 年 2 月 20 日，62 岁的梁湘出任中共深圳市委第一书记和市长。

1981 年 4 月 11 日晚，国务院副总理万里在广州珠岛宾馆听取广东省委汇报经济工作。当王全国汇报到一季度财政收入增长 31.37%，支出下降时，万里问："奖金降了没有？"任仲夷说："这个问题要慎重，不然算账少发了点奖金，把积极性卡掉，那就不好了。咱们下达的有关文件，侧重就在不超过两个月。"万里接着说："一是不要搞平均主义，二是控制在两个月之内，是指一个城市而言。"[2]

正是在胡耀邦、谷牧等直接过问下和江泽民的直接协调和督办下，几个"卡脖子"问题顺利得到解决。几天后，那位"卡、拿、要"的处长被革职，200 米公路很快铺上沥青，蛇口工业区向外延伸的公路正式被打通。蛇口工业区通讯建设也进展迅速，1981 年 8 月 13 日微波通讯站竣工正式投入使用（图 2-28、图 2-29）。

1981 年 5 月 27 日到 6 月 14 日，袁庚参加国务院特区工作会议，他在发言中指出：

> 正因为对经济特区的认识不一致，态度不明朗，个别部门、个别同志对经济特区的工作就不予积极支持，"卡脖子"和"拦路打劫"的事层出不穷。特区不特，事情难办。如承建单位无理拖延数月的两百米公路沥青路面的铺设，施工单位工人超产奖金的发给，都要靠胡耀邦总书记和谷牧副总理亲自批示才能解决。物质部门供给工业区的材料和物资，往往要我们送进口物品作条件。蛇口工业区小卖部用

① 中共广东省委办公厅编印：《中央对广东工作指示汇编（1979—1982 年）》，1986 年 5 月编印，第 98—99 页。

② 中共广东省委办公厅编印：《中央对广东工作指示汇编（1979—1982 年）》，1986 年 5 月编印，第 141 页。

图 2-28 1981 年 8 月，蛇口工业区微波通讯站
建成启用

图 2-29 蛇口工业区微波通讯站的工作场景

来照顾本区职工的进口日用品，不时招来麻烦，外单位一些同志买不
到，便在工作上借故留难，有的甚至无理取闹。[1]

[1] 招商局集团办公厅、
招商局史研究会：
《袁庚文集》，2012 年
9 月编印，第 46 页。

五、香港超级富豪团访问蛇口

1980 年，有一天梁鸿坤与袁庚聊到蛇口工业区的发展前景，甚为悲
观。梁鸿坤说：袁董，我们整整一年，我们发展部的人好可怜，我们把客
人带到蛇口来，我们还拎着十五块钱一盒的饭，请他们吃完盒饭再送他们
回去。他们看到了我们工业区的时候，表面上说好啊好啊，要投资，一回
到香港便泥牛入海没有消息。这穷山恶水，是吧，舆论又这么不利。袁庚
说：如果蛇口工业区没有人来，它就搞不下去，搞不下去的连锁反应就是
中央肯定要批评我们，肯定怪罪下来。但是，如果怪罪下来的话，我一个
人去坐牢，跟你们没有关系。我反正在秦城坐过五年半的牢，大不了回到
秦城去。梁鸿坤后来回忆说，袁庚之所以这么说，是认为当时工业区已经
投进去了数千万港币，给国家造成损失，这个罪厉害得很，怎么收拾？

1980 年 9 月上旬，招商局发展部总经理梁鸿坤向袁庚汇报，说香港中
华总商会出面组织一个"超级富豪团"将造访蛇口工业区。梁鸿坤说：中
华总商会会长王宽诚说，李嘉诚、霍英东、冯景禧、胡应湘等都会去，他
让我问你什么时候合适去蛇口，叫我们安排一下。袁庚说：他们来我们应
该热情欢迎，做好接待工作，这是一件大事，你要认真对待，不能出差错。
你转告王会长，请他静候我们一个月，等候我们的安排。可见，到这时，

蛇口工业区开发建设，产生了重要影响，香港有钱大佬们开始坐不住了。同时，袁庚对于香港商界大佬到访蛇口工业区非常重视，他要有一段时间做好充分准备工作。

　　两天后，袁庚从香港赶至蛇口，首先找副总指挥兼总工程师室主任杜瑞庭，杜不在，正好副主任孙绍先在。袁庚对孙绍先说：我们现在动员了香港一批有钱人来看工业区，我也正想请他们帮我们造造声势，扩大影响。可是，怎么来呢？从市区来的话，那条路不好走，只好从海上直接过来，我们可以爬旋梯从蛇口水产码头上岸，但是那些有钱佬可不行啊！这个问题你要给我想个办法解决。你还得在码头旁给我搞一个洗手间，他们中有的可能会带夫人来，如果连洗手间都没有的话，那就太没有面子了。孙绍先说：袁董，你放心，我给你面子。袁庚说：只有一个月！孙绍先说：一个月？太急了！[①]细节决定成败，袁庚不仅是大刀阔斧、雷厉风行的一个人，而且是一个非常注意细节的人。

　　几天后，袁庚在香港招商局办公室接到孙绍先的电话，说：我买了打捞局的一条万吨旧船，计划一半做防波堤，一半做客运码头。还买了一条小拖船，做个趸船码头，22 天之后不仅全部到位并且架设完工。袁庚问：一万吨的旧船，你要花多少钱？袁庚知道，即使是旧船也得上千万。袁庚关心钱数。孙绍先笑说：一条旧船里面的机器都掏空了，只是一个船架子，只花了 33 万元，加工费 5 万元。引桥与趸船 4 万元。我还在码头的西南面修了一个工业区最"豪华"的厕所，6 万元，总共 48 万元。袁董，怎么样！袁庚说：照你说的办吧，越快越好！[②]

　　临时码头完工后，引桥、趸船被漆成养眼的天蓝色，完全没有"临时"的寒碜感。袁庚来回在引桥上来回走了两三遍，很满意地对孙绍先说：小孙，没想到你还有这一手啊！他转对副总指挥杜瑞庭说：你赶紧落实一个富豪团休息和座谈的地方！其实，直到 1982 年夏季之前，工业区找不出一间像样的可供开会的礼堂和会议室。接着，袁庚指示孙绍先：你尽快召集招商局办公室、总务科开一个联席会议，专门商讨接待工作，我参加。[③]国务院副总理谷牧、薄一波来蛇口视察工作，袁庚可以不在蛇口，当然有客观原因。这次香港富豪团来，袁庚却拿出一个多月时间来作准备，而且每件事都亲力亲为，足见袁庚的重视和精明。香港富豪团来蛇口工业区产生的巨大轰动效应，这是拿多少钱也做不出来的广告啊！在商言商嘛！

　　准备工作会议前后开了好几次，袁庚反复强调说：工作再仔细一点。最后一次是现场会，在停泊在香港中环码头附近的"海燕八号"上召开。

① 涂俏：《袁庚传：改革现场（1978—1984）》，深圳：海天出版社，2016 年，第 176—177 页。

②③ 涂俏：《袁庚传：改革现场（1978—1984）》，深圳：海天出版社，2016 年，第 177 页。

袁庚布置：尽快将"海燕八号"简单"装修"一下，要求梁鸿坤找位最有经验的船长，要求发展部当天在中环老字号的酒楼订好 26 元港币一份的饭盒，大部分是烧鹅、叉烧和卤鸭的三拼饭，还准备奶茶、咖啡、可乐等冷热饮料以及车厘子、火龙果、美国甜橙等时令鲜果，在惠康超市买好一次性的水杯和纸巾。招商局在香港没有专用码头，"海燕八号"只准停靠在招商局附近的临时码头。为了方便富豪登船和返港，袁庚布置招商局知会香港海事处，为"海燕八号"申领当日在香港皇后码头泊岸的特许证。[①]

　　为迎接香港富豪团访问蛇口工业区，袁庚他们最后足足准备了两个多月。

　　12 月某天上午 9 时左右，袁庚和新华社香港分社副社长祁峰陪同十三位香港富豪从香港出发，乘船横过海面抵达蛇口工业区。"海燕八号"刚刚靠岸，袁庚从富豪团中分身而出，第一个走上趸船，迈上天蓝色的引桥，以东道主的身份欢迎香港富豪团的到来，引领王宽诚（香港实业家、享誉海内外的宁波帮的领袖人物）、霍英东（霍英东集团主席、香港地产建设商会会长）、李嘉诚（香港知名实业家、福布斯华人首富）、冯景禧（香港地产家、证券商和银行家，新鸿基证券投资公司董事长）、郑亦之、胡汉辉（香港金银证券交易所主席兼永富证券投资公司总经理，香港商品交易所副主席，香港建设商会副会长，被称为香港金融大王）、包玉星（香港巨富包玉刚胞弟、联成航运公司董事长）、邱德根（香港远东银行、远东发展有限公司董事长）、邱达昌（香港远东发展有限公司主席）、赵世曾（香港卓能集团主席）、胡应湘（香港合和实业有限公司董事长）、郭鹤年（香港嘉里贸易有限公司、香格里拉酒店董事长）、郑仓满（新加坡永春籍著名侨领、实业家）、罗新权（新加坡富豪）等人和新华社香港分社副社长祁峰一一走过引桥，踏上临时码头刚刚修筑好的水泥路面，在码头旁开了一个简短的欢迎仪式。袁庚说：今天主要请各位来帮助我一下，看看哪个地方搞得不好，请大家指点指点。香港招商局在蛇口搞的这个工业区，今天，丑媳妇算见公婆了。王宽诚接过话来说：承蒙招商局发展部和袁老总的多次邀请，我们今天总算来了，来看看蛇口的建设，也看看在这里能不能找到一个发展的机会。接着，李嘉诚发言：大家好！我们也是来学习的，这是一个新事物。袁老总在香港招商局的酒会上说，招商局要发展，今天，我们来看一看，还真是发展了，我们来看看怎么个发展法。袁庚插话说：大家先看看，有个印象再说！轮到霍英东发言，他说：我与袁老总相识多年，以前只知道他是军人，不知他会做生意。今天，我就来实地参观一下，看看袁老总的生意如何。[②]

① 涂俏：《袁庚传：改革现场（1978—1984）》，深圳：海天出版社，2016 年，第 178 页。

② 涂俏：《袁庚传：改革现场（1978—1984）》，深圳：海天出版社，2016 年，第 179 页。

图 2-30　1980 年 12 月，李嘉诚、霍英东等香港企业家访问蛇口工业区

①② 涂俏：《袁庚传：改革现场（1978—1984）》，深圳：海天出版社，2016 年，第 179 页。

欢迎仪式结束后，袁庚与十三位香港大企业家在工业区空地上一起合影留念（图 2-30）。

午餐之前，在港务公司那间食堂内，袁庚简要地讲述了工业区的缘起，然后切入正题：我们在这里搞了一年多，发现没有什么成绩，起色也不太大，但是，我们的想法还是蛮大的。然后，袁庚请孙绍先讲一讲蛇口未来的发展。

当孙绍先讲完之后，霍英东问：这个地方水这么浅，香港水那么深，招商局为什么不在香港发展港口？[①]

袁庚解释说：水浅可以挖深。招商局当然也要在香港发展港口，招商局先在蛇口搞港口，两者相辅相成。霍英东又问：山那么秃，将来搞起来，海边的风大不大？袁庚说：绿化，蛇口工业区将致力于荒山野岭的绿化工作，10 年、20 年之后就变样了。袁庚只让来宾提了一两个问题便提议吃饭。饭后，他陪着王宽诚、李嘉诚、霍英东等人坐在自己的专车上，其余来宾分坐两辆大巴士，沿着工业区仅有的几条路转了一圈，算是参观完毕。那时，工业区开发建设刚刚起步，还处于拓荒阶段，能看的地方其实不多。香港富豪团一行回到临时码头准备返港，在码头四周看了看。王宽诚突然对袁庚说：老袁，码头这个地方很不错，大家让我来问，能不能划一块蛇口码头，让我们经营，行不行？袁庚说：码头我们已经开始搞了，你们投资可以，但是，来经营很难哪！他建议：你们再考虑一下，看看还有什么别的投资项目，蛇口欢迎你们投资。[②]

后来得知，当时要王宽诚向袁庚提出从蛇口码头划出一块让他们经营的，就是这批人当中最年轻的李嘉诚。这说明，李嘉诚的眼光还是很独到的。13 年后的 1993 年 10 月，香港李嘉诚属下的和记黄埔盐田港口投资公司与深圳市盐田港集团合资成立盐田国际，投入 60 亿开发、经营盐田港一、二期集装箱码头。其中盐田港集团持有 30%，和记黄埔持有 70% 的股份。2001 年底，盐田港集团公司与香港和记黄埔盐田港口投资发展有限公司在深圳共同签订了盐田港三期集装箱码头的合资合同，和记黄埔持有 65% 股份。李嘉诚虽然没有从深圳西部的蛇口港分到一杯羹，却在后来的深圳东部盐田港投下巨资，获得巨大的投资商业利益。

　　香港富豪团大部分人也许并不看好蛇口工业区。访问蛇口之后，胡应湘曾单独来过蛇口，希望合作建设港口，袁庚没有答应。1981 年 11 月 23 日，胡应湘受袁庚和招商局蛇口工业区建设的启发，与深圳经济特区发展公司合作开发福田新市区，开发面积 30 平方公里，先期投资 20 亿港元，合作期限 30 年。最后因为胡应湘无法取得银行贷款而被迫中止。他成为最早进入特区和内地投资的重要港商之一。该工程的第一期将进行大面积的"七通一平"工作，即通路（公路、铁路）、通航、通电、通水、通讯、通地下水道、通煤气管道和平整建筑用地，为引进外资，兴办工商企业和城市服务行业提供基础条件。他在内地的投资主要包括：罗湖联检大楼、广州中国大酒店、广深高速公路、广珠高速公路、广州东南西环高速公路、顺德路桥系统工程、虎门大桥、沙角 B 电厂（2×35 万千瓦）、沙角 C 电厂（3×66 万千瓦）及深圳皇岗边检综合检查站等项目。王宽诚曾致电过梁鸿坤，说他与霍英东几个人商议在蛇口合作开一间大酒店。要求招商局为他抵押贷款。梁鸿坤说，招商局不同意为他担保。王宽诚说，没事。他已决定捐赠一辆巴士给蛇口。梁鸿坤当即表示感谢。不过，王宽诚捐赠过来的巴士车是一辆即将报废的车，不能用。梁鸿坤向袁庚请示对王宽诚所送车辆的处理意见。袁庚说：不要辜负了人家的一片好意，我主张物尽其用，巴士不能跑运输，你将它摆在工业区的大门口，来个实物展览，见到香港人就介绍：这是王会长送的。[①]

　　后来不少文章写道：袁庚曾提到，1981 年（应是 1980 年），13 位香港企业家到蛇口参观，其间他们提出能否入股，共同参与蛇口开发，被他以"不敢连累各位"为由拒绝了。晚年袁庚回忆此事，遗憾地说："如果当时把这一批人搞进来的话，蛇口早就大变样了。"我们认为，一是袁庚当年不可能同意香港其他公司参与投资蛇口港，工业区其他行业投资可以。码头和港口是垄断性资源，袁庚不可能让外资公司染指，实际上中国当时的政策还不允许外资企业投资码头港口等基础性行业，李嘉诚旗下的和记黄埔投资盐田港是 1993 年，而且还是全国第一家外资合资参与内地港口建设的项目。二是即使袁庚当年同意划出蛇口港口中的一块让香港富豪经营，他们也未必会来。他们的取向与袁庚的想法还是有很大不同。袁庚后来在接受采访时说过的一段话，较好地反映了当时袁庚的心理状态。袁庚说：

① 涂俏：《袁庚传改革现场（1978—1984）》，深圳：海天出版社，2016 年，第 179 页。

在当时拒绝了他们应该是一个正确的选择。第一，蛇口工业区是国家给我的，我没有权力决定；第二，这 13 位都是香港最大的财团，而整个招商局的家底只有 1 亿，他们进来成为股份制公司的大股东后，我们小股东是会被吃掉的。其实当时他们想的东西比我要深，以前我没做过生意没搞过商业，60 岁时才开始接触经济，之前我在东江纵队一直做情报工作。①

①《老革命袁庚：我不适合担任政要官职》，《改革开放 30 周年口述史》，《南方都市报》（第 42 期），2008 年 12 月 18 日。

关于香港富豪团访问蛇口的时间和具体情况，这里给出以下考证：一是《袁庚传》的作者涂俏把香港访问团定为 1981 年 10 月下旬的某一天，其他不少文章论述也是采用这个观点。这显然与涂俏在《袁庚传》中相关论述是相矛盾的。1981 年 10 月 30 日，国务院副总理薄一波视察蛇口工业区，接待薄一波副总理的是蛇口工业区建设指挥部副指挥郭日凤、许智明、杜庭瑞三位负责人，袁庚并不在陪同之列。原因是袁庚 10 月初就病倒了，急性胰腺炎，当时正躺在广州市人民医院内科病床打点滴，无法到场陪同薄一波副总理视察蛇口工业区。所谓 1981 年 10 月下旬某一天，香港富豪团访问蛇口工业区的说法站不住脚。二是 2004 年 12 月，招商局蛇口工业区股份公司印制的《辑录蛇口：招商局蛇口工业区（1978—2003）》一书，在其附录《领导、贵宾及团体视察访问招商局蛇口工业区名录》里和香港招商局 1981 年 1 月编的《广东省深圳特区招商局蛇口工业区文件资料汇编》，都记录 1979 年 7 月至 1980 年到访蛇口的香港及外国财团代表和知名人士有：王宽诚、霍英东、李嘉诚、冯景禧等。而在 1981 年 10 月期间没有出现上列香港富豪的名字。我们今天翻阅招商蛇口现存的有关资料，我们发现广东省出版集团、花城出版社 2008 年 8 月出版的《春天的故事》（图册）在香港富豪团留影照片下注明："1980 年 12 月，李嘉诚、霍英东、胡汉辉等一批香港著名企业家访问蛇口工业区。"②遗憾的是没有具体日期记载，到底 12 月哪一天，不得而知。显然，香港富豪团到访蛇口工业区的时间是 1980 年 12 月。三是袁庚对蛇口大事记是非常重视的，1981 年 1 月编写的《广东省深圳特区招商局蛇口工业区文件资料汇编》，为什么没有把香港富豪团访问蛇口工业区列入 1980 年当年的大事记中？是人为失误，还是故意而为之。按道理，胆大心细的袁庚不会出现这样的失误。香港富豪团访问蛇口工业区这样的大事件，竟然没有记录在案，没有留下片言只语，连个访问的具体时间都没有记下。这不合常理，从招商局蛇口工业区的有关档案资料，我们发现，袁庚对任何大事和任何对蛇口工业区发展有

② 胡政主编：《春天的故事》，广州：广东省出版集团、花城出版社，2008 年。

利的话语都会记录在案，作为办事依据和宣传之用。合理的推断是，香港富豪团对蛇口工业区的参观访问基本上没有说什么"好话"，即使说了些，也都是些负面的。所以，袁庚有意而为之，不记录在案，留下的就是这张合影照片。

六、袁庚兼任指挥部总指挥

1980 年 9 月 24 日，中国社会科学院工业经济研究所副所长薛葆鼎、周叔莲等 8 人访问蛇口工业区，听取了工业区建设指挥部副总指挥郭日凤、许智明有关工作情况介绍后，又与在蛇口蹲点的国务院进出口管理委员会副主任马宾交换了意见。在 9 月 25 日离开蛇口前，薛葆鼎又与郭日凤、许智明就工业区建设问题举行了座谈。薛葆鼎在座谈中就设置经济特区的目的、方针，办好经济特区在政治上、经济上的意义发表了意见，其讲话的主要内容有：

> 我们来前，听说边境存在许多不安宁情况，有政治因素，有经济因素，有别的因素。也听到一些人还在议论要不要搞特区。

> 我们搞四化建设，面临的是有 100 多年发展历史的成熟的资本主义的挑战。我们要敢于较量，在较量中前进。否则我们就要失败。建国 30 年来，我们走了许多弯路。现在我们搞不搞经济特区，搞不搞市场经济，就是敢不敢和资本主义较量。所以，谷牧副总理说：特区只许搞好，不许搞坏。沙头角是个小商业城市，我们处于劣势，我赞成搞你们蛇口这样的特区。建国 30 年，一下子打开大门，可能会碰到很多问题。我们在深圳看到，有的 1924 年制造的设备，我们还把它看作宝贝。搞不好，人家可能把垃圾都搞到这个地方来。谷牧副总理要我们来，希望我们对搞不搞经济特区，从理论上作点解释。

> 办经济特区的目的是什么？我们编了几句话："引进外资，引进技术，引进管理，扩大就业，繁荣经济，巩固国防。"引进外资，引进技术，引进管理，目的都是为了扩大就业，扩大出口，繁荣经济，巩固国防。

> 搞经济特区怎么搞法？我们要"综合发展，促进联合，推动改革；

要依托港澳，接触台湾，插足国际。"许智明同志讲你们与国内搞联合，这种敢于冲破 30 年来部门分工的枷锁的做法很好。我们希望有计划有意识地促进联合，不只是碰到问题才被动地搞联合。你们招商局有 18 个公司、单位，本身就处在国际市场，进行国际活动。我们这样大的国家，一定要扩大国际贸易，增大出口。要积极和台湾接触，利用处在港澳的有利条件，为国家统一做点工作。

搞特区的方针要稳里求快，从小滚大，分期发展，像滚雪球一样从小滚大。我们认为不一定把这里所有山头都买过来，要分期发展。深圳想把许多山头都削平，这样不分期发展是不好的。办特区也要自力更生，不能完全依靠国家，当然国家的支持是必要的。

要放宽政策，改进体制。官僚主义是要不得的。要发扬民主，要有新的章法。规划你们已经有了，你们提出以航运为中心，多种经营，工商结合等，我们认为提得很好。

你们这里哪些工厂可以设？哪些不能设？要搞先进的，提高劳动生产率。扩大就业要照顾，但不要迁就。希望你们鉴定一下引进项目的技术水平。你们内外都有人，有机构。也希望……将来在这里搞一个国际技术情报中心，促进贸易活动。

人才要很重视。我们同意通过国内联合加上招聘、招考的办法解决人才问题。没有人才不行，尤其是经济分析人才、工程技术人员、管理人员，还有律师，都是不可少的，要成套配齐培养。这个问题深圳目前还谈不上，你们应该解决，我们回去后给你们呼吁。

关于经济特区的立法问题，你们现在很多事情是无法可依，因为你们特区建设先走一步。经济特区的立法，你们最好有一两个人先搞，小问题研究一番，写成小资料上报，同时提出你们的意见。用这种办法推进经济特区的立法。[①]

① 香港招商局编：《广东省深圳特区招商局蛇口工业区文件资料汇编》（第一集），1981年，第 118—123 页。

从上述讲话可知，当时国内对办经济特区存在较大争议。当年谷牧副总理不仅要国务院进出口管理委员会副主任马宾来蛇口工业区蹲点，而且要中国社科院的资深专家前来考察、把脉和指导工作，对搞不搞经济特区，从理论上作点解释，并从蛇口工业区总结出可供中国经济特区建设参考的经验。可见当时中央和谷牧的用心良苦。这个 1980 年的讲话的水平相当高，站得高，看得远，至今仍有指导意义。

1980 年 10 月 28 日，经交通部党组批准，招商局改组蛇口工业区建设指挥部，袁庚兼任总指挥，刘清林、郭日凤、许智明、杜庭瑞任副总指挥。袁庚从坐镇香港招商局直接来到蛇口工业区最前线。这里有个插曲值得一叙。1979 年 12 月 12 日，袁庚一大早从香港赶来蛇口工业区，会同中共深圳市委书记张勋甫迎候前来蛇口视察工作的王震副总理。袁庚到达蛇口后询问副总指挥许智明为什么不见总指挥张振声，袁庚这才知道张振声在这么重要的时刻却到原宝安县城看病去了。还说，他最近以来不太过问工业区的事情，想辞去总指挥一职。1980 年 1 月下旬，交通部副部长郭建视察蛇口工业区。在袁庚召集会议，传达贯彻王震副总理、郭建副部长对蛇口工业区建设的指示精神、准备大干一场时，蛇口工业区指挥部总指挥张振声向袁庚提出辞呈，想回远洋公司干回他的老本行。袁庚极力挽留张振声，但张振声去意已定。袁庚最后只好尊重张振声的决定。至此，张振声前后负责蛇口工业区筹建工作一年零三个月。张振声的突然辞职，让袁庚措手不及，完全打乱了袁庚既定的部署。谁来接替张振声，袁庚最先想到的是副总指挥许智明。在张振声离开蛇口工业区的这些日子，许智明在蛇口独当一面。许智明和袁庚是老战友，他曾是东江纵队司令部副官，他的人品和能力袁庚是清楚的。袁庚找许智明谈话，许智明表示如果没有别的同志愿意挑这副担子，他可以去挑，甚至说他愿意负全责而不把他的"副"字去掉。袁庚非常感动，立即上报。遗憾的是，上面考虑到许智明资历不够，恐难于服众，没有批准。此后，袁庚又先后与招商局几个他认为能够担当此任的干部个别谈话，希望他们出马。让袁庚非常失望的是，这几个人表示不愿去。没有办法，最后袁庚断然决定，自己出马，兼任招商局蛇口工业区建设指挥部总指挥，开始全盘掌管蛇口工业区的开发建设工作。然而，更让袁庚猝不及防的事情还在后头。招商局董事、总经理金石突然提出辞职。1980 年 5 月间，身患病痛的金石正式向组织提出返回武汉治病、养病的请求。这样一来，招商局和蛇口工业区几乎所有的重担都压在袁庚一人的肩头上了。危难当头，方显英雄本身，大事难事看担当，担当需要铁肩膀。袁庚知道，能否办好蛇口工业区，不仅涉及招商局多种经营的成败，更关系到中国改革开放的声誉，不能有丝毫退缩和闪失。这次蛇口工业区建设指挥部负责人改组，许智明的名字不仅没有提前，反而靠后了，但他依旧任劳任怨、勤勤恳恳做好本职工作。

1980 年 11 月 24 日，广东省委第一书记任仲夷、省委书记兼广州市委第一书记梁灵光和湖南省委第一书记毛致用在广东省委书记、广东省经济特区管委会主任、深圳市委第一书记吴南生，深圳市委常务书记张勋甫陪

图 2-31 袁庚在建设中的微波楼顶向任仲夷等介绍工业区建设情况

① 香港招商局编：《广东省深圳特区招商局蛇口工业区文件资料汇编》（第一集），1981年，第 77 页。

② 香港招商局：《广东省深圳特区招商局蛇口工业区文件资料汇编》（第一集），1981年，第 78 页、79 页。

同下视察蛇口工业区，认真听取了袁庚关于工业区的工作情况汇报，视察了水湾新村、输变电站和微波通讯站以及港口码头（图 2-31）。任仲夷等对工业区的建设表示赞许，并说："你们就是要这样，根据中央的指示，大胆地搞，闯出一条搞特区的路子来！""你们的工程速度真快，真正做到了先行！"① 11 月 9 日，中央决定习仲勋、杨尚昆同志调中央工作，免去他们担任广东省的党内外职务；任仲夷任中共广东省委第一书记，梁灵光任广东省委书记兼广州市委第一书记。11 月 24 日，任仲夷、梁灵光刚到任广东 9 天，他们就来到深圳经济特区和蛇口工业区检查和指导工作，足见他们对特区工作和蛇口建设的重视。

1980 年 12 月 10 日，中央书记处书记，国务院副总理，国家进出口管理委员会、国家外国投资管理委员会主任，党组书记谷牧在国家进出口管理委员会、国家外国投资管理委员会副主任兼秘书长、党组成员江泽民，中共广东省委副书记、广东省经济特区管委会主任、中共深圳市委第一书记吴南生，深圳市委常务书记张勋甫，深圳市委书记黄施民陪同下到蛇口工业区，视察了输变电站、微波通讯站，还兴致勃勃地登上山顶，俯览了工业区全貌。在乘船离开工业区时，谷牧又详细察看了码头的建设情况。蛇口工业区建设指挥部副总指挥郭日凤汇报了工业区"五通一平"基础工程的进展情况，以及当前工作中碰到的难题，如外商出入境手续烦琐、工业区干部因工作需要去港时办理签证手续麻烦、技术干部和其他人才缺乏，等等。谷牧在听过汇报后说："这里的问题和深圳相同，你们（指吴南生）要尽快办理。从特区去香港的问题要解决，待我回北京解决。"当郭日凤谈到工业区近半数干部是借来的，因这里的条件差，有些同志不愿意在这里干下去，有些同志他们所在单位也不肯放时，谷牧说："你们的思想政治工作要做好点，可以从本系统挑选较熟悉业务的人来。"②

1980 年 12 月 12 日，中央书记处书记、国务院副总理谷牧在中共广东省委常委会议上说："这次看了，感到深圳、珠海完全可以先走一步。三个点，现在是两种不同的做法。蛇口是招商局投资，组织力量，统一开发，搞几'通'几'平'，条件摆着，让外商来谈，哪个条件好，我们就和他签合同。基本上是由官方贷款，独家经营。深圳其他地区和珠海主要是合资经营的办法。……蛇口的办法也好，它有招商局作后台，这也是一种办法。深圳、珠海是另一种办法，出地皮，无本生意，在目前的条件下这种办法可能会来得快。"[1]

① 中共广东省委办公厅编：《中央对广东工作指示汇编》（1979—1982年），第120、121页。

七、总书记问袁庚要多大权力

1980年12月13日下午，中共中央总书记胡耀邦在北京中南海勤政殿接见招商局常务副董事长袁庚。胡耀邦首先询问了香港的现状，袁庚作了汇报。胡耀邦翻阅了香港招商局起义30周年的纪念特刊，询问了企业规模和蛇口工业区的建设等情况。当汇报到蛇口工业区发展情况时，袁庚谈到蛇口工业区不搞来料加工，不搞补偿贸易，不搞污染工厂，不欢迎陈旧设备，不引进影响外贸出口的工厂。胡耀邦问搞来料加工有什么不好，袁庚作了扼要的阐述。胡耀邦问哪些国家、企业在蛇口投资，袁庚作了详细的介绍。胡耀邦又问，为什么日本人不在蛇口投资？袁庚也作了回答。当袁庚谈到胡耀邦同志先后两次在新华通讯社反映蛇口工业区情况的《国内动态清样》所作的重要批示，使工业区解决了很大难题时，胡耀邦说："处理这些问题是我们的职责。"袁庚说："我们不能什么难题都升级到中央书记处来解决，我深知国家领导同志日理万机，以这些小事不断干扰中央领导，我们心里实在不安。"胡耀邦说："应办的事还是要办！"胡耀邦详细地询问了蛇口工业区当前存在的困难问题，并在本子上一一记下来。当袁庚谈到海关、边防问题，提出特区工作人员和有关港澳人士、外籍人士的出入境手续简化时，胡耀邦说："谷牧同志主管这方面的工作，他将在16日回京，我会将你的意见转告他，你可找他解决问题。"胡耀邦听取了袁庚关于建设蛇口工业区的五点体会（即：要内外结合；要有相当权力；要有筹措资金办法；要按经济规律办事；要从艰苦的基础工程做起）的汇报后，问道："你们究竟要多大的权力？是否把你要求解决的问题写个报告给我。"当袁庚在汇报中谈到，任仲夷、梁灵光刚来广东不久便来深圳、蛇口视察。任仲夷表示，蛇口有什么麻烦可以找他，他解决不了的再到中央解决，这对我们鼓舞很大。胡耀邦说，任仲夷同志思想很解放，问袁庚以前是否认识他，袁庚说以前不认识，袁庚说那天跟任（仲夷）、梁（灵光）到蛇口的还有湖南第一把手毛致用同志。胡耀邦问袁庚在京停留多久。袁庚回答："估计不会太长，主要是交通部要我回来参加一个会议，可能是听省长会议传达，如有可能即将召开的第一书记会议的精神也想听听，看对特区和香港企业有什么新精神和影响。"胡耀邦说这次主要是谈经济问题，调整问题。你们仍旧干你们的，不影响你们的特区工作。最后，袁庚主动告辞，表示占用胡耀邦同志很多宝贵时间，心里不安。胡耀邦一再问还有什么问题要解决，并叮嘱以后有事可以写信给他。胡耀邦接见袁庚从下午二时五十五分一直持续到四时十五分，前后时间一共一小时二十分。①

　　1980 年 12 月 20 日下午，中央书记处书记、国务院副总理谷牧在中南海接见袁庚。谷牧说："我到了你们蛇口工业区，没有看见你。"袁庚说："由于 12 月 6 日去北京开会，事前不知道谷副总理第三次到蛇口工业区视察工作，未能亲自接待和汇报，甚感抱歉。"谷牧说："你们那里有一位姓什么的指挥，汇报情况说也说不清，听说这位指挥闹出了不少笑话。"袁庚说："人还是实干的，就是文化水平低，知识不广。"谷牧说："听吴南生同志说，剑桥大学经济学教授来访问，他问人家'建'的是多大的桥。"袁庚说："我也听说过。"谷牧说："哪里调去的？"袁庚说："从汕头港调去的。"袁庚后来曾说道："蛇口工业区有四个老指挥，都是年纪比较大的，他们闹出很多个笑话。当外国人来考察的时候，见到中央领导同志时，他也会这样说，谷牧同志，我现在对改革开放想通了，我原来是想不通，现在想通了，别的人是 180 度转弯，我现在 360 度转弯了。他不知道 360 度转弯的方位又转到原地去了。"

　　谷牧接着又说："后来我们到了珠海特区，那里什么工业也不建设。"袁庚说："主要没有人去投资。"谷牧说："只好搞旅游，深圳也有个什么水库，也搞旅游。"袁庚说："那是西丽水库，是蛇口供水水库，一搞旅游就会污染水源，我们持有不同看法。"谷牧说："那么，你快点去和广东省交涉加以制止，否则越搞越大就难以制止了……"随后，谷牧关切地向袁庚了解工业区建设中碰到的问题。袁庚汇报说："随着工业区的发展，困难越来越多，由一家企业经营一个工业区是世界上独一无二的。"袁庚还列举了新加坡、菲律宾、中国台湾、韩国等地的出口加工区、自由贸易区，都是国家（地区）的政府首脑和行政当局亲自领导的。谷牧说："这次我到了你们那里，了解到你说的困难问题。我已经和任仲夷同志谈过，以后要他主要负责，亲自解决你们那里的问题。我还有一件事要告诉你，深圳特区对你有点意见，可能你也知道，就是你们的名称把'深圳特区'都丢掉了，

① 香港招商局编：《广东省深圳特区招商局蛇口工业区文件资料汇编》（第一集），1981 年，第 41 页、42 页；《向胡耀邦总书记汇报蛇口工业区发展情况》（1980 年 12 月 13 日），招商局集团办公厅、招商局史研究会：《袁庚文集》，2012 年 9 月编印。

他们有意见，可否用两块牌子来解决，一是'深圳特区蛇口工业区'，一是'招商局驻蛇口工业区办事处'两个牌子同时存在，这不是有什么意思，这样更可以使你们放开手脚，按照你的办法和利用你的香港地位和影响，放胆去发展。我向仲夷同志交代要他抓蛇口，也是这个意思。"袁庚说："是否可以全称为'深圳特区招商局蛇口工业区'，其实我们印发的'投资简介'也是这样说的，叶帅去视察时题的字没有加上'深圳特区'，这只是简化罢了。"谷牧说："你是否和广东、深圳商量一下，用什么名义，怎么改，你们协商解决好了。"谷牧又问："你们到目前为止用了多少钱？将来要动用多少？"袁庚说："今年底要支付的全部工程费为9000万港币。"谷牧说："3000万人民币啰。"袁庚说："明年可能也要这个数目，全部投资可能要2.5亿至3亿港元。"谷牧说："这就和你们原来报国务院的总投资7000万至1亿元人民币相符了。"袁庚说："由于通货膨胀，数目可能要增大些，我们还要负担缴交广东地租400万一年。"谷牧对袁庚说："明年要开一次特区会议，一定请你参加。"袁庚说："如果明年4月份召开，是否可以在蛇口开个现场会议。那时别墅、宾馆都可能建好了。"谷牧高兴地说："那很好！明年四五月能行吗？"袁庚说："这也是一个压力，可以使我们工程进度加快。"谷牧说："不要因为这个'压力'而增加你们的困难！"此外，谷牧还询问了其他问题。①

　　上述这段对话颇有意思，至少透出以下几个信息：一、谷牧与袁庚是关系非常好的朋友，袁庚得知谷副总理要来蛇口视察工作没有第一时间赶回接待就可见一斑，换做其他人即使现在也是不可想象的。二、谷牧对于珠海特区没有办工业表示担忧。三、谷牧通过蛇口工业区建设指挥部人员的话题间接地提出人才问题是蛇口工业区开发面临的一个严重问题。根据当时组织人事部门的规定，蛇口所需人员，只能由其上级部门交通部调配、任用。此后，袁庚显然加强了人才引进和培育工作。四、谷牧对蛇口工业区非常关心和支持，了解情况非常仔细。

　　1981年1月8日，港英政治顾问魏德巍、香港新界政务司司长钟逸杰、助理政治顾问韦特等乘船赴招商局蛇口工业区访问，陪同前往的有新华社香港分社第二社长李菊生，招商局蛇口工业区负责人袁庚、梁鸿坤。他们参观了码头设施、中宏制氧厂和总变电站，登上微波通讯站俯瞰了工业区全景，与蛇口工业区负责人进行了座谈。钟逸杰说："这个地方太好了，有山有水，平地多，在香港是找不到的。我看了有点吃醋。"许智明说："蛇口工业区的建设搞好了，对香港的繁荣将会起到促进作用。"袁庚对魏德巍

① 香港招商局编：《广东省深圳特区招商局蛇口工业区文件资料汇编》（第一集），1981年，第43页、44页；《向谷牧副总理汇报蛇口工业区建设当中的一些问题》（1980年12月20日），招商局集团办公厅、招商局史研究会：《袁庚文集》，2012年9月编印。

① 香港招商局编：《广东省深圳特区招商局蛇口工业区文件资料汇编》（第二集），1982年，第99—102页。

② 杨尚昆同志十分重视蛇口工业区的建设，曾分别于1981年1月、1984年1月和1992年1月多次视察蛇口工业区。1992年1月22日，时任国家主席的杨尚昆视察招商局蛇口工业区，参观蛇口联合饼干厂和蛇口培训中心。1月23日，杨主席还陪同邓小平视察了蛇口工业区。杨尚昆为招商局题词："贺招商局一百二十周年，招天下商，通五洲航。"

③ 香港招商局编：《广东省深圳特区招商局蛇口工业区文件资料汇编》（第二集），1982年，第99页。

说："这句话很重要。"魏说："我听到了。"港英当局对蛇口工业区的发展一直怀有疑虑。他们对蛇口工业区的发展规模有多大、兴建何种企业、吸引力如何、对香港的发展会有多大影响甚为关切。魏德巍在离开蛇口工业区时对袁庚说："我同意你的结论：蛇口工业区的发展对香港有好处。"①

1981 年 2 月 10 日，蛇口工业区建设指挥部副总指挥刘清林主持办公会议，讨论研究 1981 年度工作计划和当前的工作。会议要求加快"五通一平"工程的进度，并对主要工程规定具体完工时间。会议要求加强管理，建立必要的规章制度。明确职责，制订好土地、水、电、公路、电讯、码头、房产、财务等收费标准和管理办法。尽力抓好经营，收回资金，以便逐步扩大再生产。

1981 年 1 月 20 日，全国人大常委会副委员长杨尚昆视察蛇口工业区。②

1981 年 2 月 12 日，英国国会议员、保守党副主席安东尼·雷里和香港政治顾问魏德巍到蛇口工业区参观访问，并于 26 日离港前对记者表示：中国深圳、蛇口的发展不会影响香港之经济及商业地位，香港不应认为这些经济特区与香港发生竞争，反之，应该尽量与这些特区合作，尽量利用及参与发展这些特区。中国发展经济特区，对中英关系有利。③

1981 年 2 月 25 日，中共广东省委主要负责同志听取袁庚关于蛇口工业区当前急待解决的几个问题的汇报，并进行讨论。与会者有中共广东省委主要领导任仲夷、刘田夫、王全国、吴南生，深圳市委书记梁湘；交通部副部长王西萍，招商局袁庚、许智明、梁鸿坤、林华；广东省政府陆荧，广东省口岸办何明，海关总署广东分署马立业，广东省公安厅张建南等。袁庚汇报了蛇口工业区建设的进展情况和当前急待解决几个问题：（一）重申蛇口工业区进口区内生产建设所需的设备、原材料和部分必需的生活资料，以及出口区内生产的产品，实行免税。（二）蛇口工业区港口尽快开放。（三）外商出入工业区实行在码头签证；（四）边防证、户口管理权力下放；（五）区内企业经营实行独立自主。中共广东省委第一书记任仲夷作了讲话。他说："同意袁庚同志的建议，用铁丝网把蛇口工业区围起来，实行外松内紧。即对外进出要简化手续，但内部要严格管理。公安部门的同志不要怕麻烦，特区开放，搞得方便些，也可能方便了少数坏人，这不要怕。公安工作应在这种复杂的条件下取得自己的工作经验。思想敞开点，问题就想通了。在中央工作会议期间，小平同志讲，经济特区要坚持原定方针，步子可以放慢些。我体会，这里说的放慢些，主要是因为国家有困难，我们不能向国家伸手。在不向国家要钱的前提下，我们自己搞好了，使特区建设不仅不放慢，而且还加快，岂不更好！不需要国家投资的引进外资的项目，只要没有风险，对我有利，看准了以后，就快点搞。各部门对建设特区都要采取积极态度，只要能办到的，有利于特区建设、符合经济特区管理条例精神的，都要多开绿灯。公安厅不要认为外国人现在到蛇口的不多，就不派人到蛇口去签证，可以先派几个人去。蛇口工业区建设是快的，要注意总结蛇口特区的建设经验。省委一定大力支持，有问题只要省委能办到的一定帮助解决。属于中央才能解决的，我们共同向中央请示。"①

　　会议经过讨论作出决定：（1）重申蛇口工业区用于本区生产建设进口的机械设备、车辆、原材料、半成品、职工生活部分必需品以及出口产品、半成品，均予免税。（2）同意把蛇口工业区用铁丝网围起来，区域内前沿即经由香港进出蛇口工业区的外商予以开放，后面即内地进出蛇口工业区人员、货物等要管严。蛇口港初期可作为深圳经济特区的一个进出港口，予以开放；今后也可作为广东省其他地方的综合性进出港口，视发展情况而定。（3）同意由省公安厅在深圳市的签证处抽出2至4人，派往蛇口工业区，办理外籍人士进入蛇口工业区的签证。今后不再找深圳市领导审批，可凭蛇口工业区正、副总指挥的签章办理，但必须从招商局用铁丝网把工业区围好之日开始。（4）从内地去蛇口工业区的工作人员（包括职工家属）需要办理的边防证，向广州市或深圳市公安局申请办理。（5）在执行国家法律、法令的前提下，在深圳市政府的领导下，蛇口工业区应有较大自主权，特别是企业管理权应当下放，实现企业独立自主地经营管理。蛇口工业区在行政上归深圳市领导。具体的领导管理办法，由招商局与深圳市商量制定。②由此可见，蛇口工业区当初是按照境内关外的出口加工区模式来办的，具有较大的管理权限和自由度。

　　1981年3月7日，交通部向国务院呈报《关于广东省深圳特区招商局蛇口工业区码头对外轮开放问题的请示》，提出：根据中央批准的交通部《关于充分利用香港招商局问题的请示》中，关于以航运为主线，立足港澳，背靠国内，面向海外，多种经营，工商结合的方针，特请国家批准蛇口工业区码头对外国货轮开放，限于工业区所用的基建物资、原材料的进口和加工产品的出口。

　　1981年3月27日至4月3日，中央书记处书记、国务院副总理谷牧先后参观珠海、深圳两个特区引进外资兴办的一些工业、商业、畜牧业和旅游服务设施后指出，设置经济特区是中央的重要决策，一定要把经济特

① 香港招商局编：《广东省深圳特区招商局蛇口工业区文件资料汇编》（第二编），1982年，第10—12页。

② 《中共广东省委关于解决蛇口工业区问题的座谈会纪要》（粤发展〔1981〕11号文），香港招商局编：《广东省深圳特区招商局蛇口工业区文件资料汇编》（第二集），1982年，第6—9页。

区办好。他赞扬了两个特区两年多来在建设上取得的成绩，希望特区建设者们按照中央的要求，坚持实行对外开放政策，并认真总结经验，以便更好地前进。他对蛇口工业区先搞"五通一平"（通路、通水、通电、通下水管道、通电讯，平整场地）基础工程，成片开发土地的经验，表示赞赏。他认为，利用外资成片开发土地，创造投资条件，从单项引进发展为综合性一揽子引进的做法是可行的。深圳、珠海两个特区在短短两年多时间里打开了一个新局面，取得了显著的成绩，这是有目共睹的事实，展示了对外开放政策的威力，充分说明了中央关于试办经济特区的政策是正确的。

　　1981 年 4 月 14 日，中央政治局委员、中央书记处书记、国务院副总理万里在交通部部长彭德清，铁道兵政委吕正操，国家经委副主任郭洪涛，广东省委第一书记任仲夷，广东省委书记兼广东省特区办主任吴南生，深圳市委书记梁湘以及中央部委领导同志的陪同下视察蛇口工业区。听完袁庚汇报后，万里高兴地说："你们干得很好，就照这样干。"任仲夷指出："工业区的成败，将取决于（目前开发的）这一平方公里的土地。"彭德清鼓励袁庚说："人怕出名猪怕壮。你们务必谦虚谨慎，戒骄戒躁，凡事要多思考，多斟酌。总之，对你们希望很大，要求不小，信心很高，大有可为。"[1]

① 《辑录蛇口：招商局蛇口工业区（1978—2003）》，2004 年 12 月编印，第 40—41 页。

　　在这里，有一事值得一叙。这次中共广东省委第一书记任仲夷陪同国务院副总理万里又一次视察蛇口工业区。1981 年 2 月，梁湘刚刚出任中共深圳市委第一书记和市长。因考虑到梁湘同志一个人双肩挑，实在忙不过来，所以想找个能力强的人做市长。任仲夷于 1980 年 10 月担任中共广东省委第一书记以来，谷牧要他亲自抓经济特区工作和解决蛇口那里的问题。他在多次检查和指导蛇口工业区工作中，也不断加深对袁庚的信任和了解，他对袁庚办事干练的作风和开拓进取的精神甚为欣赏。任仲夷挑选干部的眼光和能力非同一般，他不仅把干将梁湘调任深圳市一把手，而且想把袁庚从交通部招商局调出，委任广东省副省长和深圳市市长职务，希望梁、袁强强搭档，尽快打开深圳经济特区发展的局面。任仲夷亲自找袁庚谈话，要他出任深圳市市长一职。不料袁庚却以"能力有限，难当重任"为由推托。任仲夷认为袁庚过于谦虚，在经过必要的组织程序后，拟任命袁庚为广东省副省长、深圳市市长并报中组部。任仲夷的举荐，得到中组部部长宋任穷的大力支持，即将下达任命书。6 月，任仲夷当面告诉袁庚要把他从招商局调走。袁庚问：任书记，我去当深圳市市长，是特区的负责人，行政上还是要听省里的吗？任仲夷说：那你当然要听我们的啦，要听省里的话。政府的序列就是如此。袁庚说：我不能丢下蛇口不管啊！

任仲夷说：深圳的地盘更大呀，你可以在一个崭新的岗位里实现理想。你要是不同意，自己找宋（任穷）部长去，任命即将下达广东省委，他很关心这事。不是说新职对袁庚完全没有吸引力或者挑战性，而是袁庚实在放不下蛇口。袁庚确实是把办好蛇口工业区作为一项事业来做，蛇口工业区刚刚起步，他怎么能丢下蛇口工业区和他的同事不管呢？于情于理，他都不能这么做。袁庚只好飞赴北京，拜访中组部部长宋任穷，当面推辞新职，恳请组织让他在蛇口好好干一番事业。宋任穷最后同意，让袁庚按组织原则再找任仲夷一谈。翌日下午，袁庚来到广东省委第一书记任仲夷的办公室。任仲夷被深深打动，同意了袁庚的请求。自他就任辽宁省、广东省一把手以来，还从未见过对到手的升官机会不为所动的下属。[①]

2008 年 1 月 25 日，《南方都市报网络版》发表由关山、卢荻采访撰写的《任仲夷口述广东改革开放历程》一文是这样说的：

> 卢荻：听说你曾建议蛇口工业区管委会主任袁庚担任广东省副省长兼深圳市市长？
>
> 任仲夷：有这么一回事。创办经济特区是个新生事物，任务繁重，会遇到许多新情况、新问题。当时梁湘书记兼市长，双肩挑，担子很重。我想减轻他的负担，由他专管市委的工作，市政府的工作由别的人来管。我到深圳曾对袁庚作过一番考察，他在蛇口大刀阔斧地搞改革开放，展示出过人的智慧、胆略以及一种被人称之为"冒险家"的精神，把蛇口变成了改革开放的一方热土。我们经过研究，决定建议提拔他做广东省副省长兼深圳市市长，并上报中央组织部。中央组织部尊重广东省委的意见，批准袁庚任此两职。袁庚闻讯，火速赴京，恳请中组部撤销对他的任职决定。中组部负责人说："解铃还须系铃人。"袁庚又火速赶回广州，找到我，提出自己的请求，希望继续在蛇口搞改革开放试验，我答应他，使他如愿以偿。袁庚和那些跑官、要官、买官的人相比，思想境界真是很高，令人钦佩。[②]

2008 年 12 月 18 日，《南方都市报》（第 42 期）发表《改革开放 30 周年口述史》一文，袁庚是这样说的：

> 南都：坊间传当年你还有"辞官"一事，为什么要辞，若不辞还可以将你的实验区扩展更大些。
>
> 袁庚：当时省委书记任仲夷说要让我做广东省副省长兼深圳市市

① 参阅涂俏：《袁庚传：改革现场（1978—1984）》，深圳：海天出版社，2016 年，第 160—163 页。

② 关山、卢荻：《任仲夷口述广东改革开放历程》，《南方都市报网络版》2008 年 1 月 25 日，《国家人文历史》2014 年第 20 期。

长，我跑到省里坚决辞了。

　　我觉得我不适合担任政要官职。另外，当时的蛇口体制改革，对周围的左邻右舍的官员体系是有很大压力的，民主选举管理是一种尝试，我当时其实是很幼稚的，想试验一下，但没有胜利的把握。[1]

① 《老革命袁庚：我不适合担任政要官职》，《改革开放 30 周年口述史》《南方都市报》（第 42 期）2008 年 12 月 18 日。

　　1981 年 4 月 22 日，国务院向交通部发出《关于广东省深圳特区招商局蛇口工业区码头对外国籍船舶开放问题的批复》，同意将广东省深圳特区招商局蛇口工业区码头对外国籍船舶开放，并明确各主管部门应在蛇口工业区设立海关、边防、卫生检疫、港务监督等机构。

　　1981 年 5 月 27 日到 6 月 14 日，袁庚应邀参加国务院在北京召开的广东、福建两省和特区工作会议，并作了发言，汇报招商局蛇口工业区建设情况。袁庚就蛇口工业区管理体制问题提出建议：希望将现有的"工业区建设指挥部"改为"工业区管理局"，由中央和省授权，使之在深圳经济特区领导下，成为一个有充分权力的领导机构，统管工业区内党、政、海关、边防、治安、港务、航道、文教、卫生等各部门的工作（各部门同时接受本系统上级机关的业务指导），以便统一领导、统一思想、统一部署、统一政策、统一行动，更好地协调配合，保证工业区建设的顺利进行，避免条条太多，婆婆太多，插手干扰太多等问题的出现。……希望领导和上级有关部门慎重考虑。一定要做到"特区"真"特"，"灵活措施"真"灵"，以真正优惠的条件来吸引外资。"既欲取之，必先予之"。以为税收越多越好，收费越高越好，何异杀鸡取卵，只会把投资者吓跑，岂是善策？[2]

② 《袁庚文集》，招商局集团办公厅、招商局史研究会 2012 年 9 月编印，第 47—48 页。

　　1981 年 7 月 17 日，交通部以〔81〕交政字 1444 号文，通知香港招商局和招商局蛇口工业区建设指挥部：由交通部水运规划设计院派技术工作组驻蛇口工业区作为蛇口工业区建设指挥部总工程师室，协助指挥部做好技术工作，组长杜庭瑞同志任指挥部副指挥，兼总工程师室主任，副组长孙绍先同志任总工程师室副主任，副组长刘荣莲同志仍兼地产公司副主任。

　　1981 年 7 月 19 日，中共中央、国务院印发《广东、福建两省和经济特区工作会议纪要》（中发〔1981〕27 号文），该纪要指出：（一）特区的规划和建设要因地制宜，注意实效，各有侧重的发展。特区建设首先要搞好基础设施，在划定的区域内由小到大，逐步发展，量力而行。深圳招商局蛇口工业区的建设已取得显著成绩，要继续抓紧建设，先行一步，提供经验。（二）海关对特区进口的货物、物品，要给特殊的关税优惠。特区与非特区的分界线进行严格的管理控制之后，凡经批准进口供特区使用的生产资料和生活资料，除烟、酒按最低税率减半征收、少数物品照章征税外，其他均免征关税。特区运往内地的货物、物品，应按一般进口的规定办理。在分界线未建好前，按海关暂行办法执行。（三）简化入出境手续，方便人员往来。（四）劳动工资制度要改革。（五）特区市场需要的国内出口商品，可由特区向有关外贸公司提出订货，以外汇结算。（六）特区的货币目前以人民币为主，外币限制在指定范围内使用。（七）积极筹措特区建设资金。（八）特区的机场、海港、铁路、电讯等企事业，应允许特区引进外资，由特区自营或与外资合营，自负盈亏。（九）为了加速发展特区的各项建设事业，必须制订特区的各项单行法规。（十）特区的管理机构，应按照精简、高效的原则设置，并赋予充分的权力，使之能独立自主地处理问题，协调各方面的关系。这些规定和政策，对于蛇口工业区的开发与建设有重要的指导和促进作用。

八、袁庚为深圳特区范围划定建言

1981 年 8 月 14 日下午，国务院主要领导在广东省委第一书记任仲夷，国家进出口委副主任周建南，广东省委书记王全国，广东省委书记、广东省经济特区管理委员会主任吴南生，广东省委常委、中共深圳市委第一书记、深圳市市长梁湘和新华社香港分社社长王匡陪同下视察蛇口工业区。袁庚做了两个小时的详细工作汇报，着重谈了建设过程中的五点体会：（1）从"五通一平"基础工程做起；（2）用经济手段和科学技术从事经营管理——按经济规律办事；（3）内外结合，以香港招商局发展部支援工业区；（4）加强领导，精简机构，政企分开，有职有权；（5）敢于和善于运用资金及银行贷款。

当袁庚汇报到工业区目前已有由外商独资或由外商与我们合资兴建的工厂企业 14 家时，国务院主要领导问："我方在 14 家工厂中占股份多少？"袁庚回答："现在独资企业已逐渐增多，在合资企业中我们约占股 30%。"

当袁庚汇报到工业区建设的体会时，国务院主要领导问："在蛇口建厂跟香港比有哪些优越条件？"袁庚以海虹船舶油漆厂、华美钢铁厂为例作了说明。

当袁庚汇报到工业区基础设施已基本完成时，国务院主要领导问："这笔投资多少年可以收回？"袁庚回答："预计五至七年可以收回本息。"

　　当袁庚汇报到关于内外结合问题时，说明如果没有香港招商局，很难设想蛇口工业区建设能顺利进行。国务院主要领导问：可否由外国或港澳财团组成开发公司来开发特区？袁庚表示一般说是可行的，但问题复杂，要研究。可见，当时的国务院主要领导，不仅认可由香港中资企业来内地开发特区，还在思考能否由外国或港澳财团组成开发公司来开发特区，后来熊谷组（香港）开发海南特区洋浦，新加坡和中国政府合作开发苏州工业区，就是一种尝试。

　　国务院主要领导还问及蛇口工业区与深圳特区的关系问题。袁庚答：工业区在行政区域上是深圳特区的一部分，每年按内部协议规定向深圳市缴付 400 万港元的土地使用费，另外所有企业按国家规定上缴 15% 的利得税。国务院主要领导插话说，他以前访问法国时了解到：法国有一个工业特区，资金来源有三个渠道，即政府低息贷款、银行信贷和财团投资。特区本身不仅搞基础工程（五通一平），也搞标准工业厂房、公寓、别墅、宿舍、医院、学校。工业厂房、公寓、别墅也可以出售。袁庚说："我们的工业区正是这样做的，正在兴建中的标准通用工业厂房、别墅、公寓，将分别出租或出售。"

　　任仲夷问："你们的学校、医院准备建在哪里？"袁庚说："我们已有了整体规划，并开始着手筹建，这本来是国家统一考虑的问题。建议今后特区将税收应用于特区的公共事业，做到取之于民用之于民，这点请深圳特区作通盘考虑。"[1]

　　国务院主要领导一行听完汇报后，表示 16 日将再来参观微波通讯楼和港口码头。

　　1981 年 8 月 15 日，随同国务院主要领导访问东南亚的外交部副部长韩念龙、国务院副秘书长陈楚等一行 40 人访问蛇口工业区，听取工业区负责人的工作汇报。

　　1981 年 8 月 15 日下午，国务院主要领导在听取深圳市委的工作汇报后说："深圳建设要采取开发公司的方式，也就是袁庚的那一套办法，蛇口方式。当然，这种方式，也有几种具体形式，但总的是这个方式。"[2]

　　1981 年 8 月 15 日，袁庚为回答国务院主要领导在视察时提出的问题，连夜写了一封信给他。袁庚的信主要内容有：

　　一、特区范围不宜过大，揆诸高雄、裕廊、巴丹等较为成功的工业区均不过一至数平方公里范围。目前深圳特区纵横数百平方公里，

① 香港招商局编：《广东省深圳特区招商局蛇口工业区文件资料汇编》（第二集），1982年，第 38—44 页。

② 香港招商局编：《广东省深圳特区招商局蛇口工业区文件资料汇编》（第二集），1982年，第 47 页。

隔离线东西数十公里之遥，似失之过大，过宽，不易管理。

　　二、蒙垂询是否可以由外面的财团组成开发公司来负责进行开发我国特区问题，根据我们两年体会，如果我国划定一定范围，授权某一财团（港澳或外国）开发，开发后土地可以由开发者出租出售，然后扣除本息，利润分成。我相信海外财团将闻风而来。但这样做对我们不一定有利，原因是：1、任何投资者，在取得我方签约后，可立即向国际财团贷款，然后分期偿还（以合同作抵押），这无异多了一重中间盘剥。2、作为开发一个现代化工业区（或自由加工区，自由贸易区）的基础工程，我国完全有能力设计、承担。3、在国际上取得较优惠贷款，我相信我们比商人更有条件。4、我国在港三大机构（中行、华润、招商）无论财力、人力，加起来都比港澳任何一个华资财团为大，他们就可以取代"外资开发者"的角色，不必假手于人。但先决条件必须是划出这一地区后，要有具体立法立例，真正简化手续，效法各国行之有效的管理办法，还要有职有权，言而有信。只要基础工程基本完成，就可以采用（比香港）低地价、低税率、租期长的办法。我想搞一个特区并不困难。

　　三、与蛇口工业区毗邻的赤湾，是一个可以开发的深水良港，国务院曾考虑过，交通部和广东省也多次商量过，问题是投资的资金来源问题。我建议如果国务院批准招商局直属单位的利润（约占全部上缴利润十分之一）再来一个五年不上缴，我们愿意承担先开发三个万吨泊位的深水港，然后逐步拓大。目前，蛇口工业区公路已开通至赤湾，正在收集水文资料、气象资料，并开始钻探，为进一步作经济论证和可行性报告作准备。四月间万里同志来蛇口视察时我曾建议过，仲夷、田夫同志是支持的。[①]

① 香港招商局编：《广东省深圳特区招商局蛇口工业区文件资料汇编》（第二集），1982年，第44—46页。

1981年8月16日上午8点30分，国务院主要领导再次来到蛇口工业区，登上微波站通讯楼。他一下车就对袁庚说："你昨晚给我的信所提的三条意见，我和仲夷同志等商量过，我同意你后两条。"袁庚问："那么，第一条是否不同意？"国务院主要领导说："不是，这一条要和广东省、深圳特区从长计议。"可以看出，袁庚当时主张举办范围面积较小的出口加工区和自由贸易区，这在国际上有成功的案例，这是据他所掌握的海外有关资料和办事一向缜密老成的习惯而得出的一个看法。而中央和广东省、深圳市则对举办面积更大的大型综合性经济特区有更多的期待，而这在世界上则还没有成功的案例和经验。这一点对后来的深圳经济特区的发展至关重要，如果当年采用面积较小的出口加工区模式，深圳经济特区将不会有今天这样的效果。2005 年，袁庚承认自己与梁湘之间有关深圳经济特区该大该小的争论，是自己错了。

国务院主要领导接着对袁庚说："今后你们办企业，官商一定要分开，官办官的事，商办商的事，做官的不要插手干预企业，企业要发挥潜力，自己办更多的事业。"接着他又说："我同意你提的关于招商直属系统再来一个五年不上缴利润，由你们负责开发赤湾深水港的意见，但要让深圳加点股。建成以后，作为企业来经营管理，其他方面不要插手。"袁庚答："可以协商。"

在微波通讯楼前，国务院主要领导高兴地对袁庚说："经济改革要由你们这里做起。"

9 时 30 分，国务院主要领导一行来到工业区码头。当他抬头看到后山树木稀少时即说："你们要封山育林。"随即国务院主要领导一行登上军舰离开蛇口前往珠海经济特区。

国务院主要领导在视察蛇口工业区中听到有人说"袁庚是个冒险家"时说："是冒险家，也是实干家。"[1]

这是国务院主要领导第一次到深圳经济特区视察，并先后两次视察蛇口工业区，足见他对蛇口工业区的高度重视。他充分肯定了蛇口工业区的做法，将蛇口工业区的做法美名为"蛇口模式"。

1981 年 8 月 15 日，招商局蛇口工业区建设指挥部向深圳市委、深圳市经济特区管理委员会提交《关于用地规划意见的报告》，提出 1985 年前需要增加的土地量为：工业用地 40 公顷；生活区用地 75.5 公顷；请求将蛇口一湾至三湾划归工业区作发展及扩建港区之用。对文化教育、卫生、文体、商业、饮食、银行、邮政等公共部门的建设和设置，统一安排各行政部门如公安、司法、联检单位用地，工业区所需要燃油、煤气或天然气的供应计划，副食品生产供应基地及疏通供应渠道等问题请求深圳市委和市政府解决。建议将南水、湾下、后海生产队转为吃国家粮的副业生产队。报告还对供水、供电问题，一至六湾沿岸海域使用权问题、封山绿化问题、简化用地审批手续及下达劳动指标和粮油供应计划问题提出了解决意见。[2]

1981 年 8 月 26 日，全国人大代表、香港中华总商会会长王宽诚，香港中华总商会副会长汤秉达，广东省政协委员、香港中华总商会副会长叶若林，广东省人大代表、香港中华总商会常务会董郭宜兴，香港市政局议

① 招商局蛇口工业区总经理办公室编：《招商局蛇口工业区文件资料汇编》（第七集），1989 年，第 140—142 页。

② 《辑录蛇口：招商局蛇口工业区（1978—2003）》，2004 年 12 月编印，第 48 页。

员、律师陈子钧，香港中华总商会常务会董许东亮以及律师何耀棣等香港工商界头面人物 23 人访问蛇口工业区，这是时隔一年后王宽诚会长第二次带着香港企业家前来蛇口参观访问。袁庚向客人介绍工业区"五通一平"的建设情况，外商与港商投资设厂的情况，以及工业区的发展前景。随后袁庚带领客人参观碧涛苑别墅区、正在装修的华苑酒家和南山宾馆。午间，招商局在深圳友谊餐厅设便宴招待客人。王宽诚说："蛇口工业区的建设很不容易，很有气魄。今天看到工业区建设速度这么快，感到非常欣慰。蛇口工业区是港商投资支援国家四化的理想场所，也是赚钱的好地方，希望在座的朋友们及我们属下的会员与'中国四化服务委员会'对之积极支持，在此积极投资，勿失良机。"饭后，客人乘车一路巡视各厂建设工地，直到一湾的公路的尽头才回转码头乘船返回香港。①

　　1981 年 10 月 22 日下午，中共广东省委第一书记任仲夷，广东省副省长曾定石，深圳市委书记、市长梁湘在新华社香港分社副社长叶锋陪同下访问招商局，并与招商局负责人举行座谈。招商局副总经理郭玉骏代表招商局简要汇报招商局历史、业务、发展情况及蛇口工业区当前遇到的问题。任仲夷说："招商局是在港企业第一个带头拿出这么大的人力和财力来参加特区建设的。你们先带头，后面应该跟着来。有些人怕将来企业发展了，赚了钱，会被地方吃掉，不会的。你们可以放心，但是要抽税，抽了税地方也不拿走，还用于发展特区。"梁湘插话："肯定地讲，你们赚了钱我们不会拿走，抽的税也不拿走，留给你们用于建设工作，但是深圳市穷，没钱补贴你们。"②广东省、深圳市一把手的有关讲话，给招商局吃了定心丸。

　　1981 年 10 月 29 日，联邦德国经济部次长丁德玛来到蛇口工业区参观访问。丁德玛在听完介绍工业区建设情况后说："祝贺你们在两年中取得这么大的成绩，我曾想，在什么时候你们把香港收回，现在你们在蛇口搞，当搞得与香港差不多时，就把香港拿回来了。我回国后一定要向德国工商界介绍蛇口的情况，鼓励他们在这里投资。"他还说："在联邦德国开辟一个工业区需五六年时间，你们这里搞得很快。德国人愿意与中国人做生意，也愿意在蛇口投资，在蛇口办厂，把产品销到亚洲各国以及中国内地。如果你们内销采取减免税做法（即免征一定比例的进口税，如 50% 或 30%），这样就更有吸引力了。蛇口有利条件很多，如果能有更多产品销中国国内，我们就更有兴趣了。你们这里不像香港有通货膨胀问题。"③

　　1981 年 10 月 30 日上午，国务院副总理薄一波在六机部副部长张有萱、广东省副省长李建安、深圳市委副书记周鼎、深圳市副市长罗昌仁等

① 香港招商局编：《广东省深圳特区招商局蛇口工业区文件资料汇编》（第二集），1982年，第 108—109 页。

② 香港招商局编：《广东省深圳特区招商局蛇口工业区文件资料汇编》（第二集），1982年，第 69—70 页。

③ 香港招商局编：《广东省深圳特区招商局蛇口工业区文件资料汇编》（第二集），1982年，第 111—113 页。

陪同下视察蛇口工业区，工业区建设指挥部副指挥郭日凤、许智明、杜庭瑞、招商局发展部总经理梁鸿坤等先后向薄一波汇报两年多来工业区的建设情况。陪同薄一波副总理视察的还有国家机械委和广东省、深圳市有关部门的负责同志冯克、才晓宇、王桂五、关相生、柏汉秋、邹尔康。袁庚 10 月初就病倒了，急性胰腺炎，此时正躺在广州市人民医院内科病床打点滴。事后，许智明还专程到广州汇报薄一波副总理视察的细节。当招商局同志汇报到仅花两年时间便完成"五通一平"基础工程，并签订 22 个合资或独资投资项目（工业项目 17 个，其中重工业 8 个，轻工业 7 个，电子工业、化工工业各 1 个，服务业项目 2 个，其他项目 3 个），另外 4 个项目待签时，薄一波逐一询问了各个项目的具体内容，用笔记下工业区建设指挥部所设的 3 个室和 12 个专业公司的名称。薄一波对工业区大胆改革，将政企分开，实行"官办官事，商办商事"，实事求是地设置办事机构的做法十分赞赏。他说："你们的做法是一种改革，很好。"当听到招商局为了港口开放通航而向联检单位提供办公用具、住房、交通和生活用品等情况，以及联检单位提出的过高要求时，薄一波说："这是敲竹杠，住房要出租，要收回租金。"李建安说："同意招商局对此单独列账，国务院也要批点经费，我同意收租，不能都从企业出。"

当汇报到在执行特区政策，特区要特，灵活措施一定要灵，但实际工作中许多问题解决不了时，薄一波说："特区不特是个大问题，是个原则问题，为什么还得不到解决？要把具体情况写清楚，我给你们解决，不要扯来扯去，把事情耽误了。你们购买设备先国内、后国外的原则是正确的。关于从国内购进设备、原材料，从国外进口汽车，按你们讲的我赞成你们的意见。进口汽车问题，在国内是不同意的，特区要特，特区要进口汽车，要多少批多少。买进特区的汽车不能卖到内地去，只限于特区内使用。要把 327.5 平方公里围起来，现在弯弯曲曲，没有什么界线，我在深圳已说了广东应尽快把二线围起来，二线没有搞好之前，特区不能太特。"薄一波对梁鸿坤说："他（指李建安）也能解决问题，为什么不找他解决，他也是一方之主，许多问题广东是可以解决的，以后不通过广东不能直接到中央去，否则广东就有意见。"梁鸿坤说："有些不属于广东管的，广东也很难解决。"李建安点头表示同意。招商局的同志汇报说："目前工业区的工厂已陆续投产，需要员工日益增加，但招工要上面批指标，一批就等，一批就难办。时间就是金钱，要求工业区能有权招工，不要规定什么指标了，要报备就是了。"薄一波说："看来你们这里人（事）权还没有解决。"

李建安说："你们写个报告给我，由省里批一下帮你们解决。"薄一波说："你们用短短两年多时间，搞到这样的规模，引进了这样多的合资（独资）项目，有这样多的工厂，我听了很高兴。我听了你们的介绍，很满意。我们到深圳看过，他们的成绩也很大，就是工厂少一些，有也是来料加工、补偿贸易的。而你们是合资（独资）的，几个大厂招商局都占有50%股份，这个方向对。但企业一定要有权，能开除工人。大胆改革，打破铁饭碗更要从特区、从你们这里开始。"下午，薄一波副总理登上微波通讯楼，眺望了工业区的全景，并询问了整个工业区的布局。薄一波了解到工业区计划发展到50至100个企业，人口发展到5万人时，高兴地说："以后这里是个不小的城市了。"①

　　1981年11月23日，国家进出口管委会、国家外国投资管委会副主任江泽民在全国五届人大常委会第二十一次会议上作《关于授权广东省、福建省人民代表大会及其常务委员会制订各该省的经济特区单行经济法规的决议》的说明。他特别指出：

> 　　这里值得特别介绍的是：由交通部招商局经营开发的蛇口工业区，在各特区的建设中一直处于领先地位。在不到两年的时间内，已使一平方公里范围的基础工程基本完成，兴办了14个企业，合计投资5亿多港币，年内将有5个企业先后投产。今年的地租、码头、出售别墅等项收入，预计可达2000万港币左右。他们的基本经验，一是招商局有较大的自主权，从工程勘测、规划、设计蓝图、银行信贷到对外谈判、签约都能自主，不像现在国内的管理体制那样，层层请示报告；二是按经济规律办事，工业区指挥部与施工单位都一律以招标方式，建立合同关系；工业区的企业对企业董事会负责，由企业决定自己的经营业务，招商局不予干涉。招商局在蛇口工业区的办事机构，按照政、企分开的原则，设置了独立核算、自负盈亏的各种企业专业公司，大大提高了办事效率和经济效果。蛇口的管理方式，为改革现行管理体制提供了有益的经验。②

　　1981年12月30日，香港总督麦理浩、政务司司长钟逸杰、政治顾问麦若彬访问深圳经济特区，第一站就来到招商局蛇口工业区。是日上午，麦理浩一行四人，在招商局袁庚和新华社香港分社副总编辑谭干陪同下乘飞翔船前往蛇口工业区。在途中，袁庚与麦理浩、钟逸杰、谭干谈到曾打算在香港大揽角兴建货运码头的事情以及最近的进展状况。接着袁庚向麦

① 香港招商局编：《广东省深圳特区招商局蛇口工业区文件资料汇编》（第二集），1982年，第74—78页。

② 江泽民：《尽快制订和颁布经济特区的各项单行经济法规》（1981年11月23日），《党的文献》2010年第5期目录（总第137期）。

理浩介绍为什么要建设蛇口工业区的问题，麦理浩说他早就希望访问蛇口了。当飞翔船驶过踏石角发电厂时，袁庚说：据知这间发电厂明年四月投产，如果将来从这里通过海底电缆向蛇口供电，可能更近捷些。麦理浩问："蛇口用电是由何处供应？"袁庚答："目前是用'中电'输进广东大电网的电，是经深圳用 11 万伏高压线引进蛇口变电站的，但将来工厂开工多了，很快就不够用了。"麦理浩说："你这个意见（指通过海底电缆向蛇口供电）很好。"9 点半，麦理浩一行到达蛇口，受到深圳市委书记、市长梁湘，副市长周鼎和蛇口工业区建设指挥部负责人的欢迎。首先，袁庚带领客人登上微波通讯楼，远眺工业区全景。麦理浩说："真是闻名不如见面，我确实很受感动，我真羡慕你们有这么多的土地可供工业发展。"袁庚说："内地和香港的紧密合作，可以互相促进彼此的繁荣和安定。"麦理浩说："我们在路上也谈到过这个问题。香港水多（港督说的'水'是指金钱），你们土地多，将是理想的合作伙伴。"袁庚又说："蛇口还有一个好处，就是环境还没有受到污染，我们开始建设就注意到发展工业带来的问题，我们每天都在化验海水、空气，并正以较大的投资兴建污水处理厂，把工厂废水、生活污水处理净化后，再排入海里。"麦理浩说："不久前我和任仲夷先生专门谈过这个问题，要共同保持后海湾不受污染。"

接着，袁庚带领客人参观安装在变电站内由中国制造的自动控制中心和海湾别墅区后，来到南山宾馆。在接待厅，麦理浩在认真听取许智明有关工业区建设情况介绍后说："根据我们的经验，蛇口的建设速度是很快的，建设规划很有专业水平，祝贺你们取得的成绩。"麦理浩问钟逸杰："蛇口的建设速度与香港比较怎样？"钟逸杰说："香港若和蛇口比，两年零四个月要达到蛇口这样的规模，要付出很大努力才行，因为蛇口有些条件比香港好。"梁湘说："深圳市目前的做法是学蛇口的，也是从'五通一平'基础工程做起。"麦理浩说："在香港，要完成目前蛇口这样的规划，也要四年半的时间，而你们只用了两年多的时间，应该说，蛇口的建设很快很好。"钟逸杰说："我很高兴地看到，有些工厂在香港因为找不到土地无法兴办，而在蛇口却办了起来。香港与蛇口确实应该互相配合互相帮助。"接着，麦理浩一行询问了特区的土地使用年期、税收，目前已投资多少，以及蛇口发展起来有多少人口等情况，梁湘、袁庚都一一作了回答。

在午宴上，麦理浩说："我来到这里看了一会，觉得你们工业区能在**两年零四个月**的时间内搞到这个程度，建设速度是很快的，说明你们有这方面的专门人才，值得祝贺。我同样认为你们建设特区对中国和香港的繁荣是有利的，希望双方更好地配合，我回香港后将叫有关厂商到这里参观和投资设厂，两年前在你们工业区开始建设时，有人怀疑你们是否建设起来，现在你们已经用事实作出了证明。我要向这些怀疑派介绍这里的情况，改变他们的怀疑态度。"接着，麦理浩问到工业区与深圳特区的关系时，对梁湘开玩笑说："英国有一种布谷鸟，她自己不作巢，看看鹪鹩作巢生蛋，她也挤进去生蛋，最后把鹪鹩挤走了。"袁庚开玩笑说："他（指梁湘）是我们的'父母官'，不会出这样的问题。"梁湘笑着说："我们决不做布谷鸟。"在这里，港督麦理浩对袁庚没在香港大揽角兴建货运码头的一事心怀芥蒂（主要香港地租过高，双方谈不拢）。麦理浩问袁庚说："可否让一些英国人（不是香港的英国人）来蛇口访问？"袁庚表示："随时欢迎，除外交人员、新闻记者要事先办理签证外，其他人士可在蛇口码头签证。"麦理浩说："你们对外宣传不够，许多人都不知道你们的建设进展情况。"袁庚说："我们要先做后说，要取得成功，还有待于努力。"麦理浩："这是对的，不过现在是你们对外宣传的时候了，我将为你们作宣传。"袁庚开玩笑说："那么，我们的许智明先生将付给你宣传费！"[1]

下午，港督一行结束蛇口的访问，在梁湘陪同下前往深圳特区访问。

1981 年 12 月 31 日，香港总督麦理浩访问深圳经济特区后经文锦渡返回香港。在文锦渡边检站，麦理浩向香港的新闻记者发表谈话："本人目睹蛇口一种颇为不同类型的发展，而这明显是经过非常周详的计划，并且看来正在迅速地发展。我也亲眼看到深圳广泛地区有旅游及工业的发展，当然，它们零散分布，不像蛇口集中，所以得到的印象并不相同。虽然如此，但总的来说，我所见到的，都使我留下非常良好的印象。"

1982 年 1 月 4 日，香港总督麦理浩致信袁庚，他在信中说：

敬启者：

　　上周，本人与钟逸杰先生、麦若彬先生联袂访问蛇口工业区，承蒙阁下妥善安排，且拨冗自香港相偕同行，吾人谨致深切谢意。此行又得以在南山宾馆品尝美食，至今难以忘怀！深信该菜馆定将吸引不少香港人。

　　本人深庆得此良机，畅游蛇口；目睹当地在短期内有此成就，不禁折服。本人也曾对阁下提及，蛇口工业区之成就同时使中国与香港受惠。本人定当竭尽所能，鼓励香港之投资者致力促进该地之未来发展。[2]

[1] 香港招商局编：《广东省深圳特区招商局蛇口工业区文件资料汇编》（第二集），1982年，第117—124页。

[2] 香港招商局编：《广东省深圳特区招商局蛇口工业区文件资料汇编》（第二集），1982年，第124—125页。

香港总督麦理浩访问蛇口之后，香港舆论以及工商界人士对蛇口工业区的反映颇好。半个月香港厂商来招商局洽谈前往蛇口投资设厂者达十余家，其中有香港世家利铭泽、广联集团董事长郑庆飞、泰国资本家黄南荣等，香港至蛇口的飞翔船经常客满，船票供不应求，以至于招商局的工作人员要去蛇口也往往买不到船票。

九、江泽民为购物中心开张协调

如今，蛇口太子路旁的海景广场已成蛇口的标志性建筑之一。而在 1982 年之前，这里仍是一片旷野。直至 1982 年 6 月，蛇口购物中心建成，这旷野的沉寂开始被打破。那不足 200 平方米的购物中心，是国内开风气之先的首家外币购物中心。它曾承载了袁庚想将蛇口打造成"购物天堂"的理想，也让首位投资蛇口的女港商——马太成就了商业领域里的辉煌。蛇口购物中心在营业 13 年后拆掉，但它为马太赚取的第一桶金，让她在购物中心原址上重新建起 33 层高的海景广场。当年筹建购物中心，上上下下牵涉的人不少，费了不少周折，在此值得一叙。讲述蛇口购物中心的故事时，得先从一位被称为"马太"的香港女人讲起。

蛇口工业区成立几个月之后，"无工不稳，无商不活"的念头开始在袁庚的大脑里盘旋。在他看来，除引进工业项目，要想让蛇口的人气旺起来，还须靠商业，搞旅游，请港人来开店。袁庚想到了之前在酒会上相识、做了十多年旅游公司的马太夫妇。马太并不姓马，她叫陈惠娟，因为她的先生姓马，叫马灿洪，自此有了"马太"的称谓。马太的名字最初在蛇口的响起，是源于袁庚"马太同志"的称呼。他们结识袁庚是在 1978 年 11 月 1 日香港招商局举办的迎新酒会上。那时袁庚刚刚从交通部外事局副局长位置上赴港担任香港招商局常务副董事长，主持招商局的全面工作。陈惠娟和老公马灿洪则是 3 年前刚刚由澳门转战香港。"杀回"香港旅游市场之前，马太夫妇在澳门帮回国探亲的华侨们办理通行证等旅游业务近十年。回香港后，马太夫妇的三泰旅游贸易公司开在离香港招商局不远的街上。一直寻找发展机会的马太夫妇也参加了那次酒会。袁庚在香港的招待酒会上推介蛇口时，将当时荒滩一般的蛇口赞为"中国的夏威夷"。在他的描述中，那里的海滩上布满了绵绵细沙，海风吹过，树林在阳光下瑟瑟抖动。酒会上，马太夫妇结识了袁庚，并互留电话号码，希望日后能有相互合作的机会。

正是这次相识，为之后马太在蛇口开办中国第一家外币购物商场蛇口购物中心留下了机缘。袁庚对马太的信任，来自于马太为蛇口工业区筹建已担负起半年的采购工作。1979 年国内购物尚需凭票的时候，马太按照袁庚指示，从香港采购建设人员所需的铁架床、炊具、油、米等生活物资，包括南山宾馆装修，几乎所有的装修材料都是由马太从香港采买，并押运至蛇口的。马太夫妇做事认真负责，给袁庚留下很好的印象。袁庚动员他们来蛇口发展，搞旅游。在袁庚的动员下，马太夫妇及其公司的人先后到蛇口察看地势，了解行情。那时的蛇口，还是一片工地，通水、通电、通航、通车、通讯和平整土地的"五通一平"工作尚未完成，甚至连码头都没有，从香港坐船到蛇口后，只能顺着梯子爬到岸上。既没有电话也没有路的"荒郊野岭"让马太夫妇到蛇口开发旅游的脚步有些退缩。1980 年 1 月中旬，马太和老公马灿洪在心理几经挣扎之后来到袁庚的办公室，决定跟袁庚坦陈不来蛇口投资，他们不相信那时候会有人到蛇口去旅游。袁庚说，现在的蛇口可能冷清了一点，但是，将来一定会有大的发展。袁庚在蛇口工业区的五年规划图前跟他们这样描述："你们看到这里了吧，这就是蛇口未来的商业中心，你们在蛇口可以搞百货，建超市，搞洗衣店、眼镜店，为工业区的人提供很多的后勤服务。可以发挥你们自己的优势，你们已经帮蛇口采购了半年多的货品，积累了人脉，也知道蛇口人要什么东西。你们可以先在蛇口开一个小商店，不要急，先慢慢来，等将来条件成熟了再做旅游。"袁庚故意激他们说："假如一天卖一瓶汽水，你干不干？"袁庚的一席话马太夫妇果然听进去了，决定留下来开店。马太说："我干，你叫我一天卖一瓶汽水，可以。我坚持半年，假如半年后仍然是一天卖一瓶汽水，我就回香港。"袁庚说："你们会坚持下来的，我相信。"[①]马太当年来蛇口发展多少带有"试水"的心态。以至于多年以后，袁庚总是开玩笑称，马太是被他"骗来"蛇口投资的。马太却说，来蛇口投资所押的底牌是对袁庚的信任。

然而，马太在蛇口创办购物中心并不顺利。从马太下决心投资到 1982 年年中蛇口购物中心开业，其间周折历时近两年。马太在蛇口开设的购物中心是国内第一家中外合资经营进出口商品并收取外汇的商店。在此之前，外汇均由国家统一管理，对蛇口购物中心这个可以收取外汇的合资单位，该如何规范管理，尚无先例，相关部门也迟迟没有批复下来。这也让马太这个第一个吃"螃蟹"的人差点再度放弃。

① 涂俏：《袁庚传：改革现场（1978—1984）》，深圳：海天出版社，2016 年，第 169—170 页。

1981 年 8 月 3 日，蛇口工业区与"马太"的香港中建有限公司签订蛇口工业区购物中心总协议书，合资在蛇口工业区组建外汇商店。该项目总投资额为港币 50 万元，工业区与中建公司各占股份 50%。购物中心的经营范围包括日用百货、家用电器、药物、食品及烟酒等。但是当时"二线"海关没有建成，蛇口的"一线"海关也很小，仅仅是九龙海关驻蛇口的办事处，只有很少的几个人在海滩上的一座黄色小楼里办公。办购物中心，涉及大量物品的进口，涉及进口物品的关税，所以海关一时不同意。

1981 年 8 月 8 日，蛇口工业区建设指挥部向广东省经济特区管理委员会提交开办购物中心的申请报告。广东省经济特区管理委员会主任秦文俊于 8 月 24 日在报告上批示："同意"，深圳市委书记梁湘也于 8 月 26 日在报告上批示："同意"。

1981 年 10 月 6 日，广东省经济特区管理委员会印发《关于蛇口工业区码头开办免税店协议的批复》（特管批字〔1981〕049 号文），同意蛇口工业区与香港招商局海联公司在蛇口工业区码头合办免税商店。由于海关在对购物中心经营进口商品的管理问题上，理解与招商局有不同，上述批准未能落实。

袁庚和招商局他们没有办法，只好又经新华社香港分社的记者写成内参报给国务院。

1981 年 10 月 16 日，新华社内参《国内动态清样》第 2492 期刊登一篇题为《深圳蛇口特区建设在两个问题上遇到困难》的文章，反映蛇口遇到的购物中心不能开办和蛇口至香港之间不能通航两个问题，使中央及省委关于特区建设的指示无法落实。蛇口工业区的创建本意是吸引外资开发工业，特别是外向型工业。为了方便外商在那里工作、生活，工业区想办一家中外合资的购物中心，以便进口一些国内没有和无法供应的收取外汇的商品。然而，向外宾供应进口商品的外汇商店，历来是由国家有关部门指定的国营商店垄断经营的。除购物中心迟迟不能批准外，蛇口与香港的海上通航问题，由于种种原因也无法解决。于是，工业区设法把遇到的问题向中央反映。

中央政治局委员、中央书记处书记、国务院副总理万里看完上述新华社内参当即批示：

请谷牧同志过问一下此事。

中央书记处书记、国务院副总理谷牧批示：

明天议一下。

1981 年 10 月 24 日，国家进出口管理委员会、国家外国投资管理委员会副主任江泽民给国务院副总理谷牧写了一份专题报告，经与有关部门协调，提出解决问题的意见：

谷牧副总理：

《国内动态清样》第 2492 期反映深圳蛇口特区建设中的两个问题，经与王润生①、王斗光②同志商议，并向蛇口建设指挥部了解了情况。解决意见如下：

一、蛇口"购物中心"开办问题。中发〔1981〕27 号文件规定：除烟、酒按最低税率减半征税、少数物品照章征税外，其他均免征关税。特区运往内地的货物、物品，应按一般进口的规定办理。在分界线未建好之前，按海关暂行办法执行。蛇口指挥部称：蛇口第二道防线正在加紧建设。海关反映：两年来对蛇口区内职工早已免税进口了电视机等物品，而"购物中心"进口的货物，凡持有外币的即可选购，实际上扩大了供应对象，在小二线未建成前，会促使区外人员拥入蛇口无法控制。我们同意海关的意见，"购物中心"应待小二线建成后再考虑开业，以利贯彻"外松内紧，前松后紧"的方针执行。并已告知蛇口指挥部，尽快将蛇口工业区的小二线建好。

二、蛇口港口对客轮开放问题，今年 9 月 26 日国务院办公厅〔81〕国办函字 75 号文件已批准蛇口口岸对客轮开放。蛇口指挥部认为联检设施条件均已具备，只待海关派人进驻即可开放。海关则反映，文件刚下达，九龙海关目前人员尚不敷应用，立即开放还有问题。现经协商初步定于 11 月 15 日派人进驻，最迟不超过 11 月 20 日开放。

特此报告，妥否请示。

江泽民
1981 年 10 月 24 日③

① 王润生时任海关总署署长。

② 王光斗时任海关总署副署长。

③ 香港招商局编：《广东省深圳特区招商局蛇口工业区文件资料汇编》（第二集），1982 年，第 68 页。

1981 年 11 月 11 日，国家海关总署广东海关分署发出《进口供应蛇口工业区内销售的烟、酒减征关税的通知》（〔81〕粤书业字第 192 号）：进口供特区使用的烟、酒，按照最低税率减半征税，工商税也按规定税率减半征收。

1981 年 11 月 12 日，由江泽民签发的国家进出口管理委员会致函广东省经济特区管理委员会《关于蛇口工业区"购物中心"及港口开放问题的处理意见》（〔81〕进出综字第 061 号）：经与国家海关总署研究并遵照国务院领导同志[①]的批示，蛇口购物中心的营业问题，除烟、酒按最低税率减半征税，少数物品照章征税外，其他均免征关税。购物中心的营业，待蛇口通往深圳的第二道防线[②]（或称"小二线"）建成后开业，请立即抓紧小二线的建设。蛇口港对客轮开放问题，国务院办公厅〔81〕国办函字 76 号文业已批准，海关已决定于 11 月 15 日，最迟不超过 20 日，进驻蛇口，执行任务。

1981 年 10 月 29 日，广东省人民政府办公厅发出《关于深圳蛇口工业区与香港通航有关问题的通知》，蛇口联检单位的联检场地、办公用房、宿舍、食堂、交通工具、通讯设施等投资，由各单位报中央主管部门解决。在未解决前，由工业区先予垫支，这些经费如上级主管部门不能解决的，则由工业区挂账计支。联检地区的办公、生活设施，均由工业区统一规划建设，各单位要服从安排。各单位要相互配合，立即抓好通航的准备工作。

在谷牧和万里的过问和江泽民的具体协调下，又经半年多的筹备，马太的购物中心终于可以开业了。1982 年 6 月 28 日上午，蛇口购物中心在荒滩上正式开门营业，从香港进货的服装、日用品、小家电之类，就在咫尺之遥的简易的九龙海关驻蛇口办事处报关。而早在开业前，购物中心门口已排起四五百人的长龙，疯狂而急切的人群甚至压碎了购物中心大门的地砖，这样的场景远远超出马太的想象。据马太统计，购物中心开业当天"卖出 500 个风扇、150 台乐声牌彩电，还有冰箱等等，甚至连仓库里的大部分库存商品也被抢购一空"。当天商店打烊后，七八个人数钱都数到手软，全天的营业额达到 50 万元，而这也正好是这家购物中心的全部投资。在此之前，蛇口人的购物经历是在地摊上。1980 年初，工业区为将一百万元港币的投资款兑换得高一点，由时任工程公司经理的王今贵拿着一百万元港币到上海去倒衣物、自行车、电风扇等货物回来"练摊"，折换成人民币。由于没有门面，那些从上海物资公司倒回来的出口货只能在蛇口地摊上卖。但即便这样，因需求量大，地摊上的货物最后也不得不限量供应。蛇口购物中心是国内第一家中外合资经营进出口商品并收取外汇的商店。这间不足 200 平方米的购物中心（图 2-32、图 2-33、图 2-34、图 2-35），不仅解决了蛇口人的吃饭和生活用品供应问题，更以新鲜而强有力的市场经济手段，为正从计划经济中苏醒过来的中国社会率先打开一个缺口。很快马太找到了从京、津、沪、穗轻工进出口公司长期进货的路数，一时间

① 指国务院副总理万里、谷牧。

② 指蛇口工业区当时正在兴建的铁丝网围墙。

国产名牌家用商品川流而来，如电风扇、自行车、电饭煲、电暖壶之类，竟然不待卸车便一抢而空。随着彩色电视机、电冰箱、洗衣机时代的接踵来临，购物中心的景况一派辉煌。马太抓住人民币存在双重汇率的特殊时机，以人民币入货，以港币定价，一出一入便有利润哗哗到来。那些年，蛇口工业区的国家计划物资供应不足，要靠港货补充，职工的工资有一部分以港币发放。购物中心开业后，经营半年纯利润已达400多万元。那年年末，马太按照香港人的习惯，给商场里辛苦一年的员工发了年终奖。拿得多的员工"红包"逾千元，而这相当于当时蛇口工业区中层管理干部一年的收入。购物中心的红火生意也惹了一些人"眼红"。工业区开始出现一些风言风语，说袁庚把好赚的生意都给了外商。马太的这一"慷慨"之举引来了"香港资本家用金钱拉拢腐蚀干部"的议论。有的员工为了证明自己清白，以"拒绝腐蚀"的姿态，将马太发放的奖金上交给了工业区管理部门。在马太和员工们心怀忐忑之时，袁庚在一次大会上的发言让她吃下

图 2-32　蛇口工业区购物中心

图 2-33　由集装箱改成的免税品店

图 2-34　顾客川流不息

图 2-35　顾客在挑选家电商品

了定心丸："当初发动大家，叫你们做，你们怕生意不好没有人愿意干，现在人家来干了赚了钱，你们又眼红。"最初马太的公司与蛇口工业区贸易公司各出资 26 万港元，次年投资总额扩大到 100 万港元，第三年再增至 200 万港元——面对奇迹般的获利与直升机般的增长幅度，购物中心五年到期之后，鉴于它给三方带来骄人的经济利益，顺理成章地申请延期，又签了五年。

　　一份官方资料显示，截至 1990 年底，八岁半的购物中心的销售额总共达 11.7 亿元之多，上交给国家的税收累计 2280 万元，投资双方各分得利润 2530 万元。又三年后，1995 年，蛇口购物中心在经营 13 年之后，终于歇业被拆。在被拆的购物中心原址上盖起 35 层兀立海岸的海景广场，成为蛇口的标志性建筑之一。1995 年，马太成立中建蛇口发展有限公司。马太自 1979 年，在袁庚的"忽悠"下，自香港涉水而来，成为踏足蛇口的第一个女港商，到如今她和先生一起打造的商业帝国版图从当年的蛇口扩大至国内十多个城市，涉及汽车代理、商贸、时装、石化、建工、房地产等诸多行业，旗下二级公司多达十余家。想起这些，马太仍然感慨，"没想到能做这么大，以至于常常不敢回想怎么过来的"。尽管当年蛇口荒凉得让马太"看过后就不想再来"，但今天"马太"却自称是"蛇口人"。在过去的 30 多年中，她待在香港的时间不足一年。"马太"从购物中心到海景广场的发展，是蛇口改革开放和历史变迁的一个缩影。[①]

　　中共中央政治局原常委、国务院原副总理李岚清在其著作《突围——国门初开的岁月》中，就记录了那段蛇口改革开放的"破冰"往事。

　　　　任何一个工业区的建设都不可能是孤立的，必须有住房、商业和其他服务业的配套，特别是在那个商品十分匮乏的年代，又有不少外商在那里工作、生活，因此办一家中外合资的购物中心，进口一些国内没有和无法供应的收取外汇的商品是必要的。然而，这又是"破天荒"的事。向外宾供应进口商品的外汇商店，历来是由国家有关部门指定的国营商店垄断经营的，要在这个渔村加工地的蛇口，办一家外汇商店很难设想……

　　　　这个现在看来很不起眼的小店，在当时迅速成为蛇口一个亮丽的旅游景点。我有一次到蛇口调研工作时，也去参观了这个商品琳琅满目和顾客熙熙攘攘的"购物中心"，与香港和欧美也相差无几，与内地其他城市货架空荡、品种单调的商店形成鲜明对比。[②]

① 参考：《袁庚：蛇口马太建国内首家外币购物中心》，《中国网》2008 年 12 月 1 日。刘悠扬：《蛇口购物中心往事》，《深圳商报》2018 年 3 月 13 日。

② 李岚清：《突围——国门初开的岁月》，北京：中央文献出版社，2008 年，第 78—80 页。

十、"五通一平"，先搞基础工程

宝安建市前夕，交通、邮电等基础设施非常落后，人们用"四难"（乘车难、船靠码头难、邮件投递难、打电话难）来概况这里的落后面貌。地处偏僻南头半岛的蛇口工业区就更难，不仅有"四难"，而且还面临供水难、供电难、住房难等一系列实际困难，远远无法满足蛇口工业区大规模开发开放、招商引资和产业发展的需要。从1979年7月开始，招商局蛇口工业区建设指挥部开始在蛇口2.14平方公里的荒山秃岭上开发与建设，以便尽快实现通水、通电、通路、通讯、通排污排洪和平整土地，为吸引外资创造环境和条件。

1979年7月，蛇口工业区破土动工之前，在制定建区方针、勘察测量现场的同时，聘请工程技术人员首次制定总体规划，将基础工程由过去的"三通一平"扩至"五通一平"：通水、通电、通车、通航、通电讯和平整土地，制定工业区布局草图。工业区整体平面布局包括：工业区、交通运输区、职工生活区、商住区，具体包括标准厂房区、海滨花园、碧涛苑、龟山别墅、综合办公楼、南海酒店、微波站、自来水厂、总变电站（图2-36）、污水处理厂、蛇口港、原有村镇等建设项目。难能可贵的是，蛇口工业区的早期规划，不仅突出码头、工厂的布局，而且注重投资环境，强调排水排洪，海域使用，环境绿化，以及完善的职工生活配套设施。

制定工业区总体规划后，首先工业区第一期搞"五通一平"基础工程：（1）"通航"，移山填海，深挖航道，兴建600米长、水深5米的顺岸式码头。（2）"通车"，修筑专用公路连接广（州）深（圳）线。（3）"通水"，敷设14公里地下引水管，建成日处理两万吨水的自来水厂，净化程度达到国际水准。（4）"通电"，架设高压线，建设蛇口总变电站。（5）"通电讯"，引进美国较先

图2-36　1980年初建成的蛇口工业区总变电站

进微波通讯设备及电脑总机，直拨香港、深圳并接通各国常态电话电传。（6）"一平"，即平整土地，挖填 200 多万立方米土石方，平整 100 多万平方米场地，开挖大小排水沟 20 公里。与此同时，修建区内道路、排水设备和地下管道系统（给水、供电、电讯和污水处理管道等），使投资者能以较少的运费将设备运到工地，建设工厂和地面设施时均可在 50 米内按图索骥与地下工程接通。另外，逐步建设市政、生活等各项设施。蛇口工业区建设指挥部在荒滩上搭起活动板房，从总指挥到技术人员和工人，大家吃住在一起。他们背着水壶，冒着酷暑，跋山涉水，勘测地形，组织施工，艰苦创业。

1979 年 7 月底，蛇口工业区建设指挥部与有关施工单位签订下列工程合同：航道、码头、五湾土地平整工程，由交通部四航局承包；公路工程由广东省公路局承包。正在涉及尚未签订施工合同的有饮水、供水、供电工程，施工单位已有 500 多人开始施工。1980 年，蛇口工业区第一期基础工程建设进入施工高峰期，水、陆、空全面推进；平整土地，修筑公路，开挖航道，兴建码头，架设电线，引埋水管。到 1981 年，蛇口工业区五湾、六湾 1.3 平方公里的土地上，已经有 4000 余名工人、20 个工程在同时作业，蛇口工业区开发与建设呈现出一派热闹非凡的景象。"五通一平"的基础工程建设遵循先规划后建设、先地下后地面的施工程序，污水处理和绿化同步进行。

1981 年 2 月 10 日，蛇口工业区建设指挥部副总指挥刘清林主持办公会议，讨论研究 1981 年度计划和当前的工作。会议要求加速"五通一平"工程进度，并对码头前沿工程和港区淤泥处理工程、微波通讯工程、六湾地下管道和道路主干线工程、五湾与六湾中间的山口管线工程、自来水工程、四湾土地平整工程、小宾馆到西排洪渠海滨路绿化和路灯的安装工程、总变电站第二期工程、6 个分变电站的建设工程、港区临时仓库建设工程、物资科的物资库和油库工程、地磅建造、客运浮码头工程等规定了具体完成时间。3 月份，由地产公司提出工业区围墙方案，经讨论报招商局批准后进行建设。

1981 年 5 月 7 日，蛇口工业区"五通一平"（通水、通电、通航、通车、通讯和平整土地）基础工程竣工，验收交付使用。具体而言，工业区按照总体规划完成了如下几个方面的任务。

第一，征地。征地是工业区建设的前提条件。蛇口工业区征地工作是按照工业区规划，分三批完成的。蛇口公社的蚝民、农民希望得到更多一点粮食，最好能转成商品粮户口，把希望寄托在工业区征地上。1979 年征了水湾村和南水村的部分耕地，1980 年将南水村剩下的地征完并开始征湾下村的部分耕地，1981 年湾下村的耕地征完。1981 年 8 月 15 日，蛇口工业区建设指挥部向深圳市委、深圳市特区管理委员会提交《关于用地规划意见的报告》（以下简称"《报告》"），说明当时工业区实有土地面积为 114 公顷。其中，征用土地 65.57 公顷（即 983.6 亩），水田 5.426 公顷，海边林带 8.46 公顷，移山填海开发用地约 35 公顷。114 公顷土地中，公路、管线、港口、水厂、电站等公共设施用地 33.5 公顷，住宅区 8.54 公顷，公寓及别墅式住宅区 8.46 公顷，工业用地 63.5 公顷。这些土地大部分已投入使用。两年来，由于工业区发展和建设的需要，陆续 3 次征用蛇口公社及南头公社土地共 983.6 亩。第一次征用蛇口公社土地 565.64 亩，包括：水湾头生产队旱地 329.3 8 亩、水田 52.40 亩、沙地 19.31 亩、鱼塘 38.85 亩，南水生产队旱地 75.70 亩。第二次征用土地 344.31 亩，包括：南头公社 222.31 亩（旱地 198.31 亩，水田 29 亩）；蛇口公社南水生产队旱地 122 亩。第三次征用土地 73.65 亩，全部为南头公社的旱地。上述土地除水田 81.4 亩及部分鱼塘、菜地外，多数为丢荒地。《报告》请深圳市委及市特区管理委员会正式批准征用，批准工业区统筹规划和使用一至四湾全部山区和海滩。《报告》根据工业区创建两年来的实践和发展趋势，说明各方面用地都不足，提出 1985 年前需要增加的土地量为：工业用地 40 公顷，生活区用地 75.5 公顷，请求将一湾至三湾划归工业区作发展及扩建港区用。《报告》对文化教育、卫生、文体、商业、饮食、银行、邮政等公共部门的建设和设置，统一安排各行政部门如公安、司法、联检单位等用地，工业区所需燃油、煤气或天然气的供应计划，副食品生产供应基地及疏通供应渠道等问题请求市委和市政府解决。《报告》建议将南水、湾下、后海生产队转为吃国家粮的副业生产队。《报告》还对供水问题、供电问题、一至六湾沿岸海域的使用权问题、封山绿化问题、简化用地审批手续及下达劳动指标和粮油供应计划问题提出解决意见。

　　1981 年 9 月 15 日，蛇口工业区与蛇口公社水湾头生产队签订补充征地协议书，作为第二期征用依据。根据补充协议，工业区接受水湾头生产队井口、村前及澳仔等剩余的全部土地（1979 年已征用 381.78 亩），征用水田 68.90 亩、旱地 50.08 亩、鱼塘 56.66 亩、什树 39 445 棵、果树 1302 棵。补偿标准仍按 1979 年 12 月 20 日征地协议书的标准，加上增加项目，具体议定赔偿标准为：按 3 年总值计，水田每亩 410 元人民币，旱地每亩 810

元人民币；鱼塘按旱地标准计算，每亩 810 元人民币；耕地春苗每亩一次性补偿 220 元人民币；鱼塘种苗每亩一次性补偿 150 元人民币；什树平均每棵 4 元人民币；竹子平均每棵 10 元人民币；荔枝苗每棵平均 25 元人民币；结果大荔枝树 40 年以上平均每棵 600 元人民币；梅、李树每棵平均 12 元人民币；菠萝树平均每棵 5 元人民币；柿子树平均每棵 25 元人民币；龙眼树平均每棵 200 元人民币。以上征地补偿费总额为 638 664.40 元。双方还议定：水湾头村前两口鱼塘征用后，应保留并加以修整美化，作为住宅生活区的风景湖。陈金星代表蛇口工业区指挥部签字，罗金传、罗文炳、刘桂生、刘玉延、罗观庆、邓长连 6 人代表蛇口公社水湾村签字。[①]

工业区与村民的交换条件是：被征地的几个村子中 16 岁至 45 岁的男子和 16 岁至 40 岁的女子，凡有劳动能力的都可到工业区内的工厂做工。征地的地价最初是每亩 500 元，不久又调整为每亩 800 元，相当于每平方米 1.2 元人民币，鱼塘要贵一些，每亩 2000 元。与香港相比，蛇口土地基本上是不要"钱"。许多村民找到工业区工作人员问："你们什么时候能把我那儿也征了。"

1982 年 1 月 8 日，深圳市城市规划设计管理局下发城地批字第 82005 号《国家建设征用土地通知书》，同意蛇口工业区征用蛇口及南头公社四湾、五湾、稳墩和落马蹄槽等地段土地，核准面积共 2 458 773.6 平方米（合 3688 亩），兴建工业区和居住区工程，并附两份征地示意图。1984 年 7 月 14 日，广东省委以粤发〔1984〕31 号文《中共广东省委、广东省人民政府转深圳市委、市人民政府〈关于解决蛇口工业区几个问题的请示报告〉的通知》，同意将蛇口工业区的批准范围"扩大到以大小南山分水岭至正龙围、后海连线以南地区为蛇口管辖区"。1984 年 7 月 18 日，蛇口工业区管委会副主任王今贵与水湾头村代表罗金传对以往征地中未尽事宜进行协商，签订双边协议。协议确定了水湾头村的自留发展用地；水湾新村住宅区内的建筑、水、电、路及环境卫生等作为职工住宅统一规划管理，水、电、路公用部分市政工程费用由蛇口工业区市政费用中开支；水湾头村所管属的未征山地、树木、石场、青苗、蚝田在工业区发展需要时均可征用给蛇口工业区而不得卖给第三者，若要租给第三者用需事先征得蛇口工业区同意。协议明确对于水湾头村符合招工条件的劳动力的招工办法和工资待遇，以及对个别超出招工年龄的大队干部的照顾和安排。那时候土地没有什么价值，地价很便宜，征地工作比较简单，远没有现在征地这么多矛盾和问题。当年为支持蛇口工业区的发展，水湾村曾经在土地方面做出较大贡献，成全国第一个失地农民新村。

1999 年 7 月 26 日，深圳市国土局下文确认蛇口工业区征用海湾村、湾下村、后海村、北头村、西乡村和大新村的蚝田共 3976.78 亩土地有效，并对征地费用结算、规划管理等问题作了具体决定。2001 年 7 月 6 日，深圳市人民政府下发深府〔2001〕94 号文《关于加强土地市场管理进一步搞活和规范房地产市场的决定》，规定政府出让南油、华侨城、蛇口等成片开发用地地价的确定原则为按照市场地价标准核减开发成本的原则计收地价，并报市国土领导小组批准，在市国土领导小组批准出让地价（即土地使用权出让金）并由南油、华侨城、蛇口等公司支付地价款后，各公司即取得该等成片开发用地的土地使用权。2002 年 7 月 24 日，深圳市国土管理领导小组第八十四次市用地审定会议召开。2002 年 9 月 24 日，下发深府〔2002〕170 号《第八十四次市用地审定会议纪要》，按照市场地价标准核减开发成本的原则测算后，蛇口工业区用地补办手续应交地价款总额为 9.87 亿元，自 2002 年起 3 年内付清，平均每年应支付 3.29 亿元。为支持蛇口工业区的可持续发展，同意沿用原有的由蛇口工业区指定使用人向规划国土部门申报办理出让手续的方式，直接出让给招商局集团范围内企业土地的实际使用者。2003 年 1 月 20 日，深圳市规划与国土资源局与蛇口工业区签订《关于处理蛇口工业区用地问题的协议》，规定办理用地范围内用地及房地产手续的原则和程序、地价缴付方式等内容。2003 年 11 月 18 日，深圳市规划与国土资源局南山分局出具《关于招商局蛇口工业区有限公司用地关系的证明》，证明蛇口工业区已向深圳市规划与国土资源局支付 3.289 亿元的地价款，其中本次所转让的土地使用权的地价已包含在上述地价款中，蛇口工业区有权对该等土地使用权进行处置。

第二，通航。规划兴建一个 600 米长的顺岸式码头和开挖一条 3400 米长的航道，以供吃水 5 米，载重 5000 吨的驳船或 3000 吨的货轮 6 艘停靠。兴建码头和港口是工业区基础工程建设的重中之重，被招商局列为工业区建设的首要工程（图 2-37）。为了打通蛇口至香港及其他港口的水上联系（陆路经深圳罗湖到蛇口要颠簸两个多小时，很多基建材料和前来访问的很多重要客人都是要经水路过来）。袁庚曾指着蛇口港湾说："蛇口的希望就在这里"。后来他又提出："港口是蛇口和整个深圳特区的生命线。"1980 年 2 月 27 日，由交通部四航局和广州航道局承包建设的"五通一平"工程中 600 米长码头中首期 150 米、码头的给排水、拆船厂滩地及其护岸、码

图 2-37 施工中的蛇口工业区总部和码头

头与护岸工程的陆域填方、排洪渠、航道、港池、导标、航灯等工程提前一个月竣工。工业区建设指挥部、交通部四航局和省航道局负责人、施工单位负责人和工程技术人员组成的竣工验收领导小组对工程进行验收，工程质量达到优良标准，先行提供使用。蛇口码头边建边营运，第一年港口吞吐量20万吨。1981年3月，蛇口工业区建成600米长的顺岸码头，同时成立储运管理处，负责码头的管理和运营。

　　1981年1月17日，交通部以〔81〕交人字100号文通知香港招商局：为了适应蛇口工业区港务监督工作的需要，决定设立蛇口工业区港务监督站，对外称"中华人民共和国蛇口港务监督站"，属工业区的建制，其业务归交通部领导。1981年4月22日，国务院以国函字〔1981〕38号文正式批准蛇口工业区码头对外籍船舶开放。1981年5月7日，工业区验收小组对五湾码头450（第一期已验收150米，共600米）、东护岸、2号公路以东场地、集装箱厂以南排洪支渠、水库坝体、溢洪道、消力池、尾水池、港池（第一期验收遗留部分）、k-5-8道路、码头前沿供水管道等进行验收。至此，基础工程码头和航道建设全部竣工验收，以及相应的装卸设备安装完成并投入使用。

　　1981年5月26日，广东省人民政府向国务院上报《关于请批准设立深圳特区招商局蛇口工业区口岸的报告》，请求把蛇口工业区码头辟为深圳特区专用口岸，对外国籍船舶开放，并设立联检机构，配备工作人员，解决办公和生活用房。1981年6月中旬，蛇口工业区港口正式定名为"蛇口港"。1981年8月29日，招商局与香港油麻地小轮有限公司签订共同经营来往香港蛇口直接客运班轮航线的协议。1981年9月26日，国务院办公厅批复广东省人民政府《关于请批准设立深圳特区招商局蛇口工业区口岸的报告》（粤府〔1981〕103号文），批准设立蛇口工业区口岸及其机构，明确蛇口工业区码头是工业区的配套项目，主要为蛇口工业区服务。在能力有余时，应充分利用，为特区或其他地区服务。原则同意增加联检单位人员编制219人。1981年11月20日，蛇口工业区蛇口港客运正式通航，从蛇口乘坐水翼船直达香港，仅需时 40 分钟（图 2-38、图 2-39）。蛇口口岸成为中国改革开放后第一个由企业自筹资金建设管理和经营的国家一类口岸。

第三，通车。按照规划，需要兴建一条 8 公里长、8.5 米宽的专用沥青公路由港区码头至南头，与地方公路干线网相连接，以改善蛇口至深圳及以外的公路行车条件。1981 年 1 月 14 日，广东省经济特区管理委员会以特管复〔1981〕002 号文批复，同意深圳经济特区招商局蛇口工业区指挥部征用南头公社土地 110 亩 9 分（73 933 平方米），用于兴建由工业区到广深公路的主要干道。1981 年 9 月，这条公路专线全部建成通车。

第四，通水。按照规划，需要铺设一条 14 公里长、80 厘米直径的管道，把西丽水库的淡水引至蛇口，在工业区内建设一座日供水量 2 万立方米（吨）的自来水厂。蛇口镇原有一条高架水槽，日供水能力约 1000 吨，当然无法满足工业区建设之需。蛇口白泥湾（五湾）水库，库容小，对于工业区建设来说，也是杯水车薪。况且广东省革委会在一份备忘录上明确规定，蛇口工业区在"水源上不要与当地农民发生矛盾"，即不能与当地居民争水。1980 年 6 月 23 日，深圳西丽水库至蛇口的直径 800 毫米地下供水管道建成，达到通水要求的条件。工期提前 1 个月 8 天。工业区指挥部、工业区地产管理公司和广东省水电三局、广东省水电设计院等各方人员共同通过通水至蛇口的现场检查和初步验收，认为施工质量达到设计要求。6 月 24 日，西丽水库至蛇口正式通水。1981 年 7 月 1 日，日处理 2 万吨水的自来水厂建成，开始供应标准饮用水，水质净化程度达到国家一级自来水标准（图 2-40）。

第五，通电。规划中，需要建设一条 30 公里长的高压线路，接通深圳

图 2-38　蛇口港通航初期的蛇口海关

图 2-39　1981 年，蛇口客运码头通航

图 2-40　1981 年，蛇口工业区自来水厂建成

市的供电网，并兴建一座总容量 90 000kVA 变电站。1979 年初，蛇口仅有一条从深圳经南头公社输电的农用架空线。最初，工业区在这条电线上接上一台小型变压器，以应施工建设和生活之需。由于电压不稳，经常忽明忽暗，被人戏称为"鬼火"。1979 年 12 月，强台风来袭，蛇口电力供应完全中断。工业区只好从香港运回一台 50 千瓦的柴油发电机以充急用。为从长计议，蛇口工业区制订以未来 10 年电力负荷为考量的电力建设总体规划。变电站分三期建设。1980 年 11 月 6 日，蛇口工业区第一期输变电工程竣工，交付工业区使用。该工程由广东省电力局所属单位承担勘测、设计、施工和安装，工程包括 110kV 输电线路 54 公里，110kV、31 500kVA 变电站一座。工程竣工后开始正常供电，以满足施工、生产和生活的需要。变电站设备由北京自动化设备厂供应，配备有国内第一代晶体管保护集中控制系统、遥测选测功率及故障显示仪表和警报事故钟，属国内先进水平。

第六，通讯。在规划中需要安装一套可供 600 个用户使用的电话交换机以及设有微波线路 60 条的微波通讯系统。1981 年 8 月 13 日，包括一套引自美国的微波通讯系统的蛇口工业区微波通讯站建成，并实现与香港通话。用户可与香港互拨直通自动电话和电传电报，可经深圳市长途台，接转国内和国际的电话、电传通讯网。这是中华人民共和国第一个以商办形式出现的新式商用通讯系统。同日，袁庚在香港招商局大楼接到由蛇口工业区直拨过来的长途电话。

第七，平整土地。自从 1979 年工程队开进后，经过连番苦战，削去一座座小山包，填平深深的海湾，在这狭窄的海边，造出广袤达 100 多公顷的平地。1981 年 8 月 15 日，招商局蛇口工业区建设指挥部向深圳市委、深圳市经济特区管理委员会提交《关于用地规划意见的报告》，就当时工业区用地情况作说明：在蛇口工业区五、六湾区挖山填海，已平整土地 114 万平方米（1.14 平方公里），其中征用蛇口公社土地 65.57 公顷（983.6 亩），水田 6.426 公顷，海边防风林带 8.46 公顷，移山填海开发造地 35 公顷。114 公顷土地中，公路、管线、港口、水厂、电站等公共设施用地 33.5 公顷，住宅区 8.45 公顷，公寓及别墅式住宅区 8.46 公顷，工业用地 63.5 公顷。[①] 1980 年 12 月，袁庚在国务院特区工作会议上汇报时说，可供建筑工

① 《辑录蛇口：招商局蛇口工业区（1978—2003）》，2004 年 12 月编印，第 48 页。

厂及其房屋的土地 74 公顷，平均每平方米投资约需 280 港元。[①] 1981 年 7 月 13 日，蛇口工业区工业大厦以每平方米 1022—1280 港元的价格在香港公开出售。

　　第八，配套建设。1980 年 11 月 22 日，由招商局和香港汉贸有限公司共同建设的蛇口"碧涛苑别墅区"在六湾破土动工兴建。整个别墅区占地 60 亩，分三至四期建成花园式别墅 72 栋、6 层高的高级公寓 7 幢。第一期建设别墅 10 栋（图 2-41），六层公寓两幢。由湖北省工业设计院负责设计，香港三和商业设计中心担任室内设计。1980 年，为解决

图 2-41　20 世纪 80 年代初蛇口工业区最早建成的商品房小区——碧涛苑别墅区

初期建设者的医疗保健问题，在现在的海上世界位置设立一个海边医务室，即联合医院的前身。抓好生活区和办公楼的建设，工业区新建职工宿舍 10 000 至 15 000 平方米，3 栋集体宿舍，并加快建设工业区培训中心、宾馆、综合办公楼、医院等设施。南山宾馆、华苑海鲜野味酒家已经开业。在工业区建设之初，工业区外围建设了铁丝围网，工业区大门口建在今蛇口人民医院与联合大厦之间的路口，大门左边为海关、边检联检用房，人员进出要凭出入证，外来人员进入蛇口要凭边防证，后来把关卡又设在现今的南海大道东滨路口。在当时，早年的蛇口建设者，踏进蛇口第一眼见到的，就是横跨马路的那道大门，上面写着"招商局蛇口工业区"几个大字。蛇口工业区被称为"特区中的特区"，外地人进入深圳经济特区，需要当地公安机构开具的"边境通行证"。来到蛇口，工业区外面又有一道铁丝网围着，凭"蛇口工业区通行证"才能进去。

　　第九，环境保护。蛇口工业区从一开始就自觉注意环境保护问题。工业区位置西移就是为防止对深圳湾养蚝海水的污染。1980 年初，工业区委托广州市环境保护科学研究所对工业区作环境评估。1981 年 7 月 13 日，完成提交《蛇口工业区环境背景调查报告书》，调查工作从 1980 年下半年至 1981 年上半年，对蛇口地区的环境和提供水源的西丽水库和铁岗水库进行两期环境背景监测调查，从蛇口环境概况、环境污染源情况、地面水体环境背景、大气环境背景、环境噪声背景、土壤背景、植物背景、人群健康情况 8 个方面进行调查，最后得出调查结果，并对工业区的环境工作、企业引进和布局、水源保护、污水处理和排放、环境绿化和生活燃料等方

① 袁庚：《招商局蛇口工业区工作汇报——在国务院特区工作会议上的发言》（1980年 12 月 20 日），招商局集团办公厅、招商局史研究会：《袁庚文集》，2012 年 9月编印。

面提出建议。

从 1979 年 7 月正式施工，到 1981 年 12 月，蛇口工业区基础设施投资 2 亿港元左右，经过两年多的时间，基本完成"五通一平"的基础工程，为工业区招商引资和工厂企业建立准备了基本条件。从微波楼远眺工业区，东北面是六湾，蛇口工业区建设指挥部所在地，一条笔直的公路把六湾分成两半，靠山一边是高压变电站、自来水厂，公路尽头两侧，有些厂房在兴建，有海虹船舶油漆厂、华益铝厂等。六湾靠海一边，是指挥部所在地，海滩上植上了树，沙滩是刻意保留下来。这区域附近，还要建一座污水处理厂。微波楼的西南门是五湾，这个"湾"已成为历史，旧日的海边像一把弓，两个突出的山咀之间的海面，已填成平地，长长的码头区像弓的弦。在这个弓形地带，已看不出半点海湾的味道，平地中央有一座大约三层楼高的厂房高耸着，分外显眼。原来这是昔日渔村的船坞，后来成了仓库。计划在五湾兴建的重点工程是一座轧钢厂和一座集装箱厂，正在打桩。山边远处已盖好几间厂房，那是中宏制氧厂，还有中瑞机械翻新厂。

十一、"三个为主""五个不引进"

招商局在创办蛇口工业区之初，就将招商引资列入重要议事日程，并提出了"以发展工业为主"的指导思想。1979 年下半年，招商局吸收世界各地出口加工区与自由贸易区的经验，结合国内情况和蛇口特点，确定"三个为主"（产业结构以工业为主、资金来源以外资为主、产品市场以外销为主）和"五个不引进"（来料加工项目不引进，补偿贸易项目不引进，残旧机器设备不引进，不能处理的污染工业不引进、占用国内配额的项目不引进[①]）的方针，使吸引外资和工业区建设有一个较高的起点。袁庚后来解释：为什么要搞工业为主？我们希望从国外进口好的生产设备和消费品，但是如果我们自己不搞生产，自己没有产品出口，单靠旅游和地产的收入，就很难支付买东西的外汇。因此只有坚持搞工业，我们才能逐步奠定社会的百年基业；为什么要以外资企业（合、独资企业）为主？发展中国家办特区的共同目的都是为了引进外国的资金、技术和管理经验，以弥补国内的不足，实行优惠政策也是针对外资企业来的；为什么产品要以出口为主？这是一个开拓国际市场，争取外汇的问题。从长远看，我们国家总要逐步进入国际市场，特区在这方面是探路的先行官。如果特区的产品

① 1989 年，蛇口工业区又提出："纯劳动密集型的企业不引进"。

不是外销为主，而是把外国零件拿来，组装之后再内销，那么这和原装进口就大同小异了。[1]袁庚还说，蛇口工业区在兴办工业的同时，也发展一些投资少、利润高、收效快的商业和旅游业。国外的一些出口加工区只办工业，不办商业和旅游业，是因为其周围都有发达的商业、旅游业及第三类服务行业。而蛇口周围缺少这些行业，蛇口本身却是一美丽的海湾，故要办成一个富有吸引力的投资环境，非办商业和旅游业不可。袁庚说，为了保证引进外资有利于国家建设，有效保护工业区的环境，我们坚持了吸收外资的五项原则，即"五个不引进"。我们必须维护我们这个地区的长远利益和国家的整体利益，既不能把我们这里变成"夕阳工业"和"垃圾工业"的收容所，也不能挤占我们国家在国外获得的市场。[2]在今天看来，袁庚的这些做法，是非常有远见和社会责任意识的。

1980年1月15日，香港招商局在香港举行香港招商局起义30周年纪念盛大招待会，派发刚出版的《香港招商局深圳市蛇口工业区投资简介》（图2-42、图2-43），该《简介》是招商局根据1979年7月1日第五届全国人民代表大会第二次会议通过的《中华人民共和国中外合资经营企业法》，结合蛇口工业区的具体情况，并参照了国外有名的出口加工区的法例编写的。由于该简介介绍的投资办法比较具体，政策比较灵活，在国内外，特别是在香港引起强烈反应。招商局正式以"招商局"的名义，开始对外招商引资，一批批客商前来招商局发展部咨询、洽谈合作事宜。1981年12月，招商局又明确提出，蛇口工业区实行"以工业为主、外销为主、积极引进、内外结合、

① 袁庚：《在特区工作会议上的发言》（1985年12月25日），招商局集团办公厅、招商局史研究会：《袁庚文集》，2012年9月编印，第168页。

② 袁庚：《招商局蛇口工业区工作汇报——在国务院特区工作会议上的发言》（1980年12月20日），招商局集团办公厅、招商局史研究会：《袁庚文集》，2012年9月编印，第45页。

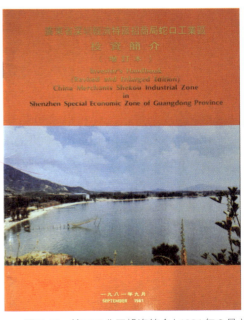

图2-42　蛇口工业区投资简介（1980年1月）　　　　图2-43　蛇口工业区投资简介（1981年9月）

综合发展"的经营方针。之后，招商局更完整地提出：蛇口工业区"产业结构以工业为主，资金来源以外资为主，产品市场以外销为主"，建立外向型经济体系。这也是党中央和国务院对经济特区经济发展提出的要求。

随着蛇口工业区"五通一平"和配套设施的开发与建设逐步推进，招商引资工作也取得重要进展，前来洽谈的港澳、华侨和外国商人络绎不绝，在深圳乃至全国最先引进三资企业，成为全国外资企业最密集的园区。

1979 年 9 月 5 日，招商局与香港独立船务有限公司（香港宏德机器铁工厂）签订在蛇口工业区合资经营中宏制氧厂有限公司的总协议。该厂主要生产氧气、乙炔、氮气、氩气等；年产量为 13 万支氧气，4.5 万支乙炔，总投资 1000 万港元，分为 10 万定额股份，每股为 100 港元，招商局占股 75%，香港独立船务有限公司占股 25%，双方均以现金投入。这是招商局与外商签订的在工业区合资经营的第一个协议。

1979 年 12 月 12 日，招商局与瑞士大昌洋行集团有限公司及港商张晖三方签订协议，合资经营"中瑞机械工程有限公司"。中瑞机械工程有限公司总部设于香港，分公司及总厂设于蛇口工业区。注册资本 400 万港元，招商局占股 60%，大昌洋行占股 15%，张晖占股 25%，三方均以现金投入。

1980 年 1 月 14 日，招商局、丹麦宝隆洋行和美国海洋集装箱有限公司三方签订在蛇口工业区合资经营"中国国际海运集装箱股份有限公司"的协议。合资公司注册资本 600 万美元，招商局与中国集装箱财团有限公司（CCC，宝隆与美国海洋合资在百慕大注册的公司）双方各占股份 50%。协议商定：集装箱厂生产的集装箱将售予"CCC"或通过"CCC"作为代理商出售；三方各自不得以任何方式在中国及香港另行生产海运集装箱。

1980 年 3 月 14 日，招商局与含有香港和印尼华侨资本的香港森发实业有限公司签订在工业区合资经营"华美钢铁有限公司"的协议。公司注册资本 6000 万港元，招商局占股 40%，香港森发占股 60%，设计规模年产 15 万吨螺纹钢，采用超高功率电炉，连铸设备从意大利引进，轧钢工艺采用上海冶金局三厂三车间小合金工段 12 架连轧工艺，具有投资少、占地少、能耗低、质量好的特点。

1980 年 4 月 25 日，招商局与远东（香港）面粉厂有限公司签订协议：由远东面粉厂有限公司在蛇口工业区独资经营"远东面粉厂"。协议商定：面粉厂的产品在国内的销售由招商局独家代理；投产初期每年向招商局缴交营业额的 1.5% 到 1.75% 作为招商局经营管理工业区的费用；招商局同意不在其经营的工业区内建立另一间面粉厂。这是招商局为蛇口工业区引进的第一家外资独资、独家经营的企业。

1980 年 5 月 10 日，招商局与香港汉贸有限公司达成协议，双方合资在蛇口兴建别墅及公寓型住宅。招商局提供兴建别墅及公寓所需的土地，香港汉贸公司提供建设所需的资金，并负责设计、规划、宣传和推销；楼宇销售以港币结算，招商局得纯利润的 60%，汉贸公司得纯利润的 40%。这是蛇口工业区第一个商品住宅项目。

1980 年 5 月 22 日，招商局与美国关岛建业投资有限公司达成协议，双方合资在蛇口工业区兴建标准厂房（工业大厦）。由招商局负责提供兴建标准厂房所需的土地，由美国关岛建业公司负责提供建设资金。

1980 年 7 月 3 日，招商局与香港益大金属厂有限公司签订协议和公司章程，在蛇口工业区合资经营"华益铝厂有限公司"。注册资本 3000 万港元，双方各占股 50%，双方投资 1500 万港元。合资公司总投资为 5000 万港元，其中 2000 万港元由合资公司向银行贷款投入，主要生产和销售铝片、铝器皿、铝箔等产品。

1980 年 7 月 31 日，招商局与香港英辉工程企业有限公司、香港江维逊投资有限公司签订在蛇口工业区开办合资经营江辉船舶工程有限公司的总协议，主要业务是制造与销售各种游艇并经营与游艇有关的业务。注册资本 500 万港元，首期投资 150 万港元，招商局占股 15%，英辉修船厂占股 25%，江维逊公司占股 60%，合营期为 25 年。

1980 年 8 月 9 日，招商局与海虹船舶油漆有限公司（招商局海通船舶机械用品公司下属公司）签订关于在蛇口工业区设立海虹船舶油漆有限公司的总协议。公司股权完全由海通公司拥有，海通公司提供投资所需资金，业务主要是生产、销售各种船舶用漆、工业用漆和建筑用漆等（图 2-44）。

1980 年 10 月 3 日，招商局与远东饼干（香港）有限公司达成协议：招商局同意远东公司在蛇口工业区建立一间独资经营的饼干糖果制造厂，生产并销售各类不同等级的饼干、糖果。

1980 年 10 月 6 日，蛇口工业区第一家中外合资企业中瑞机械工程有限公司建成投产。

1980 年 10 月 12 日，华益铝厂有限公司破土动工。该厂是当时蛇口工业区规模最大的合资企业。

1980 年 10 月 25 日，招商局与远东金钱（香

图 2-44 位于工业大道（现南海大道）旁的海虹船舶油漆有限公司附属工厂

港）有限公司达成协议，由该公司在蛇口工业区独资开办远东金钱饲料厂（中国）有限公司，生产并销售合成动物饲料和蛋白质浓缩饲料。

1980 年 11 月 22 日，由招商局与香港汉贸有限公司合资的碧涛苑商业中心举行破土动工典礼。招商局与香港百佳公司在碧涛苑商业中心开设中国第一家超市"百佳超市"。

图 2-45　1981 年 1 月 24 日，中国国际海运集装箱股份有限公司破土动工

图 2-46　1981 年 3 月 30 日，江辉游艇厂建厂典礼举行

1980 年 12 月 4 日，招商局独资经营的海虹船舶油漆厂动工兴建。

1981 年 1 月 24 日，中国国际海运集装箱股份有限公司在蛇口破土动工，袁庚、丹麦宝隆洋行香港分行总经理洛克维兹先生出席动工仪式（图 2-45）。

1981 年 2 月 10 日，蛇口工业区建设指挥部副总指挥刘清林主持办公会议，讨论研究 1981 年度计划和当前的工作。会议确认 13 投资项目全部动工，力争年底大部分建成和陆续投产。

1981 年 3 月 30 日，华美钢铁厂、华建联营企业有限公司、江辉游艇厂在蛇口工业区破土动工（图 2-46）。

1981 年 5 月 18 日，远东面粉厂康元公司与招商局达成协议，在蛇口工业区独资经营饼干制造厂。

1981 年 5 月 26 日，交通部以〔81〕交水运字 1166 号文批准蛇口工业区设立中国外轮理货公司蛇口分公司。

1981 年 8 月 3 日，蛇口工业区与香港中建有限公司签订蛇口工业区购物中心总体协议，合资在蛇口工业区组建外汇商店蛇口工业区购物中心。总投资港币 50 万元，各占股份 50%。经营范围包括日用百货、家用电器、药物、食品及烟酒等。

1981 年 8 月 29 日，招商局与香港油麻地小轮有限公司签订共同经营香港蛇口客运班轮航线从九龙大角咀码头与蛇口港客运航线的协议，依票据分别按 40%、60% 分账。

1981 年 10 月 6 日，广东省经济特区管理委员会印发《关于蛇口工业区码头开办免税店协议的批复》（特管批字〔1981〕049 号文），同意蛇口工业区与香港招商局海联公司在蛇口工业区码头合办免税商店。

1981 年 10 月 24 日，由香港海通船舶机械用品公司投资兴建的海虹船舶油漆有限公司附属工程在蛇口工业区建成投产，引进丹麦的油漆生产设备，生产"海鸥牌"油漆，年生产能力 3000 吨油漆。

从 1980 年下半年起，中瑞机械翻新厂及中宏制氧厂开始建筑厂房，并先后于 1980 年 10 月、1981 年 5 月建成投产。从 1980 年 12 月起，华益铝厂、海虹油漆厂、碧涛苑别墅、中国国际海运集装箱厂、华美钢铁厂、江辉游艇厂和工业大厦等也陆续进入建设阶段。还有远东（中国）面粉厂、远东（中国）饼干厂、远东金钱（中国）饲料厂、拆船厂、华苑海鲜酒家以及石矿厂等将陆续开工兴建。

到 1981 年 12 月，蛇口工业区引进 24 项独资或合资项目，有些正在兴建厂房，有些已经投产。当时正在兴建的还有碧涛苑别墅区，其中包括 79 幢花园式的海滨住宅。在昔日 1.3 平方公里的荒滩野岭上，一个以工业为主体，以饮食旅游服务业为辅的多元化的，投资以外商为主、产品以外销为主的外向型工业区已初具雏形。

十二、率先突破计划体制的束缚

为加快推进基础工程建设，适应招商引资和产业发展的需要，蛇口工业区在全国率先推进一系列改革措施，以提高办事效率和运作效率。[①]

第一，设置机构层次简单，办事灵活快捷，讲求效率。1979 年 4 月 1 日，招商局蛇口工业区筹建指挥部成立，这是最早设置的工业区管理机构。7 月 20 日，工业区建设指挥部正式成立，下设办公室和工程、人事、财务、物资、总务 6 个科室，其主要职能是组织和管理工业区基础工程建设。1979 年 10 月 30 日，交通部以〔79〕交人字第 2021 号文对香港招商局就蛇口工业区的机构编制、工资待遇等问题呈送的报告给予批复，同意蛇口工业区成立地产管理处（对外称地产管理公司）和人事管理处（对外称劳动服务公司），工业区的编制人数暂定 30 人。这样管理机构扩充为 1 室、3 处、11 科、2 站、1 厂，即办公室、人事管理处、房地产管理处、港口管理

① 参考《招商局建设蛇口工业区的几点做法》（1981 年 12 月），香港招商局编：《广东省深圳特区招商局蛇口工业区文件资料汇编》（第 二 集），1982 年，第 87—98 页。

处和秘书、总务、财务、接待、人事、劳资、安全技术、房产、规划、工程、物资等科及供电站、微波站和水厂。1980年，工业区改组建设指挥部，实行分线管理，在工业区党政机构正式建立前，暂行代管党政事务。袁庚任总指挥，刘清林、郭日凤、许智明、杜瑞庭为副指挥。建设指挥部承担工业区建设与开发的所有功能，又行使工业区红线范围内的行政管理职能。建设指挥部管理模式是集政府、所有者、经营者、管理者、投资者于一身的高度集权管理模式。在工业区建设开发的初期，这种高度集权的管理模式提高了蛇口工业区的建设速度和办事效率。1981年5月20日，国家交通部以（81）交人字1016号文批复招商局，同意将蛇口工业区建设指挥部更名为"广东省深圳特区招商局蛇口工业区管理委员会"，为局级（地师级）单位，既负责指挥工业区基础设施建设，又行使工业区红线范围内的行政管理职能。1981年9月，工业区再次调整管理机构设置，指挥部下设3室和13个专业公司。3室即办公室（包括临时党委办公室）、总会计师室、总工程师室，共28人，基本上做到因事设人，人尽其才，一杆到底。工业区内组建13个专业公司，即工程管理、房地产、汽车运输、轮船运输、供电、自来水、劳动服务、仓储、物资供应、生活服务、贸易、旅游、通讯等公司，均属企业性质，实现独立核算、自负盈亏，干部按精简、高效的原则配备，中间不设层次，主任、经理一竿子插到底，实行垂直领导。专业公司负责在一定期间收回投资本息（公共福利设施除外），拥有较大的自主权，从工程勘测、规划、设计和对外洽谈、签约都可以自行做主。授权总会计师室进行财政监督及审核一切财政收支。招商局和指挥部（管委会）不以行政手段干预各企业业务，企业遵守国家法律，按章缴纳土地使用费和所得税款，企业均由各企业董事会及其聘用的总经理负责。

第二，改革干部和劳动用工制度。改革干部和员工调配办法，干部和员工采用公开招考制，坚决杜绝后门，招干和招工必须经过考试体检。招干采用招考聘任制，冻结行政级别和工资级别。招工采用招考合同制，合格的签半年试用合同，期满双方同意签正式合同，违反厂方制度和纪律，教育无效，厂方有权解雇。工人对厂方不满可以自由流动。

第三，面向全国招聘人才和加强员工培训和考核。到1980年冬天，工业区停止接受非专业干部和非工程技术人员进入工业区工作。开始在全国范围内招聘各种专业人才，开办企业管理人员培训班，有计划进行全员培训，全员考核。①

第四，采取投标和订合同的办法发包工程。为克服工程建设中要价

① 1982年10月至1983年10月，举办第二期干部培训班，共有学员44名。学员来自广东、上海和北京，多为理工科大学毕业生，一般都工作过两到三年。袁庚亲自给第一、二期学员授课。1983年12月至1984年11月，举办第三期企业管理培训班，共收学员43名。1985年以后的企业干部管理培训班规模有所扩大。至1992年最后一期即第9期企业管理干部培训班结束。

高、质量差、工期拖延的现象，工业区全部工程建设实行有奖有罚的合同制，采用招标承包施工等经济手段，凡参与投标的单位，均可享受自由竞争、公平评标以及参加竞标的待遇。在工业区承包厂房设计、施工的中外建筑公司 20 余家，工人 5000 余人，均非官方和招商局指定，而是由企业公开招标，通过竞争而得，择优承包，签订合同，规定工期、质量、数量、付款、奖罚等条款，严格验收，收到投资少、收效快、质量好的经济效果。1980 年，中瑞机械工程有限公司在全国最早实现工程招标，首开全国工程招标之先河。

第五，打破"大锅饭"弊端，初步实行工资改革。1979 年 7 月 22 日，制定《有关职工待遇几个问题的暂行规定》。1980 年 6 月 24 日，交通部批复同意试行的《关于香港招商局蛇口工业区中外合资企业职工工资方案》，适用于中外合营企业中的中国一般员工。1980 年 12 月 18 日，制定《招商局蛇口工业区员工工资试行办法》。工业区根据"高于内地，低于香港"的原则，确定职工平均工资为 750 元，扣除福利劳保基金 20% 后，由企业直接发给工人。工人工资以计件为主，不能计件的计时加奖励或"小基本大浮动"，实行基本工资加岗位职务工资加浮动工资的工资改革方案，做到按劳分配，多劳多得，基本改变吃"大锅饭"的做法，奠定与市场经济相适应的分配制度。1981 年 5 月 3 日，制定颁布《招商局蛇口工业区员工奖金评议试行办法》，明确奖金作为工资形式对劳动报酬的辅助措施，是对员工超额劳动给予的额外报酬。职工有试用期，期满后与企业签订雇佣合同。严重违反规章制度者，企业有权解雇。在此基础上，工业区在全国率先实现全员聘用合同制和定额超产奖励制度。

第六，开始进行住房制度改革，改变职工住房低租统包的做法。1981 年 6 月，制订颁布《招商局蛇口工业区职工住房制度改革方案》，职工宿舍由职工自行选择住房，或租或购。住房补贴包括在工资内。房租按建造成本以 50 年折旧回收计算。即低租金制改为按成本租金收租，使房租从福利型向商品型转变。职工购买住宅可分期或一次性付款。这样既能节省工业区在住房方面的开支，又逐步做到"居者有其屋"。工业区在全国率先实行职工住房商品化尝试，迈出全国住房制度改革的第一步。

第七，重合同，守信用，善用资金和银行贷款。资金是开发建设工业区不可或缺的生产要素。为了吸引外商来蛇口投资办企业，招商局采取了多种措施，学习和采取国外的做法，争取各国际银行的优惠贷款和分期付款，争取银行手续简便的短期透支。招商局合理使用资金，用滚雪球办法，以钱赚钱。工业区一直采取边建设、边投产、边回收、边扩建的方法，加速资金回收，减少贷款负担。招商局重合同、守信用，工业区创建以来，招商局对外签订的合同，从未悔约。袁庚提出"外商赚了钱，就是工业区的胜利"的口号。1980 年 8 月 27 日前，招商局与外商签订工程、企业合同定明只交 10% 的所得税，全国人大常委会通过的《广东经济特区条例》（规定 15%）后，招商局宣布原签订的所得税条款仍然有效，以后签订合同按条例执行。工业区充分利用招商局有 100 多年历史的信用声誉，争取更多国际性银行（汇丰、东京、美洲等 13 家银行）以透支或优惠条件贷款的方便。汇丰银行可在"三不"（不问用途、不用担保、不问年限）条件下，以优惠利率给招商局透支 5000 万元。凡与招商局签有设厂投资合同的厂商，均可凭合同向上述银行贷款投资额的 70% 至 80%。

第三章

破冰前行　开启现代化的希望之窗
（1982—1986）

　　袁庚曾说过："港口是蛇口和整个深圳特区的生命线。"招商局开发蛇口工业区是以兴建港口为中心来展开的。在这一指导方针下，招商局蛇口工业区加快"五通一平"基础工程建设和环境改造，坚持"三个为主，五不引进"，大力招商引资和发展产业，率先推进综合配套改革，创造多项全国第一，建成外向型工业区，开启中国现代化的希望之窗。

一、抢抓机遇，开辟赤湾新战场

　　招商局在深圳创办的诸多产业之中，有一项对深圳的影响非常深远，这就是赤湾石油基地。赤湾深水港（图3-1、图3-2）和赤湾南海石油服务后勤基地，是招商局在蛇口开辟工业区之后，在深圳经济特区开辟的第二个"战场"。

　　在开发蛇口工业区的同时，招商局便把港口建设列入议程中的一个

图 3-1　1985 年的赤湾港

图 3-2　2008 年的赤湾港

重要内容。深圳湾是一个浅水湾，水深只有 0—3 米，近岸是一片淤泥漫滩，无法建设深水港。袁庚自然把目光投到了与蛇口只有一山之隔的赤湾村。

赤湾位于珠江口东岸，是蛇口半岛顶端西南侧的一个凹型海湾，岸线长度超过 1 公里。赤湾背靠小南山与月亮湾接界，面向伶仃洋，南临珠江口，南有大屿山、大濠岛作天然屏障，东南为左右炮台成犄角状怀抱，距岸 1 公里即为伶仃洋东槽，水深达 10—12 米，东槽北通虎门，南经龙鼓水道入香港，水深条件优良。陆域有宽约 1 公里、纵深约 0.6 公里的泻湖平原和砂堤，地势平坦。赤湾泥沙来源少，东槽基本不淤，东滩也淤积缓慢。赤湾位置优越，距香港约 20 海里，距珠海、澳门约 50 海里，水、陆路距广州约 150 公里。赤湾港三面环山，呈"U"形港湾，紧临水深航道，可以建设可供内河船舶和远洋巨轮靠泊的多式联运的深水港。赤湾村位于蛇口半岛的小南山下，东起港航路、南临珠江口、西至右炮台路、北靠小南山与月亮湾接界，倚山傍海，风光秀丽。赤湾村占地面积 3.5 平方公里，拥有左炮台、天后宫、宋少帝墓、小南山赤湾烟墩等历史文化旅游景点。赤湾这片海，现在不是红色，过去也没有记载说它是赤色。那为什么就叫了赤湾呢？据说是因为这里有个古村叫赤湾村，湾名就随了村名。传说赵昺的遗体漂至赤湾，群鸟保护于其上，被岸上庙中的老和尚发现，捞起安葬，而赵姓的守陵人后裔则形成赤湾村。历史上，赤湾曾是一个繁华的河口港湾，其地位和价值很早被发现。赤湾地理位置重要，《新安县志》曾记载："赤湾为省会藩篱之地，拒外洋要害之中，左控罗浮梧桐之胜，右瞰虎门龙穴之险，江东北诸海以为归宿。"赤湾"为全广门户""虎门外卫""省会屏藩"，"进入珠江口船舶必经之地"。鸦片战争之后，赤湾交通贸易日趋衰退。

在荒滩上进行赤湾港和国际石油基地的建设，得益于蛇口工业区和南海东部油田开发。中华人民共和国成立后，赤湾建港之事被几度提及，因条件不具备，未能付诸行动。

中国海域面积广阔，可供找油的大陆架沉积盆地为 62 万平方公里。南海海域面积共 350 万平方公里，按国际海洋法规定属于中国的管辖范围约为 210 万平方公里，相当于中国海洋国土面积的 2/3。南海还有世界上数一数二的油气矿产资源。据国土资源部地质普查数据显示，南海大陆架已知的主要含油盆地有十余个，面积约 85.24 万平方公里，几乎占到南海大陆架总面积的一半。南海石油储量至少 230 亿—300 亿吨，乐观估计达 550 亿吨，天然气 20 万亿立方米，堪称第二个"波斯湾"。而据美国能源信息署估计，南海蕴藏的石油储量在 500 亿吨以上。此外，南海还有丰富的矿物资源，含有锰、铁、铜、钴等 35 种金属和稀有金属锰结核。

1979 年，石油工业部与美、英、法、意、日等国石油公司分别签订地球物理勘探协议或石油勘探开发合同。10 多个国家和地区 30 多家石油公司等被吸引到中国广大海域（特别是南海海域），包括世界上老牌石油勘探开发商如雪佛龙（英国石油）、埃克森（美国）、BP（英国石油）、莫比尔（美国）、阿莫科（美国）、皇家壳牌（荷兰）、菲力普斯（美国）、阿吉普（意大利）、德士古（美国）等。经过两年多的海上对外合作，石油工业部预测中国南海的珠江口、北部湾、莺歌海三个盆地的储量为 46 亿吨至 55 亿吨。大多数海上石油开采都是属于近海开采，海况相对简单，基础建设相对容易。令外国石油公司最感兴趣的是珠江口盆地，面积 15 万平方公里，找到各类构造 178 个，其中面积超过 100 平方公里的大构造有 16 个。美国埃克森公司预测石油地质储量为 30 亿吨，莫比尔公司预测为 138 亿吨，中国预测 40 亿吨至 45 亿吨。北部湾盆地和莺歌海盆地，中国预测各为 3 亿到 5 亿吨。海上石油对外合作是个大工程，石油工业部（海洋总公司）预测 3 年至 5 年内，对南海石油的勘探、开发，外国要花 200 亿美元左右的投资，国内可以通过工程承包、供应设备、材料和提供服务，把一些资金收回来，更主要的是可以带动国内机械工业的技术进步，提高相关服务行业的水平。

海洋石油开发投资规模巨大，风险也很大，需要一个设施先进、服务良好的陆上后勤基地。由于海上石油陆上后勤基地有良好的回报预期，特别是对相关产业带动作用强，当时，南海周边许多国家和地区争相插足。不过，挑剔的石油巨头壳牌、阿莫科坚持认为，蛇口半岛位置靠近南海东部油田，岸线曲折，是一个天然良港。对于这样一个千载难逢的良机，袁庚和招商局是不会放过的。

1980 年 7 月，石油工业部制定的规划提出进行南海油田开发。在此前后，石油工业部在规划中，将湛江、三亚、流沙港、汕头、上海、连云港和塘沽列为新建与扩建岸上石油基地的可供选择之地。香港和新加坡也参与到建立石油基地的竞争当中。1980 年 2 月 22 日至 23 日，香港在富丽华酒店召开由英、美、日、联邦德国以及香港本地等 15 个国家和地区的财团和石油开发专家 130 人参加的"香港与华南能源开发之关系"国际研讨会，研讨如何使香港成为中国南海石油开发的后勤基地。袁庚派梁宪参加研讨会。令梁宪吃惊的是，研讨会的主体是香港，却不时有人提及蛇口。汇丰银行执行董事牟诗礼在报告中提及蛇口工业区建设深水港一事，会后有 10 多名与会者专程前往蛇口参观。会后，梁宪立即把会议内容详告袁庚，袁庚立即将"香港与华南能源开发之关系"研讨会简报编入招商局《情况反映》（1980 年第 3 期），向上呈报。[1]

1980 年 7 月 26 日至 28 日，国家计委邀请 25 个有关部门，就石油工业部开发海上石油问题进行讨论落实。交通部水运规划设计院院长王大勇会同计委交通局局长张振和，首次提出利用香港招商局蛇口工业区的设施作为南海石油开发后勤基地之一的建议，石油工业部认为可以考虑。

1980 年 8 月 3 日，王大勇写了一份报告给交通部副部长郭建，详细介绍了石油工业部的这次会议，并提出建议：应组织力量在蛇口地区进行建设前期的勘察工作，使蛇口工业区具有一定竞争力。

赤湾在建石油基地上具有独特优势，这里离南海东部油田中心仅 200 公里，又有蛇口工业区作依托，具有建设深水港和石油后勤基地的良好条件。袁庚紧紧抓住中央、各部委领导频频考察调研蛇口工业区的机会，力陈在赤湾建设石油后勤基地，促进南海石油开发的思路和建议。

1980 年 3 月 22 日，国务院副总理谷牧在视察蛇口工业区码头时，详细询问了港深、泊位和航道情况。同时，他问道："是否可以搞深水泊位？"袁庚说："赤湾南头主航道水深 10 米以上，可以建设深水港，交通部曾有此设想，但投资较多，如国家投资，分期分批可以搞的。"[2]

1980 年 11 月 27 日，招商局向交通部报告：石油工业部副部长秦文彩率领的代表团和港澳工委负责人、新华社香港分社副社长叶锋在香港提出了关于蛇口工业区可作为南海油田后勤基地之一的设想。报告对该设想表示完全赞同，并认为：在中国开发南海石油的宏伟事业中，蛇口工业区完全应该，也有可能做出这样的贡献。报告并就如何落实该设想提出了具体

① 涂俏：《袁庚传：改革现场（1978—1984）》，深圳：海天出版社，2016 年，第 241 页。

② 香港招商局编：《广东省深圳特区招商局蛇口工业区文件资料汇编》（第一集），1981 年，第 99—100 页。

建议，并说拟派人到北京作详细汇报和具体磋商。[①]

1981 年 4 月 14 日，国务院副总理万里视察蛇口工业区，袁庚向他提出将赤湾作为石油后勤基地的建议。

1981 年 7 月 5 日，许智明、孙绍先奉袁庚之命，赴北京向交通部、石油工业部汇报把赤湾建设成南海石油后勤服务基地的意向。第二天下午，许智明、孙绍先赶到交通部计划司，计划司司长李天桂告诉许、孙，合作开发港口，不需要国家资金，可省却许多麻烦。你们只是个设想，深圳市、石油工业部怎样想？明确了再说。他同时建议招商局和蛇口工业区尽快动手。许、孙随即赶到石油工业部，副部长秦文彩接见他们。秦文彩听完汇报后说：我们一定派工作组去蛇口，你们什么时候回去？记得代我问袁董好！第三天，许智明、孙绍先回到蛇口，立即向袁庚汇报，袁庚交代他们：石油工业部来了人，你们负责接待，要热情，他们要什么条件，只要能办的，一定满足他们。[②]

1981 年 8 月 15 日，袁庚连夜给正在深圳经济特区视察工作的国务院主要负责人写信（详见本书第 112 页），建议由招商局开发赤湾深水港。1981 年 8 月 16 日，国务院主要负责人在视察蛇口工业区时指出："我同意你提出的关于招商局直属系统再来一个五年不上缴利润，由你们负责开发赤湾深水港的意见，但要让深圳加点股。建成以后，作为企业来经营管理，其他方面不要插手。"袁庚说："可以协商。"[③]

开发赤湾深水港的意见获国务院主要负责人口头同意后，袁庚立即派孙绍先再次专程赴北京，向交通部、石油工业部汇报国务院主要负责人同意赤湾建港的意见。孙绍先赶到交通部后，部里表示，袁庚已有电话汇报，部有关部门正在研究落实中。石油工业部听到有关国务院主要负责人的意见后，表示将尽快派人来蛇口看看。

1981 年 9 月 7 日晚上，袁庚带着许智明、梁鸿坤拜访中共深圳市委书记、深圳市市长梁湘。为尽快让石油基地落户赤湾，袁庚根据国务院主要负责人"要让深圳加点股"的意见精神，决定亲自去拜访梁湘。袁庚说：市长，我们现在谈一个最大的项目，希望我们合作来干，怎么样？梁湘答道：行啊，什么项目啊？袁庚说：我们得到信息，南海石油是一个 200 亿美元的大项目，中央很重视南海石油基地开发，想通过开发回收资金 100 亿美金。梁湘说：100 亿？还是美金？袁庚向梁湘详细汇报了南海油田的开发情况。梁湘说：好啊，怎么跟你合作啊？袁庚说：我们经过调查研究，觉得蛇口旁边的赤湾很合适，那个地方很封闭，不到 2 平方公里，假如把

[①]《辑录蛇口：招商局蛇口工业区（1978—2003）》，2004 年 12 月编印，第 34 页。

[②] 涂俏：《袁庚传：改革现场（1978—1984）》，深圳：海天出版社，2016 年，第 246—248 页。

[③] 香港招商局编：《广东省深圳特区招商局蛇口工业区文件资料汇编》（第二集），1982 年，第 43 页。

这个地方批下来，我们一块干好不好？梁湘问：（那里）有没有老百姓啊？许智明说：有 28 户人家，一条山路与外界连接。梁湘对袁庚再问：还有什么别的东西？袁庚摇了摇头。梁湘说：问题不大嘛，你不是就需要这么一点地吗？好办！我觉得这个事情可以定下来。梁湘作为深圳市一把手，事先对有关情况一定不会没掌握和思考，能够借助交通部和招商局的力量，开发赤湾港和南海石油后勤基地，对于深圳经济特区来说，那是天大的好事，何乐而不为。不求所有，但求所在。所以，梁湘答应得很干脆。接着，袁庚与梁湘就合作的具体细节问题进行了商定，拟定五个原则：一是组建一个以招商局为主、深圳来参加的联合发展公司；二是充分利用蛇口现有的设施（水、电和通讯），如果从头再搞，增加 1 亿元也不行；三是先建一个 5000 吨和两个万吨级泊位的码头，边建设、边使用、边回收、边扩大；四是综合利用，全面发展，经营其他项目支援港口建设；五是欢迎有关部门（石油工业部）和外商投资，港口建设要为南海石油后勤基地服务。梁湘最后说：非常好，希望合作共同做好这件事。[①]

① 涂俏：《袁庚传：改革现场（1978—1984）》，深圳：海天出版社，2016 年，第 249—250 页。

1981 年 10 月，袁庚主持召开赤湾开发筹备小组会议，确定许智明为筹备小组顾问，孙绍先为筹备组组长。同时，正式确定在赤湾一带建设南海石油基地，筹备费用由蛇口工业区垫付。会后，袁庚再次派许智明和孙绍先赴北京向交通部汇报开发赤湾的设想和打算，争取交通部支持。汇报要点是：初期建设两个万吨级泊位，投资 1 亿港元，按照当时汇率，相当于人民币 4500 万元，其中 5000 万港元是银行贷款。远景发展万吨至 10 万吨泊位 14—15 个。

1981 年 11 月 6 日，交通部部长彭德清主持召开赤湾建港的专题会议，听取蛇口工业区副总指挥刘清林的汇报，会议全力支持招商局蛇口工业区筹建赤湾深水港的建议。

1981 年 10 月 21 日，交通部部长彭德清在呈报国务院副总理谷牧并报国务院总理《关于建设赤湾港的报告》中提出：

> 黄埔港现有港区已无发展余地，南头（包括赤湾）地区规划为珠江口的深水港区，设想近期建设 5000 吨级以下泊位，远期可以研究建设更大吨级的码头；为了适应蛇口工业区、深圳特区和珠江下游出口加工工业的发展，我们拟将南头港区的建设，采取统一规划、分期实施、由小到大、逐步发展的方针，先建赤湾，以后根据情况再决定建南头。赤湾建设拟先开工建设万吨泊位两个，力争 1985 年前建成投

产，初步估算约需要投资 1 亿元。根据总理指示精神，我部香港招商局利润十年不上缴的原则，加上之前国务院批定五年共十五年不上交，以此作为投资，由我部进行筹建解决。码头建成后属交通部体制，由蛇口工业区经营。[1]

1981 年 11 月 14 日，在全国人大四届二次会议期间，国务院召集广东、福建两省负责同志汇报执行特殊政策、灵活措施和试办经济特区情况，广东省的刘田夫、梁湘、曾定石和福建省的张遗参加会议。当刘田夫汇报到深圳特区建设时，国务院主要负责人插话，指示要把赤湾港建设成为海上石油开发基地。刘田夫、梁湘、曾定石表示同意。康世恩副总理提出，南海油田勘探开发要采取改革措施，把生产作业和后勤服务分开，不搞大而全，后勤服务以地方为主，由石油工业部和广东省共同负责。刘田夫表示，广东面临南海，开发海上石油，我们广东省委、省政府义不容辞，责无旁贷。第二天，石油工业部副部长张文彬为了落实国务院的指示，特地来到人大代表驻地京丰宾馆，同刘田夫商量具体事宜，约定元旦后在广州开会研究落实措施。[2]

1981 年 12 月 16 日，国家进出口管理委员会副主任江泽民到蛇口工业区传达国务院领导同志关于赤湾深水码头建设问题的指示："总理说，赤湾深水码头，要招商局负责搞，要袁庚同志用蛇口的办法搞，交通部应支持。赤湾码头要配合南海油田基地的建设，要争取把南海石油基地设在我们境内……康世恩副总理指示：赤湾码头一定要保证南海油田基地的需要。"[3]

1981 年 12 月 24 日，中共广东省委书记、省长刘田夫在梁湘和袁庚陪同下视察蛇口工业区，这是为迎接石油工业部副部长张文彬对蛇口工业区的考察打前站。刘田夫和梁湘首先实地考察蛇口工业区的建设情况，接着召开一个座谈会。袁庚简略地汇报蛇口工业区的建设情况，孙绍先详细汇报赤湾开发公司筹备小组前段工作的情况以及开发赤湾的设想。孙绍先汇报说：以赤湾湾顶为界，左边搞石油基地，右边作深水港。赤湾建设深水港，可弥补黄埔港的不足。如果先建一个 5000 吨级码头，可以在 1985 年前，为深圳承担 30 万吨货运任务。梁湘说：深圳特区建设，仅今年就需运来各类物质 230 万—240 万吨，由于运力紧张，实际只运进 110 万吨，造成某些物质供应紧张和涨价，单水泥一项就要运进 40 万吨。总之，运量是很大的。刘田夫表示同意：开发赤湾要从长远来看，从全省看，黄埔港起黄埔港的作用，赤湾码头起赤湾码头的作用。孙绍先进一步说，开发赤湾建

① 涂俏：《袁庚传：改革现场（1978—1984）》，深圳：海天出版社，2016 年，第 251 页。

② 《刘田夫回忆录》，北京：中共党史出版社，1995 年，第 536—537 页。

③ 香港招商局编：《广东省深圳特区招商局蛇口工业区文件资料汇编》（第二集），1982 年，第 84 页。

码头，一是按特区需要，二要发展 3 万吨级以上的码头，以弥补黄埔港因航道不能进 3 万吨以上船舶的不足。刘田夫说：这是对头的。你们不要担心货源。梁湘说：现在强调保护竞争，不是保护落后，要按经济规律办事。孙绍先接着汇报，建两个万吨级码头需要 1 亿元。刘田夫说：钱不多。孙绍先说：可是，单搞码头，投资是收不回来的。袁庚接过话说：没错，单纯经营码头 50 年也收不回。一定要从综合利用来考虑。港口的效益，要从对整个社会产生的收益来着眼，目光仅仅停留在港口的直接收入上是远远不够的。要以土地养港，通过土地开发来建设港口。梁湘马上接过话来说：对，所以，深圳市以土地入股，解决赤湾港的土地问题。袁庚笑着说：对，市长大人，我就是想你拿出地来。接着，袁庚把之前与梁湘商定的开发赤湾的五条原则讲了一遍。刘田夫说：让我们好好考虑，做好前期工作，准备迎接石油工业部考察。[1]

　　1981 年末的最后几天，为慎重起见，袁庚请广东省委第一书记任仲夷和省长刘田夫联名给石油工业部发了一封邀请函，欢迎石油工业部派员尽快前来考察蛇口工业区。

　　1982 年 1 月 7—8 日，石油工业部副部长张文彬带领考察组前来蛇口工业区进行实地考察和调研，广东省、深圳市、新华社香港分社有关领导陪同。在实地考察后，由中共广东省委书记、广东省省长刘田夫主持专题会议，研究把赤湾港建设成为南海石油勘探开发服务的后勤基地的问题。参加会议的有广东省副省长刘俊杰，深圳市委书记、市长梁湘，港澳工委副书记、新华社香港分社副社长叶锋，交通部香港招商局副董事长袁庚以及有关单位负责人和专家 60 人。张文彬首先传达中央关于利用外资开发海洋石油的战略决策及其重要意义。袁庚宣读国务院总理关于赤湾建港为南海石油服务的电话记录指示。石油工业部唐振华介绍南海石油地球物理勘探情况以及初级勘探、后勤开发的规划、设想和要求。招商局蛇口工业区的孙绍先介绍赤湾港址的地质、水文、气象勘探工作情况和建港的规划设想。袁庚在会上表示：我承诺，把工业区的五湾码头，也就是 600 米顺岸码头作为临时基地给石油工业部先用起来，依靠蛇口，利用现有蛇口工业区的设施，全面规划，统筹安排，从小到大，边建设，边使用，边回收，边扩大。总之，为了蛇口的明天，为了石油基地，我和蛇口人将竭尽全力。梁湘最后也说：我们和招商局是一致的，我们把赤湾这块土地送给石油工业部。[2]

　　这次会议着重讨论并决定了以下几个问题：

① 涂俏:《袁庚传：改革现场（1978—1984）》，深圳：海天出版社，2016 年，第 252—254 页。

② 涂俏:《袁庚传：改革现场 1978—1984》，深圳：海天出版社，2016 年，第 252—256 页。

（一）赤湾是建设南海石油后勤基地的理想地点，一定要不失时机地抓好赤湾港的建设。要对赤湾沿海、岸线和陆上全面规划，统筹安排，综合利用，把它建成为一个主要为海上石油服务的基地，同时，也为外贸和广东省、深圳市、蛇口工业区交通运输的发展服务。

（二）蛇口工业区经过近两年的建设，已有了一定的基础。在赤湾港建成前，可利用蛇口工业区作为过渡性石油基地。赤湾港的建设，也要依托蛇口，可以减少投资和加快建设速度。

（三）赤湾港的建设要用蛇口的办法搞，成立主要为石油后勤基地服务的赤湾港建设公司，由招商局、深圳市、南海石油东部公司、香港的华润公司和中国银行投资入股，也可引进外资参加。成立公司董事会，实行政企分开，自主经营、独立核算、自负盈亏。[①]

1982年1月9—10日，刘田夫、李建安与张文彬、叶锋等人在广州共同研究南海石油基地建设、后勤服务工作等问题，一致认为必须立即成立中国南海石油联合服务总公司，由广东省与石油工业部共同组织联营，总公司注册资本人民币1亿元，由双方各参股50%。2月17日，广东省和石油工业部联名写报告送国务院，要求批复成立南海石油服务总公司，以利开展工作。4月16日，广东赴京小组写报告给国务院总理，请其批准成立公司。4月23日，国务院总理批示给康世恩、吕东同志研究解决。康世恩与张文彬、秦文彩、吕东商量，服务总公司不属部级公司，可以不经过国务院批准成立。4月24日，国家经委批准成立南海石油服务总公司。

1982年1月11日，刘田夫、张文彬、梁湘、袁庚就赤湾港建设一事联名向石油工业部部长、国务院副总理康世恩并国务院总理呈送《关于建设赤湾港的报告》，同时附上《关于建设赤湾港为南海石油勘探开发服务专题座谈会纪要》。1月20日，国务院副总理康世恩在上述报告上做出批示："可以适应海上石油的需要，是个好方案"，并将报告批转国务院总理，请其批准，"以利及早动手建设"。1月24日，国务院总理在报告上作出批示："同意，照此办理。并告有关各方。"

1982年1月22日，国务院批准石油工业部关于海上石油对外合作第一轮招标的报告。招标面积为15.02万平方公里，招标区块为43个。其中，南海3个盆地招标面积为10万平方公里，招标区块为31个。[②]

1982年1月31日，国务院发布《中华人民共和国对外合作开采海洋石油资源条例》，石油工业部拟定海上对外合作第一轮国际招标的《标准合

① 《刘田夫回忆录》，北京：中共党史出版社，1995年，第537—538页。

② 随着对外合作的发展，1984年11月、1987年1月、1992年6月，又相继进行第二轮、第三轮、第四轮招标。截至2008年4月，已累计同21个国家的77家国家石油公司，签订186个石油合同和协议。中国渤海、南黄海、东海、南海各个盆地都已对外开放。

同》，为海洋石油对外开放提供了法律依据。

1982 年 2 月 15 日，中国海洋石油总公司在北京正式挂牌成立。

1982 年 2 月 16 日，中国海洋石油总公司向 11 个国家的 41 家物探参与公司发布第一批关于南黄海北部物探区、珠江口物探区的第 1 号和第 2 号招标通知书。

1982 年春节过后，招商局蛇口工业区成立负责赤湾港建设的南山开发公司筹备小组，许智明任组长，孙绍先任副组长，筹备组共有 6 人，办公、住宿地点在蛇口工业区的龟山上，用餐则要步行到山下海边的集体食堂去解决。筹备组除要进一步对赤湾港和石油基地规划布局进行勘测、科研、设计和施工准备外，还要做好各参股股东的联系协调工作，还要准备公司成立的有关文件。更让袁庚费心的是，即将要成立的南山开发公司的运作模式。他与梁湘反复琢磨总理的指示，赤湾港的建设要用蛇口的办法搞，即组建公司开发赤湾。他知道，在蛇口，工业区是全资国营的，事事都要请示汇报，而在招商局，由于它是交通部的子公司，也往往受到国家的控制。袁庚一直想找到一个开发赤湾的新方式，来对国有的企业进行制约与监督。他想，中央要招商局负责组建公司开发赤湾，本来可以按工业区这样搞成全资国营的，但确实弊端太多。况且，蛇口工业区的财力不足。这次开发赤湾，能不能来个更有效的方式？参照外头用得好的方式，比如说股份制。袁庚说：我们办特区，引进外资，可以与外商搞股份制。建集装箱厂，我们就跟丹麦宝隆洋行搞股份制，各占 50% 的股份。这次，招商局财力不够，中银、华润都挺积极，加上深圳和石油工业部，众人凑钱总比独立支撑要好。但是，我们要给国营企业搞股份制，过去我们还没搞过。反正都是国字号的，还不都是社会主义的？既然这样，我们的胆子可以再大一点，搞一个以国营为主的股份制公司。[①]袁庚决定大胆试一试。据梁宪后来回忆，1981 年，南海石油开发在即，招商局争取把蛇口赤湾作为石油开发的后勤基地，准确筹建南山开发公司，当时的中国银行、华润集团、石油（工业）部都乐意参股。但袁庚认为。大家都是国企，都从财政部一个口袋里掏钱，这样的股份制企业与一家国企独资没有什么区别，且易受到干预，又会回到洋务运动"官督商办"的老路子上，于是决意成立一个真正意义上股份制公司。……招商局主动放弃大股东地位，真正实现了董事会领导下的总经理负责制，避免了行政干预。南山开发公司成为后来一系列股份制企业运行的模板，中国国际海运集装箱（集团）股份有限公司、招商银行、平安保险成立时，都不

① 涂俏：《袁庚传：改革现场（1978—1984）》，深圳：海天出版社，2016 年，第 257—260 页。

设国有控股股东，成为无上级主管单位、带有优质市场化基因的企业。[①]

　　1982 年 3 月 4 日，袁庚主持召开南山开发公司第一次筹备会，讨论开发赤湾石油后勤基地建设工作。之后，孙绍先召集四航局钻探队和筹备组 4 人，在赤湾进行钻探测量，将码头方案改在赤湾顶，选定湾顶 200 米岸线，兴建万吨级泊位。经过重新测算，整个工程有效控制在 1 亿港币之内，也就是人民币 3000 多万元以内。石油工业部对蛇口工业区兴建南海石油基地提出的条件非常苛刻，不出钱，蛇口工业区必须先垫付，并且要做出承诺，永久性港口必须在 1983 年 5 月 1 日建成；在建成港口之前，石油工业部需要一个临时基地。为此，蛇口工业区临时码头必须加 2 米水深，以供停靠南海油田开发的三用工作船之用。

　　1982 年 3 月 21 日，国务院批准建设赤湾深水港计划，批准招商局自 1984 年起，再延长 10 年不上缴利润，用以入股南山开发公司，开发赤湾港。

　　1982 年 3 月 29 日，袁庚、许智明在深圳向中央书记处书记、国务院副总理谷牧汇报赤湾开发问题时说："现在香港华泰公司开始在赤湾码头区建水泥构件厂，我们建赤湾码头，一定要动员他们搬迁。我们可以和华泰公司协商，由南山公司负责赔偿他们的损失，并且允许他们重新选择适宜的建厂地址。"谷牧说："这事你们向总理报告，总理已批了，同意你们这样做。"[②]

　　1982 年 4 月 10 日，袁庚在深圳市政府大楼会晤中共深圳市委书记、市长梁湘，商谈赤湾深水港建设问题，与会的还有周鼎、罗昌仁副市长，深圳特区发展公司董事长司马鲁和总经理孙凯风。袁庚提出，开发赤湾深水港当前需要解决的问题：（1）南山开发公司将在本月 14 日召开筹备会，要把董事会名单、内部协议、投资的比例确定下来。请市里派人参加。（2）华泰水泥厂的迁移刻不容缓，多拖延一天，国家就要多付出一份赔偿的损失。孙凯风说：据了解，该厂的计划投资总额为港币 4000 万，包括机械设备的价值 900 万，目前已进场的设备 400 多万，连同已付工程费、厂房搭架、码头打桩等等合计已花港币 2000 万。如若赔偿，估计不下港币 2000 万，资方才肯接受。司马鲁提出异议，让华泰搞下去，究竟影响多大？可否改变赤湾港口码头的整体设计和公路走向？或者先这样下去，以后再把华泰小码头包进去。袁庚清楚，当时的关键是赔偿问题，要价 2000 万港币，数目不小，恐怕马上要成立的南山开发公司董事会难以通过。袁庚强调，赤湾深水港的建设是百年大计，文案已报国务院批准了。中间给插上一刀破坏了整体，对今后的建设和使用将带来诸多隐患。

① 吴建升：《"不改革者不入此门"》，《晶报》2016 年 2 月 4 日。

② 香港招商局编：《广东省深圳特区招商局蛇口工业区文件资料汇编》（第三集），1983 年，第 7 页。

最后大家商定，还是要尽快一起协商解决。

会谈结束前司马鲁向袁庚提出问题，说市长们几次催促要向蛇口工业区收取土地使用费，两年 800 万，该如何办？袁庚就此再次阐明观点："要遵守协议。按原来的内部协议，如交土地使用费，工业区的征地费用及学校、医院等市政设施一概应由省、市负责。若要修改协议也可以。希望今后不要再提了，不要给我们制造困难。"梁湘插话："要同舟共济"。"如果市里愿意，可以重新修改协议，就照胡应湘的办法如何？你们就把我们当作胡应湘好了，就叫'袁应湘'吧，发展公司用土地入股，六四分成。先还清银行贷款本息，赚到钱再分，深圳市得六，招商局得四，你们干吗？"袁庚说。

周鼎副市长提出，南山开发公司只限于开发赤湾石油基地所需的那块，不应搞大了，不然深圳市没有多少地方可以开发。袁庚说："有 327.5 平方公里嘛，怎么没有多少地可供开发？"梁湘说："是的，搞这么大不必要，周鼎的意见对，不能这么大。"袁庚说："把南山半岛划入开发公司范围是去年梁湘同志倡议提出的，报了中央，现在你们又推翻了原来的倡议，如果投资数以亿计，只准开发 0.6 平方公里。那么，每一平方尺的投资平均值就增大了，谁也难以收回，你们就把我们当作胡应湘好了，你们可以不出钱占大股，先还本付息，赚了钱再分，你占 90% 都可以，但我可以肯定 100 年你也拿不到一个铜板。南山开发公司股东多了，各有自己的想法，办事难了。单搞码头港口，不搞别的、综合性开发，是要赔大本的，这道理大家都明白。深圳市到现在据说已投资 2.7 亿元人民币，三倍于蛇口的投资，你们心里清楚，什么时候能收回？关于这点你我心里都有数。总之，市里想占多少股就给多少股，赚到钱再按股分成，深圳市可以不出钱。"[①]

会谈一直进行到下午五点钟才结束。关于地租问题深圳市也没坚持要收。梁湘、袁庚互相表示要同舟共济，共渡难关。从这里，可以看出，深圳市与招商局蛇口工业区的关系还是比较紧张的。深圳市一直很警惕自己的土地"被拿走"。深圳经济特区刚开始大规模建设，资金一直很困难，对蛇口工业区"锱铢必较"也是可以理解的。只是深圳市遇到袁庚这个行家老手，坚持按协议办事，拿他一点办法都没有。

1982 年 5 月 21 日，中央书记处书记、国务委员谷牧在国务院第三会议室主持会议，研究解决赤湾港和石油基地开发中遇到的问题。国务院副秘书长马洪，广东省委书记兼广东省特区管理委员会主任吴南生，广东省特区管理委员会副主任秦文俊，广东省副省长、深圳市委书记、市长

① 《会晤梁湘市长商谈赤湾深水港问题》，招商局集团办公厅、招商局史研究会：《袁庚文集》，2012 年 9 月编印，第 51—53 页。

梁湘，深圳市委秘书长邹尔康，招商局常务副董事长袁庚，还有交通部、石油工业部、国家经委、国务院办公厅特区办公室有关负责人也参加了会议。谷牧在会上传达了国务院总理关心赤湾石油基地建设的情况及有关批示。谷牧说，最近新华社记者写了一封信给总理，说赤湾石油基地建设困难重重，总理看后立即批示："请谷牧同志主持仲裁，该拍板就拍板，及时解决，争取时间十分重要。"毫无疑问，这次又是袁庚动用记者力量把问题"捅"到最高层，希望问题得到尽快解决。谷牧说：今天请大家来开这个会，要求是和大家一起商量，解决南山开发公司当前存在的问题，我相信没有什么拍不了板的。现在国际上有一种舆论，认为我们对南海油田的开发认识不足。香港地区、新加坡都想从中分享利益。如果我们几方继续这样扯不完的皮，影响就更坏，到时开发南海油田的利益真会被人分享掉了。据说原来南山公司要开发的地皮是 6 平方公里，现在周鼎同志说只给 0.6 平方公里，秦文彩同志说没有 6 平方公里是不行的。关于在赤湾开发区内的华泰水泥厂搬迁问题，今年二月总理已作了批示，决定要该厂搬走，为什么现在还解决不了？随即大家开始讨论，对于开发公司要 6 平方公里的问题，梁湘表示不可能，不同意。对于华泰水泥厂，石油工业部外事局副局长唐振华说：2 月 9 日，深圳市还给该厂发了开工许可证。袁庚说：我们多次交涉，始终解决不了问题。梁湘说：要华泰水泥厂停工搬迁，我们是同意的，但要赔偿资方的损失，由于谈到损失就没有人表态，因而就不能将此事落实下来。谷牧说：深圳市发这个开工许可证发得不对，这要批评。要资方搬迁当然要赔偿，袁庚同志你为什么不表态。袁庚说：南山公司的董事会还没有正式成立，况且华泰资方提出赔偿款项约 2000 万港币，这样大的数目，谁敢表这个态？！谷牧说：对这个问题，今天要做出决定。首先，下决心要让华泰水泥厂将建厂工作停下来，不能再进行施工了；第二，南山公司要尽快和华泰水泥厂谈判，清算账目，给予该厂合理的赔偿。赔偿多少由袁庚同志拍板。最后，袁庚提出，南山公司领导归口管理的问题，吴南生强调南山公司主要负责人应该由省委任命。梁湘说：这一点我同意。此外，公司各部门经理由董事会报深圳市委备案。谷牧说：同意这个意见，但公司一级领导人要报国务院备案。总之，要按"蛇口方式"来办，南山公司是一个经济实体，一定要官商分开，党的领导归省、市特区党委领导，你袁庚有最大的自主权，中央各部不要去干预，但违反政策犯了法则另当别论。有些问题能定下来的就应该拍板。谷牧最后当着大家的面对袁庚说：与省市发生矛盾和纠纷解决不了时，就到北京找国务院解决。①

① 涂俏：《袁庚传：改革现场（1978—1984）》，深圳：海天出版社，2016 年，第 269—271 页。

1982 年 5 月 25 日，国务院决定赤湾石油后勤基地的开发工作由南山开发公司全权负责。

1982 年 6 月 12 日下午，国务委员兼对外经济贸易部部长陈慕华在广东省委第一书记任仲夷、外经贸部副部长魏玉明、国家计委委员勇龙桂、广东省委书记吴南生和深圳市委负责人梁湘、周鼎等陪同下视察蛇口工业区，并驱车到正在动工建设的赤湾石油后勤基地。在一湾山路口，陈慕华主动提议到左炮台山咀观看赤湾港外的全貌。在听取该港工程师关于建港规划汇报时，听说第二年 5 月万吨轮要开进赤湾港，陈慕华高兴地说："建一个这样的大港，花 3000 多万元不算多。"①

1982 年 6 月 14 日，经国务院批准，中国南山开发股份有限公司（简称"南山开发公司"）正式成立。南山开发公司的股权结构是招商局占 38%，中国南海石油联合服务总公司占 30%，中国南海东部石油公司占 10%，中国建设财务（香港）有限公司占 8%，华润集团有限公司与黄振辉投资公司分别占 5%，中国近海石油股份（香港）有限公司占 4%，深圳特区发展公司以土地入股，占股 5%，后深圳市政府委托深圳市投资管理公司持有南山开发公司 25% 的股权。南山开发公司的投资构成中，内地中资占 40%，香港中资占 55%，港资占 5%。在公司的股权结构上，袁庚"耍"了点小聪明，当时国有股份公司无法享受中外合资企业的税收优惠，南山开发公司就特邀加拿大籍的黄振辉入股，持少量股份，却用足了优惠政策。南山开发公司是中国第一家股份制企业，当时南山开发公司的投资构成中，内地中资占 40%，香港中资占 55%，港资占 5%。其中香港招商局占股 40%。八家股东共集资 1.5 亿港元，按当时汇率，仅相当于人民币 4500 万元。南山开发公司全权负责开发赤湾，建设和经营为外贸和华南交通运输服务的赤湾深水港口和为南海石油勘探开发的石油后勤服务基地。袁庚出任南山开发公司首任董事长兼总经理。这是中国第一家股份制中外合资企业。它比深圳经济特区 1983 年 7 月 11 日成立的另外一家股份制企业——三和有限公司要早 1 年零 1 个月。用今天的话来说，南山开发公司即为国企改革最早的混合所有制企业。允许南山开发股份有限公司冠之于"中国"，可见中央对其的重视程度。组建中国南山开发中外合资的股份制企业，按市场经济运作进行赤湾开发建设，这一做法其时被称为"赤湾模式"。

1982 年 7 月 5 日，中央政治局委员、书记处书记、国务院副总理万里在北京与招商局常务副董事长袁庚谈话。万里说："我今天找你来，主要想了解一下为南海石油开发服务的基地和蛇口工业区建设的情况。"袁庚汇报

① 香港招商局编：《广东省深圳特区招商局蛇口工业区文件资料汇编》（第三集），第 34 页。

了赤湾基地建设的情况："这个基地是主要由五家公司集资建设的。现在工作进展很好。水、电、通讯是利用蛇口工业区的，万吨级码头建设已经开工，明年 5 月份可以建成。美国石油大王的孙子，大通银行前总裁大卫·洛克菲勒去看了以后说，没想到你们在这里能搞这么好的基地。"万里说："英国的北海油田基地，搞了一个 10 万人的城市。你们能不能闯出一条路子来？我们有很多有利的条件，那里靠近深圳、湛江、蛇口，还有海口、珠海等城市，多好的条件啊！南海石油开发，估计要二三百亿，搞好服务工作，可以赚回很多钱，要想办法不让别的国家、地区把钱赚去。你能不能作为更大一点，总理支持你，我也支持你，你可以大干。你们的条件比湛江好。"袁庚说："只要计委和其他条条不干预，财政部门不收税，可以不要国家投资把基地搞起来。现在问题是政出多门，大家看到油田开发有利可图，都要来搞，中央能统一起来就好了。对外应该统一一个窗口，各家都分别跟外国人去谈不行，相互抵消力量，影响也不好。"万里说："对我们来说，海上油田开发投标、服务等是个新的东西，怎么统法？中央各部都去搞不行。省里统行不行？光靠石油部一家怕也不行，要把各方面的力量组织起来，统一对外。"万里还说："我今天就是给你鼓劲，你大胆去闯吧，要注意总结经验，闯出新路子。搞事业，就是要有那么一股劲才行。"[①]

1982 年 7 月 15 日，中国南山开发股份有限公司召开第一次董事会，袁庚被推选担任董事长兼总经理。这样袁庚身上已经有三个正式职务：招商局常务副董事长、蛇口工业区建设指挥部总指挥、中国南山开发公司董事长兼总经理。经国务院批准成立的南山开发公司，全权开发赤湾，在国内首次以企业集资的方式，兴建和经营以外贸及华南地区交通运输为主的综合性、多功能深水港，同时兴建并经营为海上石油勘探开发服务的石油后勤基地及相关的加工工业区。

1982 年 8 月 9 日，中国海洋石油总公司、招商局、中国南海石油联合服务总公司共同召开会议，港澳工委的叶锋参加会议并讲话。会议确定在赤湾石油后勤基地未建成前，充分利用蛇口工业区的码头等设施作为过渡，以保证明年能及时为南海石油勘探开发提供服务。会议就如何利用蛇口工业区现有条件和准备工作作了研究和部署。

1982 年 8 月 15 日，赤湾港第一期建设工程动工。

1982 年 9 月 10 日，袁庚主持召开蛇口工业区干部会议。关于南山开发公司与工业区的关系，会议认为，南山开发公司由五家股东组成，是开

① 香港招商局编：《广东省深圳特区招商局蛇口工业区文件资料汇编》（第三集），1983年，第38—42页。

发赤湾、南山半岛的联合公司。招商局是大股东之一。在赤湾石油基地没有建成之前，蛇口是过渡的后勤基地。我们有责任，有义务去做好工作，这不仅是为开发油田而努力，也可以使工业区繁荣。我们和南山开发公司要搞好协作，加强联系，尽力为他们服务好。另一方面，也应注意按经济规律办事，做到手续清楚，账目分明。[①]

1982 年 11 月 15 日，开始兴建赤湾港深水码头，打下第一根桩。

1982 年 12 月 18 日，中央政治局委员、中央书记处书记胡乔木在梁湘、周鼎陪同下视察蛇口工业区。许智明汇报蛇口工业区及赤湾港的建设情况。胡乔木十分关心赤湾港的建设，问道："有没有派人去新加坡考察？新加坡的石油基地是现成的，交通方便，他们要和我们竞争，我们要加快建设速度，要抢时间，尽快把后勤基地建好。"[②] 潘琪还向胡乔木介绍赤湾左炮台及伶仃岛的情况。胡乔木指示："这是国家重点保护的遗迹，要保护好，不然对不起我们的祖先；搞林则徐、文天祥的雕像很好，能不能找到文天祥《过零丁洋》一诗的真迹？找不到可用文天祥的字迹拼凑起来，文天祥留下的墨迹还是很多的。"[③]

1983 年 2 月 9 日，中共中央总书记胡耀邦在国务院副总理李鹏、中央书记处候补书记郝建秀、共青团中央第一书记王兆国、国家计委副主任甘子玉、中共中央办公厅副主任周杰和广东省、深圳市负责人任仲夷、刘田夫、吴南生、梁湘陪同下视察蛇口工业区和赤湾石油后勤基地。

1983 年 3 月 13 日，国务委员康世恩在梁灵光、吴南生等陪同下视察蛇口工业区。在赤湾基地，康世恩详细听取了有关赤湾基地建设的情况。当听到赤湾开发取决于广深铁路复线和电气化建设时说："还要有高速公路和飞机场。"梁灵光说："关于铁路问题，广东省可以负责解决。"康世恩说："这里的建设速度是快的，宋少帝墓、赤湾天后庙等古迹还要保护好。"随后，康世恩一行乘车视察工业区的建设情况，在龟山接待室观看工业区电视纪录片。康世恩说："总理来了两次，他回去给我讲了，再用蛇口方式开发赤湾。"潘琪说："要让我们党和国家领导人多来看看，作个对比，就算是 2.4 平方公里给袁庚同志弄糟了，也只有 2.4 平方公里。"康世恩笑着说："国内的条条框框就是多。"梁灵光说："不要国家一分钱，不要省里掏腰包，白手起家，我们只出了点地皮。"康世恩说："是要仔细看看，好好想一想。"接着袁庚说："赤湾是由五家中外企业集资来开发的，第一期开发投资为 1.5 亿港元。如果靠着 1.5 亿港元投资回收的资金再建设深水泊位，建设周期就要拖得很长。如果国家能提供两亿元人民币贷款，不计利

① 香港招商局编：《广东省深圳特区招商局蛇口工业区文件资料汇编》（第三集），1983 年，第 103 页。

② 香港招商局编：《广东省深圳特区招商局蛇口工业区文件资料汇编》（第三集），1983 年，第 46 页。

③ 香港招商局编：《广东省深圳特区招商局蛇口工业区文件资料汇编》（第三集），1983 年，第 46—47 页。

息，10 年偿还，可以加速赤湾深水港的建设速度。"梁灵光问："两亿元投资是个什么概念？"袁庚答道："大约可以逐步建设 10 个深水泊位（按现在赤湾第一个泊位建设费约 4000 万港元）。"康世恩说："实际是个在向前发展的问题，借两亿元作为周转资金是可以的，作为一个企业也应该有周转资金。"袁庚说："这件事，是不是说现在就可以定下来。"康世恩笑着说："这个要归口，如果开会的话，我投你一票，我给你宣传，同意你的意见，赤湾要再扩大，靠回收资金是不够的。"①

　　1983 年 3 月 15 日上午，国务院副总理康世恩在深圳新园招待所接见招商局常务董事长袁庚、南海石油联合服务总公司陈李中、南山开发公司许智明、海洋石油总公司唐振华、南海石油东部公司金世望等同志。康世恩介绍了南海石油目前招标的形势。在南海搞油田是一个投资周期较长的过程。它的发展与英国北海油田差不多。康世恩又说："就开采条件来讲，北海油田离岸比我们近一点，但风浪大，寒冷。美国墨西哥湾也有台风。目前，珠江口油田的揭标工作快开始了，耀邦同志、总理希望早点定下来。"康世恩接着说："南海石油勘探开发，就是以赤湾为基地，地点早就选定了，这里的条件很好，无论如何把它建成。这也是总理给你谈过的了。"袁庚答："中央决定了的我们坚决执行，具体的事情我们几家商量。招商局的蛇口工业区和南山开发公司纯粹是个企业，不是个行政部门，它的经营完全对国家对股东负责，投资的钱大部分是贷款来的。春节前，我向胡耀邦同志汇报也谈了，建设工业区主要不是由国家直接投资，而是自筹资金的。现在南山公司更进一步，有少量外资，完全没有国家拨款的。"康世恩说："这叫经济实体。"袁庚说："所以，南山开发公司一些股东最担心，是一个企业与另一个半官方的单位合作时，会遇到行政干预、不计成本、赔赚钱不在乎的情况。2 月初，我跟新加坡代表团长吴伯韬就赤湾基地合作问题谈了三点原则：一、要赚钱；二、政府不要干预；三、参加股东都应提供货币资本。我们不反对和新加坡合作，利用别人的长处，我们主要是想由此摸索出一条不用国家直接投资、自负盈亏、创造出更好经济效益的一条路子来。"康世恩说："你们这条路子，总理在前年就跟我谈过两次，他对你们这里特别感兴趣。他说，第一，你们是经济实体，用经济办法进行建设；第二，搞石油后勤基地，让国内的其他同志搞，不如让你们搞，国内的投资很难跳出现行制度的框框，你们总算在港多年，与外面打交道有经验，就叫你们招商局干。我看我们一定要照总理的指示办。他对你们这里的印象很深。与此相违背的他不会答应的。还是要按照总理说的上面两条

① 香港招商局编：《广东省深圳特区招商局蛇口工业区文件资料汇编》（第三集），1983年，第 67—70 页。

办。具体来讲，将来怎样避免行政干预，五年留成期一到，你们可能要受到行政干预，怎么解决自主权问题？一是延长利润留成期，另一条以税代利，再申请一个低税期或免税期，现在可以考虑。现在以税代利，问题就基本解决了，但申请一个五年宽限期还没有解决。还有一个问题是，搞石油不仅有码头和相应基地，还包括整个经济的、工业上各方面的支援，所以石油部与广东成立服务公司，这样不妨碍运用招商局的经验，不改变你们的现状。"袁庚说："康世恩同志的原则我们都赞成，具体的由我们几个去协商。"康世恩说："今后的经营管理都是以你为主。"接着袁庚再次谈到市政建设和事权集中的问题。康世恩说：我可以把你的这个意见带回去给总理。袁庚说：如果这些困扰的问题能解决，南山半岛将会发展为像新加坡裕廊、英国北海阿不丁那样的石油服务区。康世恩最后说："今天谈了这些问题，使我对你们的思路比较清楚了，我了解总理为什么对招商局的经验这样感兴趣，就是不用或者很少用国家投资而发展起来了。"当袁庚谈到最近新加坡来谈石油基地合作时，康世恩说："在一定时期利用它，一定时期后要甩开他。"最后，康世恩表示回去后，将把招商局要求向国家借两亿人民币无息贷款建设赤湾 10 个泊位的问题，与总理、谷牧同志商量。袁庚补充说："这两亿元我们一定有借有还。"[1]在当时整个深圳市的地方财政收入都还不到 1 亿元的情况下，袁庚领导的南山开发公司一个企业就敢从银行贷款两亿元[2]，而且保证一定有借有还，足见袁庚的底气和胆量。

　　1983 年 4 月 7 日，中央书记处书记、国务委员谷牧视察深圳经济特区，当梁湘汇报到国务院侨办要求划一块地给他们开发的问题时，谷牧说：可以给他一块地盖厂房，办企业，但不等于把这块地划给他开发，不能脱离特区政府领导，这是两码事。将来南海石油基地也是这样。[3]

　　1983 年 4 月 13—14 日，中央书记处书记、国务委员谷牧，国务委员兼外长黄华在吴南生陪同下视察蛇口工业区和赤湾港建设工地。关于贷款两亿元人民币，有借有还，加快建设赤湾深水港的问题，谷牧说："是无息或低息，我觉得应该投你一票，现在外国人瞪着双眼，认为我们动手慢了，跟不上，石油后勤基地许多服务工作还得在香港解决，国家应该从政策上给予支持，把它搞起来，现在好在有了蛇口，可以做依托。"关于南山开发公司提出赤湾应和蛇口同等待遇问题，谷牧说："你（袁庚）同意不同意？"袁庚答："同意。"谷牧接着说："那要开个董事会，写个报告，补上这一条。"关于南山开发公司与广州石油联合服务总公司的关系问题，谷牧说："你们是一个经济实体，你袁庚是董事长，主权在南山开发公

①《康世恩同志接见袁庚等同志谈话纪要》，香港招商局：《广东省深圳特区招商局蛇口工业区文件资料汇编》（第三集），1983 年，第 72—78 页。

② 1982 年，深圳市地方财政收入 0.92 亿元。

③ 中共深圳市委办公厅办文处编：《党和国家领导视察深圳（1981—1991）》（上册），第 58 页，2005 年 8 月。

司。"吴南生插话："要按经济规律办事，和广州的关系是经济上的关系。"
谷牧接着说："以后广州可以介绍客户（经营赤湾基地），谈判还由你们来
谈。"关于南山半岛统一开发问题，谷牧说："南山半岛由南山开发公司统
一规划，这是肯定的，这是中央开会定的。深圳市知不知道你们在南山的
规划，要与他们商量一下，我总感到你们的文章（指与市里联系）没有做
完。"①谷牧的感觉没有错，后来深圳市委和市政府另起炉灶，于 1984 年 8
月另外成立深圳市南油（集团）有限公司②（由深圳市投资管理公司、中国
南油石油联合服务总公司及中国光大集团共同投资），负责对深圳西部南头
半岛东濒深圳湾、西临珠江口、占地 23 平方公里的土地进行开发建设，所
谓中国南山（集团）开发股份有限公司负责深圳南山半岛的规划、开发和
建设的说法也就成了一纸空文，没有下文了。

　　1983 年 4 月 28 日，赤湾第一个万吨级顺岸式码头建成，港池前沿水
域与港口连接伶仃洋的航道已浚深至 10 米。第一期建设工程完成后，赤湾
港区已初步具备杂货装卸、集装箱运输、散货灌包作业等功能。

　　1983 年 5 月，赤湾港第一个万吨级泊位完工并交付使用。一个万吨级
前沿码头仅用六个月就建成，这个速度不仅在国内是首创，而且在世界建
港史上也是独一无二的。

　　1983 年 5 月 27 日，国务委员、国家经委主任张劲夫在省市领导李建安、
关相生、甄锡培陪同下视察蛇口工业区和赤湾港。袁庚谈到赤湾（深圳港
赤湾作业区）前沿码头已准备就绪，拟于 6 月 14 日试投产，但因口岸编制
问题被卡住（南山开发公司目前只有 36 个干部编制，赤湾建成开港，口岸
要 706 人的编制）。张劲夫详细询问了矛盾所在，并听取了在场的省、市负
责同志的意见后说："口岸是我管的，回去一定研究解决。"张劲夫登上赤
湾左炮台，眺望这个正在建设的南方大港。袁庚汇报说："这么优良的港
口，交通部想了十多年，因为缺乏资金一直未能开发。我们提出五家合资，
自筹资金，总理批准了，才偿了多年的夙愿，今天初步变成了现实。五家
当中有一家是外资，人家说这是'以夷制华'。"张劲夫说："这句话要改成
以外促内，以国外先进的管理经验来促进我们的内部。"③

　　1983 年 6 月 14 日，赤湾万吨级码头正式开港，首艘 1.6 万吨的"红旗
120 号"轮装载中国国际海运集装箱厂生产的 50 个集装箱从赤湾运往青岛
转运美国。

　　1983 年 6 月 29 日，中国海洋石油总公司南海东部石油公司在广州市
正式成立，负责南海东部东经 113°10′ 以东、面积约 13.1 万平方公里海域

① 香港招商局编：《广东
省深圳特区招商局蛇
口工业区文件资料汇
编》（第三集），1983
年，第 80—84 页。

② 2001 年深圳市政府收
购由广东省政府和光
大集团持有的南油集
团全部股权，南油集
团成为深圳市政府独
资国有企业。2004 年，
招商局集团增资和重
组南油集团，招商局
集团和深圳市投资控
股有限公司分别持有
76% 和 24% 股份。

③ 香港招商局编：《广东
省深圳特区招商局蛇
口工业区文件资料汇
编》（第四集），1984
年 12 月，第 3—5 页。

的石油、天然气的勘探开发生产业务。

1983 年 8 月 3 日，南山开发公司第四次董事会决定接纳中国南海石油联合服务总公司和中国近海石油服务（香港）有限公司为新股东，股东数量由原来的 6 家增至 8 家，并重新调整股权比例，招商局占股 38%。

1983 年 8 月 29 日，国务委员陈慕华在梁湘、甄锡培等陪同下视察蛇口工业区和赤湾港，随行人员有经济贸易部副部长吕学俭、铁道部副部长李轩、华润公司总经理张建华。南山开发公司副总经理刘德豫汇报了赤湾港的建设情况。袁庚提出对妈湾一带建港应坚持的三个原则，认为妈湾深水岸线是国家的宝贵资源，一定要深水深用；一定要由我们自己来管理和建设，但可以引进资金和技术；要保护好自然资源和环境，包括荔枝树、红树林和蚝田。袁庚说："现在要修一条南头—深圳公路，约需投资 300万—400 万元，应由广东省、深圳市和南山开发公司共同搞。"陈慕华说："需要 300 万—400 万，由市里出 200 万吧，这对深圳市来说，只是'九牛一毛'。"陈慕华又问："赤湾第一期开发投资多少？"袁庚答："股东集资1 亿港元，连贷款共花掉一亿五千万左右。如要搞好整个赤湾的全面建设，还需要再集资 3 亿港元。最近，赤湾石油基地正在与新加坡一家公司商谈合作经营问题，在拟成立的基地公司中，中国占股 70%，外国公司占 30%。现在南山开发公司股东也有了变化，增加了中国南海石油联合服务总公司（南联）和中国近海石油服务（香港）有限公司（近海）两家股东，由石油部转让 30% 股份给'南联'，招商局和中银分别转让 2.5% 的股份给'近海'。即南山股东由原来 6 家增加到 8 家。"陈慕华说："现在要同心同力搞好石油基地，如果同床异梦，就不行了。"[①]汇报结束后，袁庚又陪同陈慕华一行参观了工业区华美钢铁厂和赤湾直升机场。

1983 年 9 月 16 日，蛇口工业区管委会召开南海油田服务专题会议。袁庚指出，工业区有两大支柱：一是工业；二是为南海油田服务。会议决定成立蛇口工业区南海油田服务办公室（公司），作为蛇口工业区管委会为开发南海石油服务的机构。在赤湾石油基地建成前，蛇口工业区作为南海油田服务过渡临时基地。蛇口港五湾码头中的 120 米岸线共 6 个泊位被辟为南油工作船专用泊位，可供 6000 马力（1 马力≈735 瓦）石油工作船靠泊；陆上占地 12 万平方米，装卸设备齐全，拥有各种吊车、叉车及运输车辆近百台。基地前沿安装了两套吹灰装置，设计能力每小时 70 吨。基地供油、供电设施完善，单船供水能力为每小时 60 吨，拥有仓库 2 万平方米，露天堆场 6 万多平方米。

① 《辑录蛇口：招商局蛇口工业区（1978—2003）》，2004 年 12月编印，第 89 页；香港招商局编：《广东省深圳特区招商局蛇口工业区文件资料汇编》（第四集），1984年 12 月，第 8—9 页。

1983 年 9 月 29 日，BP（石油）公司第一艘三用工作船抵达蛇口港。

1983 年 11 月 26 日，中央书记处书记、国务委员谷牧视察蛇口工业区五湾临时石油后勤基地和赤湾港工地，谷牧详细询问了赤湾港的规划和建设情况。

1984 年 1 月 4 日，经深圳市人民政府深府复〔1984〕1 号文件批准，由中国南山开发股份有限公司和新加坡海联合资经营"赤湾石油基地股份有限公司"，注册资本为 2000 万美元。同年 2 月 10 日，赤湾石油基地股份有限公司获深圳市工商行政管理局批准注册成立。这开创中国中外合资建设经营港口和石油后勤基地的先例。此时中国与新加坡还未建交。深基地的 LOGO 是双手托捧着 17 颗钻石：红色钻石有 9 颗，代表新加坡方 9 个股东，8 个黄色钻石则代表中国南山的 8 个股东。这是中国第一个中外合资经营的石油后勤基地。

1984 年 5 月，国务院批准赤湾港区对外开放。

1984 年 5 月 31 日—6 月 1 日，中央书记处候补书记郝建秀视察赤湾港和南海油田后勤基地。

1984 年 6 月 6 日，中央书记处书记、国务委员谷牧视察蛇口工业区，听取袁庚和刘德豫的汇报。他们汇报了南山开发公司的机构设置、赤湾港的建设情况和关于妈湾开发价值，随后实地考察五湾码头和赤湾港，查看妈湾的地形。

1984 年 7 月 8 日至 8 月 1 日，应世界三大海洋石油基地及 16 家合营、合作客户公司的邀请，招商局派出袁庚、梁鸿坤、曾南、冯国雄一行 4 人作为代表，到新加坡、英国、美国、日本 4 个国家进行考察和商务洽谈。代表团先后到达新加坡、伦敦、阿伯丁、爱丁堡、纽约、匹兹堡、新奥尔良、休斯敦、旧金山、洛杉矶、东京、大阪、神户等 19 个城市。代表团所到之处，都受到邀请单位甚至当地官方人士隆重而友好的接待。新加坡是行程的第一站。接着到英国阿伯丁海洋石油开发后勤基地。代表团访美的重点项目，是与匹兹堡 P.P.G. 集团进一步谈判关于在蛇口合资经营新型浮法玻璃厂的有关事宜，最后就有关问题（包括技术专利、设备、投标等）取得一致意见，达成合资近 1 亿美元、于同年底签订在蛇口兴建高级浮法玻璃工厂的协议。

1984 年 7 月 14 日，中共广东省委、省政府批转深圳市委、市政府通知：自 9 月 1 日起，将南头半岛东侧、赤湾左炮台起，沿大小南山分水岭至正龙围、后海湾连线以南地区由南头区移交蛇口区管理局管辖。

1984 年 8 月 31 日，新华社报道深圳经济特区在实行对外开放中锐意改革，促进经济迅速发展，夺得全国 10 个第一。其中一个第一是：国内第一家由中外企业合作兴建的港口——赤湾港，两个万吨级码头仅用半年时间建成，创造了国内高速建港新纪录。

1984 年，深圳赤晓组合房屋有限公司成立。同年，南山集团房地产事业部成立，并于次年开始全面开发赤湾港内房地产项目。

1984 年 11 月 26 日，国务院总理视察赤湾港和石油后勤基地，到达赤湾，袁庚说："这就是赤湾了。"总理说："噢，这就是赤湾呀！三年前来时啥都没有。建设得多快呀！石油基地在哪里？"袁庚说："这里只是一个部分，码头那边还有另一部分。"总理说："你们知道中山县（现中山市）也搞了一个港口吗？他们那边要开挖，不然要淤积。"袁庚在车上指着说："这些属于石油基地的作业堆场。"总理问："港口有几个泊位？"袁庚说："五个。"总理问："几个万吨级？"袁庚说："两个。"总理问："营业了吗？"袁庚说："已经营业了。挪威首相来看过。"总理说："他给我打电报说，对中国经济发展有深刻的印象。"梁湘说："他说这次出访最成功了。"总理问："有集装箱码头吗？"袁庚说："目前还没有。"总理问："将来搞不搞？"袁庚说："要看看情况发展，算算经济效益。"总理说："我看这儿要搞高速公路，就要上集装箱码头。胡应湘不是要在这儿建高速公路吗？"车到码头边，袁庚把黄小抗及石油基地的工程师们介绍给总理，黄小抗作了简单汇报。总理问："这里的码头能力怎么样？"袁庚说："可以停泊万吨轮。这里两个基地有个分工：一个是四个石油公司，另一边是两个石油公司。这里靠泊的是多用途工作船。"总理问："后面是石油基地吗？"袁庚说："是堆场，与新加坡合作，他们投资占 30%。"总理问："现在一共是五个泊位，将来建多少个？"袁庚说："要看经济效益，建了就得营运，不能一面建好了，一面晒太阳。……"梁湘说："好了，不要现在宣传你的观点了"（梁湘主要担心时间问题）。袁庚说："再外边有 5 万吨级泊位。"总理问："风没有问题吧？那边是什么？"袁庚说："内伶仃洋，就是'伶仃洋里叹伶仃'的那个伶仃洋。这里可以变成避风港（指防波堤内）。"总理问："这儿共投资多少？"袁庚说："4500 万人民币，有八家公司合作出资。"总理问："管理怎么样？"袁庚说："董事会聘请总经理负责，是按您定的开发公司的原则办的。"车开至左炮台。袁庚说："这里是一个炮台，鸦片战争第一炮就在这里打响的（左炮台）。"总理问："不是在虎门打的吗？"袁庚说："这是号炮，鸣炮告警。"总理说："噢，这里港口吞吐量多大？"袁庚说："不算石油，合共有 200 万吨（指蛇口赤湾）。每年将有 40 万客人从这儿通过，去香港、广州、中山、珠海、汕头的客船，都将从这儿起点。赤湾港、蛇口工业区、蛇口镇实际上是三位一体，上面有个区的政府机构（蛇口区管理区）。"总理说："挪威首相就对这儿很关心。他们以前没有来过，否则，对比会更加明显。"[①] 可见，总理对赤湾港和石油基地建设情况还是很满意的。

　　1985 年 2 月 17 日，中央书记处书记、国务委员谷牧视察蛇口工业区和赤湾港区，当袁庚汇报到赤湾港因分水岭划分不合理使泊位遭受损失时，谷牧当即对广东省特区办主任丁励松说："这事由省特区办负责解决。"在赤湾，谷牧详细询问了港口的水深、泊位及经营情况。谷牧还特意提出到目前在界线划分上尚有争议的赤湾西端去看看。谷牧指出说："应当按自然地形划分界限，不是考虑对哪一家有利，而是要对人类有利。"谷牧明确表示，就按现在的界限，按合理原则划线，并再叮嘱丁励松过问此事，同时对深圳市委常委刘波说："这个意见，你不反对吧。"[②]

　　1985 年 8 月 30 日，蛇口工业区举行林则徐铜像落成暨左炮台遗址修复揭幕典礼。

　　1985 年 11 月 23 日，南海石油服务赤湾石油基地正式开业，基地占地 36 万平方米，其中 12 万平方米为露天堆场和管子堆场，拥有 7 个石油工作船泊位，下面铺设有供油、供水、供电和吹灰管道，可在装卸的同时进行补给。赤湾主要为中国南海石油和天然气开发提供各种后勤服务。中央政治局委员、中央书记处书记余秋里亲临赤湾主持开业典礼，新加坡总理李光耀之子李显龙和中国石油工业部部长王涛出席剪彩仪式。

　　1986 年 2 月 27 日，深圳赤湾货运有限公司注册成立。

　　1986 年 10 月 15 日，第二轮南海石油勘探开钻，参加开钻的共有 6 家外国石油公司，在 11 个区块 38 900 平方公里的海面上进行。到 1986 年底，南海东部区块先后有 5 个平台和十几条三用工作船往返于蛇口、赤湾 100 公里以外的珠江口南海钻井平台之间。

　　1987 年 1 月 23 日，日本 JHN 石油作业公司和美国阿莫科东方石油公司在南海珠江口东部先后钻得新井，日产原油可观。井深 2300 米，属高产油井；美国阿莫科东方石油公司 1 月 18 日开钻的流花 11-1-1A 井位于香港东南 220 公里，井深 1837 米，日产原油 2240 桶。

　　1987 年 2 月 13 日，由南山开发公司投资，交通部第四航务工程局承建的蛇口赤湾港两个 35 000 吨级泊位工程在广州签订施工合同，总投资 5000 万人民币，是企业集资的珠江口最大的货运码头。

① 香港招商局编：《广东省深圳特区招商局蛇口工业区文件资料汇编》（第四集），1984 年 12 月，第 49—53 页。

② 《辑录蛇口：招商局蛇口工业区（1978—2003）》，2004 年 12 月编印，第 123—124 页。

1987 年 3 月 31 日，深圳市政府批准成立蛇口赤湾港集装箱公司，这是深圳市第一家集装箱码头企业，为中国南山开发股份有限公司全资直属企业，主要承办集装箱及其货物的装卸、中转、联运、拆装箱、堆存、保管、保税、熏蒸、洗箱等业务。1988 年与美国总统轮船公司合作开辟美加航线集装箱班轮定期挂靠业务，并在中国沿海开通 7 条杂货航线。

1987 年 11 月 26 日，蛇口赤湾壳牌石油贸易联营有限公司开业，袁庚说："蛇口、赤湾可作香港油气贮存的补充基地。"

1987 年 11 月 29 日，ACT 石油公司一些主要办公机构迁往赤湾石油基地。

1988 年后，南海石油服务业务从蛇口工业区基本转移至赤湾石油基地。

1989 年 4 月 8 日，南方引航公司第一次安全引领 5 万吨级货轮驶入赤湾港。

1989 年 4 月 16 日，美国总统轮船公司的集装箱支线班轮挂靠赤湾港，这是深圳第一条国际集装箱航线；同年与郭氏兄弟集团、中国粮油进出口公司合资成立南海油脂工业（赤湾）有限公司。

1990 年 9 月 13 日，由赤湾石油基地提供服务的第一口油井 CACT 石油作业者集团惠州 211 油田投产，标志着中国南海东部的油田已进入勘探、开发和生产并进的新阶段。到 1994 年底，由基地提供服务的海上石油公司所生产的石油已占中国海洋石油总产量的 60% 以上。

1990 年 12 月 7 日，深圳凯丰码头有限公司（2001 年 12 月改名为赤湾集装箱码头有限公司）注册成立，股东分别为中国南山开发股份有限公司，香港鹏利控股有限公司和香港嘉里贸易有限公司。公司注册资本为 5000 万港元，出资比例为：中国南山开发股份有限公司占 50% 股份，香港鹏利控股有限公司占 25% 股份，香港嘉里贸易有限公司占 25% 股份。

1991 年 9 月 28 日，深圳平南铁路正式动工建设，这是中国首条由 6 家中外企业投资修建和经营的地方铁路。铁路贯穿深圳市西部地区，西南至南头赤湾港，东与广深铁路的平湖站接轨，全长 50.2 公里，预算投资 3 亿元。1993 年 3 月 28 日，平南铁路正式通车。平南铁路东与广深铁路和京九、广梅汕铁路连接，西达蛇口、赤湾、妈湾三大港口，是沟通国内、国际市场交通大动脉的重要连接线。①

1992 年 7 月，深圳赤湾石油基地股份有限公司投资成立赤湾海洋石油设备修造有限公司（英文简称 CPEC），利用参资的办法扩大服务范围，开始进入海洋石油设备修造领域。

① 2015 年 9 月 1 日起，平南铁路深圳西站至前海妈湾港段开始拆除，将西站搬至西丽。

1992 年 9 月 15 日，深圳凯丰码头有限公司第一个泊位（9#）竣工。

1993 年，中国南山开发公司将公司旗下拥有华南地区重要的进出口港口区——赤湾港区及与之配套的港口服务企业 18 家（其中 11 家全资企业，7 家投股及参资企业），经股份制改造后，整合组建成深圳赤湾港航股份有限公司，其 A、B 股在深圳证券交易所上市。

1994 年，经国家工商总局核准，中国南山开发股份有限公司更名为中国南山开发（集团）股份有限公司。

1995 年 3 月 1 日，深圳赤湾石油大厦建成并迎来第一家客户——阿莫科东方石油公司。

1995 年 5 月 11 日，经深圳市人民政府办公厅深府办函〔1995〕112 号文件批准，在原中外合资经营企业赤湾石油基地股份有限公司基础上，公司改组设立为规范化股份有限公司，改组后深圳赤湾石油基地股份有限公司在深交所上市（简称"深基地 B200053"）。改组后注册资本为 23 060 万元人民币，分为 23 060 万股，其中南山集团持有 11 942 万股面值为 1 元的人民币普通股，新加坡海联持有 5118 万面值为 1 元的人民币特种股票（B 股）。

2000 年，深圳市赤湾东方物流有限公司成立。

2003 年，深圳市南山开发实业有限公司成立，成为集团的房地产业务平台。

2014 年 12 月，赤湾被国务院划入中国（广东）自由贸易试验区前海蛇口片区。

南山开发公司经营方针为"水陆结合、统筹安排、综合利用、边建设、边使用、边回收、边扩大"。南山开发公司依托蛇口的基础设施和后勤服务，通过节约基建投资和行政经费，集中资金高效率进行主体工程建设，仅用 3 年时间，便在荒僻海滩上建成初具规模的深水港区和石油后勤基地及配套设施，成为中国港口建设史上的首创之举。

赤湾港开发建设，采用边建设、边使用、边回收，边扩大的方针，取得滚雪球的经济效果。1984 年，4 个石油用工作船泊位竣工。1985 年，1 个 2.5 万吨级泊位竣工投产。1986 年，两个中转油轮泊位落成。1987 年，3 个石油三用工作船泊位完工。1988 年，两个 3.5 万吨级泊位竣工投产。1992 年 9 月，10 万吨级集装箱、散粮深水泊位竣工投产。这是当时中国最大的集装箱泊位，长 325 米，水深 14 米。1994 年，货物吞吐量 700 万吨。2000 年，货物吞吐量首次超过 1000 万吨。2001 年，赤湾港区集装箱吞吐量首次突破 100 万标箱。2005 年，赤湾港区 25 个规划泊位全面完工，赤湾港区成为华南规模最大的集装箱码头之一。同时，还建有海上救捞基地、危险品装卸专用码头。深水码头一期兴建 196 米，水深为 11 米，靠泊能力 1 万吨（目前已升级为 5 万吨），提供专业石油后勤服务基地泊位停靠服务。兴建中的深水码头二期 400 米，其中 5 万吨泊位两个，水深 9.7 米。作为重要的南海海域服务保障平台，深圳赤湾石油基地占地 60 万平方米，各种专业仓库 11 万平方米、堆场 30 万平方米、办公设施 4 万平方米、码头岸线 1465 米，拥有石油工作船泊位 11 个。开发建成深水油气码头 660 米、深水泊位 4 个，并添置石油装卸和服务设备。2012 年 11 月，达飞"马可波罗号"挂靠赤湾集装箱码头，该船长 396 米，宽 54 米，运力达到 16 020 标准箱，是当时全球最大的集装箱船舶，这证明赤湾码头有操作超大型巨轮的能力。2014 年 7 月，超大型集装箱船舶"地中海伦敦"首航赤湾集装箱码头，该船长 399 米，宽 54 米，可装载 16 652 标准箱，是赤湾港区迄今为止挂靠的最大型集装箱船舶。2015 年，赤湾石油基地建成 3 个深水泊位。

深圳赤湾石油基地，充分利用特区优势和股份公司的自主权，大力发展与港口有关的业务，向着综合性、多功能、多元化目标迈进。拥有各类现代化的专业设备，为石油和石油服务公司提供从船到仓、仓到船的各种石油钻井生产设备的装卸运输服务。拥有两栋办公楼（赤湾石油大厦、赤湾大厦）共 3 万平方米，为客户提供具备市场竞争价格优势的办公室租赁及优质的物业管理服务，如物业设施维保、绿化、清洁、安保及邮件报纸派送等相关物业服务。赤湾石油基地内共有 52 家石油和石油服务公司。深圳赤湾石油基地股份有限公司的核心业务包括石油后勤、宝湾物流、海洋工程，已发展成为中国领先的以高端物流园区开发运营服务、石油后勤服务及海洋科技产业园区服务三大产业为核心的多元化企业。

中国南山开发（集团）股份有限公司从一个单一海洋石油后勤服务企业，在历经初期创业、成功上市、战略转型和多元化发展历程后，现在已经发展成为以石油后勤保障服务、海洋工程服务和物流后勤服务三大产业为核心的多元化上市公司（集团旗下控股企业深圳赤湾港航股份有限公司和深圳赤湾石油基地股份有限公司在深圳交易所上市）和跨地区经营的综合性大型企业集团。南山开发公司拥有前海蛇口自贸区赤湾片区 3.4 平方公里土地，投资运营 36 个物流园区和特色产业园区，业务覆盖全国 30 多个核心城市，客户遍布全球。南山开发公司创造多个"中国第一"：创办中国第一家中外合资股份制企业；创办中国第一家实行政企分开、无直接上级主管单位的股份制企业；创造中国第一家无国家计划调配资源、以完全的市场机制参与全球港口竞争的企业；创造中国第一家无国家拨款、以企业集资，按照"边建设、边使用、边回收、边扩大"的滚动建港模式自主建造、开发和经营港口的企业；培育中国第一家物流行业上市企业深基地（200053）；培育中国第一个港口行业上市企业深赤湾（000022）。深圳赤湾基地目前已成为享誉世界的石油勘探后勤服务基地之一，为南海东部石油天然气勘探开发提供全方位保障服务，从平台物资的码头装卸、转运到存储，到石油勘探开发设备的保养维修。截至 2016 年 12 月，总资产超过 300 亿元人民币，员工近 7000 人，营业收入达 100 亿元，利润总额 16.4 亿元。

外籍人"扎堆"蛇口，成为深圳西部地区一道独特的风景。1983 年下半年起，南海油田珠江口区块进入勘探阶段，第一轮中标的 7 家外国石油公司先后开钻，其中 3 家打出高产油井。南海石油开采的前景一下子乐观起来。1984 年 1 月，英国石油公司迫不及待地宣布，将把赤湾作为石油基地，为其他跨国石油公司树立榜样。随后阿莫科、埃索、ACT 等十几家知名石油公司，紧随英国石油公司进驻赤湾，不仅带来 60 多家石油开发配套企业，而且带来英、美等 30 个国家的 3000 多名员工。深圳赤湾基地凭借专业的海洋石油后勤服务吸引中海油、阿吉普、哈斯基石油、康菲石油、CACT、阿莫科石油、新田石油、挪威石油、JHN、雪佛龙、ENI 等世界知名石油公司相继入驻，同时成为斯伦贝谢、威德福、哈里伯顿、贝克等 60 多家国内外知名石油服务公司的钻采服务技术基地，并为客户量身定制个性化专业基地。虽然赤湾基地规模小于英国的阿伯丁等大型基地，但其在国际海洋石油界颇具盛名，挑剔的石油巨头们在这里可以享受到符合国际标准的石油后勤服务。

蛇口和赤湾因此成为中国南方最大的石油城，集中最多的石油企业中国开采总部，在外籍石油公司中具有较高地位，因此将其定义为"华南石油城"。蛇口最早居住的外国人，是开发南海石油的石油公司员工。大量石油工人居住到蛇口，形成工作在油井、生活在蛇口、生产在海上、商务在蛇口的局面。一些国际石油公司海上雇员实行海班 28 天、海休 28 天的工时制度，一到休闲时间，会看到蛇口的酒吧一条街坐满了外国人。1988 年后，南海石油服务基本上转移到赤湾石油基地，但外国石油公司总部及其员工居住仍在蛇口。随着环境的改善，深圳蛇口的吸引力增强。到 1992 年，原驻广州、珠海的外国石油公司全部迁至蛇口，不久，居住在湛江、在南海作业的外国石油公司也全部落户蛇口。在激烈竞争中，深圳蛇口赤湾成功地将所有在南海勘探开发作业的 13 家外国石油公司的总部吸引过来，使蛇口成为南海石油指挥中心和后勤基地。1997 年以前，国外石油公司的工作人员以外籍人员为主。这里俨然像一个小联合国，集中了深圳超过 40% 的外籍人士。随着深圳经济的发展与质量的提升，国外金融、IT、零售等行业公司纷纷进驻深圳，随之大批外国员工来到深圳，蛇口成为他们居住的首选地，如沃尔玛、家乐福、汤普森、三星、LG、宜家、马士吉、加柏等国际知名公司的高级管理人员。深圳现有 3 万多居住一年以上的外籍人士，二分之一居住南山，在南山的外籍人主要居住在蛇口和华侨城两个片区，在蛇口居住的外籍人士约有 10 000 人左右。鲸山别墅是蛇口最早的外国人居住社区。建成以来，鲸山别墅（188 套别墅、5 栋 84 套公寓）长期保持着 90% 以上的租住率，如今有 200 多户外籍人士居住，以每户平均有 4 人计算，计有 800 多名外籍人士居住。泰格公寓是 2005 年建成使用的专为外籍人士居住的酒店式服务公寓，也是蛇口外国人居住最集中的公寓，居住有外籍人士 800 多人。蛇口的龟山别墅、碧海花园、兰溪谷、花园城、半岛城邦、南海玫瑰园，也是外籍人士集中居住小区。外国人选择蛇口居住，是因为蛇口的环境优美，倚山傍海，毗邻香港，各种配套设施齐全。蛇口不但有多家国际学校，可以让子女就近上学，而且有海上世界、酒吧一条街，世界上比较有特色的餐饮，在这里都能找得到。相对来讲，蛇口也比较安静、安全。以前，蛇口只有鲸山别墅一座国际学校 SIS（蛇口国际学校），如今在校学习的外籍孩子已有 700 多人。位于海上世界碧涛中心的科爱赛国际学校是以英语教学的国际学校，多个校区有 1000 多名孩子上学。日本商工会在蛇口海上世界成立一所以日本语教学的深圳日本人学校，有 200 多名日本孩子在学校上学。近年来，美国、加拿大也有外籍人士在深圳投资建立国际学校，规模不大，有几百个孩子来学习。越来越多的国际学校，越来越多的外籍孩子，反映出在蛇口居住的外籍人士日渐增多。美国驻广州的一位商务代表曾说：我在中国再也找不到像蛇口这样的地方了。

赤湾是一个以企业为主体建设运营的产城融合小镇。这里不仅有赤湾港，还扩建塔楼，竖立新村牌坊，新建观海亭和文天祥纪念公园，新立林则徐铜像，还保存修复宋少帝墓、天后宫、小南山烟墩、左炮台等历史文物，使之成为文化旅游景点。1982 年建港初期，作为拆迁补偿赤湾村民祖祖辈辈营造的良田和临海旧居，南山开发公司为他们修建 28 幢双层楼房，还配套建设有住宅小区、幼儿园、学校、医院、活动站等，这些建筑沿着小南山麓盘山路向上扩展延伸。

二、罗致人才，办"黄埔"培训班

人才是决定工业区发展成败的关键要素，袁庚和招商局蛇口工业区从1979 年初创时就意识到这一点。他们除一方面加强"五通一平"基础工程建设和招商引资外；另一方面加强人才建设，从全国招揽人才，加强干部和人才培训，不断提高干部和员工的知识水平和业务能力。

早期交通部、招商局系统的干部和职工中有很大一部分是军队转业干部。几任交通部部长，叶飞是上将，曾生、彭德清都是少将，袁庚自己也是军人出身。早期奉命前来蛇口拓荒的干部大都是从招商局和内地交通系统调来的工农干部，文化素养不高，国际知识欠缺，难以与外商打交道。

当时，就流传着蛇口工业区高层干部闹出的三则真实的笑话。[①]

笑话一："剑桥大学建多大的桥？"

英国剑桥大学派团访问蛇口。蛇口工业区一位干部与外宾接洽时谦逊地问道："你们建（剑）桥大学，主要建造多大的桥？"

翻译有心想搪塞过去，但对方有位懂汉语的客人笑出了声。

笑话二："美国人讲什么语？"

美国一个商务代表团访问蛇口，有意签订一些合作协议。

蛇口工业区一位干部笑容可掬地询问对方："英国人是讲英语的，你们美国人讲什么语？"

还好，这位干部还没有讲出："你们美国人是不是讲美语？"否则更好笑。

笑话三："360 度的转弯。"

国务院副总理谷牧在蛇口听取汇报。蛇口工业区一位干部有感而发："刚去香港一趟，看过那边的情况后，思想彻底转过弯来了。不只是 180 度的转弯。"

谷牧笑问："那是多少度呀？"

那位干部认真答道："是 360 度的转弯。"

谷牧笑说："同志，你转到哪里去了？"

这位干部也笑了一笑，但他没有弄懂谷牧副总理忍俊不禁的真正原因。

这几则笑话，是 20 世纪 70 年代末、80 年代初发生在蛇口工业区的真实故事。笑话的主人公实有其人，但人们讲的时候都隐去其名，不想揶揄这些在蛇口工业区拓荒中作出巨大贡献的老人。这些笑话当时广为流传，可谓家喻户晓，至今还有人记忆犹新。特别是谷牧和袁庚还不时讲起这几

① 招商局集团办公厅、招商局史研究会：《袁庚文集》，2012 年，第 90 页、第 104 页。

则笑话，起到很好的"宣传"效果。

当时，蛇口工业区各类人才十分紧缺，急需从交通部门之外调入大量人才，但按照当时的干部人事制度，无法调这么多干部到蛇口。根据当时规定，蛇口劳动用工须由所在省市分配指标，干部技术人员只能由其上级部门调配和任用。袁庚看在眼里，急在心里，下决心一定要解决好工业区的人才和干部问题。

1979 年春节过后，在袁庚多次请求下，交通部从部属单位先后选派一批干部和技术人员借调支援蛇口。这批干部政审很严格，不仅是技术性干部，还必须作风正派。这批人员有陈金星、王今贵、邹富明、丁传作等。虽然如此，但是这批干部和技术人员，业务方面仅限于水务和交通方面，远远不能满足综合性工业区建设的需要。根据 1978 年从北京交通部调来深圳筹建招商局蛇口工业区的王今贵回忆，当时选派干部来深圳，除了业务条件，还有两个附加条件一定要满足，一是政治上非常可靠，自己本人不会逃港；第二个是生活作风要过硬，因为青壮年男子都游过去了，这边只剩下一些老弱和妇女儿童。[①]

① 《改革开放 30 周年系列：特区之火 可以燎原》，《瞭望东方周刊》2008 年 9 月 29 日。

1979 年 5 月至次年年初，招商局蛇口工业区接连呈送六次报告给交通部，举出实际情况，请求特殊照顾和支持，但收效甚微。一方面，借调来的干部，缺乏专业知识，不适应工业区的要求；另一方面，少数具有专业知识、能力较强的干部，不愿留下，原单位还催他们回去。

1979 年 11 月 18 日，由广东省、深圳市、招商局共同签订的《关于经营蛇口工业区的内部协议》（以下简称"《内部协议》"）规定：蛇口工业区的工人和技术人员，由深圳市劳动服务公司负责招聘，经工业区劳动服务公司或人事部审核合格后，与深圳市劳动服务公司签订合同。可见，当时招商局蛇口工业区还无权自主招聘工人和技术人员。

1980 年 3 月 7 日，33 岁的乔胜利被交通部指派到蛇口工业区。他是从广州远洋公司人事处调入的。他过去是专门从事人事工作的，被袁庚和蛇口工业区看中。3 个月后，乔胜利被任命为工业区人事处科员、劳动服务公司副经理、培训中心支部书记，后来 36 岁时被任命为蛇口工业区党委副书记。

1980 年 3 月 26 日，中央书记处书记、国务院副总理谷牧在广州主持召开的广东、福建两省汇报会上谈到蛇口工业区情况时指出，现在需要解决的问题，比如劳动指标和技术力量可以不受限制，按实际需要，择优招聘请，在劳动管理上，采取一些新的管理制度，都像内地那样搞人海战术不行。刘田夫插话："达成的《内部协议》中已有明文规定，现在有新问题，可以再提出来。"袁庚插话说："我们要求中央、广东省加强领导，帮助解决一些问题，否则那里就要卡住了。"刘田夫插话："有问题可以提出来，加以研究解决，先念、谷牧同志同我们都谈过，问题要分别加以解决。"谷牧说："我看，劳动指标和技术力量，可以允许他们登报招考，条件符合要求的录用，不符合的不要，另作其他安排。"①在这里，谷牧代表中央允许蛇口工业区在劳动用工和技术人才引进上从计划体制里开一个小口子。"空口无凭，有字为证"，袁庚立即亲自起草一份报告递给谷牧副总理，以获得谷牧副总理的批示。

① 香港招商局编：《广东省深圳特区招商局蛇口工业区文件资料汇编》（第一集），1981年，第32—33页。

1980年3月28日，招商局常务董事长袁庚就工业区人才招聘问题向正在广州出席广东、福建两省会议的国务院副总理谷牧呈送报告：

谷牧同志：

关于蛇口工业区自营、合营企业所需之中方专家（包括董事长）、工程师、技师、懂外文的财务会计等专门人才的罗致问题，根据您三月二十六日讲话"可以登报招聘、招考，条件符合要求的录用，不合格的不要；录用后违反劳动纪律、经教育不改，最后达不到要求的可以解聘。"我们对此完全拥护。这样做不仅可抢选真才，开风气之先，而且可杜绝后门、用人公允。此外是否要加上一条，即对各应聘应考专业人才，其所在单位在其本人自愿原则下应予支持鼓励，不要加以留难。上述人数不多，不致影响各企业、单位，而对蛇口工业区则是极大支持，使新生事物得以迅速成长。以上如无不当，望批转和通报有关单位为盼。

袁庚
三月二十八日②

② 香港招商局编：《广东省深圳特区招商局蛇口工业区文件资料汇编》（第一集），1981年，第34—35页。

1980年3月28日，中央书记处书记、国务院副总理谷牧当天就对招商局袁庚的报告给予批示：

我同意。据此同有关方面交涉。各方均应支持你们。

三月二十八日③

③ 香港招商局编：《广东省深圳特区招商局蛇口工业区文件资料汇编》（第一集），1981年，第34—35页。

有了谷牧副总理的支持，袁庚立即着手广泛收罗人才。招商局委托交通部情报所具体组织招聘考试事宜，其招考办法是：在报刊上公开招聘干部和人才的要求、条件及考试科目等事项。等报名结束后，对报考者的基本条件进行审查，凡符合条件者集中在北京、上海、武汉、广州四地进行考试。经过笔试、口试和组织考察等程序，选拔一批有志于特区建设的人才。就这样，蛇口工业区在全国率先实行"择优招雇聘请制"。

1980 年 8 月，招商局发给交通部一份紧急电报，要求对非专业人员、分配的大专生（工农兵学员）和一般行政人员，一律停止从组织内调进，希望从全国直接招聘选拔适应人才，以切断组织分配渠道。到了同年冬天，蛇口工业区基本上停止了从交通系统接受非专业干部和非工程技术人员进入工业区工作。

1980 年 8 月 8 日，国家进出口管理委员会和国家外国投资管理委员会副主任兼秘书长江泽民到蛇口工业区检查工作。他指出：如何解决各合营新建工厂所需的技术人才，确是个大问题。这个问题省特区管理委员会要研究，要帮助解决，要认真贯彻谷牧副总理关于公开招聘技术人才的批示。同有关专业单位合营，由他们配备新建厂所需的技术人才，也是一条路子。①

1980 年 9 月 24 日，中国社会科学院工业经济研究所副所长薛葆鼎、周叔莲等 8 人访问蛇口工业区，他们提出："人才要很重视。我们同意通过国内联合，加上招聘、招考的办法解决人才问题。没有人才不行，尤其是经济分析人才、工程技术人员、管理人员，还有律师，都是不可少的，要成套配齐培养。这个问题深圳目前还谈不上，你们应该解决，我们回去后给你们呼吁。"②

1981 年 1 月 19 日，袁庚主持办公会议时说："今后的人才怎么来？真正能调来的还是少数，人家培养好的人，不可能给你，所以只有进行人才投资。招来的大学生先放到工业区的公司里，然后再放到外面学习半年到一年，要学管理、学技术。要下决心培养一批新人。人才投资，指挥部要有专人抓这项工作，从三方面去培训：一是英语；二是配合工业区企业发展需要的知识；三是先进的企业管理知识。人才投资一定要重视。"③

1981 年 4 月开始，蛇口工业区按照国务院领导的批示，在全国范围内招考招聘各种专业人才，开办英文财会培训班，培养既懂财会业务，又有英文基础的财会人员，以适应合资企业对财会人员的要求。

1981 年 5 月 27 日至 6 月 14 日，国务院副总理谷牧在北京主持召开国务院特区工作会议，袁庚应邀在会上发言时指出："蛇口工业区的干部弱、水平低、数量缺。在领导班子中，急需配备有文化知识、有企业管理经验、年富力强的干部及有一定的政治水平、懂得科学技术的专业人员。在各个合资企业中，也急需配备一批具有高、中级专业水平的企业管理人员、工程技术人员和财务会计人员。"④

1981 年 8 月，蛇口工业区开始在各重点大学及各地公开招聘人才。

① 香港招商局编：《广东省深圳特区招商局蛇口工业区文件资料汇编》（第一集），1981年，第 111—112 页。

② 香港招商局编：《广东省深圳特区招商局蛇口工业区文件资料汇编》（第一集），1981年，第 118—123 页。

③ 招商局集团办公厅、招商局史研究会：《袁庚文集》，2012 年 9 月编印，第 48 页。

④ 招商局集团办公厅、招商局史研究会：《袁庚文集》，2012 年 9 月编印，第 48 页。

1981 年 8 月 16 日至 17 日，在武汉长江航运局的海员俱乐部张榜招考干部。两天时间，近 50 名应聘者参加三门考试：一是英文，二是国际知识，三是写篇论文。袁庚出的题目《试论我国对外改革开放》。这也是中华人民共和国历史上第一场公开干部招聘考试。后来发现在交通部系统内部发布消息，面窄投考者少，难以招聘到合格人才。所以又开始在报纸上刊登招考广告，立即取得效果。1981 年 9 月开始，蛇口工业区在《广州日报》上刊登招聘广告（图 3-3），广州一个考点报考人数就达 600 名，有资格参加应试者 230 名，择优录取 48 人，平均年龄 38.5 岁，均系大学理工科毕业生，具有较好的专业知识水平和英语基础，这些招聘来的干部后来绝大多数成为工业区的业务骨干。1981 年 11 月，蛇口工业区又分别在北京、上海、杭州等地公开招聘 45 岁以下的中青年专业干部，从清华大学、同济大学、交通大学、浙江大学、上海海运学院等院校招收 34 名大学本科毕业生和研究生，经过培训 1 年后，予以量才录用。同年，工业区从连云港选聘回一批外语专业人才，一共招来 22 个 20 岁左右的年轻人。

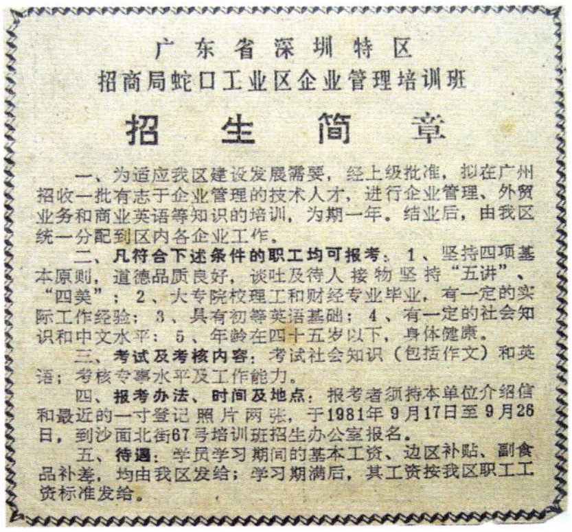

广东省深圳特区
招商局蛇口工业区企业管理培训班
招生简章

一、为适应我区建设发展需要，经上级批准，拟在广州招收一批有志于企业管理的技术人才，进行企业管理、外贸业务和商业英语等知识的培训，为期一年。结业后，由我区统一分配到区内各企业工作。

二、**凡符合下述条件的职工均可报考**：1、坚持四项基本原则，道德品质良好，谈吐及待人接物坚持"五讲"、"四美"；2、大专院校理工和财经专业毕业，有一定的实际工作经验；3、具有初等英语基础；4、有一定的社会知识和中文水平；5、年龄在四十五岁以下，身体健康。

三、**考试及考核内容**：考试社会知识（包括作文）和英语；考核专业水平及工作能力。

四、**报考办法、时间及地点**：报考者须持本单位介绍信和最近的一寸登记照片两张，于1981年 9 月17日至 9 月26日，到沙面北街67号培训班招生办公室报名。

五、**待遇**：学员学习期间的基本工资、边区补贴、副食品补差，均由我区发给；学习期满后，其工资按我区职工工资标准发给。

图 3-3　蛇口工业区企业管理培训班招生简章

然而，在北京、上海等地的招聘并不顺利，遇到相当大的困难和阻力。1981 年，蛇口工业区从广东、武汉、北京 800 多人报名考试中，录取了 50 名，但是录取后有十几个尖子的所属单位不放。当时的干部统调统分，不能流动，有人想到蛇口工作，单位不放，调动无门。实际上，直到 1988 年，高等院校大学生分配工作才有"双向选择"一说，到 1994 年，国家机关才在具有北京市户口的人员中公开招考公务员。

1982 年 3 月 28 日下午，中央书记处书记、国务院副总理谷牧乘船从珠海经济特区到蛇口工业区视察，登上微波通讯站，观看了工业区全景。当袁庚说为了引进国外的先进管理方法，我们的工厂如货箱厂、铝厂等，都聘请外籍人士当经理时，谷牧说："这个你们不要怕，邓小平同志说了，可以聘请外国人当经理，这不是卖国。"①

1982 年 3 月 29 日上午，中央书记处书记、国务院副总理谷牧在深圳市新园招待所主持一次会议，再次听取袁庚有关蛇口工业区建设情况的汇报。当袁庚汇报到在全国范围招考专业人才，办了两期培训班时，谷牧问："有没有遇到抵制的？"袁庚说："有。有的报考者考试得分高，条件较好的'尖子人物'，原单位就是不放，所以招聘也是困难的。最近我们想从清华、交通等大学中招请一些应届毕业生或研究生。我们将送上一个报

① 香港招商局编：《广东省深圳特区招商局蛇口工业区文件资料汇编》（第三集），1983 年，第 1—3 页。

告——关于请中央组织部支持我们解决各种专业人员，包括招聘蛇口工业区区长和副区长的报告，请谷牧同志批一下。"

袁庚是个敢干事、能干事的人。他有备而来的，他把写给中央组织部部长宋任穷的信递给谷牧副总理，并附上报告。

袁庚同志致宋任穷同志的信

请谷牧同志审阅后报宋任穷同志：

我不揣冒昧地写这封信给您，并派工业区副指挥刘清林、工业区劳动服务公司乔胜利同志携带《报告》一份及有关资料前来汇报，请指定负责同志赐见，并予指示。

袁庚

一九八二年三月二十八日[①]

1982 年 3 月 28 日，招商局、蛇口工业区联合向中共中央组织部呈送《关于请求解决各种专业人员的报告》：

关于请求解决各种专业人员的报告

中央组织部：

招商局蛇口工业区建设两年多来，在挫折和困难中前进，已初具规模，目前急需一批年青的有志之士、有识之士参加市政建设和企业管理工作。据统计，1982 年需各种专业人员 220 人，其中包括业务水平能胜任工业区区长（市长）、副区长（副市长）的人员各一人，第二期企业管理培训班学员 40 人。

从工业区的特定环境与条件出发，所需人员不仅要求思想觉悟高，工作能力强，专业知识丰富，并要求具有一定外语水平。根据我区两年多来的经验，上述各类专业人员在交通部系统内调派有一定的专业局限性，难以满足要求，因此直接越级请求中央组织部破例支持。对上述专业人员的罗致，建议由中组部主持，我区派人协助，在有关省、市、院校实行招考招聘。

事属初创，如困难甚多，是否可在清华大学、北京外贸学院、中央财经学院和上海交通大学、复旦大学的研究生、应届毕业生中进行招考招聘，也可由中组部及上述院校负责推荐。

招商局

深圳市招商局蛇口工业区

一九八二年三月二十八日[②]

① 香港招商局编：《广东省深圳特区招商局蛇口工业区文件资料汇编》（第三集），1983年，第 114 页。

② 香港招商局编：《广东省深圳特区招商局蛇口工业区文件资料汇编》（第三集），1983年，第 115—116 页。

1982 年 3 月 29 日，中央书记处书记、国务院副总理谷牧在午饭后与袁庚个别谈话时，当即在袁庚写给宋任穷同志的信上批示：

任穷同志：

　　这是选人用人的一个新的路数，我看应当支持特区进行试行，请酌。

谷牧

一九八二年三月二十九日①

1982 年 4 月 28 日，中央组织部干部调配局向北京、上海、湖北、四川等省市组织部，机械工业部、轻工业部、教育部等干部、人事司（局）发出《关于支持蛇口工业区解决专业干部的信》：

北京、上海、湖北、四川等省、市委组织部，机械工业部、轻工业部、教育部干部、人事司（局）：

　　广东省深圳市蛇口工业区近年来发展很快，但行政管理干部和专业技术干部比较缺乏，请求从内地商调。中央领导同志批示应予支持。请根据本单位干部实际情况，尽量予以推荐人选。调干中的具体事宜，请按照有关精神酌情商定。现介绍深圳市蛇口工业区刘清林、乔胜利同志前去你处面谈，请接洽、协助。

中共中央组织部干部调配局

一九八二年四月二十八日②

1982 年 7 月 5 日，中央政治局委员、国务院副总理万里找袁庚谈话，当袁庚汇报了蛇口工业区建设的情况，在谈到干部情况时，袁庚说："调进的干部必须是专家，大学理工科毕业的。以前调进的干部，有的缺乏专业知识，很不适应。"万里说："你们可以与大专院校签订合同。"袁庚说："我们向清华大学要了一些专业的研究生、毕业生和干部，但人事制度、干部制度上有很多框框，不那么容易破除。"万里说："我们的人事制度有很多问题需要改革，现在有好多有才干的人发挥不了作用，而没有才干的人占着位置。"③

1982 年 9 月 9—10 日，袁庚主持蛇口工业区建设指挥部干部会议，会议指出：工业区在建设中要重视智力开发，举办专业干部培训班的做法是完全必要的，方向是正确的。财会人员和企管干部培训班为今后培训干部积累了经验，还要继续一期一期地办下去，为实现工业区干部队伍的革命

① 香港招商局编：《广东省深圳特区招商局蛇口工业区文件资料汇编》（第三集），1983 年，第 113 页。

② 香港招商局编：《广东省深圳特区招商局蛇口工业区文件资料汇编》（第三集），1983 年，第 117 页。

③ 香港招商局编：《广东省深圳特区招商局蛇口工业区文件资料汇编》（第三集），1983 年，第 41 页。

化、年轻化、知识化、专业化作出贡献。要重视职工的政治思想教育，每周学习时间安排四至六小时。

1982 年 10 月 25 日，袁庚主持召开碰头会，就如何分期分批轮训干部进行讨论，并作出决定。会议指出，目前工业区有干部 448 名，其中大专、中专以上文化程度的有 337 名，占 75.2%，但初中毕业以下文化程度的仍有 58 名，这些干部有实践经验，但科技知识、管理理论未能得到系统的学习，与工业区建设发展的需要尚不完全适应，对他们的培训提高尤为迫切。大家认为，当前要首先对现有初中文化程度以下的干部（包括副经理以上干部）组织脱产学习，要以十二大精神为指导，以企业管理、科技文化知识为主要内容进行培训，每期半年，分两期于 1984 年上半年轮训完。

此后，蛇口工业区招聘人才工作进展较为顺利。1984 年，《广东省深圳特区招商局蛇口工业区企业管理培训班招生简章》见于全国性报刊，反响很好。例如，上海考区招聘 200 人，前来报考的人数达到 2000 余人。工业区招聘人才，一律通过考试，择优录取。招聘干部，必须具有较高思想觉悟和立志改革的精神，具有大专以上文化水平。招聘人员实行年龄限制，除具有高级职称的专业技术人员可适当放宽外，一般不得超过 45 岁。

到 1985 年，在工业区 1100 多名干部和职员中，具有大专以上学历者占 67%。公开招考招聘，大大改变了工业区干部和职工队伍的知识结构和年龄结构，为加快工业区发展注入新鲜血液和强劲动力。曾担任过中集集团总经理、工业区副总经理的顾立基，南山开发（集团）股份有限公司总经理、招商局集团总裁的傅育宁，中集副总经理黄守廉，工业区发展研究室主任、总经理助理和深圳市瑞骐投资顾问公司总经理的余昌民，招商局物流集团总经理的李雅生、平安保险公司董事长兼总经理的马明哲等都是蛇口工业区通过公开招考从全国罗致而来的人才。

从 1981 年起，蛇口工业区推行培训教育，积极采取有效措施培训各种专业人员。大学毕业生在大学期间所学的专业往往不能满足工作的要求，工业区面向实际，积极开展培训工作，提高他们的专业水平和面向实际的工作能力。1981 年 4 月 15 日，工业区举办的英文财会培训班正式开课。学生来源：一是从高中毕业、高考未被录取而成绩较好的待业青年中招收；二是从连云港分配来的学过两年外语专业的年青职工中招收，共培训学员 16 名。开设工业会计、工业成本核算、珠算、英语等课程，上午上课，下午、晚上自学，由教师进行辅导。最后组织学员到沙河工业区实习。培训班历时五个半月结业。财务英文培训班，为工业区合资企业培养了一批既懂财务业务，又有英文基础的财会人员。

1981 年 12 月 8 日，工业区举办的第一期企业管理培训班正式开课。由于招录到的干部调动困难，原定 1981 年 10 月 20 日开学的第一期培训班，不得不推迟开学。即使如此，在开学以后，仍有学员陆陆续续报到。蛇口工业区的第一期培训班学员主要来自交通部系统各单位，当时还没有在全国范围公开招生，绝大多数为广东人，懂粤语，英语基础较好。袁庚在开学典礼上致辞的第一句话就是：我对不起诸位，把大家骗来了（图 3-4）。袁庚说：蛇口工业区什么都没有，只有沙子和海水，如果我们干不好，就只能吃沙子喝海水。我是一个大冒险家，你们是些小冒险家，我在全国范围内把你们这些小冒险家网罗到蛇口工业区来，我们来冒一些险，搞一些改革。我的户口还在北京，我失败了还可以回北京。现在，你们调入了蛇口工业区，你们的户口来了这里，假如失败了，你们是没有退路的！这就需要你们背水一战。成不成功我没有把握啊。要是成功了我们都没有话说，要是失败了，放心，我领头，我们一起跳海去！[①]

工业区委托交通部情报所协助筹办培训班，一个学员一年由工业区交600 元。1981 年 4 月 20 日，林鸿慈应袁庚之邀前来蛇口工业区筹办企业管理干部培训班。培训班以培育特区独资或合资企业所需的中级管理人员为主要目标（图 3-5），以进行政治思想教育、讲授现代企业管理、英语等课程为培训内容。课程包括政治经济学、企业管理、外贸实务、英语、汉语写作、中文书法、粤语、汽车和摩托车驾驶。培训班还包括专题讲座：开

① 涂俏：《袁庚传：改革现场（1978—1984）》，深圳：海天出版社，2016 年，第 212—213 页。

图 3-4　袁庚在蛇口工业区第一期企业管理干部培训班开学典礼上讲话

图 3-5　培训班学员正在上课

图 3-6　蛇口工业区培训中心圆坛庙旧址

学到第二年 3 月底，请内地专家讲授；4 月到 7 月，请香港及国外专家讲授；8、9、10 月，请有关部门（中国银行、海关、商检、边防、旅游等）专家讲授。从课程看，实战型很强。学员们到蛇口接受培训，不许带家属，每月领取生活费 130—150 元。当时办学条件十分简陋，学员们在位于南山半山腰圆坛庙的平房里（原为边防部队的军营，图 3-6）上课，教室里没有空调，除此之外，只有一间简陋的图书馆。培训班没有食堂，每顿饭，学员须走四五里路下到位于海边的竹棚食堂去吃。如有境外专家、学者授课，就只好借用中集或海虹油漆厂装有空调的大食堂作教室。但这些丝毫不影响学员们高涨的学习热情。由于教学目标是为工业区独资和合资企业培训中级管理人员，因此有人把这个班称作"经理培训班"。但学员们却另有称呼，他们把这期培训班自诩为蛇口的"黄埔军校"。培训班开学时，不知谁在教室门上贴上"不改革者莫入此门"的横幅，与当年孙中山对黄埔军校的校训"不革命者莫入此门"大有异曲同工之妙。袁庚曾说："这里是我们蛇口工业区的黄埔军校，是催生现代化管理人才的加温器，孙中山先生曾在黄埔军校门前写过'不革命者不入此门'，我们这里是'不改革者不入此门'。"也有蛇口人说，蛇口，就像革命时期的延安。蛇口工业区培训中心，就像那时的"抗大"。1982 年初，袁庚请来加拿大多伦多大学的心理学教授江绍伦，让他给学员们作报告。有人提出质疑：为什么要请资产阶级学术权威来散布唯心学说？袁庚笑答：西方学者把人类行为学植入经济管理中，作为一个专门学科来为企业经营者服务。把"效率"和"满足感"放在经济学中加以考察，有其唯心的一面，也有可借鉴之处嘛！袁庚还反问道：难道我们大家就没有一点勇气接触一点离经叛道的学说流派？不应具备一点开阔视野、洞察世情、取之长弃之短的能力吗？根据蛇口工业区培训中心首任主任梁宪回忆：刚刚从"文革"阴影中走出来的学员，直接接触到西方世界最前沿的经济理论、企业运作模式、人员管理经验，相当一部分人一时间很难接受，"这不是资本主义的东西吗？"后来的事实证明，他们所学到的知识，正是改革开放建设所必需的。①

1982 年 4 月 3 日，中央书记处书记、国务院副总理谷牧在视察蛇口工业区和深圳经济特区后指出："一路来，听到同志们讲，我们当前最大的困

① 徐明天：《蛇口"黄埔一期"》，《人民网》2008 年 10 月 28 日；张后铨编著：《招商局与深圳》，广州：花城出版社，2007 年，第 159 页；陈禹山、陈少京：《袁庚之谜》，广州：花城出版社，2005 年，第 162—166 页。

难，不是钱，不是物，主要是人才不够，缺乏经验。解决这个问题也没有别的办法，不能停下来办学校、调干部，有了经验，有了人才，才办特区。解决这个问题的唯一办法，就是毛主席说的'从战争中学习战争'。"①

① 香港招商局编：《广东省深圳特区招商局蛇口工业区文件资料汇编》（第三集），1983年，第16页。

　　1982年10月底，首期企业管理培训班结业，其中9人提前安排工作，两人退学。1983年，蛇口工业区领导班子调整，中层干部青黄不接。顾立基、周为民等4名学员，仅仅培训半年后便提前毕业，走马上任。学员王潮梁后被任命为"海上世界"总经理。正式结业的学员不是由组织部门分配工作，而是由工业区劳动服务公司按各人原有专业及学习成绩，向对口企业推荐，双方认为条件合适后签订合同，由企业董事会发给职务聘书。第一期培训班学完结业的37名学员（图3-7），有9人应聘担任合资企业副经理或经理助理，其余28人在工业区的企业管理部门和14个公司中任职。

图3-7　培训班师生合影

　　当企业管理培训班第一期刚刚入学时，工业区就着手第二期学员的招生工作。为1982年的第二期培训班招生，袁庚曾骑着自行车到清华大学、北京大学等高校，向恢复高考的首届一九七七级毕业生们发出邀请。此后，各期的蛇口培训班都是面向全国公开招聘（图3-8）。1982年1月，第二期培训班正式开学。工业区领导要求，培训班就是要为企业培训骨干，通过培训培养出中国第一代企业家。还要求学员学好英语，掌握驾驶技术。通过培训要使学员走上工作岗位后与外商谈判不带翻译，外出办事自己可以开车。袁庚还将自己的轿车从香港调过来供学员学习之用。1983年初，招

图3-8　1983年3月25日，《人民日报》刊登文章《蛇口工业区改革人事管理制度》

商局轮船股份有限公司批复了蛇口工业区的工资改革方案（图3-9）。在20世纪80年代初期，这些理念是十分超前的。第二期培训班原计划培训一年，后因工业区各项事业迅速发展，许多学员提前走上工作岗位。第二期学员还分两批赴香港考察、见习。曾担任蛇口工业区总经理的顾立基就是第二期学员。袁庚力邀前外交部礼宾司司长朱传贤到蛇口主管外事和南油服务工作。在袁庚支持下，朱传贤的外交才华得到发挥，一些已在外地落脚的石油老板们移居蛇口。

① 香港招商局编：《广东省深圳特区招商局蛇口工业区文件资料汇编》（第三集），1983年，第61—62页。

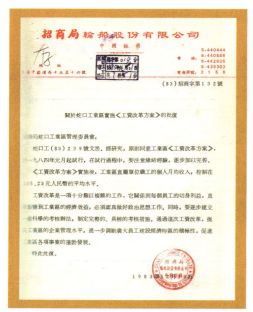

图 3-9　1983年，招商局关于蛇口工业区实施《工资改革方案》的批复

② 梁宪，1979年6月由交通部赴香港招商局工作，深得袁庚赏识，1979年进入蛇口工业区，曾任工业区管委会委员、董事会董事、培训中心主任，1985年调回招商局集团担任研究部总经理，1999年退休，后为中集集团高级顾问。

③ 吴建升：《"不改革者不入此门"》，《晶报》，2016年2月4日。

到1983年2月，工业区有职工3000多人，平均年龄22.2岁，党团员占24.5%，工业区干部队伍中，高中、中专、大专以上文化程度的占85%。工人当中，初中、高中各占一半。①

1983年，工业区决定自办第三期企业管理培训班（第一、二期是委托交通部情报所代办）。为此，蛇口工业区成立培训中心，作为工业区培训工作的常设机构，由招商局"军师"、袁庚的智囊梁宪②担任培训中心首任主任。这时培训班改变过去只招收理工科学员的做法，开始理工科、文科各招聘一半，培训工作从原来的干部培训逐渐向全员培训过渡。1983年12月26日，工业区第三期企业管理培训班开学。1983年至1984年，工业区所有中层干部每个月都有集中一两次进行业务交流与学习的机会，学员们在交流中相互促进和提高。企业管理培训班的举办，为工业区提供中、高级企业管理人才，解决了人才需求的燃眉之急，为工业区领导层充实了新鲜力量。培训中心为学员聘请外籍、港澳的大学教授、律师及知名实业家授课达100多次，如加拿大多伦多大学江绍伦教授、香港高校的薛凤旋、陈鸿文、闽建蜀和香港的梁振英等都曾受邀前来培训中心讲授。2008年12月20日，江波在一个座谈会上说："梁正英是所有专家中来蛇口授课最多的人，因为他的普通话讲得最好。"③梁正英当时是测量师，是香港促进中国现代化专业人士协会的会员。1983年4月1日，蛇口工业区翻译工作者协会成立，熊秉权为名誉会长，韩邦凯为会长，第一批会员47人，从事语种有英、日、法、俄、德等。1983年6月6日，由工业区翻译工作者协会开办的英语、日语等六个业余外语培训班开学。1984年3月5日，工业区翻译者协会开办的业余外语夜校第二期开学，共计开设11个班，500多名学员。1984年3月12日至17日，工业区党委举办第一、二、三期政党文件学习班，为期两个月，学习班采用集中辅导讨论和业余自学相结合的方式。1984年7月20日，蛇口工业区科技文化协会成立。1985年3月14日，培训中心在蛇口育才中学举行第三期管理干部培训班毕业暨第四期管理干部培训班开学典礼。

与此同时，工业区在办好培训班基础上开始积极筹建正规的培训基地，先后开办蛇口工业区培训中心、招商银行培训中心、明华海员培训中心、招商局培训基地等培训机构。其中，最早、最有名的是蛇口工业区培训中心，该中心对工业区职工实行全员培训，以提高各级、各类人员的管理水平、业务能力和外语水平。1984年5月至8月，工业区完成蛇口培训中心大楼设计。1985年1月，投资480万元的蛇口工业区培训中心破土动工，1985年10月底，蛇口工业区培训中心竣工（图3-10）。培训中心总建筑面积6529平方米，占地面积为4900平方米，由教学楼、综合性图书馆、阶梯教室、展览回廊和设备房等组成。教学楼高8层，教室环绕四层高的中庭布局，可同时供1500名学员上课。图书馆为一整体大空间，内设三层开架式阅览室，这里很长一段时间是内地存放境外报刊最多的地方。这在当时国内属于最豪华、最先进的培训基地。在工业区初创时期，蛇口工业区就花巨资打造企业培训基地，实属难得，开全国风气之先。这足见工业区对人才培育和进行人力资本开发的重视。1986年，工业区培训基地正式从圆坛庙迁至新落成的培训中心。参加培训的

人数逐年上升，1988年为4000人次，1989年达到6000人次，1990年达到8000人次。晚上，培训中心里密密麻麻地停满自行车（图3-11），许多青年职工一下班就匆匆忙忙来这里进修学习或在图书馆看书阅读，成为一道风景线。此外，培训中心还与浙江大学、中国人民大学、大连海事学院等高校联合举办各种类型的研究生班。从1981年到1992年，蛇口工业区一共举办企业管理培训班9期，培训学员427人。他们来自五湖四海，是从全国各地招考生中百里挑一挑选出来的。其中，第9期的37名学员是从全国14个省市8077报考生中选拔出来，火爆程度不亚于我们今天的公务员"国考"。后几期培训班还增加了谈判、市场学、金融学、管理心理学、国际经济、电脑操作等课程。一期学员王芬曾担任中国南山开发公司总经理、陈矢建曾任蛇口工业区副总经理，黄守廉曾任中集集团副总经理；二期学员中的顾立基曾任蛇口工业区总经理和招商局科技集

图3-10　1985年，蛇口工业区培训中心建成

图3-11　培训中心外面停满了学习员工的自行车

团董事长；等等。工业区培训中心成为培育企业家的摇篮。更为重要的是，蛇口工业区开始向学习型社区转变。晚上许多人掏钱请老师教英语，培训中心图书馆、小学、中学的教室灯火通明，许多人在阅读自学。培训中心还设立成人教育部，先后兴办职业中专、职业中学、大专函授站，筹建蛇口广播电视大学；开设各级文化补习的财会、英语、电脑、电工、秘书、企管、外贸、法律等专业课程。许多年轻人踊跃报考函授大学、自考大学和各种补习班，大家都在努力提高自身的知识水平和外语水平。

1985 年 2 月 26 日，招商局常务副董事长袁庚提议，经工业区党委、管委会决定，派员赴美国和加拿大招聘学成的自费留学生到工业区工作，以开辟另外一条人才来源的新渠道。招聘人才小组由招商局人事部李启其带队，与梁宪、虞德海组成，到美国、加拿大等地招聘人才。招聘人才小组先后访问美国的旧金山、洛杉矶、休斯敦、达拉斯、纽约以及加拿大的多伦多、温哥华等 7 个城市，走访多所大学和自费留学生的宿舍，与 140 多名留学生进行了联系和接触，物色部分对象。工业区由此迈开从国外招聘人才的第一步。同时，招商局还采取了内外结合的方式培育人才。蛇口工业区每年选派中层或有培养前途的青年干部到招商局集团工作 2—4 年，在香港大环境中锻炼成长。招商局也派部分有经验的领导干部参与蛇口工业区的建设工作。

1986 年 3 月 25 日，蛇口工业区第一所职工中等专业学校经广东省有关部门批准正式成立。该校由蛇口工业区培训中心管理，首次招收财会专业学生 50 名，学制为业余学习 3 年，学生毕业时统一分配，根据国家承认学历享受相当于中专文化程度的同等待遇。招生对象以工业区职工为主，面向成人。1986 年 8 月 11 日，蛇口工业区党委颁发《关于入区教育的若干规定》，凡进工业区的干部和工人，都必须接受工会和党委宣传部、培训中心联合组织为期 3 天的"入区教育"。1988 年，建立奖学金制度，通过考试，每年选送 10—15 名优秀青年定向报考大专院校。1989 年，工业区发展研究室在培训中心举办为期 3 天的"内涵式发展企业讲习班"，推广剩余收益制。1991 年 6 月，蛇口工业区党校成立，日常工作与教学地点设在工业区培训中心。1991 年，工业区培训中心举办企业管理培训班、高等教育自学考试辅导班、财会、电子等各类专业培训班等，共培训 4600 名不同层次的职工。1992 年 3 月 31 日，蛇口明华海员培训中心成立，目标是办成远东国际海事活动的场所（图 3-12）。该培训中心 1992 年共举办各类培训班 75 期，培训人员 5000 多人次，其中岗位和学历培训 37 期，培训人员 2000 多人次。1994 年 4 月 4 日，蛇口工业区决定拓宽培养经理人才的路子，在培训中心举办青年干部培训班。

三、胡耀邦视察蛇口工业区

1982 年初，当蛇口工业区准备从主抓基础建设转向抓工厂、宿舍建设时，袁庚听到一个消息：1981 年底，有一个中央调查组在深圳进行秘密调查。不久，袁庚得知，这个调查组向中央呈送了一份调查报告，具体内容不得而知，但肯定是针对特区开放中种种问题的。1982 年 3 月，上海一家媒体刊出《旧中国租界的由来》，影射特区把土地有偿提供给外商使用有变成旧中国租界的嫌疑。4 月，又有媒体指责引进外资、开发特区和土地有偿使用是搞

图 3-12　明华海员培训中心

变相"租界"，特区是海外资本家剥削中国劳动人民的独立王国。香港某报发表《十二评深圳》恶意攻击深圳经济特区，同时，北京发出一份《情况通报》，强调"我国进行社会主义现代化建设必须坚持计划经济为主，市场调节为辅"，"计划经济的观点还要宣传，想摆脱计划经济的倾向值得注意"，"强调计划经济，不强调不行"。这一段时间，因为沿海地区走私猖獗，一些人将这种经济问题与政治问题联系起来，将之归罪为改革开放，刚刚打开的国门有可能重新关上。这一切，让袁庚等工业区管理者们感受到一股股的"倒春寒"。但是袁庚态度冷静坚决，开弓没有回头箭，"我在这里干事，人家偏要说事，怎么办？我干我的，你说你的"。

1982 年 1 月 16 日，美国著名学者杨振宁博士从香港到访蛇口工业区。杨振宁一到蛇口，看见这里面临大海，背靠群山，风景优美，新建成的别墅和厂房，使这个原来空无一物的荒山野岭，已建成一个初具规模的海滨小城，便赞叹说："蛇口的风景真好，我将来年老退休之后，真愿意在这里安度晚年。"杨振宁听取工业区负责人介绍后说："美国的华侨社会和港澳同胞，都知道有个蛇口，十分关心蛇口的建设，所以这次我特地前来参观，看了之后，我觉得蛇口的建设速度很快，发展的前景是十分光明的。"[1]

1982 年 2 月 5 日，中央政治局委员、国务院副总理王震，全国人大常委会副委员长廖承志视察蛇口工业区。

1982 年 2 月 6 日，为解决蛇口工业区和赤湾开发今后大量用电以及钢厂投产后电炉用电对电网的冲击，招商局与香港中华电力公司开始接触，

[1] 香港招商局编：《广东省深圳特区招商局蛇口工业区文件资料汇编》（第三集），1983 年，第 141 页。

图 3-13　时任海军司令员叶飞与袁庚在微波楼顶交谈

要求该公司从香港踏石角发电厂铺设海底电缆至蛇口工业区，向蛇口工业区供电，香港中华电力公司董事副总经理史克等前来蛇口工业区作实地调查，双方就直接供电给蛇口工业区输、变电设施，输电线路，供电收费等问题达成一致意见。

1982 年 2 月 9 日，中央政治局候补委员、全国人大常委会副委员长赛福鼎视察蛇口工业区。

1982 年 2 月 28 日，全国人大常委会副委员长王首道视察蛇口工业区。

1982 年 3 月 22 日，海军司令员、交通部原部长叶飞上将，在出国访问归来途经广州时，专程到蛇口工业区视察（图 3-13），参观建设工地、工厂、赤湾及农民新居，并表示海军要与海虹油漆厂签订合同，使用海鸥牌油漆。

1982 年 3 月 28 日下午，中央书记处书记、国务院副总理谷牧乘船从珠海经济特区到蛇口工业区视察，陪同视察的有国务院办公厅调研室主任王维澄、国际贸易所所长舒自清，中共广东省委书记吴南生，广东省经济特区管理委员会副主任秦文俊等，梁湘、周鼎、罗昌仁、袁庚、刘清林、许智明、梁鸿坤等在码头迎接，然后陪同登上微波通讯站，观看了工业区全景。袁庚说："谷副总理这是第三次亲临蛇口工业区了。从上次到现在，已过了一年零四个月，这期间工业区有了一点变化。"谷牧说："不是一点变化，而是变化很大了。"许智明汇报说，前两年过了"五通一平"这一关，将来还要过好管理这一关。当许智明谈到海关还没有单行法规，从国外或港澳进口生产资料和生活资料都要跟海关商量，以及在工业区办理出入境手续所需人员编制等时。谷牧表示办法老早就定了，问题是国内那套解决问题的方法跟你蛇口配合不上。海关的规章制度 50 年都没有变过，海关独立，要集中统一，但要适应特区建设需要。谷牧对秦文俊和许智明说："找海关谈谈具体问题，看还有什么困难，我来替你们解决。"当许智明汇报说："按 27 号文，蛇口工业区可以直接向外贸部门买东西，但外贸部要价高于卖给港商的价格，有些商人把在广交会签的合同转卖给工业区就可以赚钱。"谷牧说："我们把文章做死了，港商赚了钱还骂我们笨蛋。"当许智明汇报说，本区用电不足，自新丰江水电站引高压线来要加变电站，要征地，得花 2000 万元。最简单的办法是从香港拉海底电缆过来，但有的同志有不同看法。谷牧说："这件事应该由'特区总督'梁湘同志决定。"梁湘说："现在体制上存在不少矛盾，特区无法独立地解决一些问题。"谷牧说："要有信心改革，凭你们汇报那一套，能搞现代化，能搞特区呀！体制改革，国家正在开始做，有很大的工作量，要有一段时间才能改过来。特区不能等，特区里面还非要有'总督'不可，得有权威。"[①]接着，谷牧询问工业区工厂的布局及今后的发展规划。在接待室，谷牧听取了袁庚关于蛇口工业区两年来建设情况的简要汇报。当听到工业区已签订合资、独资兴办工厂企业的合同33项（其中工厂21家）时，谷牧详细询问了合资、独资及投资贷款情况，问道："有没有把土地作价入股？"梁湘说："深圳市有将土地作价入股的。"袁庚说："蛇口基本上没有这种情况。"当听到工业区有5间工厂投产和今年将有十几间工厂将陆续投产时，谷牧问："这些工厂的产品都有主顾了？"袁庚说："我们的工厂是以销定产的，不少工厂还未建成，就开始接受订货了，每个项目的建设事先都进行了可行性研究，销售是有着落的。"当听到华美钢铁有限公司目前正在加紧建设时（图3-14），谷牧询问了电炉的吨位、年产量等情况，袁庚说："用电要解决第二回路问题，正与有关方面商讨从香港踏石角引海底电缆过蛇口。"吴南生表示，关于海底电缆问题，港澳工委有个文，要特区管委会复印一份送蛇口。[②]

1982年3月29日，中央书记处书记、国务院副总理谷牧在深圳市新园招待所主持一次会议，再次听取袁庚有关蛇口工业区建设情况的汇报。袁庚说：昨天下午我在蛇口是报了喜，今天要报忧了。当前整个资本主义世界经济不景气，危机重重，利息高企，金价大跌，香港的股票、地产跌得更惨。这种状况对特区的发展带来一定的影响，加上特区有许多问题不能解决，使很多商人对特区持观望态度。目前工业区遇到的问题都是很伤脑筋的，这些问题从理论到实践都要解决，如不予解决，特区将成为一个非驴非马的东西。这些问题，主要是事权要集中，有权威性的机构，有问题能尽快解决。许智明补充汇报了工业区当前存在的几个问题，当汇报到特区中的海关工作，由于许多事情尚未立例立法，很不好办时，谷牧说："海关的同志也反映这方面的问题，他们说也不好办。海关原来是有一套办法的，但那一套办法与蛇口那一套完全是两码事，他们那一套是遇事要请示，要等层层批

① 中共深圳市委办公厅办文处编：《党和国家领导人视察深圳讲话资料汇编（1981—1991）》（上册），第20—21页。

② 香港招商局编：《广东省深圳特区招商局蛇口工业区文件资料汇编》（第三集），1983年，第2—3页。

图3-14 建设中的华美钢铁有限公司

下来；你们那一套要争分夺秒，和他们的不是一回事。老一套不行，要制定新的办法。要制订新的办法，但不能在北京由负责草拟法例的一两个秀才去写。要在实践中，将在蛇口遇到的问题，应怎样解决，一条条地立例，然后上报北京。"袁庚插话说，谷牧同志这次解决这个问题，就是功德无量！谷牧说："我委托秦文俊同志在我留在深圳期间，先就蛇口二线开放一事商讨一次，有什么问题，我负责解决。"当许智明汇报到蛇口的供电急需解决第二回路，香港中华电力公司愿意投资铺设海底电缆到蛇口等情况时，吴南生说："省里有同志说这是主权问题。"谷牧说："这怎么能说是主权问题，把水卖给香港怎么又不说是主权问题呢？"梁湘说："现在许多事动不动就说是主权问题，但又说不清楚。"招商局同志问："那么，是否允许香港中华电力公司直接向蛇口各厂供电，直接收费？"谷牧说："这个不好，这个不能同意。假如中电公司这样提出问题，这是一个调皮的提法，将来广东建了核电站，供电供水给香港，是否也可以直接供到用户？"梁鸿坤汇报了特区的外汇管理问题。谷牧最后说，今天谈得很具体，内容很丰富，有些问题最后请新华社记者写成内参材料报到耀邦同志和总理那里，请他们批一批，这会起点作用的。袁庚说："批了有时候好些，但过些时间又故态复萌。"谷牧说："就是要督促要改嘛！四化就是从你们这里做起。你们的报喜报忧报得好，不解决这些问题，四化怎么实现。有些问题能解决的就在这里解决。外汇管理问题要回北京谈。整个国家的制度要改革，不改革不行。而对特区，光一般化的改革还不行，特区非有一个类似'港督'的不行（意即事权集中）；非有'权威'不可。但机构要精炼（梁湘插话说，深圳市已从 80 多个局减至 38 个局了）。这还是多，你们要向蛇口学习，一定要把特区办好，中央是支持你们的。什么时候（国家）经委开会，请袁庚同志到北京去讲它两课，让大家都听听。"[1]

1982 年 4 月 3 日，中央书记处书记、国务院副总理谷牧在视察深圳经济特区后又指出：蛇口办得很成功，由招商局集中经营这块地方。招商局是国家派出的机构，它有港澳工作的经验，也有一定的资本。蛇口两年做出来的成就，港督麦理浩说在英国要四五年才能办成，这是港英当局说的。蛇口的经验是很成功的经验。[2]

1982 年 4 月 9 日，美国大通银行前董事长大卫·洛克菲勒在香港新鸿基证券及新鸿基银行主席冯景禧、香港合和实业有限公司总经理胡应湘陪同下访问蛇口工业区。许智明在码头休息室接待来宾，并向他们介绍建设情况。洛克菲勒询问工业区有哪些工厂、有哪些外商来投资、南海油田离

[1] 香港招商局编：《广东省深圳特区招商局蛇口工业区文件资料汇编》（第三集），1983年，第 4—9 页。

[2] 香港招商局编：《广东省深圳特区招商局蛇口工业区文件资料汇编》（第三集），1983年，第 11 页。

赤湾多少公里等问题，并说：你们以两年多的时间能建设到这样的规模，速度是很快的。袁庚和交通部林鸿慈在微波楼会见洛克菲勒一行。袁庚指着冯景禧、胡应湘说："他们都是我的老朋友。"洛克菲勒说："这样的朋友应该交，对他们可以放心。"袁庚说："还有你们做他们的后台，我更放心。"洛克菲勒说："我现在是个退休的银行家，但我介绍这位先生给你（指同来的大通银行香港分行总经理 L. J. Toal 杜亮年）。"袁庚介绍了开发赤湾的情况，洛克菲勒很希望看一看赤湾。胡应湘对袁庚说："听说你们在蛇口搞'五通一平'用了 3 亿元，你们每英尺土地使用费只收 4 元，怎么能收回本息呢？"袁庚说："如果光在地皮上打主意，开发以后就成片出卖，是可以很快收回本息的，但我们对土地的使用要从长远的、全局的利益来综合考虑，我们不是炒地皮的，我们旨在促进工业发展，引进海外资金和技术。土地使用费不便宜点，很难吸引资金进来，贵了，你也不愿意来吧！"胡应湘说："如果我来开发这个地区，3 亿元是不够的。"袁庚说："也许我们的条件不同。"实际上，袁庚这番话真正讲出了蛇口工业区成功的秘密，即：以发展工业和产业为核心，而不是像后来有些经济特区那样主要靠炒卖地皮。

1982 年 6 月 12 日下午，国务委员兼对外经济贸易部部长陈慕华在广东省第一书记任仲夷、外经贸部副部长魏玉明、国家计委委员勇龙桂及吴南生、梁湘、周鼎等陪同下视察蛇口工业区。袁庚对陈部长首次视察蛇口工业区表示欢迎和感谢，并建议大家先看看珠影摄制的彩色纪录片《招商局蛇口工业区在建设中》。看完纪录片后，袁庚说："任书记（任仲夷）是五次进入蛇口了，但未有被'蛇'咬着。"任仲夷笑着说："蛇口不会咬人，她是条美丽的白蛇，你的副手许仙（指许智明）还和蛇口谈上恋爱了。"袁庚说："我查了一下记录，1979 年 3 月我在香港曾经给陈部长汇报过准备办蛇口工业区的计划，陈部长是国家领导人中第三位认可办工业区的。当时蛇口还是荒滩一片，有人怀疑投资办工业区会不会人财两空。"陈慕华说："你们记录在案啊！"袁庚向陈慕华一一介绍在座的工业区负责人和各部门负责人，说道："我是跟这些冒险家一起在这里从事建设的。"陈慕华点头致意，并说："都很年轻！"任仲夷说："他们都不像冒险家的模样。"当袁庚汇报到用两年时间完成了"五通一平"基础工程，花了 17 000 多万港元时，陈慕华反复念了这个数字，并问道："这是不是'五通一平'工程的全部投资？"袁庚答："是。"陈慕华又问："还要不要继续增加投资？"袁庚答："要。还要建污水处理厂，还要搞配套的市政建设工程。我们花了这些钱，折合人民币才 6000 万元，还不够购买两条新船。"

听完汇报后，陈慕华一行视察了集装箱厂、微波通讯站、游艇厂、油漆厂、广富合成材料厂、华益铝厂、凯达玩具厂和碧涛苑别墅区。在参观微波楼时，陈慕华询问了工业区区域界线和工厂布局等情况后说："要搞好山林绿化，要解决当地居民的燃料。"袁庚说："总理来视察时也说过这件事了，但又要一笔投资。"陈慕华说："要搞好水土保持，每年用飞机播种两次，可以向民航申请，用飞机育林国家有规定可以补贴。"接着，陈慕华一行驱车到正在动工建设的赤湾石油后勤基地。在视察途中，陈慕华看到被洪水冲下的一些淤泥堵塞排洪渠时，再次指示要搞好山林绿化。任仲夷说："我要把光明农场的一副对联转赠给你们：'美中不足——三秃；锦上添花——种树。'"

晚上就餐时，陈慕华说："蛇口是引进的桥梁，出口的基地。"魏玉明说："我对蛇口有共同的语言，感兴趣。"勇龙桂说："我也有同感。工业区引进外资'五不要'的原则很好，不要让香港的污染转嫁到我们头上。"任仲夷说："不要去管社会上刮什么风，要干下去，用实践回答。"梁湘说："在蛇口建立一个开拓者的雕塑塔。"吴南生说："建议制一个蛇口工业区区徽。"陈慕华临行前，对袁庚说："你们办得很好，要继续办下去。"袁庚说："遇到的困难很多。"陈慕华说："这是个新生事物，必然有很多（困难）。"袁庚说："困难多不要紧，最怕的是多变，政策变来变去。"陈慕华说："已经公布的原则、方针、政策是不会变的，你不要怕。"[①]

1982 年 6 月 21 日，中国社会科学院副院长于光远访问蛇口工业区和赤湾港。

1982 年 7 月 5 日，中央政治局委员、书记处书记、国务院副总理万里在北京与招商局常务董事长袁庚谈话。袁庚说："只要计委和其他条条不干预，财政部门不收税，可以不要国家投资把基地搞起来。外国人一怕我们政策多变，二怕我们行政干预，三怕我们政出多门，不知谁说了算。……我们设立了个指挥部，下设办公室、总工程师室、总会计师室。干部量才使用，不论资排辈，工人要经过招聘考试，工资比内地高，比香港低。住房由房地产公司经营，住房商品化，谁要用房，自己去租，不采取统包低租的办法。"万里说："这个办法对，总工程师室，就是总监督室，这样做就对了，总理说你是个'实干家''冒险家'，我给你起个名字叫'敢闯的人'。总理在抓体制改革，最近我在考虑人事制度、工资制度、劳动制度、教育制度等四个制度的改革，不改革，'四化'没有希望，我们现在都是

① 香港招商局编：《广东省深圳特区招商局蛇口工业区文件资料汇编》（第三集），1983 年，第 30—37 页。

吃'大锅饭'。我今天找你，给你鼓鼓劲，你去闯嘛，闯出个路子来。闯错了也不要紧，有错误赶快改就是，失败是成功之母，也没有什么好失败的。"袁庚谈了对建设特区的一些看法，特区不能搞得太大，应该前面搞活，后面卡严。深圳特区太大，不搞工业，搞房地产和消费品加工业，变成消费城市，越搞越被动。万里说："你的观点是对的，搞消费城市，背个大包袱。你们蛇口可以创个工业特区的典型。"袁庚曾经给国务院总理写信表达个这个观点。由于受海外出口加工区开发模式的影响和局限（面积较小，实行海关封闭管理）。袁庚一直主张特区规模不能太大，当年李先念副主席把几十平方公里的南头半岛划给招商局，他不要，却只要了2.14平方公里的蛇口。对于袁庚反对深圳特区搞得太大的观点，国务院主要领导和万里都没有表示认同。但是，袁庚关于深圳特区要搞工业的观点是对的。万里最后说："我今天就是给你鼓鼓劲，你大胆去闯吧！要注意总结经验，闯出新路子，搞事业，就是要有那么一股劲才行。"①

① 香港招商局编：《广东省深圳特区招商局蛇口工业区文件资料汇编》（第三集），1983年，第38—42页。

1982年8月20日，香港总督尤德夫妇、港府助理政治顾问马德克、港府总传译主任郑依平在梁湘陪同下到访蛇口工业区（图3-15）。尤德一行先后参观了玩具厂、集装箱厂、游艇厂，并登上微波通讯站观看工业区全景。袁庚向尤德总督介绍了蛇口工业区建设的情况，并说："我们完全可以合作，对双方都有利，对繁荣、稳定香港有好处。"尤德说："对，很同意您讲的话。"

1982年9月9日至10日，招商局蛇口建设指挥部召开干部会议，袁庚讲了话，分析了蛇口工业区的形势，提出了当前急需解决的十个重要问题：（一）蛇口工业区的指导思想和方针问题；（二）正确对待外资问题；（三）对合资、独资企业的管理问题；（四）在工业区建设中指挥部与发展部的关系问题；（五）关于干部的培训问题；（六）关于政治学习制度问题；（七）工资制度改革问题；（八）南山开发公司与工业区的关系问题；（九）机构改革问题；（十）开源节流，提高经济效益问题。与会同志一致认为，袁庚讲的十个问题，切中要害，抓住了工业区发展的关键，必须集中力量，加以妥善解决。袁庚根据新的形势，提出了"以工业为中心，以外销为主"的指导思想和经营方针。

图3-15　集装箱厂生产车间就是会场

1982 年 11 月 15 日，中共中央、国务院批转《当前试办经济特区工作中若干问题的纪要》指出：

> 特区三年来做了大量工作，主要是：（一）在吸收外资上初步打开局面；（二）以首先搞好基础设施为重点展开基本建设。例如，蛇口工业区（占地 1 平方公里）的基本设施只用了一年多的时间就全部建成，兴办的 23 家工厂已有 9 家投产，国际微波通讯站和通航香港等地的港口已投入使用。（三）引进了一些先进的技术和设备。例如，蛇口工业区引进了丹麦老人牌油漆专利等。……

可见，这个时候的特区建设还只有蛇口工业区的发展可以拿来摆一摆。

1982 年 12 月 1 日下午，全国人大常委会副委员长彭冲一行视察蛇口工业区，交通部顾问潘琪、郭建，刘清林、许智明在场接待。在听取了许智明关于工业区三年多来的建设情况的简要汇报后，彭冲一行乘车视察工业区全境、赤湾工地和凯达玩具厂。当许智明汇报到工业区占地面积时，彭冲说：“你们这里等于厦门特区的面积，也是 2 平方公里。”当汇报到与香港通航时，彭冲说：“是不是比坐火车快？是不是用气垫船？应该多开几班，气垫船又快又稳。”当许智明汇报到微波通讯站时，彭冲说：“好。直接与香港通话可以及时了解股票市场。”当许智明汇报到特区建设要有一个权威机构和切合特区实际的法规时，彭冲说：“中央给特区什么权力？特区的党委、政府就是这个区的最高领导，婆婆不要太多。有些事，谷牧他也说不动，从积累经验看，你们要把碰到的困难，解决不了的问题，统统记录下来，一段时间报给中央。法律是实践出来的，不要照搬人家的，特区自己可以制定法规，按法规办事，不要首长变了，法规也变了。现在这个不行了，资本主义国家早就改了，我们这个封建社会遗留下来的习惯要改。”当许智明汇报蛇口工业区投资“五不接受”原则，彭冲说：“对。不要拣人家的烟屁股。”可见，彭冲副委员长的思想是非常解放和开放，他也许是最早提出经济特区立法权问题的国家领导人。①

① 香港招商局编：《广东省深圳特区招商局蛇口工业区文件资料汇编》（第三集），1983年，第 43—44 页。

1982 年 12 月 18 日，中央政治局委员胡乔木在梁湘、周鼎陪同下视察蛇口工业区，交通部顾问潘琪、招商局副总经理郭玉骏、工业区副指挥刘清林、许智明、杜庭瑞负责接待。在观看了《招商局蛇口工业区在建设中》纪录片后，胡乔木登上微波楼俯瞰了工业区全景。胡乔木最后就特区的性质发表了看法：“特区恐怕不能是社会主义的，不然的话全国都可以办特区了，与社会主义应该有区别。”梁湘问：“那经济特区是什么性质的？”

胡乔木答："应该是国家资本主义，列宁的文献有记载，但还没有这样实践过，我们划出一小块地方试一下。社会主义制度下还允许个体经济，这是社会主义领导下的国家资本主义，至于我们（并指同行的特区领导同志），烧成灰还是共产党员。"梁湘问："这能不能公开发表。"胡乔木说："公开还是不公开，要看有没有必要，需要时再讲，不需要去讲什么。"[①]

　　1983 年 1 月 20 日，中央政治局委员、国务院副总理王震在国防工办副主任邹家华，叶选岩、梁威林、梁湘、黄施民陪同下视察蛇口工业区，这是王震第三次视察蛇口工业区。许智明向王震简要地汇报了蛇口三年来的变化。[②]当汇报到工业区占地面积 2.4 平方公里时，深圳市委书记、市长梁湘插话说："不是 3 平方公里吗？怎么才 2 平方公里？是不是 2 平方公里以外的我收回？"许智明解释说："有部分用地是开山填海的。"王震在听完汇报后指出："我看你们的建设速度很快。我们实行开放政策，一个政治问题，一个经济问题。我们办特区，对统一祖国，台湾回归，收回港澳有很大作用。我国地域辽阔，资源丰富，人力充足。他（指邹家华）是管北方公司的，在招商局也入一股吗（主要是指南山开发公司）？这里是共产党领导下的、社会主义制度下多种经济形式的经济体。引进外资，外引内联是正当的经营。你们办特区是光荣任务。我们这一辈快向毛主席、周总理报到了，事业靠你们这一代。你们搞规划的，绿化要搞好一点，要建设两个文明，绿化搞好了，对人们的健康、对后代的智慧都有好处。你们这个小海滨比上海好……如果搞得好，你们这个地方比上海、广州还好。靠海要发展海产养殖业，这里的荔枝很好。绿化是要花一点本钱，树种要适应海边，能抗台风的。"[③]王震寥寥数语，却把问题说得很清楚，对蛇口开发建设初期无疑有很强的指导作用。

　　1983 年 2 月 3 日，全国政协副主席王昆仑视察蛇口工业区。

　　1983 年 2 月 9 日，中共中央总书记胡耀邦在国务院副总理李鹏、中央书记处候补书记郝建秀、共青团中央第一书记王兆国、国家计委副主任甘子玉、中央办公厅副主任周杰和广东省、深圳市负责人任仲夷、刘田夫、吴南生、梁湘陪同下视察蛇口工业区。

　　胡耀邦一行首先登上微波通讯楼，俯瞰了工业区全景。袁庚向胡耀邦简要介绍了工业区的建设情况。当介绍到钢厂时，胡耀邦问了该厂的规模。当汇报到开发赤湾石油后勤基地时，袁庚说："前年 8 月，总理来蛇口视察时指示，'要用蛇口的方法开发赤湾'，现已开工半年了。"（图 3-16）接着袁庚邀请总书记去赤湾港看看。胡耀邦说："好，一起去。"胡耀邦向任仲夷、

① 香港招商局编：《广东省深圳特区招商局蛇口工业区文件资料汇编》（第三集），1983 年，第 46 页。

② 王震曾于 1979 年 12 月和 1982 年 2 月视察过蛇口工业区。

③ 香港招商局编：《广东省深圳特区招商局蛇口工业区文件资料汇编》（第三集），1983 年，第 49—51 页。

图 3-16　1982 年 8 月 15 日，赤湾港区第一期建设工程动工

① 乍浦港位于上海西南的杭州湾北岸，也就是嘉兴港，位于杭州湾跨海大桥北侧。

梁湘等问："你们去看过没有？汕头搞得有没有这么大的规模？珠海怎样？"任仲夷说："搞了一些。"可见，总书记身在深圳特区，还牵挂着珠海、汕头经济特区的建设情况。

接着，袁庚陪总书记等驱车到了赤湾左炮台，一边瞭望赤湾海面，一边继续汇报赤湾开发情况。总书记问："赤湾能建几个泊位？"袁庚答："今年 5 月可提供第一个万吨级泊位，全面开发最大限度可建 25 个五万吨级的泊位。"总书记问："建成需要多长时间？"袁庚说："必须要等广州至深圳铁路的双轨建设或电气化建设完成后，腹地的交通搞好了，才有可能大规模地开发。"总书记问："赤湾港挖泥挖了多少？"袁庚答："港池及航道已挖了三分之二。"总书记又问："赤湾回淤情况如何？"袁庚答："淤泥不多，我们清理港湾时，挖到了 10 条沉船，船已沉了 300 多年，船埋的深度最深才 5 米，平均每年 1.6 厘米。最大不过 2 至 3 厘米，这说明回淤很少。"总书记说："上海港有发展前途，虽然受黄浦江的限制，运输很紧张，但可以向外发展，例如发展乍浦。"①袁庚说："乍浦就是孙中山建国方略上所说的东方大港。"总书记说："你们这里将来就是南方大港了。"

接着，胡耀邦一行来到工业区龟山别墅，观看了《招商局蛇口工业区在建设中》的纪录片。工业区向中央、省、市领导送了书面汇报提纲，袁庚对工业区发展情况作了简要口头汇报。袁庚说："蛇口工业区现在已成为一个小型海港工业城市雏形，人口 1 万人，准备发展到 5 万人，希望建成 100 个工厂。已经签订协议有 42 个项目，有 27 个是工厂。这 27 个工厂，有些在国内来看，设备技术还是比较先进的，可参阅工业区印发的汇报提纲。我们对世界各国的一些先进管理方法，无论是日本的，还是欧美的，各种各样流派都择优引进。我们也学资本家的长处。在这里每投下一分钱，就开始考虑怎么回收的问题。国家允许我们从招商局利润中留成十分之一，每年大约是 3500 万港币投资到这儿来，提成只限五年。这个决定，是 1978 年 10 月 12 日，中央五位主席画了圈的。给企业一个这样的权利，在国内还是首创。到去年为止，总共从利润中提成 1.7 亿港元，也就是 5800 万元人民币。

甘子玉在这里，这个数字是瞒不住他的（甘子玉点头笑了笑），其他资金是靠银行透支或贷款，有些银行给了我们优惠条件。三年半来，'五通一平'及公共设施总投资为 8900 万元人民币，今年预算还要加上 5400 万元左右，就是 4.29 亿港币，可以把整个工业区的基础工程搞好。这样，我们就可向世界上投资者夸口，到这儿来建厂，一旦选定厂址，就可在 50 米以内，保证通电、通水、通电话，接通污水处理。这对外资就有吸引力。"

袁庚继续汇报："我们的方针是以工业为主、出口为主；交通运输、港口、旅游、购物中心、餐厅、海鲜酒家等等，都要相应地围绕工业发展而发展，为工业服务。只有工业发展了，其他各行各业才能综合发展，整个工业区就会繁荣，我们不想搞成一个消费城市。国务院允许我们拿出十分之一利润五年不上交，到今年年底，也就是 12 月 31 日到期了，再也没有投资来源了，也就是说利润留成全部没有了，大概是 1.75 亿元多一点，甘子玉同志，你最会算账，我讲的是港币（甘子玉说：我们很清楚）。除此之外，欠下的全部债务，要由我们自己承担偿还，我刚才在路上给耀邦同志讲了，如果搞不好，我们死了，就要牵累我后面的第二代、第三代的接班人来还债。"袁庚指着培训班的顾立基、周为民、赵勇等人，并把他们介绍给总书记。胡耀邦问："多大了？"周为民答："三十岁。"胡耀邦："前几天有个电视，名叫《状元谱》，上面有两句话：'长江后浪推前浪，英雄出自少年郎'。大概你们就是少年郎吧！"袁庚非常聪明，很巧妙地把目前面临的最核心的问题（资金、人才），很自然地向胡耀邦总书记禀告了。

接着，袁庚介绍了龟山别墅的建设情况："现在接待大家的这座别墅，是工业区最豪华的地方，不是我们资金盖的，我们也没有这么多钱来盖楼堂馆所，是资本家拿钱盖的，共盖了两栋，分给了我们这一幢，他建什么样就给我们建什么样，我们没有花一分钱。"胡耀邦说："见面分一半，这叫做三丁抽一,五丁抽二嘛,三幢抽一,五幢抽二嘛！"袁庚说："因为没有要经委、计委划圈，也没有要财政拨款，所以他们也就不插手。"甘子玉说："这是咱们说好了的，有言在先，所以就甩手不管。"袁庚接着说："还有一个问题是，我这里有五个婆婆：港澳工委是我们香港机构的顶头上司，虽然我是常委；父母官是梁湘同志；上面还有省的特区管理委员会吴南生同志；还有交通部；最高层是谷牧同志主管的国务院特区办。五个婆婆，谁都管，但谁也不全管。"胡耀邦风趣地说："'五通一平'嘛！"

袁庚继续说："去年 7 月，我见到万里同志时，我告诉他这个情况。他说，你们在矛盾中发展，在夹缝中生存，很好嘛！我们是想在这一平方公里的地方探索一下，在改革方面能不能搞个试点。在这个地方冒点风险，真是'九牛一毛'。应该网开一面，让它做探索尝试。对我们国家来说，它搞好搞坏不是举足轻重的，但也有些影响。因此，近年来，这里罗致了一批'冒险家'，现在这些同志①已算是第三批，有的人放弃北京、上海户口到这个天涯海角来，大家知道原来在北京、上海工作的人，是不会轻易下决心到这里来的。"任仲夷说："进这儿的户口也不容易。"袁庚说："有人说这儿的工资高、吸引人，但并不完全如此。工资是高一些，但房租也很贵，在内地来讲是最贵的了。住三房一厅，大约每月房租 50 元。"胡耀邦问："少年郎，你们收入多少？"顾立基回答："我的全部收入算起来是 113.5 元。"胡耀邦问："房租多少？"顾立基答："我们在培训班，住学生宿舍。"潘琪答："他们尚未分配，不用交房租，单身职工房租、水、电大约每月 20 元。"胡耀邦："还有 80、90 元呢？"顾立基答："伙食费要用去 40 多元。"胡耀邦："还剩下 40 元，买衣服穿吧？"顾立基答："剩下的钱主要拿来买书。"袁庚汇报说："我们常说，在经济问题上是兄弟无情，六亲不认。"甘子玉说："说好听一点，是搞经济核算嘛！"袁庚说："说得尖酸刻薄一点，可以惊心动魄，说得四平八稳（经济核算），听过很快就忘了。三年零五个月来，这里的干部主要是自由招聘来的，人事制度方面作了些改革。"甘子玉说："从今年开始，有四间大学试点，不统一分配，直接和使用单位挂钩，如清华、上海交大、西安交大等院校，你们可直接去要，那里有好的。"袁庚说："这是一件大好事，过去考了进来，单位的党委书记就是不放，怎么办？我跟考生说，你敢不敢跟你们的党委书记说，老子不干了，辞职了，我要到蛇口去！他们说，那么我的老婆孩子怎么办？住房、党票、饭票怎么办？我说我给你包干。组织关系我们负责给你们接上，组织部对我们是会支持的。但是到现在为止，没有一个党员敢于向所在单位的领导说：我不干了，就是要到蛇口去。"任仲夷说："一切听从党安排嘛！"袁庚说："从这个方面来说，当然也说明我们党是一个坚强的，威信很高的党。耀邦同志 1 月 20 日在全国职工思想政治工作会议上的讲话，真是讲到我们心里去了。关于改革问题，现在就是要全面改革，康有为、梁启超、孙中山这些人都是搞改革的，但从历史上看，凡是搞改革的人，都没有好下场，最早是两千多年的商鞅变法，最后落得五马分尸，任仲夷同志在路上说，他去年也差点五马分尸了。"任仲夷笑说："不是五马分尸，是五马分飞了。"袁庚接着讲，"王安石呢？王安石也没有好下场。康有为只是搞君主立宪，改良主义，七君子杀了头。"胡耀邦纠正说："是六君子。"袁庚

① 指第二期企业管理培训班学员。

接着说："现在我们是在党的总书记领导下进行的，不会有问题吧！我们值得冒这个险。"胡耀邦说："过去的改革是下层少数人去改，领导者统治者是压制的。现在不同，我们领导者是带头号召和督促下面去改，现在和过去根本不同嘛。"

　　袁庚接着又说："我们改革搞了五条①，是 1981 年工作的总结，反映我们是怎么走过来的。现在又一年多了，又有一些新的尝试。我们正在写一个报告，准备在领导班子组成问题上，搞一个较大的改革。例如管理委员会是否可以采用直接的、公开的投票选举。"甘子玉插话："你们这里条件具备。"袁庚继续说："群众监督干部，群众有权选举和罢免干部，这至关重要。这里搞个改革试点，是否可以每半年由群众投一次信任票。……如果群众有权选举和监督干部，我相信可以改变一下干部的作风和干部的结构。工业区全体群众、全体职工，对管委会有过半数表示不信任，管委会就得改选；对个别人，有过半数群众投不信任票，他就得下台，重新改选。这种公开的、直接的、由群众投票选举产生的领导班子，就会想群众之所想，急群众之所急，就会真正去为群众做点好事。我们想作一个不算太小的改革，准备冒一点风险。"胡耀邦点头连声说："好！好嘛！"袁庚说："总书记说了'好'，我们就记录在案，马上打报告这样做。"胡耀邦说："我们历史上有个著名的戏剧家叫关汉卿，在哪一个戏上我忘记了，讽刺官僚主义者，他不敢骂台上的官，只敢骂戏台前堂上的鼓，有一段唱词说：'一棵大树腹中空，两头都是皮儿绷。每天上堂敲三下，卟咚卟咚又卟咚'。就是不懂不懂不懂嘛！"

　　中午，胡耀邦一行与曾生、潘琪、袁庚一起就餐，边吃边谈。袁庚向总书记汇报说："办特区，很关键的问题是事权集中，不然是很困难的。工业区应当拥有像香港总督一样的权力。港督只对英国女王负责，对英国宪法负责，英国所有的大臣来到香港，都不能指手画脚。梁湘同志应该拥有这样的权力。把外事、公安、边防、税收、海关、银行、外汇等条条，都纳入市委或管委会内，当各条条业务上有不同意见时，可提供一条热线，随时（二十四小时）让他们向国务院主管部门请示。在国务院未裁决前，仍要服从和执行管委会的决定。这个管委会对国务院负责，有原则错误撤职查办就是了。"胡耀邦说："关于这个问题，我很早就觉察到了，而且也专门讲过这个问题，但这个问题，必须要与整个经济体制联系起来，首先从中央各部门，各省、市改革，主要还要从思想上解决问题。今年搞改革，明年搞思想整顿、整党。"袁庚说："在特区没有具体立法的情况下，一定

① 指书面汇报材料。

要事权集中，如能做到事权集中，不违背根本大法，不受条条干扰，经过三五年的时间，我们的发展速度一定能比香港快。"

离开蛇口港前，胡耀邦说："要用你们这个方法，把我们国家这样好的海岸线很好地利用起来。沿海一带城市，像汕头、厦门，都要学习蛇口这样，用蛇口的办法搞，可以搞活一点。"甘子玉说："看了蛇口很高兴，我们一定尽全力支持你们！"下午，胡耀邦一行乘舰艇离开蛇口工业区。[①]

① 香港招商局编：《广东省深圳特区招商局蛇口工业区文件资料汇编》（第三集），1983年，第 52—66 页。

1983 年 2 月 16 日，中央政治局委员、中央军委常务副主席杨尚昆和中央政治局委员、全国人大常委会副委员长廖承志视察蛇口工业区。吴南生、梁湘等陪同视察，袁庚、刘清林、许智明等在微波山山腰停车场迎接。袁庚将港口区和工业大道旁的水厂、鞋厂、集装箱厂、钢厂、面粉厂、游艇厂等 9 个工厂指给杨尚昆、廖承志看，并简要介绍了这些工厂的规模、产品、销售等情况。接着，杨尚昆、廖承志等视察了工厂区、别墅区和生活小区，袁庚向杨尚昆、廖承志汇报了蛇口开发建设三年来的情况。

1983 年 3 月 13 日，国务院副总理康世恩在梁灵光、吴南生等陪同下视察蛇口工业区。袁庚在微波通讯楼汇报了工业区码头和工厂的建设情况。随后，康世恩一行乘车视察工业区，在龟山接待室观看工业区电视纪录片。潘琪说："要让我们党和国家领导人多来看看，作个对比，就算是 2.4 平方公里给袁庚同志弄糟了，也只有 2.4 平方公里。"康世恩笑着说："国内的条条框框就是多。"梁灵光说："不要国家一分钱，不要省里掏腰包，白手起家，我们只出了点地皮。"康世恩说："是要仔细看看，好好想一想。"当袁庚说到蛇口引进丹麦老人牌油漆专利及蛇口集装箱厂聘请外国经理和工程师时，康世恩说："你们把先进技术引进来了。我们要承认他们（指外国专家）的管理经验，开始我们可能受点'剥削'。要对同志们做好思想工作，讲清道理，你们处于创业阶段，要让投资者有点利，如果他们不赚钱，进来干什么？"康世恩还说："我看过了胡耀邦同志视察蛇口工业区的简报和谈话，你（袁庚）是改革派，你说的劳动制度、工资制度，是我们国家很大的问题。我们的'大锅饭'太大，你们打破了'铁饭碗'，只保留了一点，叫社会保险[②]。"吴南生插话说："搞平均主义，社会主义是不能前进的。"接着袁庚再次谈到市政建设和事权集中的问题。袁庚说："现在蛇口这里全部市政建设、医院、学校、幼儿园、环境卫生、污水处理、植树造林和边防、海关等九个口岸单位，除基本工资外，全部开销都由投资者负担，而国家税收部门又要收税，这是很难办下去的。前些天，我向耀邦同志还谈到另外一个问题：办特区很关键的问题是'事

② 指工业区解雇工人后每人每天只发给 1.5 元的生活费。

权集中'，像香港一样，港督只向英国女王和宪法负责，其他大臣是不干预的。我建议可成立管理委员会，口岸各单位的头头都参加到委员会去。……如果这些主要问题能解决，我相信特区发展的速度会超过香港，因为我们有社会主义优越性，只是现在没有充分发挥出来。"康世恩说："对的，关键是事权集中，这里既然成为特区，其他条条在特区内都应服从特区的统一领导。"①

1983 年 3 月 30 日，全国人大常委会副委员长、民革中央主席朱学范视察蛇口工业区。

1983 年 4 月 13 日至 14 日，中央书记处书记、国务委员谷牧，国务委员黄华在中共广东省委书记吴南生的陪同下视察蛇口工业区。先后视察华益铝厂、海虹油漆厂、凯达玩具厂、集装箱厂、华美钢厂、饲料厂、饼干厂、江辉游艇厂、微波通讯站和赤湾港等，听取工业区和南山开发公司的工作汇报。谷牧在视察工厂和听取汇报当中，对有关的几个问题作了指示：关于职工调入，户口的申报及管理问题，他认为还是要控制。关于进出口物资办理海关手续问题，谷牧说："你们蛇口的资信很高，只要不违反国家法律、法令，你批准（指袁庚）就算数，出了问题，有走私的，你袁老板负责。"关于改革问题，谷牧说："特区的改革要跳出国内现行的体制之外，蛇口是试点，现在已经跑到前面去了。"谷牧、黄华在视察工厂过程中，还对每间工厂的设备、原料来源、生产流程、产品质量、销售等都作了详细的询问。在凯达玩具厂，谷牧和该厂的港方经理余振统先生进行了座谈。当听到该厂工人只经过一年至一年半的生产实践，劳动生产率已达到香港同行业的百分之110%至120%时，谷牧高兴地说："很好，就是要同香港比本事。"当听到该厂还自办食堂时，谷牧说："这不是先进的办法，要专业化。"谷牧、黄华在视察饼干厂时，品尝了该厂生产的康元牌饼干。他们在视察集装箱厂时，听了该厂丹麦总经理莫斯卡先生的介绍，并与莫斯卡先生合影留念，还在该厂的留言簿上签了字。最后，谷牧、黄华同志对蛇口 3 年多来的建设表示满意，并说："过去是个乡村，每次来都看到有很大变化，都有一批工厂建成投产，很高兴，连成一片了。"②

1983 年 4 月 24 日，蛇口工业区党委、管委会领导班子正式就职（图3-17）。新党委由袁庚兼任蛇口工业区党委书记，乔胜利任党委副书记，王今贵、熊秉权、虞德海为党委委员。袁庚兼任管委会主任，王今贵、熊秉权任管委会副主任，孙绍先、梁鸿坤、陈金星、梁宪任管委会委员。袁庚代表新班子讲话，提出力争到 1985 年，将工业区建设成为一个以工业为主，商

① 香港招商局编：《广东省深圳特区招商局蛇口工业区文件资料汇编》（第三集），1983年，第67—71页。

② 《辑录蛇口：招商局蛇口工业区（1978—2003）》，2004 年 12 月编印，第 82 页。

图 3-17 1983 年 4 月 24 日，蛇口工业区管委会主任袁庚讲话

图 3-18 1983 年 5 月，蛇口工业区、广东省人民医院联合医院建成开业

① 香港招商局编：《广东省深圳特区招商局蛇口工业区文件资料汇编》（第四集），1984年，第 1—5 页。

② 香港招商局编：《广东省深圳特区招商局蛇口工业区文件资料汇编》（第四集），1984年，第 261—263 页。

业、旅游业、地产业、运输业、港口航运、储运业以及文化教育事业兼有的经济区。

1983 年 5 月 27 日，国务委员、国家经委主任张劲夫视察蛇口工业区，袁庚陪同视察海虹油漆厂、华益铝厂、集装箱厂、华美钢厂和远东饲料厂。袁庚向他详细汇报了工业区和赤湾港开放情况，着重提出几个急需请上级帮助解决的几个问题：（一）事权集中的问题，即请求中央授权把蛇口整个口岸单位的党政关系集中到一个管理委员会。（二）有关产品内销的问题。（三）赤湾港口岸编制问题。张劲夫鼓励蛇口说："你们功劳不小。有办法，有希望。"临行前张劲夫对袁庚说："你提的几个问题，我回去研究后就告诉你。"①

1983 年 6 月 6 日，美国政府官员 16 人（来自美国政府的各个部门，包括法律、贸易、外交、运输、太空、艺术、国防、医疗和市政、州政府、教育及总统行政办公室、白宫政策方针研究等部门）乘船从香港前来蛇口工业区访问，参观了赤湾南海油田后勤基地、码头，登上微波站俯瞰蛇口工业区全貌，参观了海虹油漆厂、工业区医院（图 3-18）、水湾头宿舍区、工业区学校（图 3-19、图 3-20）和幼儿园。蛇口工业区管委会副主任王今贵向客人介绍工业区建设情况。客人提出下列问题：（一）蛇口工业区比全国其他几个经济特区先行一步，是否会成为中国经济改革的样板？（二）在与外商洽谈时，成功的因素是什么，失败的原因是什么？（三）目前香港前途不明朗，对深圳特区有什么影响？（四）以后中国的特区是否会越办越多？②

1983 年 6 月 14 日，在全国六届人大第一次会议上，播放由珠江电影制片厂摄制的《招商局蛇口工业区在建设中》的纪录片。

1983 年 7 月 17 日，蛇口工业区俱乐部成立。

1983 年 7 月 20 日，招商局蛇口工业区举行第一次新闻发布会，由此开始实行制度化的新闻发布制度。一般每月举行一次，如有重大事件随时

图 3-19　1983 年，育才学校建成

图 3-20　1983 年 9 月 1 日，育才学校开学

召开。

　　1983 年 10 月 2 日，袁庚、王今贵、许智明赶到深圳新园招待所，拜会著名经济学家、全国人大常委会委员、中国社会科学院顾问许涤新和钱俊瑞，国务院经济研究中心吴俊扬、国务院技术经济研究中心张磐、国务院特区办谭汉怀、广东省港澳经济研究中心古念良也在场。袁庚向他们汇报了招商局在香港以航运为中心，向多元化企业发展的情况，汇报了蛇口工业区建设发展的情况、存在的问题和困难。袁庚在谈到蛇口工业区时说：我们有很多幻想，想在蛇口建一个新"桃花源"。许涤新等礼貌地笑了笑。10 月 3 日，许涤新、钱俊瑞等，参观了蛇口工业区、赤湾石油服务基地，座谈研究了特区经济与香港关系等有关问题。10 月 4 日，许涤新为蛇口工业区题词："创业艰难百战多"，借陈毅元帅诗句以赠蛇口的拓荒者们，希望他们在攻坚克难中不断前进。

四、成为"特区中的特区"

　　在蛇口工业区初创时期，深圳市（特区）与蛇口工业区就土地交租和管辖权问题打了不少口水战。如何协调和理顺蛇口工业区和深圳市的关系，成为国务院主管领导谷牧要考虑和协调的一个重点问题。

　　蛇口工业区与深圳市的口水战，源于 1979 年 11 月 18 日，由中共广东省委书记吴南生主持，广东省革委会副主任曾定石、中共深圳市委书记张勋甫、招商局代表金石在广州签署《广东省、深圳市、招商局关于经营蛇口工业区的内部协议》。当时规定：蛇口工业区的规划建设和经营管理，遵照国家的政策法令，在深圳市人民政府领导下，由招商局负责。工业区的边防、治安、海关、银行、邮电、文教、卫生等行政管理工作由深圳市负责。有关具体措施，由深圳市与工业区协商制定。土地和土地使用费以实际使用面积计算，每年每市亩向深圳市交港币 4000 元（1000 亩，每年 400 万港币，后来蛇口工业区占地不止 1000 亩）。土地使用年限暂定 30 年。后来是，蛇口工业区没有缴纳每年 400 万港币的土地使用费，深圳市也没有负责蛇口的公共服务建设。所以，造成双方口水战不断。蛇口工业区虽说是深圳经济特区的一部分，但一直以来是个"特区中的特区"，深圳一直插不上手，重要的是招商局占有这么大一片土地，深圳市当时收不到一分钱税。后来还是收了的。过去蛇口是一片荒滩，深圳市不太在意，现在开发建设已初具规模，工商业发展日益兴旺，这个时候深圳市就难以继续发扬风格和沉默了，难免捣鼓几句牢骚话。这主要是一开始时没有做到"亲兄弟，明算账"酿成的后果。好在是，深圳市与蛇口的矛盾和冲突仅仅一直局限在口水战上，没有太多影响到实际工作。

1982 年过后，深圳市税务局来到蛇口工业区作了大量的调查了解工作，工业区对有关征税的范围、项目，以及税率等都作过明确的介绍，但深圳市税务局于 2 月和 7 月两次向招商局蛇口工业区直属公司和合营企业发出申报纳税的通知，要求按照税法规定向当地税务所办理税务登记和申报纳税，于 8 月 10 日前，把应交税款缴交入库。

1982 年 8 月 11 日，蛇口工业区管理委员会向广东省经济特区管委会呈送《关于蛇口工业区税收问题的报告》，报告首先介绍广东省、深圳市和招商局 1978 年签订的《内部协议》有关内容和 1981 年 10 月任仲夷、曾定石、梁湘访问香港招商局说过的有关话。然后反映："为了适应工业区的生产和职工生活的需要，我工业区在市政建设和社会福利等方面，已投入大量资金。计兴建连接广深公路的专用公路 8 公里，给排水 14 公里，区内道路 11 公里，还有园林绿化、污水处理、医院、学校、幼儿园、娱乐中心等公共设施正在建设中，另外边防、公安、海关、环卫等行政管理费也由我工业区垫付。关于按照国家税法规定，工业区各企业应交的各种税款，是否暂由我工业区代收（指派专人计征，专户存储，专款专用），以支付公共事业建设的开支，在一定时间内（三年或五年）与深圳市政府结算。是否妥当，请予批复。"

1982 年 10 月 5 日，广东省深圳市税务局向蛇口工业区发出《关于招商局蛇口工业区的企业、公司纳税问题的通知》（深府〔1982〕238 号），要求蛇口工业区所属企业、公司应于 10 月 20 日前到当地税务机关深圳市税务局蛇口征收处办理税务登记和申报纳税。

1982 年 12 月 18 日，招商局蛇口工业区管委会向深圳市人民政府呈送《关于税收问题的汇报》，该汇报认为："我们一向认为，蛇口工业区的企业应照章纳税，这是毫无疑问的。我们亦为此作了一系列的工作，如向税务局提供了 34 份工业区各厂企业签订的协议；协助税务部门办理了税务登记；如实向税务部门报告经营情况等。考虑到我工业区三年来开发建设投入资金的情况，我们一直恳切地请求，将蛇口工业区内各企业征收的税金用作工业区市政建设，以'取之于工业区，用之于工业区'建设。蛇口工业区是在一片荒山海滩上建设起来的，市政建设的费用很高，到 1982 年 11 月，已达 9000 万港元，而要使工业区市政建设基本完善配套，为外商创造一个较好的投资环境，这方面的费用还会与日俱增，仅 1983 年就需再耗费 1400 多万港元。据了解，国外的出口加工区市政建设费用大多是由国家统一投资和补贴的。我国的四个经济特区这方面的投资亦多由上级拨款和从地方税收（关税）留成中解决。蛇口工业区的市政建设费用，理应由深圳市拨款解决，但基于种种原因，这笔钱用先由招商局向银行贷款垫支了。招商局作为一个企业除少量留成利润可资运用外，主要靠银行贷款，特别是工业区开发早期，是难以承担如此高的且是经常的市政及社会福利经费。我们将于最近明文通知各厂企，按章纳税。税金暂由我工业区总会计师室指派专人计征，并专户存储，以逐步冲抵市政建设费用的开支，征收的税种及金额，我们将定期向深圳市人民政府和税收部门报告，并在三年或五年结算一次。"

1983 年 1 月 22 日，深圳市政府批复蛇口工业区管委会《税收问题的汇报》，同意在 1980 年至 1985 年深圳市向广东省进行财政包干期间内，按实际上缴税收款项的同等数，每年按月返还给工业区作为市政建设配套使用。1985 年之后执行方式另行研究确定。

1983 年 4 月 4 日，招商局蛇口工业区临时党委讨论决定，征得中共深圳市委同意报交通部党委批准，由招商局蛇口工业区建设指挥部改设为招商局蛇口工业区管理委员会，组建新的领导班子。袁庚兼任党委书记、乔胜利任党委副书记，王今贵、熊秉权、虞德海等为党委委员（委员不脱产）。袁庚兼任管委会主任，孙绍先、梁鸿坤、陈金星、梁宪任管委会委员（委员不脱产）。

1983 年 4 月 6 日至 4 月 18 日，中央书记处书记、国务委员谷牧前来深圳经济特区视察工作，听取深圳市委的工作汇报，就特区工作作了多次重要讲话。他说："蛇口工业区问题，它不是一个独立的特区，是深圳特区的一部分，是在深圳市委领导下的，这点不能含糊，但市委应帮助蛇口解决一些应当解决的问题。"[①] 14 日，谷牧、黄华听取工业区和南山开发公司的汇报。谷牧就下列问题作了指示：（一）关于职工调入，户口的申报及管理问题。职工调入还是要有控制。招聘人员还要论技术、条件。（二）关于进出口物资办理海关手续问题。你们请示一件事，解决一个问题。现在你们可以凑几条，提出个原则来，两天内办好，下午就着手，在法律没有定出来前先有个过渡办法。你们蛇口的资信很高，只要不违反国家法律、法令，你批准（指袁庚）就算数，出了问题，有走私的，你袁老板负责。（三）关于和深圳市的关系的问题。蛇口与深圳是什么关系，深圳的总督是梁湘，蛇口是在深圳经济特区范围内。但蛇口是试点，可以先行一步，具有相对的独立性、半独立性。你是深圳特区的一部分，要维护深圳特区对外的统一性。但既是试点，先走一步，权力可以适当大一点，不叫另外一个特区，但权力要放宽一点，去珠海回来后，我给梁湘同志讲一讲。（四）关于蛇口工业区可以自己签署去港考察、学习的边境通行证。这件事我给梁湘同志讲，去香港袁庚同志说了算，袁庚同志应该有这点权，你们对外面情况总算比较了解的，什么人能出去，什么人不能出去，你们最清楚。这点省里为什么不能改呢？梁湘有他的难度，他还没有八个权呢（指袁庚要求授予八个权力）。（五）关于改革问题。特区的改革要跳出国内现行的体制之外，蛇口是试点，现在已经跑到前面去了，你们的企业敢请外国人当经理，你们采购物资，那里质量好、价钱便宜，你们就往那里买。深圳市、内地就不敢。你们做法活多了，胆子大，没有清规戒律，按经济规律办事；捆住手脚的做法，是办不好事的。在机构改革上，你们跑在深圳市的前面。（六）关于市政开支问题。市政建设要国家投资，国家出不了钱，还要办特区，我们肯定了你们的蛇口方式。对市政费用开支，口岸单位费用垫支以及税收问题，先记录在案，回去研究解决。（七）关于特区产品内销问题。你们讲的三点记录在案，不是那么简单，主要是看国内市场的需要，现在听了，不能算表态。[②]

1983 年 4 月 25 日，中央书记处书记、国务委员谷牧在广东省委常委会上说："特区的自主权，中央 1979 年 50 号文件，1982 年 50 号文件，都提到这个问题。现在看起来，这个问题要进一步落实。我当面对梁湘讲，我是支持你当'总督'的，但是像现在这个情况你还当不了。深圳的自主

① 中共深圳市委办公厅办文处编：《党和国家领导人视察深圳讲话资料汇编（1981—1991）》（上册），2005 年，第 86 页。

② 香港招商局编：《广东省深圳特区招商局蛇口工业区文件资料汇编》（第三集），1983 年，第 80—87 页。

权问题，还碰到这么一个问题，就是深圳怎样管蛇口。这次我与袁庚、梁湘同志谈了，蛇口不是另外的特区，蛇口只能是深圳特区的一部分，这一点要讲清楚；但是，蛇口又是更特殊的地方。蛇口起步早一点，在建设方式上，按总理的话，它是蛇口方式，钱不是我们给的。今天它的管理，包括企业，它走在前面，还有机构改革，它也走在前面。所以我说，蛇口是深圳特区的一部分，然而又是各项工作先行一步的一部分。因此，在深圳特区的统一领导下，也要给蛇口一点自主权。我要梁湘同志找袁庚同志当面谈这个问题。把这个问题解决好。特区自主权问题，这里有一个文件草稿，省委的同志都可以看一看。将来这个文件定了以后，蛇口问题又怎么解决，请大家考虑。"①

　　1983 年 5 月 11 日，交通部将《关于蛇口工业区目前存在的问题的报告》报送国务院，报告附有潘琪所写《蛇口工业区目前亟待解决的问题》，请国务院批示。1982 年 11 月交通部顾问潘琪赴深圳蛇口工业区蹲点，帮助招商局总结工业区经济建设经验。经过半年的工作，潘琪就工业区建设存在问题和解决意见、建议写成《蛇口工业区目前亟待解决的问题》。潘琪在《蛇口工业区目前亟待解决的问题》中写道："蛇口工业区该不该办？能不能办好？我带着这个在北京时经常听到不同意见的问题，从去年 11 月起在蛇口蹲点。大量事实证明：蛇口工业区应该办，而且能够办好。那种担心特区会'香港化'，会变成'租界地'，以及说招商局建设蛇口工业区是'不务正业'等等论调，都是没有根据的。现在的问题是，工业区怎样才能办得更好？怎样才能使这个起步最早并已打下相当基础的工业区展翅飞翔，为党的十二大制订的战略目标作出更大的贡献？"潘琪认为：要做到这一点，当务之急是要解除给蛇口工业区的种种牵掣和束缚，做到事权集中，充分发挥工业区各方面的优势。潘琪在报告中讲述了工业区试办四年来已经取得的成绩和大胆尝试进行的各项改革以及工业区在经营管理方面存在的不足后指出，工业区面对的最突出的问题是：在工业区内的外事、公安、边防、税务、海关、银行、邮电等部门各行其是，无法协调统一，严重束缚工业区的迅速发展。潘琪用具体的例子列举了工业区在条条、块块、体制方面遇到的困境。他说：这些问题都是工业区叫了多年、但至今仍未解决的难题。工业区本身确已无能为力。为了迅速有效地解决这些问题，他建议：请国务院特区办主持，召集一次各有关主管部门负责同志参加的专门会议，最好就在蛇口开现场会议，直接了解情况，充分听取意见，展开讨论，统一认识，制订具体办法，保证贯彻实行。潘琪

① 中共广东省委办公厅编印：《中央对广东工作指示汇编》（1983—1985 年），第 54 页。

建议明确规定蛇口工业区为特区的试验田，由国务院派出特派员大权独揽，集中事权，区内所有单位都必须服从指挥，以保证能有效地加快试验的进度。他还建议直接授予蛇口工业区管委会以下权力：（1）协调口岸各单位的工作，对特殊问题能机动处置，事后报告；（2）有权审批协议，办理工商业登记，向深圳市政府报备；（3）有权监督各厂企执行国家的法律、法令、条例；（4）对调入职工有审批权，并可按规定办理城镇居民入户手续；（5）按规定批办工业区职工及家属的边防证件；（6）批办工业区所需的生产、生活资料的进口许可证；（7）批办深圳市政府核准数字内的去港通行证。

　　1983 年 5 月 27 日，国务委员、国家经委主任张劲夫在省市领导李建安、关相生、甄锡培陪同下视察蛇口工业区，考察了海虹油漆厂、华益铝厂、集装箱厂、华美钢厂和远东饲料厂，袁庚汇报工业区和赤湾港开发的情况。张劲夫详细询问了工业区各企业的投资、设备、技术、销售以及盈利情况。张劲夫说："你们功劳不小，有办法，有希望。"袁庚着重汇报了急需上级帮助解决的问题。第一是事权集中问题。袁庚说："如果没有条条束缚，中央放手让我们先行一步，试几年，一定能使这个地方更快地繁荣起来。"张劲夫问："你具体说说，要什么权？要怎样特？给你蛇口，把绳索解掉。"袁庚请求中央授权把蛇口整个口岸单位的党政关系集中在一起，集中到一个管理委员会，实行双重领导；业务上仍由各条条负责，但工业区管委会对特殊问题有临机处置权，事后报告。海关和其他口岸单位的收入及各项税收，除本身支出外，上缴部分国家不要拿走，因为工业区作为一个企业，它无力承担办医院、学校、幼儿园、铺路、搞绿化、建污水处理厂等如此重的市政建设费用。张劲夫说："你（指袁庚）可以搞一个地方税，不然你的费用从何支出？没有税收抵偿，问题更大，土地使用费应全归你们，慢慢抵偿你们'五通一平'的费用。"[①]

　　1983 年 9 月 16 日，广东省人大常委会主任罗天等 13 人视察蛇口工业区。工业区管委会顾问刘清林向代表团介绍了工业区概况，代表们登上微波楼观看了工业区全貌，又到左炮台上观看了赤湾全景。罗天和各位领导、代表对蛇口的行政建制提出意见。当有人说蛇口工业区行政上属深圳市南头区管辖时，省人大法制委员会主任王彻说："（南头）区是县级单位，蛇口工业区管委会是地市级，县级怎么管地市级，这个问题需要研究。"罗天说："这儿（指蛇口）单独搞一个行政区不行吗？他们发展很快嘛，行政上仅仅作为（市的）办事处不适应。"刘清林说："由于蛇口工业区吸引外

① 香港招商局编：《广东省深圳特区招商局蛇口工业区文件资料汇编》（第四集），1984 年，第 2 页。

资较早，在国际上也有一定声誉，为了更好吸引外资，是否可以成立蛇口市？"罗天说："他们这儿发展很快，行政上也要加强，省人大要研究这个问题，不要受条条限制，可以考虑成立蛇口市。"当罗天视察赤湾后又说："赤湾与蛇口可以搞成个行政区，就叫蛇口市吧。"①

　　1983 年 11 月 14 日，交通部发出文件，同意建立蛇口港公安局。

　　1983 年 11 月 26 日，中央书记处书记、国务委员谷牧在王一平、李建安、梁湘、周鼎、邹尔康等陪同下视察蛇口工业区。一见面，袁庚说："原以为谷牧同志按商定在蛇口过元旦，年底还来不来？"谷牧风趣地说："啊！你们记录在案，我明年 5 月份还要来，到时有批外国客人来深圳，等他们走了以后，我再来听听你们对办特区的意见。"谷牧先后视察工业区办公大楼、新联检楼、五湾石油后勤基地专用泊位、三洋电机（蛇口）有限公司、赤湾工地、明华轮坐滩工程等。谷牧还询问了自 4 月以来增加了多少个项目，以及赤湾、"海上世界"的建设情况。

　　1983 年 11 月 27 日，谷牧在深圳新园招待所单独约见袁庚，谈到了有关蛇口工业区发展中存在的问题。谷牧作为中国对外开放和经济特区前线的总指挥，他不仅到一线视察，看一看，而且会经常找人谈话，听一听，问一问，了解真实情况和在现场不太好说的问题。这就是他的工作作风（图 3-21）。谷牧说："这次来蛇口工业区，看到工业区比上次我来时（4 月）又有新的发展，上次你在北京时谈的问题，有没有进一步获得解决？"袁庚说："有一定的进展，但还有一些问题，一时还拖着。前几天市委以梁湘同志为首的领导人听取了工业区党委、管委会同志的汇报，当时我由于正参加港澳工委召开的第一次整党会议，没有出席汇报。事后，据知工业区提出的，也正是谷牧同志所赞成、支持的四个'权'，仍未得到彻底解决。此外，关于由南头区派出驻蛇口办事处的问题，市仍然坚持所谓政企分开，区政府要进入工业区另起炉灶，成立一个政权机构——办事处。看来这件事要谷牧同志从中斡旋才行。"谷牧说："你说说是哪四个'权'？"袁庚说："所谓'四权'，一是'户口权'，现在工业区每进一个职工，必须报深圳市公安局审批，往往费时费事，许多批不下来。我们工业区进人

①《辑录蛇口：招商局蛇口工业区（1978—2003）》，2004 年 12 月编印，第 90 页。

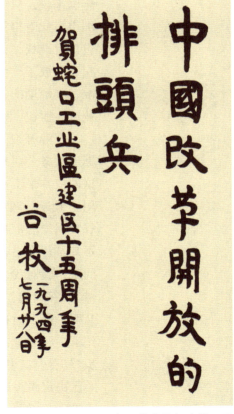

图 3-21　1994 年，谷牧为纪念蛇口工业区成立十五周年题词

图 3-22　一批批青年务工人员从全国各地涌向蛇口工业区

图 3-23　蛇口工业区指挥建设部最早的一批青年职工

是十分严格的，直到现在还不到 5000 人（图 3-22、图 3-23）。我们深知人来了，就很难送出去，所以进人十分小心。其二是发边防证之权，这在全国来说，只要是司、厅、局单位或相当企业，都有权审发边防证，但深圳市对此看得很严重，不相信我们有审查能力和资格。第三是十七种物资进口批准权，这个权深圳市和我们一直迫切要求下放，去年中央、省已将权力下放了，但深圳市就是把权力集中到市，每一项进口都要申报市里批准，其烦琐的手续确实使人丧气。第四是企业成立的审批权，由市授权工业区注册权。蛇口每一个公司成立，要往返申报多少次，直到现在，许多厂、企业开设了，还得不到承认、注册。如明华轮改成'海上世界'，深圳市服务公司是有股的，也拖到现在还得不到法人地位。袁庚指出，以上这四权本来工业区早就有的，几年来行之有效，对工业区发展起到很大作用。但近一两年来，深圳市逐渐收缩网口，都收回去。上次我在北京向谷牧同志您汇报的正是这'四个权'。我感到很奇怪，深圳市有少数同志，不知是什么心态，总觉得蛇口工业区是个眼中沙粒，×× 同志从伦敦访问回来，就对我说，英国人只知道蛇口，不知有深圳，我说这不是我们的过错。"谷牧问："梁湘同志对这个问题怎么看法？"袁庚说："梁似乎比较开明，但下面有些同志总是把话传来传去，添油加醋，这是不好的。蛇口作了一些改革，这是中央领导同志希望我们冒点风险，作为试点，先走一步。"袁庚又说："深圳市已划分为四个行政区，蛇口归入南头区领导，市委已决定南头区派出一个办事处驻蛇口，领导市政。他们说这是有利于蛇口工业区政企分开。"谷牧说："你们不是很早就已经分开了吗！"袁庚说："我们历来都主张党、政、企分工的，总的来说，蛇口工业区是一个企业，在这个企业之中的政权形式应区别于一般行政区，因为它根据企业的需要设置（投资）各种相应的市政建设，这种市政建设的规模、性质是完全为工业企业服务的。从理论上说，它更类似于大企业中的内部行政机构，无论医疗、社会保险、文教卫生、道路、照明、环境保护、绿化、净化，甚至企业内部的治安、风尚等，都应由政府授权这一企业承担相应职能。我相信南头区如派出一个政权代表机构，肯定不可能有我们管委会中的公共事业组作用大，也不可能和工业区协作得更默契。我恳切建议，如果市对我们不放心，是否可以两年为期，如果我们出纰漏，再把'四权'收回就是了。"谷牧说："你们一定要先走一步，取得经验，这对全国特区都有帮助。这一点，中央和我是一再强调。我准备下午找梁湘同志谈，时间不够，晚上也可以谈。"袁庚说："最好你能多留几天，彻底解决这个矛盾为好。"①

　　谷牧说，明天中午要动身回广州，然后去海南岛，还有福建。袁庚说："正好我带来一份福建省委的文件，关于下放给厦门特区的权，特区和厦门市同等权力。我早已向中央提出，特区要有个统一的领导各条条的权力，条条如有不同意见，可以提供'热线'请中央裁决。这个梦寐以求的'模式'，想不到福建先走一步了。"袁庚接着念了一段1983年9月25日福建省委、省政府下发的闽委〔1983〕20号文最精彩的一段。②谷牧说："你怎么搞到这个文件？你真是个老'行家'。"袁庚说："我早已洗手不干了，这是福建一位同志送上门的，不知谷牧同志看过没有？"谷牧说："我没有看过，看来福建省委比较开明。"实际上，当时项南主政福建省以后，改革开放搞得热火朝天，大有超越广东之势。后来广东省委第一书记任仲夷在一次整党会上作对照检查时，坦承自己在一些方面"不如福建的项南同志"，就连主管特区工作的副总理谷牧也称赞项南的主张。③

　　接着袁庚谈了赤湾南山开发公司的三个难题：一是口岸要400多编制，要投资1000多万建住房办公楼等；二是最近南头一带居民都上山大肆砍伐25米等高线以上的树林，说是不属南山开发公司管理权的，南头区政府对此还没有作出反应，这是上对不起祖宗，下对不起子孙万代的缺德的事。三是建设防坡堤禁止取妈湾石的问题，半年拖延，损失甚大。谷牧说："我觉得应该给你们更大的自主权，我说过多少遍了。"说到这时，李建安正好从门口经过，谷牧请李进来。谷牧说："袁庚向我汇报了他们和省、市的矛盾，我看这个问题应及早解决。我11号在北京已写过一个条子给梁灵光同志。"李建安说："我是临行前一天才看到的，梁批了给我办。其实分工是

① 香港招商局编：《广东省深圳特区招商局蛇口工业区文件资料汇编》（第四集），1984年，第15—24页。

② 1983年9月25日，中国福建省委、福建省人民政府印发《关于厦门经济特区工作若干问题的规定》的通知（闽委〔1983〕20号文）。

③ 钟兆云：《揭秘"改革先驱"项南的悲壮经历》，《人民网》2011年9月26日。

梁（灵光）管特区的，我不了解情况。"袁庚说："现在省的领导同志中，最熟悉情况的恐怕算你了。时间长，资格老，又是常务副省长，这个问题请你解决最适当。"谷牧说："我的条子是说，关于蛇口和市矛盾的问题，先由梁湘同志仲裁解决，解决不了，到梁灵光同志那里，灵光同志也解决不了，然后才到我，现在灵光出国了，应该由你（李建安）参加仲裁。"谷牧接着说："南山问题由袁庚统一指挥，这不是我说的，是总理同志再三交代的，任何人进入南山，都得服从他的领导。"李建安说："南山问题已经解决了？"袁庚说："是的，新董事会组成，股权转让和人事安排等，都已在第四次董事会解决了。"谷牧更进一步又说："要招商局先走一步，给予他更大权力，是中央领导同志都同意了的。他们了解情况，有海外打交道的经验，他们能把这么多外国、港澳厂商拉进来，自己搞了一套行之有效的办法，深圳就办不到嘛，蛇口就是比较高明嘛！为什么不能放手让他们去搞，创点经验呢？你们深圳市一位副市长对我说，他在担心深圳的官僚主义这样发展下去，后果会怎么样。一位爱国港澳人士对我说，深圳基本上把内地一套原封不动搬进来了。我说过多少次，有些同志就是听不进去。中行、华润好不容易总算进来了，应该欢迎他们。如果他们也待不下去，怎么争取外资呢？"接着谷牧又重复说了四个"权"和一个派出机构的问题。李建安说：我一直是赞成应该放手让他们干的。袁庚说："是否可以宽限两年，如果出了纰漏，再收回就是了。总之，招商局很明确这一点，这些事业投资都是国家的，我们从银行贷款部分回收之后，双手奉还给省。"李建安说："你送给我，也不敢要，我们绝对没有这个意思。"袁庚说："听说省市在妈湾要搞石油城，开发深水港，是否让香港几个国家机构也参加点股？这有利于事业的发展，充分利用国家驻外机构的积极性。"李建安说："双手赞成，一定请你们参加。"[①]袁庚商业嗅觉很灵敏，善于抓住一切商机。这一句不经意的话，就为下一次合作打下伏笔。

① 香港招商局编：《广东省深圳特区招商局蛇口工业区文件资料汇编》（第四集），1984年，第15—24页。

1983 年 11 月 27 日，中央书记处书记、国务委员谷牧在听取中共深圳市委汇报后指出：

最后，说说关于蛇口与特区的关系问题。蛇口工业区是特区的一部分，也是中华人民共和国的一部分，是深圳市委和市政府领导下的一部分，不允许闹独立性，也不允许搞两个特区。当然这个区域的形成有其历史原因。蛇口工业区是香港招商局办的，与外资打交道的时间比较长，也有一定的经验，可以放手让他们闯，让其自己试行管理，在特殊的地区更加特殊一点。关于政企分开的问题。这是毫无疑问的，一定要分开，但要保持密切的联系。你们可以将一些权力交给他，实施两年，不行收回，或在实施过程中，如有问题，也可以随时收回。请你们研究一下，是不是可以在蛇口设立一个区。

关于蛇口用人的问题，你们再与袁庚同志研究一下，对人的问题，不仅是上面的事情，而且也是你们的事情，一定要严肃、慎重。这个问题请你们认真研究，如有不同意见，可报省委，但一定要严肃对待，慎重处理。[1]

一个地方政府办特区难，招商局作为一个企业举办蛇口工业区，要办成"特区中的特区"，更是难上加难。

1984年4月25日，招商局蛇口工业区管委会向深圳市委、市人民政府呈送《关于当前急需请求深圳市领导帮助解决的几个问题的报告》，并报梁湘同志。

1984年6月6日，中央书记处书记、国务委员谷牧主持会议研究解决办法。经向谷牧和深圳市领导汇报，周溪舞在会上代表深圳市委、市政府就蛇口工业区请求领导帮助解决的问题表了态，以后在国务院特区办主任何椿霖主持下又开小会谈了两次，深圳市领导为蛇口工业区解决了一部分问题。

1984年6月6日至7日，中央书记处书记、国务委员谷牧视察蛇口工业区。6月7日，谷牧在龟山别墅主持召开座谈会。谷牧仔细听取了大家的意见和建议后说，我前后来深圳和蛇口工业区七次，这一次时间最长，就是想给你们多一点自主权。你们提出的意见，我们都听得进，中央已下了决心。当然，有些问题不可能今天提出明天就解决。但你们的困难一定能够解决。你们要继续努力，各方面的改革工作一定要走在全国的前面。谷牧对袁庚说：今天座谈会有两点对我有非常深刻的影响，其中之一是说我来得多，又代表中央，所以一定要解决问题，大家才对我有信心。袁庚笑着对谷牧说：这是同志们将你的军了。[2]

1984年6月8日，招商局蛇口工业区管委会向中共深圳市委、市人民政府并报广东省委、省人民政府呈送《关于当前急需请求深圳市领导帮助解决的几个问题的再报告》（蛇管函〔84〕087号文）。

① 中共深圳市委办公厅办文处编：《党和国家领导人视察深圳讲话资料汇编（1981—1991）》（上册），2005年，第104—105页。

② 香港招商局编：《广东省深圳特区招商局蛇口工业区文件资料汇编》（第四集），1984年12月，第43—45页。

① 香港招商局编:《广东省深圳特区招商局蛇口工业区文件资料汇编》（第四集），1984年12月，第107—112页。

关于当前急需请求深圳市领导帮助解决的几个问题的再报告（略）①

深圳市委、市人民政府并报广东省委、省人民政府：

（一）关于组建蛇口区党委、蛇口区管理局扩大工业区自主权问题。市表示在深圳市委和市政府领导下蛇口工业区组建蛇口区管理局和中共蛇口区委员会，但其管理范围和管理权限未明确。

（二）关于审批协议和合同。市表示：蛇口工业区可以根据我国的法律、法令和特区的法规，直接审批蛇口工业区内签订的各种协议和合同。审批后送市政府加盖批准合同专用章，即可到市工商管理局办理注册登记手续。

（三）关于进口物资审批。市表示：蛇口工业区内各厂企单位生产和各单位员工生活自用的进口物资（包括国家控制进口的17种商品），由蛇口工业区根据国家的法律和特区法规审批，并报市政府备案，海关凭蛇口区管理局发给的许可证查验放行。

（四）关于员工调进的审批。市表示蛇口区每年向市组织人事部门和劳动部门报一次年度用工和调干计划，经批准后可自行办理调动手续并报市委备案。

（五）关于蛇口区直属公司参加汽车客运、货运问题。市表示：同意蛇口工业区组建一个汽车货运和一个汽车客运公司，在全市范围内参加旅游、客、货运经营活动。

（六）关于邮电问题。市表示：蛇口工业区市内电话，同意按分局待遇，因涉及邮电管理系统问题，应请省裁定：是否作为省的长途终端局需报省邮电局批准。在工业区内设邮电支局，开展邮政业务。

（七）关于去港通行证件。市表示：市政府每月可给区管理局20名赴港指标，由蛇口区指定一位负责同志审批，再报市政府由主管副市长批准后到市公安局办理港澳往来通行证。

（八）关于蛇口工业区厂企产品在特区内销售问题。市表示：可按中央50号文件执行，由市政府批准后，在深圳特区范围内销售。

此外，尚有蛇口管辖范围等三个问题没有解决，我们再次报告如下：

（一）关于蛇口区党委、区管理局管辖范围及职权问题。第一方案，整个南头半岛，即以南头镇（不包括南头镇），正龙围至后海湾连线以南整个半岛地区。第二方案，南头半岛东南侧，即以右炮台，大小南山分水岭至正龙围，后海湾连线以南地区（包括现蛇口办事处所管辖的范围）。从工业区发展角度考虑，我们意见还是以第一方案为宜。

其职权我们意见是统一领导上述管辖范围内的党政工作，并统一规划管理区域内的陆地、海湾岸线、滩涂山林等。在区党委统一领导下党、政、企各负其责，各行其是。请求市府授予管理局以相对独立的自主权，包括统一组织管理区内市政建设、治安、消防、工商业、劳动调配、民政、税收、教育、公共设施、公益事业及其它属区管理的工作。

（二）关于公安机构。我们意见，由工业区与市公安局协商选派干部组成统一的公安机构，挂深圳市公安局蛇口分局与蛇口港公安局两块牌子，设一套人马，行使市属分局一级的职权。如办理管辖范围内员工及随行家属原居住城市的户口、边防证件、港澳同胞及外籍人士户口申报和辖区员工临时户口的申报，以及危险品的监管及危险库场的建设等。该机构受蛇口区和市公安局双重领导，党及行政工作以蛇口为主，业务工作以市公安局为主。

（三）关于税务机关。我们的意见，区管辖范围内组建统一的税务分局，业务上受市税务局领导，行政、党的关系属区领导，其区内各项税收包括还该代征的工商统一税，如数（原货币）交蛇口工业区，作为工业区所垫支的市政建设及口岸单位费用的补偿，直至税收全部冲销所垫支的上述费用止。

招商局蛇口工业区管理委员会
一九八四年六月八日

1984年6月10日，中共广东省委第一书记任仲夷主持召集省委书记集体办公会议，听取梁湘、袁庚同志关于解决蛇口工业区几个问题的汇报。省委书记梁灵光、林若、吴南生，中共广东省委常委、常务副省长李建安等出席会议，国务院特区办主任何椿霖也出席会议。这次会议主题就是协调解决蛇口工业区提出的十个问题，经过协商讨论，基本上解决了蛇口工业区提出的问题。中央书记处书记、国务委员谷牧出席会议并最后讲了话。中央领导同志出席一个省的省委书记集体办公会是极为少见的，足见谷牧对解决这个问题下足了功夫。

谷牧在会上的讲话要点如下：

（一）深圳市与蛇口工业区必须团结，现在的矛盾必须解决。这个团结很重要。团结搞不好，什么事情都办不好。现在，不团结的现象，互相不满意的情绪，不仅对工作不利，而且对外也产生了不好的影响。港澳有的报纸就大讲这个问题。深圳的体制改革必须走在全国的前头，但现在深圳的体制不适应改革的需要，弄不好会落在沿海开放城市的后头。现在表面上是"哥俩好"，没有什么过不去，但实际上并不如此。思想问题只能用思想的方法来解决，而不能靠行政办法。要解决这个问题，很重要的是靠梁湘和袁庚两位同志从大局出发，正确对待。蛇口的领导班子年轻，业务熟悉，是个好班子，但不要认为别人不行。袁庚同志要教育自己的班子尊重深圳市委、市政府的领导，要教育下面的干部不要突出蛇口。梁湘同志本人没有什么，但你那个班子，那套行政办事作风，要注意改进，不要认为这个地方是我的，我是行政领导，一切都必须听我的，不听就要治你。现在深圳的管理体制基本上还是内地的那一套，你们那套管理办法要改。这次蛇口提出的十个问题，你们解决了，这很好。但是，我要提出一个问题，为什么这些问题拖了这么久才解决？近的不讲，去年 11 月，我同李建安同志到深圳就讲了，蛇口应当有更大的自主权，但一直没有解决，拖到现在。这次在深圳，我当面问周溪舞同志，搞对外经济活动是你经验多还是袁庚经验多？是不是深圳比蛇口工业区高明？为什么蛇口的事一定要拿到你们那里审批？同外面打交道，讲的是高效率，都要经过你们审批，时间就拖得很长。你们不能那样做。你授权给袁庚就行了。你们这些做法，不要说"特事特办，新事新办"[①]，就是在内地也是不允许的。蛇口所提的问题，如果本着"特事特办，新事新办"的精神，早就解决了，也用不着拿到省委这里来。你们双方要通过这次解决这些问题，总结经验教训。在这些问题上扯皮扯不完，这样的结局对工作不利，对外影响也不好。深圳就只有你们两家嘛。（略）

（二）关于蛇口的管辖范围问题。从长远的观点看，我原来想将整个南头半岛划给蛇口工业区。道理很简单，主要是要利用蛇口的影响和管理经验，利用他们的人才和业务知识，把这块地方搞得更好些。在中央书记处开始讨论蛇口工业区时，先念同志就主张这样划。我同任仲夷同志也交换过意见，他毫不犹豫地支持我的意见。我还同总理酝酿过，他也赞成，就是要按经济规律办事。赤湾港给蛇口来管，运用它的模式来建设，可能建设得更快更好。但是，现在看，"小方案"

① 1983 年 2 月 8 日，中共中央总书记胡耀邦视察深圳经济特区时说：应是新事走新路，新事新办嘛，特事特办嘛。这有普遍意义，将来全中国都要新事新办。新事新办、特事特办、立场不变，方法全新。中共深圳市委办公厅办文处编：《党和国家领导人视察深圳讲话资料汇编（1981—1991）》（上册），2005 年，第 47 页。

可能各方面比较容易接受，矛盾也少一些。现在我同意按小范围的方案办理。也就是划 6 平方公里左右，以分水岭为界线。公安、电讯问题，我同意仲夷同志的意见，邮电问题，由省里解决。公安问题，可以冲破交通部的一些老规矩。（略）

（三）关于今后的问题。深圳和蛇口在解决了这次提出的十个问题以后，今后可能还会发生矛盾。出现矛盾并不可怕，重要的是采取正确的办法去解决。今后，不要争谁的权大权小，有问题就拿到党委会上讨论解决。（略）①

① 香港招商局编：《广东省深圳特区招商局蛇口工业区文件资料汇编》（第四集），1984年，第 101—104 页。

正是在谷牧主持和督促下，蛇口工业区主要负责人多次与深圳市委、市政府负责人进行了接触和协商，对蛇口工业区提出的关于当前急需请求深圳市领导帮助解决的几个问题的两个报告进行了深入讨论。广东省委为此专题召开省委书记集体办公会议，比较好地解决了关于蛇口工业区有关成立党委、区政府及管辖范围等十个问题。

1984 年 6 月 19 日，中共深圳市委、深圳市人民政府向广东省委、省人民政府呈送《关于解决蛇口工业区几个问题的请示报告》，请示报告主要内容如下：

关于解决蛇口工业区几个问题的请示报告② （略）

② 香港招商局编：《广东省深圳特区招商局蛇口工业区文件资料汇编》（第四集），1984年，第 113—116 页。

省委、省人民政府：

（一）增设蛇口区管理局和中共蛇口区委员会，市划给蛇口工业区的范围即为其管辖范围。

（二）增设深圳市公安局蛇口公安分局，受市公安局和蛇口区委双重领导，以市局为主。

（三）蛇口区管理局可根据我国的法律、法令和特区的法规，直接审批蛇口管辖区签订的各种协议和合同。

（四）蛇口区管理局可以根据我国的法律、法令和特区法规，批准辖区进口物资，并报市政府备案。

（五）蛇口区设深圳市税务局蛇口分局，由市税务局和蛇口区管理局双重领导，以市税务局为主。

（六）蛇口区委和区管理局可以每年向省组织、人事和劳动部门报一次年度调干和用工计划，经批准后可自行办理，并报市备案。

（七）同意蛇口工业区分别兴办一个汽车货运公司和汽车客运公司。

（八）同意增设蛇口邮电支局（分局）。

（九）蛇口区管理局可以在每月 20 个名额内办理港澳往来通行证，由蛇口区委审批和市领导主管同志签字，到市公安局办理领取。

（十）同意以分水岭为界，将赤湾 25 米等高线以上的土地划入南山开发股份有限公司范围。可把蛇口镇划入蛇口管理区。

以上报告，请予批示。

中共深圳市委

深圳市人民政府

一九八四年六月十三日

1984 年 7 月 14 日，中共广东省委、省人民政府批转深圳市委、市人民政府《关于解决蛇口工业区几个问题的请示报告》（粤发〔1984〕31 号），同意该报告内容，要求认真执行。蛇口工业区范围同意扩大到以大小南山分水岭至正龙围、后海湾连线以南的地区为蛇口管理区（即第二方案①）。工业区党委的机构称"中共蛇口区委员会"，行政机构称"蛇口区管理局"，在深圳市委、市政府的领导下，行使一级地方党组织和政权组织的职能。设立蛇口公安分局，行使其他分局同样的职能。同意设立深圳市邮电局蛇口分局。省委决定：蛇口工业区派一位主要负责同志参加深圳市委常委，参与研究决定解决蛇口工业区工作中的一些重大问题。中共蛇口区委员会和区管理局在重大问题上要注意向深圳市委、市政府报告，市委、市政府要根据"特事特办、新事新办"的原则，给予蛇口区更大的自主权，在不违反国家法律、法令和特区法规的基础上，放手让他们独立自主地解决工作中的问题。在广东省委下发 1984 年 31 号文件之前，深圳市委、市政府一直主张把蛇口工业区视为一个单纯的经济实体，工业区行政事务要由深圳市负责。这个文件出台以后，为后来解决双方关系问题提供了一个较好的大框架。

1984 年 8 月 6 日，中共深圳市委、深圳市人民政府分别以深委〔1984〕39 号、深府〔1984〕98 号文下达成立《关于成立中共蛇口区委员会》和《关于成立蛇口区的通知》，正式成立中共蛇口区委员会、蛇口区管理局，在深圳市委、市政府的领导下，行使一级地方党组织和政权组织的职能。所辖范围为大小南山分水岭至正龙围、后海湾连线以南地区。增设深圳市公安局蛇口公安分局。分局受深圳市公安局和区委、管理局双重领导，业务工作以市公安局为主。蛇口港公安局与区分局合为一套人马，统一管理全区的公安工作。设立深圳市邮电局蛇口区分局。并建立内部多功能专用

① 蛇口工业区范围包括连山地面积不足 15 平方公里。

通讯系统，以解决区内外通讯业务的需要。设立深圳市税务局蛇口分局，由市税务局和蛇口区管理局双重领导，以市税务局为主。蛇口区管理局可以根据中国的法律、法令和特区的法规，直接审批蛇口管辖区内签订的各种协议和合同。蛇口区管理局审批后，送市人民政府加盖批准合同专用章，市工商局即可给予登记，登记后将协议的副本报市政府备案即可。授权蛇口区管理局颁发蛇口区管辖范围内的物业产权证和批办长驻工业区内港澳同胞及外籍人士使用过境专用通道证明。蛇口区管理局可以根据中国的法律、法令和特区法规，批准管辖区内各企业单位生产自用、员工生活自用的进口物资（包括国家控制进口的 17 种商品），批准后报市政府备案。蛇口区委和区管理局可以每年向市组织人事和劳动部门报一次年度调干用工计划，经批准后可自行办理调动手续，并报市组织、人事和劳动部门备案。蛇口区管理局可以在每月 20 个名额内办理蛇口区各单位工作人员（属正式调来蛇口工作的）港澳往来通行证。8 月 13 日，蛇口区管理局正式成立。

1984 年 8 月 17 日至 22 日，应福建省省长胡平的邀请，袁庚前往福建进行为期 6 天的参观访问，受到福建省、市负责人的热情接待。袁庚一行重点考察厦门湖里加工区和马尾经济技术开发区，参观东渡港、湄洲湾、马尾港和马尾造船厂，听取省、市负责人的介绍，交流工作经验。8 月 18 日下午，厦门市委和市府邀请袁庚向全市 500 多名党政机关和企业的干部作关于特区建设的报告。8 月 21 日上午，福建省委和省府邀请袁庚向省、市负责人和各部门干部 5000 多人作报告，当天下午，再次邀请袁庚与中共福建省委、省府和各部、委、厅、局、办负责干部将近 30 人进行座谈。

1984 年 9 月 1 日，深圳市人民政府将南头半岛东侧、赤湾左炮台起，沿大小南山分水岭至正龙围、后海湾连线以南地区，由南头区正式移交蛇口区管理局管辖，包括内伶仃、大铲和小铲等岛屿，面积 18.39 平方公里[①]，下辖招商局蛇口工业区、中国南山开发股份有限公司、蛇口渔工贸联合发展总公司 3 个经济实体。

1984 年 9 月 6 日，招商局蛇口工业区管委会向中共深圳市委、市人民政府并中共广东省委、省人民政府呈送《关于贯彻省、市委，省、市人民政府解决蛇口工业区几个问题的批示执行情况的报告》，报告已经落实和正在落实的问题和尚待进一步解决的问题和有关意见。

1984 年 9 月 20 日，中共广东省委办公厅发函告知深圳市委、市政府

① 张后铨编著：《招商局与深圳》，广州：花城出版社，2007 年，第 206 页。

和蛇口区委省委负责同志在上述报告上的批示："建议市委、市政府支持蛇口区建立精简、高效的机构。同时提请市与蛇口区委都注意一定要十分严格管理户口。特区一定要十分注意限制进户口，限制人口增加，注意人口素质的问题，否则人口不断增加，将来后患无穷。"①

1984 年 10 月 8 日，中共深圳市委批准袁庚担任蛇口区委书记，江波、乔胜利、王今贵、熊秉权、黄小抗、邓启良担任中共蛇口区区委委员。

1984 年 10 月 9 日，国家计委副主任阎颖致信蛇口工业区管委会主任袁庚，告知关于就开发蛇口拟从国内贷款的问题同有关方面商量的情况，且经请示，谷牧已同意：蛇口如确需从国内解决一些人民币贷款和外汇额度，请写个报告，说明用途和金额。报告可直接写给谷牧同志。10 月 18 日，招商局、蛇口工业区按要求联署给国务委员谷牧写了《关于申请拨给外汇额度的报告》。10 月 22 日，袁庚又就申请外汇额度一事分别致信谷牧和阎颖。10 月 24 日谷牧在招商局、蛇口工业区《关于申请拨给外汇额度的报告》上批示：为了开发港口建设，贷款支持他们一下是需要的，请吕东、吕学俭同志审批。10 月 25 日，吕学俭批示：请宋平同志、甘子玉同志审批。10 月 26 日，交通部向国家计委报告，同意招商局 1984 年 10 月 18 日的报告，请国家拨给招商局 1 亿美元的外汇额度并请中国银行支持给予低息贷款解决配套的人民币。11 月 10 日，国家计委函告交通部及国家外汇管理局，同意从国家外汇中拨给招商局外汇额度 5000 万美元，用于在香港续建码头仓库及进一步开发蛇口工业区。

1984 年 10 月 10 日，广东省经济特区管委会办公室发函至蛇口工业区管委会并深圳市人民政府办公厅：经与省府有关负责同志商酌，对蛇口工业区管委会 9 月 6 日提出的几个问题，特提出以下意见：（一）关于蛇口机构设置和人员配备，建议从当前蛇口实际情况出发，本着精简、高效、统一和因事设机构，因事设人员的原则，通过协商解决，具体事宜由蛇口区委和管理局提出方案，报市政府审定。（二）关于市、区双重领导单位的工作划分，原则上可按蛇口工业区管委会的意见办理，即业务工作以市为主，干部管理、行政领导、思想工作以区为主。（三）关于蛇口区范围，省委、省政府已同意按第二方案划定，但在下达通知时没有附图，现请深圳市政府补发附图。②

1985 年 11 月 12 日，国务院批准交通部《关于香港招商局集团董事会调整的请示》，招商局集团有限公司正式成立，为交通部直属一级企业。由部长钱永昌任招商局集团有限公司董事长，副部长林祖乙任副董事长，

① 香港招商局编：《广东省深圳特区招商局蛇口工业区文件资料汇编》（第四集），1984 年 12 月，第 122 页。

② 香港招商局编：《广东省深圳特区招商局蛇口工业区文件资料汇编》（第四集），1984 年，第 123—124 页。

袁庚任常务副董事长，江波、卢希龄、郑仁周、王栽兴、郭洪勋、张敬华、朱仲平、郝洪波、熊秉权任董事。江波任总经理，王栽兴、郭洪勋、王世桢和袁武任副总经理。

　　历史到此，招商局蛇口工业区有限公司由一个交通部招商局下属的国有企业变成了党政合一的管理区，履行地方行政区的职能。从原来倡导"政企分开"到"政企合一"，也许是当时体制环境下最好的选择。从此，蛇口工业区不但是一个工业区，一个企业，而且是承担经济、社会、文化等职能的行政管理区。不愿当官的袁庚，却成了地地道道的一位地方官员。袁庚曾说，他最感激任老（任仲夷）三件事：一件是"给蛇口放生"的那个"31号文件"；一件是任老最终同意他不担任深圳市市长，留任蛇口；一件是保护来自清华大学的蛇口职工周为民。袁庚说，1984年下达的中共广东省委31号文件，给了蛇口4个具有政府权力的权力：任何进来投资的商人，蛇口自己可以批，批了之后，报上备案就行了；进人，干部转户口，蛇口可以批。还有地界问题也解决了。这个"31号文件"，是省委常委（是省委书记集体办公会议）开会定的，会议是任仲夷同志主持的。就是这个"31号文件"，解决了我跟梁湘的关系问题，也就是蛇口和深圳市的关系问题，使蛇口真正成了特区，成了"改革试管"。[①]当然，袁庚更应该感谢谷牧，如果没有谷牧亲自斡旋、督促和协调，甚至不惜对梁湘和深圳市委提出严厉批评，也许问题还会扯皮下去。当然，谷牧对梁湘和深圳市委的批评也是善意的和建设性的，对深圳经济特区进一步改革与发展起到很好的检查和指导作用。

　　梁湘、袁庚为深圳经济特区改革开放初期并立的"双雄"，其实两人个人关系很好，相互尊重。梁湘很尊重袁庚，多次说袁庚对开放改革认识比我们深刻、清楚，对外国情况比我们了解多。袁庚当时曾向深圳市委提出各项改革可在蛇口先试，共同开创新路。1991年3月梁湘回深圳养病，就先住蛇口一个企业招待所里，第一个去看望梁湘的就是袁庚。1998年12月13日，梁湘在广州去世，袁庚专门去参加遗体告别仪式。袁庚与梁湘之间的矛盾，实际上是工作上的矛盾。具体体现在深圳和蛇口的关系上，主要矛盾是在土地和用人等方面，在改革开放和经济建设的大方向上是一致的。1980年深圳经济特区刚成立时，袁庚向深圳市提出蛇口和深圳经济特区要划界限，从现在联合医院那里开始拉铁丝网，后来又要求深圳市划拨南头半岛给蛇口工业区，即从现在深圳大学划界，当时深圳大学那个地方是一片荒地。当时经中共深圳市委常委会研究，考虑到全市统一规划，一

①《任仲夷：五年主政南粤，杀出一条血路》，《南方网》2005年11月16日。

个企业无法承担医疗、教育、治安，市政设施，因此没有同意这些要求。实际上招商局蛇口工业区有限公司作为一个企业，是要了深圳市政府的很多行政权力，是企业政府化（"二政府"），而不是中央主要领导反复强调"政企分开"。在今天来说，这是不被容许的。但是，当时市场环境没有真正形成，没有办法真正实行所谓的"政企分开"。也许是"政企合一"的高效率运转才是促进蛇口工业区快速发展的真正原因。

五、邓小平视察蛇口工业区

1983 年 12 月 1 日，国务院副总理兼秘书长田纪云视察蛇口工业区。他先后参观了海虹油漆厂、三洋电机（蛇口）有限公司、华益铝厂、海运集装箱厂、赤湾港、五湾石油专用泊位、新联检楼，登上微波楼观看了工业区全景。视察时，田纪云询问了工厂的建设和生产情况，过问了油漆、铝箔板、集装箱、收录机等产品的生产工艺流程。当袁庚在微波楼上介绍工业区的布局和发展时，田纪云称赞道：没想到发展这么快。田纪云问随行人员：看了蛇口，你们有什么感想？随行人员说：建设速度很快，时间不长，变化很大，真是耳听为虚，眼见为实。当袁庚汇报工业区改革招工制度，采用招聘、招考，实行合同制时，田纪云说：这里可不要搞顶替的办法和包安排的做法。当听到工业区实行工资改革时，田纪云说：你们要创造出一点经验，为我国的工资改革闯出一条路子来。① 这是田纪云担任国务院副总理后第一次到经济特区和蛇口工业区视察工作。

1983 年 12 月 9 日，中共福建省委第一书记项南，省委书记、省长胡平率领福建省访粤代表团一行 17 人在广东省委书记吴南生等陪同下访问蛇口工业区。袁庚介绍了蛇口工业区的发展情况，代表团参观了海虹油漆厂、华益铝厂、污水处理厂、三洋电机厂、远东饼干厂、华美钢厂及赤湾后勤基地。袁庚介绍工业区情况，谈了引进外资的概况，谈了正在试行的干部、工资、住房制度改革的一些做法，以及在学习国外先进管理方法中的体会。袁庚表示十分赞赏福建省委为开发厦门经济特区所发的一个文件。在这个文件中，福建省委给了厦门特区管委会许多职权，并请吴南生向广东省委介绍福建省委的这个做法（实际上，厦门特区与蛇口工业区不是一个等级，当然受重视程度不同）。项南在谈到特区改革时说：改革有出路，改革（特区建设）才能成功，不敢冒险，安于现状是没有出路的。我们到你们这儿

① 香港招商局编：《广东省深圳特区招商局蛇口工业区文件资料汇编》（第四集），1984 年，第 25—27 页。

来是想学一点这方面的经验。搞特区工作，必须有自己的性格，多少要带一点冒险家的性格。项南又说：搞特区，四个特区里面你们蛇口搞得最早，是第一；搞得速度快，你们是第一；搞改革，你们是第一。三个第一。袁庚说：我们还做得很不够，这一点成绩，也是在中央、省、市和各投资者们的支持下取得的。在参观工厂时，代表们详细询问每个工厂的投资、设备、人员、技术和投资回收等情况。项南在参观污水处理厂时，建议在厂区多种树木、花草，搞成一个花园，让群众参观游览。胡平对工业区坚持"五个不引进"表示赞赏。吴南生详细了解了一些工厂在经营中出现的困难后，表示回到省里将帮助解决，省里不能解决的要代工业区向谷牧同志汇报。当《港澳经济》杂志编辑询问项南参观蛇口工业区后的感想时，项南表示：这里是实干。[①]

1983年12月19日，美国新闻周刊发表该刊记者刘美远撰写的题为《蛇口的资本主义道路》的文章，该文指出：

> 没有任何一个地方像蛇口工业区那样把香港式的资本主义与中国的社会主义有机地结合起来。约五年前，深圳特区蛇口工业区是只有几十个农民居住的约519英亩的海滩。北京批准给予招商局经济管理权。招商局首先花了约1亿元完成了道路、电力系统、一条656米长的码头和其他工程。然后以它有效的管理、灵活的经济措施和政企分家的做法开始吸引外资，这些保证具有一定的吸引力。已有三十几家工厂，几家银行和3家石油公司在蛇口开业。引进外资1.5亿美元以上，外资中70%来自香港。今天的蛇口已变成一个有7000居民的新兴城镇，有意投资人士的必到之地。

> 毫不奇怪，蛇口受到一些关于资本主义倾向的责备，但蛇口的官员对此并不介意。[②]

1984年1月24日至2月6日，中央政治局常委、中央顾问委员会主任、中央军委主席邓小平和中央政治局委员、中央党校校长王震，中央政治局委员、中央军委常务副主席兼秘书长杨尚昆等中央领导同志在中顾委委员刘田夫和广东省省长梁灵光的陪同下视察深圳、珠海两个经济特区。邓小平在途经广州时，曾对刘田夫、林若、梁灵光同志说："办特区是我倡议的，中央决定的，是不是能够成功，我要来看一看。"[③]1月26日，按计划邓小平一行到蛇口工业区参观一个上午，然后从蛇口港乘船前往珠海经济特区视察。

① 香港招商局编：《广东省深圳特区招商局蛇口工业区文件资料汇编》（第四集），1984年，第264—267页。

② 香港招商局编：《广东省深圳特区招商局蛇口工业区文件资料汇编》（第四集），1984年，第310—313页。

③ 王震：《我们建立经济特区的政策是正确的：关于陪同邓小平同志视察广东、福建、上海的情况报告》，中共广东省委办公厅编印：《中央对广东工作指示汇编》（1983—1985年），第128页。

图 3-24　1983 年 6 月，蛇口工业区办公大楼（即蛇口工业区大厦）投入使用，邓小平在这里听取汇报

图 3-25　开发初期的蛇口客运码头

1 月 26 日上午 9 时 30 分，邓小平一行在梁湘陪同下驱车来到蛇口工业区。袁庚把邓小平等领导同志领到招商局蛇口工业区办公大楼七楼会议室（图 3-24）。袁庚说：首长来工业区视察，是蛇口工业区全体员工的愿望，这幸福的一天终于盼到了。由于广大员工不能和我们（接待工作人员）分享这份幸福，我请求首长和全体接待人员合影留念。邓小平随即高兴地和大家合影留念。袁庚有意安排刘清林、郭日凤、许智明三位老将依次向前与邓小平握手问候，让摄影师分别为他们拍照，三位已退居二线的老同志各自留下了终生难忘的时刻。在摄影记者拍下的集体照里，有意思的是，身穿中山装的是省、市领导，蛇口干部们则一律穿西装打领带。

这里居高临下，背山面海，视野开阔。邓小平边看工业区全景模型，边听袁庚汇报工业区的建设情况。他走进窗前，观看繁忙的蛇口港码头，问道：码头什么时候建成的？能停靠多少吨位的船？袁庚回答说：工业区开发的第一项工程就是兴建码头（图 3-25），花了近一年时间建成了 600 多米码头，现在已使用四年了，可停泊 3000 吨至 6000 吨的货轮，与香港客轮通航也已两年多了。邓小平称赞说："你们搞了个港口，很好！"

当袁庚汇报工业区基本建设投资花 1.5 亿元时，邓小平问："是人民币吗？"袁庚回答：是，其中 1 亿元是贷款，5000 万元是招商局 5 年不上交的 1/10 利润。杨尚昆插话说："他们好处是一家说了算，没有人干涉，他们也不希望别人干涉。"邓小平满意地笑了，说："怎么，去看一看吧。"

袁庚请求再讲五分钟，邓小平欣然点头同意，示意没关系，等会儿再看。袁庚汇报说，中央对外开放政策在蛇口 2.14 平方公里的土地上发挥了巨大威力，收到了很好的效果。办特区以前，蛇口是人口外逃外流的口子。自从办特区之后，不但制止了人员外流，相反现在是人才回流、资金回流。几年来，由客商独资或合资兴办了 74 家企业，其中有 51 家已经投产，有14 家工厂已开始盈利。职工工资水平已超过澳门，文化程度普遍达到初中、高中水平。社会秩序和风气较好。

五分钟过去了。有人提醒袁庚汇报超时间了，但邓小平扬了扬手：说，继续说嘛。

袁庚见邓小平听得饶有兴趣，便把话题引向纵深，简要地汇报了工业区几年来进行经济体制、机构、干部制度、工资制度，用工制度及住房政策改革的情况。袁庚说：我们这里进行了一点冒险，不知道是成功还是失败。袁庚特别希望对正在进行的各项改革，特别是干部改革讨个说法。邓小平微笑着没有表态，看了看梁湘。梁湘说："应该说是成功的，蛇口是深圳特区各项改革的先行点。"接着，袁庚又抛出那句颇有争议的口号：我们提出了一个口号，叫做："时间就是金钱，效率就是生命"（图 3-26），不知这提法对不对？邓小平的小女儿毛毛提示说："我们在进来的路上看到了。"邓小平说："对"。袁庚说：不知道这个口号犯不犯忌？我们冒的风险不知道是否正确？我们不要求小平同志当场表态，只要求允许我们继续实践实验。邓小平和在场的同志都笑了起来。

袁庚接着又说：工业区有很大自主权，办事不需要左请示右请示，看准了就可以拍板定案。想当厂长、经理的人也没有什么后门可走，全部实行招聘制，靠本事吃饭，靠群众民主选举产生等。袁庚把由群众选举产生的年仅 36 岁的工业区党委副书记乔胜利介绍给邓小平认识，邓小平高兴地说："啊，这么年轻！"邓小平还询问了乔胜利的工

图 3-26　"时间就是金钱，效率就是生命"标语牌

图 3-27 仅用 23 天建成的华益铝厂

图 3-28 海上世界即明华轮。1984 年 1 月 26 日，邓小平登上明华轮并题词，明华轮正式开业

作经历、工资收入、家庭情况等，当听到乔胜利说正在自修香港管理协会的函授课程时，邓小平表示称赞。

袁庚的汇报用时超过了十五分钟。

随后，袁庚陪同邓小平一行参观了由 27 个日本人仅用 23 天时间建成的合资经营企业华益铝厂（图 3-27）。他特别停下脚步，对宽大车间两侧挂着的"增产爱国""技术至上""质量第一"等大幅标看了一会儿。在轧制铝箔板的机器前，厂长指着一批包装好的产品说：这是准备发运美国的铝箔板。邓小平听了很高兴，走上前去，仔细看了木箱上的英文字，又拿起自动冲床刚冲压出来的圆片，连声说：很薄、很光。

离开铝厂以后，袁庚邀请邓小平等到"海上世界"作客（图 3-28）。海上世界是由一艘豪华旅游船"明华轮"改装成的我国首座海上旅游中心，1983 年 11 月局部试营业，内设有酒楼、宾馆、商场和文化娱乐场所。邓小平对袁庚的建议欣然允许。邓小平等兴致勃勃地登上九层高的"明华轮"，走进 C 甲板咖啡厅。稍事休息后，观看船上的旅游服务设施。邓小平心情极好，步出咖啡厅，想登高看看。站在甲板上，遥望对面香港新界若有所思。稍事休息后，大约 11 点，邓小平一行，步下楼梯进入富丽堂皇的龙凤厅，邓小平走到餐桌前，并未立即就座，转身饶有兴趣地欣赏摆放在长桌上的福、禄、寿三尊寿星像，抬头观看巨大的金色"福"字，面露慈祥的笑容。接着小平一行和大家共进午餐。[①]席间，小平特别高兴，喝了三小杯陈年茅台酒。他极口称赞蛇口工业区在开展旅游事业

① 1984 年 1 月 26 日，邓小平在海上世界用餐的菜谱：清蒸石斑鱼、白灼基围虾、西芹炒带子、油炸生蚝、粟米羹、例汤、姜葱炒肉蟹、西兰花，喝的是茅台酒。这是"海上世界"对外安排的第一顿客饭。

上开辟了新路子。海上世界总经理王潮梁向坐在身边的邓林询问她父亲的酒量如何，邓林说："他很少喝酒，看来今天很高兴。"感到火候差不多了，王潮梁请示袁庚后，示意副总经理赵艳华上前，赵艳华在小平耳边请示说："请首长给我们题个词！"与此同时，几个年轻人拿来了事前准备好的笔墨和宣纸摆上桌面，只见小平当即起身，走向铺着红布的小桌。赵艳华赶紧端起砚台，站在一旁，众人簇拥桌边。邓小平拿起笔，

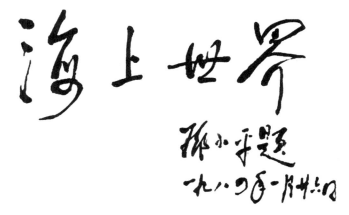

图3-29 邓小平题词"海上世界"

操着浓重的四川口音问：写啥子？这时，省、市、招商局领导的目光都转向王潮梁，王潮梁早有准备，脱口而出：海上世界！小平欣然命笔，一挥而就（图3-29）。写完之后，正准备放下笔，情急之中王潮梁赶紧说："请首长签个名，不签名不值钱。"小平笑了笑，又在题词下面写下了"邓小平题 一九八四年一月廿六日"。全场气氛轻松活跃，众人鼓掌，一片欢腾！就这样，小平他老人家给深圳经济特区留下了极其珍贵的"第一笔"，这也许是"海上世界"最大的无形资产。[①]可以说小平同志给蛇口"海上世界"做了一个最大的免费广告。王潮梁双手托着小平同志题词，让记者们尽情地拍照。恰在这时传来一句话：小平同志要和在场的全体工作人员合影。事先没有提出这个要求，也没有准备。大家立即随手拉起餐厅的靠背椅，排成一长列。王潮梁紧靠小平同志，站其身后，留下了珍贵的镜头。

按照原定的接待计划，袁庚、王潮梁引领小平到套间下榻小憩。一进电梯，王潮梁对小平说：今天没有招待好。小平用四川话亲切地说：吃得很好。小平问王潮梁什么时候来到蛇口。王潮梁说，1982年4月。小平问他多大年纪，他说45岁了。小平说，看不出来嘛，看起来你的精神状态很好嘛。

下午4时，小平休息过后，袁庚、王潮梁陪小平乘电梯下楼，全体员工整齐排列两旁。小平亲切地说：你好大的队伍喔！穿过餐厅时，王潮梁对小平说，今天的菜都是香港请来的师傅烧的。他特别停下来，和那位大师傅握了握手。小平走后，这位香港大师傅激动地对王潮梁说：我在香港待了几十年，没有见过什么大人物，来深圳才十几天，就看见了可亲可敬的伟

① 1984年1月25日，袁庚在布置接待工作时，海上世界总经理王潮梁问："能不能请中央首长给我们题字？"袁庚说："恐怕不行，上面有明确规定，首长这次来只看、只听、不讲话、不题词。""你随机应变吧。"袁庚又补充了一句。王潮梁说："好，我先把笔墨准备好。"他赶紧叫人去买文房四宝。可当年蛇口商店很少，文化商店更是没有，一直到午夜才从旅游公司总经理邹富民家里借到了笔墨纸砚。可首长究竟能不能留下墨宝，当时谁心里也没有底。

① 王潮梁：《改革开放的排头兵》，载于《西工大故事2》，西安：西北工业大学出版社，2015年。后来邓小平长子邓朴方访问蛇口及海上世界，他对王潮梁说：我父亲多年来没有给任何企业题词，你们是第一家。

人邓小平。①

小平一行走下"明华轮"时，专车周围已是人山人海，许多人是从数十里外跑来的，期望能看上小平一眼。在车上，梁湘问邓小平：您还有什么指示？邓小平说：没有什么，就是绿化还不够。梁湘回答：今后我们一定按您的指示，尽快把深圳绿化好。邓小平点了点头。

下午4点多钟，邓小平一行登上一艘海军炮艇离开深圳前往珠海经济特区。

1984年2月1日，邓小平在广州珠岛宾馆为深圳经济特区题词："深圳的发展和经验证明，我们建立经济特区的政策是正确的"，将落款日期写为离开深圳经济特区的一月二十六日。

1984年2月24日，邓小平在北京同胡耀邦、万里、杨尚昆、姚依林、胡启立和宋平等谈话，他指出：最近，我专门到广东、福建，跑了三个经济特区，还到上海，看了看宝钢，有了点感性认识，我们建立经济特区，实行开放政策，有个指导思想要明确，就是不是收，而是放。这次我到深圳一看，给我的印象是一片兴旺发达景象，深圳的建设速度相当快，蛇口比深圳更快。蛇口快的原因是给他们一点权力，500万美元以下的开支可以自己做主，他们的口号是"时间就是金钱，效率就是生命。""这次看出了一个问题，就是特区是个窗口，是技术的窗口，管理的窗口，知识的窗口，也是对外政策的窗口。""只要特区搞好了，将来海上石油开发会有生意做，也可以拉一些香港的生意过来。这样，特区将成为开放的基地。"②

②《邓小平谈特区等问题》（一九八四年二月二十四日），中共广东省委办公厅编印：《中央对广东工作指示汇编》（1983—1985年），第123、124页。

1984年2月27日，中央政治局委员王震在向中央总书记胡耀邦、中央政治局、中央书记处各同志所作的书面报告：《我们建立经济特区的政策是正确的：关于陪同邓小平同志视察广东、福建、上海的情况报告》，特别讲到他们的蛇口之行，他写道：

> 小平同志对上海市委负责同志说，我看深圳、蛇口就是因为采取责任制建设速度搞得快得很。过去我们搞建设队伍的办法问题不少，特别是基建工程兵。北京地铁为什么这么贵？就是没有责任制，窝工。特区的建筑速度快，几天一层楼。……我们的一些制度要改，吃"大锅饭"不行。

1月26日上午，当蛇口工业区总指挥袁庚把由群众选举产生、现年36岁的工业区党委副书记乔胜利介绍给小平同志时，小平同志高兴地把乔胜利拉到身旁坐下，问他什么学校毕业，掌握什么专业知识。小平同志说，要鼓励青年人挑起重担，多干工作。

　　小平同志提倡的党的十一届三中全会确立的对外开放政策及兴办经济特区的决策是完全正确的。1979年12月份，我任国务院副总理时，曾带领国务院几个部长到蛇口考察，以确定如何支持和帮助交通部招商局开发蛇口工业区的方案。当时，蛇口是一片海滩和荒山，路面坑坑洼洼，连厕所和洗脸水也没有。这次陪同小平同志视察，深圳和蛇口的面貌就大不一样了，高层建筑林立，道路四通八达，万吨级码头、直升飞机场开通使用，电讯、供水、供电、防洪、供气和处理污水等初具规模，一个现代化的工业新城在我国南海前沿崛起。看到这些，心情十分兴奋，不禁想起一句古语："士别三日，当刮目相看。"①

2004年8月14日，袁庚在接受记者采访时再次谈到邓小平这次蛇口之行的感受，他说道：

　　记者问：1984年对您来说，又意味着什么？

　　袁庚指着墙上与邓小平的合影说：小平来了！1月26日。我的改革尝试得到肯定。小平同志的话不多，只说了两句话。一句是对我提出的"时间就是金钱，效率就是生命"说了个"对"字，另一句是听我汇报了蛇口港码头是怎样建起来的后说了"很好"两个字。

　　记者又问：还有呢，您的1984年就这么简单？

　　袁庚答：当然没这么简单，小平回北京不久，就召集开会，说深圳的建设速度相当快，蛇口工业区情况很好。3月底，中央书记处扩大会议在北京召开，要我介绍蛇口工业区改革开放的成功经验。这可是首次由一家企业负责人到中南海作报告。当时准备有点不足，又面对那么多首长，但我还是一上去就讲，现在想来，胆子真够大的。②

　　邓小平虽然只有两句话三个字，实际上小平在蛇口看到的、想到的，远不止这些。他在思考如何导引中国改革开放的航船更好地继续向前航行。

　　1984年3月26日，中共中央书记处和国务院在北京中南海怀仁堂会议厅召开"沿海部分城市座谈会"，会议为期10天。袁庚代表蛇口工业区参加会议，并于3月28日在会上发言。袁庚首先讲到党的三中全会提出对外实行开放政策，完全代表了全国人民的意志和利益。邓小平同志视察3个

① 王震：《我们建立经济特区的政策是正确的：关于陪同邓小平同志视察广东、福建、上海的情况报告》，《中央对广东工作指示汇编》（1983—1985年），第130、134页。

②《袁庚在争议中走向巅峰》，《晶报》2004年8月14日。

特区，总结了办特区的经验，提出把特区的某些政策运用于部分沿海城市，这将使中国开放政策的实施进入一个新的局面。他提到：邓小平同志视察蛇口工业区，指出"蛇口快的原因是给了他们一点权力"。他说："事实确是如此。蛇口有多大权力呢？可以审批 500 万美元的项目，招商局可以从每年的利润中留成十分之一左右来投资，而且只限 5 年，去年已经到期了。总共才 5000 万元。就这么一点权力！我们正是凭这一点权力，在 2.14 平方公里荒地上进行了冒险的改革尝试。"袁庚讲了蛇口在几个方面改革的情况（干部体制、劳动体制、用人制度、工资制度、住房商品化等）和蛇口工业区 4 年多来的建设及引进资金情况。他又谈到蛇口的困难和蛇口在码头口岸拓建维修、海关、边防、公安以至文教卫生、污水净化、环境卫生、植树造林、马路照明等市政建设和开支方面的负担，1985 年以后税收又要拿走，这样就巧妇难为无米之炊了。希望中央各部委对这弹丸之地继续给予破格支持，网开一面。袁庚说：原来一片荒凉沙滩开始呈现出社会主义的繁荣兴旺的景象。在我国来说，她是个最年轻的（全员平均年龄 25.4 岁）、最有文化的（干部中大专程度的占 75% 以上，工人中高中毕业的占 51% 以上）、工人工资最高（800 港币，已超过澳门工人水平）、没有待业青年的小工业区，她具有中国社会主义的特色。去年 12 月联合国跨国公司局局长率领的十三个国家的考察团来我国考察讲学，最后一站是蛇口。代表团团长在告别时非常激动地说：我认为我们是来教导你们如何办工业区的，想不到来了一看，反而是你们教育了我们。因为你们具有别的国家所没有的独创一格的特色。我回去将向联合国主管官员报告，推广你们的经验。最后，袁庚说："我们并不因为各方面的评论而自满，我们深知在我们前面有不少有待克服的困难，改革的尝试探索中有许多缺点和不完善的地方。小平同志的讲话给了我们很大的鼓舞和鞭策，我们将竭智尽忠，悉心以赴，为把工业区办好，摸索一条路子出来。"[1]散会后，国务院主要负责人说袁庚的发言是"最有影响的一篇发言"。[2]中央政治局委员、中央书记处书记、解放军总政治部主任、中央军委副秘书长余秋里对袁庚竖起大拇指说：袁庚，你说得好，干得也好！为共产党争了一口气！[3]这天傍晚，国务院副总理王震召见袁庚，对袁庚发言给予极高评价：总理说，你的每一句话都是尖锐的。袁庚笑着问：有没有过线？王震说：没有过线。袁庚说：那就好。王震说：我有个建议，你这位改革开放的猛将，是不是请我们几个老头子吃一顿饭？王震说的几个老头子，是指邓小平、王震、杨尚昆、宋任穷和余秋里。袁庚欣然答应：好！4 月 1 日，星期日晚上，刚开张 5 个月的

① 袁庚：《在沿海部分城市座谈会上的讲话（1984 年 3 月 28 日）》，招商局集团办公厅、招商局史研究会：《袁庚文集》，2012 年 9 月编印。

② 陈禹山、陈少京：《袁庚之谜》，广州：花城出版社，2005 年，第 172 页。

③ 招商局蛇口工业区总经理办公室编：《广东省深圳特区招商局蛇口工业区文件资料汇编》（第六集），1988 年，第 177 页。

长城饭店仍在试营业阶段。袁庚特邀刘田夫、梁湘一起陪同五老吃饭。[①] 4月6日，邓小平、李先念等国家领导人来到怀仁堂接见所有与会人员，并合影留念。

1984年4月9日，国务院副总理李鹏视察蛇口工业区，参观了华益铝厂、集装箱厂、赤湾基地及五湾基地，听取王今贵的工作汇报。李鹏说：我是第三次来蛇口了，对蛇口印象较深。将来这里的工会的作用比内地还大。我在东莞看了几间玩具厂，领班就像工头，工人小便也发个牌，劳动强度很大，只解决了个就业的问题。小平同志讲办特区的第一个作用是技术窗口，还有是管理的窗口，知识的窗口，对外政策的窗口。可见，李鹏很关心工人的权利保护问题，希望工会发挥更大作用。

1984年5月19日，香港富豪包玉刚先生参观蛇口工业区，随行的还有妹夫、环球航运集团副主席李伯忠，女婿、九龙仓公司董事总经理吴光正，内弟黄均乾和环球集团董事潘家镠，袁庚、王今贵、刘德豫接待。在参观过程中，袁庚详细介绍了蛇口工业区近年来的建设和发展，阐述了中国的对外开放政策，并同包玉刚讨论了国际经济形势。包玉刚表示了来蛇口工业区投资的愿望，希望在蛇口盖一幢大厦，同时希望在发展国内航线方面能出一点力。

1984年5月31日至6月2日，中央书记处候补书记郝建秀视察蛇口工业区，江波向郝建秀汇报蛇口工业区的党的建设和思想政治工作情况。郝建秀视察了赤湾港、南海油田后勤基地、三洋公司、凯达玩具厂、华益铝厂、海虹油漆厂、医院、住宅区、海上世界、中宏制氧厂、江辉游艇厂、远东饲料厂、远东饼干厂、港务公司、永安商场、龙腾装饰公司、购物中心和海景餐厅等，同青年工人亲切交谈，询问他们的生产、生活和学习情况。主持召开独资、合资企业党支部成员和管理干部座谈会。郝建秀说：大家在特殊的环境里进行创造性的工作，积累了新的经验，做出了很大的成绩。工业区的厂子多数是合资的，独资的较少，但独资厂、合资厂对我们来说都是新事物。特区肩负这"四个窗口"作用，特区所做出的成绩，中央领导同志对我们都做了充分的肯定，给予了很高的评价，肯定了特区作为"四化"的"四个窗口"的作用。在独资、合资企业中公开党的组织、公开党员的身份，公开了要比不公开好做工作。要发挥群众组织，如工会、共青团的作用，让工人说话。要代表工人的利益，维护工人的合法权益。要提高工人、技术人员的技术水平，要适用科学的管理方法。干部要关心工人的文体娱乐活动，要为青年工人创造良好的环境和物质条件，使他们

① 参考涂俏：《袁庚传：改革现场（1978—1984）》，深圳：海天出版社，2016年，第404—405页。

① 香港招商局编：《广东省深圳特区招商局蛇口工业区文件资料汇编》（第四集），1984年，第 38—42 页。

健康地成长。①郝建秀在蛇口工业区前后三天，足见其重视程度。

1984 年 6 月 4 日，中央书记处书记、国务委员谷牧在深圳举办的国务院经济开发研讨会上说：

> 蛇口有个口号叫"时间就是金钱，效率就是生命"。共产党人为什么把金钱放得那么重要？我们国家要发展，就是有一个积累的问题嘛！你不争分夺秒，为国家多创一点财富，多积累一点，那怎样加快社会主义发展速度？我觉得这个口号好。邓小平同志来看了以后很欣赏。干社会主义就是要兢兢业业、争分夺秒。

> 比如，管理体制的改革，我认为蛇口搞得好。今天在座的有袁庚同志，我向大家宣布，中央已经批准袁庚同志当我的顾问。我和他商量，要他争取每年有两个月的时间到你们各个城市，去检查你们的工作，去跟你们一起探讨你们那个地方应当怎么搞。袁庚是个老同志，打过游击，搞过地下党，他是香港招商局的领导。对外开放这一条，我没有他的知识多，所以我非请他当顾问不可。②比如，研究蛇口经验，你不止听袁庚"教授"的演讲，还要到蛇口去参观嘛！你座谈几次，就有可能真正懂得了蛇口啦！这就是学习的办法，探讨会的办法。③

② 中共深圳市委办公厅办文处编：《党和国家领导人视察深圳讲话资料汇编（1981—1991）》（上册），2005年，第 140 页。

③ 中共深圳市委办公厅办文处编：《党和国家领导人视察深圳讲话资料汇编（1981—1991）》（上册），2005年，第 137 页。

1984 年 6 月 6 日至 7 日，中央书记处书记、国务委员谷牧视察蛇口工业区，实地考察了五湾码头、赤湾港、妈湾、污水处理厂、花果山、水湾头职工宿舍区和"海上世界"，并接见南山开发公司董事黄振辉和加拿大多伦多大学江绍伦教授（应邀前来为培训班上课）。7 日，谷牧在龟山别墅召开座谈会。

1984 年 6 月 8 日，袁庚在蛇口工业区碧涛影剧院给参加沿海部分开放城市经济研讨会的代表作了 3 个半小时的发言，介绍工业区所走过的道路。一开始，他就谈到蛇口的社会经济性质问题，他说："内地有些经济学家来蛇口参观，问我们：'你们这里是社会主义，还是资本主义，或是国家资本主义？'我们都不正面回答这些问题。我们愿意接受实践的时代法庭的审判，同时也要为我们的生存和发展辩护。任何一种事业，正确与否，都必须经过实践去验证。实践是检验真理的唯一标准。这是我们党内大家一致的认识。""所以我们应在解放思想的前提下工作，否则像蛇口这个干法，谁也不敢去做。"袁庚又说到 1979 年初，招商局带着蓝图到北京去向中央汇报，要求办蛇口工业区，就是出于上面所讲的爱国主义的动机，"怎样使我们社会主义的经济建设加快速度。此外，当时我们也想利用这块地方将外面的一些管理经验、技术和知识引进来，成为小平同志后来总结的四个'窗口'，即技术、知识、管理和对外开放政策的窗口。从世界发展的进程来看，我们感到需要迎头赶上去。否则，我们的后一代对我们这一代的信心就会丧失。"袁庚最后回答了大家的几个问题。

1984 年 7 月 21 日，中共广东省委书记林若到蛇口工业区检查工作，听取了招商局、蛇口工业区负责人的汇报，实地视察了工业区的各项建设和后海、妈湾、赤湾等建设工地，并就住房制度改革、财政、口岸等问题作了指示。林若说："蛇口的工资制度改革根据低于香港，高于内地的原则，并考虑将来保持特区劳动力便宜的优势，这是办特区的重大政策问题。"林若又说："十四个沿海城市，各有各的特点，他们改革企业结构，把企业变为生产经营与科研的综合实体，这个经验是要学习的。工业要学日本的松下，注意不要搞成'大杂烩'，华而不实，站不稳脚跟，一个浪潮打来就会冲垮了。"林若又提出：如何使国营企业领导人像资本家那样关心企业，这是你们应该研究的课题。经理要有很高的觉悟，这点做不到，社会主义公有制的优越性就发挥不好。要改变"企业吃国家，个人吃企业"的吃"大锅饭"做法。建设中国式的社会主义，要不断探索和完善。林若又说："管理也是生产力，是邓小平同志讲的窗口之一，要下一点功夫，如果把管理搞上去了，意义很大。管理要从招工开始从高从严，不要把内地的作风带到特区。你们的 4 个改革，在内地、特区来说先行了一步。设立蛇口区管理局，希望你们要高标准、严要求，在区行政政权的体制改革方面也要先走一步，作出贡献。应设什么，要坚持实事求是，不受外来干扰，要创新，保持精简、高效。在改革上，继续一马当先，做好示范。精干高效，党政分开，政企分开，官商分开。"①

1984 年 7 月 28 日，中央政治局委员、空军司令员张廷发视察蛇口工业区。张廷发十分关心南方航空公司的筹备情况。他还十分关心工业区改革情况，对于工业区的机构、干部制度、工资制度、住房制度的改革表示赞许。他说：论资排辈不行，论资排辈是和"大锅饭"连在一起。②

1984 年 11 月 26 日上午，国务院总理一行从珠海经济特区乘船来到蛇口工业区，梁湘和袁庚在码头迎接。总理说，下午我就给你们出个题目：外引和内联。不谈别的，就想听听你们对这个问题的看法。经济要搞活，一要外引，二要搞内联。但是"外引"搞活了，搞多了，内联要受影响。梁湘：不会受影响。总理：不会吗？那么你讲你的道理，我讲我的道理。我看一发行特区货币，内联肯定要受影响。问题是要处理好。梁湘：这里

① 香港招商局编：《广东省深圳特区招商局蛇口工业区文件资料汇编》（第四集），1984 年，第 288—291 页。

② 香港招商局编：《广东省深圳特区招商局蛇口工业区文件资料汇编》（第四集），1984 年，第 38—42 页。

是内地的窗口，不会影响内联。总理：下午你讲讲。袁庚：这是有一个痛苦的时期的，但相信可以逐步走上健康的道路。特区货币、二线，一定要搞，否则特区和内地都要受到很大影响。总理：这个问题由你们来找答案。今天要出的第二题目：商业承包问题。内地的商业比较麻烦，特别是国营企业，今天不是一般的汇报，是要研究这两个问题。由此可见，总理不是一般地来看看听听，而是从推进全国改革开放角度带着问题来的。袁庚：您在这里只能留半小时，那就先到赤湾去吧。接着，梁湘、袁庚陪总理一行视察赤湾港和石油基地，看完后又返回蛇口工业区一湾。袁庚：这儿将建立一座年产 350 万标箱的浮法玻璃厂，现在已经谈妥，明年初争取动工，引进的是美国专利。总理：你们与广东江门两家争，现在浮法玻璃厂已经有好几家了。袁庚：中央要统筹一下。总理：现在要讲指导性计划，三中全会文件已经讲了嘛。这个方向定了，小平同志讲，要走一步看一步，那一步没看准，再退回来嘛。袁庚：浮法玻璃厂批了一年多，算快的。总理：那是什么地方（指一、二湾）。袁庚：新开发区，搞的是搬山填海，日本人也是这个办法。总理：搬山填海，好呀！袁庚：这家面粉厂是远东一流水平，瑞士机器。总理：挪威首相很重视深圳特区。他一下飞机不到广州，先到你们这儿来了。你们的直升机场在那里？梁湘：明天您可以经过。车至微波楼，总理一行下车。袁庚：这里是微波楼。总理：这里是微波楼？袁庚：三年前您来过。总理：这微波楼有多高？袁庚：没有多高，就一个小山，让您看看几年的变化。那里有卫星接收站，可以收到日本、美国等好几个国家的同步卫星转播。总理：蛇口的产值多少？袁庚：近 5 亿人民币。总理：今年已经有 5 个亿啦，中心问题是引进之后，外销比例多少，内联怎么搞法。总理：三年零三个月，我们无时无刻不在关心着你们。袁庚：这一句话如果告诉大家，他们一定心花怒放。总理：是在时刻关注着特区。袁庚指着远处的面粉厂、近处的集装箱厂一一介绍。总理：我看过电影。袁庚：那是钢厂。总理：是轧钢厂吗？袁庚：是的。转到山另一边，总理指着下面的矮房子：这也是工厂？袁庚：是住宅，给老板住的，适应高消费需要。到明年这里就填满了。总理：海湾里水的质量怎样？袁庚：正在控制污水，排水必须要经过污水处理。总理：明年有休假制了，我就到这里来休假。袁庚：那就一言为定。接着，走进微波楼，参观卫星电视接收。袁庚：这里可以接收日本、澳大利亚等国的电视信号。总理：很好！是合作的吗？袁庚：是。现在放您走了，正好十一点，时间就是金钱呀。总理：不然可以多住一天，因为李先念同志要回来，要去（北京机场）

接他。袁庚：现在是言犹未尽呀。梁湘：您休假最好到这儿来。总理：是呀！休假来吧。从微波楼坐车下山：梁湘：这儿是蛇口的马路。袁庚：很可怜呀，一个企业承担市政建设，不如国家出钱办有优越性。市政建设与其让企业搞，不如让国家来搞。企业负债太重了。梁湘：不能这么说。袁庚：我还是那句话，杀人偿命，欠债要还。总理：蛇口工业区工业用地面积多少平方米？袁庚：约140万平方米。总理：整个深圳呢？梁湘：过去搞了340万平方米，今年250万平方米，大概近600万平方米（工业用地面积）。总理：是起飞时期了。哈哈，越搞胆越大。袁庚：蛇口就剩下这么一点点空地了，其他没有了。车行至蛇口区边上，袁庚：到这里是分界线了，楚河汉界呀！梁湘：蛇口的面积已经比过去翻了一番了，12平方公里。袁庚：深圳这么大有的是土地，何必到这里来挤。梁湘：如果要的话，还可以给你。[①]

　　1984年11月28日，袁庚在"当代香港经济研讨班上"发表演讲，他说：我们几年来的实践，确实是想在这么一块小小的国土上进行试验，探索什么是中国特色的社会主义。把这两平方公里多一点的地方作为一个实验场所，看看此路通不通，如果不通，我们只好承认我们没有生存的权利。……各位都是研究香港经济问题的。香港经济上究竟有哪些可以学习、借鉴的地方，我们刚起步的时候，取人之"长"，也走过弯路，也碰过钉子。我认为有些地方是失败的。这个小礼堂叫碧涛中心，周围靠海边的地方，都是比较高级的住宅区。每栋房子的建筑费用大概20万，最初可以卖50多万或60万元，一幢可以赚30万，现在卖价从50多万一直提高110万元。但是我们还是上当了。来自沿海开放城市的一些同志们，回去开发经济区也像这样搞法，把"五通一平"搞好，然后搞建房，然后卖出去赚钱，我说此路不通。我们和资本主义的香港完全不同，不要忘记我们是社会主义，我们办工业区目的，是起"四个窗口"的作用。第一年卖了二三十幢房子后发现情况不对，马上停止，不再搞下去了，当然一些同志会问，为什么香港可以，而你蛇口工业区就不行？上面说过因为我们是社会主义制度下的一个对外开放的窗口，小平同志总结"四个窗口"，对我们今后开发任何一个开发区，都有重要的指导意义。那话又说回来，你这里建了房子干什么？我说在此投资的厂商、企业主、石油公司职员，我能给你提供非常高级的住宅，使你宁静、舒服。这里已有130多家工厂企业大多数从外边进来。他们在这里需要房子，我们保证能提供住房，只能提供给这部分人包括家属住。与此无关的人士想买这里的公寓，作为他们的后方，安置农村人口，那要十分谨慎不能光向"钱"看。[②]袁庚早在1984年就告诫开

① 香港招商局编：《广东省深圳特区招商局蛇口工业区文件资料汇编》（第四集），1984年，第49—59页。

② 袁庚：《在当代香港经济研讨班上的讲话（1984年11月28日）》，招商局集团办公厅、招商局史研究会：《袁庚文集》，2012年9月编印。

发区要慎搞房地产，然而我们今天又有多少开发区和新区在重蹈这个覆辙呢？袁庚的眼光确实独到长远。

1984 年 12 月 5 日，中央政治局委员胡乔木、中央书记处书记胡启立、国务院副秘书长艾知生、教育部副部长彭珮云和广东省副省长王屏山视察蛇口工业区，参观了"海上世界"、通讯公司、集装箱厂和赤湾港，并观看了工业区模型。胡启立语重心长地说：十二届三中全会后，改革形势更好了，你们的压力也小了。过去，别人讲你们坏话，你们能顶住，现在，别人讲你好话，也要顶住。当别人说你们好得不得了时，你们得敢说：工业区还有不少问题呀。总之，要做到，压也压不垮，夸也夸不垮。当袁庚感谢艾知生把人才支援给蛇口工业区时，艾知生说：袁庚同志亲自到学校要人，这样重视人才，对我们很有启发。[1]

1984 年 12 月 12 日，中央政治局委员、全国政协主席邓颖超来蛇口工业区视察，与袁庚同志交谈蛇口工业区的改革情况。邓颖超还接见了著名电影演员、蛇口都乐文化公司董事长兼总经理黄宗英。

① 《辑录蛇口：招商局蛇口工业区（1978—2003）》，2004 年 12 月编印，第 119 页。

六、姚依林与袁庚有关"拔针头"的对话引起误解

1985 年 1 月 4 日，国务院副总理李鹏在周溪舞陪同下视察蛇口工业区，袁庚、江波等陪同李鹏副总理一行视察了海上世界、三洋电机、通讯公司及赤湾港，并向李鹏副总理介绍了工业区新的发展情况。在离开微波山时，李鹏提议与大家合影留念。

1985 年 1 月 31 日，中央政治局委员、书记处书记、国务院副总理万里在广东省委书记林若、吴南生等陪同下视察蛇口工业区。在微波山上，袁庚向万里介绍了工业区工厂的布局和石油后勤服务基地的建设情况。袁庚说：现在我们地方不多了，再有三五年，这里都建设满了，一点地也没有了。万里指着后海方向说：可以向南发展。袁庚说：向南是深圳大学，那是深圳市的地盘，你要问我们省委书记和深圳市的领导同意不同意了。林若说：那怎么行呢！这个地界已划定了，你再扩大，要搞飞地呀！去年开会我主张南山半岛都给你，当时你不要嘛。袁庚解释道：不是我们不要，去年省委会议上，谷牧同志也在，谷牧同志是一票，任仲夷同志不表态，常委多数同志不同意，只有你（林若）老兄一票支持我，在这样的气氛下，我怎么再好坚持自己的意见呢。你们扯皮去吧。万里笑着说，结束了这一话

题。当袁庚谈到港口建设情况时，万里问：这里可以通国内其他港口吗？可以通东南亚吗？袁庚答：可以，现在每天有十几个航班来回蛇口——香港之间。去年一年从这里进出 40 万人次（表 3-1）。接着万里一行来到工业区办公大厦 7 楼会议大厅的沙盘模型前面，万里又仔细地询问了港口水深、供水供电及基建等情况。袁庚指着赤湾左炮台说：这里是分界线。林若插话：原来这一片是给他的（指袁庚），他不要，去年我还是提出给他。万里问：这是宝安县的吗？ 林若说：是深圳市的，搞了南油服务公司。万里说：可以开发嘛！接着袁庚把电影"金鸡奖"评委的 6 名代表黄宗英、张瑞芳、程季华、祝希娟、赵焕章等介绍给万里认识。袁庚说："这里是文化沙漠，出了黄宗英的都乐文化公司，她是仙人掌，带刺，很厉害。我们作她的后台。"黄宗英对万里说："这几天，每天看 6 部片子，还吵架。我第一天就和她（张瑞芳）吵了一架。"万里说："百花齐放，百家争鸣，当然要争鸣嘛！不要带什么框框。"接着乔胜利向万里介绍蛇口工业区、管理局、南山开发公司和蛇口镇的负责人。当介绍到梁宪、梁鸿坤时，万里说："招商局人才不少啊！"在离开会议大厅时，万里举手向大家致意，并说："希望你们团结战斗。"又指着"金鸡奖"评委们说："你们不要太劳累了。"[①]

① 《辑录蛇口：招商局蛇口工业区（1978—2003）》，2004 年 12 月编印，第 122 页。

表 3-1　1981—1984 年蛇口港客货运输统计表

年度	1981	1982	1983	1984
货物吞吐量（吨）	121 429	340 000	535 000	1 050 000
客运量（人次）	4 610	80 945	165 110	400 000

1985 年 2 月 6 日，中顾委常务副主任、中央整党工作指导委员会常务副主任薄一波由袁庚、许智明陪同视察蛇口工业区。2 月 7 日，薄一波在听取深圳市委关于经济工作和整党工作汇报时说：你们的优势是毗邻香港，交通比较发达，蛇口又能为南海石油开发提供服务。[②]

1985 年 2 月 27 日上午，中央政治局委员余秋里视察蛇口工业区，袁庚、许智明陪同视察赤湾港和蛇口市容，袁庚希望余秋里同志留下来好好看看蛇口，余秋里表示，此次时间太紧，今秋一定再来。

② 中共广东省委办公厅编印：《中央对广东工作的指示汇编（1983—1985 年）》，2005 年，第 323 页。

1985 年 2 月 27 日上午，中央书记处书记、国务委员谷牧出席完在深圳举行的国务院特区工作会议后来到蛇口工业区视察。袁庚简要汇报了蛇口工业区发展情况，领谷牧一行观看工业区模型。当袁庚汇报到赤湾港因分水岭划分不合理使泊位遭受损失时，谷牧当即对广东省特区办主任丁励松说：此事由省特区办负责解决。接着谷牧一行登上微波楼山顶，眺望工业区全景。袁庚说：工业区快填满了，不得不向山上发展，并指着远处说：那就是"楚河汉界"。谷牧笑着说：如今是"九牛二毛"了。接着谷牧一行参观华丝公司，乘车察看蛇口镇和工业区市容，谷牧沿途称赞蛇口变化很大，蛇口镇变化更大，说他第一次来时，镇上苍蝇满天飞，如今是旧镇换新颜了。接着谷牧一行来到赤湾，谷牧详细询问了港口的水深、泊位及经营情况。谷牧特意提出到目前在界线划分上尚有争议的赤湾港西端去看看。接着登上左炮台，瞻仰了林则徐纪念雕像。午餐席间，许智明反映与香港通讯目前存在的障碍问题，谷牧说，处理此事只有一条原则，即一切有利于生产力的发展，而不是为了某些集团、大官们的利益。[①]

1985 年 3 月 2 日，中央书记处书记、国务委员谷牧在听取广东省委、省政府负责同志汇报工作时指出：加强管理，第一要统一思想，正确认识放和管的关系。第二要有严格的纪律，有法制。去年发生的严重违法乱纪的事（指投机倒把），思想明确了就好办，现在没有一个人敢说那样做是对的，哪个文件也找不到这一条。深圳市委承认对一些事情失控，市委没有搞，但下面搞了市委不知道。蛇口就管住了，深圳管不住，市委有责任。[②]

1985 年 4 月 2 日，国家经委副主任朱镕基等陪同波兰部长会议副主席奥博多夫斯基来蛇口工业区参观访问。

1985 年 4 月 21 日至 5 月 7 日，中央政治局候补委员、中央书记处书记、国务院副总理姚依林视察广州、佛山、中山、珠海、深圳、海丰、汕头、潮州、厦门、泉州、福州等地，他这次主要是视察广东、福建两省，调查了解两个特区省的经济发展情况，强调指出要抓好经济宏观控制。4 月 25 日下午，姚依林副总理从珠海经济特区来到蛇口工业区，梁湘、周鼎、邹尔康、甄锡培、袁庚、乔胜利、王今贵、熊秉权陪同视察。

袁庚首先向姚依林简要汇报了蛇口工业区经济发展情况，当汇报到工业区去年外汇收支基本持平，直属公司外汇有结余时，姚依林问：是不是 800 多万，外汇收入一共有多少？袁庚答：5 亿多，将近 6 亿，并指出这只是单方（中方）的。袁庚还简要汇报工业区、南山开发公司和渔工贸发展总公司三个经济实体不同特点的改革情况。当汇报到管理局机构设置精干，由 17 个工作人员掌握 28 个图章时，姚依林笑了。听到工业区 4 月 24 日进行的民主选举第二届管委会，姚依林连声说：好事，好事。结束汇报时，姚依林还要袁庚多讲讲这几年搞建设有什么体会。袁庚坦诚地讲了自己的体会：十一届三中全会决议是一个伟大历史文件，但缺少了制定具体的经

① 招商局蛇口工业区管委会办公厅编：《广东省深圳特区招商局蛇口工业区文件资料汇编》（第五集），1986年，第 10—11 页。

② 中共广东省委办公厅编印：《中央对广东工作的指示汇编（1983—1985 年）》，第 374、375 页。

济政策，具体措施也跟不上，因此各省、市、地、县、企业都根据文件精神，作出有利于自己的解释，各行其道。现在看来受到了一点惩罚。袁庚又谈及经济立法是非常重要的，企业是全民的而权力是经理的，党委领导下的经理（厂长）负责制放弃了，又没有法定的制约力量，谁都可以利用手上的权力动用国家的资金，盲目投放，不负责任，不受惩罚。他不像资本家那样对他自己的企业拥有绝对权力，因而他（资本家）也同时负有绝对的责任，破产了，他在经济和法律上完全承受于一身，如最近震动香港的谢利源、妙丽集团破产事件，它的企业主自杀的自杀，逃亡的逃亡，他们承受了全部后果。从这一点看，如果社会主义的企业负责人行政管理只有权力，而不负有相应责任是十分危险的。因而我主张要先有一个简单的经济立法，就是任何对建设企业的资金投放，都有一个相应的经济和法律的责任追究。早在 20 世纪 80 年代中期，袁庚就提出这个现在看来非常重要的问题，可见袁庚的家国情怀。现在不仅有不少国企老板乱举债和使用资金，就连不少地方主官都乱举债和使用资金，造成很大风险。

汇报结束，姚依林等登上微波山观看工业区全貌，并先后视察了面粉厂、赤湾港、集装箱厂、华益铝厂，浏览了工业区市容。一路上，姚依林询问了许多问题。当看到路旁成片的月季花时，说：这个地方适不适应月季花的生长？当看到主干道两旁已基本布满建筑物时，说：可以往山上发展。当听说蛇口地区 4 月份连续停电时，说：这是个很大的问题；当听到介绍日本在蛇口的工厂管理得很好时，说：德国的"奔驰厂"，工厂管理得好，工人有"奔驰"的自豪感，外国的先进管理我们要学，但不能照搬，完全照搬是危险的。在集装箱厂，总经理莫斯卡介绍说，他二年前到蛇口时，蛇口还是零零星星的，现在不同了，发展很快。姚依林说：这是我们真诚合作的结果，并称赞该厂生产的集装箱，既是产品，又可以装货直接外运。

姚依林还与袁庚交谈了特区的经济发展和深圳特区实行管理线管理、发行特区货币的问题。姚依林对蛇口工业区的建设表示满意，说：这个建设速度（指蛇口的建设速度）是难能可贵的。姚依林又说，特区的经济发展光靠国家长期"输血"来维持是不可能的，现在要果断地拔掉"针头"。袁庚说：不能一下子拔掉，这样特区性命难保。姚依林问：那你说怎么办才好？袁庚答：可以从 100 毫升减到 50 毫升，然后逐步递减，帮助自身的组织"功能"恢复才行。袁庚希望姚副总理就蛇口工业区建设，特别是建材工业的发展和一些产品的出口向有关部门打个招呼：高抬"贵手"，不要"城门失火，殃及鱼池"。姚依林笑说：抬的不是贵手，也不会殃及鱼池。[①]

① 招商局蛇口工业区管委会办公室编：《广东省深圳特区招商局蛇口工业区文件资料汇编》（第五集），1986年，第13—14页。

晚上，由深圳市领导和工业区负责人陪同国务院副总理姚依林一行在海上世界就餐。

4 月 27 日，中共深圳市委向姚依林汇报特区建设工作，当梁湘汇报到特区经济要逐步转向外向型时，姚依林指出：所谓外向型，就是外汇收入增加，人民币收入减少。在党的对外开放政策的指引下，特区建设取得了很大的成绩，1977 年我曾到过深圳，现在再来一看，面貌全变了，说明特区发展的速度是很快的。去年下半年以来，特别是第四季度，出现了人民币投放和外汇使用失控的问题，这不是特区的问题，而是全国的问题。有一个问题在六届人大第三次会议上没有讲的，就是全国的经济发展速度过高的问题。去年，我国工农业总产值比 1983 年增长 14.2%，有的省增长 20%，最高的达 30%。发展速度搞得这样高，真有点像大跃进的样子。这样的速度，对我国现有的经济基础来说，是承受不了的。去年下半年，特别是到了第四季度，在全国范围内出现人民币投放过大、外汇储备急速下降。根本的问题是在经济高速发展的本身，引起了一系列矛盾。在这种情况下，物价就上涨了。物价上涨了，出口产品的成本就会随之增加。去年，我们外贸亏损 60 亿元。继续这样下去，积存的外汇很快就会用完。所以，我们去年经济发展的高速度，是靠消耗我们储存的外汇得来的。因此现在只好来个紧急刹车，这样一刹，毫无疑问，会给特区建设带来很大的影响，肯定大家是有意见的。但如不赶紧刹车，任其发展下去，全国的经济建设今后必然又会来一次重大的调整，这是我们必须避免的。紧急刹车后，我就意识到广东会出现问题，而且困难会比外省大一些。这里完全不涉及我们对特区的根本政策的问题。只感到"城门失火，会殃及池鱼"。希望你们克服困难，争取更大的成绩。基本建设的规模要控制一下，不能搞得太大。如太大了，不仅需要解决人民币问题，而且还需要解决外汇问题，所以要压缩一下规模，生产发展的速度也要降一下，以便我们一起来渡过这个难关。我们去年经济发展的速度，有一部分是依靠外汇输血得来的。就像一个缺血的病人，需要血库源源不断供血，一旦供应不上，就会出现大问题。所以，我们长期达到增长 10% 的速度，在世界上是很了不起的。我们绝不要片面地追求超高速，我们一定要吸取"大跃进"时期的教训。特区经济转向外向型还有一个很艰苦的过程，即谷牧同志说的要爬一个相当困难的坡。你们要求对鲜活产品出口给特区一定的灵活性，我赞成，我回北京后，准备同经贸部商量一下。今天梁湘同志作了一个很好的介绍，讲了许多问题，我们回北京研究后，才能给予解决，沙头电厂的贷款没有问题，国务院是支持该厂建设的。我对特区工作评价是很高的，你们取得的成绩很大。碰到困难，大家共同想办法解决。希望你们克服面临的困难，争取更大的成绩。①

4月28至29日，姚依林视察汕头经济特区，他说："汕头过去历史上的问题，一个备战，一个是'文化大革命'，使汕头落后了。现在我们要逐步赶上去。未来逐步赶上去，国家应该多拿出一点力量支持汕头的建设。这不仅对于汕头在海外的华侨，而且对于建设汕头这个地方本身，都有很大的重要性。""现在我要讲的另外一个方面的问题，就是我们去年以来的发展速度，整个国民经济承受不了。""我们是用什么来维持这个发展速度的呢？第一，我们的外汇，前几年积累了一点，现在由于原材料不足，用外汇买回了相当大的一部分的原材料，使外汇库存量急剧下降。""我们的发展速度，一下子就吃掉了很多老本。""再从人民币方面来看，去年一年特别是到了第四季度以后，一下子发了这么多的票子，而那么多的票子反过来又形成了国内市场的购买力。如果这个购买力继续下去的话，我们也受不住。""从去年以来我们经济里面有一部分，是依靠外汇来输血的，是搞静脉注射。输血以后，人很快就长胖了。但这个胖要有个前提，就是必须有一个大的血库能够大量供血，而我们的血库并不充分，搞到一定程度的时候，血库就没血了，那么输血管一拔出来，那个人不就要衰弱下去吗？所以生产的发展不能太快。太快了就反映另一方面的问题，就是国内市场和出口的矛盾就发展起来了。为什么出口的成本提高，就是我们国内市场的需求和出口的矛盾发展起来了，国内市场需求增大了，国内造成物价上涨，物价一上涨，又造成换汇成本提高。""如果我们不紧缩一下的话，那这个局面就会发展到不可收拾的地步。因为外汇跟人民币不一样，支付不出去的话，到那个时候我们的信誉都没有了。""至于刚才大家汇报所讲的问题，我看今年从整个经济来讲，恐怕要考虑紧缩一下。当然汕头起步晚，你们想步子迈得大一点是有道理的。但从今年整个形势来看，我们的物价不能让它继续涨下去。""关于汕头特区与汕头市区享受开放城市的政策待遇问题，我看原则上没有什么问题，现在主要是怎样把它具体化的问题。老城区要享受某些特区的待遇，这在原则上是需要这样做的。因为你特区只是一小部分，而相当多的部分是老市区。这个问题应该支持，我回去以后跟谷牧同志商量一下，看看怎样把它具体化一下。至于你们说的银行几千万元留下搞基本建设的问题，我们考虑就是了，带回去统一研究。因为这不光是你们的问题，包括深圳、珠海也有这个问题，反正是同样待遇就是了。"②

① 中共深圳市委办公厅办文处：《党和国家领导人视察深圳讲话资料汇编（1981—1991）》（上册），2005年，第202—205页。

② 中共广东省委办公厅编印：《中央对广东工作的指示汇编（1983—1985年）》，第386—391页。

　　1985 年 4 月 30 日，姚依林在蛇口工业区的讲话内容首先由蛇口工业区主办的《蛇口通讯报》发表，文章标题是《经济特区怎样建设更好——姚依林袁庚坦诚交谈》，报道了姚依林与袁庚有关"拔针头"的对话，引起了一场轩然大波。香港《争鸣》杂志发表文章攻击姚依林，指责他反对特区建设。由于报道引用中央领导的谈话，被认为是"报道失实"，给"成绩一片大好"的特区脸上抹了黑。正在审批的《蛇口通讯报》刊号也被紧急追回。有人说：这是一个谣言。中央让新华社人民日报驻港首席记者来核查。有人要《蛇口通讯报》总编辑韩耀根做检查。袁庚在不到一个月的时间里，两次当众就此事作出解释。袁庚说：我和姚依林同志有三段对话，有人听了说很精彩；也有人不高兴，说某些谈话是谣言，要辟谣。我说要辟谣的话，只有姚依林同志和我才有资格，因为这是我们两个人的对话，别人怎么知道它是谣言？[1]中共深圳市委书记梁湘全程陪同姚依林视察蛇口工业区，他向袁庚问道：我怎么没听见？袁庚答：这段话是你去洗手间时中央领导对我说的。[2]如果说，中央某些领导同志的讲话应该在我们的《蛇口通讯报》上登载的话，这个责任应该由党委来负，尤其是我个人。我们曾经一致同意，不审查《蛇口通讯报》的稿件，除非他认为没有把握而送审的稿件。至于韩耀根同志把这话在《蛇口通讯报》上捅出来，不能怪他，因为我们已授权给他。错了我们检查，用不着韩耀根检查。

　　姚依林关于拔掉特区"输血的针头"的讲话，使深圳特区一下子陷入舆论的漩涡，认为中央要拔掉特区的输血针头，不支持特区的发展了。

　　其实，如果我们认真把姚依林在蛇口工业区、深圳市委和汕头市委的几个讲话联系起来看，可以看到完全把姚依林的讲话误解了。实际上，姚依林的讲话是针对全国经济发展过热问题来讲的，讲的全国经济高速度发展，是靠外汇输血得来的。所以要紧缩一下，控制一下速度，免得局面不可收拾。即使我们现在外汇存底有几万亿美元，也不能掉以轻心，也采取许多措施防止外汇存量下降过快的问题。实际上，姚依林对经济特区还是持积极支持态度的，他多次说特区取得的成绩很大，对特区工作评价很高，表示愿意帮助经济特区解决实际中存在的困难和问题。后来有人仍然把姚依林的这个讲话演绎为：中央要拔掉给特区"输血的针头"，意思是说深圳特区发展是靠国家"输血"来维持的，甚至有人还攻击姚依林反对搞经济特区，更是荒唐至极。这显然是严重曲解了姚依林讲话的原意，是一个历史的误会。这是由于没有对姚依林的有关讲话进行认真的史料考证而轻率演绎造成的。

① 陈禹山、陈少京：《袁庚之谜》，广州：花城出版社，2005年，第266页。

② 《改革开放30周年系列：特区之火 可以燎原》，《瞭望东方周刊》2008年9月29日。

1985 年 5 月 10 日，新加坡前第一副总理吴庆瑞博士来到蛇口访问。吴庆瑞已被国务院聘任为中国沿海开发区经济顾问。吴庆瑞说：蛇口的试验，不仅引起中国内地的关注，其他国家也在关心和研究。[①]

1985 年 5 月 21 日至 25 日，交通部部长钱永昌带领交通部顾问陶琦和交通部财政局、计划局、办公厅、组织部和中远公司等部门负责人共 9 人到蛇口工业区检查工作，进行为期 5 天的工作视察，听取了招商局及蛇口工业区的工作汇报，参观蛇口工业区的工厂、市容。钱永昌此行的主要目的是：一是了解工业区的建设情况，研究这里的改革经验，以推动交通部的工作；二是根据中央关于香港工作的方针，为香港招商局和交通部驻港机构研究制定新的工作方针。25 日，召开干部会议，宣布招商局集团成立，董事会改组，袁庚留任常务副董事长，江波任总经理；同时提出新的 47 字工作方针。

1985 年 7 月 30 日，袁庚在培训中心全体师生会议上讲话，讲到他的发展理念，他说：

> 办特区存在着非常激烈的斗争。办什么样的特区？能不能站住脚？给中国带来什么好处？是不是赚内地的钱？你是怎样繁荣起来的？一夜之间暴富的，你还能变戏法吗？这一系列问号不得不发人深思。答案是：任何一个城市，任何一种美好生活，必须经过非常艰苦的流血流汗的奋斗才能得到。除此之外，来不得半点虚假和半点投机取巧，更不能投机倒把、损人利己。
>
> 海南岛事件（倒卖汽车）出来后，特区的倒买倒卖被揭出来了，特区的工业也被揭出来了，人们公认蛇口是站得住脚的。不是我们高明，也不是靠管委会的哪个领导，靠的是全体干部职工的觉悟。没有建设特区的觉悟是不行的。如果各搞各的邪门歪道，只有共归于尽。
>
> 几年来，我们强调以工业为主，如果南海打出石油，这里人民的生活水平会有很大提高。即使南海石油打不出来，工业也会逐步地有计划地发展起来，而且工业产品必须打入国际市场。今年以来各地外汇都紧缺，蛇口工业区上半年外汇却有盈余，已达 2000 万元（不包括海关的税收部分）。一个星期前，我在北京与谷牧同志说到这一情况时，他说：了不起，要坚持下去，蛇口要用事实来回答人们的质询。我又对依林同志说，海关总署在检查不正之风后，把蛇口评为全国的守法户。我说：三年多前蛇口就有权进口汽车，但工业区一直十分自

① 《辑录蛇口：招商局蛇口工业区（1978—2003）》，2004 年 12 月编印，第 128 页。

重，从不利用这个特权将进口汽车倒卖，招商局驻北京、广州二个办事处要用汽车，都到海关办手续征税。省、市和海关总署不能不承认蛇口的守法户。

作为一个企业，有这样的魄力来开发一个工业区，承担全部风险和资金的偿还，是因为我们对未来充满信心。不少外国人、港澳人士参观了我们新建的培训中心和幼儿园之后，对这个企业的智力投资和对下一代的关怀赞叹不已。无论怎样穷，我们也要把幼儿园、学校、医院办成第一流的，现在正要盖十几层的现代化住院部大楼。我们希望三五年之后蛇口成为一个玫瑰城市，到处花香鸟语。要把这个城市打扮得漂漂亮亮，不仅创造出人民币，而且创造出外汇，创造出物质和精神文明，呈现繁花似锦、兴旺发达的景象。这一切只有通过我们大家的辛勤劳动和群策群力才能创造出来。

为了蛇口的明天，必须借鉴过去的和别人走过的路。今天的路怎么走？要坚持不走歪路。歪门邪路往往吸引人、很刺激；正道往往很艰苦、很单调、不那么刺激、不那么"吸引"人。我们需要大量有才华的人到工厂、到企业的第一线去。只有这样，蛇口的明天才是明朗的，否则，很难明朗。让我们每人都付出自己的努力，共同去创造这样一个美好的社会！历史始终是公正的，明天会为我们今天的努力作出结论！①

① 袁庚:《在培训中学全体师生会议上的讲话（1982 年 3 月 28 日）》，招商局集团办公厅、招商局史研究会:《袁庚文集》，2012 年 9 月编印。

袁庚领导的蛇口工业区坚决守住社会和法律的底线，决不搞投机取巧，倒买倒卖，钻国家的空子，而是认认真真搞工业，办产业，搞出口，赚外汇，同时搞好社会建设和环境保护，这是难能可贵的。反观我们有些特区和地方，却在这方面栽了大跟斗，吃了大亏。

1985 年 8 月，国务院副秘书长李灏调任广东省副省长、深圳市市长。

1985 年 8 月 23 日，袁庚在工业区支部书记、助理经理以上干部会上发表讲话，他说：

情况（海南走私事件）表明，有些地区、有些投资者在执行中央开放政策当中，根据本地区、本集团或个人的眼前利益来考虑，其次，有些私心杂念的同志，乘机浑水摸鱼，给我们国家带来财政上和政治上非常大的损失。

《羊城晚报》连续介绍了"蛇口模式"，说蛇口是守法户，以"三个为主"，外汇有盈余。我们一再告诫干部不要从事转手倒卖之类不光彩的行当。然而就在这一片赞扬声中，这里几天之内爆发了几桩令人心疼的丑闻。刚才纪检会、公安局都作了报告。黄色录像带出自哪里？就在蛇口，真丢人啊！邓小平同志亲自题字命名的"海上世界"，竟然做起了倒卖汽车和黄色录像带的买卖，这 17 000 多盒录像带，其中不少黄色录像带已经流到各省市，害人不浅！此事在我们眼皮底下发生，在座有些同志应该负这个责任。我个人愿做检查。本来乔胜利同志在省委常委会议上介绍了蛇口情况话音未落，想不到这几件丑闻相继出现。希望从这件事中，让我们的干部都能引起警惕。

　　当然，还可以追溯到 1981 年底到 1982 年初，在蛇口工业区"五通一平"的尘埃刚刚落地时，出现的一场争论，一直延续到今天，余波未平。争论的焦点是，我们能不能利用国家赋予的权力进行倒卖，发点横财。当时有些同志认为，做点买卖无伤大雅，而且国家给了我们这样的特权，手上也有外汇、美钞，捣动起来是很方便的。也有的同志说，你们整个蛇口工业区全部赚钱的钱都不如深圳一个发展公司，因为有些人看别人搞得"有声有色"，坐立不安，个别同志认为"人往高处走，水往低流"嘛。看起来蛇口整个地区非藏龙卧虎之所啊，别的地方生意做得很大，钱来得快工资高、奖金多，你搞工业，磨针削铁，现在还背一身债，什么时候才熬成头？这种思想在我们干部当中似激流中的泡沫，经常冒起，时有反复，我们有些干部不安心脚踏实地从事工业。现在海南事件之后，有些同志头脑才开始清醒。现在讲道理可能听得进去。多少年来的争论，可能平息一下。

　　几年以来，我们确实力竭声嘶，从 1981 年下半年一直到现在，就是讲这个问题：投机倒把、炒买炒卖，钱确实来得容易，在经济立法不严情况下，对干部的腐蚀是难以估计的。就是一些比较好的干部，只要他进行了一两次投机倒把、倒买倒卖以后，也会受到病毒感染。

　　如果说实践是检验真理的唯一标准的话，那么经过几年的实践，这一段路应该检验得差不多了。要使全体同志都有一个清醒的正确的认识，凡是不义之财都来得很易，到澳门去赌博，那是最快的了，摇那个老虎机，有时是好几十万。对这种钱，我劝大家最好想都不用去想，要走正道。①

从以上的讲话内容，袁庚原则性强，敢于揭短，敢于碰硬。蛇口工业区的成功绝不是偶然的。

1985 年 6 月 7 日，蛇口工业区管委会召开干部会议，宣布上级决定

① 袁庚：《在全区支部书记、助理经理以上干部会议的讲话（1985年 8 月 23 日）》，招商局集团办公厅、招商局史研究会：《袁庚文集》，2012 年 9月编印，第 150—156页。

袁庚任管委会主任，熊秉权、王今贵、陈金星任管委会副主任，梁鸿坤递补为委员。并宣布中共深圳市委组织部决定：任命乔胜利为中共蛇口区委常务副书记，熊秉权为蛇口区区长。

1985 年 6 月 8 日上午，参加深圳特区经济社会发展战略问题座谈会的中国著名经济学家宦乡、蒋一苇、孙尚清及广东省经济体制改革办公室（简称"体改办"）主任王琢一行来蛇口工业区访问，先后参观了赤湾港、面粉厂、通讯公司、幼儿园、陆氏公司、华丝厂、海上世界等单位。在办公大楼会议室，袁庚汇报蛇口工业区三个经济实体的情况，当袁庚介绍蛇口工业区管理局机构精干时，宦乡说：他是支持简政的，不简政效率无法提高。当袁庚说到蛇口准备再作一系列试验时，宦乡说：蛇口是中国的一个试验地，是中国的有名之地。袁庚说：你这么一讲，我就不敢动了。宦乡大笑说：越这样，越要动得厉害。在返回深圳市区的车上，宦乡谈了参观蛇口的印象。他说：蛇口引进外资，坚持外向型经济结构，这个方向对头。像华丝厂、面粉厂都是深度加工，然后将产品打出去，为国家争取外汇。办特区的目的是什么？就是引进先进技术，为国家创汇。达不到这两条，办特区就没有意义了。在特区多办中小企业没有坏处，这些企业搞得好很有活力。至于特区一上来想引进高、精、尖技术这是不切实际的。日本提出要与我国保持 10 年的技术差距，美国则提出要与我国保持 10 年到 15 年的技术差距，所以要引进国际先进技术是很难的。比较切合实际的引进一些有一定先进水平、能填补我国空白的技术，以及搞一些劳动密集型、又有一定技术装备的企业。此时，香港学术界和新闻媒体正在齐声说深圳特区办得不成功，没有实现中央办特区"三个为主"（产业结构以工业为主、资金来源以外资为主、产品市场以外销为主）目标，虽然不尽客观和公允。而此时蛇口工业区的发展却得到国内一流经济学家的首肯，实属难得。

1985 年 10 月 18 日，在广东省经济特区和三种类型企业工会工作研讨会上，蛇口工业区工会提出："以法规为准绳，以事实为依据，严明公正，依法处事，讲究方法，适可而止，不可有理没有节，不可有利不让人"的调处劳资争议工作方针，受到与会人员和上级工会的肯定。

1985 年 11 月 6 日，国务院特区办主任何椿霖、顾问周建南来蛇口工业区检查工作。参观考察了南方模具厂、华丝服装厂、远东面粉厂、蛇口和赤湾石油后勤基地及蛇口工业区第二幼儿园。

1985 年 12 月 3 日至 9 日，中央政治局委员、中央书记处书记、中国人民解放军总政治部主任余秋里视察蛇口工业区。余秋里及其随行人员由珠海乘炮艇抵达蛇口工业区。余秋里听取袁庚等人的工作汇报，并与工业区负责人合影留念，接着视察第二幼儿园、海上世界、华丝公司、华南建材公司、合益塑料厂、华益铝厂、远东面粉厂、中国太阳油公司以及中国南山开发公司赤湾港和石油服务基地。12月8日，余秋里对蛇口工业区经理以上干部作讲话，对蛇口工业区的建设速度、社会风气、精神面貌等作了充分的肯定，认为"三个为主"、勇于和善于改革、稳扎稳打的建设步骤、脚踏实地地取得工业发展和技术进步、建设一个好的领导班子等五个方面是蛇口工业区取得成功的主要经验。他说：蛇口的工作是做得好的。一是建设速度快。在短短五六年时间里，在一片海滩荒山上，建成了一座初具规模的海港城市，这种速度，不论在国内，还是在国外，恐怕都是少见的；二是投资回收快，六年内累计投资3.1亿元，到年底可回收（含税收）2.2亿元，占71%；三是在抓好经济建设的同时，加强了精神文明建设。有的同志一提到特区，总认为风气不那么好，事实并不是这样。他还提出了增强社会主义的事业心和责任心、坚定改革的信心、认真总结经验、加强调查研究、广开引进人才的渠道等五点希望。[1]

　　1986年1月7日，国务委员谷牧一行13人参加完特区工作会议后来蛇口工业区视察，参观了华南建材厂、开发科技公司、合益塑料厂、太阳油厂、培训中心、第二幼儿园、蛇口港、赤湾港、东角头港、赤湾左炮台、石油基地及南海酒店。在视察过程中谷牧说：看来蛇口办的厂规模都比较小，技术较新，符合特区办工业以轻、小、精、新为主的方向。谷牧为南海酒店题词："为把南海酒店办成世界第一流的酒店而奋斗。"

　　1986年1月13日，广东省委书记林若批示省委办公厅转发由于明涛、张根生赴蛇口工业区调查撰写的文章《一个办得较好的外向型工业区》。

　　1986年1月22日，柬埔寨国家元首西哈努克亲王访问蛇口工业区。

　　1986年4月7日，南斯拉夫社会主义联邦共和国主席拉多万·弗拉依科维奇偕夫人一行来蛇口工业区参观访问。

　　1986年4月10日，全国经济特区、开放地区第二次信息交流会在蛇口工业区太子宾馆开幕，中心议题是经济特区及开发区三资企业存在的问题。来自广州、湛江、深圳、珠海和海南岛的40多名代表出席会议。

　　1986年5月6日，袁庚应香港中文大学中国经济特区资料研究室的邀请，在当代亚洲研究中心作题为《蛇口：中国开放改革的试管》的演讲，会上放映纪录片《蛇口巨变》。

　　1986年5月，李灏任中共深圳市委书记兼市长。

[1]《辑录蛇口：招商局蛇口工业区（1978—2003）》，2004年12月编印，第140页。

　　1986 年 10 月 22 日，国家经委副主任朱镕基陪同保加利亚部长会议第一副主席安德烈·卢卡诺夫率领的政府代表团来蛇口工业区访问。

　　1986 年 12 月 11 日，北京大学教授、著名经济学家厉以宁在赴香港途中，专程到蛇口工业区讲学，在谈到经济体制改革问题时说："不要以为专门给马克思主义经典作注释的人才是马克思主义者，真正的马克思主义者必须面对活生生的中国现实问题。"

　　1986 年 12 月 11 日，中央政治局委员、国务委员方毅在中共深圳市市委书记、深圳市市长李灏陪同下，视察蛇口工业区，参观开发科技公司、宏达镜业公司、科健公司，并为宏达镜业公司题词。

七、改善基础设施与投资环境

　　蛇口工业区建设是从基础工程做起的。以通航为中心，逐步铺开通车、通水、通电和通讯工程。招商局利用其仅有的 5000 万元利润留成和 1 亿多的低息贷款，到 1981 年 5 月完成蛇口工业区"五通一平"（通水、通电、通航、通车、通讯和平整土地）基础工程。1986 年 6 月 25 日，蛇口第二期"五通一平"全面展开，开始优化投资环境。主要包括：继续开山填海、修建二三突堤、扩大工业用地；开发第二水源，扩大供水能力；铺设海底电缆，解决第二电源，扩大供电能力；兴建通讯大楼，增添万门交换机，扩大通讯能力；绿化环境，增添相应设施。

　　第一，码头港口建设。1981 年 5 月，蛇口港建设第一期工程竣工。1981 年 6 月开始，蛇口港二期工程开始建设。1982 年 2 月 16 日，菲律宾籍远洋轮"维沙亚斯"号（排水量 4000 吨）停靠蛇口港，成为第一艘直接把货物运送到蛇口的外国货轮。1982 年，蛇口港码头水深加至 7 米，以供南海石油开发工程的三用工作船停泊。1983 年 2 月 24 日，蛇口工业区五湾码头 14 号系船桩与 17 号系船桩之间长约 50 米岸壁倒塌入海，两端各波及长度 20 米左右出现裂缝。1983 年 5 月，蛇口港区西段南海油田专用码头建成。1983 年 7 月 15 日，深圳（蛇口港）至珠海（九州港）正式通航。1983 年 9 月 25 日，国务院批准蛇口港客运码头正式对外开放，成为国家正式口岸，凡持有关国家和地区合法有效证件者均可由此入境。1983 年 10 月 31 日，开发一、二湾首期工程验收，土方量共达 70 万立方米。1983 年 12 月 10 日，蛇口港与广州港通航。此后，蛇口港区至中山、汕头、澳门、梧州、海口等港口的航线相继开通，解决了公路交通不便的问题。1983 年，蛇口港吞吐量达到 50 多万吨。1984 年 4 月，在 600 米顺岸式码头西侧开始兴建 461 米长的可供万吨轮靠泊的深水突堤码头。1984 年 11 月 10 日，蛇口五湾凸堤码头竣工开港，码头岸线长 461 米，水深负 5 米，堆场面积 1500 平方米，有两个万吨级和一个 5000 吨泊位。1984 年 11 月 21 日，第一艘万吨货轮日本"美茹"号靠泊蛇口五湾凸堤码头。1985 年，蛇口港南端建成 20 000 吨级泊位。1985 年 12 月 1 日，蛇口至珠海汽车轮渡试航。1987 年，建成一突堤 35 000 吨级泊位，水深 12.5 米。1988 年，又建成二突堤 35 000 吨泊位。1989 年 4 月，招商局与中国远洋总公司开始合资兴建蛇口集装箱码头有限公司。1991 年，蛇口集装箱码头建成，水深 16 米，可停靠 10 万吨级巨轮。港口方面，1982 年 3 月 21 日，国务院批准建设赤湾深水港计划。1982 年 5 月 25 日，国务院决定赤湾石油后勤基地的开发工作由南山开发公司全权负责。1982 年 8 月 15 日，赤湾港第一期建设工程动工。1983 年 4 月 28 日，赤湾第一座万吨级顺岸式码头建成。1984 年 10 月 5 日，通往赤湾松胡路段简易路面通车。1984 年，4 个石油用工作船泊位竣工。1984 年底，赤湾港区第二座码头动工兴建。1985 年 1 月 18 日，赤湾至珠海汽车轮渡通航。1985 年，1 个 2.5 万吨级泊位落成。1986 年，2 个中转油轮泊位落成。1987 年，3 个石油三用工作船泊位完工。1988 年，2 个 3.5 万吨级泊位竣工和投产。1992 年，10 万吨集装箱、散粮深水码头建成。1994 年，赤湾港吞吐量 700 万吨。1996 年，赤湾港吞吐量达 1000 万吨。同时建设海上救捞基地、危险品装卸专用码头。蛇口港和赤湾港已成为深圳经济特区水运交通的主要枢纽。[1]

第二，电讯建设。1984 年 6 月 25 日，广东省无线电管理委员会批复同意蛇口工业区增开无线电传呼业务，使用进口 25 瓦无线电传呼发射机一部，工作频率为 154.750MHz，频道间隔 25KHz。1984 年 9 月 27 日，工业区通讯公司与电子局 54 所合作的卫星地面接收站成功地接收同步卫星电视信号。1984 年 12 月 2 日，蛇口工业区专用通讯网并入深圳市程控交换机网，从蛇口可直拨深圳、广州、香港，可转接国内电话、国际电话和电传通讯，还可接通海上钻井平台的无线电话。1985 年 9 月 18 日，深圳市邮电局、蛇口邮电分局、蛇口工业区管委会、蛇口通讯公司负责人就深圳市邮电局与蛇口区内的通讯问题进行会谈，达成一致意见：蛇口工业区与深圳市邮电局合作，成立联营通讯公司。1986 年，工业区投资扩大通讯能力，将交换机容量由 1400 门增至 2600 门，对外通讯线路由 45 路增至 72 路，

[1] 蛇口港所在的深圳西部港区，已发展成为中国华南地区集装箱枢纽港和大宗散货中转基地。目前，西部港区共有专业集装箱泊位 25 个，岸线总长度超过 12 公里，港区停靠国际集装箱班轮航线 140 余条，服务超过 40 家国际班轮公司，其中国际前 20 家班轮公司均有航线挂靠该港区。

电传机由 30 台扩大到 114 台。1987 年 4 月，工业区兴建现代化的通讯大楼。1987 年 6 月，工业区投资 17 万美元开通蛇口至深圳 60 条局间中继电路。1987 年底，蛇口工业区通讯公司成立，这是新中国首家由企业和邮电部门合营的新型通讯公司。1988 年 8 月，从日本引进 NEAX-61 型 1.5 万门程控交换机与旧交换机割接成功，蛇口通讯大楼和新的通讯系统正式启用。一个组网合理、拥有当时最先进技术的通讯设施在蛇口工业区建成，总装机容量达 4 万线。蛇口工业区居民电话普及率居全国之冠。

第三，供电建设。1981 年之后，变电站改架空线为地下电缆输电，改辐射式供电为环网供电，供电可靠率达到创纪录的 99.8%。1982 后，第二、第三期工程启动。至 1983 年 3 月，变电站已有 3 台 11 万伏、3.15 万千瓦变压器并入广东电网。然而，伴随着改革开放后广东经济的快速崛起，广东电网供应越发吃紧，发展最快的蛇口首当其冲。1982 年 2 月 6 日，为解决蛇口工业区和赤湾今后大量用电以及钢厂投产后电炉用电对电网的冲击问题，招商局与香港中华电力有限公司进行了接触，要求该公司从香港踏石角发电厂铺设海底电缆至工业区，向蛇口大量供电。应招商局发展部的邀请，香港中华电力有限公司董事副总经理史克等赴蛇口进行实地调查。双方就中华电力有限公司直接供电给蛇口的输、变电设施和关于输电的线路问题，以及供电的收费问题达成了一致意见。1985 年，深圳供电变得不正常，蛇口工业区经常断电，数次出现事前不作警告性通知而突然拉闸的情况，使工业生产突然中断，厂方损失惨重。到 5 月中旬，供电情况更每况愈下，工厂只能轮流开工，被迫实行每周"停二开五"的计划用电。外商责难，怨声四起。电力紧缺已威胁到蛇口工业区的生存。招商局出面采取紧急补救措施，直接从香港购电成为优先选项。蛇口用电紧张问题曾引起中央领导同志的极大关注。1985 年 5 月 21 日，蛇口工业区向谷牧和国务院总理报告，请求解决蛇口用电紧张的问题：一确保工业区供电 1.5 万千瓦；二是着手重新谈判海底电缆工程；三是拟召开中外投资厂商会议，说明真相，赔礼道歉，并由招商局自行设法合理赔偿经济损失。报告特别提出由招商局与香港中华电力公司合作铺设海底电缆，以解决蛇口用电问题。对此，国务院和广东省明确表示支持，谷牧批示：我已告梁灵光同志，他回广州第一件事，就是抓蛇口用电问题，宁压一下其他用电，也要保证蛇口用电；其他二、三项均同意蛇口的意见。同日，国务院总理圈阅同意。6 月 5 日，广东省省长梁灵光批示：一、蛇口用电问题已由经委研究处理并正派人到深圳蛇口了解情况，回省后再进一步研究。二、同意二、三项措施。1985 年 7 月 24 日，经国务院批准，招商局与香港中华电力有限公司签署合同，由后者投资 7000 万港元，铺设海底电缆，向蛇口每天供电 42 万度，合同有效期 10 年。同日，香港中华电力公司与日本住友电业株式会社，东京三井物产及其香港总代理隆华贸易公司举行签约仪式，兴建第一条由香港直通蛇口的海底电缆，要求全部工程 1986 年 3 月完成。中华电力公司的电价略低于广东电网的供电收费标准，相应地减轻企业用电负担。由此，从境外向内地输电出卖主权的禁区被打破，企业不得自行经营电力的禁令也被取消。1986 年 11 月 9 日，香港中华电力通过海底电缆正式向蛇口供电，这条电缆从香港元朗的流浮山入海，穿越后海湾，到蛇口碧涛中心上岸，接入变电站，全长 9136 米，负荷 132 千伏，当年最高输电量为 129 兆伏安。至此蛇口用电紧张的问题得以彻底解决，成为当时深圳乃至全国第一个不停电的片区。蛇口工业区供电公司电力容量达到 230 兆伏安，成为当时全国最大能源企业之一。而在当时，整个广东地区电力紧张至极。

第四，供水排水建设。1982 年 9 月 18 日，投资 3000 万元的工业区污水处理工程破土动工。这是国内第一家由企业投资兴建并管理的二级污水处理厂。1983 年 12 月 25 日，蛇口工业区污水处理厂试产，日处理 2 万吨污水。同时建成 3 座污水提升泵站，敷设总长 73 公里的污水管网，区内污水全部集中到污水处理厂处理后，六大技术指标基本上达到国际统一标准，大大减轻污水对周边海域的污染。1996 年，第一、第二污水处理厂组成综合污水处理厂，设计规模日处理污水 6 万吨，综合投资 5000 万元。随着工业区发展和人口剧增，缺水问题又突出起来。工业区选择宝安铁岗水库作为第二水源，铁岗水库距离蛇口工业区 18 公里，常年库容量 4900 万立方米，是西丽水库的 2 倍，水质优良。1985 年 7 月 13 日，蛇口工业区向深圳市政府呈送《关于请示将铁岗水库作为我区供水水源的报告》。7 月 22 日，经深圳市副市长李广镇批示和宝安县委、县政府研究，可考虑向蛇口工业区适当供水。12 月 13 日，蛇口工业区与宝安县水利局签订从铁岗水库日取水 2 万吨供水合同书。1986 年 8 月 11 日，深圳市城市规划局批复，同意蛇口工业区将石岩、铁岗两座水库联通作为城市供水水源。1987 年 9 月 3 日，经深圳市政府批准，铁岗水库向蛇口供水的引水工程破土动工。1988 年 11 月 19 日，铁岗水库向蛇口供水的引水工程建成通水，此工程共耗资 4000 万元，引水管直径 100 厘米，源头设有加压泵，日通水能力

8 万立方米。1988 年 6 月，经深圳市政府批准，蛇口工业区供水公司将输水管道接通深圳水库的引水管道，而深圳水库的源头是东江。10 月 12 日，工业区供水公司与深圳市自来水公司正式签订供水合同。这样，铁岗水库、西丽水库成为主水源，深圳水库成为应急水源，困扰工业区的供水水源问题由此得到彻底解决，工业区成为深圳供水状况最好的片区之一。

第五，平整土地。根据蛇口的地形情况，早期规划是按照海外出口加工区模式来设计的，包括工业区、商住区、职工生活区、交通运输区进行布局。1983 年 10 月 31 日，开发一、二湾首期工程验收，土方量共达 70 万立方米。至 1985 年底，工业区已开发平整土地 3.06 平方公里，完成建筑面积 86.9 万平方米，其中工业建筑 38.4 万平方米，职工住宅 22.1 万平方米，其他建筑 26.4 万平方米。建成 10 多幢工业标准厂房。蛇口一、二湾填海工程已基本完成，开发土地面积 30 万平方米、海岸线 900 米。道路建设，除打通蛇口与广深公路和深圳市的联通以外，还修建工业区的内部道路。

第六，绿化工作。绿色是现代和谐文明园区的基调和象征。蛇口工业区创业者始终把植树造林和绿化放在重要的位置，把创建人与自然和谐相处的现代文明园区作为自己的使命，提出"把蛇口建设成最适合人类居住的地方"。1983 年 6 月，蛇口工业区绿化组成立，有 10 多个人，一辆深圳市政公司淘汰下来的旧水车、几辆手推车和其他简单工具。1983 年冬，工业区在南山脚下划出 40 亩土地作为苗木生产基地，为片区内绿化施工提供种苗。后又在深圳西丽平山村租用 100 亩苗圃地。植树从工业大道两旁开始，员工们人挑肩扛，把树苗载好，挑水灌溉，没有钱买肥料，就挑大粪施肥，白天浇大粪影响不好，就晚上浇，真正的"绿色绿化"。1984 年 12 月，蛇口工业区园林公司成立，提出"路修到哪里，树就种到哪里；楼盖到哪里，草就铺到哪里"的口号，由此开始全面提高工业区及周边地区的绿化率。园林公司除承担工业区内的绿化任务外，还负责大小南山整个东南面的造林绿化。特别是从 1986 年采用工程造林的方法，组织工程队上山掘洞、挖穴、换土、施肥，等雨天在种树，树木成活率高，省工省时。经过多年努力，蛇口工业区园区绿化成效卓著，昔日的荒滩野岭已变成林木苍翠、绿草如茵的花园城区。到 1986 年底，绿化面积（不计荔枝林）达到 30 万平方米，平均每人 17 平方米。经过蛇口人多年的辛勤耕耘，把蛇口工业区从一个草乱尘飞的黄土世界打造成了绿树成荫、绿草如茵、四季有花的园林花园式海滨宜居城区。绿化覆盖率为 51.63%，人均绿化面积 91.21

平方米，绿化大小南山防护林 170 公顷，共有树木 20 余万株，各项绿化指标均已达到或超过国家标准。如今的大小南山，树林茂密葱茏，昔日不毛之地变成"国际花园城市中的花园"。

第七，配套建设。蛇口工业区从一开始就坚持产城结合的建设方针，要办成以工业为主，兼营商业、房产、旅游、运输业和南油后勤服务基地的综合性新兴工业区。1983 年 4 月 24 日，蛇口工业区提出，力争到 1985 年，将工业区建设成为一个以工业为主，商业、旅游业、地产业、运输业、港口航运、储运业以及文化教育事业兼有的经济区。1984 年 10 月 3 日，蛇口工业区认为：坚持"以工业为主，为南海油田开发服务，积极引进，内外结合，综合发展"的方针，实践证明，坚持这个方针是完全正确的。还要苦心经营，艰苦奋斗 5 年，把蛇口建设成为经济发达，技术先进，管理科学，文明昌盛和环境优美的海港城市。随着工业区外资企业的不断进驻，一批与之配套的生活、娱乐设施也相继动工兴建。碧涛苑别墅区、龟山别墅区、海滨花园公寓区、华苑酒家、南山宾馆、南海酒店、海上世界、宋少帝墓、林则徐铜像（1985）、女娲补天塑像（1986）、四海公园（1987）、海滨浴场、四海体育场等相继建成，以海洋动物热带鱼、海螺和蚝为题材的雕塑群在蛇口海滨建成（1986），一批别墅、住宅区、商场、学校、培训中心、图书馆、展览馆、幼儿园（第一、第二）、医院、剧场、影院及其文化体育娱乐设施也纷纷落成[①]，以及加强绿化、交通、治安管理，使工业区逐渐形成一个小社会（城区）。1983 年 2 月 2 日，中行深圳分行、香港招商局、香港上海汇丰银行、香港美丽华酒店合资在蛇口工业区兴建并经营南海酒店，成为深圳经济特区第一家五星级酒店。开设中资和外资银行（中国银行、南洋商业银行），开办水陆运输机构和旅游公司，加强绿化、环境保护、交通建设与治安管理。1983 年，蛇口工业区公用设施管理组成立，1985 年更名为蛇口工业区市政公司，负责区域内市政设施的建设和管理。多年来，工业区各项市政设施完好率保持在 95% 左右，并最大限度发挥各自功能。雨水、污水管道，路灯、交通信号灯及道路标志、标线、护栏、隔离墩等保持完好无损。当地曾流传这样的顺口溜：南油的房子蛇口的路。1979 年至 1984 年，由 30 多名女工组成的蛇口工业区环卫队，负责区内环境卫生。1984 年 10 月 12 日，蛇口工业区清洁公司成立。这是中国最早实行事业单位企业化管理的单位之一，也是全国同行业中第一个把清洁城市环境卫生和居民住宅卫生当作产业来经营的单位。1986 年，清洁公司在全国率先实行垃圾袋化收集运输。环境保护。1981 年，蛇口工业区环

① 到 1985 年 9 月，蛇口区 25 000 多人，2 所中学，5 所小学（包括赤湾），还有 4 个幼儿园。

境保护监测站成立，1986 年更名为环境保护所。只要该站认为污染严重的企业和项目，即使利润再高，也不允许进入工业区。工业区将地下管网按雨水、污水两大系统分开设计，建成 6 条 10 公里的排水沟，铺设总长 93 公里的雨水管网，确保污水处理率始终在 95% 以上。环保监测站对工业区企业和个体户在生产和经营中排放的废水、废气、废渣、黑烟、粉尘、噪声、震动、油烟、电磁波辐射、放射性污染等污染源进行经常性监督管理，严格保护工业区生态环境。

第八，投资环境优化。1984 年 12 月 18 日，蛇口工业区保安服务公司开业，为中外投资者和企事业单位提供安全保卫服务。这是中国第一家保安公司。1983 年 11 月 14 日，交通部批准建立蛇口港公安局。1984 年 10 月 24 日，蛇口边防检查站正式成立。深圳市政府和国家有关部门驻蛇口工业区机构，如海关、边防、税务、邮电、工商、劳动人事部门坚持严格执法，竭诚为企业服务。蛇口税务部门坚持"税负要轻、税种要少、管理从严、手续从简"的原则，全面兑现税法和中央对三资企业的 22 条优惠政策。

1982 年 2 月 3 日，蛇口工业区指挥部决定在工业区办公室设立企业组，主要任务是：内外结合，协同招商局发展部对外洽谈，并审阅报批协议草稿；协助各厂、企解决生产、业务中提出的问题；调查研究，组织直属公司交流经验以及处理各公司、厂在涉外和上下联系有关事宜。1983 年 1 月 8 日，袁庚宣布，为方便客商投资，降低产品成本，提高市场竞争力，蛇口码头的装卸、仓储的收费降低一半。蛇口工业区通过营造良好的投资环境，保护投资者的合法权益，使投资者有利可图。外商不仅与蛇口工业区签订的协议投资履约率相当高，而且不少企业的实际投资额还超过了协议投资额，来蛇口投资的外商大部分得到丰厚的回报。1983 年 9 月 21 日，工业区管委会成立工业区经营服务部，隶属于企业室，主要业务是代理工业区内企业产品的批发经销，代购代进企业所需的原材料、元器件及物资设备。1986 年 9 月，蛇口工业区管委会决定第二次调整工业区收费标准，调整与三资企业、内联企业关系较大的土地使用费和劳动管理费。新的土地使用费将土地使用费和开发费分开来计算，两项总额比原来的降低 21%，15 年期限以下的租金，标准低于深圳市，20 年期限以内的略高于深圳市；劳动管理费方面，原来定的每个劳动力收工资总额的 20% 不变，但修正了其中比例，劳动管理费降至 2.5%，集体福利 1%，医疗费 3%，退休金增至 13.5%。1986 年 10 月 30 日，招商局发展公司和蛇口工业区召开联席会议，讨论进一步完善蛇口工业区投资环境，针对存在的问题制定 6 条措施：（1）缩减收费，取消"盖章费"，化简手续，提高效率，强化服务观，让投资者有利可图；（2）供电、供水和通讯等加起来保持最低的利润水平，改善供电条件，限制最高单价；（3）帮助工业区的独、合资企业打通内销渠道；（4）通过贸易和其他方式，帮助企业平衡外汇，代办内销许可证；（5）优先解决独、合资企业劳动力及家属问题，在劳动人事处统一调配下，可以在市区内公开招工；（6）照顾和保护现有企业的利益，克服和防止"挖墙脚"、恶性竞争，采取适当的措施逐步搞好分厂分区服务。

1982 年 1 月 20 日，碧海苑别墅第一期竣工，正式交付使用。1982 年 6 月 28 日，蛇口购物中心、海景餐厅、旅游商店开业，其中蛇口购物中心这是中国第一家外币购物商场。1982 年 10 月 16 日，香港汉贸有限公司在蛇口兴建"碧涛苑"二期工程，碧涛苑商业中心破土动工。1983 年 1 月 8 日，香港南洋商业银行蛇口分行开业（图 3-30），这是香港注册银行在深圳特区内开设的第二家银行分行。1983 年 1 月 26 日，蛇口工业区企业管理协会成立（图 3-31）。1983 年 4 月 1 日，蛇口工业区翻译工作者协会成立。1983 年 4 月，工业区幼儿园在水湾小区成立。1983 年 5 月 1 日，蛇口工业区广东省人民医院联合医院正式对外应诊。广东省人民医院派出了内科、外科、儿科、妇产科、眼科、耳鼻喉科、放射科、手术室、化验室、供应室、药房共 11 个部门的骨干力量 15 人来联合医院工作。联合医院实行 24 小时应诊制度，随时接待急诊患者。1983 年 6 月 22 日，工业区办公大厦启用。1983 年 7 月 1 日，经司法部广东省司法厅批准"蛇口律师事务所"正式开业。1983 年 7 月 17 日，蛇口工业区俱乐部成立。1983 年 8 月 25 日，深圳市政府办公厅批准工业区旅游公司开设"太子宾馆"和附设"上海酒家"。1983 年 9 月 1 日，工业区育才学校开学，小学一至六年

图 3-30　1983 年 1 月，南洋商业银行蛇口分行开业

图 3-31　1983 年 1 月，蛇口工业区企业管理协会成立

级 11 个班，初中一至三年级 14 个班，在校学生共 620 人。1983 年 11 月 1 日，开辟蛇口至广州汽车站客运班车，每日一班，从 12 月 1 日起，每天两班。1983 年 12 月 20 日，蛇口工业区开辟蛇口至汕头客运班车，每星期两班。1984 年 1 月 24 日，广州会计事务所蛇口办事处成立。1984 年 6 月 12 日，交通部批准蛇口工业区成立蛇口会计师事务所（后又称"蛇口中华会计师事务所"），主要为中外工商机构提供财务、会计及税务方面的咨询服务。这是国内第一家社会办会计师事务所。1984 年 9 月，育才学校中学部迁入新校园。1988 年，育才学校第二所小学建成开学。1989 年 9 月，育才学校成立董事会，工业区设一名专职督学管理中小学。各学校实行董事会下校长负责制。1992 年 9 月，育才二中建成开学，育才中学改为育才一中。1996 年 2 月，育才一中、育才二中合并，校名恢复育才学校。1995 年，育才一中、育才一小、育才二小被评为广东省一级学校。1984 年 10 月 18 日，百佳（蛇口）超级市场开业。1984 年 12 月 30 日，蛇口工业区党委的机关报《蛇口通讯报》试刊。1985 年 2 月 1 日，蛇口上海轻工业总汇商场开业。1985 年 7 月 26 日，蛇口工业区工会委员会成立。1986 年 5 月 5 日，蛇口工业区工会职工俱乐部成立。1986 年 1 月 27 日，蛇口工业区管委会、蛇口区管理局及党政机构有关直属处、室和公司搬入新落成的办公大楼招商大厦。1986 年 3 月 25 日，经广东省有关部门批准，蛇口工业区第一所职工中等专业学校成立。1986 年 8 月 8 日，蛇口第一座高层建筑金融大厦落成剪彩暨南洋商业银行迁址。1986 年 11 月 11 日，蛇口工业区鲸山别墅供水系统改造工程通过验收，被评为优秀工程。鲸山别墅居住着来自美、法、英、德、日、韩、意等近 30 个国家的国际知名大企业高级管理人员以及他们的家属，有 200 余户 1000 多人，成为国内最大的外国人居住的别墅区。1986 年 12 月，蛇口公共关系协会成立。1989 年，蛇口海上世界，矗立着一座女娲补天的雕像，它由中央美术学院教授傅天仇创作的，全身用乳白色的石头雕刻而成，高约 12 米，宽约 7 米。女娲上身为人，下身是缠绕一团的蛇尾。她带着严肃的表情，用双手托起补天巨石——五彩石，以象征中华民族的创造精神，同时激励蛇口人继续发扬敢为天下先的创新精神。

这里有必要论及海上世界和南海酒店的建设这两项蛇口工业区标志性建筑项目。海上世界和南海酒店的发展深深烙印着深圳改革开放的印记。它们既是蛇口大蜕变的重要缩影，又是蛇口历史变迁的重要见证者。

到 1982 年春，每天进出蛇口的人数逾万人，但当时只有南山宾馆和附近一些简易的客房，约 600 个床位，没有酒吧，没有娱乐场所，留不住客人，多数外国人和香港人成为朝至晚归的候鸟，早上来蛇口，晚上回香港。袁庚他们开始意识到留住客人的重要性了。他找来许智明和梁鸿坤商谈办法。袁庚说：要想办法盖一幢真正的五星级酒店。他要梁鸿坤多跑跑，作为主要任务来抓。梁鸿坤提出搞条环球旅游的邮轮到这里办酒店。袁庚说：可以。看远洋有没有客轮，报废的，这能在极短时间解决蛇口高档床位的紧缺问题。袁庚想起过去国家买过两条姐妹船，一条叫光华轮，一条叫明华轮，不知现在在哪里了。晚上，袁庚给招商局副总经理郭玉骏打电话，询问光华轮和明华轮的下落，郭玉骏答应第二天一早给消息。第二天一早，郭玉骏就到袁庚的办公室。郭说：明华轮报废了好多年了，我昨晚与广州远洋的人算过，这条邮轮是搞国际旅游的，上面所有的设施都比较国际化，有 263 个房间，606 个床位，还有 200 个船员的房间，还有舞池、酒吧，就是一个现成的宾馆。郭玉骏接着说，没人要就没人管，现在一说有人要，都来了，广远要和我们谈条件，价都报出来了。袁庚问：多少？郭答：600 万。袁庚说：抢钱哪！我看能卖一半就不错了。袁庚指示郭玉骏火速赶赴广州与广远公司谈判。经过近两个月艰苦谈判，广远迟迟未表态，袁庚再次指示郭玉骏与广远的上级远洋总公司接洽。最终买船价格从 600 万元降到 310 万元。远洋公司与广远分公司要占总股份的 50%。袁庚同意报价不同意持股比例。最后，以对方占总股份的三成比例成交。招商局分期付款 10 年付清。

"海上世界"明华轮原来是一艘法国建造的豪华游船，船高 9 层，长 168 米，宽 21 米，排水量为 14 000 吨。1962 年 8 月 7 日，ANCEEVILLA（原船名）由法国总统戴高乐剪彩下水作为其专用豪华邮轮。随后它出入过 100 多个国家的港口，近百名流国家首脑曾登临。1973 年 4 月 7 日，中国在马耳他接收"ANCEEVILLA"，同时改名为"明华"。1973 年 6 月，明华轮投入中国至坦桑尼亚航线；1978 年 6 月，国务院派明华轮前往越南接越南的中国侨民。1979 年 1 月，明华轮到柬埔寨桃邑接在柬埔寨工作的专家和工作人员。1979 年 5 月，廖承志副委员长率领中日友好代表团乘明华轮访问日本，它因此被称为"中日友好船"。1979 年 12 月，亚洲太平洋国际有限公司曾租用过明华轮。1979 年 12 月 7 日，第一批澳大利亚游客登上明华轮。1980 年 10 月 1 日，五星航运代理股份有限公司租用明华轮。1983 年 8 月 7 日，明华轮由交通部四航局从广州黄埔的白鹅潭拖至珠江口，绕过赤湾口，历时 20 天，于 8 月 27 日，明华轮抵达深圳蛇口湾外

① 王潮梁被称为"黄埔一期"，武汉长江航运科学研究所原工程师，他是招商局第一次面向全国招聘的武汉考区唯一一名录取者。1983 年 11 月，王潮梁被任命为"海上世界"总经理。被任命为"海上世界"总经理仅仅 3 个月后，王潮梁就体会到了什么是能上能下。"我被解聘的事还上了《人民日报》。"王潮梁回忆，"开头我都能背出来了：在深圳蛇口有一个著名的'海上世界'，前不久它的总经理被解聘了，这个人作风正派，工作辛苦，但是没有做出开创性的事业，所以被解聘了。这就是新的蛇口观念。"

② 招商局集团办公厅、招商局史研究会：《袁庚文集》，2012 年 9 月编印，第 65 页。

海面，坐滩蛇口六湾，以其为主体开发海上多功能娱乐中心，定名为"海上世界"。1983 年 11 月 7 日，由香港海通有限公司、招商局蛇口工业区旅游公司、招商局蛇口工业区贸易公司、丽宫水产有限公司、深圳市饮食服务公司、华德公司蛇口办事处、广州救捞局合资经营的"海上世界股份有限公司"签订正式协议，主要经营旅馆、餐厅等业务。1983 年 11 月 19 日，召开首次董事会，通过董事会章程，董事长及副董事长。王今贵、王潮梁① 分别被聘为"海上世界"第一任董事长和总经理。经过装修、整修与大面积维修，把该船改造成为酒店和娱乐场所。要把漂浮的轮船改造成陆地上的酒店，工作量非常大。交接善后，协调衔接，通电源，上下水，油漆粉刷，周边绿化。"明华轮"建筑面积达 16 239 平方米，主要经营酒店、大型主题酒吧、世界各国主题风味餐厅，上有酒吧、舞池、吧台与饭店，房间里铺着长羊毛地毯，餐厅能容纳 500 人，旅游设施一应俱全。内部装修费用 180 多万元，停泊工程费用 200 万元。该船每日维持费用约 3000 元。1983 年 11 月 24 日，袁庚对《海上世界股份有限公司经营方案》给予批示：这份报告分析基本上是较科学的，但经理部门的思想，总想求全，什么都搞好了再开张，因此要推迟到明年二月（春节）开业。我个人认为不要等什么条件都具备才开始营业，早点开业可以逐步改善，逐步练兵。② 1983 年 12 月 16 日，海上世界公司迎接第一批客人上船（试营业）。这是中国第一艘由邮轮改装的海上酒店和娱乐中心。1984 年 1 月 19 日：共青团广东省委组织集体婚礼蜜月旅游，33 对夫妇在船上举行联欢会，会上有黄宗英女士参加并作了表演；会上还有中央新闻电影制片厂及广东省各报界记者参加。1984 年 1 月 21 日，香港海外旅行社周伟堂先生一行 36 人，到船上组织研讨会。1984 年 1 月 24 日，袁庚在龙凤餐厅宴请新加坡客人。1984 年 1 月 26 日，邓小平、王震、杨尚昆等一行到"海上世界"，邓小平并为"海上世界"题字。1984 年 5 月 15 日，中国残疾人福利基金会副理事长邓朴方上船参观。1984 年 9 月 19 日，著名国画家刘海粟为"海上世界艺术中心"题词。1985 年 4 月 25 日，国务院副总理姚依林等 50 人，由深圳市领导和管委会领导陪同，在海上世界就餐。1985 年 12 月 4 日，中央政治局委员、总政治部主任余秋里及夫人一行，在袁庚和工业区领导的陪同下，到海上世界参观。1986 年 6 月 29 日，第二届中日围棋赛第七场赛局在蛇口工业区"海上世界"举行开幕式。本次将由中国围棋名将邵震中向日本的小林觉挑战。1986 年 10 月 4 日，第一届中国城市市花展览在蛇口工业区"海上世界"举行，全国共有 65 个城市的市花参展，65 个城市的市长或副市长作为城市代表出席开幕式。全国人大原委员长朱德元帅生前手植兰花和咏兰诗"唯有兰花香正好"送来参展。花展吸引来自各地的数万游客。

1992年9月25日，袁庚对"海上世界"公司重整与发展提出建议："主要请世桢阅示。海上世界是小平同志题的词，对内外影响都较大，除非我们一点本事都没有，只好拱手让给外商去办，如果有一点志气，应该自己办起来，用事实证明我们是可以办好工业区的，也可以办好海上世界的。至于我们内部股份分配，搞什么样的规模，在工业区总体规划下实事求是，集思广益，办出个无愧于小平题词初衷的海上世界。"①

1993年9月28日，高高悬挂着邓小平题写的"海上世界"牌匾的明华轮模型停放在北京天安门广场特大花坛的正中央。为庆祝国庆节，天安门广场布置起一座座寓意深长的命名花坛，一个高5米、长15米的乳白色、挂着"海上世界"牌匾的明华轮模型昂立在被命名为改革之光的特大型花坛正中。模型底部是无数个自动喷水龙头喷成"滔滔海浪"，象征着中国改革开放之船正乘风破浪前进。

2003年12月24日，海上世界滨海广场开业。改造后的"海上世界"一经推出，就风靡深圳，是游客必到之处，成为深圳和蛇口最著名的旅游景点之一。"海上世界"拥有高雅、舒适的套房239间，可同时接待600多位宾客。船上有富丽堂皇的中、西餐厅、英式酒吧、竹林酒吧、海鲜酒家、日本料理、舞厅酒吧、的士高舞厅、电影院、游泳池等。还展示西南洞穴文化、塞北奶茶、京城庙会、江南风情等。2001年11月15日，"明华轮"租赁协议续签。同日，"海上世界"船前广场租赁协议签约。2003年12月24日，海上世界滨海广场开业。"海上世界广场"建筑总面积5854平方米，采用欧洲下沉式的广场设计，形成的围合空间可为人们提供宽松的社交场合、休闲娱乐及交流的人性化空间；整个广场由独具异域风情的西餐酒吧区、荟萃各国美食文化的特色餐饮区域构筑而成，以世界各地代表性的音乐、舞蹈、美食、人文风俗和工艺品为经营载体，营造国际风情，传播国际文化，打造国际名牌，强调人与"山·海"自然环境的和谐共处。作为招商局600亿再造新蛇口的扛鼎之作，海上世界总建筑面积100万平方米，集"商务办公、休闲娱乐、餐饮购物、酒店、度假、居住、文化艺术等"于一体，新建项目包括：高211米的地标建筑招商局广场、金融中心二期、太子广场二期等3个甲级写字楼项目，高端酒店式公寓及高级住宅项目，由建筑大师槙文彦担纲设计的文化艺术中心，希尔顿酒店，海上世界广场

① 招商局集团办公厅、招商局史研究会：《袁庚文集》，2012年9月编印，第301页。

和滨海公园等，以及明华轮的重新装修打造，各子项目计划于 2015 年前陆续竣工。明华轮东侧建设有水景广场。海上世界音乐喷泉总投资 3000 万元，由 188 组超级气爆喷头和灯光构成的激射系统组成，沿海上世界水景广场新建的人工湖岸以 S 形布置，主体是四个莲花状喷泉灯光大圆环，再经长长的喷泉灯光轨道串联而成，全长 168 米，最高可将水柱抛向 50 米的高空。海上世界音乐喷泉 360 度全景盛放，无论在广场、明华轮、shopping mall 的哪个角度，游人都可以信步游走驻足观看。2013 年 12 月 20 日正式建成面世，免费开放，自由观看。水景广场的水秀是深圳地区规模最大、效果最炫的开放式全景水秀，是一场结合音乐、灯光、焰火的梦幻般的"水之舞"，水柱与激光烟花共舞，音乐与喷泉交响，独一无二的水与火、光与影的视觉盛宴。不过令人遗憾的是，原来明华轮静静地"坐"在一汪海水之上，女娲补天的雕像原来也是矗立在海中。但因围海造地，海岸线已伸到几公里之外了，海上世界已变成"陆上世界"了。

1982 年，当时中国政府邀请外国石油公司集中于南海进行石油勘探作业，其中约有 300 人的石油勘探专家长期驻扎在蛇口工业区，为解决专家的食宿问题，时任招商局集团常务副董事长的袁庚和香港美丽华集团总经理杨秉正先生共同谋划，并联合香港上海汇丰银行与中国银行深圳分行共同投资建设一家五星级酒店。1983 年 4 月 22 日，由招商局轮船股份有限公司、香港上海汇丰银行、中国银行（深圳分行）、香港美丽华酒店合资经营的"南海酒店有限公司"签订协议，主要经营旅店业务。南海酒店占地面积 3.2 万平方米，建筑面积 3.5 万平方米，总投资 2.03 亿港元，上述 4 家股东各持 25% 的股份，由香港美丽华集团下属的美丽华国际酒店管理有限公司负责酒店日常的经营管理。1985 年 3 月 25 日，著名画家刘海粟来蛇口工业区参观访问，刘海粟为"南海酒店"和《蛇口通讯》题写店名和报名，并为蛇口微波山钟楼题写"虎踞龙盘""海阔天空"八个大字。

1983 年 9 月 25 日，南海酒店正式动工。

1985 年 10 月 14 日，南海酒店试营业。

1986 年 3 月 5 日，南海酒店建成并举行竣工验收仪式。

1986 年 3 月 26 日，南海酒店举行开业庆典。南海酒店第一任董事长为袁庚，第一任总经理为杨秉正。

南海酒店（图 3-32）是深圳首间由中国政府评定的五星级酒店，也是最早承担涉外接待业务的高端酒店。酒店位于深圳蛇口国际客运码头旁，依山面海，帆船的外形既象征蛇口工业区的发展是面向世界市场，也预示着南海酒店的发展前景一帆风顺。凡到过南海酒店的顾客无不为它美丽的园林、迷人的海景、独特的造型与高档的设施赞叹不已。酒店拥有一块海滨花园，因高出海平面 2 米，无论是坐在大堂咖啡厅或是漫步在花园，美丽的海湾景色皆可尽入眼帘。南海酒店外形设计颇为独特，酒店造型由著名设计师陈世民设计，建成后因造型独特曾荣获亚洲建筑设计金奖，成为建筑设计的典范。

图 3-32　1984 年落成的南海酒店，深圳市第一家五星级酒店

南海酒店从美丽华酒店管理集团内调派数十名经验丰富的香港员工负责酒店行政管理职务，同时从北京、上海、南京等大城市精挑细选出三百名新员工，全部送往香港美丽华酒店进行为期三个月规范系统的酒店专业知识培训。酒店的第一批员工大部分都是高中的学历，招进来后就送去香港培训，酒店还聘请香港、新加坡、菲律宾的师傅，从而保证酒店服务始终保持高水平、高质素。这不仅是内地第一次，也是香港有史以来培训内地酒店业人才人数最多的一次。同时，酒店聘请拥有多年酒店管理经验的德国籍布格曼先生为副总经理，这也是深圳酒店业聘请的第一个洋高管。南海酒店因为高规格、精细化的培训后来被誉为深圳酒店管理的"黄埔军校"，一些人离开南海酒店之后，被聘为其他酒店的总经理、副总经理，或成为其管理骨干。

南海酒店开业后，很快吸引来自世界各国的客人。当时在蛇口设有办事处的英国BP、荷兰壳牌等跨国公司的工作人员很快就住进南海酒店。一些客人一住就是几个月甚至数年。据称，其中一位来自挪威某公司的工作人员，在南海酒店开业的第二年起，便住进了这里，这一住就是 11 年，真正把南海酒店当成了自己的家。难怪他时常对酒店的服务员开玩笑地说："我是看着你们长大的。"

1986 年 6 月 16 日，南海酒店经深圳市人民政府批准同意增加经营项目：组织住南海酒店的外国人、华侨港澳和台湾同胞的散客在深圳市范围内旅游。

1990 年 9 月 21 日，南海酒店被评定为五星级酒店，成为全国第一批、深圳第一家五星级酒店。

2011 年初，南海酒店股权变更为由招商局蛇口工业区持有 75% 股份，东方资产控股公司持有 25% 股份。股权变更后，美丽华成为酒店的管理公司参与经营。

2013 年 10 月，南海酒店正式停业改造。

2014 年 9 月 1 日，南海酒店改造项目动工。

2017 年 7 月 9 日，原南海酒店，经过近三年改造装修升级后取名为"南海翼"，于当天宣布对外正式营业。南海酒店如今的全称是深圳蛇口希尔顿南海酒店，由招商局蛇口工业区控股股份有限公司投资兴建并由希尔顿管理经营。南海酒店南海翼的重修工程只对内部进行了空间改造，主打新东方的中式风格；酒店的巨帆式的外形、阶梯式的外观依旧被很好地保留了下来。南海酒店作为深圳的地标性建筑，承载了深圳的历史。经过三年的改造升级实现华丽转身，是招商蛇口与希尔顿携手打造高端酒店的典范之作，全面提升了海上世界片区的档次和品味。

八、大力发展外向型经济

蛇口工业区坚决贯彻中央关于特区建设所确定的方针、政策，进一步解放思想，积极引进，内外结合，工商结合，狠抓管理，稳步前进，千方百计使已引进的项目顺利投产，使中外投资者（特别是第一期投资者）获得合理合法利润。1982 年，工业区的任务从主要抓基础工程建设转到主要抓工厂、宿舍建设和经营管理。

1982 年 2 月 3 日，蛇口工业区指挥部决定在工业区办公室设立企业组，主要任务是：内外结合，协同招商局发展部对外洽谈，并审阅报批协议草稿；协助各厂、企解决生产、业务中提出的问题；调查研究，组织直属公司交流经验以及处理各公司、厂在涉外和上下联系有关事宜。

1982 年 8 月 21 日，袁庚在蛇口各口岸单位负责同志座谈会上说：蛇口三年之内，发展成一定规模。如今南海油田开发又带来新的前景。十年之后会发展成什么样？确实很难想象。三年前我们开发这个地区时，是小打小闹准备搞拆船，把废钢炼成建筑用的钢材，招商局需要油漆，就办了个油漆厂，需要货箱，就办了个货箱厂，我们没有更多的打算。没想到三年来情况发生了变化，我们原来的想法大大地落后了，形势在不断发展，迫使我们不断前进。现在"五通一平"基本上搞好了，在这个基础上，要绣花就该绣上去了。[①]

1984年10月3日，中共蛇口工业区党委、蛇口工业区管委会召开联席会议，提出坚持"以工业为主，为南海油田开发服务，积极引进，内外结合，综合发展"的方针，把蛇口建设成为经济发达、技术先进、管理科学、文明昌盛和环境优美的海港城市。

1982年2月8日，凯达玩具厂建成开始投产。

1982年3月11日，两大英资银行10人代表团访问蛇口，物色开设分行或财务办事处地点。

1982年4月14日，江辉游艇厂第一艘JG30F54型游艇下水，游艇马力为120匹，可以乘坐7至10人。第一期生产5艘，均被澳大利亚客商订购。

1982年4月，交通部水运科学研究所成立蛇口工业区科学技术服务公司。

1982年4月23日，工业区石矿厂开工建设。

1982年5月1日，广富合成材料厂正式投产。

1982年5月3日，中国国际海运集装箱股份有限公司生产出第一个集装箱。

1982年7月12日，中美电子（中国）有限公司签订协议，建成后产销小型电脑制品。12月15日，动工兴建。

1982年9月2日，开源企业有限公司破土动工。

1982年9月22日，中国国际海运集装箱股份有限公司正式投产。

1982年11月8日，招商局与香港蚬壳发展有限公司合资经营华英石油公司，为蛇口居民提供各种石油产品。

1982年11月12日，深圳市政府批复同意蛇口工业区下设"蛇口工业区贸易公司"，该公司除开设一间人民币商店外，可以开设一间外汇商店。该公司经营范围限于工业区内批发、零售国内各进出口公司经销的日用百货、五金交电、日用食品、医疗药品及烟酒等。

1983年1月8日，南洋商业银行蛇口分行成立，成为深圳经济特区内第二家银行分行。

1983年1月31日，远东饼干厂投产。

1983年3月12日，由三洋电机（香港）有限公司独资经营的蛇口分公司签约，后升级为日本三洋电机株式会社的子公司。8月28日，经深圳

① 袁庚：《在口岸各单位负责同志座谈会上的讲话（1982年8月21日）》，招商局集团办公厅、招商局史研究会：《袁庚文集》，2012年9月编印。

市政府批准，改名为"三洋电机（蛇口）有限公司"，主要业务是制造、销售及出口电子产品。这是在深圳设立的第一家外商独资企业。

1983 年 3 月 17 日，由上海电机厂、香港华生实业公司、招商局合资经营的"环球电机有限公司"签订协议，主要经营和市场、维修各类交、直流电机，供应出口。

1983 年 4 月 8 日，由招商局轮船股份有限公司、挪威帕里·欧谷坤有限公司、海祥船务企业有限公司等签订协议，成立合资经营"华威近海船舶服务合营公司"，主要合作经营向在中国或其他地区进行勘探和开采作业的石油公司提供供应船的业务。

1983 年 4 月 22 日，由招商局轮船股份有限公司、香港上海汇丰银行、中国银行（深圳分行）、香港美丽华酒店合资经营的"南海酒店有限公司"签订协议，主要经营旅店业务。

1983 年 6 月 8 日，由交通部广州港口机械制造厂与招商局蛇口工业区合作经营的"蛇口港机械维修中心"签订协议，主要经营港口的装卸、搬运机械的维修业务。

1983 年 6 月 18 日，由招商局蛇口工业区工程公司与香港捷达冷气工程公司合作经营的"捷达冷气工程服务公司"签订协议，主要经营工业与民营建筑的空气调节和通风工程的设计、安装和维修业务。

1983 年 6 月 22 日，由招商局与中国电子技术研究院合资经营的"华达电子有限公司"签订协议，主要经营研究、设计、制造和销售电子与机械产品。

1983 年 6 月 27 日，由吉林省国际信托投资公司、长春八二三二厂与三洋钟表（香港）有限公司合资经营的"长春三洋电子有限公司"签订协议，主要经营电子表、LED 显示板等电子产品。

1983 年 7 月 5 日，中国银行蛇口分行开业。

1983 年 7 月 12 日，广东省信托投资公司、深圳市建材工业公司、北方工业公司深圳分公司、招商局与泰国国泰集团与美国 PPG INDUSTRIES INC 公司合资经营"广东泛亚浮法玻璃有限公司"签订协议，拟在蛇口一湾设厂生产浮法玻璃（图 3-33）。

1983 年 7 月 19 日，由招商局蛇口工业区旅游公司与香港金腾工程有限公司合资经营的"蛇口龙腾有限公司"签订协议，主要经营广告、印刷、装修、照相器材。

1983 年 8 月 19 日，由招商局发展部和三洋电机（香港）有限公司合资经营的"华洋电子产品经销公司"签约，主要业务是批发及零售三洋电机（蛇口）厂生产的各类产品。

1983 年 9 月 1 日，由中国海通有限公司和广州文冲船舶修造厂合资经营的"海安船舶修理服务公司"签订协议，主要业务是为南海石油开发的钻井平台及辅助船舶提供修理服务。

1983 年 9 月 8 日，由上海市蔬菜公司、华申企业有限公司和工业区生活服务公司合资经营的"上海副食品综合厂股份有限公司"签订协议，主要生产和销售蔬菜、豆制品等副食品。

图 3-33 建设中的广东浮法玻璃有限公司厂房

1983 年 9 月 21 日，工业区管委会成立"招商局蛇口工业区经营服务部"，主要业务是代理工业区内各企业产品的批发与销售，代购代进企业所需的原材料、元器件及机械设备。

1983 年 10 月 13 日，由中国北方工业公司深圳分公司与招商局发展部合作经营的"能源机具技术服务中心（蛇口）"签订协议，主要为国内外能源开发提供钻探机具、设备、铸锻件以及与此有关的技术服务。

1983 年 11 月 7 日，由香港海通有限公司、招商局蛇口工业区旅游公司、招商局蛇口工业区贸易公司、丽宫水产有限公司、深圳市饮食服务公司、华德公司蛇口办事处、广州救捞局合资经营的"海上世界股份有限公司"签订协议，主要经营旅馆、餐厅等。

1983 年 11 月 8 日，由中国丝绸公司浙江分公司与香港华建联营企业有限公司合资经营的"华丝企业股份有限公司"签订协议，经营出口真丝印染及其制成品。

1983 年 11 月 8 日，由招商局发展部与招商局蛇口工业区房地产公司合资经营的"兴华实业股份有限公司"签订协议，主要经营房地产，兼营特区内的产品推销代理。

1983 年 11 月 9 日，由中国机床总公司与招商局发展部合作经营的"广源机床工具有限公司"签订协议，主要经营和生产机床及机床部件、模具和提供有关技术服务。

1984 年 5 月 5 日，经深圳市政府批准，蛇口工业区贸易公司永安外汇商场成立，以满足中外人士及工业区员工用外汇券购物需要。

1984 年 7 月 2 日，由香港永新企业有限公司独资经营的永新纱厂有限公司签约，投资 2000 万港元，合同期 25 年，生产、销售纱线产品。

1984 年 7 月 4 日，中国太阳油公司签约成立，由中国石氏国际事业公司与美国太阳炼制销售公司合资，总投资 650 万美元，合同期 15 年，生产销售各种润滑油。

1984 年 7 月 13 日，华洛轴承公司签约成立，由蛇口工业区、香港招商局与兴华实业公司、香港白马轴承公司、洛阳轴承厂合资，总投资 500 万美元，合同期 25 年，生产滚动轴承。

1984 年 7 月 16 日，合益塑料制品有限公司签约成立，由招商局与香港宇航局合资，总投资 2500 万港元，合同期 25 年，生产经销塑料袋及其他包装器皿。

1984 年 9 月 10 日，经深圳市人民政府批准，中国南玻集团股份有限公司的前身“中国南方玻璃有限公司”成立。注册资金为 50 万美元。四家股东为：香港招商轮船股份有限公司、深圳市建材工业集团、中国北方工业深圳分公司、广东国际信托投资公司。同时南玻公司召开第一次董事会，袁庚任董事长，曾南任代理总经理。

1984 年 10 月 27 日，蛇口工业区管委会决定建立每周一次办公会议制度，研究讨论了关于旅游公司改名旅游总公司；成立设计公司；成立蛇口工业区客运公司和蛇口工业区开发公司等具体事项。

1985 年 3 月 13 日，蛇口农村转化为城市建制，成立蛇口渔工贸发展总公司，其 5 个直属公司，7 个分公司获准营业。5 个直属公司为：房产建筑公司、商业服务公司、渔业公司、文化服务公司，劳动服务公司。蛇口镇所辖的 7 个村各成立一个分公司。渔、农民为公司主体。

1985 年 8 月 28 日，经深圳市政府批准，蛇口财务公司成立。蛇口财务公司系非银行性质国营金融机构，投资总额与注册资本均为人民币 1000 万元。经营年限为 10 年。批准经营范围为：开展存、放款，往来结算、咨询服务、投资以及其他批准的金融业务。9 月 29 日，管委会通知各直属公司、各企业：经中国人民银行深圳经济特区分行审批同意，蛇口财务公司 9 月注册成立，并将于 10 月上旬正式对外营业，它的作用是为工业区筹集建设资金，加速资金周转，提高资金运用的经济效益。10 月 23 日，管委会决定从 11 月起，直属单位的工资发放工作逐步转由蛇口财务公司代理。

1986 年 4 月，开发科技（蛇口）有限公司被美国一家权威性顾问公司列为世界上具有生产计算机温盘磁头能力的 11 家公司之一，6 月接到美国、日本、意大利、韩国、新加坡等国家的 15 万只磁头的订单。

1986 年 4 月 7 日，南斯拉夫社会主义联邦共和国主席拉多万·弗拉依科维奇偕夫人一行，来蛇口工业区参观访问。当弗拉依科维奇听袁庚说蛇口有 91 家厂从事制造业，并且 70% 的产品出口时，以为听错了，弗拉依科维奇忙问：这是计划数，还是实现了的？袁庚说：是实现了的，不然我们的外汇不平衡，张劲夫同志（陪同访问）也不会让银行给我们换取外汇。客人们大为惊奇赞叹道："这是一个伟大国家出现的令人感兴趣的新事物。"弗拉依科维奇为工业区题词："现代化的工厂和勤劳的人民，你们继续这样干下去，将生活得更好更幸福！"[①]

1986 年 5 月，由蛇口工业区开发公司与哈尔滨标准铅笔公司合资兴办的双龙笔业有限公司开始投产，投资总额为人民币 40 万元，产品全部外销。

1986 年 6 月 18 日，中国太阳油公司在蛇口工业区建成开业，该公司总投资 5000 万美元，引进美国先进技术设备，生产高级润滑油。

1986 年 6 月，中国南海西方赛德柯钻井有限公司注册地址正式从广州迁入蛇口工业区。

1986 年 8 月，工业区将属下的财务公司升格为招商银行，成为中国内地第一家企业办银行，此项决策受到国家有关部门的大力支持，并获中国人民银行批准。

1986 年 11 月 17 日，由香港金优有限公司、建威发展公司同天津市电机工业公司联营的津安微型电机（电器）制品有限公司经深圳市政府批准在蛇口成立。该公司主要生产微型电机，产品 70% 外销。

随着蛇口工业区投资环境的逐步改善，外商纷至沓来，不出几年，一大批外资企业和合资企业在工业区平地而起。经过五年的建设，蛇口工业区由昔日一个荒凉贫瘠的小渔村，已逐步开发建设成为一个高楼林立、风景优美的现代化海港工业城区。

截至 1985 年底，蛇口工业区累计与客商签订投资协议 209 项，其中中外合资 129 项，占 62%；外商独资 28 项，占 13%；内联 52 项，占 25%；累计协议投资 26 亿港元，其中引进外资 11.4 亿港元，占 44%（包括招商局参股资金达 57.4%），实际投资资金 18.34 亿港元，占协议资金的 70.4%。工业项目协议投资 21 亿港元，占协议总投资额的 80%；工业企业项目 97

① 招商局蛇口工业区总经理办公室：《广东省深圳特区招商局蛇口工业区文件资料汇编》（第六集），1988 年，第 10—11 页。

家，已有 56 家建成投产。

1985 年，蛇口工业区实现国内生产总值 5.20 亿元，工农业总产值 8.05 亿元，工业总产值 7.6 亿元，财政总收入 2777 万元，出口总值 5.3 亿元，出口率为 70%，产品远销美国、加拿大、西欧、东南亚和香港等地，外汇收支平衡有余。1985 年统计显示，蛇口工业区在中国深圳、珠海、汕头、厦门四个经济特区中所占比例是：基本建设投资 4%，开发用地 7.5%，利用外资 13%，投产工厂 5%，工业总产值 15.6%。1985 年回收资金 7300 万元，累计回收资金 12 300 多万元，累计回收率达 38%。蛇口海关已征关税和代征工商统一税 13 600 多万元。1985 年底，工业区员工 15 472 人，其中干部 1926 人，正调职工 3039 人，集体所有制职工 218 人，合同制职工 2593 人，临时工 3663 人，轮换制职工 3978 人。[①] 68% 从事制造业，平均年龄 24.6 岁。具有大专文凭的占 83%，工人当中高中毕业的占 82%。人均月工资 850 港币，人均住房达到 14 平方米，人均国民生产总值 1.39 万元（5000 美元）、工业全员劳动生产率 8.25 万元 / 人。职工失业率在千分之六到十左右，达到充分就业。每 25 人平均有一部机动车辆，每 14 人有一部电话机，每辆车有道路 32.5 米。蛇口工业区社会治安较好，从未发生过大宗外币黑市炒买炒卖。每千人发生偷窃等案件仅有 3.4 起，而且作案者以外来流动人口居多。这里社会风气好、学习气氛浓厚、人际关系和谐。截至 1986 年底，蛇口工业区累计固定资产投资 4.6127 亿元，其中基础设施固定资产投资 4.2546 亿元，项目投资 3581 万元。截至 1986 年底，已形成固定资产（不含在建）2.8907 亿元，其中"五通一平"13 854.05 万元、房屋 9642.47 万元、其他固定资产 5410.28 万元。已开发土地面积 3.06 平方公里（工业区土地总面积 8.22 平方公里，可开发土地面积 4.5 平方公里），建成码头岸线总长度 1300 米，建设 1 万吨泊位 2 个，5000 吨泊位 3 个，客运码头 3 个、石油专用码头 3 个和堆场 18 万平方米，道路总长 3.19 万米。建筑总面积 115 万平方米，其中工业建筑 49.2 万平方米，宿舍 33.8 万平方米，公共建筑 32 万平方米。1981 年蛇口工业区开始回收资金，1986 年回收 8010 万元。截至 1986 年底，累计回收资金 2.0368 亿元；税收累计征收 2.42 多亿元（其中关税 1.69 亿元，代征工商统一税 0.73 亿元），历年税收返回 4588.55 万元。蛇口工业区引进项目 252 项，累计实际投资 26.3 亿元，其中外商独资占 27.18%，合资 57.32%，合作 11.03%，内联 3.84%。其中引进工业 126 项，工业项目累计实际投资 21.27 亿港元，占协议总投资 80.9%。从 1983 年 9 月开始为南海石油服务，已有 7 家外国石油公司以

① 招商局蛇口工业区总经理办公室：《招商局蛇口工业区文件资料汇编》（第六集），1988 年，第 220—221 页。

及为其服务的近 50 家专业承包公司在蛇口建立办事机构或作业基地，租用近 3 万平方米的办公、仓库用房和堆场。

1986 年，蛇口区社会总产值 12.6 亿元，工业总产值 9.97 亿元，回收资金 8000 万元，国内生产总值 5.58 亿元，其中第三产业为 2.46 亿元，出口总值 5.76 亿元，引进项目 41 项，协议投资 2.7 亿元。截至 1986 年底，累计实际投资 26.32 亿港元，累计引进项目 252 项，其中工业 126 项。按经济性质分：独资占 27.81%，合资占 57.32%，合作 11.03%，内联占 3.84%；按行业分，工业占 73.78%，建筑业 0.45%，第三产业 25.77%。累计协议投资总额 28.8 亿港元，累计实际投资总额 26.3 亿港元。工业区财政总收入为 3066 万元，年末总人口为 33 494 人。八年来，蛇口工业区的资金回收率超过香港，人均占有外资超过亚洲任何一个出口加工区。被认为世界上的最成功的台湾地区高雄加工出口区和韩国的马山加工出口区比它设立早得多，但人均占有外资还不及它的三分之一。如今，蛇口工业区的产品 70% 外销，外汇平衡有余。[①]

蛇口工业区经过八年的开发与建设，已开发 3.6 平方公里，初步形成产业结构以工业为主、企业资金以外资为主、产品市场以外销为主的外向型经济，初步实现工业化、城市化，在某些方面还实现现代化。八年后的今天，昔日那"少壮难留余老弱，田原荒芜鸡犬寂"的凋零景象已荡然无存，一座充满生机勃勃的外向型工业滨海新城展现在人们面前。

① 招商局蛇口工业区总经理办公室：《招商局蛇口工业区文件资料汇编》（第七集），第 133 页。

九、加快推进综合配套改革

蛇口工业区是深圳经济特区乃至中国改革实验的先行者。蛇口工业区以提高工作效率、经济效益和社会效益为基本出发点，进行一系列大胆、超前的改革探索和试验，为工业区开发建设和经济社会快速发展提供巨大动力，为全国城市经济体制改革作出重要贡献。

第一，加快推进管理体制改革。适应工业区产业发展、城市建设和社会发展的需要，不断推进管理体制改革，建立和完善适应外向型经济发展的精简、高效和廉洁的管理体制。1981 年 5 月 20 日，交通部批复招商局，同意将蛇口工业区建设指挥部更名为"广东省深圳特区招商局蛇口工业区管理委员会"，为局级（地师级）单位。既指挥工业区基础建设，又行使工业区红线范围内的行政管理职能。1981 年 5 月 27 日到 6 月 14 日，袁庚应邀在国务院在北京召开的广东、福建两省和特区工作会议上发言时提出建议：将现有的"工业区建设指挥部"改为"工业区管理局"，由中央和省授权，使之在深圳经济特区领导下，成为一个有充分权力的领导机构，统管工业区内党、政、海关、边防、治安、港务、航道、文教、卫生等各部门的工作（各部门同时接受本系统上级机关的业务指导），以便统一领导、统一思想、统一部署、统一政策、统一行动，更好地协调配合，保证工业区建设的顺利进行，避免条条太多，婆婆太多，插手干扰太多等问题的出现。1983 年 4 月 4 日，蛇口工业区正式改"建设指挥部"为"管理委员会"，同时组建蛇口工业区党委，成立新的党委、管委会领导班子，完成成员新老交替。党委班子由 5 人组成，袁庚任党委书记，乔胜利任副书记，王今贵、熊秉权、虞德海为党委委员，委员不脱产，党委日常工作由乔胜利主持。管委会班子由 7 人组成，袁庚兼管委会主任，王今贵、熊秉权任副主任，孙绍先、梁鸿坤、陈金星、梁宪为管委会委员，委员不脱产。党委、管委会任期两年。具有大学学历比例上升为 55%，平均年龄下降 12.5 岁，为 46.2 岁。袁庚在成立大会上说，从现在开始，将废除干部职务终身制，以后每届任期两年，每年一次民意测评，信任票数不超过半数者立即下台。蛇口工业区管理委员会依然是由招商局集团直接领导，深圳市政府并不直接参与工业区的事务。在这一阶段，蛇口工业区的主要功能也转变为招商引资、园区规划、产业培育和园区服务管理。蛇口工业区管理委员会成立建设规划室，承担整个园区的城市规划职能，享有园区的规划权。1983 年 11 月 14 日，交通部同意设立蛇口港公安局。1984 年 8 月 6 日，深圳市委、深圳市人民政府联合发出通知：经广东省委、省人民政府批准，同意设立中共蛇口区委员会、蛇口区管理局，行使一级地方党组织和政权组织的职能。袁庚兼任中共蛇口区委员会书记、乔胜利、熊秉权任副书记，王今贵、虞德海、黄小抗、邓启良为区委委员；江波任蛇口区管理局局长，车国宝、武克钢为局长助理。1985 年 6 月，熊秉权继任管理局局长。蛇口区管理局下设职能室和税务局、工商行政管理局、公安分局、邮电分局、检察院、法院等机构，行使法律、经济、行政等方面的职权。蛇口区管理局坚持"公正、廉洁、热情、高效"的八字方针，不全面设置与上级机关相对应的部门，只设财经办公室、行政办公室和市政办公室三个部门。新成立的蛇口管理局开始仅有 4 名工作人员，管理 12 枚公章，后来发展到 12 个人管理 24 枚公章。由于社会功能不断扩大，到 1990 年，发展到 10 个局（室），共 92 人（不包括公检法），最大的计划统计局 16 人，最小的司法局只有 4 人。10 个局（室）只设正职，不配副职，可增设一名助理。蛇口区管理局下辖招商局蛇口工业区、中国南山开发公司和蛇口渔工贸发展总公司 3 个经济实体，在公安、税收、工商管理、进出口物质、劳动管理、电讯管理等方面，享有市一级政府拥有的权利，有相对独立的自主权和自治权。蛇口区可委派一名干部兼任中共深圳市委常委。蛇口工业区由一个企业组织兼具了地方机构的职能。1984 年 10 月 3 日，中共蛇口工业区党委、蛇口工业区管委会决定：蛇口地区的地理名称拟定为"蛇口工业区"；地方政府名称："蛇口工业区管理局"；企业名称："招商局蛇口工业区管理委员会"。1985 年 4 月 4 日，颁布《招商局蛇口工业区管理委员会组织暂行条例》，规定工业区是招商局下属的独立核算、自负盈亏的企业。管理委员会是工业区最高管理机构。蛇口区管理局可以说是，新中国成立以来全国人数最少、效率最高、最为精干的地方政府机构之一。管理局每年过手的资金数以亿计，但始终没有盖一栋像样的办公楼，局机关几十名人员挤在蛇口工业区总部所在地的招商大厦一层楼集中办公。1986 年 8 月 10 日，蛇口工业区劳动人事处决定，直属单位率先执行管委会决定精简人员和机构，将处室 4 个组变为 3 个组，27 人减为 18 人，并对精简下来的人员重新安排新的工作岗位。1990 年 10 月 5 日，深圳市南山区成立，取消蛇口区，蛇口工业区翻开新的一页。

蛇口工业区的机构和管理体制改革主要特点：（1）按照精简、高效的原则，设置和完善管理机构（图 3-34）。1983 年后，工业区建设转入经营管理阶段，重新组成工业区党委、管理委员会，机构设置重心放在"管理"上，除保留办公室、总工程师室、总会计师室外，新增设建设规划室、企业管理室①、公用事业室、经营服务部、劳动人事处等。党委机关从管理机构中分离出来，下设秘书组、组织干部组、宣传组，13 个人员编制。随着南海石油的开发，工业区管理委员会增设南海石油服务办公室，会计师事务所、律师事务所、港务监督等机构，以适应业务范围不断扩大的需要。工业区党委、管委会（管理局）干部配备实行定员制。工业区机构设置没有固定模式，根据实际和发展需要来设置，不搞内地的上下对口的机构。实行党委、管委分工领导下的组长、主任、经理负责制，管理组织机构采取直线职能制，即不设中间机构，实行垂直领导。党委会、管委会、外国石油公司在一个大楼办公，外商进来洽谈项目，从土地协议、项目、规模、供水、供电、电信安装、劳动力招聘、职工住房租买，均可以在一楼之内一天之间全部获得解决，真正实现"一站式管理，一条

① 1982 年 2 月 3 日，工业区办公室成立企业组。后单列为企业管理室。

龙服务"，取消午休午睡，工作效率大大提高。（2）实行官商分开，官办官的事，商办商的事，不以行政手段干预企业的业务。管理委员会下设 13 个专业公司，实行管委会领导下的经理负责制，独立核算，自计盈亏。对合资、独资企业实行董事会领导下的经理（厂长）负责制，并通过经济杠杆、经济法规进行干预和调节。把责权同时下放给企业，对各直属公司实行"五定三权一奖励"的制度。（3）重视中间社会组织的作用。先后成立各种协会、会计师事务所和律师事务所等。①（4）机构改革与干部制度、工资制度等项改革有机结合起来。

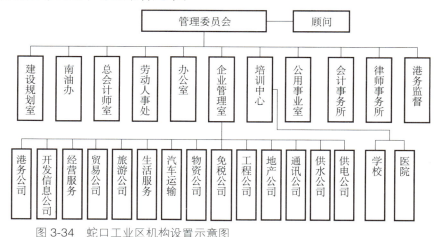

图 3-34　蛇口工业区机构设置示意图

第二，加快推进干部制度改革。袁庚曾多次讲到毛泽东主席曾经讲过的这句话，即"在党的政治路线确定之后，干部是决定因素"，把干部体制改革和干部队伍建设作为工业区建设的大事来抓。蛇口推进干部制度改革做的第一件事就是淡化特权和官本位。（1）实现干部聘任考核制度。1983 年 4 月，《蛇口工业区党委、管委会工作报告》中提出：从现在开始，将废除干部职务终身制。干部原职务、级别记入本人历史档案，在工业区工作仅作参考。实行干部聘任制，每年进行一次信任投票，每二年改选一次，坚决取消"铁椅子"。1983 年 5 月，在实行公开招聘招考干部的基础上，开始深化干部制度改革，对中层干部实行群众评议、民主推荐、组织考核、党委审定、管委会聘用的制度，打破干部职务终身制的用人制度。为配合干部聘任制，冻结所有干部的原有行政级别，真正做到干部能上能下。具体做法是先由群众评议、民主推荐，再经组织考核、党委会审定，然后由管委会聘用。聘书包括有相应的职责、职权、待遇、解聘、续聘等五项内容。1984 年，继续完善干部聘任制度，共聘任直属单位和专业公司主任、经理以上干部 46 人，平均年龄 43.7 岁，具有大专学历以上干部 36 人，占 84.6%，少数业绩平平者不再续聘。1985 年，工业区聘任中层干部 52 名，平均年龄 40.7 岁，具有大学本科学历者 44 人，占 84.6%。1986 年 8 月 19 日，工业区组织干部处、企业管理室为广开才路，实行群众监督，尝试民主管理，首次联合公开张榜纳贤、招聘企业经理。[①]（2）加强权力监督。为防止因权力的滥用而导致腐败，工业区采取两项措施：一是群众监督，受聘人在一年任期内，要进行一次群众信任投票，得不到半数以上信任票者不再续聘。二是党组织的监督。1984 年明文规定：经理必须自觉接受企业党支部的监督，重大问题要与党支部通气。干部聘任制极大地激发蛇口发展的活力，开创新中国人事制度改革的先河。（3）建立干部考核档案，以此作为对干部晋升、加薪、表扬、批评，甚至降职或解聘的依据。1984 年 6 月，颁布《招商局蛇口工业区领导干部考核暂行规定》，实行干部定期考核和奖惩制度。（4）加强干部培训。蛇口工业区先后举办企业干部培训班、会计人员训练班、干部文化训练班等培训班。此外还举办了一些短期文秘、翻译、英语训练班，英语、日语夜校等。制定《在职领导干部轮训的若干规定》。通过培训，提高干部的文化素质和企业管理水平。（5）发挥基层党支部和广大党员的战斗堡垒作用。截至 1986 年底，工业区建有 80 个基层党支部，拥有党员 966 名。（6）大胆进行民主管理试验，对领导干部实行公开的民主选举和信任投票制度。通过直接民主选举产生第一、第二届管委会，坚持管委会二年任期制，期满一年进行信任投票。受聘人在一年任期内，要进行一次群众信任投票，得不到半数以上信任票者不再续聘。1983 年 7 月 20 日，举行第一次新闻发布会。从 1984 年开始一般每月举行一次，如有重大事件随时召开。新闻发布会由领导直接向职工宣布工业区重大决策和相关政策、经济发展情况、与职工利益相关的问题，回答职工的质询，接受批评，随时接受群众批评监督。1983 年至 1985 年共举行 30 多次。这在全国还是首创。1984 年 4 月 22 日至 23 日，蛇口工业区首次举行年度党委会、管委会和班子成员信任投票。23 日投票结束后，召开新闻发布会，向工业区广大干部、群众如实公布了投票结果和同志们在票上提出的批评与建议。此后每年举行一次，凡投信任票数不能过半者，不能继续担任领导职务。通过信任投票，把对领导干部的监督和罢免权交给广大职工。1985 年 4 月 4 日，颁布《招商局蛇口工业区管委会选举暂行办法》。1985 年 4 月 24 日，举行民主直接选举蛇口工业区管委会，通过职工公开投票的方式选举工业区领导班子成员（图 3-35）。首先选出候选人，再进行候

① 1987 年 9 月，工业区首次张榜招考后备经理，为辖区直属企业或三资企业储备助理以上的管理干部，凡具有大专以上学历或实际业绩突出、有 3 年连续工龄并在工业区工作两年以上者均可报名应考。1988 年，工业区第二次以公开招考方式选用企业的经营者。

图 3-35　1985 年 7 月 26 日，招商局蛇口区工业区工会会员代表大会成立

① 1987 年按照公司制运作成立有限公司，有限公司的董事会也是由全体职工投票产生。

选人演讲答辩，由职工自由提问。答辩以后，职工再次投票选举出第二届管委会。① 1986 年 4 月 24 日，蛇口工业区管委会举行第二届信任投票。1986 年 8 月，决定在全区范围内开展合理化建议活动，设立"合理化建议基金奖"，奖励表现突出的个人和集体。1986 年 10 月 15 日，蛇口工业区组织干部处对各直属公司的经理、副经理进行民意调查。1986 年 12 月 5 日，民主选举产生党委第二届委员会。1987 年，投票选举董事会。1988 年 7 月 22 日，首届董事会信任投票。1992 年 6 月 26 日，工业区举行第二届董事会信任投票。截至 1993 年初，工业区共举行五次信任投票。这些改革措施，将领导干部置于群众的监督之下，从根本上废除领导干部的铁交椅和职务终身制，强化了领导干部的责任感和服务意识。当然，对于这些"民主选举""信任投票"的试验，一开始就引起许多争论，拥护者有之，反对的声音也不小。充分发挥舆论监督的作用，让广大职工利用《蛇口通讯报》发表意见和建议，对各方面的工作尤其是对工业区领导干部提出批评。蛇口工业区推行的干部制度改革破除了干部职务终身制，有利于提高干部素质、转变干部作风和不断发现人才，极大地调动干部工作的积极性、主动性和创造性。这些改革尝试对于改善干部工作作风、防止干部贪污腐化、实现科学民主决策也起到积极促进作用。

第三，逐步完善内部工作和财经等制度，合理利用贷款方式进行建设。1985 年 7 月 1 日，颁布《蛇口工业区管委会工作制度》。1984 年 3 月 19 日，蛇口工业区成立内部结算中心，以实行货币资金内部集中管理、集中结算，采用内部结算中心的结算形式，以加快资金周转，减少货币资金占用额。这是中国第一家企业内部结算中心。1984 年 6 月 25 日，颁布《蛇口工业区固定资产管理办法》。1984 年 8 月 1 日，颁布《蛇口工业区工程招标管理办法》，完善工程招标制度。1984 年 11 月 1 日，颁布《蛇口工业区土地管理规定》。1985 年 8 月 28 日，在内部结算中心的基础上成立蛇口工业区财务公司，以筹集建设资金，加速资金周转，提供资金运用效率，这是中国第一家企业内部财务公司（图 3-36）。1985 年 9 月 30 日，颁布《关于购销人员的 10 条规定（暂行）》。1985 年 10 月 17 日，制订《关于加强财经纪律的若干规定》。1985 年 10 月 22 日，成立蛇口社会保险公司。1985 年 12 月 30 日，颁布《蛇口工业区会计制度》。1986 年 2 月 24 日，颁布《蛇口工业区资金管理办法（试行）》。1986 年 8月 1 日，颁布《蛇口工业区规划建筑管理暂行办法》。1986 年，颁布《蛇口工业区收费管理暂行办法》、《蛇口工业区关于接待工作和招待费用的规定》、《蛇口工业区职工前往香港及国外学习的有关规定》、《出国、赴港有关事宜的规定》、《蛇口工业区直属单位"三项基金"①使用管理暂行规定》、《蛇口工业区内部审计试行办法》、《蛇口工业区合理化建议奖励条例》、《蛇口工业区经理离任审计实施细则》等。

图 3-36　1985 年 8 月，蛇口工业区财务公司（国内第一家企业内部的财务公司）的办公室

① 指"企业发展基金""职工奖励基金"和"职工福利基金"。

　　第四，加快推进企业制度改革。1982 年 6 月 14 日，经国务院批准，中国南山开发股份有限公司在香港招商局、中海油、广东省、深圳市、华润及黄振辉投资有限公司等六家股东的发起下正式成立，首次以中外合资股份制的模式开企业体制改革之先河，成为国有企业混合所有制改革的原点，南山开发公司即为国企改革最早的混合所有制企业。此后参照南山集团的"股份制模式"，蛇口赤湾石油基地股份有限公司、招商银行、平安保险、中集等现代企业相继诞生。工业区与专业公司之间实现直线职能的领导体制。专业化公司实行经理负责制，主要负责具体的经营管理，公司独立核算，自负盈亏。各专业公司经营经理拥有充分的人权、财权和经营管理自主权。1982 年开始，管委会对直属公司实行"五定"：定生产任务、定人员、定成本（包括利息与折旧）、定流动资金、定利润总额；授予"三权"：人事权、财权、经营管理权。公司与职工关系试行合同制（半年或一年），经理逐步实行聘请制，签订聘请合同。1982 年 6 月 14 日，下发《定员编制、盈亏指标和提奖原则》，要求各单位努力实现既定目标，力争精简、高效，多创利润。对具备一定核算条件的单位，在确保安全、提高服务质量的前提下，实现超额利润（或减小核定亏损）的，给予提取一定比例的奖金作为鼓励（奖金最高额仍将作一定限制，超出部分仍留在企业用于集体福利和发展生产）。在核定的奖金金额内，各单位有权自行制定适合本单位实际的具体奖励办法。1986 年，工业区完善董事会及经理工作制度的细则，对各直属公司实行"五定三权一奖罚"制度：核定生产（经营）指标，定职工人数、定总成本、定利润、定流动资金额，授予人、财、经营管理权的范围，并以工厂企业的服务质量作为考核的重要内容，实行优良者奖，完不成及服务质量差者罚。坚决制止滥用职权，以权谋私的行为，逐步建立强有力的监督体系，打击经济犯罪活动。1986 年 8 月 27 日，工业区生活服务公司首次尝试民意测验，实行民主管理。1986 年，颁布《蛇口工业区经理基金办法（试行）》，使企业经理在正当开支中行使必要的支付权力和进行一些必要的个别或一次性的奖励。政企分开，官商分家，直属企业实行管委会领导下的经理负责制，各合资、独资企业实行董事会领导下的经理（厂长）负责制，董事会决定企业的经营方针及经营管理上的重大问题，经理全权负责日常的经营管理。对合资企业的监督管理，主要通过经济杠杆和经济"立法"（规章）来进行干预和调节。蛇口工业区还积极挑选、培养、提拔和重用人才，配备好合资企业管理人员，认为办好一个企业必须配备好"三巨头"（即总经理、总工程师，总会计师）。尽一切可能做好服务工作，提高办事效率和服务质量。企业室要做好各部门的协调工作，积极协助企业解决困难。制订工业区合资、独资企业管理条例及实施细则。打破企业干部的铁交椅，工业区明文规定，其下属机构及直属公司、合资、独资企业不分级别高低，职能处室的负责人和企业的经理（厂长）一律废除委任制，实现聘任制，干部能上能下，能官能民。企业员工实现招聘合同制，员工能进能出。

第五，加快推进工资分配制度改革，优化激励机制。1983 年 12 月，颁布《招商局蛇口工业区工资改革方案（试行）》，打破分配"大锅饭"，实行基本工资加岗位、职务工资加浮动工资的工资改革方案。13 家直属公司和五个职能室、医院、学校、保安部等单位实行岗位职务工资制。中外合营企业参照工业区直属单位工资制度进行相应的工资改革。蛇口工业区直属企业的工资由三部分组成，即基本工资、岗位或职务工资和浮动工资。基本工资包括职工当时享有的国家等级工资、边防补贴和副食补贴，按国家 10 类工资区的标准支付，以维持职工最基本的生活需要。岗位、职务工资体现不同岗位或职务的劳动差别，工资随着岗位、职务变动而变动。浮动工资根据企业的经营效果和职工本人的劳动贡献大小来评定，不固定，不封顶，上下浮动，把职工的个人利益直接地与企业的经营成果联系起来。实行高工资、少补贴政策，取消内地普遍实行的粮差、住房、水电和燃料补贴以及交通费、洗理费等补贴。建立正常的考核升级制度，职工工资原则上每年调整一次，年终给职工发放一个月的双薪。建立随着生产发展和生活消费物价指数上升而相应增加工资的制度，以保证职工收入随着发展而提高或不因物价上涨而降低。1983 年 9 月 7 日，招商局蛇口工业区管委会颁布《蛇口工业区关于外资企业、中外合营企业职工超时工作的暂时规定》。1985 年 10 月 9 日，颁布《直属单位劳动工资管理暂行规定》，要求各单位统一实行由基本工资、职务工资和浮动工资合成的计月工资制，还对工作、加班、休息时间和假期，劳动保护和工伤保险，培训，解雇和辞职，职工再分配，奖励与处分，劳动监察和劳动争议解决程序等相关事项作了规定。1985 年 12 月 27 日，蛇口工业区管理委员会发出通知：从 1986 年 1 月 1 日起，工业区内所有独、合资企业支付的劳动工资额度（即劳务费），人均增加均按 50 港元的标准执行；增加的工资额度中，以 40 港元用作增加职工工资，10 港元用于增缴劳动管理费；1986 年的劳动管理费，工资额度增加后为人均 850 港元的企业，应缴管理费为 170 港元／人，工资额度增加后为 800 港元的企业，应缴管理费为 160 港元／人；工业区的最低工资线从 125 元／月增至 135 元／月。工资制度的改革增强了企业在分配中的自主权，调动了干部、职工的积极性，在全国率先建立起与市场经济相适应的工资分配制度。

第六，加快推进住房制度改革，实现居者有其屋。蛇口工业区实行统一的规定、统一的办法，并由房地产公司统一经营管理职工的住房，逐步做到居者有其屋。1981 年，在全国率先采用按住房造价加管理费计租的办法，对住宅一律实行按质按量论价，由职工自由选租，租金按建造成本，以 50 年折旧收回的原则计算。租金是浮动的，可以逐年调整增长。职务级别同住房面积脱钩，领导干部没有多要住房的特权，多要房多付钱。1981 年，蛇口工业区第一批职工住宅水湾头 B 区四栋楼竣工，职工们喜迁新居，由此迈出全国住房制度改革的第一步。房改第一步：对住宅一律实行按质量论价，由职工自由选租。制订租金标准的原则：坚持成本核算，不赔不赚；房屋的建造成本按 50 年回收计算。家属宿舍 1 平方米租金甲类 0.91 元，乙类为 0.81 元，丙类为 0.55 元，单身宿舍为 0.87 元。由于这一步迈得过大，职工普遍反映租金过高，难以承受。工业区考虑职工实际困难，决定暂时降低标准收取房租：家属宿舍 1 平方米租金甲类 0.7 元，乙类为 0.6 元，丙类为 0.3 元，单身宿舍为 0.7 元。结果是，许多职工宁愿住丙类房而不愿住甲类房，宁愿住小房不愿住大房，剩下 30 套三室一厅的房子因无人租用改为单身宿舍或另作他用。到 1983 年底为止，蛇口工业区共建成职工住宅 103 000 平方米，基本上解决现有职工的住房问题。房屋租金收取按照不赔不赚的原则，按折旧费、利息、管理费、维修费四项计算，收回成本和其他费用，以便继续再建。

房改第二步：工业区决定进一步深化住房制度的改革，改为租售结合、以售为主，鼓励企业、职工个人买房，按优惠价向职工出售住宅。1984 年初，荔园住宅小区竣工。1984 年 12 月 27 日，颁布《蛇口工业区职工住房经营管理暂行规定》，正式开始实施将职工宿舍向住房商品化过渡。一是制订三种售房价格：（1）优惠价（房子本身的建筑造价）；（2）成本价（建筑造价＋公共设施造价＋土地开发费＋管理费）；（3）商品价（成本价＋利润＋税款）。工业区规定，符合购房资格的双职工按优惠价购房，单职工住宅一半面积按优惠价，另一半按成本价，企业单位购房按商品价。二是制订分期付款办法。职工一次性付清房款可享受 7 折优惠；5 年内分期付清，首期需付楼款的 1/3 以上（享受 7 折优惠），余款打 7.5 折扣，每月从工资扣还。第一期家属宿舍的售价为每平方米 165 元左右。三是采取银行按揭方式。职工向银行申请购房按揭，向工业区房地产公司一次性付清房款，在规定期限内每月存入一定数额的钱来偿还贷款，职工住房产权证明交银行抵押。这是新中国成立以来企业第一次向职工出售住房。蛇口旅游公司的范秀奇成为蛇口工业区第一个买房的职工。1984 年 12 月 18 日，批准工业区房地产公司按单身宿舍房租统一收费标准（1.50 元 / 平方米 / 月），向各独资、合资、内联和直属企业收取单身宿舍房租，取消分企业性质收取不同房租的做法。委托工业区房地产公司经营管理职工住房，办理房产权证书和房产权的转让登记；职工住房面积参考标准为家属住房人均 15 平方米、单身住房人均为 5 平方米，并规定职工住房的出售价格、付款方式和折扣；购买职工住房的资格及相应待遇；购买职工住房的程序；职工住房所占用土地的使用年期；购房的业主权益保证等相关事项。1984 年的房改并未完全实现住房商品化，职工在购买住房时享受的折扣优惠，实际上是一种补贴。蛇口工业区 1984—1988 年因优惠价出售住房支付补贴资金为 600 万元。

房改第三步：以成本价出售（租）住房，实现住房资金的良性循环。1986 年 1 月 18 日，颁布实施《蛇口工业区职工住宅经营管理规定》（修订本），并附《家属住房分房评分办法》。1986 年 8 月 10 日，房地产公司推出"工程师楼"，登记租房者超过 170 人。"工程师楼"位于花果山职工住宅小区 36、37 栋，共 120 套。每套有卧室一间，并有阳台、厨房、卫生间，面积 35、36、42 平方米 3 种，这是工业区为招揽人才专为工程师解决的临时过渡房。1986 年 12 月 1 日，出台新的职工住房租售价格标准：房价按成本计算，补贴变暗补为明补，向住房商品化再迈一步。工业区确定在职工的实际收入不降低前提下逐步实行住房商品化。1987 年 1 月、1988 年 8 月 15 日，工业区又先后两次修订《职工住宅经营管理暂行规定》，标志着以商品化为基本内容的住房制度改革不断深化和完善。工业区严格控制职工住宅的面积建造标准，坚持住房的小型化，二房一厅 55—65 平方米，三房一厅 65-80 平方米。住房租金和售价趋于合理，租金提高到每平方米每月 2.39 元，售房价格调至每平方米（建筑面积）300—400 元。蛇口工业区在全国率先实行住房制度改革，稳步推进住房商品化。从 1981 年到 1986 年底，蛇口工业区共建成职工住宅 28.4 万平方米，其中单身宿舍 11.1 万平方米，家属住宅 17.3 万平方米，总投资约 6100 万元（不含土地征用、开发费和小区配套设施费）。到 1986 年底，共售出住房 10.5 万平方米，其中职工购房 7.3 万平方米，售房收入 1957 万人民币和 2185 万港币。1986 年房租收入 361 万元，基本可维持折旧、维修、管理和利息四项成本。蛇口住房制度改革，改变了由国家统包统建供给住房的低房租高补贴方法，较好地解决了职工住房，有利于克服住房分配上的不正之风。

第七，加快推进社保制度改革，初步实现应保有保。1980 年 2 月，蛇口工业区劳动服务公司与中国国际海运集装箱有限公司签订劳动力协议，明确规定中集公司要为其雇员向劳动服务公司支付相当于其工资额 1/3 的福利费、医疗费、养老金及其他费用。这是工业区实行养老保险社会化的雏形。1981 年开始，全面推行社会劳动保障制度，对参加社会劳动保险的所有员工提供免费医疗、被解雇和被辞退期间的基本生活费用和退休金等方面的社会保障。其基本做法是：辖区内企业按职工工资的 20% 向劳动服务公司缴纳劳动管理费，平均每人每月 150 港元，劳动服务公司将其中 55% 作为职工退休金，其余 45% 用作职工的医疗费、集体福利费、工会活动费等支出，以逐步实现职工劳动保险社会化。国家不负责蛇口工人退休，由企业负担。1982 年起，工业区制定统一内外资的劳动费的收费标准：各企业为所雇佣的中方员工每人每月交纳 150 港元，其中退休金占 55%，医疗费占 15%，集体福利费占 10%，工会活动费占 5%，劳动服务公司管理费 15%。1984 年，工业区劳动管理费收费标准由每人每月 150 港元调整为 160 港元。1985 年 10 月 22 日，蛇口社会保险公司①建立，这是中国第一家由企业创办的社会保险机构。公司成立后，对社会保险劳动管理费的收费标准再度进行调整，由每人每月 160 港元增至 170 港元，其中退休养老金占 67.5%，医疗费占 15%，福利费占 5%，待业费占 2.5%，管理费占 10%。

① 1988 年 3 月，经中国人民银行批准，后发展成为平安保险公司。

首次开办了待业保险基金。同时，工会活动经费不再列入社会保险，而由工会按工会法规定征收。1986 年 3 月 10 日，蛇口工业区社会保险公司决定陆续向职工发放《社会保险基金登记手册》，今后职工将凭此结算退休金，享受社会保险待遇。1986 年 7 月 16 日，颁布实行《蛇口工业区职工退休、离休和退职管理暂行办法》。1991 年，工业区将社会保险金收费标准提高到每人每月 185 港元，对各项保金的比例作了相应调整，增加养老金和医疗保险金，减少管理费：退休养老金占 72%，为 133.2 港元；医疗保险金占 15%，为 27.75 港元；福利费占 3%，为 5.55 港元；待业保险金占 2%，为 3.7 港元；管理费占 8%，为 14.8 港元。同时，蛇口社会保险公司还代理中国人民保险公司和香港民安保险公司的相关业务。因此，蛇口工业区提前实现养老、工伤、医疗、待业、福利等项保险，逐步建立起以养老保险为主，多项专业保险相配套的多元化社会保障体系。蛇口社会保险体系主要特点有：一是覆盖面广，不管国有、外商独资、中外合资企业，还是私营企业，不分干部、工人，不论正调工、合同工还是临时工，所有员工都必须参加保险，工业区社会保险的覆盖率达到 95% 左右。保险社会化程度甚至超过某些发达国家的水平。二是项目齐全，养老、工伤、医疗、待业、福利等保险内容，初步实现老有所养、病有所医、工伤有补偿、失业有救济、困难有补助。三是手续简便，由蛇口保险公司统一收取，统一管理，实行电脑化管理，大大方便投保。四是坚持社会保险与劳动管理相结合，所有投资者与工业区签订投资协议与劳动力协议时，都必须承诺参加社会保险。五是社会化水平高。辖区内所有企业都能按规定履行缴纳社会保险金的义务，全体员工都纳入社会保险的覆盖范围。蛇口工业区成为中国最早建立社会劳动保障制度的地方。

第八，加强思想政治工作，发挥群团作用。1983 年 1 月，蛇口工业区企业管理协会成立。1983 年 5 月，共青团蛇口工业区委员会成立。1983 年 7 月，蛇口工业区工会第一届代表大会召开。1985 年 7 月，蛇口区工业区工会委员会正式成立，工会工作指导思想是："为改革开放服务，为企业、事业单位服务，为职工群众服务"；工会的主要职能是："监督维护、参与管理、宣传教育"。1984 年 10 月 27 日，管委会实行每周一次办公会议制度。1985 年 12 月 10 日至 17 日，召开思想政治工作研讨会。1986 年 2 月 16 日，蛇口工业区召开党员干部大会，袁庚要求职工要讲职业道德，讲职业道德要求每个同志从最低做起。如因不讲职业道德被开除，就只发基本工资，冻结二三年。1986 年 3 月 2 日，组织服务行业职业道德报告会（图 3-37），邀请获得 1985 年"先进生产者"荣誉称号的员工谈工作体会。1986 年 4月 8 日，召开直属机关职工大会，进行职业道德教育动员。1986 年 7 月 31 日，制订《独资、合资企业建立职工之家 21 条标准》，在建立工会一年以上的企业中试行。1986 年 8月 11 日，颁发《关于入区教育的若干规定》，凡进入工业区的干部和工人，必须接受由党委宣传部、工会和培训中心联合组织的 3 天"入区教育"。1986 年 9 月 23 日，成立归国华侨联合会，蛇口归侨、侨眷和港、澳、台家属约占全区的三分之一，其中归侨 46 名，

图 3-37　1986 年 3 月，蛇口工业区工会举行服务行业职业道德报告会

来自 9 个国家和地区，港商与华侨在蛇口投资兴办的企业占全区总数的70% 左右。

　　第九，解放思想，推动观念变革。在传统计划体制前提下，蛇口工业区开发开放不得不首先更新观念，转变思想。蛇口工业区在开发、开放与建设过程中，大胆冲破旧有的价值观念，努力倡导与市场经济和对外开放相适应的种种新观念，如时间观念、效率观念、竞争观念、市场观念、价值观念、信息观念、平等观念、信用观念、契约观念、职业道德观念、民主与法制观念和主人翁意识，其中最有影响的是提出"时间就是金钱，效率就是生命"这句自编口号。同时，蛇口工业区青年更新观念，开创新风，结婚不收彩礼，不坐彩车，不摆酒席，不盲目追求高消费，坚持文明简朴办婚事。这些观念变革不仅为蛇口工业区各项改革顺利进行奠定思想基础，而且在国内产生了深刻的影响。这些观念变革被称为"冲破思想禁锢的第一声春雷"，曾引领中国改革开放风气之先。

十、两句著名口号风行全国

　　在 1988 的一次会议上，袁庚总结说，要引进外国的资金、技术、设备等等，并不是十分困难的事，而要创造一个适应这个经济发展的社会环境，则要困难得多。进步的社会，进步的人，是任何一个国家和民族经济起飞的大前提。有人问：蛇口是怎么发展起来的？我的回答是从人的观念转变

图 3-38 时间就是金钱，效率就是生命

图 3-39 蛇口青年职工站在蛇口人信奉的理念标志前留影

和社会改革开始的。说到蛇口工业区的观念变革，就不能不提及蛇口工业区曾经提出的两句至今还影响全国的著名口号，那就是："时间就是金钱，效率就是生命""空谈误国，实干兴邦"。

"时间就是金钱，效率就是生命"（图 3-38），这句讲时效、重实干的口号，在今天看来不过是稀松平常的一句话，可在 20 世纪七八十年代，经由广东省蛇口工业区提出，释放出一个强劲的思想冲击波。当时"左"的思想令很多人无所适从，社会上视金钱、效率为禁忌。正因如此，"时间就是金钱，效率就是生命"这句简练、有力的口号，曾被称为"冲破旧观念的一声春雷""划过长空的第一道闪电"，成为中国改革开放的重要标签。

来过深圳蛇口的人都知道，在蛇口最繁忙的道路上，曾经竖立过一座醒目的广告牌，上书"时间就是金钱，效率就是生命。"（图 3-39）忙碌的深圳人在牌子下匆匆走过，他们的匆忙是对口号的最好解释。这句口号最早是由蛇口工业区袁庚提出来的。蛇口工业区开发建设和改革开放首先是从解放思想、创新理念开始的。在 20 世纪 70 年代末 80 年代初期，人们都害怕谈钱，到了谈富色变的地步。招商局负责人袁庚为什么提出"既要钱又要命"的这句口号。当时袁庚他们在深圳蛇口工业区的开发和建设，首先就遭遇着来自两个方面的巨大冲击：计划经济和官僚体制。"时间就是金钱，效率就是生命"，这句口号并不是一时灵光乍现的产物，而是袁庚长期思考、长期积累的结果。袁庚曾讲，我为什么提"时间就是金钱，效率就是生命"？当时国内没有市场观念、时间观念、效率观念。从计划经济向市场经济转变，首先思想上要变革，不能再用老思想面对新问题。而促使袁庚当时喊出这句口号，首先据以下三件事情：

第一件事情是：资本家给袁庚上的第一课，就是拿钱当钱。实际上，袁庚对时间和效率和市场经济的感受要更早。袁庚曾回忆说，这个被视为改革开放符号的口号，他不过是新瓶装旧酒而已，是受香港老板的启发得来的灵感。袁庚多次谈到他到香港后的第一课。1978 年 10 月份，袁庚调任交通部香港招商局常务副董事长。初到香港，就上了生动的"一课"，"授课"的是一位香港企业家。当时为了业务发展，招商局需要在香港购买一栋大楼。即购买一幢位于中环干诺道上的 24 层大楼，大楼售价 6180 万港币。袁庚与卖主谈妥后，和香港老板约定在周五下午 2 时在一律师楼交付买楼的 2000 万港币定金。招商局的人先以为总要一起吃顿饭吧，曾建议晚一些时候，这样距离吃饭的时间近一点。不想对方一定坚持下午 2 时之前。袁庚和一位助手带着支票提前 5 分钟达到约定地点——一家律师楼，对方几个人已在等候。大家马上办手续，交钱、签字。然后对方除老板外，另 3 人匆匆下楼。原来他们连汽车的发动机都没有熄火，只等双方在律师楼办完交易手续拿到支票，就立即安排专人坐汽车直驶银行而去。这位卖主为什么要这样争分夺秒？原来，第二天就是星期六，银行不上班。原来他们为了赶在周五下午 3 时之前把支票存进银行，2000 万元的支票按当时浮动利息 14 厘计算，3 天就是几万元的利息收入。否则拖至下周一再存进银行，就会损失几万元。此事留给袁庚的印象太深，以至于多年之后，他仍然感慨万分。他说，时间就是金钱，这是当时的资本家给我上了第一课，就是拿钱当钱。袁庚说，如果是我们内地的同志，那就无所谓，这个支票就放到保险柜里，然后回家。他没有这个观念！受到触动的袁庚举一反三，迅速在公司内部开展财务检查。袁庚说，一开始我就发现我们经济工作的毛病之多，简直令人发指！这一查问题还真多，招商局不少子公司不及时进账，有人把支票搁在保险柜里过夜不当回事，这是内地理财的办法。[①]袁庚随即换掉了责任人员，加强财务整顿。仅抓了及时进账这一项工作，就使招商局收益状况改善不少。袁庚说，这个"时间就是金钱"，不是没有道理的。当时香港已经是亚洲四小龙之一，工商业发达，市场观念和时间观念强，工作效率高，人们普遍重视对时间的合理利用。袁庚在香港耳闻目睹，深切地感受到中国内地"大锅饭"体制下，人们不珍惜时间，不讲究效率，国有企业效率普遍低下，不讲成本。改革开放就是要破除这种观念，要让人们振作起来。

第二件事情是：4 分钱奖金风波惊动中南海。袁庚曾这样说，"时间就是金钱，效率就是生命"这一观念发酵、成型，还源于在蛇口工业区的火热实践（前文已述）。

第三件事情是：当时蛇口工业区铝材厂的工程承包给了日本企业，合约要求 27 天完工，日方员工中有兄弟俩，其中一位遇到安全事故被送医院，另一位得知兄弟伤情无大碍后，立即又返回岗位赶工。日方员工这种

① 招商局集团办公厅、招商局史研究会：《袁庚文集》，2012 年 9 月编印，第 96—97 页。

时间观念和敬业精神令袁庚感触很深。

蛇口开发与建设转眼间便到了 1981 年初。经过一年多的拓荒与耕耘，蛇口工业区 2.14 平方公里工地上，已有 4000 余名工人、近 20 个工程同时施工，开始呈现出一片热气腾腾的兴旺景象。在工业区内投资设厂的已有 10 家企业，总投资额达到 33 540 万港元。然而，这离袁庚想要举办的工业区的蓝图还相去甚远。最可怕的是，需要支付银行贷款的利息可是一大笔钱，而且每天都在增长。同时，在开发建设中也遇到许多难题和矛盾，士气受到一定影响，工作效率一度下滑。对宣传工作十分在行的袁庚知道，这时候，太需要总结提炼一些警句格言，以激发广大员工的创业精神，鼓舞士气。1981 年开春以来，一直在工地、工程以及进度、预算、调拨等事务性工作中忙得昏天黑地的袁庚，始终没有忘却提升精神层面上的东西。他总是在寻找、思考、发现最能体现当下蛇口人精神风貌的警句或格言，捕捉蛇口改革开放的精魂，或者说，在归纳、总结、提炼最能表达领导意愿和客观规律的口号一类的东西，以期鼓励加快推进蛇口工业区的开发与建设进程。

1981 年 3 月下旬的一天，在香港招商局的袁庚提议召开一次蛇口工业区干部会议，商定与日方合作的事宜。第二天，袁庚坐船赶往蛇口来。在船上，袁庚摸出一张 32 开的白纸，掏出圆珠笔，在纸上写写画画，看了看，又调整了几个字，然后很郑重地递给招商局办公室副主任梁鸿坤、招商局资料室日文翻译李炳盛。"怎么样？还可以吧？"他指指刚写下的几句口号问。这几句口号是："时间就是金钱，效率就是生命，顾客就是皇帝 [①]，安全就是法律，事事有人管，人人有事管"。梁、李二人都认为这几句话提得不错，确实能把蛇口工业区的精神概括起来，也体现了工业区的任务、责任和要求，但也担心口号属于上层建筑的精细活，中央从来就强调不得乱提口号，他们这一级别的领导能不能提，有没有什么政治风险，提醒袁庚要慎重考虑。

这天上午的会，由蛇口工业区常务副总指挥刘清林主持，与会者中还有三位副总指挥：许智明、郭日凤、杜庭瑞。刘清林说：开会吧，先请袁董讲话。袁庚一开口，就离原定的与日方合作的议题足足有十万八千里。他说：工业区要搞一点精神上的东西，不能老在沙滩上搞点建设。没有精神上的东西是不行的。现在精神文明的东西很多，但我认为，我们得搞一点有蛇口特点的东西，现在社会上的大话很多，我不想搞大话。他从深铁灰色的西裤口袋里摸出一张 32 开的白纸，展开来说：我在船上写了几句话，和梁鸿坤、李炳盛他们聊了聊，想搞点精神文明上的东西，起一点凝聚力和号召力的作用。你们听听，提提意见。

袁庚念完这几句口号，在台下面的议论声中，重提起了他所经历的"香港第一课"：买楼的时候，香港人为了算利息，车子不熄火，力争在下班之前10分钟拿支票送进银行，这两天的利息有多少钱呢？因为时间就是钱嘛。小时候，我们读书都读过一句话——"一寸光阴一寸金，寸金难买寸光阴。"所以说，时间就是金钱。谈到"效率就是生命"，袁庚说，这个更厉害。我们有两个修船厂，别人同样的修船厂，船一来，需要多少钢铁马上计算好，什么东西好像两下子就搞好，一拍手好像就能收到钱。而我们的修船厂敲敲打打，什么时候修好根本不清楚。这种效率怎么和人家比？当时国企职工脑子里根本就没有效率观念。效率也很重要，一个企业没有效率，企业就不能生存，效率就是一个企业的生命啊。

他接着说：香港美丽华大酒店的杨老板是怎么做生意的？他一个大老板，恭恭敬敬地站在门口迎候客人，每进来一位客人，他就给人家鞠一个躬。而我们呢，我们的营业员你不买东西就给你脸色看。过去，我们中国还有句话叫：老百姓是做官人的衣食父母。所以，顾客很重要，是我们的皇帝啊。袁庚接着解释第四句话：国内办事不太重视安全，事故多，出了事故领导同志不用负责任，一个健全的法制社会不是这样的，出了事情，要坐牢，警察局要抓人的，我想安全很重要，想把安全提到法律的高度来认识，"安全就是法律"。这四句口号，看起来是袁庚偶尔得之，却是他结合实践，长期思考的结果，而且袁庚自信是正确的。

副总指挥杜庭瑞便开了腔：你这个思想很新的。内地一杯茶，一根烟，磨磨蹭蹭大半天。那个东西，唉，是不行的。好，你提的这个，对工业区提高办事效率，少拖拉有好处。副总指挥许智明迫不及待地附和道：好！袁董，你这几句话站得高。刘清林、郭日凤、梁鸿坤等也发表了赞同的意见。指挥部办公室主任熊秉权却提出了自己的看法：袁董，"时间就是金钱"与"效率就是生命"，我认为都不错。但是，顾客是皇帝这一句嘛，我们是共产党啊，怎么可能说顾客就是皇帝呢？袁庚表示同意，说后两句可以不作为口号写出来，但要执行。

会后，袁庚离开蛇口工业区。走之前，他叮嘱许智明落实口号上墙的事。熊秉权考虑到当时社会的承受能力，提议去掉中间一句，袁庚同意了。之后，许智明找了自己的老友——旅游文化服务公司的总经理邹富明，商议将前两句口号做个广告牌，先公开亮出去。一个星期后，邹富明布置美

① 据蛇口建设者谭筑熙、林小静回忆，并对照《光明日报》2008 年 9 月 27 日采访文章《一句永不过时的口号——原深圳蛇口工业区管理局局长熊秉权》，认为第一块标语牌是十二字，应该是许智明指挥叫人竖的。"这十二字标语为红底黑字的方块字，采用一字一木牌，安放地点选在了通向往返香港船班的码头的道路两侧。因为最初的宣传目的是对外宣传，特别是对香港人，让他们知道蛇口工业区是讲究时间和效率的。"

工在一块三合板上，用红漆写上"时间就是金钱，效率就是生命！"两句话，竖立在指挥部几栋楼房前面。这块简单的三合板是第一块写有这句标语的牌子，刚一竖立起来就引发强烈震动，各种争论和非议接踵而至。① 当时，有人认为它是资本主义的东西。标语中的两个词非常敏感，一是"金钱"，二是"效率"。金钱一向被认为是资本主义的追求，社会主义鼓励的是大公无私。提倡奖励被称为物质刺激，提倡效益被称为利润挂帅。效率的提法也不寻常，因为在计划经济体制下，平均主义和"大锅饭"成为常态，这种不正常的东西已经被人接受，突然有人提出"效率"，而且把效率当成生命，多少让人感到不习惯。后来，这句口号经过外界的诠释，变成了"袁庚这家伙在蛇口要钱也要命"，宣扬拜金主义。此时，国内有关特区是否要继续办下去的争论也很激烈，不少人指责特区与"租界"已没啥两样，把经济特区说成了给外国资本家搞的"飞地"，说是除了五星红旗是红的以外，其他颜色都变了。有人甚至针对"时间就是金钱"这个口号提出批评，说这是资本主义的东西。有人说：这个袁庚糟糕透了，又要钱又要命，比资本家还狠，还说"蛇口宣传拜金主义"。种种责难层出不穷，当时袁庚感到了巨大压力。为不给党中央惹麻烦，袁庚示意暂时把牌子摘了下来，放到仓库里。没多久，这块三合板的标语牌就被库管工人当作废木材给烧了。遗憾的是这块木板问世不到一个月，许多人还没有看到，就被拆掉当柴火烧了。直到今天很多人还后悔没好好珍存这块具有历史价值的标语牌。第一块标语牌，至今没有发现有照片。

1981 年 12 月 8 日，招商局蛇口工业区举行招商局企业管理干部培训班第一期开学典礼。为争取时间，其实当年的 9 月，培训班便开始上课了，边上课边等学员报到到齐。大家都起早贪黑地学习，争取宝贵的时间。不久袁庚来到圆坛庙培训中心，给工业区第一期企业管理培训班的学员讲课，讲着讲着就谈到为何要提出"时间就是金钱，效率就是生命"口号的事了。袁庚再次提起自己所经历的"香港第一课"。他说，小时候，我们读书都读过一句话—"一寸光阴一寸金，寸金难买寸光阴。"所以说，时间就是金钱。此外，效率也很重要，一个企业没有效率，就不能生存。效率就是企业的生命啊。袁庚激昂而富有感染力的演说震撼了培训班学员们的心灵，他们都将这几句口号牢牢地记在了心里。1981 年 11 月，就在袁庚这次讲课之后不久的一个星期天，第二块写有"时间就是金钱，效率就是生命，事事有人管，人人有事管"的木牌竖在了在工业一路和工业大道交界处，面对微波山。这个标语牌并不大，亦不气派，比一人稍高一点，白底红字。由当时蛇口工业区办公室负责宣传的彭谭光找施工队要的木材，并亲手用红色油漆在白底上写了这 22 个字。马上，这块牌子被许多人注意到了，也被议论开了。这个标语牌现在留有两张照片，一张是黑白照片，这是至今见诸报端、常见的最早的标语牌，显示共有四句标语。另一张是彩色照片，是 2016 年底由诸彪发现、由摄影家何煌友拍摄的彩色照片。彩照中有大卡车和工人的背景，更加生动。诸彪说：作者说拍照时间是 1981 年。此牌树立时间很短。1982 年特区报记者见到此牌并报道过。谭筑熙记得此标语牌的树立时间为 1981 年 11 月份左右，是办公室的邹富明或宣传部的彭谭光叫第一期培训班的 6 位学员去竖的。这次牌子内容按照熊秉权的指示，不要"顾客就是皇帝，安全就是法律"中间这两句。当时工业大道（后来的南海大道）已经第二次修建，比较宽敞，所以标语牌竖在工业一路和工业大道交界处，面对微波山。一期培训班的人清楚记得，他们课余爬上微波山时，可以看到对面的标语牌。周为民也说：四句话的广告牌，（19）82 年我到蛇口时就见到过，所以（19）81 年树立，有可能（图3-40、图3-41）。

图 3-40 早期"四句话"标语牌

图 3-41 如今的时间广场

　　1982 年 3 月 28 日，中央书记处书记、国务院副总理谷牧乘船到蛇口工业区视察，乘车经过一个标语牌时，看到了这块"时间就是金钱，效率就是生命"标语牌。谷牧一边看一边念，袁庚趁机对谷牧说：写这标语时我就准备戴帽子的，有人说这是资本主义的口号。谷牧听了这话，只是笑了笑，没有说话。[1]这是熊秉权安排工业区负责宣传工作的彭谭光将这两句口号写出来。当时，这十二字标语为红底黑字的方块字，采用一字一木牌，安放地点选在了通向往返香港船班的码头的道路两侧。因为最初的宣传目的是对外宣传，特别是对香港人，让他们知道蛇口工业区是讲究时间和效率的。这是第三块标语牌，目前没有发现留下照片。[2]

　　1982 年的春天，一场针对经济特区和改革开放的非议不期而至，"姓社姓资"之争不断扩大。谷牧回忆说，1982 年上半年，很有些"秋风萧瑟"的味道。[3]广东省原省委书记吴南生回忆："寒流"滚滚南下，明枪暗箭，纷至沓来，对广东——尤其对经济特区的压力，发展到极为严重的地步。[4]在这场"倒春寒"里，先是在 3 月 29 日，上海《文汇报》刊登了《旧中国租界的由来》的文章，影射特区建设，这篇文章一时被海内外报章纷纷转载。

① 陈禹山、陈少京：《袁庚之谜》，广州：花城出版社，2005年，第159—160页。
② 此节参考引用涂俏《袁庚传：改革现场（1978—1984）》一书部分资料，深圳：海天出版社，2016年，第154—159页；于雪：《观念一：时间就是金钱，效率就是生命》，载王京生主编：《深圳十大观念》，深圳：深圳报业集团出版社，2011年。
③ 谷牧：《邓小平同志领导我们抓改革开放》，中共中央文献研究室编：《回忆邓小平》（上），北京：中央文献出版社，1998年。
④ 《吴南生回忆改革开放艰难起步》，《南方日报》2008年4月7日。

接着 4 月 8 日，《解放日报》又刊登《痛哉！〈租地章程〉》的文章，指责引进外资开发特区，实行土地有偿使用是搞变相"租界"，是给海外资本家提供剥削我国劳动人民的独立王国。一方面指责特区在政治上是"变相租界论"，另一方面又指责特区在经济上是"市场调节过头论"。早在 1980 年中央 41 号文件就做出"特区主要是实行市场调节"的重大决策。到 1982 年，北京忽然发出一份《情况通报》，强调"我国进行社会主义现代化建设必须坚持以计划经济为主、市场调节为辅"，"计划经济的观点还要宣传，想摆脱计划经济的倾向值得注意"，说"强调计划经济，不强调不行"。4 月 22 日至 5 月 5 日，北京还专门为"强调计划经济"给深圳特区开了一次会议。

实际上，上述文章主要源于 1981 年底一个调查小组从深圳调查回来之后呈交党中央的报告，当时深圳市委一位老同志写了一份五千言的材料向中纪委揭发特区建设中存在的问题。因此，中央派这个调查小组来深圳特区和蛇口工业区暗中了解情况。调查小组所呈交的这份报告分"成绩"和"问题"两个部分，成绩部分只有区区 90 个字，其余全是"严重问题"。另外调查组整理出另外一份材料，题目是《旧中国租界的由来》，一并上报中央。在《旧中国租界的由来》当中，有这样的一段话：引进外资和设备有很大盲目性。同外商打交道吃亏上当的情况相当严重。引进外资成片开发，要警惕有形成变相租界的危险。经济特区成了走私贩运通道，不法外商同特区和非特区的一些企业勾结，进行违法活动。外资充斥市场，宗教迷信活动加剧，淫秽物品大量流进，暗娼增多，台湾反动宣传加紧渗透，港台电视业占领了阵地，特区几乎成了不设防的城市。1982 年初在中央书记处会议上，谷牧坚决不同意将《旧中国租界的由来》作为中央文件的附件下发到全国，结果还是下发了。

面对如此严峻的形势，为不让更多的人受到牵连，袁庚考虑再三，还是让人将这块牌子拆除。

1982 年 8 月 21 日，袁庚在蛇口各口岸单位负责同志座谈会上说：我们按经济手段来建设工业区的，是自筹资金，自负盈亏的经济实体。广东省、石油部的一些领导来这儿看了，说：蛇口作石油基地很好，你们五湾码头腹地，我们全要了。我说，行呀，签个协议，一手交钱，一手交货，兄弟无情，六亲不认。所以有人说招商局有点臭了，说招商局只讲钱。如果中国人都不讲钱，那么我们这个国家就完蛋了，吃"大锅饭"嘛！这些钱是我的吗？我能带走吗？我们不过是想在这里为国家闯开一条按经济规律办事的路子来，看行不行，用这样的搞法，能不能使经济发展得快些，并无他意。如果说，你来吧，谁来都可以，吃饭不要钱，住房不要钱，可能大家都会说好话，说招商局阔气，那就完蛋了。这个国家没有希望了，如果出现了这样一批败家子就全完了。[1]袁庚后来在接受记者采访时曾指出："如果在香港树起这样一个牌子肯定被人笑，这句话，卖菜的阿婆都知道。可是当时在内地还不能广泛接受，认为是异端。"[2]

1982年11月22日，《深圳特区报》头版发表题为《从南山到大鹏湾——各省市外贸代表团参观深圳纪行》的新闻报道。文中提到：

从南山到大鹏湾
——各省市外贸代表团参观深圳纪行

秋高气爽，正是金色的收获季节。参加广交会的各省市外贸代表团应深圳市人民政府的邀请前来特区参观访问。

日程表上的第一站是蛇口工业区。汽车向深圳湾畔驶去。南山脚下，车水马龙，热闹繁忙，代表们听了蛇口工业区指挥部负责人介绍情况以后，沿着顺岸码头，登上微波通讯站的瞭望台，眼前只见碧波潋滟，对面的新界元朗历历在目。下得山来，代表们为一幅巨型标语所吸引，不由得停下脚步。北京市的一位代表大声念道："时间就是金钱，效率就是生命；人人有事管，事事有人管"。有的人赶忙掏出钢笔把这几句话记在小本子上。大家七嘴八舌地议论说："这就是蛇口精神，也是特区建设的写照，令人耳目一新。但愿这种精神遍地开花，结出累累硕果。"

这是"时间就是金钱，效率就是生命"口号第一次刊登在报纸上（图3-42）。通过《深圳特区报》的报道，这句口号开始迅速在全国传播。不过，同样遗憾的是，1983年5、6月间，这块被《深圳特区报》报道过的木制标语牌因日晒雨淋而显得过于残旧而被施工队拆走，下落不明。

1983年9月间，蛇口工业区宣传处再次制作了一块新的红底白字的"时间就是金钱，效率就是生命"标语牌，立在蛇口港客运站外面、原港务公司的办公楼拐弯处，招商局蛇口工业区办公大厦就在旁边。一年过去，

图3-42　《深圳特区报》对口号的报道

① 袁庚：《在口岸各单位负责同志座谈会上的讲话》（1982年8月21日），招商局集团办公厅、招商局史研究会：《袁庚文集》，2012年9月编印。
② 《1984：袁庚在争议中走向巅峰》，《360doc个人图书馆》2016年2月2日。

对于改革开放的非议稍微转淡。那是 1983 年 8 月，时任蛇口工业区宣传处副处长周为民又想起了这句口号，很想再做一块同样的口号牌。为此，他专门请示蛇口工业区管委会副主任王今贵，王今贵说：我觉得这个口号没有什么错吧？周为民立即制作了比前两块大许多倍的新的红底白字的巨幅标语牌"时间就是金钱，效率就是生命"，将其竖立在新投入使用的蛇口港客运站原港务公司的办公楼门前。①

1983 年 12 月 19 日，美国新闻周刊发表该刊记者刘美远撰写的题为《蛇口的资本主义道路》的文章，该文指出：蛇口的唯一接近政治标语形式的是一块很大的墙报，上面用中文写着"时间就是金钱，效率就是生命"②。

1984 年 1 月，当听说邓小平将前来蛇口视察工作的消息后，袁庚立刻让工程公司连夜加班，用五六米长的铁皮和钢结构三角支架，漆上油漆，重新做了一块"时间就是金钱、效率就是生命"的新标语牌，比原来竖立在港务公司办公楼拐弯处的那块标语牌更大更高。袁庚为保险起见，坚持在深圳市区进入蛇口地界的醒目位置再树立一块口号牌，即竖立在工业七路与南海大道（当时的工业大道）交叉路口，联合医院对面，联检楼旁。他有意要让邓小平路过时看到那块口号牌，五年来办工业区的这条路到底对不对？"时间就是金钱，效率就是生命"这句口号究竟是对还是错，他想请邓小平评判评判。

1984 年 1 月 26 日上午，邓小平和王震、杨尚昆视察蛇口工业区。袁庚向邓小平等中央领导汇报工作。最后，袁庚说：我们这里进行了一点冒险，不知道是成功还是失败。我们有个口号"时间就是金钱，效率就是生命"。邓小平的小女儿毛毛提示说："我们在进来的路上看到了。"小平点点头说："对。"邓小平这次视察期间，几乎不讲话。因此，在场的人当听到这个"对"字时，无不喜上眉梢。毫无疑问，袁庚一定会记录在案。

1984 年 2 月 24 日，邓小平回到北京在与中央领导谈话时说：这次我到深圳一看，给我的印象是一片兴旺发达。深圳的建设速度相当快……深圳的蛇口工业区更快，原因是给了他们一点权利，500 万美元以下的开支可以自己做主，他们的口号是"时间就是金钱，效率就是生命"，并收入到《邓小平文选》第 3 卷③，"时间就是金钱，效率就是生命"这句口号第一次在中央最高领导层得到积极评价和明确的认可。随后，中共中央整党工作指导委员会发文，明确指出，要把这句口号作为整党工作中的一条重要的指导思想。这一口号首先在党内传达和落实。这句得到邓小平的肯定和赞许的"时间就是金钱，效率就是生命"的口号从此广泛传开。这句最能体现改

① 参阅深圳特区报记者王轲真记录整理，谭筑熙口述：《那句口号振聋发聩影响深远》2010 年 2 月 24 日。
② 香港招商局编：《广东省深圳特区招商局蛇口工业区文件资料汇编》（第四集），1984 年，第 310—311 页。
③ 《邓小平文选》，第 3 卷，北京：人民出版社，1993 年，第 51 页。

革开放精神的口号，逐步成为人们的广泛共识和行为准则，被誉为改革开放"第一声春雷"。

1984 年 6 月 4 日，国务院副总理谷牧在深圳举办的沿海部分开放城市经济开发研讨会上说：蛇口有个口号叫作："时间就是金钱，效率就是生命"。共产党人为什么把金钱放得那么重要？我们国家要发展，就是有一个积累的问题嘛！你不争分夺秒，为国家多创一点财富，多积累一点，那怎样加快社会主义发展速度？我觉得这个口号很好。邓小平同志来看了以后很欣赏。干社会主义就是要兢兢业业，争分夺秒。①

1984 年 6 月 8 日，袁庚在沿海部分城市经济开发研讨会上发言说：这个"时间就是金钱"，这不是没有道理的。现在很多人骂我，其实这句话也不是我发明创造的。中国很早就讲了："一寸光阴一寸金"。它说得比我还厉害，它不是时间就是金钱，时间重于金钱！我不敢这样写，但它是个口号。我只写了两句，很胆怯，后面两句我不要了，是"安全就是法律，顾客就是皇帝"。你说顾客就是皇帝，那共产党干啥呢？皇帝面前叩首称臣，跪在地上，我说这句口号可以不写进去，但必须传达，口头传达下去（图 3-43）。②

1984 年 10 月 1 日，在新中国成立 35 周年国庆庆典上，由蛇口工业区文化公司制作的写有"时间就是金钱，效率就是生命""蛇口，经济特区好"的蛇口工业区彩车驶过天安门，接受党和国家领导人的检阅。透过电视屏幕，全国人民和海外观众看到了这一震撼人心的口号。这句口号，同北大学子打出的"小平你好"一起留在刚刚开始接触"改革开放"这个新名词的人们的脑海里，也写入了中国改革开放的史册。从此，这句口号响彻全国，家喻户晓。

图 3-43　1984 年 6 月，沿海部分城市经济开发研讨会举行，代表们来蛇口"取经"

1984 年 11 月 26 日，国务院主要领导视察蛇口工业区，袁庚指着路边口号牌说：这句口号，"时间就是金钱，效率就是生命"已经争论很久了。国务院主要领导说：现在天安门前不是也打出来了吗！袁庚说，过去有人说是资产阶级的口号，还是小平同志表了态，才承认它是对的。③

1984 年 11 月 28 日，袁庚在"当代香港经济研讨班"上发表讲话时说：

① 中共深圳市委办公厅办文处编：《党和国家领导人视察深圳讲话资料汇编（1981—1991）》（上册），2005年，第 137 页。

② 袁庚：《在沿海部分城市经济研讨会上的发言（1984 年 6 月 8 日）》，招商局集团办公厅、招商局史研究会：《袁庚文集》，2012 年 9 月编印，第 97 页。

③ 香港招商局编：《广东省深圳特区招商局蛇口工业区文件资料汇编》（第四集），1984年，第 49 页。

小平同志今年来了之后，我们的日子好过一点了。以前我们提出"时间就是金钱，效率就是生命"，他们讲"钱！钱！钱！蛇口这些人就是讲钱，还要不要政治，共产主义还要不要！"一直到邓小平同志来，才一锤定音，今年国庆彩车把标语驶过天安门可以说尘埃落定了。其实古语有之："一寸光阴一寸金，寸金难买寸光阴"。讲得比我还厉害，有人讲时间是狗屎，是狗屁不值的。林彪江青横行的时代不就是这样吗？[①]

① 袁庚：《在"当代香港经济研讨班"上的讲话》（1984 年 11 月 28 日），招商局集团办公厅、招商局史研究会：《袁庚文集》2012 年 9 月编印。

　　后来，写有"时间就是金钱，效率就是生命"的标语牌几经修改制作，曾出现在蛇口多个地点。第五块标语牌改成蓝底白字，四周镶有金边，应该是九十年代后改的。从广告牌背后的工业大楼的公司牌子"敦煌、至卓飞高、雅德电子"变成"敦煌、华都、雅德电子"就得知前后的变化。至卓飞高后来搬迁到旁边一栋新的自建大厦。第六块标语牌现在微波山下靠近上山路上的标语牌，蓝底白字，加上了英文。2011 年 8 月 5 日，为了更好地铭记历史，开创未来，由南山区委区政府建立"时间就是金钱，效率就是生命"纪念牌，在中国改革开放"第一炮"现场全新面世，蛇口工业区将之命名为"时间广场"，20 世纪 80 年代由袁庚提出来的"时间就是金钱，效率就是生命"的口号被刻成金色标语永远留在这里。改建后的时间广场成为蛇口地标和员工教育基地。这是第七块标语牌。

　　1985 年 2 月 28 日，《该注重管理了》一文发表在《蛇口通讯》第三期上。这封信在列举了蛇口工业区的惯例问题之后，还引用了袁庚发明的口号："效率就是生命，效率来自于管理，工业区管理倘若长期落伍，就会丧失生命力。袁庚同志，请您学习一下管理，注重一下管理，好吗？"《该注重管理了》在蛇口并没有掀起太大的波澜，却在蛇口之外的地方形成了冲击波。包括《人民日报》在内的全国性大报和不少境外媒体纷纷报道和转载，袁庚一夜之间成为闻名全国的新闻人物。一个月后，《蛇口通讯》试刊第四期，发表《进一言的前前后后》。一年后，这篇文章和《该注重管理了》以及《恐惧，告别吧》一起，高票获得 1985 年度的全国好新闻特等奖，但当时的《蛇口通讯》尚没有正式的刊号。

　　1985 年 12 月 25 日，袁庚在国务院特区工作会议上发言中指出，我们都在讲经济效益，对于一个国营企业来讲，追求企业的经济效益并非它至高无上的原则，更不是唯一的原则。有人说我讲过"兄弟无情，六亲不认"，又说我要钱要命，指的是我们"时间就是金钱，效率就是生命"的口号。我想在这里慎重申明，我说的是，经济法则是六亲不认，违反就要受到惩罚，我们历来认为企业的微观经济效益，必须服从国家的宏观经济效益。[1]

1986 年 8 月 1 日，蛇口工业区召开直属单位经理助理以上干部会议。会议揭露了工业区直属单位管理、服务的阴暗面，企业室副主任陈尚武代表管委会详细汇报了 19 个参资企业的情况，工业区独资、合资企业对工业区某些直属单位收费高、服务差、人浮于事、不负责任以及官僚主义作风深恶痛绝，袁庚痛悔当年不该不提"顾客就是上帝"这一口号。他说：蛇口的生产力在于改革，没有改革就没有蛇口工业区，安于现状是死路一条，蛇口的改革步子应该加快。[2]

1986 年 9 月 17 日，美国纽约《中报》发文指出：如今蛇口工业区大门口却树起标语："时间就是金钱，效率就是生命"！难怪有人指责说：蛇口就是"要钱要命"！但是，袁庚认为，这两句还不够，还要加上第三句："人才就是资本"！[3]

1987 年 10 月 2 日，《广州日报》发表一篇题为《时间越来越值钱，一分一秒都在抠》的新华社电稿中提到，1979 年兴起于最早对外开放的蛇口那个"时间就是金钱，效率就是生命"的说法，已被许多地区、行业的干部、群众所接受，成为人们新的时间价值观。

1988 年，由吴厚信执导、1989 年获得中国电影金鸡奖最佳纪录片奖的纪录片《蛇口奏鸣曲》，讲述和回顾改革开放大潮中蛇口从农业文明到工业文明以至信息文明产生的历史巨变，反映经济体制的变革、思想观念的解放使蛇口焕发出别样的生机。其中一句旁白道出了蛇口气质："工作的效率，环境的优美，接待的礼貌，人的自主意识和民主空气，一切都使你感到清新和与众不同，只要你一进入蛇口，就会融入这种文化氛围之中。"

1992 年春，邓小平再次南下到特区视察工作。在途经湖北汉口火车站时，邓小平在月台上对湖北省委书记关广富说：就是要抓住以建设为中心嘛！现在有一个问题，就是形式主义多。电视一打开，尽是会议。会议多，文章太长，讲话也太长，而且内容重复，新的语言并不很多。重复的话要讲，但要精简。形式主义也是官僚主义。我建议抓一下这个问题。要腾出时间来多办实事，多做少说。空谈误国，实干兴邦，不要再进行所谓的争论了。[4]在深圳经济特区，邓小平又说：改革开放胆子要大一些，敢于试验，不能像小脚女人一样。看准了的，就大胆地试，大胆地闯。深圳的重要经验是敢闯。[5]要多干实事，少说空话。现在会太多，文章太长，不行。要行动，要抓落实。[6]当时的袁庚，以其高度的政治敏锐性，深入领

① 袁庚：《在特区工作会议上的发言》（1985 年 12 月 25 日），招商局集团办公厅、招商局史研究会：《袁庚文集》，2012 年 9 月编印。

② 招商局蛇口工业区总经理办公室：《招商局蛇口工业区文件资料汇编》（第六集），1988 年，第 168 页。

③ 招商局蛇口工业区总经理办公室：《招商局蛇口工业区文件资料汇编》（第六集），1988 年，第 180 页。

④ 陈一新：《党的各级组织和领导干部必须牢记空谈误国、实干兴邦》，《光明日报》2016 年 11 月 28 日。

⑤ 中共中央文献编辑委员会：《邓小平文选》（第三卷），北京：人民出版社，1993 年，第 372 页。

⑥ 吴松营：《邓小平南方谈话真情实录：记录人的记述》，北京：人民出版社，2012 年，第 63 页。

会邓小平南方谈话精神实质，果断地在南海大道和工业七路路口（后移至南海大道和工业六路路口）竖起继"时间就是金钱，效率就是生命"之后的第二块标语牌——"空谈误国，实干兴邦"的新标语牌。这个口号立即不胫而走，并很快成为全国最响亮、最浑厚、最雄壮的流行语之一。如今这块蓝底白字的标语牌，仍然矗立在蛇口南海大道边。

1998 年，纪念改革开放 20 周年时，蛇口工业区的同志认为，这块广告牌已经成为改革开放的历史见证，应长久保留下来。邓小平视察蛇口工业区时看见过的"时间就是金钱，效率就是生命"的标语牌原件，被中国革命博物馆收藏。

1999 年，为配合工业区环境整治，迎接建国 50 周年、澳门回归、建区 20 周年和新千年的到来，蛇口工业区有限公司重新制作反映蛇口精神风貌的两个著名口号"时间就是金钱，效率就是生命""空谈误国，实干兴邦"标语牌，向世人展示蛇口新的精神风貌。同年国庆前后，中央电视台先后两次在《焦点访谈》等著名栏目介绍蛇口的口号。

2005 年 9 月 12 日至 13 日，国务院总理温家宝在深圳经济特区成立 25 周年之际到深圳考察，并主持召开国务院经济特区工作座谈会。温家宝指出：深圳经济特区在发展中培育出敢想、敢干、敢闯、敢试、敢为人先的创新精神，催生出"时间就是金钱，效率就是生命"，"追求卓越，崇尚成功"等一系列新理念，创造出许许多多改革开放新鲜经验，极大地鼓舞和激励了全国人民，有力地推动了全国改革开放和现代化事业，为从理论上和实践上深化中国特色社会主义的认识起到了重要作用，这种思想上、精神上的巨大作用是不可估量的。[1]

① 温家宝：《顺应新形势办出新特色继续发挥经济特区作用》，《国务院公报》2005 年第 31 号。

2010 年 8 月。深圳经济特区建立 30 周年之际，深圳举办深圳最有影响力十大观念评选活动，引起了全社会的广泛关注。经过两个月严格认真的筛选，"时间就是金钱，效率就是生命""空谈误国，实干兴邦"（图 3-44）分别入选深圳十大观念前两位。在评述"时间就是金钱，效率就是生命"这句口号时，是这样说的：

这一观念最早由深圳经济特区蛇口工业区在 1981 年提出，1984 年 10 月 1 日出现在庆祝中华人民共和国成立 35 周年盛大庆典的游行队伍中，从此在全国广泛传播。它折射出"发展是硬道理"和"效率优先"这两个核心理念，直接催生了蛇口速度、深圳速度。后来，这个口号发展成为最有代表性、最能反映特区成立早期深圳精神的观念。

可以说，这一观念的出现也是中国社会主义市场经济破壳的标志之一，是深圳精神的逻辑起点。

在评述"空谈误国，实干兴邦"这句口号时，是这样说的：

图 3-44　"空谈误国，实干兴邦"

　　"空谈误国，实干兴邦"是 1992 年初在蛇口竖起的标语牌，如今这块蓝底白字的标语牌仍然矗立在蛇口南海大道边。"空谈误国，实干兴邦"这个口号旗帜鲜明地倡导一种新的价值观和发展观，减少争论，多干实事，呼应了"发展是硬道理"的时代主题，为排除思想上的干扰、推进改革开放的探索与实践发挥了重要作用。

2011 年 3 月 16 日，时任中央政治局常委、中央书记处书记、国家副主席习近平在《求是》杂志第 6 期发表署名文章《关键在于落实》指出："空谈误国，实干兴邦"，这是千百年来人们从历史经验教训中总结出来的治国理政的一个重要结论。古人曰："道虽迩，不行不至；事虽小，不为不成""为政贵在行""以实则治，以文则不治"。[1]

2011 年 8 月 5 日，招商局蛇口工业区有限公司在中国改革开放"第一炮"现场举行"时间广场"揭幕仪式。当年，开山炮响在深圳蛇口工业区五湾与六湾之间的一道山梁上，如今，五湾与六湾之间是平坦宽阔的工业一路，与工业一路相依相伴的，就是曾经响遍全国的"时间就是金钱，效率就是生命"标语牌。改建后的时间广场占地面积扩大，标语牌加大，黑底金字，非常显眼。改建后的时间广场成为蛇口地标和员工教育基地，也成为游人经常驻足的蛇口著名景点。

2012 年 11 月 29 日，中共中央总书记习近平在国家博物馆参观《复兴之路》基本陈列时再次指出，空谈误国，实干兴邦。我们这一代共产党人一定要承前启后、继往开来，把我们的党建设好，团结全体中华儿女把我们国家建设好，把我们民族发展好，继续朝着中华民族伟大复兴的目标奋勇前进。[2]

2012 年 12 月 3 日，人民日报发表评论员文章《空谈误国 实干兴邦——复兴之路启示之四》，文中写道：

① 习近平：《关键在于落实》，《求是》2011 年第 6 期。

②《学习贯彻习近平总书记参观〈复兴之路〉展览讲话述评》，新华网，访问日期 2012 年 12 月 6 日。

实现中华民族伟大复兴是一项光荣而艰巨的事业，需要一代又一代中国人共同为之努力。"空谈误国，实干兴邦。"习近平总书记语重心长的讲话，是对全党 8300 多万党员和各级领导干部的警示和要求。

20 年前，深圳蛇口工业区竖起一块"空谈误国，实干兴邦"的醒目标牌，摆脱了一场姓社姓资的无谓争论，拉开了一段"中国故事"的序幕。的确，写有"空谈误国，实干兴邦"这句口号的标语牌，在蛇口已整整矗立了 20 年。

改革开放之初，招商局开发蛇口工业区，最早开始社会主义市场经济的探索，除在制度上、经营上开展一系列创新外，还在思想上强调创新，率先提出"时间就是金钱，效率就是生命"等口号，诠释了一种新的时间观、竞争观等。

然而，至 20 世纪 90 年代初期，外界对蛇口乃至深圳特区都存在"姓资姓社"的争议。1992 年，招商局常务副董事长、招商局蛇口工业区管委会主任袁庚，果断指示在原蛇口工业大道联合医院门口（南海大道和工业七路路口）竖起了"空谈误国，实干兴邦"的标语牌（后移至南海大道和工业六路路口）。这是蛇口工业区在思想理念改革创新上的又一力举。自此，"空谈误国，实干兴邦"和蛇口最早提出的"时间就是金钱，效率就是生命"一样，一直激励着蛇口不断发展。

在 2010 年庆祝深圳特区成立 30 周年时，"时间就是金钱，效率就是生命""空谈误国，实干兴邦"被评为深圳十大观念的前两位，这两句口号不仅鼓舞了蛇口人的决心和斗志，在深圳乃至全国都具有重大影响。[1]

①《空谈误国　实干兴邦——复兴之路启示之四》，《人民日报》2012 年 12 月 4 日。

2015 年 1 月 5 日，国务院总理李克强在广东考察时肯定招商局提出的"时间就是金钱"的改革理念。

2016 年 2 月 3 日，深圳《晶报》发表题为《"时间就是金钱，效率就是生命"》一文说：

"时间就是金钱，效率就是生命"，这句今天听起来甚是平常的口号，在改革开放初期的蛇口提出，如一股强烈的冲击波，对当时国人的思想产生了巨大影响，从而改变了人们的时间观念、效率观念。这句口号折射出"发展就是硬道理"和"效率优先"这两个核心理念，成为最有代表性、最能反映特区成立早期深圳精神的观念。这一观念的出现是中国社会主义市场经济破壳的标志，是深圳精神的逻辑起点。①

2018 年 6 月，"时间就是金钱，效率就是生命"标语登上高考作文题；2018 年全国卷 3 高考作文题，适用地区：云南、广西、贵州、四川。

> 围绕以下三个标语写作，
> 1981 年，深圳特区，时间就是金钱，效率就是生命；
> 2005 年，浙江，绿水青山就是金山银山；
> 2017 年，雄安，走好我们这一代的长征路。
> 选好角度、确定立意、文体不限，写一篇不少于 800 字的文章。

"时间就是金钱，效率就是生命""空谈误国，实干兴邦"这些口号，可看作是 20 世纪 80、90 年代的一杆风向标。其实时间和效率的观念当时在国外已经相当普遍，谈不上是原创。但是在国内提出这句口号，无异于放了一颗小型的原子弹，振聋发聩，确实起到了启蒙、催化、解放思想的作用。1978 年十一届三中全会的召开，中央把工作重心转移到经济建设上来，但是国内许多人"左"的思想还很严重，经济观念和时间效率观念还很淡薄，耻于谈金钱。这是中国在经历巨大浩劫后，第一次伸出手指去触摸市场经济后得出的最直接的感受，在耻于谈钱、奢谈生命的年代，手指间的这点感受使国人感到震颤，仿佛第一次从柳梢绽出的嫩芽，捕捉到春天的讯息，令人感觉如此新鲜和振奋。"时间就是金钱，效率就是生命"；"空谈误国，实干兴邦"，这句今天看起来很平常的口号，在改革开放初期的蛇口一提出，如一股强烈的冲击波，在当时对国人思想产生了巨大影响，从而改变了人们的时间观念、效率观念。今天这些口号，早已超越时空，逐步成为人们的共识和行为准则，成为打破思想禁锢，激励人们投身改革开放大业的时代强音。

"时间就是金钱，效率就是生命""空谈误国，实干兴邦"这两句口号一度成为中国改革开放的重要标签。当然，蛇口工业区还提出过："明天会更好"（1988）、"二次创业"（1998）、"社会呼唤正义，人类需要良知"②（1999）、"家在蛇口"（2000）、"向前走，莫回头"等口号，也引起过一时共鸣。

---

① 王志明：《"时间就是金钱，效率就是生命"》，《晶报》2016 年 2 月 3 日。

② 1999 年 6 月，蛇口工业区街头竖立的"社会呼唤良知，人类需要正义""请理解老年人的情感世界，请关心残疾人的精神生活"等路牌公益广告。

十一、"蛇口模式"横空出世

20 世纪 80 年代初，深圳经济特区招商局蛇口工业区创办以来所取得的瞩目成就，开始在国内外产生巨大而深远的影响，并被各大媒体争相宣传报道。蛇口人曾总结自己走过的道路，给自己下了如下的定义：由一个企业独立地开发、建设、经营、管理一个相对独立的区域，并在经济体制和行政管理体制上进行全方位配套改革，这就是著名的"蛇口模式"。蛇口因此被视作中国的"希望之窗"（图 3-45）、改革的"试管"、开放的"模式"，在国内外产生了广泛而深远的影响。"蛇口模式"与"深圳速度"一起，被誉为中国改革开放和经济特区发展过程中最靓丽的两道风景线（图 3-46）。

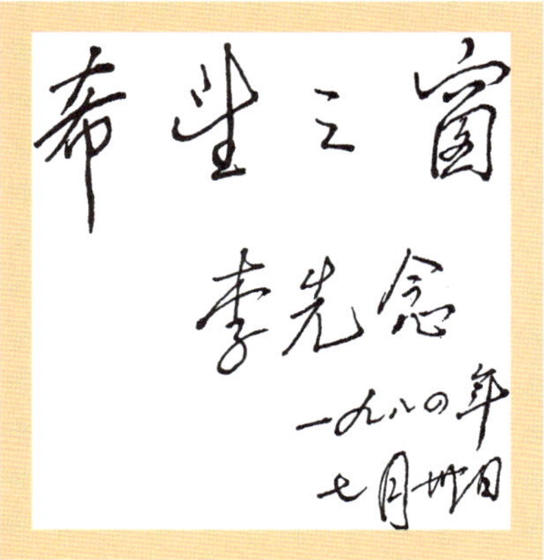

1981 年 2 月 25 日，广东省委第一书记任仲夷在解决蛇口工业区问题座谈会上说："蛇口工业区建设是快的，要注意总结蛇口特区的建设经验。"[①]

1981 年 5 月 27 日至 6 月 14 日，国务院副总理谷牧在北京主持召开国务院特区工作会议（又称广东、福建两省会议），袁庚在会上做了发言，汇报招商局蛇口工业区的建设进程和情况，谈了蛇口工业区建设面临的几个困难和问题：思想认识问题、工业区的体制问题、信用问题和干部问题，特别是袁庚对两年的实践谈了几点体会：

一、选址要适宜，规模要从小到大，逐步发展。我们认为，作为工业区的选址，必要具备三个条件：交通（包括水陆交通及通讯）便利；水、电供应能满足工业区建设和生产发展的需要；生活品的供应有一定的保证。如果没有具备这些条件，就应创造这些条件，从最艰苦的基础工程做起。否则，是不可能吸引外商前来投资设厂的。蛇口有较好的建港条件，经过短期建设已经可以充分具备以上条件，故选择这个地址是合适的。

二、扎扎实实地做好工业区的基础建设，提供良好的投资环境。众所周知，搞工业建设，交通、水、电必须先行。没有前述三项条件，又不创造条件，外商是不可能前来投资设厂的。国外的出口加工区重视可行性研究，未建工厂，先筑码头，修高速公路，其理如一。

图 3-45　1984 年，李先念为介绍招商局蛇口工业区发展的《希望之窗》一书题名

[①] 香港招商局编：《广东省深圳特区招商局蛇口工业区文件资料汇编》（第二集），1982 年，第 11 页。

三、运用集资手段，善于筹集资金。我们搞"五通一平"的基础工程约需要2亿港元，同外商或港商合作投资又需要一笔可观的资金。钱从何来，其来源有三：一是中央批准，招商局的利润从1979年起5年不上缴，以供使用；二是招商局系统的流动资金或暂时没有使用的资金，自行调剂使用；三是利用银行资金。我们必须懂得理财，而且要善于理财，必须懂得运用资金，而且要善于利用银行贷款。要使香港的资金，为我国建设服务。

图 3-46　1984 年国庆阅兵仪式上，蛇口工业区彩车通过天安门广场

四、发挥优势，扬长避短，内外结合。结合之一是招商局发展部和蛇口工业区指挥部的分工协作，指挥部抓工业区的施工，发展部代表招商局与外商洽谈，并为蛇口工业区作后勤服务。结合之二是内地施工队伍与外地承包商的择优使用，机械设备的择优选购，发挥优势，扬长避短。

五、必须按经济规律办事。在施工中按经济规律办事，主要采取"招标"办法，按设计要求选择低价者发包；实行"合同制"，按合同办事，严明赏罚；对生产工人则尽可能实行计件工资制，按劳分配，多劳多得，超产给奖。职工宿舍问题，我们按照建筑成本，分50年的商业化的计算办法，拟定租金收租，改变宿舍的维修、保养、折旧全由国家补贴的吃"大锅饭"的做法。事实证明，只有按照经济规律办事，才能调动施工单位和工人群众的积极性，把建设搞好。

六、工业区应以发展出口商品的工业为主，开展多种经营。在蛇口工业区，以发展出口外销为主的方向是明确的。由于"五通一平"基础工程的投资太大，贷款利息负担重，故在兴办工业的同时，也发展一些投资少、利润高、收效快的商业和旅游业。我们坚持吸收外资的五项原则，即坚持"五个不接受"：一不接受来料加工，二不接受补偿贸易，三不接受有污染而又无法解决污染问题的工业，四不接受设备陈旧落后的工业，五不接受产品外销占用我国出口配额的项目。[①]

这是袁庚和蛇口工业区对蛇口工业区做法的最初的归纳和总结。

① 袁庚：《招商局蛇口工业区工作汇报：在国务院特区工作会议上的发言》，招商局集团办公厅、招商局史研究会：《袁庚文集》，2012 年 9 月编印。

1981 年 6 月 16 日，新华社发出题为《深圳蛇口工业区建设速度快》的新华社电文。该文指出：

> 广东省深圳经济特区招商局蛇口工业区以特有的经营方式，用不到两年时间，在一片荒芜的海滩上，完成了整个工业区的基础工程和公用设施的建设，开始了一系列工厂企业的建设。蛇口的经营方式引起了人们广泛的注意，人们称它为"蛇口方式"，意思是指它摆脱了企业变成行政机关附属物的"政企不分"状态，充分发挥企业自主权，运用经济办法进行建设。
>
> ……
>
> 蛇口工业区的建设，能够迅速发展的原因，除了国家从各方面支持以外，重要的在于招商局拥有独立经营的自主权，又有雄厚的资金，在建设中既能独立决断，又有主动精神。……
>
> 其次，蛇口工业区的经营管理，完全采取经济办法。所有的工程建设都实行招标的办法，并且同承包单位订有奖罚合同，这就大大提高了经济效果。……蛇口工业区实行按劳分配原则，多劳多得，调动工人的积极性。采取这些经济办法，使蛇口工业区赢得了速度。
>
> "蛇口方式"在我国经济生活中，是一个新的萌芽。实践将证明，它在我们的经济改革中会打开人们的思路，引起人们的思考。[①]

1981 年 6 月 17 日，《人民日报》全文刊登新华社题为《深圳蛇口工业区建设速度快》的电讯稿。中央人民广播电台在用英文播发这篇稿件时，又将方式译为"Model"（意即模式）。

1981 年 6 月 18 日，香港文汇报发表题为《蛇口方式与特区》一文，该文指出：蛇口工业区的特点，一是工业区以办企业的方式经营，充分发挥企业自主权，按经济规律办事，企业并非某一衙门的附属物，而是自负盈亏，最后对国家负责；二是工业区组织了熟悉香港经济和海外投资情况的业务班子，采取了招标承包工程的办法，实行按劳付酬、多劳多得的工资制度。"蛇口方式"是一种高效率的方式，是明摆着的成功经验。深圳作为一个特区，是否可以吸收蛇口的经验？这是一个值得重视的问题。

1981 年 8 月 14 日、16 日下午，国务院主要领导两次视察蛇口工业区。8 月 15 日下午，国务院主要领导在听取深圳市委的工作汇报后说：深圳建设要采取开发公司的方式，也就是袁庚的那一套办法，蛇口方式。当然，这种方式，也有几种具体形式，但总的是这个方式。[②] 8 月 16 日上午，国

① 香港招商局编：《广东省深圳特区招商局蛇口工业区文件资料汇编》（第二集），1982 年，第 141—144 页。

② 香港招商局编：《广东省深圳特区招商局蛇口工业区文件资料汇编》（第二集），1982 年，第 47 页。

务院主要领导再次来到蛇口工业区，登上微波站通讯楼。国务院主要领导对袁庚说：今后你们办企业，官商一定要分开，官办官的事，商办商的事，做官的不要插手干预企业，企业要发挥潜力，自己办更多的事业。我同意你提的关于招商直属系统再来一个五年不上缴利润，由你们负责开发赤湾深水港的意见，但要让深圳加点股。建成以后，作为企业来经营管理，其他方面不愿插手。袁庚答：可以商量。国务院主要领导对袁庚说：经济改革要由你们这里做起。袁庚说：新华社 6 月 16 日电讯报道蛇口工业区的建设情况时，把工业区的经验誉为"蛇口方式"，中央人民广播电台外文报道时又将"方式"译为 Model（意即"模式"），我们真是愧不敢当！国务院主要领导说：就叫"蛇口模式"吧。[1]国务院主要领导不仅肯定了蛇口工业区的做法，而且将蛇口工业区的做法美名为"蛇口模式"，寄希望中国经济改革从蛇口工业区开始做起。

　　1981 年 9 月 1 日，香港文汇报发表题为《蛇口建设经验获得肯定，基础工程两年内完成》的消息：国务院一位高级领导人最近视察完深圳、珠海特区后，提出了"蛇口方式"的建设经验。这位领导人认为招商局办蛇口工业区的经验，很重要的一条是官商分开，并认为特区建设可以采取"蛇口方式"。

　　1981 年 9 月 7 日，香港星岛日报发表题为《蛇口方式暂难推广》一文说：中共在广东蛇口的经济特区，在不到两年的时间里，取得了较大的成绩，因此中共肯定了"蛇口方式"的建设经验。中共肯定蛇口这种官商分开的开发公司方式，对大陆的经济建设有借鉴作用，而且可以扩大到各地区去实行。但是，就短期而言，应该是困难重重的。原因之一是：蛇口有相当雄厚的外资和相当先进的外资技术、设备，招商局不仅引进这些，还引进了一批人才。蛇口这类特区，在目前借鉴意义大于实质作用。[2]

　　1981 年 9 月 10 日，香港文汇报发表题为《蛇口经验与特区建设》的社论。该社论指出：蛇口政企分开，官办官事，商办商事，是一项成功的建设经验。这项经验在深圳和珠海特区推广、实行政企分开后，将大大提高特区经济建设的效率。政企分开的基础、前提是特区要有一整套的具体法例，保证凡事有章可循，有法可依。通过立法、执法手段保证政企能够分开，搞好社会分工，促进经济发展，这是中国走向法治的重要步骤。特区建设在这方面先走一步，积累了成功经验，对全国实行政企分开，更好地实行法治，将有深远影响。

　　1981 年 11 月 23 日，国家进出口管理委员会副主任江泽民在全国五届

① 香港招商局编：《广东省深圳特区招商局蛇口工业区文件资料汇编》（第二集），1982年，第 42—43 页。

② 香港招商局编：《广东省深圳特区招商局蛇口工业区文件资料汇编》（第二集），1982年，第 148—149 页。

人大常委会第二十一次会议上作《关于授权广东省、福建省人民代表大会及其常务委员会制订所属经济特区的各项单行经济法规的决议》的说明。他特别指出：

> 这里值得特别介绍的是：由交通部招商局经营开发的蛇口工业区，在各特区的建设中一直处于领先地位。在不到两年的时间内，已使一平方公里范围的基础工程基本完成，兴办了 14 个企业，合计投资 5 亿多港币，年内将有 5 个企业先后投产。今年的地租、码头、出售别墅等项收入，预计可达 2000 万港币左右。他们的基本经验，一是招商局有较大的自主权，从工程勘测、规划、设计蓝图、银行信贷到对外谈判、签约都能自主，不像现在国内的管理体制那样，层层请示报告；二是按经济规律办事，工业区指挥部与施工单位都一律以招标方式，建立合同关系；工业区的企业对企业董事会负责，由企业决定自己的经营业务，招商局不予干涉。招商局在蛇口工业区的办事机构，按照政、企分开的原则，设置了独立核算、自负盈亏的各种企业专业公司，大大提高了办事效率和经济效果。蛇口的管理方式，为改革现行管理体制提供了有益的经验。[①]

① 江泽民：《尽快制订和颁布经济特区的各项单行经济法规》（1981 年 11 月 23 日），《党的文献》2010 年第 5 期。

1981 年 12 月 11 日，《人民日报》转载《南方日报》报道蛇口工业区招投标的全文。在文章的最后，编辑作了编者按："蛇口工业区是深圳特区的一角，它的一些具体做法，条件不同的其他地区不可能照搬。但是，在基本建设中改变吃'大锅饭'的状况，是需要解决的一个重大课题。从这一点上讲，蛇口的经验是值得借鉴的"。

1981 年 12 月，招商局蛇口工业区把蛇口工业区开发与建设的主要做法和经验归纳以下几点：

（一）从基础工程做起，为投资者创造良好的经营条件。制定总体规划后，首先搞"五通一平"。"五通"即通航：移山填海，深挖航道，兴建 600 米长、水深 5 米的顺岸式码头；通车：修筑专用公路连接广（州）深（圳）线；通水：敷设 14 公里地下引水管，建成日处理两万吨水的自来水厂，净化程度达国际水准；通电：架设高压线，建设总变电站；通电讯：引进美国较先进微波通讯设备及电脑总机，直拨香港、深圳并接通各国长途电话电传。"一平"是平整土地：挖填 200 多万立方米土石方，平整 100 多万平方公尺（米）场地，开挖大小排水沟 20 公里。与此同时，修筑区内道路、排水设备和地下管道系统（给水、供电、电讯和污水处理管道等）。另外，逐步设置市政、生活等各项设施。上述工程的完成，为投资者提供办企业的先决条件。

（二）按经济规律办事，用经济手段、科学技术从事建设和经营管理。在工业区周围修筑了隔离网，做到"前松后紧，外松内紧，简化手续，加强管理"。在区内试行了一些初步的经济改革措施。第一，发包工程采取投标和订合同的办法。工程项目由企业公开招标，按经济规律自由竞争，价低质优者得，然后签订合同，规定工期、质量、数量、付款、奖罚等条款，严格验收。第二，工厂、企业力求投资少，收效快。工业区目前已签订 24 项工厂、企业合同，投资港币 × 亿元。各类工厂、企业的兴办目的，均以出口外销为主。第三，边建设、边投产、边回收、边扩建，加速资金回收，减少贷款负担。第四，初步实行工资改革。我们根据特区工资应"高于内地，低于香港"的原则，确定职工平均工资为 750 元，扣除福利劳保基金 20% 后，由企业直接发给工人。工人工资以计件为主，不能计件的计时加奖励或"小基本大浮动"。职工实行雇佣合同制，企业有权解雇职工。第五，改变职工住房低租统包的做法。职工宿舍不是工业区统一分配和低租，而是由职工自行选择住房，或租或购。住房补贴包括在本人工资内。随着工业区发展和职工工资增长，逐步做到"居者有其屋"。

（三）政企分开，权力下放，精简机构，杜绝后门。工业区建设指挥部负责基建工作，在区内党政机构未正式建立前，暂行代管党政事务。指挥部副指挥四人，下设办公室、总会计师室、总工程师室，基本上做到因事设人，人尽其才，一杆到底。招商局和工业区指挥部不干预企业业务。各企业遵守国家法规，接受国家有关部门监督，按章缴纳土地使用费和所得税款。企业经营和管理均由各企业董事会和总经理负责。1980 年冬基本停止接受非专业干部和非工程技术人员进入工业区工作。1981 年 4 月开始在全国范围内招考招聘各种专业人才，已开办英文财会人员培训班。目前正在开办企业管理人员培训班。

（四）重合同，守信用，善于运用资金和银行贷款。1979 年开始建设工业区时，我们手上资金仅为投资额的 1/8。我们学习和借鉴国外投资者的做法，争取各国际银行的优惠贷款，分期付款；争取银行手续简便的短期透支。妥善调拨资金和加速资金流转，用滚雪球办法，以钱赚钱。第二年起，工业区开始收益，减少了负债。估计基建投资在全部企业投产后七年左右收回成本。资信良好是争取国际优惠贷款的最基本要求。招商局对外签订的合作协议从未悔约。我们和外商签订合同只交 10% 的所得税，人大通过的《广东省经济特区条例》是 15%，我们宣布原签订所得税条款仍然有效，以后签约按公布条例执行，真正做到言而有信。香港为国际金融中心之一，利用银行资金来建设特区，促进四化，是完全可能的。

（五）内外结合，发挥优势，扬长避短。善于利用香港和外国的充裕资金和先进技术，积极引进外资，结合国内丰富的人力和土地资源，发挥优势，扬长避短，发展外向型经济。内地丰富的人力和地力资源，相对于港澳而言，有绝对优势，加以引进香港资金和外国的先进技术及管理方法来补我之不足，就如虎添翼。因此，善于内外结合，扬长避短是办好工业区的关键。

要搞好特区（工业区）建设，"左"的思想影响必须清除，官僚主义做法必须改变，体制必须进一步改革，事权必须集中。[1]

1982 年 4 月 3 日，中央书记处书记、国务院副总理谷牧在视察深圳经济特区后指出：蛇口办得很成功。招商局有港澳工作的经验。蛇口两年做出来的成绩，连麦理浩（香港总督）都说在香港要四五年才能办成。[2]

1983 年 4 月 25 日，中央书记处书记、国务院副总理谷牧在广东省常委会会议上讲话时指出：我在蛇口碰到几个外国人，有比利时的，有英国的，他们也向我讲，再过三几年，这块地方可以发展得像神话一般。当然，我们在听到这些话时要保持头脑清醒，不要飘飘然。蛇口起步早一点，在建设方式上，按总理的话，它是蛇口方式，钱不是我们给的。今天它的管理，包括企业管理，它走在前面，还有机构改革，它也走在前面。所以我说，蛇口是深圳特区的一部分，然而又是各项工作先行一步的一部分。蛇口的做法就有突破。当然，蛇口的做法，深圳、珠海，还有汕头，一下子都照办恐怕不大容易，但是它的做法对我们很有启示。蛇口有几个企业老板是外国人。袁庚说，我不叫他管怎么行？我们没有那个管理经验呀！我叫他管几年，我付出了代价，我把他那一套经验也学过来了。要参照蛇口的做法……干部不年轻化知识化，不同外国人打交道，很显然是不行的。袁庚那里思想比较解放，他说，如果北京支持，他就到全国到港澳甚至到外国去招聘，赤湾港建设非得聘请一批年轻人不可。[3]

1984 年 1 月 26 日，邓小平视察蛇口工业区，袁庚向邓小平汇报工业

① 香港招商局编：《广东省深圳特区招商局蛇口工业区文件资料汇编》（第二集），1982 年，第 87—98 页。

② 中共深圳市委办公厅办文处编：《党和国家领导人视察深圳讲话资料汇编（1981—1991）》（上册），2005 年，第 24 页。

③ 中共广东省委办公厅编印：《中央对广东工作指示汇编》（1983—1985 年），第 48—62 页。

区几年来进行的经济体制、管理机构、干部制度、工资制度、住房制度等改革的情况，他说："我们在这里进行了一点冒险，不知道是成功还是失败？"邓小平没有直接回答，而是微笑着看了陪同来的深圳市委书记梁湘一眼。梁湘说："应该说是成功的，蛇口是深圳特区各项改革的先行点。"① 2月24日，邓小平在视察完经济特区回到北京，与几位中央负责同志谈话时说："这次我到深圳一看，给我的印象是一片兴旺发达。深圳的建设速度相当快……深圳的蛇口工业区更快，原因是给了他们一点权力，500万美元以下的开支可以自己做主。他们的口号是'时间就是金钱，效率就是生命'。"②

1984年3月26日至4月6日，中共中央书记处和国务院在北京中南海怀仁堂召开"沿海部分城市座谈会"，袁庚参加座谈会，并于3月28日在会上发言，全面介绍了招商局蛇口工业区的做法。袁庚说：四年半之后，小平同志视察了蛇口工业区，指出"蛇口快的原因是给了他们一点权力"。事实确是如此。蛇口有多大权力呢？可以审批500万美元的项目，招商局可以从每年的利润中留成十分之一左右来投资，而且只限5年，去年已经到期了，总共才5000万，就这么一点权力。我们正是凭这一点权力，在2.14平方公里荒地上进行了冒险的改革尝试。接着，袁庚介绍蛇口工业区干部制度改革、管理体制改革、劳动用人制度改革、工资制度改革、住房制度改革等方面的情况。袁庚说：四年多来，蛇口共引进资金10.6亿港元（流动资金不算在内），其中外资占64%。1983年制造业总产值2.24亿元，80多个工厂中已有31家工厂投产，从1981年开始回收资金，逐年增加，预计今年可以回收1亿港币以上。如果市政开支由国家负担，五年可以全部回收基建投资本加利息。单纯从财政经济观点来说，利用外资，开发沿海也是极为有利可图的。招商局仅以其利润留成5000万港元，利用外资1个多亿的低息贷款，就初步建成了一个新型海港工业小城市、南油石油开发的后勤基地。原来一片荒凉的沙滩开始呈现出社会主义的繁荣兴旺的景象。我们并不因为各方面的评论而自满，我们深知在我们面前有什么有待克服的困难，改革在尝试探索中有许多缺点和不完善的地方。小平同志的讲话给了我们很大的鼓舞和鞭策，我们将竭智尽忠，悉心以赴，为把工业区办好，探索一条路子出来。③

1984年5月4日，中共中央、国务院转发《沿海部分城市座谈会纪要》，该纪要指出：经济特区的发展和经验，在国内外都引起了注意，实践证明我们建立经济特区的政策是正确的。各特区都要按照"特事特办，新事新

① 香港招商局编：《广东省深圳特区招商局蛇口工业区文件资料汇编》（第四集），1984年，第29—33页。

② 《邓小平文选》，第3卷，北京：人民出版社，1993年，第51页、第58页、59页。

③ 袁庚：《在沿海部分城市座谈会上的讲话》（1984年3月26日），招商局集团办公厅、招商局史研究会：《袁庚文集》，2012年9月编印。

① 中共中央、国务院关于批转《沿海部分城市座谈会纪要》的通知（1984 年 5 月 4 日），中共广东省委办公厅编印：《中央对广东工作指示汇编》（1983—1985 年），第 158 页。

② 鞠天相：《争议与启示：袁庚在蛇口纪实》，北京：中国青年出版社，1998 年，第 74 页。

③ 中共深圳市委办公厅办文处编：《党和国家领导人视察深圳讲话资料汇编（1981—1991）》（上册），2005 年，第 140 页。

办，立场不变，方法全新"的原则，推广蛇口工业区的管理经验，跳出国内现行的不适应生产发展的老框框，改革特区的管理体制和管理机构。①

1984 年 6 月 4 日，中央书记处书记、国务委员谷牧在深圳市举办的第一期沿海部分开放城市经济研讨会上宣布：我向大家宣布，中央已经批准袁庚同志当我的顾问。我和他商量，要他争取每年有两个月的时间到你们各个城市，去检查你们的工作，去跟你们一起探讨你们那个地方应当怎么搞。②他还说：研究蛇口经验，你不止听袁庚"教授"的演讲，还要到蛇口去参观嘛！你座谈几次，就有可能真正懂得了蛇口啦！③

1984 年 6 月 8 日，袁庚在蛇口工业区碧涛影剧院向参加沿海部分开放城市经济研讨会的代表作了 3 个半小时的发言，介绍工业区所走过的道路。袁庚说：

内地有些经济学家来蛇口参观，问我们"你们这里是社会主义，还是资本主义，或是国家资本主义？"我们都不正面回答这些问题。我们愿意接受实践的法院和时间的审判，同时也要为我们的生存和发展辩护。任何一种事业，正确与否，都必须经过实践去验证。实践是检验真理的唯一标准。这是我们党内大家一致的认识。我要讲的第一个问题，我们要进一步解放思想，要放眼向外看世界，要敢于接触世界上发生的各种各样的事情，要建设一个有中国特色的社会主义。

第二个问题，进一步解放思想，必须从实际出发，坚持实事求是。有的同志到我们蛇口来参观，想带回一个什么"模式"回去。我看他们会失望而归的。因为没有什么固定的模式，即使有，也不能照搬。那么你到深圳、蛇口来能拿点什么现行的东西回去呢？我看，要建设一个经济开发区或改造一个旧的经济区就必须根据自己的特定条件，如地理位置、产业结构、智力资源、资金筹备等等，来摸索自己的"模式"。深圳、蛇口有没有可学习的地方？当然有某些做法是可以借鉴的。比如，深圳基础工程"七通一平"，而我们是"五通一平"，比蛇口先进了一步。搞经济开发区基础工程是一定要搞的。我们是个企业，我们的钱除了很少部分来自我们这个公司的利润提成，大多数资金全部来自银行低息贷款或者卖方信贷等等。借钱就要还债，杀人就要偿命。所以钱是不好借的。在对整个经济发展前景的预测还没有把握之前，有些工程不敢上马。等有了把握之后，又贻误了时机。几年来由于这个原因，蛇口除了一条马路比较直以外，此外没有一条像样的马路，等工业发展起来，已经不能适应了。这个千万不要学。由政府拨款建设一个城市就会比较好，体现社会主义优越性。我们也有几条可以"吹"一下的。这就是我们按照经济规律办事，运用经济的手段去管理经济、搞活经济。另一点就是我们蛇口工业区的产品以外销为主。我们主要的产品大都是外销的，这样可以多争取外汇。我们还坚持"五不"，就是来料加工我们不干，补偿贸易我们不干，办污染无法处理的工厂我们不干，机器陈旧的我们不干，挤占国家出口配额的我们不干。第三个问题，进一步解放思想，必须坚持改革。这就是前面讲的以经济手段来进行管理的问题。我们蛇口工业区这几年进行了体制上的改革，包括精简机构、干部制度、用工制度，工资制度、住房制度等等。这些改革是同步进行的。[①]

可见，袁庚本人对"蛇口模式"一说还是比较慎重的，甚至多次讲到蛇口的不足。

1984 年 7 月 25 日，袁庚在中共中央党校《理论动态》发表题为《我们所走过的路》一文指出：当对外实行开放政策，经济特区进入第五个春天的时候，小平同志视察了三个特区，总结了办特区的经验，提出要把特区的某些政策用于部分沿海城市，这将使我国开放政策的实施出现一个新的局面，也迫使我们特区工作者把经济特区的理论与实践推到一个新的高度。1979 年 1 月 31 日，三中全会闭幕不久，我们向先念、谷牧同志汇报开发蛇口工业区，先念、谷牧同志听了很感兴趣，要把整个蛇口半岛都划给我们。当时，由于我们思想不够解放，只要了现在的 2.14 平方公里的"弹丸之地"。弹指一挥间，四年过去了。在当初荒落不毛的海滩上，已经建成了一座以工业为主、综合发展的新型海港工业区。蛇口工业区一开始就沿着一条探索改革的道路前进，她的生产力正在于此。四年多来，我们自行运用流动资金、银行贷款、卖方信贷等开发工业区，总共 15 000 万元人民币。此外，在所属企业、工厂经营管理上也有了一些自主权。仅仅这么一点权力。我们正是凭这一点权力，在 2.14 平方公里荒地上进行了"冒天下之大不韪"的改革尝试。我们并不因为各方面的好评而自满。我们深知，在我们前面还有不少尚待克服的困难。改革之中还存在许多缺点和不完善的地方。小平同志的讲话给了我们很大的鼓舞和鞭策，我们将竭智尽忠，悉心以赴，把工业区办好，摸索一条路子出来。[②]

1984 年 7 月 30 日，中央政治局常委、国家主席李先念为《希望之窗：

① 袁庚：《在沿海部分开放城市经济研讨会上的发言》（1984 年 6 月 8 日），招商局集团办公厅、招商局史研究会：《袁庚文集》，2012 年 9 月编印。

② 袁庚：《我们所走过的路》，《理论动态》第 509 期（1984 年）。

深圳特区招商局蛇口工业区的经验》一书出版题写书名："希望之窗"，该书全面介绍了蛇口工业区开发与建设的经验。

1984年10月3日，蛇口工业区党委、管委会联席会议通过的《纪要》指出："以招商局一个企业自筹资金，用内外结合的办法开发蛇口工业区的方式是一种新的突破"。

1984年11月28日，袁庚在"当代香港经济研讨班"上讲话中指出：研究香港经济目的在于学习借鉴它经济上一些比较先进的、成功的经验，避免它的一些缺点。几年来，我们在这个地方作为个试点，探索香港繁荣起来的原因，它有什么长处值得我们学习？我们起步的时候怎么借鉴人家的长处？当时三中全会提出了开放政策。我们从实践开始，而不仅仅停留在探讨研究阶段。实践表明，在借鉴别人长处的时候，照搬生吞活剥是不行的，我们碰了很多钉子。各位不用到太远，如果到香港，到过新加坡，你就会发现我们很多地方不行。一个城市，一开放，就是对外的窗口，小平同志讲，你要引进技术，引进管理，引进知识，最后通过它成为对外开放政策的窗口。任何人到这里一看，就会感到你这里是带有中国特色的社会主义，给人一种青春活力的有优越性的感受。当然我们离这个要求还差得很远。我在蛇口，也接触过许许多多的经济学家，他们很喜欢问你们蛇口工业区是社会主义、资本主义还是国家资本主义，从"老祖宗"处找不到这样的"模式"，我往往回答，我也不晓得，让实践去回答吧，或者说我们愿意接受时间法庭的审批。[1]

1985年1月1日，袁庚发表文章指出，蛇口工业区成长的五年，在人类历史长河中只不过是短暂的一瞬，但蛇口工业区凭着国家给予的一点自主权，在全国全面经济体制改革逐渐高涨的浪潮中，首先掀起了一道浪花。我们将进一步办好蛇口工业区，把蛇口工业区公之于众，共同利用，使之成为内外交流合作的结合点及共同对外开放的窗口，而不是把她作为招商局的"领地"。[2]

1985年4月18日，袁庚在给蛇口工业区第二届管委会候选人书面回答时这样说道：

　　您认为蛇口工业区目前最突出的问题是什么？如果您当选的话，首先要抓好的三项工作是什么？

　　我曾宣布过：我退出"竞选"。但无论谁当选，我认为都应该：

　　（1）毫不动摇地坚持以工业为主、石油服务为主、外销为主的外向型

① 袁庚：《在当代香港经济研讨班上的讲话》（1984年11月28日），招商局集团办公厅、招商局史研究会：《袁庚文集》，2012年9月编印。
② 袁庚：《招商局为内地开展对外经济合作效劳》（1985年1月1日），招商局集团办公厅、招商局史研究会：《袁庚文集》，2012年9月编印。

经济结构。必须使外汇有更多的盈余。这是生命攸关之事。（2）抓经济管理，抓工业、服务业的经济效益。只有社会生产力大大发展，才能产生一个富裕的社会，才有可能五年左右年收入接近或超过香港，事在人为。（3）继续改革、不断创新。停滞不前、安于现状是死路一条。改革以增强人民民主意识，建立良好的民主风尚。管委会置于群众监督之下至关重要。这一民主生活及其活动形式正在实验中，要逐步完善。①

1985年8月23日，袁庚在蛇口工业区工作会议上说：蛇口工业区与其他地方有点不同。国务院总理1981年来这里时发现了这个问题并做了这样的结论：由一个企业来开发一个这样的工业区，无论是在中国，还是在世界上都是新的尝试。的确如此，整个工业区都是由一个企业来开发的、投资的。也就是说，国家不负责你们盈亏，尤其是这里的职工，今后的退休和其他一切社会福利都由这个企业的经营好坏来决定。②

1985年9月10日，袁庚在蛇口工业区教师节大会上指出：这几年来，蛇口工业区一直坚持了以工业为主、以出口为主，以外资投资为主，不是把干部的精力放在搞转手买卖、投机倒把、发洋财这方面上。这是这几年来我们的主要走向，这是我们安身立命之所。③我们想，这一点也是蛇口模式的主要内容之一，而有些经济特区在发展过程中就曾在这方面上栽跟头，摔得不轻。

1985年11月15日，受国务委员谷牧委托，曾在广东工作的老同志、国务院特区办顾问张根生、于明涛前来蛇口工业区调查后提交一个报告——《一个办得较好的外向型工业区：蛇口经济发展调查》。该报告指出：蛇口工业区是我国实行对外开放以后兴办的第一个出口为主的工业区，是深圳经济特区的一部分，是由交通部招商局全权经营的一个经济实体。我国南海之滨这片荒滩土丘的巨变，充分证明中央开放政策的正确性，并为进一步的开放和建设经济技术开发区，在指导方针上提供了一定的可以借鉴的经验。一、坚持用经济办法管理工业区，务求经济效益。企业办工业区，不吃"大锅饭"；以经济手段管理企业；用经济立法手段管理涉外企业。二、坚持"三个为主"的方针，建立外向型的经济结构。三、坚持"四化"标准，培养适应开放工作的人才。四、坚持领导干部以身作则，狠抓党风促进社会风气好转。④

1985年12月8日，中央政治局委员、中央书记处书记余秋里在蛇口经理以上干部会上作讲话时指出：我是12月3日到蛇口看的。这几天，同

① 袁庚：《蛇口工业区第二届管委会候选人书面问答》（1985年4月8日），招商局集团办公厅、招商局史研究会：《袁庚文集》，2012年9月编印。

② 招商局蛇口工业区管委会办公室编：《招商局蛇口工业区文件资料汇编》（第五集），1986年，第126页。

③ 袁庚：《在教师节大会上的讲话》（1985年9月10日），招商局集团办公厅、招商局史研究会：《袁庚文集》，2012年9月编印。

④ 招商局蛇口工业区管委会办公室编：《招商局蛇口工业区文件资料汇编》（第五集），1986年，第96—107页。

招商局和蛇口工业区的领导同志进行了座谈，看了一些工厂。通过座谈和参观，增加了一些感性知识。我认为，蛇口的工作是做得好的。一是建设速度快，在短短五六年时间里，在一片海滩荒山上，建成了一座初具规模的海港城市，这种速度，不论是国内，还是国外，恐怕都是少见的；二是投资回收快，六年内累计投资 3.1 亿元，到今年底可回收（含税收）2.2 亿元，占 71%；三是在抓经济建设的同时，加强精神文明建设。蛇口在物质文明、精神文明建设中取得的成就，进一步证明对外开放和兴办特区的政策是正确的。蛇口建设得这样快、这样好，有很多经验，我认为主要有：一、实行"三个为主"的方针。蛇口从一开始，就建成产业结构以工业为主，资金来源以外资为主，产品市场以外销为主。二、勇于改革，善于改革。蛇口工业区在体制、干部制度、工资制度、住房、工程承包等方面都进行了大胆改革。这些改革不仅对蛇口建设起了有力的促进作用，而且对全国的经济体制改革也将会提供有益的经验。三、在建设步骤上，稳扎稳打。四、脚踏实地，靠硬功夫、真本事取得工业发展和技术进步。五、建设一个好的领导班子。蛇口已建设了六年，有很多好的经验，也会有一些教训，要认真总结，对的要继续坚持，不充实的，要在实践中不断补充、修改，逐步完善。一些不对的，要及时改正。总的意思是，希望大家再接再厉，把蛇口建设得更好。[1]这是中央领导同志第一次比较全面总结蛇口工业区的做法和经验。

1985 年底，蛇口工业区管委会分十二个专题全面总结蛇口建设和改革的经验，以期完善和充实蛇口模式的内容。这些专题充分显示了蛇口模式的两大特征，即外向型的经济和企业的民主管理。

1985 年，发生三件影响全国的大事：一是海南汽车走私大案；二是深圳经济特区是否成功的大讨论，香港舆论给出负面评论；三是全国对过热经济的治理整顿紧缩。而蛇口工业区在这三个风浪中经受住考验。这主要得于工业区一开始就实行"三个为主"（资金来源以外资为主，产业结构以工业为主，产品市场以外销为主）的方针，外汇收支平衡，形成外向型经济格局和一直坚持法律底线，不赚不义之财的缘故。1985 年上半年，全国外汇短缺时，蛇口工业区由于坚持以工业为主、出口为主，不仅外汇平衡，而且盈余 2000 多万元，还不包括海关的税收。袁庚说："一个特区，一个经济开发区，有了某些特权，不把整个经济结构和产业功能转到外向型，不搞工业而先去经商，我看是没有前途的"有人抱怨蛇口工业区赚的钱不如人家的一个做生意的大公司，袁庚说："君子取财，取之有道。谁笑到最

[1] 招商局蛇口工业区管委会办公室编：《招商局蛇口工业区文件资料汇编》（第五集），1986 年，第 31—35 页。

后谁笑得最好。"①

1986年5月6日，袁庚在香港中文大学当代亚洲研究中心发表题为《蛇口：中国开放与改革的试管》的演讲时指出：乌托邦？太阳城？桃花源？不，蛇口是一根"试管"。我们希望人们把蛇口看作一根试管。一根注入外来有益的经济因素对传统式的经济体制进行改革的试管。蛇口连山在内不过十几平方公里，从零开始开发至今不过两三万人，对于960万平方公里和10亿人口来说，真是九牛一毛，试验遇到挫折也无关宏旨，所以中央放心让我们探索，先行一步，我们也就比较有胆量去进行各种富有挑战性的试验。蛇口，弹丸之地，又是由一个企业开发的，如果着眼于它每年创造多少经济价值，那何足挂齿。如果把它看作一根试管，也许会引人关注。如果孤立地研究这个区域的经济模式，未免小题大做。如果把它放在全国开放政策和经济体制改革的背景下去考察，那就有所不同了。有人说，随着14个沿海城市的开放和内地全方位地迈开改革与开放的步伐，特区的试验性作用已经下降或消失，我不完全同意这种观点。我觉得市场经济体制改革只是刚刚起步，来日方长，这场改革所涉及问题极为广泛和复杂，我甚至觉得，在"七五"计划期间，蛇口作为试管的作用不但不会减弱，反而层面会更广、程度会更深。日本著名经济学者、前通商产业大臣江崎真澄曾说："由招商局一个企业开发这么大的工业区，在世界上是独一无二的。"早在几年前，国务院总理来蛇口参观时也说"以一个企业开发工业区的方式在中国乃至世界上也是新的尝试"，并把这个方式称为"蛇口模式"。②

1986年7月，由香港各大专院校学生组成的《曙辉》杂志编委一行8人来蛇口工业区参观考察、体验生活5天。他们跟班劳动，步行上下班，认为蛇口比预想的"乌托邦""太阳城""桃花源""深圳的美国""中国的试管"印象要好，他们认为蛇口风景优美，环境优雅，不失现代文明姿采，工厂的先进可以与香港的一些企业媲美，称赞蛇口人可以畅所欲言。

1986年12月24日，人民日报发表《蛇口的另一种探索》一文指出：弹丸之地，引人瞩目。蛇口，是南海之滨一座于荒滩野岭崛起的新城，面积不足10平方公里，人口不足两万，这是由我国最老的企业之一招商局于1979年开发的工业区。七年来，蛇口的经济已经初步形成了"三个为主"的外向型经济结构，经济效益较高，去年人均国民生产总值为5500美元。蛇口在坚持开放和搞活经济的同时，还进行了另一个方面的探索——民主化建设。这种探索也是很有意义的。③

1989年初，国务院开发办张一民曾在蛇口工业区发展研究院、培训中

① 招商局蛇口工业区总经理办公室编：《招商局蛇口工业区文件资料汇编》（第七集），1989年，第142页。

② 袁庚：《蛇口：中国开放与改革的试管》（1986年5月6日在香港中文大学当代亚太研究中心的演讲），招商局蛇口工业区总经理办公室编：《招商局蛇口工业区文件资料汇编》（第六集），1988年。

③ 李德民、前湜辛：《蛇口的另一种探索》，《人民日报》1986年12月24日。

心同学会和企业管理学会举办的"新闻沙龙"上说：蛇口工业区是企业，企业作为开发主体，以企代政，比政府开发一个地方的优越性在这里更充分地显示出来，因为作为一个企业，它的利益本身要求它必须提供良好的服务，产生经济行为。而我国目前的行政体制自我约束力很差，做不到这一点，所以，从这一点上来说，蛇口是一个成功的模式。[1]

1990 年，广东省经济特区管委会主任丁励松在《特区始创纪事》一文中这样写道：

> 蛇口工业区的开发给人们以深刻的启示。1979 年 1 月，早在国家决定试办特区之前，就批准香港招商局开发经营蛇口工业区。招商局是一家百年老店，为谋求新的发展，打算在"船"字上做文章，包括拆船轧钢、船用油漆、锚链制造等，但是苦于香港找不到一块合适地方，于是提出在靠近香港最近的蛇口开创工业区的设想。他们要求利用招商局留存的部分利润，首期开发 1 平方公里的土地，建设通往香港的客货运码头、变电站、供电线路、自来水厂和引水工程、直拨香港的微波电话系统，以及一些商品住宅和商业服务设施。在施工过程中，他们率先引进国外通行的竞争机制，提出"时间就是金钱，效率就是生命"的口号，在人们新奇而又疑惑的目光注视下，破天荒地创造了"蛇口模式"。[2]

1994 年 7 月 28 日，国务院原副总理谷牧为纪念蛇口工业区创办 15 周年题词："中国改革开放的排头兵"。

1994 年 11 月 13 日，中央政治局常委胡锦涛在听取蛇口工业区工作汇报时指出：蛇口工业区是最早开发的，那时来深圳主要看蛇口工业区。深化改革后，原来走在前面，还应该继续走在前面。[3]

1995 年 2 月 28 日，蛇口工业区有限公司董事会通过的《招商局蛇口工业区有限公司 1995—2010 年发展纲要》认为：

> 本公司因此创造了独特的发展模式——"蛇口模式"。其内涵大致可作如下归纳：一家企业在特定的时空条件下，以风险意识为精神底蕴，以自身拥有和创造的物质力量，独立开发经营一个地区，并超前进行社会主义市场经济动作的探索和配套改革的实验。由于天时地利人和诸因素，"蛇口模式"的特质与生俱来：
>
> ——发端于本世纪七十年代末，成为经济改革的试管；

① 陈禹山、陈少京：《袁庚之谜》，广州：花城出版社，2005 年，第 274 页。

② 丁励松：《特区始创纪事》，《经济特区的由来》，广州：广东人民出版社，2010 年。

③ 陈禹山、陈少京：《袁庚之谜》，广州：花城出版社，2005 年，第 281 页。

——创设于毗邻香港的前沿地带，充任对外开放的窗口；

——得益于中央对特区的政策，具有先行一步的优势。

在过去十五年里，"蛇口模式"取得了巨大的成功：

——蛇口工业区实践证明，中央关于建立经济特区的决策是正确的；

——本公司及蛇口工业区的业绩表明，由一家国有企业开发一个地区的事业是成功的；

——本公司围绕传统的计划经济管理模式进行的改革试验，为我国的改革开放事业作出了有益的贡献。

可以认为，"蛇口模式"在很大程度上已完成了她诞生之初设定的目标。[①]

① 招商局蛇口工业区总经理办公室编：《招商局蛇口工业区文件资料汇编》（第十四集，上），1995年，第21页。

1995年6月，中共广东省原省委书记、省长刘田夫在其回忆录中这样写道：

> 蛇口工业区利用企业留成利润，先开发1平方公里的荒坡为工业区，他们只用一年多的时间，就搞好"五通一平"，兴建一批工业基地和生活服务设施，兴办了23家工厂，开通了国际微波通讯和直通香港的4000吨客货运码头。随着投资环境的改善，外商纷沓而至，不出几年，就将8平方公里的荒山秃岭变成一座现代化工业小城，数百家三资企业平地而起，到处是一派生机勃勃的景象。他们提出的"时间就是金钱，效率就是生命"，已成为人们的座右铭。蛇口高速度发展工业的模式，已被称之为"蛇口模式"。当年曾持怀疑及非难态度的一些人，面对今天的现实，不得不对蛇口的开拓者们表示佩服。[②]

② 《刘田夫回忆录》，北京：中共党史出版社，1995年，第449页。

1995年，袁庚在巴黎出席关于环境问题的国际会议上发表题为《站在新世纪的门槛上》的演讲时说：

> 我们招商局集团于1979年开始从事开发经营蛇口工业区的实验。这一尝试业已引起国内外经济界的关注。蛇口工业区也曾因此被称为"中国改革开放的试管"。
>
> 我们的诸多尝试择其要者，不外乎四。其一，运用市场机制和经济规律，以一个企业的力量开发一个小社区，采取滚动开发、稳步发展的做法，着眼于经济和社会的协调发展；其二，引进先进的科学技术、生产工艺和管理经验，确立经济发展的较高起点和深厚潜质；其三，按照循序渐进原则和世界经济产业结构调整的趋势，不断增加科学技术的投

入，推进产业优化；其四，实行民主选举和信任投票制度，对公职人员实行民主监督。高层管理者采用直接选举的方式产生，在任期内，每年还要由选民代表对其进行一次信任投票，得不到半数以上的信任票，必须引咎辞职。以上试验，实践证明社会、经济效益明显。

目前，在这片不足 10 平方公里的土地上，人均国内生产总值已经超过 8000 美元，工业全员劳动生产率接近 30 000 美元。虽然跟发达国家还有很大差距，但对我们来说，却是迅速的、具有突破性的进展，因此在中国国内已处于领先地位。

……

蛇口工业区是中国改革开放整体方略中的一个微不足道的局部试验，也可以说，她是向新世纪前进中的中国的缩影。[1]

1997 年 10 月 11 日，谷牧为《争议与启示：袁庚在蛇口纪实》一书作序是这样写道：

那是 1978 年 12 月，中央收到交通部和广东省的联合请示报告。他们要求在当年还称作宝安县蛇口人民公社境内，划一两平方公里，由交通部香港招商局举办工业区。报告说，这样做可以发挥我们劳务、土地的优势和招商局长期从事海外经营的优势，引进利用国外的资金、技术，促进工业的发展。据悉，此建议的主要创意者，是时任招商局副董事长的袁庚同志。……这项颇有见地的建议，很快得到中央、国务院批准，并由袁庚同志主办此事。翌年春天，即破土动工。1979 年 7 月，中央、国务院按照邓小平同志的倡议，做出创办深圳、珠海、汕头和厦门四个经济特区的重大决策。蛇口工业区被划为深圳经济特区的一个重要组成部分。在我国社会主义改革开放和现代化建设中，经济特区是"排头兵"。在特区中，深圳发展的速度最快，达到的经济规模最大，功能和作用发挥得最为显著。在深圳特区里，蛇口工业区锐意开拓，刻苦实践，一马当先，产生了不少"首创"和"第一"。"时间就是金钱，效率就是生命"这个口号的提出，以及它包含的新观念、新办法、新作风，在全国得到广泛认同。"蛇口模式"，给人们以深刻启迪。这些，都是不争的历史事实。袁庚这位参加过抗日战争和人民解放战争的老同志，在改革开放中又立了新功。由他牵头的蛇口工业区的建设者和经营者们，在我国新的历史时期，做出了重要贡献……[2]

[1] 招商局集团办公厅、招商局史研究会：《袁庚文集》，2012 年 9 月编印，第 321 页。

[2] 鞠天相：《争议与启示：袁庚在蛇口纪实》，北京：中国青年出版社，1998 年。

1998 年 6 月，袁庚在接受《百年潮》杂志记者采访时指出：

> 什么叫"蛇口模式"呢？简单地说，就是不要国家拨款，完全由企业自筹资金、自担风险来搞开发和建设的一种方式。蛇口是我国第一个没有纳入国家计划、没有国家拨款进行国土开发的工业区。我们来自国家的唯一财源是招商局直属机构五年利润不上交，总共才 5000 万元人民币。大部分投资除回收的钱之外，都是从银行、主要是香港银行借来的。由于我们重合同、守信用，宁愿吃亏也决不悔约，因此在国际上资信良好。
>
> 许多国际性银行都乐意给招商局透支或优惠贷款的方便。汇丰银行还可在"三不"——不问用途、不用担保、不问年限的条件下，以优惠利率给招商局透支；这种钱很好借，不需要走后门、找关系、批条子，但这种钱可不是好用的。借债还钱如杀人偿命，是铁的原则。如果这些钱在蛇口用得不好，招商局和我本人都下不了台，都要负法律责任。
>
> 资金的来源方式可以决定企业行为。既然我们的开发资金不是无偿的国家拨款，而是连本带利，分文不少，要如期归还的贷款，这就使得我们在用钱时倍加小心，每投入一分钱，都要计算它的产出，而且要量入为出，不敢轻易扩大基建规模，十分重视经济效益。有些大一点的项目，对其可行性、经济效益和偿还能力的忧虑，常使我们彻夜难眠，有时甚至会半夜惊醒，一身冷汗。经济效益的压力，同时迫使我们在企业管理方面进行一系列的配套改革，采取一系列的决策，来为生产和经济发展开路。[1]

1998 年，叶飞在其《叶飞回忆录》中曾写道：

> 1978 年和 1979 年之交，正是我党十一届三中全会召开前后，我国历史的转折关头。对如何对外开放，引进外资开办工业区还没有先例，在蛇口开办工业区是要承担风险的，社会上对这种做法议论纷纷。说怪也不怪，在交通部也是遭到一些人反对和抵制的，特别是在我调离交通部后，议论更多，压力更大。接任的交通部部长曾生同志和招商局蛇口工业区的拓荒者们，顶住压力，集中主要资金，以很大的决心和毅力进行了艰苦卓绝的工作，终于在 8 平方多公里的土地上兴建起 300 多家三资企业。昔日只有 300 人口的渔村，一片荒岭，如今变成了厂房星罗棋布，高楼鳞次栉比，水陆交通四通八达的现代化海港工业大城。[2]

[1] 袁庚：《蛇口的十年辉煌》，《百年潮》1999 年第 2 期。

[2]《叶飞回忆录》（下），北京：解放军出版社，2014 年，第 233—234 页。

1998 年《深圳青年》第 11 期发表题为《袁庚再话蛇口风云》一文说：

袁庚极喜欢将蛇口比作"中国改革开放的试管"，作为蛇口当年的主要决策者，袁庚一直在蛇口坚持政治体制改革、社会改革和经济改革齐步走，如今回头看，他又作何评价？

"这是不可能的。"袁回答得很肯定，也很简单，"因为蛇口毕竟不是在真空里搞改革"。

怎样看蛇口的今天？袁庚显得很豁达："蛇口辉煌过一段，但是不能老是辉煌。蛇口弹丸之地，就 9 平方公里，再怎么弄也有限……蛇口的辉煌已成为历史了。如果永远都是蛇口第一，那全国岂不是就没有进步了？现在全国不少地方远远超过蛇口，这是大大的好事，长江后浪推前浪嘛！"

"我真心希望（改革）能够有一些创新的东西出来。"

在改革这场惨烈的攻坚战中，冲在最前面的都将最先倒下，这也是历史的规律。蛇口的意义，更多地在于它的实验性，在于蛇口以自己的实践给中国改革提供了经验，也提供教训。从这一点来说，蛇口不仅是深圳的，更是中国的，不仅属于过去的，更是未来的。[1]

① 招商局蛇口工业区总经理办公室编：《招商局蛇口工业区文件资料汇编》（第十八集，下），1999 年，第 325 页。

蛇口模式是指由一个企业独立地开发、建设、经营、管理一个相对独立的区域，并在经济体制和行政管理体制上进行全方位配套改革，是对蛇口工业区的经济发展特征和经济管理体制的一种概括。

蛇口模式的核心，就是摆脱内地企业原有的政企不分的状态，充分发挥企业自主权，按照经济规律办事，运用经济手段管理经济、搞活经济。蛇口模式不仅为中国经济特区起步建设提供了经验与借鉴，也为中国改革开放和现代化建设提供重要经验。在 20 世纪 80 年代，蛇口作为"特区中的特区"，中央领导纷纷前来视察，各地参观学习的人络绎不绝。在蛇口工业区早期建设的 20 多年间，有近百位党和国家领导人踏足蛇口，有的领导人来过多次，最多的是谷牧，先后 19 次视察蛇口工业区。蛇口的经验也因此被总结、提炼，成为中央决策和政策的重要参考，推动了中国改革开放的历史进程。

第四章

回归企业　加快产业转型与升级
（1987—1993）

　　随着全国改革开放和市场经济的发展，蛇口工业区原来政企合一的工业区管理体制已无法适应进一步发展的需要，开始回归企业属性。产业开始转型，从"引进来"开始"走出去"，大力发展技术密集资金密集型企业和第三产业；产城进一步结合，加快推进从工业区到城区（社区）的发展。

一、回归企业，调整发展思路

　　蛇口工业区是招商局下属的一家企业。1979 年成立的建设指挥部和 1983 年组建的管理委员会（简称"管委会"），都是一定历史条件下的产物。从早期的企业（承担大量政府职能和社会职能），到后来的企政合一，这些管理体制曾对推动蛇口工业区开发与建设发挥过非常积极的作用。但同时招商局蛇口工业区作为一家企业独资开发的相对封闭的区域，承担了许多本应由政府承担的职能，履行了诸多城区内基础设施建设、劳动人事管理、社会保险、教育、医疗、治安等社会职能，工业区在干部制度、劳动人事、社会保险、住房、教育、医疗等方面的改革曾引起全国广泛关注，对深圳乃至全国起到很好的示范和带动作用，但工业区也为此付出了巨大的代价。

　　随着深圳和全国改革开放的不断推进及蛇口工业区经济社会的迅速发展，过去这套企政合一的管理体制已经无法适应形势发展的需要。一方面，作为企业，工业区必然尽可能追求经济利益最大化；然而，它又是中国第一个由政府授权、独立地成片开发和经营的一个地区的企业，必然要履行企业固有功能以外的非企业功能，以便在所开发的区域营造和维护良好的投资环境和生活环境。早期，深圳市和深圳经济特区刚建立，开发重点在罗湖和福田，无力负担和管理不是开发重点的蛇口工业区。如果招商局蛇口工业区不投资建设基础设施和社会公用事业，要吸引外来投资和人才几乎是不可能的。由于独立成片开发经营一个地区，蛇口工业区必然具备"办社会"的性质。"五通一平"工程一开始，职工及其家属的衣、食、住、行等生活需要，乃至医疗、教育、保险等服务，务必统筹安排。随着"三资"引进，服务范围又进一步扩大。内地许多国有企业在企业内部也"办社会"，但不会像蛇口工业区那样必须为在本地区投资的各类企业及其员工提供全套社会服务。加上历史赋予其改革"试管"和开放"窗口"的特殊使命，非企业功能就不可避免地被放大和强化。可以说，蛇口工业区从诞生之日起，就注定要扮演企业和社区的双重角色。特别是工业区又不得不投入更多的资金用于公用事业的开办及市政设施的建设和修缮，沉重的社会负担已使工业区力不从心。另一方面，由于原有体制政企合一、集所有权与经营权于一身，蛇口工业区管理委员会也好，区管理局也好，自己既是决策者又是执行者，权力过分集中又不易受约束。同时，管理委员会在行政管理、社区服务和公用事业方面所承担的事务越来越多，管理委员会的机构设置开始膨胀，人员迅速增加，效率必然下降，有可能使工业区处于既办不好企业，又履行不好社会职能的"两难"境地。

除此之外，这一几乎独立于地方政府之外的蛇口工业区，对于深圳市委市政府也是有苦难言。因为它不利于深圳市委市政府的统一领导和统一管理，不利于南山半岛城市的统一规划、建设和管理。因此，将工业区的政企功能和职权清理剥离，保留企业功能，还政于政，将社会功能归还给政府，既是蛇口工业区必须认真面对和尽快解决的重大课题，也是深圳市委市政府必须帮助解决的问题。如何尽快稳妥地解决招商局蛇口工业区企业和社区"双重角色"的问题逐渐被纳入议事日程。

1987 年 1 月 12 日，蛇口工业区管理委员会召开干部扩大会议，对工业区的管理体制改革进行讨论，拟成立蛇口工业区有限公司，将工业区的管理体制由管理委员会变革为有限公司。

1987 年 2 月 16 日，中央政治局委员、书记处书记习仲勋一行视察蛇口工业区。这是习仲勋离开广东省委领导岗位后，第一次来到深圳经济特区、蛇口工业区视察工作。

1987 年 2 月 17 日，蛇口工业区党委与管委会召开联席会议，讨论工业区管理体制改革及 1987 年工作要点等问题。

1987 年 3 月 30 日，蛇口工业区管委会发展研究室经过多次讨论修改，制定《招商局蛇口工业区股份有限公司董事会组织条例》。

1987 年 4 月 9 日，蛇口工业区党委常委、管委会召开联席会议，讨论按照现代企业制度成立工业区有限公司及董事会有关事宜。工业区将作为经济法人实体而存在，管委会则变为工业区的行政机构，实现工业区内部的政企分开。工业区有限公司董事会作为国有资产的代表，拥有企业资产的所有权，公司总经理作为企业经营者，拥有企业经营权，以实现资产所有权与经营权的分离。这次会议制定董事会选举暂行办法和选举工作细则，决定董事会由 11 名董事组成，其中 4 名由招商局委派，7 名在工业区选举产生。

1987 年 4 月 9 日，袁庚在招商局蛇口工业区管委会呈送招商局集团的《关于我区改变管理体制的请示报告》（蛇管函〔87〕063 号）上批示："我已当面向特区办主任何椿霖及深圳市委书记李灏同志汇报了，有关蛇口工业区改变组织机构，使企业所有权和管理经营分离，他们两位是完全赞同的，至于公司组织条例，董事会成立后再进一步起草，董事长及总经理要报上一级或交通部批准。"[①] 该报告后附《招商局蛇口工业区股份有限公司董事会组织条例》。

1987 年 4 月 23 日，袁庚在蛇口工业区有限公司首任董事会新闻发布会上发表讲话，他说："了解蛇口工业区情况的人都知道，今年 4 月 24 日，第二届管委会任期届满，代之的是继前两届管委会之后的招商局蛇口工业区有限公司董事会。现在更是要改有限公司，选举董事会了。对于这种领导和管理体制的变化，是经过长时间酝酿的。我记得，大概是在去年六七月间，'新闻沙龙'首先提出了这个问题。从指挥部到管理委员会，再到即将选举产生的董事会，标志着蛇口工业区的发展经历了几个不同阶段，作为一个经济实体，过去赋予它的部分政府职能越来越削弱了，恢复其企业的本来面目，这是顺理成章之事。"[②]

1987 年 4 月 29 日，中央政治局委员、国务院副总理田纪云视察蛇口工业区。田纪云在与工业区管委会主任袁庚交谈时说："看了这里的变化令人高兴""这里的变化真快，一年不来就落后了，依我看你们这里的水平，包括珠江三角洲，可以超过东欧，但不如西欧"。田纪云详细询问了工业区职工队伍、工业产值、引进外资、出口创汇以及第三产业的发展等情况，并参观了开发科技公司、蛇口港、浮法玻璃厂、赤湾港和南海酒店。

1987 年 4 月 29 日至 30 日，蛇口工业区 900 多名干部参加工业区有限

① 招商局集团办公厅、招商局史研究会：《袁庚文集》，2012 年 9 月编印，第 220 页。

② 招商局集团办公厅、招商局史研究会：《袁庚文集》，2012 年 9 月编印，第 223—227 页。

公司董事会董事候选人选举投票，30 日凌晨产生 14 名董事候选人。这次选举是完全按照事先公布的条例进行的，在选举工作小组发出两份候选人参考名单的基础上，经过酝酿，推选出熊秉权、王今贵、陈金星、赵勇、彭顺生、周为民、车国宝、顾立基、赵洪涛、谢冠雄、王潮梁、陈难先、卢晓并、许智明为董事候选人。

1987 年 5 月 3 日，中央政治局委员、全国人大常委会委员长彭真在广东省人大常委会主任罗天，深圳市委书记、市长李灏等陪同下视察蛇口工业区。袁庚、江波、熊秉权陪同参观工业区和赤湾港，彭真在南海酒店顶层观看蛇口新貌时赞叹道："好，有气派"，并为工业区题词："努力把蛇口工业区办得更好"。[①]

1987 年 5 月 8 日，蛇口工业区有限公司第一届董事会 14 名董事候选人在连续三个晚上的演讲答辩后经过民主选举产生 7 名董事，招商局委派袁庚、王世桢、梁宪、梁鸿坤 4 名董事，共产生董事 11 人。董事会正式选举分三个固定投票点、两条线路的流动投票车，选举结果为熊秉权、王今贵、赵勇、陈金星、周为民、车国宝、彭顺生 7 人当选董事，袁庚任董事长，王世桢、王今贵任副董事长，并将 5 月 13 日定为公司董事会成立日期。同时，保留工业区管委会，以行使非企业职能的行政权。

1987 年 5 月 9 日，袁庚主持召开会议，听取董事会选举工作小组工作汇报。5 月 11 日，企业室、发展研究室联合召开工业区直属单位经理会议，讨论工业区董事会章程草案及直属单位机构设置问题。

1987 年 5 月 14 日，蛇口工业区有限公司召开首届董事会第一次会议。会议审议并通过《招商局蛇口工业区有限公司章程》《招商局蛇口工业区有限公司董事会工作条例》，聘请乔胜利为蛇口工业区有限公司总经理。会议明确工业区实行董事会领导下的总经理负责制，所有权和经营权分开，决策权、监督权、执行权分开，做到责权分明，以理顺关系，提高效率。

1987 年 5 月 23 日，交通部部长钱永昌在培训中心向招商局直属公司经理、工业区直属公司经理及蛇口区管理局部分干部发表题为"巩固完善已有成绩，向多元化集团稳步前进"的讲话。

1987 年 6 月 1 日，蛇口工业区董事会举行董事会议，讨论通过《招商局蛇口工业区有限公司总经理工作条例》《招商局蛇口工业区有限公司章程》《招商局蛇口工业区有限公司董事会工作条例》。会议听取总经理乔胜利对新班子的意见。

1987 年 6 月 3 日，蛇口工业区有限公司董事会举行经理会议，宣布聘任乔胜利为工业区总经理，陈金星、车国宝、顾立基为副总经理。袁庚报

① 《辑录蛇口：招商局蛇口工业区（1978—2003）》，2004 年 12 月编印，第 171—172 页。

告了首次董事会议的情况，并强调指出：我们创办工业区，就是应有敢于冒险的开拓精神，在改革中先行一步，"杀出一条血路"，为中国人争一口气。乔胜利就新班子工作思路发表意见。

1987 年 6 月 24 日，招商局集团批复同意成立蛇口工业区有限公司及其董事会人选，并即报交通部批准。这样工业区由一个地域概念成为经济实体——蛇口工业区有限公司，公司董事会取代工业区管委会。新的体制已于 6 月 10 日开始运转。

1987 年 10 月 5 日，蛇口工业区有限公司召开第二次董事会，审议通过公司《工作报告》《1988—1990 蛇口工业区发展计划大纲》。董事会提出了新的发展战略：投资转向，项目为主；引进重点，资金密集；依托招商，港航领先；内外布点，走向世界。总思想：立足蛇口，依靠内地，面向海外。袁庚指出，工业区的发展不能仅从经济角度去考虑问题，而必须综合考虑社会效益和政治效益。

1987 年 10 月 20 日，美国著名经济学家、美国总统智囊人物保罗·麦克拉肯教授应工业区董事长袁庚邀请，专程造访蛇口工业区，并为培训中心 400 多人讲课。麦克拉肯说：蛇口没有理由不能成为跨国公司，国际化是不可阻挡的趋势。如果 30 年前有人对我说，30 年后美国和日本将同中国搞合资企业，我会认为那无异于天方夜谭，但今天这样的事实已经发生了；你们用 8 年时间就搞成这个样子，为什么不能到美国和其他地方干出名堂呢？何况，你们蛇口人比我年轻得多！

1987 年 12 月 3 日，中央政治局委员、国家经济体制改革委员会（简称"国家体改委"）主任李铁映视察蛇口工业区，随行人员有中国人民银行副行长刘鸿儒、国家体改委副秘书长王仕元等。李铁映听取了袁庚对招商局和工业区的介绍，仔细考察了开发科技公司、蛇口港、赤湾港和南海酒店。李铁映说："应当好好研究特区，利用特区，特区的许多实践，已经是社会主义初级阶段具有中国特色的东西了。"[1]

1987 年 12 月 10 日，全国人大常委会副委员长彭冲再次视察蛇口工业区，参观了科健有限公司、开发科技有限公司和广东浮法玻璃厂、南海酒店，并先后题写"蛇口腾飞""立志世界第一""居高远望"14 个大字。

1987 年 12 月 24 日，中央顾问委员会常务副主任薄一波视察蛇口工业区，参观蛇口港和六湾一带的建筑群、科健有限公司、广东浮法玻璃厂，并为广东浮法玻璃厂和南海酒店题词。袁庚汇报工业区当年产值可望达到 12 亿元，人均产值达到 5 万元，搞得好，三五年有希望赶上香港。薄一波对工业区在改革中注重综合效益的做法表示赞赏。他说：听说你们这里的

[1]《辑录蛇口：招商局蛇口工业区（1978—2003）》，2004 年 12 月编印，第 184 页。

① 《辑录蛇口：招商局 蛇口工业区（1978— 2003）》，2004 年 12 月编印，第 186 页。

社会秩序也不错？这好！我们搞改革开放，不仅要建设发达的经济，也要建设文明的社会，良好的风气。①

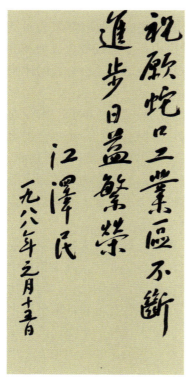

图 4-1　江泽民题词"祝愿蛇口工业区不断进步，日益繁荣"

1988 年 1 月 4 日，中央政治局常委、国务院代总理李鹏视察蛇口工业区。参观开发科技公司，听取汇报后参观了装配车间，李鹏用显微镜观看温盘磁头绕线，询问技术密集型产品创汇情况，并为蛇口工业区和开发科技公司题字留念。

1988 年 1 月 13 日，中央政治局委员，上海市委书记、市长江泽民来蛇口工业区考察访问，参观开发科技有限公司、科健有限公司、鳗鱼厂等企业，并题词"祝愿蛇口工业区不断进步，日益繁荣"（图 4-1）。

1988 年 2 月 2 日，蛇口工业区第一届董事会召开第三次会议，提出进一步改善投资环境，引进外资；实施目标责任管理制，推动管理水平进一步提高；充分利用电脑，建立辅助管理的信息网络系统；深化改革，尽快推出工资制度、住房制度、员工公积金制度、股份化等改革方案；积极向内地（包括海南）和海外拓展；大力促进港口建设和营运。审议通过《蛇口工业区 1988—1990 三年发展计划大纲》《蛇口工业区港口三年发展规划》等。

1988 年 2 月 18 日，中共中央主要领导在田纪云、李灏陪同下视察蛇口工业区，考察了广东浮法玻璃厂、赤湾港、南海酒店。中央主要领导向袁庚提出："你们应该向海南投资，把这里的经验引进海南。""按蛇口办法去海南岛开发一块地方"。②

1988 年 3 月 3 日，香港总督卫奕信第三次访问蛇口工业区，陪同来访的有香港运输司梁文建、副政治顾问毕瑞博等。卫奕信参观了广东浮法玻璃厂、赤湾港。卫奕信对袁庚说："这里 7 年来发展很快，这种发展对香港有好处，对我们双方都有好处。"

1988 年 3 月 5 日，中央政治局委员、中央书记处书记习仲勋再次视察蛇口工业区，袁庚向习仲勋汇报了近年来工业区发展的情况和今后的打

② 《辑录蛇口：招商局 蛇口工业区（1978— 2003）》，2004 年 12 月编印，第 190 页。

算。习仲勋问：（工业区）面积现在有扩展吗？袁庚说，可供扩展的土地不多了，以后准备学习香港的做法，向山上发展。山上空气好，视野开阔。习仲勋说，这样很好，但要注意保护自然环境，不能影响生态平衡。随后，习仲勋参观了三洋电机厂和饼干厂，仔细观看三洋电机收录机自动插件设备和印刷线路板车间。参观过程中，习仲勋对日方经理说：中国人与日本民族一样，都是勤劳、勇敢的，并希望他们与工业区加强合作，把企业办得更好。中午，袁庚等陪同习仲勋在南海酒店用餐，习仲勋反复强调，四菜一汤很好。习仲勋还参观蛇口海湾渔民新村，习仲勋在广东省工作期间曾视察过这里，他十分兴奋，登上村民委员会办公楼的顶层眺望，并与村干部合影留念①。

　　1988 年 6 月 4 日，蛇口工业区有限公司第一届董事会召开第四次会议，讨论追加投资人民币 1 亿元，超前发展港口等有关问题，提出修订"十年规划大纲"；许多董事提出：逐步在蛇口实行企业股份化，是否可以选择一些条件成熟的企业上市。会议提出，在新形势下调整产业结构，积极发展新兴产业，提高工业区人口素质。

　　1988 年 6 月 7 日，交通部部长钱永昌视察蛇口港和赤湾港。

　　1988 年 6 月 18 日，中共中央书记处候补书记、中央办公厅主任温家宝视察蛇口工业区。

　　1988 年 9 月 10 日，蛇口工业区举行引进工作汇报会，袁庚提出：蛇口工业区要转型，要发展知识密集型行业，要提高智能公司，发展智力输出，要发展第三产业，要把建设蛇口港放在第一位，更好地发挥蛇口作用。

　　1988 年 10 月 6 日，蛇口工业区有限公司第一届董事会召开第五次会议，听取总经理乔胜利的工作报告，并就单身职工宿舍房租问题引发一场热烈争论。由于单身职工宿舍房租涨价 4 倍，群众反映强烈。

　　1988 年 12 月 1 日，蛇口工业区有限公司第一届董事会召开会议，提出下决心集中力量加速港口建设，尽快把第二、三突堤搞上去，争取"捷足先登"。

　　1988 年 12 月 19 日，中顾委委员邓立群视察蛇口工业区，登上微波楼观看蛇口全景，随后参观广东浮法玻璃厂、赤湾港、敦煌服装厂、第一幼儿园和海上世界，并为工业区题词："对外开放的先锋"。

　　1988 年，蛇口工业区有限公司董事会确立"立足蛇口，依靠内地，走向海外"的经济发展新方针。工业区发展重点已逐渐从区域开发、建设良好投资环境、引进企业转向建立货源、原材料生产基地，开辟销售渠道以

① 招商局蛇口工业区总经理办公室编：《招商局蛇口工业区文件资料汇编》（第八集），1989 年，第 4—5 页。

及区外的投资开发，在坚持"三个为主"基础上加快发展港口运输和对外贸易两个行业，围绕新方针深化各项改革。企业管理从过去的注重外延式发展转变到加强内部管理，提高工业区的整体经济效益上来。

1989 年 2 月 2 日，蛇口工业区举行干部大会，乔胜利作 1988 年工作总结和 1989 年工作要点的报告。袁庚强调：改革既要注重经济效益，也要注重社会效益。我们这里的许多优势正在失去，许多先天弱点正在暴露出来，必须正视形势对我们提出的严峻挑战，否则，珠江三角洲密密麻麻的工厂海洋就会把我们淹掉。为此必须把事关每个人和子孙后代利益的港口建设抓好，一定要下决心培养一大批像香港那样的高层次人才，把蛇口建设成为高智能的社区。

1989 年 3 月 15 日，蛇口工业区有限公司第一届董事会召开第六次会议，重点讨论蛇口股份化问题，有的董事认为，国际化、社会化、股份化是蛇口改革发展的出路，会议决定将剩余收益制扩大到港务公司、经营服务公司、供水公司、旅游企业公司、免税品公司等 7 个直属公司。袁庚提出采用"融资股份"方法实现股份化的建议。梁鸿坤建议工业区当年通过股份化集中资金 3000 万—5000 万元，推动工业区产业结构转型。

1989 年 3 月 19 日，蛇口工业区举行"立功创先"表彰大会，乔胜利提出，工业区要向更高层次发展，再引进的项目则要以资金密集型和技术密集型为主，突出蛇口工业区"产业结构以工业为主，建设资金以外资为主，产品销售以外向为主"这一原则。

1989 年，蛇口工业区在原来"三个为主"和"五个不引进"的基础上，又加上一条："纯劳动密集型的企业也不引进"。这样，蛇口工业区的产业政策变成"三个为主"和"六个不引进"。

1989 年 8 月 10 日，蛇口工业区有限公司第一届董事会召开第七次会议，提出下半年工作主要有：切实加强企业的政治思想工作，搞好企业管理体制改革，增强企业活力，调整基建计划，保证重点项目的建设和投资环境的改善。

1989 年 9 月 13 日，中央政治局常委、书记处书记李瑞环视察蛇口工业区，他强调，要把改革开放搞得更稳、更好、更快。

1989 年 9 月 30 日，蛇口工业区举行庆祝中华人民共和国成立 40 周年及蛇口工业区建区 10 周年庆祝活动。为纪念建区 10 周年，工业区先后完成中心体育场、海滨浴场、四海公园、女娲补天雕像、微波山钟塔以及通讯公司大楼、联合医院住院部大楼的建设，举行首届运动会，编演歌舞剧

《大潮》，举办"玫瑰杯"文艺会演，摄制《蛇口奏鸣曲》大型纪录片，发行纪念蛇口工业区创建十年"纪念封"，举办工业区十年回顾展、书法展、邮展，并向全体员工颁发工业区徽标。深圳市邮电局出版发行《蛇口》明信片 8 万套，一套 10 枚。晚上在四海公园举行盛大游园晚会，在南海酒店和海上世界分别举行酒会和招待会，感谢蛇口的投资者和对蛇口做出突出贡献的境外、区外朋友。袁庚在两个酒会上发表演讲，强调坚定不移地探索具有中国特色的社会主义道路。

1990 年 1 月 4 日，经国务院批准，特区内撤销罗湖、福田（原上步）、南头、蛇口、沙头角 5 个管理区，成立罗湖、福田、南山 3 个市辖区。其中沙头角、罗湖 2 个管理区合并组建罗湖区。撤销南头管理区和行使地区级地方政府职能的蛇口管理局，组建成立一级地方政府南山区人民政府。

1990 年 5 月，招商局集团董事会召开第四次年会，特别强调要下气力办好蛇口工业区。要求蛇口工业区办好已建成的三资企业，增强对外商的吸引力；抓紧对投资环境有重大影响的基础设施建设，积极扩大供电、供水、通信容量，增加服务项目，提高层次和水准；坚持"三个为主"的方针，调整产业结构，引进外向型工业企业，积极发展技术密集和资金密集型产业。

1990 年 7 月 4 日，招商局集团向交通部呈报《关于向广东省、深圳市领导汇报蛇口工业区管理体制有关问题的报告》。报告陈述：6 月下旬，乔胜利向广东省于飞副省长汇报有关情况，省里意见：1984 年 7 月粤发〔1984〕31 号文中涉及的职责，原则上保留不变，由省政府丁励松副秘书长全权协调处理。他表示三点意见：1. 蛇口工业区目前的格局是历史形成的，要改变这种现状，会带来什么后果？这个问题要考虑；但是新的南山区成立，蛇口的体制有个衔接的问题，我的想法还是要照顾历史。2. 我们也主张政企分开，但是蛇口工业区的行政管理怎么办？管理委员会是行使政府授予权力的行政管理机构，汕头特区、广州开发区也是这样的体制。在对外经济活动中是否继续授权予它，维持下去。当然，只是部分权力，不是全部的。3. 我同意切块管理，蛇口工业区提出要求、计划，市里批给蛇口工业区，实现切块管理，切块给管委会，这样关系较顺。6 月 20 日，王世桢、乔胜利向深圳市委书记李灏作了汇报。李灏同志说，今后我们面临新的 90 年代，在前 10 年的基础上，根据新的形势和新任务，在方针、政策、体制上也应有新的做法、新的变化。他认为，蛇口工业区管理体制问题，不可能原样保持原来的体制，政企要分开，要照顾历史，把最大的权限给你们。我不想把你们控制得死死的。历史因素是要考虑的，但不一定用原来的体制，可采用另外变通的形式。这个事，我们市里定不了，省里也可能定不了，要国务院特区办来协调解决。总之，关于体制问题，政企要分开，要照顾历史，这件事你们不要太急，至少要等南山区成立以后才能办。市政府办公厅也初步了解一下情况，最后要国务院特区办来协调解决。关于干部问题，李灏同志表示，蛇口工业区董事会和总经理班子市里可以不管，但党委书记须由深圳市委批准任命。六月间，我们还与深圳市市长郑良玉、周溪舞副市长、朱悦宁副市长、张鸿义副市长、李定秘书长、国务院特区办赵山司长交换过意见。蛇口区管理局即将停止行使职责，蛇口工业区的许多工作将无法衔接和继续，解决有关体制的问题已迫在眉睫。恳请国务院特区办牵头，与广东省、深圳市协调，以促使这个问题尽快得到妥善解决。[1]

① 招商局集团办公厅、招商局史研究会:《袁庚文集》，2012 年 9 月编印，第 276 页。

1990 年 7 月 24 日，蛇口工业区有限公司第一届董事会召开第九次会议，确定工业区今后 5—10 年的主要工作目标，树立立足蛇口思想，"上山""下海"扩充蛇口工业区用地，把蛇口建设得更加美好。

1990 年 8 月 17 日，南山区与蛇口工业区联合召开研讨会，共同探讨经济合作前景，会议认为，合作就是注重沟通，立足互补，共创繁荣，对具体合作方式，如成片开发，建立保税工业区等作了初步探讨。

1990 年 8 月 28 日，蛇口区管理局召开新闻发布会，宣布蛇口区管理局工作行将结束，主要职能并入成立在即的南山区人民政府。

1990 年 9 月 24 日，南头管理区和蛇口管理区合并成立南山区，南山区人民政府正式成立，区政府驻南头街道，总面积 182 平方公里（包括内伶仃岛和大铲岛），下辖南头、南山、招商、蛇口、粤海、沙河、西丽和桃源[2] 8 个街道。蛇口工业区由招商局蛇口工业区有限公司负责运营，南山区负责行政管辖。

② 桃源街道位于深圳市南山区东北部，是 2002 年从原西丽街道划出来的。

1990 年 10 月 10 日至 13 日，蛇口工业区有限公司第一届董事会召开第十次会议，听取并审议乔胜利总经理的工作报告，讨论第一届董事会工作公报。

1990 年 10 月 22 日，蛇口工业区召开干部大会，交通部人事劳动司司长姚明德传达部党组决定，张振方任中共招商局蛇口工业区党委书记。

1990 年 10 月 23 日，蛇口工业区举行第二届董事会候选人选举大会，选举产生乔胜利、周为民、余昌民、卢晓并、赵勇、车国宝、彭顺生、陈矢建、陈金星、王今贵、陈难先、陈安捷、范秀迎、刘梦虎 14 名候选人。30 日，投票选举乔胜利、周为民、余昌民、陈难先、卢晓并、赵勇、车国

宝 7 人为工业区第二届董事会民主选举
董事，王世桢、梁鸿坤、章秉权、蒙锡
4 人为由招商局集团委派董事，王世桢
任董事长。袁庚退出蛇口工业区有限公
司董事和董事长的职务。

1990 年 10 月 24 日，新加坡总理
李光耀偕夫人参观蛇口工业区和中新合
作项目赤湾石油基地（图 4-2）。当日
李光耀总理在南海酒店的贵宾留言簿上
签名留念。

图 4-2　1984 年，赤湾石油基地股份有限公司成立

1990 年 11 月 8 日，蛇口工业区有
限公司第二届董事会召开第一次会议，宣布第二届董事会名单，王世桢出
任董事长；讨论和修订《招商局蛇口工业区董事会工作条例（草案）》、《关
于加强调查研究工作进一步密切联系职工群众的决定（草案）》、《关于重点
研究工业区有限公司管理体制与机构的提案》；讨论总经理和副总经理人
选，决定聘请乔胜利任总经理，聘请由总经理提名的车国宝、蒙锡、康健
任副总经理。由此，袁庚退出蛇口工业区的领导职务。

1990 年 12 月 7 日，深圳市政府下发《关于蛇口、南头并区后蛇口工
业区管理体制的批复》（深府〔1990〕371 号文）指出：并区后有利于新区
政府职能的履行和保持工业区良好的投资环境，维持政策的连续性，稳定
外商的投资信心。本着照顾历史，在市职权范围内尽可能多给工业区一些
自主权。土地、山林由市政府统一管理、垄断经营。工业区原已取得土地
使用权并转让的土地要进行清理，没有办理手续的补办手续，未取得土地
使用权的按有关规定取得土地使用权再转让。工业区规划经市政府批准后
实施，建筑、房地产等证经市政府核准后由工业区代发。机电产品进口统
一报市经济发展局（简称"经发局"）和计划局审批，非商业性进口由市政
府统一委托工业区审定。区内已批准的企业和协议、合同继续由工业区管
理和执行。新上 1000 万美元以上投资项目须报市政府立项审批。调干、用
工等每年由市政府下达年度指标。工作人员出国，由市政府下达指标，报
市批准。税收按规定上缴市财政。土地使用费按规定上缴。区内市政设施、
园林绿化维护、学校、医院、文化和体育设施等，按市批准的总体规划和
要求，由工业区负责建设和管理。区内市政设施、园林绿化维护、学校、
医院、文化和体育设施管理等费用，由市财政一年拨款 1000 万元人民币包

干使用。以 1990 年税收入库为基数，超收部分市财政按 10% 奖励给工业区。物资、外汇、基建计划由市政府切块下达。党的关系隶属驻深工委领导。文、教、卫、民政及计划生育等工作归南山区政府领导和管理。[①]

招商局蛇口工业区原有的部分职权特别是税收征管权交给了深圳市政府，但仍然履行诸多社会职能，承担着支付学校、医院和公用事业经费的责任，每年最高支出达 1.4 亿元，造成经济上不堪重负。在收费很少的情况下，工业区承担了 4 万多名职工的住房、培训、子女入学、入托、医疗、文化、体育、娱乐等。别的不说，仅就子女入托、入学而言，工业区每解决一个幼儿入托，就需要投入 7700 元，每个幼儿入托后，每年又要补贴 1430 元，中学生每年补贴 1240 元，其负担之沉重可想而知。工业区还承担市政建设和维修任务，截至 1991 年，这方面的累计支出已达 4.04 亿元，而每年税收返还的城市建设费仅仅 1000 万元，还不足实际支出的 1/5，严重入不敷出。

1991 年 1 月 1 日，蛇口工业区有限公司第二届经理班子正式就职，乔胜利任总经理，车国宝、蒙锡、康健任副总经理。

1991 年 1 月 2 日，深圳市人大常委会主任厉有为，副市长王众孚、朱悦宁视察蛇口工业区，参观开发科技公司、广东浮法玻璃厂、华丝公司和联合饼干厂。他们说企业无疆界，发展靠自身。欢迎蛇口工业区到深圳市及南山区投资办企业。市领导对工业区十年建设成就给予了充分肯定，认为干部实行聘任制、能上能下，是工业区干部队伍充满活力的重要因素。

1991 年 1 月 23 日，蛇口工业区有限公司第二届董事会召开的第二次会议提出：创造新的"蛇口效益"，进一步改善投资环境，重视企业管理，尤其是三资企业的管理，实行必要的产业倾斜政策，继续壮大工业区自身的实力；合理利用资源，优化经济结构，淘汰一批消耗大、效益低的企业与产品，积极发展第三产业，为中外企业和广大员工提供更好的综合服务。

1991 年 1 月 25 日，全国人大常委会委员长万里在深圳市委书记李灏和招商局集团常务副董事长袁庚、蛇口工业区董事长王世桢的陪同下，视察蛇口工业区的港口、建设中的蛇口集装箱码头、广东浮法玻璃厂及南山开发公司等企业。在参观南海油脂工业有限公司时，公司领导汇报 1990 年销售额达 8 亿元人民币，李灏说："这相当于深圳市工业总产值的 1/16。"万里在视察后表示满意，鼓励这些企业要努力学习和引进国外先进技术，并为蛇口工业区题词："南国春来早"。万里还仔细察看工业区规划图和设计中的水晶岛位置。

① 招商局蛇口工业区总经理办公室编：《招商局蛇口工业区文件资料汇编》（第十集），1991 年，第 30—32 页。1990 年，招商局蛇口工业区先后以蛇总函〔1990〕002 号、177 号向深圳市委、市政府报送《关于蛇口、南头区并区后，保持蛇口工业区工作连续性的紧急请示》和《补充请示》。

1991 年 2 月 11 日，蛇口工业区召开干部大会，会议强调：工业区要围绕“量入为出，保证重点，留有余地，注重效益”的指导思想，加强企业管理，深化企业制度改革，扩大剩余收益制的实践，发展股份制企业；要继续调整完善管理体制，改善投资环境，优化经济结构，发展第三产业和拳头产品，同时加快以港口为中心的海陆交通运输业的发展。

1991 年 2 月，深圳市南山区设置蛇口街道办事处和水湾街道办事处，蛇口街道办辖东角头、湾厦、海湾、渔一、渔二、海滨、海昌、南水、大铲、雷岭、内伶仃岛、围仔 12 个社区，面积 6.37 平方公里。水湾街道办管辖花果山、水湾、五湾、赤湾、沿山、桃花园、四海、兰园、桂园、文竹园、海月 11 个社区工作站，面积 14.62 平方公里。1993 年 11 月，水湾街道办更名为招商街道办。

1991 年 3 月 12 日至 13 日，中共招商局蛇口工业区代表大会召开。大会选举产生中共招商局蛇口工业区第三届委员会和纪律检查委员会。张振方任党委书记，乔胜利、马纪凯任党委副书记。

1991 年 7 月 18 日，招商局蛇口工业区有限公司第二届董事会召开第三次会议，原则通过《招商局蛇口工业区十年发展纲要（1991—2000）》，确定工业区今后十年的发展方向和到 20 世纪末的目标为：成为拥有一批骨干项目、第三产业发达、人才丰富、组织管理规范、海内外拓展较具规模、实力雄厚的综合性集团企业，同时建设一个经济繁荣、社会进步、生活富裕、环境优美的现代化海港工商城区。

1991 年 8 月 31 日，蛇口工业区有限公司办理注册登记手续，确定注册资金为 2 亿元人民币。将招商局集团原投入的港币 2.03 亿元按当时汇率折合成人民币 6350 万元作为集团对工业区固定资产的投资，将工业区留存的发展基金划出人民币 5520 万元转作对工业区固定资产投资，另将工业区留存的发展基金划出 8130 万元转作对工业区流动资金的投资，并就此事请示招商局集团予以确认。9 月 2 日，招商局集团有限公司批复：1. 同意将集团原投入的港币，按当时的汇率折合成人民币转作集团对工业区固定资产的投资。2. 同意从留成的发展基金中划出人民币 5520 万元转作对固定资产的投资，划出人民币 8130 万元转作流动资金。

1991 年 10 月 23 日，中共蛇口工业区委员会召开扩大会议，讨论通过《蛇口工业区精神文明建设发展纲要（1991—2000）》和《蛇口工业区党委管理干部的管理办法》。

1992 年 1 月 17 日，蛇口工业区第二届董事会召开第四次会议，确立拓宽发展思路，全面深化改革，壮大自身实力，改善投资环境，促进结构转型，把两个文明建设提高到新水平的指导思想，审议通过《招商局蛇口工业区十年（1991—2000）发展纲要》。

1992年1月18日，蛇口工业区有限公司与招商集团联合举办迎春联谊会，袁庚提出：蛇口的希望在西部、在港口和铁路的建设。如果港口搞到4500万吨的吞吐量，将带动起船务、金融、保险、商务代理等一系列第三产业。那时，蛇口的繁荣程度，将使蛇口人感受到真正的归宿感和光荣感。

1992年1月19日，国务院副总理朱镕基由广东省副省长张高丽等陪同来蛇口工业区视察工作。朱镕基一行到蛇口中国海洋石油大厦参观并听取汇报，登上"惠州26-1号"油井平台和"发现号"油轮，与技术人员和外国专家座谈。朱镕基说：石油是重要的能源，发展石油工业是我们的战略方针。

1992年1月21日至25日，国家主席杨尚昆视察蛇口工业区，考察蛇口的工厂、渔村和工业区培训中心、图书馆四库全书阅览室，乘车视察赤湾港和蛇口港三突堤，听取招商局集团和蛇口工业区领导的汇报，对招商局成立120周年表示祝贺，并挥笔题词："贺招商局百二十周年，招天下商，通五洲航"。

1992年1月23日上午8时35分，邓小平乘车离开深圳市迎宾馆，向位于南头半岛的蛇口工业区驶来。李灏在车上抓紧向邓小平汇报今后的几点打算。李灏说：特区是您倡导建立的，在发展过程中遇到许多困难。1984年和今年春天，您在关键时刻又亲自到深圳来支持，指明方向。邓小平说：特区取什么名字，为什么叫特区，都是经过考虑的。过去，中央陕甘宁边区叫特区，那是政治特区。你们的经济特区当然不同于那个特区啰。你们是经济特区。李灏继续汇报说：深圳办经济特区，虽然中央给了一些特殊政策，我们心里很明白：在政治上一定要同中央保持高度一致，一定要认真贯彻您的重要指示精神。今后10年，我们要做好三件工作：第一，进一步放开一线、管好二线，也就是要构建一个类似香港的自由港区；第二，搞产业结构调整，发展金融业、服务业和高新技术产业，把第三产业作为支柱产业来抓；第三，撤销宝安县，建立三个区，逐步推进特区内外的农村城市化。邓小平说：你们的这些计划，我都赞成。大胆地干。每年领导层总结经验，看到不对的就赶快改，看到问题出来了要赶快解决。不断总结经验，这样，至少不会犯大错误。邓小平又说：我刚才说了，第一条是不要怕犯错误，第二条是发现问题尽快改正。不要搞形式主义，更不要搞什么大规模运动。当领导的凡事要冷静考虑，才不会耽误工作。[1]

当车快到蛇口工业区时，车上有陪同人员说，我们很快就要到蛇口了。邓榕开玩笑说："深圳是广东的独立王国，蛇口是深圳的独立王国。"谢非、李灏马上说："不，不，是试验特区。我们哪敢搞独立王国。邓主席。"邓榕在老父亲的耳朵边大声地说："谢非、李灏同志他们说，他们没敢搞独立王国。"由于时间还充裕，特别安排车队在蛇口的"海上世界"前面停留一下。邓榕特别指着大轮船船头"海上世界"几个大字，对小平同志说："这是海上世界，是您给题的名。"车子缓慢地行驶，邓小平乘车视察蛇口工业区、赤湾、左炮台以及厂区、社区。然后到达蛇口港码头。下车前，李灏对小平同志说：您这次来，深圳人民非常高兴。我们希望您不久再来，明年冬天来这里过春节。[2]

邓小平下车后，同前来迎接的中共珠海市委书记、市长梁广大，珠海市委副书记黄静，珠海市公安局局长关玉嘉握手。然后，邓小平转身同深圳市负责人李灏、郑良玉、厉有为等一一握别。邓小平向码头走了几步，突然又转回来，对李灏等说："你们要搞快一点！"李灏说：您的话很重要，我们一定搞快点。接着邓小平乘船前往珠海经济特区视察。[3]

1992年2月7日，全国人大常委会副委员长、交通部原部长叶飞来蛇口工业区视察，称赞工业区成立13年所取得的成绩，挥笔题写"发展社会主义特区经济的成功经验"。叶飞考察了蛇口集装箱码头、培训中心、赤湾石油基地、赤湾港、南海油脂和海湾渔民新村。叶飞对工业区领导说："希望你们好好总结经验，不光总结经济建设的经验，更需要总结走社会主义道路的经验。不要怕困难，不要怕压力，把步子迈得更大些，更快些。"

1992年2月19日，招商局蛇口工业区有限公司的工商登记手续完成，注册资金2亿元人民币，取得由国家工商行政管理局颁发的法人营业执照。

1992年3月24日，蛇口工业区召开座谈会，欢送工业区三位创建元勋许智明、郭日凤、刘清林光荣离休。3位离休领导是抗日战争和解放战争时期参加工作的老干部，1979年担任蛇口工业区的领导工作，1983年3月退居二线。

1992年3月底，招商局集团金融工作务虚会在蛇口工业区召开，会议认为招商局集团应把握当前有利时机尽快推出更多的企业在深圳和香港上市，使招商局集团的发展登上第三个台阶。工业区总经理乔胜利和总会计师刘昌汉分别在会上介绍了工业区拓展多种融资模式的设想和工业区股份化改造方案。

[1] 吴松营：《邓小平南方谈话真情实录——记录人的记述》，北京：人民出版社，2012年，第124—125页。

[2] 吴松营：《邓小平南方谈话真情实录——记录人的记述》，北京：人民出版社，2012年，第125页。

[3] 吴松营：《邓小平南方谈话真情实录——记录人的记述》，北京：人民出版社，2012年，第130页。

1992 年 5 月 12 日，中共中央总书记、国家主席江泽民为招商局成立 120 周年题词："继承爱国主义精神，为实现祖国统一大业而奋斗"。

1992 年 6 月 23 日，招商局蛇口工业区有限公司第二届董事会召开第五次会议，审议通过《关于蛇口工业区进行股份化改造的报告》和《关于强化劳动人事管理，完善〈招商局蛇口工业区劳动管理条例〉的报告》，提出抓紧做好股份化改造工作，加快向外拓展步伐，要在企业界的兼并、买卖、租赁，以及金融、信息、咨询等方面积极探索，继续抓好港口建设，搞好引进工作，扩大工业区实力，进一步优化企业管理，简政放权，提高效率，增强企业活力。

1992 年 9 月 1 日，蛇口工业区正式发布实施《招商局蛇口工业区十年（1991—2000）发展纲要》（简称"《发展纲要》"），提出继续发挥工业区双重职能的优势，兼顾社区与本公司的发展；进一步深化改革，继续发挥改革试管的作用；提高工业区经济发展一体化水平，形成具有鲜明特色的产业结构；突破地域限制，充分利用有利条件向区外发展。蛇口工业区将成为经济繁荣、社会进步、生活富裕、环境优美的现代化海港工商城区。坚持工业主导，提出重点引进效益好的技术密集（或高科技）型企业、资金密集型企业、临港型企业；鼓励发展第三产业，即运输、房地产、贸易、旅游、金融、信息、咨询、培训和会展咨询，进一步提高作为南海石油开发后勤服务基地的地位。提出包括股份制、集团式管理、干部制度、工资福利、用工制度、社会保险、住房制度和民主法治廉政建设一系列改革措施。规划第一次把社区发展规划与本公司发展规划分开阐述。城区性质：国际性的现代化转口贸易港、工业城区，深圳特区西部的金融、贸易、消费中心和南海石油开发后勤服务的重要基地。经济发展：到 2000 年，项目总投资 10 亿美元，工业总产值 80 亿元，人均国内生产总值 3.2 万元（约合 6000 美元）；人口规模：2000 年总人口不宜超过 7 万人。将微波山至华洋宾馆一带建成现代化的金融、贸易、旅游、娱乐、高尚住宅和商业步行中心区。9 月 11 日，袁庚对《发展纲要》作出批示："过去曾经起过作用的做法，似乎仍要保存和发展。回头看一下，什么要发扬光大，什么要弃旧图新。开发和改革是不可分的。"①

1992 年 9 月 14 日，招商局蛇口工业区有限公司第二届董事会召开临时会议，审议蛇口工业区商贸中心规划。商贸中心区北起凯达公司、三洋公司，南至客运码头，西邻工业大道，东靠海滨，以商贸、金融为主，兼顾商住、娱乐、旅游。商业中心将依托港口发展，力争港澳市场，服务南

① 招商局集团办公厅、招商局史研究会：《袁庚文集》，2012 年 9 月编印，第 286 页。

海油田及辐射珠江三角洲，将对客运码头、海滨浴场、海上世界、三洋厂房等处进行重点改造。

1992年11月9日，袁庚在招商局集团1992年第二次董事会上作告别讲话，他说：

> 在第四、第五、第六届董事会上，我都一再提出招商局集团领导班子老化的问题，超龄服役是一个很大的危险。因为我意识到这个问题，即部领导不早下决心的话，很可能将来会出危险，青黄不接，甚至以后调整时难度越来越大。
>
> 我可以在这里讲一点，在我70岁那年，也就是五年前，1987年那年，我曾专门为这事写过一封信给李鹏同志，他那时当总理，我告诉他招商局集团这个领导班子——包括我个人，假如不很快地派人来接替、调整的话，会对工作很不利。李鹏同志把这封信通过组织部门征求了部里意见，由于各种原因，以后就没有下文，这是五年前的事情。在这个事情上，我总盼望有一天能解脱下来，这对党的事业，对我个人来讲都是有利的。
>
> 我点了一下，我在香港是十四年零二十天，换了四任总督，四个新华社社长，另外交通部长也换了六任。实际上我也承受了很大的压力。很多熟悉的朋友见到我都问：哎，老兄，你还没有下来呀！
>
> 我对二位部长和江波同志建议我退下来后当顾问，非常感谢，这有一点却之不恭，但我保证对新班子不会产生干扰作用，相反对出现的什么问题，我绝对不会袖手旁观，一定和大家负起责任来。
>
> 今天我算了一下，我身上挂虚的、实的职务共有26个之多，有些可以不管它，其他的要逐步更换。我力所能及的一些事情，我还可以去做，虽然我已经退了下来了，但是，我对蛇口的一草一木都感到非常亲切，对招商局所有的同志我也感到难舍难离，人总是有点感情的。如果过去工作过程中，有冲撞大家的地方，请大家多原谅！

1992年11月，75岁的袁庚三次申请离休的愿望终于实现，告别职业生涯，淡出招商局和蛇口工业区的舞台。

1992年12月4日，中共中央总书记、国家主席江泽民在北京接见招商局集团领导，祝贺招商局成立120周年。

1992年12月26日，国家邮政局发行《纪念招商局成立120周年》邮资信封，上有蛇口工业区的徽标。

1993 年 2 月 6 日，蛇口工业区召开转换职能专题会议。会议认为工业区投入负担沉重，税金返还不足，建设开发以来，工业区对社区责任大包大揽，对应承担的责任没有按应有的企业行为和经济规律去处理，加重了自身的负担，照此下去，将导致社区环境的恶化，应尽可能与省、市政府和有关部门沟通，希望从考虑和照顾历史沿革出发，仍保留蛇口工业区这块改革试验场所，保留工业区较多的自主权。

1993 年 2 月 18 日，招商局蛇口工业区有限公司召开第二届董事会第六次会议，会议提出集中资金、人才，大步向区外拓展，把房地产业、金融保险业、石油化工业扩大到沿海其他城市和内陆地区，加速股份制改造，开展多种形式的资产经营活动，扩大投资视野，发展第三产业，简政放权，优化内部管理，完善分配制度，拉开不同岗位的收入差距，重奖对工业区经济效益的提高有重大贡献者等十项主要工作任务和措施。

1993 年 4 月 17 日，中央政治局委员、国务院副总理李岚清考察蛇口工业区，深圳市市长厉有为和工业区领导陪同参观蛇口集装箱码头、赤湾港、美伦山庄等单位。

1993 年 5 月，招商局集团常务副董事长袁庚正式离休，但仍担任招商局集团高级顾问。晚年袁庚一直在蛇口定居。这标志着招商局和蛇口工业区 "袁庚时代" 的结束，"后袁庚时代" 的开始。

1993 年 7 月 1 日，招商局蛇口工业区有限公司召开第二届董事会第七次会议，对《蛇口工业区劳动管理条例》做出补充规定，审议通过《关于调整直属单位工资制度的报告》《关于股份制改造工作情况的报告》，听取《关于开发人工岛前期工作进展情况的报告》，探讨拟办 "蛇口大学" 的可能性。

1993 年 12 月 31 日，招商局蛇口工业区有限公司第三届董事会召开第一次会议，宣布蛇口工业区有限公司第三届董事会产生，李寅飞、赵庆生、孙寅、张泰山（以上由招商局集团委派）、乔胜利、陈难先、顾立基、蒙锡、康健、张振方、吴云民（以上由民主选举产生）任董事，李寅飞任董事长，乔胜利任常务副董事长，聘任顾立基为总经理，蒙锡、康健、熊栋梁为副总经理。

1994 年 5 月 16 日，深圳市政府办公厅将 "蛇口工业区未实行我市劳动保险政策，职工退职后待业手续无从衔接" 的材料和市长厉有为关于 "请劳动局与蛇口工业区很好协商解决" 的批示转招商局蛇口工业区。

1994 年 6 月 22 日，招商局蛇口工业区有限公司向深圳市委、市政府报送《关于蛇口工业区社会保险制度与深圳市接轨有关情况的请示》，提出希望市政府领导督促有关机构尽快落实厉市长的指示，并请市委、市政府安排一次机会，让我们向市长和市政府领导就此问题作全面汇报。

1994 年 8 月 9 日，招商局蛇口工业区有限公司第三届董事会召开第三次会议，讨论和确定处理企业和社区双重角色问题的基本思路。

1994 年 9 月 26 日，招商局蛇口工业区有限公司向深圳市政府和招商局集团报送《关于妥善处理蛇口工业区双重角色的报告》，提出工业区作为企业，不应再具备社会功能，必须立即着手逐步地予以解决；希望社会保险体制、劳动人事体制及住房制度等全面与深圳市"对接"。

1995 年 1 月 28 日，深圳市人民政府批复《关于蛇口工业区社会保险与市衔接的请示》。

1995 年 8 月 16 日，中共深圳市委书记厉有为，市长李子彬，副市长李德成、郭荣俊带领市政府办公厅、体改办、劳动局、人事局、住宅局、社会保障局、经发局、计划局、国土局、贸易发展局等部门的负责人到蛇口工业区现场办公，与招商局蛇口工业区有限公司董事长李寅飞、总经理顾立基、党委书记张振方及董事会全体董事、副总经理、各处室主要负责人一起，研究工业区劳动人事、社会保险、职工住宅与深圳市体制衔接问题。李子彬说：蛇口工业区的规模越来越大，深圳市的改革步伐也越来越快，永远政企不分不利于企业的发展。企业花许多精力和钱管社区政府的事，不利于现代企业制度建立，企业管生老病死干嘛？对企业的发展不利，工业区愿管，再管 10 年、20 年都没问题，愿意交给政府，我们就接，接下来市里一点利益也得不到。工业区社区管理与市里接轨，有利于提高市政整体的管理水平。厉有为说：今天说的三项（劳动人事、住房、社会保险）接轨条件都比较成熟。能否在今年以内就纳入市里的运作，这个目标行不行？不要老拖下去。你们再考虑有什么其他职能要交给市里，你们统一思想后，再与有关部门接触。最后由市政府定下来协调实施。[①] 最后办公会做出如下决定：

（一）蛇口工业区的劳动人事管理分别由深圳市、南山区两级职能局实施，不在蛇口设劳动、人事分局机构。将蛇口工业区企业分为三类：第一类为蛇口工业区的全资企业和控股企业，由市人事局、劳动局通过蛇口工业区进行管理；第二类为市属企业和较大企业，直接由市人事局、劳动局实行管理；第三类为其他企业，由南山区进行管理。会议责成市人事局、劳动局与蛇口工业区抓紧协商，尽快形成方案，

① 招商局蛇口工业区总经理办公室编：《招商局蛇口工业区文件资料汇编》（第十五集，上集），1996 年，第 39—42 页。

年内解决。

（二）蛇口工业区养老保险与深圳市衔接的问题按深府办函〔1995〕40 号文件执行；工伤、医疗、失业保险的衔接由市社保局、劳动局和蛇口工业区抓紧协商，尽快形成方案，年内一并解决。

（三）职工住宅方面衔接的时机已基本成熟，要求年内完成。

（四）有关蛇口工业区在公用事业、教育、卫生等方面的体制衔接问题，会议要求市有关部门与蛇口工业区本着逐步实行、共享资源的原则，积极磋商，共同研究，成熟一项，解决一项。[①]

① 张后铨编著：《招商局与深圳》，广州：花城出版社，2007 年，第 210—211 页。

1996 年 1 月 1 日，蛇口工业区社会保险制度与深圳市社会保险制度开始正式接轨。从 1996 年 5 月 1 日起，工业区开始执行深圳市统一的医疗保险制度，工业区社会保险制度与深圳市的接轨工作基本完成。1999 年 1 月 1 日，按照深圳市社保局的要求，从当日零时起，蛇口工业区社会保险并入深圳市社会保险系统并正式开始运作。

1996 年 1 月 31 日，根据《深圳市长工作会议纪要》的精神，凡蛇口工业区直属全资企业由深圳市劳动局、人事局对蛇口工业区有限公司实行管理；凡市属国有企业、股份制企业、驻深企业、内联企业、外商投资企业直接由市人事局、劳动局实行管理；其他企业，可视情况由市或区劳动、人事部门管理。接轨后，将在蛇口工业区组建"深圳蛇口劳动人事服务中心"，由市劳动局、人事局委托该中心代办蛇口工业区红线范围内所有企业有关劳动人事方面的事宜。1996 年 4 月 1 日，深圳蛇口劳动人事服务中心正式成立办公，蛇口工业区撤销劳动人事处、安全委员会和安全委员会办公室。这标志着蛇口工业区劳动人事制度全面与深圳市衔接。1996 年 4 月 1 日，深圳蛇口服务中心职业介绍所与人才市场在蛇口南山大厦开业。2002 年 5 月 14 日，深圳市劳动局、深圳市外事办联合发文，收回深圳蛇口劳动人事服务中心的行政管理职能。深圳市南山区专门设立蛇口人事人才、劳动两大服务管理机构，分别由南山区人事局、劳动局直接管理。

1994 年 4 月 1 日，蛇口工业区发出《关于调整职工住房配套费（地价）的通知》，按深圳市有关规定将"地价"改称配套费；工业区建筑面积每平方米配套费 254.5 元，今后调整时间、价格同深圳市政府保持一致。1995 年 9 月 1 日，工业区规定，职工住房的旧房价计算、租房租金调整幅度与深圳市政府的规定并轨。1996 年 11 月 15 日，蛇口工业区公布《住房制度接轨实施细则》规定：工业区按深圳市有关规定，开始向红线内与其签订

总协议的企业提供微利房，再由企业、单位租或售给其职工。要求解决职工住房必须坚持国家、用人单位、职工个人三者共同负担原则。凡符合蛇口工业区购买职工福利房资格，并于 1996 年 4 月 26 日以前已交购房申请表的无房户的住房问题，基本按照蛇口工业区住房制度接轨前的方式在该细则公布后三年内予以解决。1996 年 12 月 31 日，蛇口工业区首批社会微利房公开向职工发售。2002 年 2 月 22 日，颁布实施《招商局蛇口工业区关于执行〈深圳市国家机关事业单位住房制度改革若干规定〉》，至此蛇口工业区住房制度与深圳市接轨。

1996 年 4 月 16 日，深圳市批复招商局蛇口工业区有限公司《关于与深圳市三项制度接轨中有关问题的请示》，规定蛇口工业区正副职领导干部分别按正副局级干部管理，从以上领导岗位离退休人员也按此原则办理。

1997 年 1 月 8 日，由于蛇口工业区社会保险、劳动人事管理制度与深圳市接轨，工业区为此正式通知，自 1997 年 1 月 1 日起，退休人员由各企业单位自行负责管理。1997 年 9 月 24 日，招商局蛇口工业区有限公司决定从 1997 年度起，对购置微利房的职工不再予以补贴。

1998 年 10 月 23 日，中共深圳市委、深圳市人民政府印发《关于进一步加强规划国土管理的决定》，明确指出："收回南油集团、蛇口工业区、华侨城、福田保税区、盐田港（包括盐田港保税区）等成片开发区的规划国土管理权，由市规划国土部门实施统一管理。对成片开发区原划定的用地范围不变，原土地收益分配原则暂时不变。" 1999 年 10 月 26 日，深圳市人民政府印发《关于蛇口、南油、华侨城三个工业区行使行政管理权的决定》，决定收回原蛇口、南油、华侨城三个工业区行使的规划国土管理权、建设管理权、引进项目审批权、进出口审批权、往来港澳通行证审批权、社会保险管理权、环境保护管理权，上述权力由深圳市政府有关主管部门行使，原授予蛇口工业区的城区管理、卫生防疫管理和教育卫生管理等行政管理权，继续委托蛇口工业区行使。

1999 年 2 月 19 日，蛇口工业区正式完成工商规范登记，登记后的名称为"招商局蛇口工业区有限公司"，注册资本由 2 亿元变更为 3 亿元，股东单位变更为招商局集团有限公司（95%）和招商局轮船股份有限公司（5%）。

1999 年，蛇口工业区向深圳市、南山区报文，提出将所办 4 所中小学移交给政府的要求。2000 年 8 月 28 日，蛇口工业区两所育才中学、育才一小、育才二小正式移交给深圳市南山区政府。移交后学校分别更名为深圳市南山区育才中学、深圳市南山区育才一小和深圳市南山区育才二小。9月1日起，工业区4所学校进入政府事业单位编制，学校的校舍、教学设施等一切校产全部无偿移交，日常管理由南山区教育局负责。移交的4所学校共占地8万多平方米，教职员工400多人，在校学生近5000人，总资产4300万元人民币。2000年8月28日，深圳市南山区举行企业办学校转制移交政府管理签字仪式。2000年9月1日，占地8万多平方米、建筑面积近10万平方米、教职员工400多人、总资产4300万元的育才4所学校整体移交给南山区政府，工业区每年仍向育才学校提供数百万元的办学经费。2001年，蛇口工业区按照"以交政府为主、以快为主、以不留尾巴为主"的原则，完成工业区联合医院的移交工作。2002年12月17日，深圳市南山区和招商局蛇口工业区有限公司举行联合医院移交签字仪式。在原址同时挂两块牌子——"南山区妇幼保健医院"和"深圳市联合医院"。

2000年12月1日，招商局蛇口工业区有限公司向深圳市南山区计划统计局移交统计管理权。

2002年1月15日，深圳市人民政府住房制度改革办公室就《招商局蛇口工业区有限公司房改办法》做出批复，经过本次房改，在补交地价和小区配套费后，工业区职工所购福利房可以同市场商品房一样具备完全产权，可以居住、转让、出售、出租。

2002年5月7日，广东省人民政府办公厅下发通知，宣布撤销蛇口工业区、华侨城等397个开发园区，要求这些开发区不仅要取消名称，同时撤销管理机构，政府收回各项管理权限。

2002年5月14日，深圳市劳动局和深圳市外事办通知，收回蛇口劳动人事中心行使的政府授权的行政管理职能，今后不再作为蛇口工业区红线范围内企业劳动人事管理机构。

2003年1月25日，深圳市规划与国土资源局和招商局蛇口工业区有限公司签订《关于处理蛇口工业区用地问题的协议》，进一步明确用地产权关系，标志着蛇口工业区的规划国土工作全面纳入深圳市政府集中统一管理的轨道。

2006年2月，经中共深圳市委组织部批准，招商局蛇口工业区党委正式更名为招商局蛇口工业区有限公司党委，由社区党委转为企业党委，原管理的36家无产权关系单位党组织移交给地方相关机构党组织管理。这样，招商局蛇口工业区有限公司在深圳市正式以一家大型骨干国有企业的性质出现。

二、进一步完善基础设施工程

第一，港口码头建设。1987年2月20日，三个5000吨级油罐基础工程完成，一湾油库工程全面开工，总投资1000万元，工程包括25 000吨油码头一座，5000吨级油罐4个，主要为广东浮法玻璃厂供应燃料。1987年2月22日，蛇口工业区船务运输公司开辟马来西亚新航线，3800吨货轮"黄龙号"首航马来西亚的山打根港成功。1987年6月15日，蛇口工业区港务公司一突堤西侧35 000吨级码头开工，码头总长为326米，工程包括一个水深为14米的35 000吨泊位，一个水深为9.5米的5000吨泊位和一个水深为6米的小轮泊位。12月5日，蛇口工业区港务公司两台10吨门式起重机到港安装，大大提高港务公司吞吐能力。12月26日，蛇口工业区客运码头新突堤验收合格，投入试用。1987年，蛇口港外轮进出港4738次，占全国的18.5%，居全国第一位。1988年1月27日，3.5万吨级深水泊位竣工投产，为当时华南最大泊位，以最短日期、最低费用建成的一座现代化万吨级码头，使蛇口港年吞吐量由250万吨增加到370万吨。1988年3月9日，蛇口船务（液化气）运输有限公司所属液化石油气船"安龙"号首航成功，为中国第一艘专门经营国际近洋与国内沿海液化气运输船，先后在国内的镇海、上海金山、南京、大连、营口、香港和汕头等港口经营液化气运输。1988年5月11日，一艘满载3.2万吨散货的货轮靠泊蛇口港，这是该港开港以来第一次接卸3万吨级以上船舶。1988年8月28日，蛇口赤湾港第一座3.5万吨级码头泊位提前竣工投产。10月6日，赤湾港第二座3.5万吨级码头泊位竣工投产。1988年11月7日，蛇口工业区船务公司从日本购入的6000吨级货轮"昌龙"号投入营运。1988年11月26日，蛇口港第二突堤后方场地工程17 000平方米全部竣工投入使用。1988年12月14日，蛇口工业区船务公司购进的联邦德国产4100吨货轮"盛龙"号投入营运。1989年1月10日，工业区召开蛇口港规划会，首次对港口建设的布局、规模、经济价值作全面论证。蛇口港总体规划年吞吐能力为1500万—2000万吨，正在建设中的35 000吨、15 000吨和60 000吨3个泊位将于2月、6月和10月投入使用。1989年2月1日，蛇口客运港新候船厅开始启用，总建筑面积3000平方米，分上、下两层，上层设候船座位 800 个，下层设餐厅和商场，旅客进出分路而行，日接待 4000 人次，是深圳市当时唯一的水路客运站。1989 年 3 月 28 日，蛇口港第二突堤 35 000 吨级深水码头举行竣工仪式，蛇口港年吞吐量可达 80 万—100 万吨。1990 年 3 月 20 日，蛇口集装箱码头建设工程正式开工，位于深圳湾蛇口港一湾的三突堤，码头为两个 50 000 吨级集装箱泊位，年吞吐量为 50 万个标准箱，码头后方为 20 万平方米堆场，码头管理全部实行自动化。计划于 1991 年 5 月，两个 50 000 吨级集装箱码头主体工程完工，总投资 5300 多万元。1991 年 8 月 21 日，蛇口集装箱码头首期工程竣工投入试生产。

图 4-3　1990 年 3 月，蛇口港二突堤 1.5 万吨级码头竣工

1990 年 3 月 24 日，蛇口港二突堤 15 000 吨级码头竣工（图 4-3）。1990 年 7 月 23 日，由蛇口华南液化气船务有限公司全面代管的江门市煤气公司新购的 2500 吨液化气船"银龙"轮从蛇口首航新加坡。1990 年 9 月 18 日，东起蛇口港湾大道，连接蛇口二、三突堤，西至碧海路的南港大道动工修建。1991 年 1 月 8 日，蛇口工业区石化公司一湾油气库作业区、油气库扩建工程及化工仓库竣工（图 4-4）。1991 年 6 月 2 日，6 万吨级希腊巴拿马型"尼那其澳梯斯"号远洋巨轮装载 5.5 万吨化肥从加拿大出发，顺利停靠蛇口港 7 号泊位。这是蛇口港自开港以来停靠最大吨位船舶，在华南地区也属首次。1992 年 1 月 6 日，蛇口集装箱码头举行"蛇口日本集装箱班轮航线"首航仪式，25 000 吨级"滦河"轮首航日本，开通深圳第一条集装箱班轮航线。1992 年 3 月，全国最大的散粮码头——蛇口港二突堤 7.5 万吨级散粮码头建成并投入使用。码头水深达 17 米，可停靠 7.5 万吨级至 10 万吨级、长 300 米的巨轮，年通过能力可达 500 万吨以上。1992 年 5 月 6

图 4-4　工业区石油化工公司拥有油气码头、油库、气库

日，英国铁行箱运公司的 5 万吨级集装箱船"九龙湾"号成功靠泊蛇口集装箱码头，这是当时中国港口接纳的最大吨位集装箱船。"九龙湾"号全长 289.5 米、载箱量为 3057 个标准箱。1992 年 5 月 16 日，沙特阿拉伯国家航运公司同蛇口集装箱码头有限公司就开辟班轮航线签订协议书，蛇口港

成为中国首个集装箱环球航线中转站。沙特阿拉伯国家航运公司在这条环球航线上共投入 12 艘滚箱船参加营运，挂靠港口有韩国、日本、中国、东南亚、中东、意大利、美国、加拿大等国家和地区的港口。1993 年 2 月 10 日，蛇口联达拖轮有限公司出动 3 艘拖轮牵引全长 289.6 米、载货 5.8 万吨集装箱巨轮"利物浦湾"号靠泊蛇口集装箱码头，开创欧洲远东船队直靠蛇口港的先例。1993 年 8 月 18 日，蛇口工业区二突堤 7.5 万吨级散货码头工程竣工，通过国家验收投入试生产，成为华南地区最大的散货码头。码头全长 300 米、水深 15.5 米，可停靠 8—10 万吨级散货巨轮，为蛇口港新增年吞吐能力 250 万吨。1993 年 10 月 8 日，蛇口工业区港澳客运码头和汽车渡轮码头扩建工程通过验收投入使用。港澳客运码头可同时停靠 300 个客位的水翼船 4 艘，投产后客运码头接送能力提高一倍，汽车渡轮码头可同时停靠 3000 吨级汽车渡船两艘。

　　第二，通讯设施建设。1987 年 3 月 12 日，交通部批准通讯公司设立海岸电台，改善港口无线通讯，完善为南海油田服务的设施。1987 年 4 月 27 日，蛇口工业区通讯公司大楼开机打桩。大楼高 10 层，12 月 28 日封顶。1987 年 6 月 16 日，通讯公司投资 17 万美元开通蛇口至深圳 60 条局间中继电路，改善了通讯线数少，电路级别低，打电话难的状况。1988 年 8 月 20 日，新通讯大楼正式启用（图 4-5）。新大楼 NEAX-61 万门程控交换机割接完毕，全部投入使用，NEAX-61 万门程控交换机具有世界先进水平。1990 年 4 月 8 日，通讯公司将电话初装费下调 20%，个人住宅用户初装费：港币 3000 元或人民币 1600 元，蛇口家庭电话安装率达 60%，居全国领先地位。蛇口通讯公司投入 3000 多万元资金，几经改造，已建成一个具有 20 世纪 80 年代世界先进技术水平的电话交换系统，拥有电话容量 10 500 线，推行委托银行代收电话资费方式。1992 年 5 月，蛇口工业区通讯公司完成 140MB 数字微波工程，使蛇口的中继电路对外传输总容量达到 3840 路。1992 年，新扩充电话线路容量 1 万门，使市话容量增至 2.5 万门，每百人市话拥有量接近香港等发达地区或国家。1993 年 9 月 15 日，蛇口工业区通讯公司—NEC—住友—深业 NEAX61 电话交换机第三次扩容合同签字，此次扩容电话交换机为 1.9 万门，是蛇口规模最大的一次扩容，扩容后蛇口电话交换机容量增至 4.4 万门。

　　第三，供水设施建设。1987 年 6 月 3 日，供水公司水厂扩

图 4-5　1988 年 8 月，蛇口工业区通讯公司新通讯大楼启用

建一期工程动工，竣工后水厂供水能力将增至每日 6 万吨。1987 年 7 月 15 日，供水公司日供水量达到 31 780 吨，超过水厂设计能力的 59%，供水公司采取应急措施，在西丽水库增设加压泵。1987 年 8 月 1 日，供水公司第二水源宝安县铁岗水库第一段输水管道线路铺设工程开工，第一段输水管道线路为铁岗水库至西乡广深铁路段，投资总额 3000 万元。工程分为距蛇口 18 公里的铁岗水库堤坝加固、安装取水泵房及 18 公里长输水管道、扩建蛇口水厂等三部分。1987 年 11 月 23 日，供水公司二号水池正式启用，工业区管网供水压力普遍提高 10 米，局部低压区供水可以改善。1988 年 7 月 3 日，供水公司为缓解供水紧张局面，在西丽水库设置抽水泵船。1988 年 10 月 12 日，与深圳市自来水公司签订供水合同，从深圳东湖水库为工业区供水。1988 年 11 月 19 日，供水公司第二水源管线敷设工程完成，开始试通水。1990 年 5 月 18 日，供水公司梯形滤池通过验收，投入运行。1992 年，通过健全水质检测管理体系，区内水质综合合格率达到 99.5%，高于国家饮用水标准，被深圳市评为"卫生先进水质达标单位"。

第四，供电设施建设。1987 年 2 月 19 日，蛇口工业区与广东省电力系统联网的海底电缆保护工程开工，由香港中华电力公司承建。1988 年 3 月 6 日，香港中华电力公司海底电缆通过蛇口与广东电网正式联网运行。1989 年 2 月 12 日，供电公司和能源部南京自动化研究所签订一项建立蛇口电网自动监控系统协议，使蛇口工业区电网供电实现遥控、遥测、遥调、遥信电子计算机化。1989 年 3 月，供电公司更换扩大 3 号变压器容量，将原来的 15 000 伏安扩大为 31 500 伏安。1989 年 7 月 18 日，蛇口工业区决定敷设第二条香港蛇口海底电缆。1990 年 4 月 1 日，因香港中华电力公司电价调整，供电公司调高电价，职工宿舍电价每千瓦时收人民币 0.28 元，住宅（公寓、别墅）每千瓦时收港币 0.704 元，大用电量户每千瓦时收港币 0.546 元。1992 年 1 月 8 日，110 千伏第二变电站建成，验收合格并通电。

第五，环保与绿化。1987 年 4 月 20 日，四海垃圾场封闭，区内垃圾暂运往宝安西乡处理。1987 年 7 月 15 日，房地产公司及公用事业室与南头区西丽办事处达成协议，蛇口工业区将在西丽湖旁征地 60 亩，并将区内苗圃迁往该地。1987 年 5 月 1 日，园林公司在锦园新辟"园中园"开园，展出许多奇花异草。1987 年 6 月 27 日，深圳市、南山区卫生防疫站和蛇口区工会三家组成的小组对开源鞋厂污染进行监测，发现该厂粉尘大大超过国家标准，其中所含二氧化硅超过国家标准 10—35 倍、苯甲苯超过 5—10 倍。1989 年 7 月 1 日，四海公园正式开放，园内湖、桥、亭、林四景兼备，花草树木繁茂，昼夜对外免费开放。1989 年 9 月 22 日，蛇口港务公司通过国家级鉴定，成为深圳市第一个"无鼠害"港。1990 年 8 月 8 日，决定成立污水整治小组，着手根治蛇口海域污染。1990 年 10 月 13—14 日，全国城市卫生检查团一行 26 人来蛇口工业区检查工作，蛇口港客运站、三洋电机线路板厂、南海酒店、招商大厦（图 4-6）、微波山等地先后接受测鼠、垃圾处理、厕所、空气质量、食品饮用水卫生、环境卫生等项目检查，为深圳市争得可贵的 10 分。1991 年 2 月，蛇口工业区环境保护管理所成立。1991 年 2 月，蛇口工业区卫生防疫站正式成立。

图 4-6　招商大厦外观与内部办公环境

第六，对外交通建设。1987 年 8 月 1 日，蛇口至深圳市区公交线路正式通车。1987 年 11 月 9 日，后海路筑路工程和碧海路筑路管线敷设工程竣工验收。1990 年 7 月 26 日，蛇口工业区、南山开发公司、南油深圳开发总公司联合召开西线铁路筹建工作。1990 年 9 月 18 日，东起蛇口港湾大道，连接蛇口二、三突堤，西至碧海路的南港大道开始动工修建。1991 年 1 月 9 日，蛇口至澳门海上客运航线开通，该航线是继蛇口至香港航线后，蛇口通向境外的第二条客运航线。1991 年 3 月 9 日，汽车客运公司开通蛇口港客运站至南头汽车站公共中巴线路。1991 年 4 月 11 日，深圳西线铁路正式定名为"平（湖）南（头）铁路"。1991 年 6 月 29 日，由招商局发展有限公司、招商局蛇口工业区有限公司、中国南山开发股份有限公司、南海石油深圳开发服务总公司、铁道部广州铁路局和蛇口渔工贸发展总公司投资的深圳平南铁路有限公司成立。1991 年 9 月 28 日，深圳平南铁路正式动工。这是新中国成立以来首条由 6 家中外企业投资修建和经营的地方铁路。平南铁路全长 44.7 公里，是国家铁路网的三级支线铁路。在

① 2016 年 9 月 14 日，深圳市与广铁集团就加快深圳铁路建设、促进深圳经济社会发展的一系列合作事项签署合作框架协议，其中第一项就是启动拆除西丽以南段平南铁路，解决制约前海蛇口自贸片区建设开发的瓶颈问题。2016 年 9 月 28 日，平南铁路深圳西站以南段动工开拆。2003 年 12 月 25 日，由政府和平南铁路公司共同出资 700 万元人民币，历时 3 个月的深圳西客站改造工程竣工，正式投入使用。改造后的新站面积约 3800 平方米，新建部分近 3000 平方米，候车室面积 2800 平方米，办公用房 200 平方米，车站广场 20 000 平方米；公交车、出租车、小汽车实现分片分道管理。

东端平湖站连接广深铁路、京九铁路。自东向西途经深圳的龙岗区、宝安区、南山区。沿途设坂田站、西丽站、深圳西站。在西端连接蛇口和妈湾两个港口。并设有连接蛇口站的蛇口支线。蛇口支线在平南线本线上分歧，全长 6.1 公里（深圳西—蛇口港）。1992 年 1 月 15 日，经金融管理部门批准，招商局蛇口工业区有限公司发行建设债券 3000 万元人民币作为平南铁路建设资金的补充。1992 年 6 月 22 日，平南铁路银团贷款签字仪式举行，经中国人民银行深圳特区分行批准，贷款总额 2.3 亿元人民币，有深圳市建行、市工商行、中国银行、农业银行、发展银行、招商银行、交通银行、中信银行等 8 家银行参与。1993 年 3 月 28 日，部分通车并进入试运营。1994 年 10 月 1 日，平南铁路正式并入全国铁路网，正式运营（图 4-7）。①

第七，配套建设。1987 年 3 月 8 日，蛇口工业区地产公司玫瑰园住宅小区第一期工程验收合格，交付使用，16 000 平方米住房全部租、售给职工。1987 年 10 月 9 日，一湾液化石油气库工程开工。1987 年 12 月 31 日，一湾液化石油气库工程 4 个 100 立方米卧罐罐体安装完毕。1987 年 3 月 24 日，蛇口工业区房地产公司为开发南海油田的石油公司提供的高档复式建筑"南海小筑"住宅工程破土动工，"南海小筑" 4000 平方米，2 栋共 16 套高级住宅。1987 年 3 月 25 日，玫瑰园第二批 168 套住房出售。1987 年 4 月 17 日，房地产公司第二期玫瑰园小区开始预售。1987 年 4 月 27 日，蛇口工业区后海宿舍规划方案由建设规划室、房地产公司等有关部门审定，共建 9 栋 400 套。计划用五六年时间全部建成，可居住 30 000 人。1987 年 5 月 4 日，蛇口工业区房地产公司为美国西方石油公司提供蛇口园坛庙 14 栋别墅（后称鲸山别墅），2 栋公寓全面开工，10 月交付使用。1987 年 6 月 4 日，港务公司 14 层工人宿舍正式启用，400 多位民工搬入新居。1987 年 6 月 9 日，蛇口工业区房地产公司与美国西方石油公司签署西方石油公司迁入蛇口的住房协议。1987 年 10 月 12 日，"南海小筑"两幢公寓验收。1987 年 11 月 3 日，玫瑰园 202 小区 5 栋宿舍完工。四海 303 小区 13 栋单身宿舍交付使用。1987 年 11 月 10 日，蛇口工业区生活服务公司与广州和珠海煤气公司、蛇口船务公司磋商，研讨成立液化气联合运输船队。1987 年 12 月 29 日，玫瑰园二期 7 栋住宅完工验收。1989 年 1 月 18 日，房地产公司与香港锦华集团、利比亚富卡斯公司合资经营的"蛇口酒店业咨询培训服

图 4-7　1993 年 3 月，平南铁路通车典礼

务有限公司"投资的"海涛小筑"建筑群开工（图4-8）。1989年1月，紫竹园小区5栋住宅楼通过验收，提供550套单身职工住房。1989年5月29日，一栋由蛇口工业区房地产公司自己投资、自己开发的商业住宅花果山高层公寓动工打桩（图4-9）。1989年6月9日至10日，房地产公司预售爱榕园小区职工住房65套。1989年6月，修建蛇口微波山钟塔。1989年9月9日，海滨花园高层公寓大厦封顶；12月28日海滨花园B座塔楼海晖阁竣工，建筑总面积45 697平方米，包括塔楼3座各20层，

图4-8　"海涛小筑"落成

裙带房2座各3层。1989年12月25日，爱榕园住宅区通过全面验收并交付使用。到1990年底，建成各种档次的酒店、宾馆、招待所27家。1991年2月3日，房地产公司开始预售蛇口翠薇园168套职工住宅。1991年12月28日，深圳经济特区国营外币免税品商场蛇口分店开业。1992年12月18日，蛇口工业区首家全资直属酒店美伦山庄正式开业，总投资1000万元，是蛇口地区规格最高、服务上乘的酒店之一，成为工业区外事活动的接待中心。1993年1月1日，深圳经济特区国营外币免税品商场蛇口分店迁入新落成的海滨商业中心并正式开业，免税店面积由原来的1100平方米增加到2000多平方米，经营商品增加到15 000多种。1993年1月10日，蛇口工业区房地产公司桂园住宅小区294套职工住宅开始预售。1993年6月20日，深圳西部第一座海上油库"大庆255号"驶进蛇口港海面。

图4-9　花果山高层公寓——花果山大厦

"大庆255号"全长223.43米，载重量5万吨。海上油库是由深圳蛇口船舶燃料供应公司与广州海运局合作，投资总额1000万元人民币，将一艘退役的油轮改建而成的。1993年12月24日，蛇口工业区标志性建筑，高档行政办公楼宇新时代广场举行奠基仪式，大厦主体高36层、160米（图4-10）。

　　第八，社会建设。1987年6月19日，蛇口工业区第一幼儿园、第二幼儿园被评为"深圳市一类幼儿园"。1988年9月10日，蛇口工业区育才学校中学部被评为深圳市先进学校，育才学校小学部被评为蛇口区先进学校。1989年4月，联合医院拥有350个床位的新住院大楼启用（图4-11）。5月联合医院消化病诊治中心开业；6月联合医院设立病理科、放

图 4-10　1996 年落成的蛇口工业区新总部大楼——新时代广场

图 4-11　蛇口联合医院

免科，共设专业科室 22 个。1989 年 7 月 1 日，投资为 1300 万元、浴场面积为 8 万平方米的海滨浴场正式免费开放，海滨浴场位于蛇口六海湾，总面积 12 万平方米，滨浴场管理公司下设环境、救生、经营 3 个部门，负责管理浴场秩序、卫生清洁和浴场四周绿化、游泳者安全、宣传安全知识、救护、出售服务用品等（图 4-12）。1989 年 7 月 1 日，占地面积 51 000 多平方米的工业区体育中心（图 4-13）落成使用，拥有网球场和篮球、排球场等各种现代化运动场地和设施，蛇口工业区首届职工运动会举行。碧涛苑俱乐部为职工提供完备的室内健身器械和娱乐设施。1989 年 7 月 2 日，《女娲补天》（图 4-14）塑像在蛇口海滨落成，像高 18 米，仿汉白玉砌筑。塑像由蛇口工业区出资，著名雕塑家傅天仇、曹春生创作，著名雕塑家唐大禧现场主持制作。1986 年，正式出刊《蛇口通讯》报公开发行，1989 年 11 月，因故停刊。1987 年，《蛇口工人》报创刊。1990 年 6 月 16 日，蛇口工业区公关协会组建的"丝绸之路"时装模特队，在蛇口华洋酒店首次亮相。共有男女 12 名队员。1990 年 6 月 18 日，经广东省新闻出版局批准，工业区主办的《蛇口消息》报试刊。1990 年 6 月 27 日至 29 日，蛇口工业区召开精神文明建设工作会议（图 4-15），总结工业区十年来精神文明建设工作情况，讨论了工业区今后三年精神文明建设发展纲要。截至 1991 年底，工业区累计投资用于公用事业 3.07 亿元。1991 年 11 月 2 日，蛇口工业区有线广播电视台经广东省广播电视厅批准成立。1992 年 3 月 2 日，蛇口有线电视首期荔园、水湾、招南小区敷线工程破土动工。1992 年 5 月 27 日，蛇口工业区有线电视正式开通。1992 年 8 月 10 日，蛇口工业区育才第二中学通过验收并交付使用，总投资 1400 万元人民币，建筑总面积 13 288 平方米。分为教学楼、试验室、办公楼、通道、阶梯教室、风雨操场 6 个独立区，可容纳 36 个班，1600 个学位。1992 年 9 月 3 日，育才第二中学举行成立暨开学典礼。1992 年，建成第四幼儿园，落成环境优美和设施齐备的青少年活动和老年活动中心各一座。

图 4-12　1989 年，海滨浴场正式开放

图 4-13　1989 年 7 月，蛇口工业区中心体育场落成

图 4-14　《女娲补天》塑像体现蛇口人精神

图 4-15　1990 年 6 月，蛇口工业区召开精神文明
建设工作会议

到 1992 年底，建成培训中心 1 所、中学 2 所、小学 2 所、幼儿园 4 所及青少年活动中心 1 座。1992 年 11 月 28 日，招商局档案馆、史料陈列馆在蛇口龟山别墅开馆，史料陈列馆汇集了近 200 张图片和 60 余件文物史料。档案馆馆藏资料达到 7 万卷左右，如将招商局散存在各地的档案全部收集起来可达 20 万卷。1990 年 5 月 1 日，南水路蛇口新华书店开张。1991 年 1 月 1 日，经广东省新闻出版局批准，工业区《蛇口消息》报创刊。1993 年 1 月 1 日，经国家新闻出版署批准，《蛇口消息》1993 年起更名为《蛇口消息报》，向国内外公开发行。

三、深化和完善综合配套改革

第一，深化机构和领导管理体制改革。一是根据发展需要改组和增设机构。1987 年 4 月 1 日，蛇口工业区内部结算中心划归总会计师室。1987 年 7 月 27 日，蛇口工业区投资服务中心成立，主要负责对外洽谈、项目签约、工商登记、项目呈报、协助办理出口、内销批文和许可证、代办水电、通信、运输、租房、工程委托事宜以及政策、信息咨询等，为投资者提供全面、系统、优质、高效的配套服务。1989 年 1 月 3 日，蛇口工业区审计监察室正式挂牌办公。审计监察室是直属工业区董事会和总经理领导的"廉政"部门。1991 年 4 月 17 日，招商局蛇口工业区企业调解工作指导委员会成立。1991 年 12 月 30 日，蛇口工业区社会治安综合治理委员会成立。1991 年 12 月 3 日，蛇口港公安局恢复建制，由交通部公安局和深圳市公安局双重领导，以交通部公安局领导为主。1992 年 4 月，组建蛇口工业区投资业务部，主要参与策划工业区股份化改造、角逐产权转让市场、操作证券投资。二是交还政府行政管理职能，回归企业。1987 年 4 月 9 日，工业区党委、管委会召开联席会议，讨论成立工业区有限公司董事会有关事宜。1987 年 6 月 24 日，招商局集团批复成立蛇口工业区有限公司及其董事会人选，工业区回归企业本位。1992 年 4 月，国家工商行政总局批准蛇口工业区有限公司注册登记，实行董事会领导下的总经理负责制，以解决权力过分集中、所有权经营权分开、权力制约等问题。随着蛇口区与南头区合并成为南山行政区，原来工业区承担的行政管理和社会功能逐步交还政府，工业区恢复作为企业的本来面目。1993 年 4 月 14 日，撤销发展研究室，原业务工作由投资管理顾问公司承担，工作人员全部调转投资管理顾问公司；撤销投资业务部，成立工业区发展部，负责工业区大型项目与特种项目投资策划工作，原部门的投资业务、证券业务和财务工作分别划归发展部、理财服务公司和总会计师室。成立工业区股份化工作领导小组，负责策划组织工业区股份化改造工作。1993 年 5 月 5 日，蛇口工业区武装部成立。该部设在工业区公用事业室，负责工业区的民兵、兵役工作。

第二，加强干部作风和廉政建设。1987 年 8 月 25 日，蛇口工业区工会编印《职业道德五十题》小册子，对工业区内各行各业提出综合道德规范。1987 年 9 月 17 日，举行企事业单位职业道德教育动员会。颁布《招商局蛇口工业区有限公司董事会信任投票暂行办法》。1987 年 6 月 12 日，召开整顿机关工作作风会议，决定从 7 月 1 日起，工业区各职能处（室）实行上班打卡制度。工业区党委领导非常支持上班打卡制度，并要求党委机关职工上班也实行打卡制度。1988 年 7 月 22 日，招商局蛇口工业区有限公司举行第一届董事会第一次信任投票。1989 年 8 月 25 日，招商局蛇口工业区有限公司举行第一届董事会第二次信任投票。1992 年 6 月 26 日，招商局蛇口工业区有限公司举行第二届董事会信任投票。1989 年 1 月 3 日，蛇口工业区审计监察室正式挂牌办公。审计监察室是直属工业区董事会和总经理领导的"廉政"部门，有权依照有关法律、法规的规定独立地对工业区所属公司、职能处室和全体工作人员，三资企业中的中方工作人员的财务收支及其他经济活动的真实性、合法性、效益性进行审计、评价和证明，对其是否正确履行职责进行监督，及时纠正和惩处违法乱纪行为，维护工业区的经济秩序，树立清廉作风。1989 年 1 月 31 日，工业区重申廉洁纪律的四点规定。1989 年 4 月 7 日，蛇口工业区召开改进机关工作作风会议，要求把改进机关作风、提高办事效率当作一项重点工作来抓。这次改进机关作风的主要内容如下：职能处室要明确工作职责，减少工作环节；修订规章制度，适应形势发展；公开办事程序，倡导廉洁、高效；加强调查研究，及时解决问题；增强人员素质，提高办事效率；控制会议数量，提高会议质量；革新行政技术，完善行政管理；建立监督机制，形成舆论压力。1989 年 4 月 20 日，蛇口区管理局实施政务公开，将部分规定、程序在《蛇口通讯报》刊载。1989 年 8 月 30 日，蛇口区召开倡廉肃贪动员大会。区委领导就进一步落实中央、省、市有关惩治腐败、打击贪污贿赂的精神发表了讲话。9 月 4 日，工业区在培训中心召开"反贪污、反受贿"动员大会，工业区审计监察室在玫瑰园住宅小区 6 栋 103 室设置"举报投案接待室"，24 小时值班，接待来访。1991 年 10 月，蛇口工业区监察工作转入规范化轨道，颁布实施《审计监察暂行工作条例》、《审计监察室处理违纪案件试行办法》和《关于工作人员违纪处分的暂行规定》。1991 年 12 月 19 日，颁布《蛇口工业区党委管理干部的管理办法》。1992 年 7 月 27 日，蛇口工业区党委发布《关于党风责任制的若干规定》。

　　第三，深化企业制度改革。一是组建招商局蛇口工业区有限公司董事会，工业区的管理形式由管理委员会改为董事会领导下的总经理负责制，实现所有权与经营权的分离。二是实行目标管理责任制。1987 年，在直属国有企业推进资金投入和产出效益挂钩的剩余收益制试点。1989 年 3 月 15日，招商局蛇口工业区有限公司第一届董事会召开第六次会议，决定将剩余收益制扩大到港务公司、经营服务公司、供水公司、旅游企业公司、免税品公司等 7 个直属公司。1991 年 6 月 4 日，蛇口工业区举行剩余收益制合同签字仪式，首批试行剩余收益制的企业 20 家。三是加强国有资产经营和管理。1988 年 2 月，蛇口区区属国营企业董事会成立，首届董事会由 5

人组成，董事会设专门办事机构，由专职常务副董事长主持日常工作，配备经济、企业管理、法律、技术等专业人员。四是建立董事会会见职工制度。1988 年 5 月 4 日，建立董事会会见职工制度，以便经常倾听广大职工对公司的建议、批评和投诉。董事会 11 名董事，包括董事长袁庚在内，于每周三全天在招商大厦 8 楼董事会办公室轮流会见职工。五是设立参资企业董事联席会议，加强以股东身份对参资企业的直接经营管理，提高参资企业的经济效益。1988 年 9 月 9 日，蛇口工业区决定设立参资企业董事联席会议，颁布《招商局蛇口工业区参资企业董事联席会议管理办法》以及《招商局蛇口工业区参资企业董事联席会议章程》。六是理顺内部管理体制，健全各项规章制度。颁布《董事会工作条例》《总经理工作条例》《有限公司章程》《总会计师工作条例》《总工程师工作条例》《职能处室工作规则》《对国内外投资管理办法》《贸易经营管理规定》《固定资产管理办法》《建设项目审批办法》《档案工作条例》、《文书档案管理办法》《出国赴港管理规定》《参资企业管理办法》《为企业提供担保管理办法》等。七是加快企业股份制改造。1988 年 1 月 6 日，蛇口第一家企业股票上市。深圳市船业（集团）股份有限公司正式向社会发行股票。该公司源于蛇口公社白泥船厂，1987 年由全民所有制转为股份制公司，是深圳第一家工业生产制造型股份制公司。1989 年 3 月 15 日，招商局蛇口工业区有限公司第一届董事会召开第六次会议，重点讨论蛇口工业区企业股份化问题，袁庚提出采用"融资股份"方法实现股份化的建议。1989 年 12 月 23 日，蛇口工业区汽车运输公司更名为蛇口安达股份有限公司，公司股票首次公开上市。1989 年 9 月 5 日，蛇口工业区汽车运输公司股份制改造筹委会成立，拟定在深圳经济特区内公开发行股票。公司决定发行 1100 万股股票，其中工业区有限公司认股 400 万股，港务公司以汽车作为实物入股，计 200 万股，准备向社会公开发行 500 万股股票，每股面值人民币 1 元。股票可以买卖、赠予、继承或抵押，买卖价格随行就市。公司上市后，实行董事会领导下的总经理负责制，工业区将按区内三资企业的管理方式进行管理。1992 年 1 月 28 日，中国南方玻璃股份有限公司召开首次股东大会，公司通过溢价发行境内社会公众股（A 股）1700 万股、深圳市第一只人民币特种股票（B 股）1600 万股、职工内部股 330 万股，并完成收缴股金折合人民币 12 758 万元。2 月 13 日，蛇口工业区将商业服务公司、贸易公司、亿通公司合并为工业区商贸公司。工业区经营服务公司与贸易发展公司合并，沿用经营服务公司名称，随后进行股份制改造。1992 年 2 月 28 日，中国南方玻璃股份有限公司股票（A、B股）在深圳证券交易所上市挂牌交易，公开向社会发行新股3630万股。1991年10月28日，中国南方玻璃股份有限公司发布股票上市公告书，发行新股36 300 000股，占总股本的33.76%。1992年2月22日，蛇口工业区总经理办公会专题讨论股份化改造方案。会议提出两种方案：（1）在工业区总公司实行内部股份制；（2）争取工业区总公司公开上市。总经理办公会议决定，工业区在1992年全面推行股份制。股份制改造分两步走，首先在直属企业实施内部股份化改造，待条件成熟后争取工业区成为上市公司。1992年5月28日，蛇口工业区招商港务公司改组上市，发行股票24 027万股。境外B股也同时发行。公司募集资金投向兴建6万吨散粮筒仓和散货码头、扩建客运码头、兴建海运大厦和黄金台仓储设施、组建拖轮公司，以及在江门、海南、上海、南京等地建立仓储基地。1992年5月30日，蛇口工业区召开总经理办公会，通过两个股份化改造方案：（1）工业区集团公司改组上市方案；（2）工业区集团内部股份化改造方案。1992年6月23日，蛇口工业区第二届董事会召开第五次会议，审议通过《关于蛇口工业区进行股份化改造的报告》。1992年7月15日，海虹集团获准在香港联合交易所直接上市，这是中国大陆首家境外上市公司。1993年1月，蛇口招商港务有限公司改组为"蛇口招商港务股份有限公司"，完成股份制改造的全部工作。3月3日，蛇口招商港务股份有限公司举行新股发行承销协议签字仪式。6月7日，蛇口招商港务股份有限公司在深圳证券交易所正式挂牌交易，证券代码为0024。1993年11月15日，中国科健股份有限公司在深圳航空大酒店与科健A股总承销商招商银行签署承销协议。中国科健股份有限公司本次发行A股1500万股，其中社会公众股1200万股，内部职工股300万股，总股本8104万股。1993年12月，深圳蛇口招商石油化工实业有限公司完成股份制改造工作，参股公司是蛇口工业区有限公司、蛇口招商港务股份有限公司、蛇口工业区大众投资有限公司、华丝企业股份有限公司、安达股份有限公司。公司现有投资的企业有广西钦州石化公司、漳州石化公司、番禺粤城房地产公司。八是推行职工持股制，激励职工积极性。1986年9月，开始在生活服务公司（1987年职工占股8.6%，职工参股率达99%）和物资公司推行职工参股试点基础上，筹建职工集资参股的民间企业，引导职工将部分收入用于社会生产领域。1987年3月11日，蛇口工业区生活服务公司召开董事会第一次会议，决定在所有上市公司中都发行一部分内部职工股。九是扩大企业经营自主权。1992年12月，颁布《招商局蛇口工业区直属公司扩大经营自主权方案》，选择地产公司、商贸公司、石化公司、港务公司四家作为试点，扩大授权，取得经验后推广。1993 年 1 月，颁布《招商局蛇口工业区直属公司扩大经营自主权实施方案》，扩大授权、增加责任、加强监督、提高奖罚等措施，使工业区对直属公司的管理方式由相对集权、严格把关逐步向间接调控、责权并重转化。

第四，深化劳动用工制度改革。1987 年 11 月，蛇口工业区第一个由企业和工人共同制定、讨论和修改的《用工合同》在开发科技有限公司产生，合同共有 19 条，其中包括很多细则，职工和企业双方都感到满意。1988 年 6 月 1 日，蛇口工业区董事会决定：工业区取消借调制度，由用人单位根据定编报劳动人事处备案后进行试工。试工期原则不超过半年，决定正调的员工经工业区职工调入审查小组批准，一次性办理正调手续。新调入的职工必须具备 7 个条件，职工调入前，由调入者、用人单位和劳动人事处三方签订 3 年以上工作合同后，再发征调函。1990 年 5 月 1 日，颁布试行新的《招商局蛇口工业区劳动管理条例》。新条例保留原条例中行之有效的规定，增加"辞退与辞职、停薪留职与退职、退休、工会与民主管理"等章节，新条例强调用人单位聘用中方员工必须订立书面合同。采用多种用工形式，适当增加流动用工比例，以减轻工业区的社会负担。1992 年 6 月 23 日，招商局蛇口工业区有限公司第二届董事会召开第五次会议，审议通过《关于强化劳动人事管理，完善〈招商局蛇口工业区劳动管理条例〉的报告》。1993 年 1 月 1 日，颁布实施新的《招商局蛇口工业区劳动管理条例（修订稿）》，内容涉及职工休假、病假、解除劳动合同后的补助费、待业、除名、辞退、停薪留职等条款，并增加停薪留职的管理办法。1993 年 1 月 28 日，蛇口工业区劳动人事处公布《蛇口工业区职工停薪留职暂行管理办法》。

第五，加强干部与人才队伍建设。1987 年 7 月 14 日，蛇口工业区成立职称改革领导小组，负责本地区的专业技术职务聘任工作，将专业技术聘任与职称评定分开，实行专业技术职务聘任制，取代职称评定办法。专业技术职务聘任制是根据实际需要设置专业技术岗位，明确职责与任职条件，在定编、定员的基础上确定高、中、初级职务比例，有一定的任期，在任职期间领取专业技术职务工资。1987 年 9 月 2 日，通过考试、业绩考核和公开答辩的办法多层次、多角度地选拔人才，公开招聘一批直属单位和三资企业的经理助理以上的干部后备人才。10 月 25 日，蛇口工业区公开招聘经理后备人选的笔答考试在蛇口工业区培训中心进行，先后有 65 人报名参加，组织干部处根据招聘条件进行了资格审查，最后有 31 名应聘者获得考试权，参加本次考试的实际人数为 28 名，年龄大多在 30 岁左右。1988 年 8 月 8 日，蛇口工业区通过招考，并首次用计算机测评人才素质，选出的第二批后备经理人选，经过笔试共有 14 人入围，参加答辩后 11 人入选，成为后备经理。与此同时，工业区采取民主评议的办法来选拔、任用企业经营者。1988 年 11 月 25 日，蛇口工业区职称改革办公室宣布：经过工业区基层初级职称评审组、中级职称评审委员会和交通部及广东省高级职称评审委员会的审核评定，共有 385 人获初级职称，606 人获中级职称，187 人获高级职称。蛇口工业区在全国率先实施职称、待遇双轨制。

第六，深化工资制度改革。1988 年 3 月 23 日，蛇口工业区推出职称改革方案，实行任职资格评审和专业技术职务双轨制。评审任职资格时，只考察专业水平，不受本单位设岗类别、数量和职务比例的限制，不受本人目前工作岗位的限制；直属单位获得任职资格证书的人员，可由本单位聘任相应级别的专业技术职务，各单位根据设岗情况，也可能暂不聘任相应职务或聘任较低级别及其他系列的职务，但不得聘任高于本人任职资格级别的专业技术职务。任职资格不与工资待遇挂钩，聘任职务后的工资由各单位自行决定。1988 年 7 月 7 日，蛇口工业区决定在直属单位进行工资制度改革和工资普调，并经董事会批准通过。工资改革主要内容：①改革现行工资结构和管理方法，实行职级工资系统，建立由职务、职级系列和薪点工资标准组成的职级工资系统；下放权限，实行分级管理的方式。②确定本年工资改革和调资的增资幅度及控制办法。一般单位增资 15%，学校、幼儿园、医院增资 30%。并确定今后每年第二季度进行一次工资普调。蛇口工业区工资改革的最大特点：以事定职，以职定薪，体现按劳付酬的原则。高级工程师、工程师的工资比普通员工分别高出 56%、48%，体现知识和技术的价值。1993 年 7 月 1 日，实施《蛇口工业区直属单位工资制度调整方案》，进一步体现按劳分配原则，在现行工资制度基础上适当拉大一般职工与高层管理人员、高级技术人才的差距，两者之比由目前的 1∶3.84 调至 1∶5 的水平；对经营性单位实行工资总额和工资增长与企业效益、员工生产率增长挂钩的办法；赋予企业更灵活的分配手段，增减员工工资总额不变，各单位可自行制定工资制度，非经营性单位仍采取调整薪点值增加工资的办法；此次调资后，住房津贴按相应比例调整。

第七，深化土地住房制度改革。1987 年 10 月，蛇口区管理局土地清理发证办公室签发第一张《土地登记书》，启动土地清理、登记、颁发土地使用证书工作。要求区内各用地单位和个人，持政府批文、规划红线图以及其他有关用地资料，在规定的期限内到土地清理发证办公室办理土地登记、发证手续。1987 年 3 月 3 日，颁发《蛇口工业区职工住宅经营管理暂行规定（1987 年修订稿）》，新规定作 5 个方面的重要修订，体现住大房多出钱，住好楼层多交钱的原则，并确定工业区住宅将向小型化发展的方针。1987 年 4 月 17 日，蛇口工业区房地产公司采取公开评分售房方法，预售玫瑰园二期职工住房。1988 年 4 月 11 日，召开住房制度改革工作会议，随后公布《蛇口工业区住房制度的改革方案》第一、第二方案和《职工住房改革的金融方案》。1988 年 5 月 18 日，更改职工购房评分标准，一是凡有过渡房的职工扣 15 分，二是没有过渡房的职工加 10 分。1988 年 7 月 7 日，颁布《蛇口工业区职工住房制度深化改革方案》，在保证职工实际收入增加的前提下推进职工住房商品化。职工住房商品化由不完全到比较完全、完全商品化，分阶段逐步实行，该方案按不完全商品化制订。职工住房按成本价核算，已建成的小区按重置价核算，重置价以每年 2 月物价指数确定。凡被工业区劳动人事处招聘调配并交纳管理费的干部和工人均有购、租房资格。职工购房可以一次付款和分期付款。房屋产权企业单位为 30 年，职工自购房为 50 年。截至 1988 年底，工业区先后建成水湾头、花果山、荔园、招商北、招商南、紫竹园、文竹园、翠薇园、玫瑰园、槟榔园、爱榕园、金竹园等住宅小区，完成住房建筑面积 43.6 万平方米，3100 多户计1.09 万人喜迁新居，人均居住面积 19 平方米；1.5 万余名单身职工居住的集体宿舍建筑面积 13.5 万平方米，人均 8.95 平方米。蛇口工业区居住条件与人均居住面积均居全国城市之冠。1989 年 6 月 20 日，鼓励职工通过住房储蓄积累买房资金，房地产公司根据工商银行提供的住房储蓄证明计算分数。1992 年 10 月 12 日，制定《招商局蛇口工业区职工住房交（补）地价办法》，1991 年多层住宅每平方米建筑面积为 200 元（包括土地开发费100 元，小区市政配套费 75 元，其他费用 25 元），每年可根据实际情况调整地价。买方以全成本价购房并签订完全产权合同经公证领取房地产证。买方享有完全产权合同中规定的权利和义务。1992 年 12 月 1 日，实行《1992 年蛇口工业区职工住宅租售价调整方案》，工业区采取职工补交小区配套费的办法，实行全成本房价和全成本租金，开始向全成本价和市场优惠价过渡。调整后的价格高于全成本价、低于市场价，铝窗房市场优惠价为 2000 元 / 米^2，租价为 14.5 元 / 米^2。结果，约 60% 的职工补交了小区配套费，购买全成本房，具备房改上市的条件。1994 年，工业区按全成本推出桂园一期住宅，配套费定为 200 元 / 米^2，后根据市房改办标准逐年调整，

2002 年调至 313 元 / 米 ²，到此，工业区住房制度第三步改革目标基本实现，95% 具有购房资格的职工拥有一套属于自己的住宅，基本实现住宅商品化。与此同时，不断改善职工住房条件。1993 年 11 月 15 日，颁布《招商局蛇口工业区职工购大面积住房评分办法及有关规定》，工业区 1988 年以前一直推行住房小型化，职工住房面积一般限定在 60—70 平方米，大面积住房成空档。1993 年，翠竹园小区兴建一批每户 110 平方米的住宅，满足职工对住房不同层次的需求，并在分配政策上向企业经营骨干倾斜。1994 年起，工业区新建的职工住宅基本达到三房一厅、建筑面积 80 平方米或以上的标准。随着蛇口区与南头区合并成立南山行政区，蛇口工业区住房制度逐步与深圳市接轨。

第八，深化社会保险制度改革。1987 年 6 月 5 日，蛇口工业区社会保险公司向蛇口镇居民开办医疗、退休等类社会保险。1987 年 10 月 7 日，工业区颁发《蛇口工业区临时工养老保险暂行办法》，以解决临时工退休后无切实的社会保障的问题。1990 年 2 月 1 日，实施《蛇口工业区待业人员临时管理办法》，由劳动人事处收管人事卡、保险手册，核发待业卡，凭卡领取待业金、推荐求职。根据工业区工龄领取待业救济金，工业区各单位用工须首先从待业人员中挑选。1990 年 8 月 1 日，颁布《蛇口工业区职工子女医疗保险办法》，增加符合工业区实际情况的保险内容，取消对报销费最高限额的限制，解决了职工在子女诊治中的经济负担。1991 年 7 月 1 日，蛇口工业区总经理办公会议决定：蛇口工业区社会保险金收取标准在原基础上提高 8.8%，即由 170 港元 /（人·月）提高到 185 港元 /（人·月）。同时对社会保险基金分配比例进行调整，增加职工养老保险金、医疗费的比例，降低管理费、待业费、福利费的比例。1992 年 4 月 13 日，蛇口工业区社会保险公司设计的两个医疗保险制度改革方案（征求意见稿）发布，改革方案明确指出，职工在享受医疗保险待遇时，大部分医疗费用由医疗保险基金承担，个人适当付部分医疗费。1992 年 12 月 7 日，颁布《招商局蛇口工业区职工医疗保险办法》。随着蛇口区与南头区合并成立南山行政区，蛇口工业区社会保险制度逐步与深圳市接轨。至此，蛇口工业区已建立社会保险体系，包括养老、工伤、医疗、待业四项保险，参加保险达到 31 110 人，社会保险覆盖率达 98%，其中离退休人员社会保险覆盖率达 100%，其社会保险水平达到某些发达国家和地区的水平。

第九，创新工会工作新模式。1981 年 5 月 1 日，蛇口工业区工会筹备组成立。1983 年 7 月 28 日至 30 日，蛇口工业区工会第一次代表大会召开。1984 年后，蛇口工业区工会与蛇口区工会是两块牌子一套班子，统一领导蛇口工业区、南山开发公司、蛇口渔工贸发展总公司的基层工会组织。1984 年，区内 153 家企业只有 37 家建立工会组织，工会组建率只有 24%。1986 年，工会明确规定，凡 24 人以上企事业单位都应建立工会。1987 年 1 月 1 日，蛇口工业区工会提出工会组建率、职工入会率、整顿建"家"率、参与管理率、经费收缴率等五项计划指标。1987 年，创办工会会员报纸《蛇口工人》。1987 年 5 月，蛇口工业区工会提出工会"四化"工作方法：工会组织民主化，工会主席兼职化，工会工作实效化，工会活动业余化。同时提出"有效率"参与管理标准，主要考核"参与权、建议权、参加决策权、实施监督权"的量化指标。1987 年 6 月，制定实施《基层兼职工会委员会业余活动津贴制度》和《基层工会主席联组活动制度》。1987 年 10 月 3 日，颁发《蛇口工业区工会职能达标考评办法》。1986 年，工业区工会主席谢冠雄被全国总工会评为先进工会工作者，并获全国五一劳动奖章。1988 年，三洋电机（蛇口）公司工会代表出席中国工会第十一次全国代表大会。1988 年 8 月 12 日，蛇口工业区工会召开第三次代表大会。大会强调：应把情况如实地告诉群众；工会不仅要保护职工的合法权益，而且要关心他们的精神文化生活。1988 年 3 月 15 日，工业区工会在有近 2 万名青年职工居住的四海小区设职工来访接待室。1991 年 4 月 17 日，颁布《蛇口工业区企业调解委员会工作规则》，组建蛇口工业区企业调解工作指导委员会，不久又成立工业区劳动争议仲裁庭，使企业劳资纠纷、劳动争议调解工作正规化、制度化和法制化。1992 年 6 月 1 日，蛇口工业区工会出面组织募股、全体职工自愿参与的"蛇口公众投资基金"发行，1993 年 12 月 20 日，经批准，蛇口公众投资基金更名为半岛基金，并于 1995 年 4 月 10 日开办柜台交易。1992 年 9 月 21 日至 26 日，工业区工会在四海露天影剧院举行"恋、婚、情、育、德、行"6 个专题的"情爱教育"。1993 年 12 月 23 日，蛇口工业区工会为 120 家"职能达标"基层工会授牌。1994 年 8 月 27 日至 9 月 11 日，蛇口工业区 40 家试点工会通过"职能达标"考评。1994 年，蛇口工业区已开业 388 家企业、20 811 名职工中，基层工会组建率、全区职工入会率、换届民主直选率、参与企业管理率、劳动争议调处率、工会经费拨付率[①]分别达到 99.19%、93.40%、100%、86.88%、99.05% 和 99.27%。1994 年 2 月 28 日至 3 月 20 日，全国总工会政研室主任李永梅等 5 人深入蛇口工业区，实地调研，撰写《鲜明的职工利益代表者的身份和作用——关于蛇口工业区工会工作模式的调查研究》，全面总结蛇口工业

① 后来又增加"集体合同签订率、职工董事职工监事建制率、企务公开建制率"，形成"九率工作法"。

区工会模式的内涵：工业区工会把自觉接受党的领导，以职工利益代表者和维护者的鲜明身份，独立自主地创造性开展工作，作为工会工作的总思路。始终把维护职工合法权益、协调劳动关系作为工作重点，坚持"以事实为依据，法律为准绳，坚持原则，严明公正，资方违法不马虎，职工有错不袒护；讲究方法，适可而止，不可有利没有节，不能有理不让人"的调处劳资争议方针，把协调劳动关系和维护职工合法权益的主要内容集中在劳动用工、劳动工资、劳动福利、劳动保护、劳动保险、劳动工时六个方面。1994 年 5 月 4 日，全国总工会政研室调研组将调研报告送呈中共中央办公厅和中共中央政治局常委、书记处书记胡锦涛。1994 年 5 月 21 日，胡锦涛对该报告做出批示："蛇口工业区工会工作的思路和成效都是好的。组建率和入会率都达到较高水平。对目前各地正蓬勃发展的三资企业和特区、开发区的工会组建工作尤其有借鉴意义。报告拟可进一步加工提炼，突出第三部分。党政领导的重视、支持，职工群众的内在要求也应反映出来。"[1] 1994 年 6 月 20 日，全国总工会办公厅发出《关于印发蛇口工业区工会工作模式调查报告》，为全国各地工会提供参考和借鉴。1994 年 11 月 7 日至 9 日，中共中央政治局常委、中华全国总工会主席尉健行专程考察蛇口工业区工会工作，他指出："蛇口的经验，非常重要的一点在哪里？他们不唯上、不唯书、只唯实。蛇口的需要，就是他们决定自己的任务、方针、思路、政策的最基本的依据。"[2] 1995 年 2 月 19 日至 22 日，中华全国总工会"蛇口工业区工作模式理论与实践研讨会"在蛇口举行。1995 年 2 月 10 日，出台全国第一份较为规范的集体合同——《蛇口工业区集体合同》（范本）和《劳动合同》（范本）。工业区率先推行基层工会换届民主直选，在三资企业中建设"职工之家"、开展"工会职能达标"考评，在各类企业开展"企业爱职工，职工爱企业"的"双爱"活动。蛇口工业区工会建设，不仅成为工业区经济社会发展的"稳定器"和"安全阀"，而且为全国工会建设提供重要经验和借鉴。2000 年 4 月 15 日，中共中央政治局常委、中华全国总工会主席尉健行再次视察蛇口工业区，充分肯定工业区工会工作的成绩和经验。他指出："在外资、合资企业工会组织的体制、机制、做法上不仅在蛇口是适用的，在深圳是适用的，在全国都适用。"[3] 2000 年 9 月 29 日，蛇口工业区工会委员会更名为蛇口工业区工会联合会，统领工业区红线范围内所有机关事业企业单位的工会组织。工联会建立"关爱职工两本账"，建立"企业工会—区工会—劳动部门"再就业信息网络，监督企业参加四项社会保险，免费为全区职工提供劳动法规书籍和法律援助，举

[1] 胡政主编，张后铨编著：《招商局与深圳》，广州：花城出版社，2007 年，第 194 页。

[2] 胡政主编，张后铨编著：《招商局与深圳》，广州：花城出版社，2007 年，第 195 页。

[3] 招商局蛇口工业区编：《辑录蛇口：招商局蛇口工业区（1978—2003）》，2004 年 12 月编印，第 405 页。

办职工技术培训班，帮助职工提高再就业能力。

四、向资本、技术密集型产业转型

这一阶段，蛇口工业区工业结构开始向资金密集和技术密集型转型，产业结构以工业经济为主，开始大力发展第三产业；投资结构从"引进来"到开始"走出去"转变，产业多元化更加明显。

1987 年 1 月 1 日，蛇口工业区管委会决定对深圳市政府批准的工业区内产品出口型与技术先进型企业，实行优惠的土地使用标准。对这两种企业土地使用标准定为每平方英尺每年 2—4 港元，对已建厂的企业超过标准的一律降至 4 港元，原定土地使用协议书到期须调整收费标准的，于 1989 年 12 月前不再调升收费标准；凡属"两种企业"的新办工厂，从批准日起享受此优惠办法，已建厂在 6 月底获批准的也可享受此优惠办法。1987 年 1 月，由招商局和中国香港的另一家公司与美国空气产品和化工制品公司三方合资组成中宏气体公司开业，主要生产高纯度氢气、氧气、氮气等气体。1987 年 1 月，蛇口华侨科技实业股份有限公司向社会招股。该公司是一家由归侨、侨眷和科技人员集股筹资的企业，总投资为 100 万元，注册资本为 50 万元。1987 年 2 月 22 日，由浙江嵊县（今嵊州市）丝绸服装厂与香港合资的敦煌服装公司开始投产，总投资 400 万元港币，年产高级服装 40 万件，生产服装主要是打进国际服装市场。1987 年 4 月 21 日，达奇实业有限公司成立，由蛇口工业区、中国技术进出口总公司华中分公司和香港新隆贸易公司合资，主要从事研制、销售 DISCAR 健身游乐车、健身游乐器材、实用办公室自动化系统等。1987 年 5 月 5 日，开发科技公司全资兴办的工业区冷暖设备有限公司成立，主要从事设计、制造、维修、安装制冷设备等。1987 年 5 月 25 日，由香港新兴全音公司独资兴办的新兴磁电有限公司成立，投资 1800 万港元，主要生产录像带盒，产品全部出口。1986 年北凯标准件有限公司成立，由中国北方工业公司深圳分公司与香港螺丝总汇公司合资经营，主要生产金属固件，产品 80% 外销。1987 年 3 月，深圳市政府表彰 1986 年 21 家创汇先进工业企业，蛇口工业区有 9 家企业获表彰：华丝企业股份有限公司、开发科技有限公司（图 4-16）、广进有限公司、海虹船舶油漆有限公司、万华实业有限公司、开源企业有限公司、红牡丹丝绸时装有限公司、南方模具厂、广源机床工具有限公司。1987 年 5 月 20 日，蛇口工业区船务公司与巴拿马 SPROIASA 公司签约，购买 2600 吨货轮一艘。1987 年 6 月 17 日，招发贸易公司成立，为蛇口工业区直属企业，经营商品批发、零售业务。1987 年 6 月 18 日，育丰加工厂成立，为育才中学校办工厂，经营电子产品、玩具装配加工等业务。1987 年 6 月 20 日，工业区船务公司从日本购买的 1600 立方液化石油气运输船，经维修检验后离开日本，总投资 60 万美元。1987 年 7 月 1 日，中国国际海运集装

图 4-16　开发科技（蛇口）有限公司的无尘车间

箱股份有限公司改组为三方合资，中远公司和招商局集团各占股份 45%，香港宝隆洋行占股 10%。投资额扩大为 400 万美元。董事长卓东明，副董事长王世桢。11 日，董事会聘顾立基为总经理。1987 年 7 月 7 日，南海西部石油公司蛇口分公司成立。1987 年 8 月 21 日，蛇口工业区社会保险公司与香港多马时装有限公司合资兴办多马时装（蛇口）有限公司在蛇口签订协议，分别占股份 60% 及 40%。1987 年 8 月 30 日，至卓飞高（中国）有限公司成立，至卓飞高（香港）有限公司是在蛇口投资兴办的独资企业，主要从事印刷线路板的制造，产品全部外销。中国海员对外技术服务公司蛇口分公司成立，主要从事海员、港口装卸人员的劳务输出。1987 年 9 月 2 日，美国西方石油远东公司由广州迁入蛇口工业区。1987 年 9 月 3 日，香港新源贸易公司独资的新宇实业有限公司成立，主要从事浮型云母氧化铁、直接法催干剂、新型黏合剂生产和销售，产品 70% 以上外销。1987 年 9 月 12 日，蛇口工业区船务公司从荷兰购入的"九龙"号 2600 吨货轮到达蛇口港。1987 年 9 月 29 日，蛇口工业区船务公司从日本买进的"腾龙"号 5200 吨货轮到达蛇口，并于 10 月 4 日开往东南亚。1987 年 9 月 15 日，美国伟创力独资企业伟创力电脑（蛇口）有限公司成立，主要从事生产、装配电脑等，产品全部外销。1987 年 9 月，深圳市政府根据《国务院关于鼓励外商投资的规定》和《关于确认和考核外商投资的产品出口企业和先进技术企业实施办法》评审确定 1987 年首批两类企业 34 家，蛇口工业区占 14 家：开发科技（蛇口）公司、西南电子（蛇口）、华洛轴承、海虹船舶油漆、宏达镜业、蛇口华南建材、远东中国面粉厂、三洋半导体（蛇口）、华丝企业、红牡丹丝绸时装、开源企业、广源机床工具、广进和万华实业。这两类企业可以享受特区的各项优惠待遇，包括税费优惠、提供水、电、通信、运输等生产条件的优先，贷款优先，审批办理优先

等。1987 年 9 月 16 日，中外合资企业三益康泰有限公司成立，主要从事生产石英晶体谐振器等，产品 90% 外销。1987 年 9 月 30 日，全民内联企业华宇有限公司成立，主要从事生产、销售钻石、钻石制品等，产品 80% 外销。1987 年 9 月中外合资企业雅德电子有限公司成立，主要从事生产开关电源产品，产品 70% 外销。1987 年 10 月 9 日，蛇口工业区港务公司通过招商国际船舶贸易公司从日本购进一艘 3400 马力的拖轮到达蛇口港，命名为"蛇港拖 1"。1987 年 11 月 23 日，中外合资企业建昌（蛇口）有限公司成立，主要生产制造铝镁合金精密零件、软磁盘底座，产品 80% 外销。1987 年 11 月 29 日，中建发展公司成立，主要经营机电设备、国产汽车、汽车零配件、家用电器、纺织品等。1987 年 12 月 14 日，中外合资企业高雅丝绸有限公司成立，主要生产炼染绸、印花绸、坯绸、丝绸服装等，产品 70% 外销。

　　1988 年 1 月 21 日，九州科技有限公司成立，由华德实业有限公司、蛇口工业区、太平洋模拟工程顾问公司、亚式发展有限公司合资，经营与开发生产工业控制计算机及机电一体化系列产品、外围设备、机房设备、软件、半导体元器件等，1990 年 8 月 6 日荣获美国 ATARI 公司授予的质量信得过奖牌。1988 年 3 月 16 日，亚洲自行车厂有限公司成立，由蛇口工业区、上海永久自行车股份有限公司、蛇口华申企业有限公司、香港友联船厂有限公司、香港冠烨自行车有限公司合资经营，投资总额 2500 万元人民币，生产各类自行车及零配件、机动自行车、杂技车等产品，产品 70% 外销。1988 年 3 月 22 日，王世桢、乔胜利、陈金星等率考察团赴海南省参观考察，洽谈投资开发海南事宜，初步选定海南海口马村或白沙门作为将来建港和开发工业区的地点。1988 年 4 月 2 日，ATC 石油公司总部从广州迁来蛇口。1988 年 4 月 23 日，JHN 石油公司从广州迁来蛇口。1988 年 5 月 23 日，招商局（香港）海南发展总公司在海南省海口市成立，计划在海口市以南 4 公里的白沙门投资开发港口和工业区，投资总额 500 万元。8 月 15 日，招商局（香港）海南发展总公司在蛇口成立分公司。1988 年 6 月 8 日，通广北电有限公司成立，其为由中国通广电子公司、江西省 834 厂、蛇口投资公司、加拿大北方电讯有限公司合资经营的高技术企业，年产程控机 10 万线，被国家确定为数字程控用户交换机生产线定点厂。1988 年 6 月 25 日，至卓飞高（中国）有限公司开业，从事印刷线路板的制造，产品全部外销。1988 年 10 月，乔胜利率工业区代表团考察南京等地的经济发展状况。其间，代表团与南京市商定：工业区将在南京经济区设立办事处。

　　1989 年 1 月 7 日，工业区从物资公司、生活服务公司划拨油气设施、设备和调集经营管理人员，成立蛇口工业区石油化工公司，为工业区直属企业，主要经营石油、液化气及化工产品，服务范围已从蛇口、深圳逐步扩大到华南地区部分市、县。1989 年初，蛇口工业区驻南京经济区办事处成立，隶属工业区总经理办公室。1989 年 3 月 1 日，多马时装（蛇口）有限公司董事会研究决定：由蛇口工业区保险公司承包，全权进行经营管理。1989 年 5 月 15 日，蛇口船业（集团）股份有限公司发布招股通知，面向社会公开、不限额出售股票，每股面值 200 元，售价 240 元，可自行转让、赠予、继承。1989 年 10 月 18 日，蛇口工业区石化公司在海南注册成立招商海南石化有限公司。1989 年 12 月 23 日，蛇口工业区汽车运输公司更名为蛇口安达股份有限公司，公司股票首次公开上市，首期发行股票 1250 万张，其中工业区原有全部财产权转股份为 550 万股，工业区港务公司以汽车入股折股为 200 万股，面向社会公开发行股票 500 万股。

　　1990 年 4 月 28 日，万兴纺织印染公司正式投产，该公司投资总额 400 万美元和 1000 万人民币。6 月 4 日，蛇口新欣软件产业有限公司成立，由四川新潮计算机产业集团公司与香港 CIM 软件工程有限公司合资经营，注册资本 40 万美元，双方股份各占 50%，其产品 80% 外销，是一家典型的知识密集型企业。6 月 23 日，南顺面粉厂有限公司举行签约仪式，投资总额 4000 万美元，全部采用进口先进设备和技术，日加工能力小麦 1000 吨，生产方便面、快食面、面包等系列面粉制品，产品 85% 外销。7 月 2 日，由招商石化公司与胜利炼油厂合资经营的深圳招胜石化实业有限公司成立，总投资 400 万元，经营范围为生产加工燃油石油产品。7 月 23 日，蛇口美伦酒店管理公司成立，为工业区全资直属企业，总投资 220 万元，经营范围为：中、高级酒店的策划、设计、管理、酒店业咨询和业务人员培训。8 月 8 日，由江苏无锡县（现无锡市）第四磁性材料厂、蛇口华侨实业发展公司、香港集成建筑工程事务所合资开办的蛇口晶石电子有限公司开业，总投资额 208 万元，主要生产彩色电视机、电源开关变换器。8 月 16 日，中国科健有限公司试验成功中国第一台磁共振成像实用 6000 高斯超导磁体，使中国超导技术开发进入实用阶段，成为中国最先进的医疗诊断设备。8 月 20 日，工业区经营服务公司组织区内 11 家企业的产品参加珠江三角洲名、特、优产品展销会，成交额 2.5 亿元人民币，占展销会总成交额的 36.49%，出口额占展销会出口总额的 45.2%，占深圳市总成交额的 64.1%。8 月 21 日，蛇口万通货运代理公司成立，为工业区全资直属企业，承办揽货仓储、租船业务。1990 年 8 月，由香港嘉利投资有限公司、中国南山开发股份有限公司等五家公司合资的南海粮食工业有限公司成立，主要生产经销高级面粉、饲料等，总投资 3 亿港元。10 月 8 日，蛇口港务公司由工业区全资企业变为合资企业，合资伙伴为香港招商局仓码运输公司，注册资本 5000 万元。10 月 15 日，正大康地（蛇口）有限公司成立，为外商独资企业，总投资 998 万美元，主要经营生产豆粉、豆油及各种饲料、浓缩精料、添加剂。自产的豆油 85% 外销，饲料 70% 外销。

1991 年 7 月 13 日，深圳万科企业股份有限公司决定投资 376.86 万元人民币参股深圳龙环（蛇口）饮料有限公司，占股 51%。8 月 1 日，阿纳达科（中国）石油公司迁入蛇口工业区，与派克顿东方公司、中国海洋石油总公司合作在南海珠江口盆地勘探开发石油。9 月 19 日，中国科健有限公司成功开发出中国第一台磁感应强度为 2000 高斯的新型环型永久磁体。永久磁体是当时世界上用于诊断癌症、肿瘤、神经系统等其他部位疾病的大型医疗设备"核磁共振成像仪"的主要部件。

1992 年 2 月 13 日，商业服务公司、贸易公司、亿通公司合并为工业区商贸公司。工业区经营服务公司与贸易发展公司合并，沿用经营服务公司名称。2 月 28 日，由香港南顺有限公司独家经营的南顺面粉厂动工兴建。3 月 26 日，南玻集团伟光镀膜玻璃有限公司扩建工程破土动工。4 月 27 日，中国南玻股份有限公司收购美国洛杉矶市标准玻璃公司 60% 的股权。南玻公司总经理出任标准玻璃公司的董事长，该公司商标改用南玻公司"SG"商标。6 月 1 日，蛇口工业区工会出面组织募股，全区职工自愿参资的"蛇口公众投资基金"7142.3 万元人民币全部到位。7 月 7 日，蛇口工业区全资高技术企业深圳天元生物技术有限公司成立，总投资 2080 万元，主要生产、经营生物制品、试剂、生物技术应用产品、天然保健品、康复产品、小型专用医疗设备等，并开展相关的咨询业务。11 月 1 日，蛇口海湾实业股份有限公司成立。

1993 年 4 月 12 日至 15 日，蛇口招商港务股份有限公司与香港东方龙公司就"金箭"轮合作经营正式签约，经营期限一年，意向合作 3—5 年，"金箭"轮散装水泥自动灌包投产典礼在蛇口港举行。"金箭"轮是世界上先进的集海上水泥运输、自动化加工、灌包、仓储、过驳等多功能为一体的巨轮，全长 257 米，载重 8 万吨，共有 8 条自动化生产线，生产能力每天 1000 吨。7 月 23 日，亚洲自行车厂有限公司正式获得国家 ISO 9000 工作委员会和香港品质保证局（代表英国 BSI 机构）颁发的 ISO 9002 证书，成为中国首家同时通过中外评审机构认证的企业。8 月 8 日，徐少春与美籍华人赵西燕，以及深圳市蛇口工业区社会保险公司合资成立金蝶软体科技（深圳）有限公司。徐少春为此让出控股权，在新公司中持股35%，赵西燕持股25%，投资48万元人民币现金的蛇口工业区社保公司获得40%的股份。9月26日，由蛇口工业区、西藏经济发展总公司、南山区投资开发公司、建设银行深圳分行、中共中央办公厅机关事务管理局华诚公司、深圳凯诚公司等6家单位共同发起组建的深圳龙蓄实业股份有限公司成立，公司投资总额与注册资本为人民币6000万元。9月27日，招商局蛇口工业区石油化工公司决定实行股权重组。10月26日，通过资产评估、股权重组，设立蛇口招商石化实业有限公司。12月，深圳蛇口招商石油化工实业有限公司完成股份制改造。12月，中国南玻集团完成收购美国标准玻璃公司，成为南玻集团首家全资海外分公司。英国铁行箱运有限公司和太古船务（代理）有限公司，以6.15亿港币收购蛇口集装箱码头有限公司50%股权。收购完成后，英国铁行箱运有限公司和太古船务（代理）有限公司两公司分别持有该公司25%股权，招商局集团持有32.5%股权，中国远洋运输总公司持有17.5%股权。

　　这一阶段，工业区产业发展重点由生产加工转向第三产业和高科技产业，投巨资兴建平南铁路和进一步完善港口建设，技术密集和资金密集型的高科技和第三产业在工业区产业结构中的比重逐年增加，工业区整体产业结构向更高层次和档次转型升级。此外，在南海东部勘探开发的外国石油公司总部基地已迁至蛇口，使工业区对外服务功能日臻完善。1992年12月5日，由深圳商报、深圳外商投资企业协会和中国新闻发展公司等单位联合举办的评选"深圳最佳创业奖""最佳外商投资奖"活动揭晓。招商局蛇口工业区有限公司荣获1992年"深圳最佳创业奖"。全市荣获"深圳最佳创业奖""最佳外商投资奖"的10家企业中，蛇口工业区占6家；蛇口工业区还有20家企业分别荣获"优秀创业奖""创业荣誉奖""优秀外商投资奖""外商投资荣誉奖"。1993年7月，广东省统计局公布"广东省工业200强"，蛇口工业区供电公司、南海油脂工业（赤湾）有限公司、中国国际海运集装箱股份有限公司、华益铝厂、蛇口工业区供水公司、广东浮法玻璃有限公司、开发科技有限公司7家企业榜上有名。1993年7月，"1992年度全国十大外商投资高出口创汇先进企业"中，南海油脂工业（赤湾）有限公司、三洋电机（蛇口）有限公司、开发科技有限公司榜上有名。蛇口共有30家企业被评为全国外商投资先进企业。1993年11月18日，深圳市政府批准成立深圳招商城市信用社。蛇口工业区作为发起人参与信用社的组建。1993 年 11 月，由南玻集团公司和香港华龙机电有限公司合资的伟光导电膜有限公司在蛇口开业，总投资 800 万美元。1993 年 11 月，由蛇口工业区社会保险公司、深圳爱普电脑公司和美籍华人赵西燕女士合资经营的深圳远见科技发展有限公司生产的"金碟"财务软件，开发用户近千家。1993 年 12 月 18 日，蛇口工业区商贸公司发起创建并拥有 50% 股权的成都市青白江区城市信用社开业。1993 年 12 月 28 日，蛇口工业区商贸公司与南沙工业公司在广州南沙经济技术开发区合资兴建的华隆石化公司成立，总投资人民币 3500 万元，建立容量为 2 万立方的成品油库和一座 5000 吨级、年吞吐量 30 万吨的油库码头一座。

蛇口工业区从"五通一平"起步，经过 14 年多的开发与建设，已形成完备的能源、供水、通讯、道路交通、港口、厂房、住宅、医疗、教育培训等基础设施，经济社会和城区建设快速发展，已办成以工业为主，兼营商业、房地产、旅游、运输业和南油后勤基地的综合性新兴现代化城区。截至 1993 年，蛇口工业区规划面积 10.19 平方公里（包括填海 2.94 平方公里），已完成开发 6.0 平方公里。1993 年，蛇口工业区居住总人口为 53 000 人，其中职工 42 800 人，职工中干部 7000 余人，工人 35 800 余人，有大专以上文化程度的约占 16.6%。

蛇口工业区为海内外投资者营造一流的投资环境，兴建国内高标准的港口、铁路、供电、供水、通讯、厂房、道路等硬件体系，拥有两个 110 千伏变电站，1993 年供电量为 4.2 亿千瓦时，日供电能力 426 万千瓦时，供电可靠率达 99.8%。拥有良好水源 3 个，设施先进的水厂 1 座，日供水能力 8 万吨，区内水质综合合格率达 99.5%，高于国家饮用水标准。通信公司开通 2.5 万门程控电话交换机，1993 年蛇口工业区电话普及率约每百人 30 部，私人住宅电话普及率居全国各城区首位，接近或达到西方先进国家和地区的水平。1993 年，已建成职工住宅 65 万平方米，人均住房面积约 17.7 平方米，已实现住房成本化并正向商品化过渡。建成各种吨级泊位 32 个，其中 7.5 万吨泊位 1 个、5 万吨级泊位 2 个、3.5 万吨级泊位 3 个、2.5 万吨级泊位 1 个、1.5 万吨级泊位 3 个、万吨级以下泊位 22 个。岸线总长 6450 米（包括赤湾岸线 2000 米），拥有仓库面积 9.96 万平方米，堆场面积 19.28 万平方米。现代化的 5 万吨级全集装箱码头可停靠第四代集装箱船，并开辟多条远洋直通航线。1993 年，蛇口港和赤湾港吞吐量达 1400 万吨，集装箱量达 15 万标准箱，开通 6 条国际航线，客运量达 350 万人次，已成为全国 10 大港口之一，成为中国东南沿海与远洋运输的中转港和南海石油开发后勤服务基地。正在修建的深圳平南铁路，全长 50.2 公里，西至蛇口、赤湾、妈湾三大港口，1993 年上半年已建成平湖车站至南头曙光站段并实现通车。将来平南铁路的全线贯通，将使蛇口与中原连为一体，大大缩短进出口货物的集散调运周期，蛇口港将起到欧亚大陆桥至华南地区的桥头堡作用。此外，通往香港、澳门、珠三角和广州、深圳市区的水路客运网络已臻完善，四通八达，1994 年水路客运量达 1593 万人次。

　　1993 年，招商局蛇口工业区有限公司实现销售收入 26.8 亿元，利润 4.1 亿元，累计上缴国家和地区财政税收 31.54 亿元（其中海关税与海关代征税包括蛇口镇和赤湾）。拥有全资直属企业 26 家，在境内外 116 家企业中拥有股份，其中控股的安达股份有限公司和招商局港务股份有限公司已在深圳市公开上市，涉及工业、金融、保险、港航、房地产、投资环境、商贸、南油服务、运输、酒店餐饮、旅游、咨询等诸多业务领域。如表 4-1、表 4-2 所示，截至 1993 年底，蛇口工业区累计投资 58.16 亿元，共引进协议项目 442 项，其中外资企业 345 项，占全部协议项目的 78%，拥有企业 400 余家。1993 年，蛇口工业区实现本地总产值 48.31 亿元，出口总值达到 25.97 亿元，53.75% 的工业品销往境外或国外，形成产业结构以工业为主、企业资金以外资为主、产品市场以外销为主的外向型经济。工业全员劳动生产率为 17.95 万元 / 人，高于国家一级企业平均水平。1993 年 7 月，广东省统计局公布的"广东省工业 200 强"蛇口地区 7 家企业榜上有名：蛇口工业区供电公司、南海油脂工业（赤湾）有限公司、中国国际海运集装箱有限公司、华益铝厂、蛇口工业区供水公司、广东浮法玻璃有限公司、开发科技有限公司。1995 年 9 月，全国三资企业 500 强排行榜推出，蛇口地区有 6 家企业榜上有名：三洋电机、国际海运集装箱、开发科技、南玻集团、广东浮法玻璃厂、华丝。全国工业 500 强排出座次，蛇口 4 家企业跻身其中：南海油脂、三洋电机、中国国际海运集装箱和开发科技。蛇口工业区始终坚持"三个为主"和"五个不引进"方针：产业结构以工业为主，企业投资以外资为主，产品市场以出口为主；来料加工、补偿贸易、技术落后、污染环境、占用国家出口配额的项目不引进。由于土地使用日趋饱和，从 1987 年起，工业区开始调整产业结构，又增加了不引进劳动密集型工业项目一条（变成"六个不引进"），工业区产业结构进一步向资金密集和技术密集型的高层次转变。工业区制造业逐步形成五大支柱：一是以计算机部件与配制系统为代表的电子产品加工业（1993 年共有电子企业 33 家）；二是以平板玻璃及其深加工为代表的建材加工业；三是在世界市场已占有一席之地的丝绸印染服装业（有轻纺企业 21 家）；四是以技术先进、吞吐量大为特色的临港粮油食品加工业；五是拥有承造大型装置和设备能力的金属加工工业。此外，如电器、电材、自行车、钟表、鞋类、药品、饲料、化工制品也占有一定的比重。同时，利用资金、技术、管理等方面的优势大力发展第三产业，除原来兴建一批酒家、餐厅、宾馆和商场，开设中资和外资企业，开办水陆运输公司和旅游公司，发展旅游业和房地产业外，还在产权经营、金融信贷、信息咨询等多个领域重点拓展，先后完成蛇口招商港务公司和汽车运输公司（安达股份有限公司）改组上市，工业区石化公司股权重组，扶持建立山东产权交易所、招商城市信用社、理财公司、投资管理公司。1993 年，外贸进出口额达 4000 多万美元，社会商品零售额为 4 亿多元。此外，建筑、旅游、咨询、保险、运输等行业有较大幅度的增长。

表 4-1　1987—1993 年蛇口工业区经济发展情况

指标	1987 年	1988 年	1989 年	1990 年	1991 年	1992 年	1993 年
累计实际投资（亿港元）	31.79	33.22	36.53	43.98	46.59	50.97	58.16
其中工业投资比重（%）	76.60	77.60	75.42	63.67	61.97	60.52	59.09
回收资金（亿元）	1.03	1.30	1.45	1.61	1.79	2.38	3.00
工业总产值（万元）	153 737	210 744	247 623	275 443	337 936	442 430	483 090
其中出口比率（%）	72.46	63.12	76.35	74.78	70.67	62.72	53.75
人均国内生产总值（万元 / 人）	2.06	2.76	2.35	2.52	3.59	4.40	5.10
第三产业比重（%）	37.12	32.86	31.81	32.77	31.02	32.78	39.78
全员劳动生产率（万元 / 人）	9.47	9.70	—	—	12.00	14.58	17.95

资料来源：招商局蛇口工业区总经理办公室编：《招商局蛇口工业区文件资料汇编》（第八至十四集），1989—1995 年

表 4-2　1993 年蛇口工业区与深圳市若干经济指标对比

指标	蛇口工业区	深圳市
人均国民生产总值（万元 / 人）	5.10	1.49
工业产品销售率（%）	96.8	97.0
资金利税率（%）	13.99	11.95
净资产率（%）	31.68	28.50
流动资金周转次数	1.94	1.93
按净产值测算工业全员劳动生产率（万元 / 人）	6.85	3.08
经济效益综合指标	158	112
港航港口吞吐量（万吨）	602	1 167.2

资料来源：招商局蛇口工业区总经理办公室编：《招商局蛇口工业区文件资料汇编》（第十四集，上、下集），1995 年 5 月

蛇口工业区社会事业加快发展，建设一批高标准的学校、医院、商场、剧院、图书馆、有线电视、公园、住宅区、体育设施等生活和文化娱乐设施。到 1993 年底，建成和拥有 1 所干部职工培训中心、1 所高级船员培训中心、2 所中学、2 所小学、4 所幼儿园、1 所青少年活动中心、1 所老年活动中心、1 所医院、1 所大剧院、1 家有线电视台、2 家报社、1 所图书馆、2 处公园、1 个体育中心。医院建筑面积 19 000 平方米，病床 350 张。中小学幼儿园教师 418 人，

图 4-17　蛇口工业区精彩丰富的职工体育文化活动

在校中小学生 3755 人，幼儿园学童 11 278 人，育才中学和一小、二小办学水平均被深圳市评为优秀级，育才中学被列为深圳市重点中学"办学条件和办学水平双优学校"。除新建的第四幼儿园外，三所幼儿园均被深圳市列为一级一类幼儿园。工业区培训中心通过深圳市一级成人培训中心评估。蛇口工业区在抓紧经济建设的同时，积极发展与之相适应的文化，企业文化、公益文化、社区文化色彩纷呈（图 4-17），不断提高人们的生活质量和文化素质，做到经济与文化相辅相成，为员工和居民创造一个秩序井然、生活充实的环境。蛇口工业区环境卫生优美，社会治安良好，社会风气好，学习氛围浓，没有发生一起恶性刑事案件，实现从工业区到现代化城区的华丽转身。1989 年获得第 9 届中国电影"金鸡奖"最佳纪录片《蛇口奏鸣曲》的一句旁白就道出了蛇口气质："工作的效率，环境的优美，接待的礼貌，人的自主意识和民主空气，一切都使你感到清新和与众不同，只要你一进入蛇口，就会融入这种文化氛围之中。"

五、观念冲突掀起"蛇口风波"

1988 年，中国改革开放步入一个关键时期，蛇口工业区开发建设也进入第九个年头。

1988 年 1 月 13 日，青年教育家李燕杰、曲啸、彭清一一行在深圳团市委书记谢建文陪同下来蛇口工业区参观访问，由蛇口区团委主持了一场"青年教育专家与蛇口青年座谈会"，参加座谈会的有 70 名青年。由于思

图4-18　《人民日报》刊登的《"蛇口风波"答问录》

想观念的不同，就座谈会上关于"淘金者等问题"发生争论。2月1日，《蛇口通讯报》以《蛇口：陈腐说教与现代意识的一次激烈交锋》为题报道了这场辩论，引发一场轰动全国的"蛇口风波"。

1月13日晚，青年教育家、思想政治工作者李燕杰、曲啸、彭清一访问蛇口工业区。当晚，在蛇口招商大厦9层一间大会议室里，举行一场"青年教育专家与蛇口青年座谈会"。参加座谈会的有李燕杰、曲啸、彭清一等3位专家和近70名蛇口青年，其中，有些人是看到海报以后自发前来的。李燕杰是北京师范学院（现为首都师范大学）德育教授，曲啸是中宣部局级调研员，彭清一是中央歌舞团前舞蹈演员，他们都是中国青年思想教育研究中心的报告员，被称为"启迪青年心灵的灵魂工程师"。三位专家曾为改革和青年思想教育工作做出过突出贡献，不失为当时人气极旺的明星专家。他们都擅长演讲，那时他们做报告，讲社会主义道德，讲共产主义理想，讲信仰，讲爱情，很受年轻人的欢迎。共青团蛇口区委副书记谢鸿主持这个座谈会。但是，出乎所有人的意料，蛇口这场座谈会却在全国掀起一场有关新时期青年思想工作的大讨论，即"蛇口风波"（图4-18）。

在蛇口座谈会上，蛇口青年就人生价值观念等问题，与专家展开了激烈论战。与平时演讲模式不同，这次李燕杰他们和青年面对面，直接座谈。座谈会并无中心话题。座谈会开始时，主持人谢鸿先请专家谈谈来到深圳和蛇口的观感。开始时，三位报告员以他们习惯的修辞，表达了对蛇口的良好印象。但接下来，这一场没有主题的座谈会上，专家们的每一个观点和套路，无一不受到青年们的挑战。

曲啸说，来深圳、蛇口感受最深的是特区的巨大变化。几年前，深圳还是只有2万多人的边陲小镇，现在成为拥有50多万人口的现代化城市。1980年工业产值是6000万元，而现在是57.6亿元。事实雄辩地说明了党的改革开放政策的英明正确。他说：我所见过的青年，从总体上讲，深圳的青年是很可爱的，到了培训中心，看到青年人孜孜不倦地学习，非常令人鼓舞。这个地区毗邻港澳，经济又很活跃，可是在蛇口没发生一起重大恶性案件，这是很值得研究的……总之到深圳几天，给我一个总的感觉，深圳不是断线的风筝，而是一只腾空的雄鹰；深圳青年也不是断线的风筝，而是腾飞的雄鹰，正在沿着有中国特色的社会主义航道前进。李燕杰说，1949 年他随军南下曾到过这里，30 年前这里还是一片荒僻的乡野。近几年又来到深圳，变化实在惊人。他谈了在特区工厂、农村、学校、图书馆等地参观的体会，谈了与青年接触的感受。他最后说，在这里，我看到了八个字：公正、热情、廉洁、高效。我想用一句话来概括对深圳的观感：美的山河美的人，美的风光美的心。彭清一在发言中以激动的心情回忆了他在舞蹈演出中第一次见到毛泽东并有幸握了毛泽东的一个手指头的场面。他强调说：今天虽然累点，但晚上见到蛇口青年，感到非常高兴。这里的图书馆外面有那么多自行车，没有丢过。在内地，北京大学清华大学都丢车，丢得还不少。相比之下，哪里文明呢？是这里文明。他说：我们在全国还有点影响，我要凭着三寸不烂之舌，向别的地方介绍蛇口青年。

听到专家的赞美之词和肯定后，一位青年站起来问了一个问题：在内地、在北京，市民也好，青年也好，他们对深圳到底是什么印象？

曲啸回答说：印象是模糊的，因为并不了解这里，内地青年有很多人向往特区，但是这些想来的人中间有两种：创业者，淘金者。在个别人的思想里，想到这里干什么呢？淘金，挣钱，玩。凡在人群之中，必定有先进的、落后的、中间的。有差异是正常的……就是在座的当中有没有淘金者呢？真想到这里来创业的，是大多数，有没有淘金者？有……

一位坐在会议室门口的青年接过话说：希望三位老师能和我们一起讨论一些实质性的问题，不要讲些空洞的说教。你说来深圳的人有建设者、创业者，也有淘金者，请解释清楚什么叫淘金者？

还有青年问：我们到这里承包、租赁，这些人是不是淘金者呢？是来挣钱、搞商品经济的就是淘金者吗？

曲啸答：我说的淘金者不是为深圳特区的发展来创业，来献出自己的全部力量，而是看上了这样一个经济非常活跃、利润很高的地方，为了个人利益到这里来，图这里生活好、工资收入高。如果钱少了，生活又艰苦，就不肯来。我把这类人当作淘金者，特区不欢迎这样的淘金者。

有青年站起来说：我们来深圳、蛇口为什么不能赚钱呢？淘金者赚钱，但没有触犯法律，无所谓对错。淘金者来蛇口的直接动机是赚钱，客观上也为蛇口建设出了力。比如一个个体户开餐馆，他的目的是谋生赚钱，但他给国家上缴税款，也方便了群众，这样的淘金者有什么不好？除了投机倒把、经济犯罪等等之外，凡是正常的经济活动，都是用自己的汗水和生命创造财富、活跃经济，对社会发展起着推动作用。

曲啸答：目前有一部分青年特别强调个人的价值，我认为，"天生我才必有用"，每个人都有价值这是肯定的。但是个人的价值如果不在群体的价值中去体现，个人的价值是很难得到充分体现的。青年人应该考虑到祖国的命运，而且应把这个放在第一位。到深圳、蛇口来，到底是为了享受还是为了创业来的？为了创业而来，我认为是真正好样的，如果为了享乐而来的话，那是很危险的。

一位青年进一步反驳曲啸的观点说：情况往往是创业和淘金，为自己打算和为社会考虑，这些东西在人身上是交织在一起的，说不清楚。有的人他自己也弄不清楚自己，但他还要说，他觉得自己好像挺清楚似的……

曲啸打断了这位青年：你认为你现在做的一切和你个人的价值都只属于你个人的吗？

青年说：当然是这样。

曲啸问：那你现在为什么做工作？

青年答：为什么工作？第一是为生存，这是五个基本需要的最低层次；第二是安全；第三……首先是为生存我得干活，就是这样。有些时候我觉得中国有些东西，挺虚的，而且挺伪的，加起来就是挺虚伪的。

另一位青年则说：其实，干就是了，做完之后我们看效果，你管他什么淘金不淘金、创业不创业呢？他创了半天业闹了个大赔本不也挺可笑的吗？淘金者有什么不好？美国西部就是靠淘金者、投机者的活动发展起来的。创业和享受这二者是不能分开的，二者并不矛盾，并不是我创业以后都得给别人，我也要取一部分。

彭清一对青年发言中举出美国西部开发的例子很不以为然。他认为：美国是美国，怎能和我们特区相比？美国姓资，搞的是资本主义，我们是建设社会主义的特区，两者没有共同之处，我们不能用资本主义开发西部的办法来建设特区。

一位蛇口青年发言说：刚才三位老师对蛇口人包括对蛇口青年作了高度评价，差不多是完美无瑕；内地的一些报纸、电台等宣传工具介绍特区，也是"创业"呀、"巨变"呀什么的，十分完美。这些反映，大家觉得不够确切，有夸张的地方，说得不好听一点有歪曲的地方。其实，特区青年和内地青年一样，除了工资、"大锅饭"不同以外，也都是人，也是在这块土地上成长的人，因此有阴暗面，有痛苦。这一点也要实事求是，讲求实际，不要用空洞的词吹那么高。比如说几位老师提到的这里青年爱学习，我们的确刻苦，但唯一的压力就是我们在这里没有父母也没有兄长，是一个人在孤军奋战，如果自己不努力的话，就有可能被淘汰。我们今天坐在这里工作，很难说明天还能不能再坐在这个地方。这就是我们学习的动力，这里说的是一个被动的学习动机。当然，这里机会是有的，因此也有愉快。

另一位青年说：我认为上课学习的绝大部分是工人，不信可以去翻翻花名册，报名的工人占90%以上。很多大学生都在干什么呢？打扑克、搓麻将。我问他们怎么回事。他们说，第一，根据蛇口办户口的原则，大学生只要身体健康，户口就可以办。户口有了，工作也好找。所以在蛇口，大学生失业的就很少。工人就不一样了，因为没有文凭，要办户口就困难。第二，蛇口工资待遇，总经理第一，副总经理第二，工程师第三……什么也不是的就最差。所以这些原因逼人去学习。这些东西要同时讲出来，不然就很表面，很虚假。

一位青年说：听说蛇口打破了铁饭碗，我很感兴趣，抱着一种研究的心理到这儿来的。来了以后悲伤地发现，不管是新来的还是早在这儿工作的人，至少要用自己精力的五分之一去研究自己的领导是什么样的作风、喜好什么；而不是研究在工作中怎样充分发挥我的学识、能力，怎样尽到自己的责任搞好工作，而是研究我怎样才能迎合老板的心理，使自己不被"炒鱿鱼"。这种普遍的现象至今还没有报刊分析。

至于自行车晚上放在外面不丢，以及挂在车上的东西不丢的现象，一位青年发言说：精神文明跟物质文明有关系，跟这个地方收入高有关系。这里大家都收入几百块钱，为拿别人一点东西被抓住，有些人就会觉得得不偿失。内地呢，各种人都有，很复杂，收入也低，如果你的一把伞放在公共汽车上忘了拿了，别人就给拿走了。你下次上车看见别人的伞忘在那里，你当时很气，也会拿走。如果内地经济收入达到了这儿的水平，我觉得内地的精神文明会更高。当然，这个东西也不是绝对的，并不是物质文明发展了，精神文明一定就发展。比如有一些国家，原来是不毛之地，一发现石油之后，整个国家富了，这也免费那也免费，免费读书免费医疗，全免。但他们依然用手抓饭吃……但是我还是认为精神文明的发展要依赖一定的物质基础。精神文明的某些内容，不是人为提倡就能办到的，关键要有物质文明的条件。犯罪的问题不在于宣传，说你不要去犯罪，犯罪是不光荣的等等就能解决。内地很多的吵架、打架是由于收入低。

对此，曲啸表示了不同意见。他说，经济水平越高精神面貌越好，这个理论我们不同意。他列举了美国全国各种案件发案率的统计之后说，美国的经济水平高，犯罪率也高。所以关键还是思想品德问题。像深圳这个地方，两个文明建设还是要同步进行的，如果忽视了这一点，单纯地就是经济的话，人们的生活是不会那么愉快的。

一位青年发言反驳说：争论图书馆问题、自行车问题以及犯罪率多少的问题，没有什么意义，这些只是现象。老实说，到图书馆能办证的有多少？你到四海去问问工人，有多少人能办图书证？他们凭什么办图书证？图书馆里摆的书，计算机技术方面的书有很多都是过时的。蛇口工业区现在没有犯罪率，这只是一个现象。我敢断言，深圳的犯罪率将来会高于全国任何一个城市，因为青年人刚到这里，还没有犯罪的条件……那么先进与落后本质的问题是什么呢？是制度，是体制问题。三位老师说蛇口 8 年就建成这样，不得了。其实如果你走出去，看看日本，看看世界，这又算得了什么呢？举一点这个那个什么自行车啊，都是鸡毛蒜皮的小事。蛇口这地方好就好在开放，站在山头上，能望到海上……我觉得三位老师是在游说，我们这里不看你怎么说，而看你怎么做。来到蛇口这个地方，你们带来的这种思想，蛇口受不了。你们赞扬蛇口，像报纸上那些空话一样，其实大家受不了。所以我希望三位老师有时间的话，最好是深入一下，到基层更充分地接触一下，到后海没有电、没有水、没有洗澡的单身宿舍去看一下，那么关于青年人的感受可能更深入一些。老实说，今天来参加这个座谈会的人档次还是比较高的，如果你们要真正了解蛇口青年，就应该到青年宿舍去看一看，看看青年人在想什么，干什么。还可以通过什么途径到蛇口来扎扎实实地待上一年半载，甚至到独资厂、合资厂当个部门经理，跟大家一块做个什么，这样就有可能了解到跟报上说的空话不同的东西，就更有价值。我还希望你们把今天在这里的谈话带到内地去，告诉大家蛇口真正是怎么回事。这里的情况绝不像报纸说的那样莫名其妙。很多外地青年看了报纸上的大话空话，就把蛇口想得那么好，虚无缥缈起来，这实际上是一种愚昧，是空洞的、不反映真实情况的宣传造成了这种普遍的愚昧。让青年人造成这么一种愚昧，这实际上是一种犯罪。

对青年提出的尽可能深入实际的建议，报告员们是赞成的。彭清一赞扬了蛇口青年"很坦率、很诚恳"。他说通过这次对话长了经验，以后到一个地方去就要多调查研究，讲话就要警惕一点，不要下车伊始哇里哇啦。

另一位青年就宣传与实际的矛盾直率地谈了自己的见解：我觉得，蛇口作为咱们国家的一个试验点，对国家摸索自身的方针政策是有好处的。但蛇口朝什么地方发展，也在摸索当中。蛇口有些地方应该好好推敲推敲。说蛇口只有中国特色，我觉得是不是有点拔高了？因为我觉得在很多地方外国特色倒能体现出来。比如这里的建筑风格、上班环境、工资体制，包括商店里的商品陈列，倒是体现了外国的特色。这一点，如果硬说都是中国特色，我觉得就有些不合适。

另一位青年补充说：如果有中国特色，那么它就自己出来了。如果没有，你也不必要特意去强调，强调它有多大作用呀？

在如何表达对祖国的爱的问题上，双方也展开了激烈的交锋。争论是由一位蛇口青年的发言引起的。这位青年尖锐地说：三位老师的思想在蛇口是没有市场的。三位老师的演讲在内地有反响，在蛇口这地方就不一样。蛇口很多青年在独资公司，他们的利益不一样。我对你们说这些话不怕，香港老板不会炒我的鱿鱼，在内地就不敢了，不敢畅所欲言，这其实是很简单的一个道理。

曲啸问：你说我们的思想在深圳没有市场，你说我们是什么思想？

青年说：我想你们是希望蛇口青年带着对国家的爱、为蛇口创业的思想来干，并为这个感到骄傲，这不符合这里的实际。我想，如果蛇口独资、合资企业都撤走，我不知道蛇口还有什么东西，这是在座的都知道的。

曲啸说：我们希望青年对祖国有深厚的爱，你能声明你对祖国没有爱吗？

青年说：我认为要看这个爱怎么表达，应当实事求是，而不应当讲虚的、假的、空头的。老实说，蛇口青年都知道，你们是空头的，虚无缥缈的。我们讲实际，我们用自己的劳动表达对祖国的爱。我们自己劳动了，劳动成果自己享受……蛇口青年挣了钱，他也创造价值……他大可不必想着我现在是为了国家，为了什么什么，这里的人是分成好多不同层次的……无私奉献、大公无私是陈腐说教，我们这儿不听这套。老实讲，山高皇帝远，骂你们几句也不影响我，老板照样给钱。

曲啸：你认为这种思想感情的层次是非常低的吗？

青年：不好说，应该说是表达的方式不一样，也应允许蛇口青年通过体力劳动的方式表达对祖国的感情……我的意思是希望三位老师把这里的真实的东西带回去，敢在内地讲出来。

彭清一：这位同志，明天我要在深圳宣传部组织的大会上发表演讲，明天我就在大会上当着那么多的人讲你的话，你叫什么名字？明天你们市长都要去……

这位青年犹豫了一下，递给了彭清一一张名片，彭清一也递给他一张名片。

接着，双方又对如何对待青年人的自主意识发生了争执。话题是从彭清一发言介绍自己的女儿引起的。彭清一说：因为我到处跑，我的孩子毕业以后考大学，我没有找过门路。她没考上，目前干什么呢？在××招待所当服务员。每天涮痰盂叠被子，一天就干这个活儿，这是艺术家的女儿。我对她说什么呢？孩子，不要小看，这个工作总需要人呐，总得有人干。当爸爸到你们那儿住的时候，朋友去了，你们微笑、服务很好，人家高兴。我对孩子就是这样，我从来没有为了让她摆脱招待所去走后门。人家评价我说，彭清一这个人是正的。我的孩子涮痰盂继续涮下去，我不受社会上任何事情的影响，我要保持下去。如果每个人都这样做，从自己做起，国家就有希望了。

而蛇口青年人看法正相反。一位青年发言说：这是使女儿选择职业的权利受到了父亲的限制，父亲把思想灌输给她，告诉她应该怎样做。如果没有你这个父亲，我看你这个女儿就很危险了。应当让青年发挥主动性，让他们根据自己的意愿进行选择，包括选择自己的职业，应当为青年有这样的主动精神感到骄傲才对。

座谈会接近尾声的时候，又围绕着进口小汽车和体制改革问题争论了一番。先是曲啸在发言中曾提到：我看到我们国土上跑着那么多的外国车，我看着难受。开人大会的时候，在人民大会堂前面的车只有一辆是上海牌小汽车，这不能不说是个不正常的现象。

青年问道：你气愤的是什么呢？曲啸：我们落后。青年说：有外国车并不奇怪，因为我们的汽车制造业起点低，再说落后是次要的。第二次世界大战以后，日本比我们更落后。日本算什么？日本那个时候衰败到了什么程度？为什么不多几年就起来了？光看到落后算什么？关键是制度问题，是体制问题。甚至大量进口汽车也是某些人拥有过分的不适当的权力所致，这也是个体制问题。体制要有利于发展。离开了这个谈什么落后，只是个现象。还有的青年认为：在目前开放的主题下，在全球经济、贸易逐渐趋于一体的形势下，没有一些外国的东西倒是落后的表现。在会议进行中，有一位青年发言说：我今天到这儿来有两个目的，一个是看看曲啸等三位老师是怎么样的人，在我的印象里曲啸老师好像是瘦的，没想到还挺胖（笑声）；第二个目的，我特别想知道这些年国家变化这么大，三位老师感受最深的是什么……

这位青年发言之后，报告员们在演讲中对这次座谈会给了不少好评。彭清一称赞了青年的幽默和坦率。他说：我们在会议开始谈了一些话，经过大家反馈之后，很值得我们，燕杰老师、曲啸老师，还有我这个跟在后边的老兵，要研究一些问题，我们的确对蛇口了解得少。今天好多在座的同志提出了问题，好得很。如果在内地，可能好多人不这么谈出心里话，那样并不好。我们今后要多调查研究，多听听。因此今天一些同志发言我很满意。满意什么呢？他们很坦率，很诚恳。曲啸也在会上说蛇口青年提的问题比较坦率。李燕杰说：今天在双方发言中有一些不同见解，这不要紧，相互间可以同意，也可以不同意，但彼此是有启发的。我很喜欢"海纳百川，有容乃大"这句话，实际上也应该这样去做。最后，会议主持人、共青团蛇口区委副书记谢鸿在总结发言中也称赞了这些热烈的激动人心的场面。一位青年站起来代表发言的人表示赞同，并感谢说：参加这个会很荣幸。

1988年1月14日，座谈会后第二天，曲啸在深圳市演讲，专门用了一段话来说蛇口青年的"不是"。

1988年1月15日，也就是座谈会后的第三天，和李燕杰等专家随行的北京师范学院青年教育研究所外国青年研究室主任郭海燕，以北京师范学院青年教育研究所名义撰写了一份《"蛇口座谈会"始末》的材料，送交共青团深圳市委，引起领导关注。而那个青年的名字也上了材料。他们认为"有责任把个别青年的错误言论实事求是地反映出来"。而蛇口方面则称这是"一份不光彩的材料"，是一个"小报告"。

"蛇口座谈会"始末

1月13日晚上，在蛇口招商大厦9层会议室，举行了一次"青年教育专家与蛇口青年座谈会"，出席这次座谈会的有近日来深讲学的中国青年思想教育研究中心报告员曲啸、李燕杰、彭清一同志。这次座谈会事前没有通知本人，陪同来蛇口的深圳团市委书记谢建文同志也不知此事。参加座谈会的蛇口青年约有五六十人，蛇口区团委书记谢鸿主持会议。开会之后，三位专家首先发言，对深圳市、蛇口区青年建设者的成就给予了高度评价和充分肯定，并畅谈了自己几天来的观感。曲啸同志在发言中说到，内地不少人向往深圳，其中不乏有识有志之士，但也有少数想到这里捞一把的"淘金者"。在他发言之后，坐在门口一个戴眼镜、穿西装的青年突然发难，把"恳谈会"引向邪路。

他说："希望三位老师能和我们一起探讨一些实质性的问题，不要在这里做那些不着边际的宣传。你们说来深圳的人有建设者、创业者也有淘金者，请你们解释清楚什么叫淘金者！"当曲啸同志作解释时，两位男青年相继举手发言。坐在后面的一个长头发的男青年首先站起来挑衅："我们久闻曲啸、李燕杰的大名，今天才算看到了你们的真面目。原来我以为曲啸受了那么多苦，一定很瘦，没想到你这么胖！（哄笑）你们几位闯荡江湖，四处游说，很会来点幽默，弄个噱头，你们的演讲技巧已经相当纯熟。但是我告诉你们，在蛇口这个地方，你们的那一套没有市场！"（哄笑、掌声）这时，另一位举手的男青年（经了解，他是招商进出口贸易公司的李云忠）站起来发表了长时间的即兴演讲，大意如下：你们到这里来宣传，肯定没有市场！独资、合资企业里的工人没有人会听你们的。我们就是为了自己赚钱，什么思想、信念、为祖国作贡献，没有那回事。报纸上的宣传有几句真话？只有我们才了解深圳的真面目！你们要想了解深圳，你们就应该到四海、后海去看看那里的工棚，看看住在没有水、没有电的工棚里的合同工，看看他们在干些什么，想些什么！这里是文化的沙漠，青年人十分空虚。你们说深圳的犯罪率在全国是最低的，可是我敢断言，用不了多久，只要条件一具备，深圳的犯罪率肯定是全国最高的。曲啸老师说看见满街跑的都是日本汽车心里很难过，你难过什么嘛？自己没有本事造不出汽车，买日本的有什么不好？你们说蛇口只有七八年的历史就建设得这么好，和人家日本比比这算什么嘛！你们要想真了解特区，希望你们到这儿来住上一年半载，当个部门经理。我们判断你们几位，不是听你们的宣言，而是看你们的行动。我再奉劝你们一句，那一套政治宣传不要搬到蛇口来，在这里没有市场！这时坐在靠窗户那边的一个青年站起来说："报上的那些宣传我们非常反感。说什么深圳走的是具有中国特色的社会主义道路，其实有什么中国特色？深圳的特色就是外国的特色！它的建筑，它的街道，它的城市构造，它的企业经营方式，完全和外国的一样。有中国特色就说有中国特色，没有中国特色，就不要编造出一个中国特色来。中国特色的社会主义到底是什么东西，你们谁能说得出来？"这时一个穿蓝上衣敞着怀的青年站起来说："我们这个地方说话还比较自由，顾虑还比较少，山高皇帝远嘛！我骂你们几句，也没有人会来管我，我的香港老板更不会炒我的鱿鱼。你们说想到深圳赚钱的人是淘金者。我们就是想赚钱。你们说要为祖国做贡献。我自己流血流汗赚的钱就该我自己享受，为什么要给别人！你们说深圳青年爱学习，有几个真爱学习的？图书馆有几个人能进去？有几个人能办图书证？图书馆里都是些什么书？计算机技术……都是过时的，有几本有用的书？我们今天来的都是层次比较高的，你们要想了解蛇口，就去找低层次的青年了解了解他们的想法吧！你们那些时髦的宣传在这儿一点用也没有！"那位发表长篇演讲的李云忠又站起来说："淘金者有什么不好！美国西部就是靠淘金者、投机者的活动发展起来的，可是由于政治的原因，中国从来不宣传。刚才有人说深圳没有丢单车的现象，这只是太表面的现象，根本问题是制度问题，我为此感到愤懑。"那个敞着怀的青年接着说："你们应该说自己由衷的话，不要说那些出于某种政治目的的话。"会场上，曲啸、彭清一、李燕杰同志力图对上述较为明显的错误言论进行说服、诱导和批评、帮助，但是他们的发言经常被打断，整个气氛是不让他们说话的，是嘲弄的甚至是敌对的。散会之后，几位一直没有发言的青年主动走上来对三位专家说："他们不能代表我们蛇口青年。你们的报告我们都听过，讲得太好了！我们完全同意你们的观点。"这几位青年还主动要求和老师们合影留念。

北京师范学院青年教育研究所
1988 年 1 月 15 日

1988 年 2 月 1 日，招商局蛇口工业区《蛇口通讯报》在头版发表《蛇口青年与曲啸李燕杰坦率对话——青年教育家遇到青年人挑战》的通讯。1988 年 2 月 12 日，《羊城晚报》刊登记者魏海田《"热门话题"和它的余波——记蛇口青年的一次座谈》的通讯。从 3 月 28 日到 4 月 25 日，《蛇口通讯报》又连续发表三篇文章。3 月 28 日刊出《蛇口：陈腐说教与现代意识的一次激烈交锋》一文。这篇文章分析了蛇口青年与报告员在如何看待淘金者、如何表达对祖国的爱、如何看待落后等几个热点问题上的分歧，鲜明地提出："蛇口青年并不认为创业者和淘金者是两个截然分开的概念，更不是对立的。相反，蛇口青年认为二者是密不可分的，蛇口青年宁愿以'淘金者'自居。"该文指出：三位报告员的一个矛盾：一方面，时时称自己"海纳百川、有容乃大"，甚至在讲演中还屡次反问别人："为什么容纳不了别人呢？特别是别人一句话、一个什么事触犯了你个人利益的时候，为什么不能胸怀宽广一点？"另一方面，又在 1 月 15 日的"材料"中给蛇口青年扣上吓人的帽子。作者送给三位专家两句诗："我为你举手加油，我为你扼腕叹息……" 4 月 11 日，《蛇口通讯报》发表魏海田所作的《蛇口青年与曲啸等同志还有哪些分歧？》一文。该文针对座谈会之后曲啸在深圳电视演讲中把蛇口青年当作反面材料批判说，蛇口青年对这种肤浅的批判和牵强附会极为反感。"不客气地说，蛇口这个开放之窗今天所有的一切成就都是从这些被某位青年教育专家称为'没有希望的人'手中建设出来的，都是这些自谦为'淘金者'的人们用汗水甚至鲜血浇铸的。" 4 月 25 日，《蛇口通讯报》又发表《"神的文化"是对人的全面窒息》一文。这篇文章尖锐地批评了用一种至善尽美的、无法企及的道德模式规范千百万人的陈旧的思想工作，实际上是在宣扬"神的文化"。文章提出"现在迫切需要的是人的文化"，需要有怀疑、批判精神的人。恩格斯曾经阐述过向权威挑战的必要性。真正的教育专家，应该对蛇口青年敢于思考、敢于提出问题的精神给予高度评价才是。然而，李燕杰、曲啸等同志的做法恰恰相反。他们几位的演讲和报告，在大路子上也还是在宣传"神的文化"。

从 6 月中旬开始，国内的《天津青年报》《新观察》《现代人报》《中国青年报》等报刊，纷纷发表与"蛇口风波"相关的报道或评论。

1988 年 8 月 6 日，《人民日报》发表《"蛇口风波"答问录》一文。该文发表各方一共 13 人评述"蛇口风波"的言论，其中，时任招商局集团常务副董事长、蛇口工业区管委会主任袁庚的发言是这样的：一、曲啸、李燕杰同志可以有自己的观点存在，也应该允许其他的观点存在。我们坚持不论是谁，不论什么流派、什么观点，只要不反党、不搞人身攻击，都可以让他们在这里交流探讨。但有一点要讲清楚，我们不欢迎教师爷式的空洞说教，听不得不同意见，甚至要问你是哪个单位的？叫什么名字？这种作风连我这个老头都不能容忍，青年人是不会欢迎的。二、我非常赞赏这句话——"我可以不同意你的观点，但我誓死捍卫你发表不同意见的权利。"对那位被追问姓名并上了什么材料的青年人，我们一定要加以保护。即使他的发言有什么不妥，也不允许在蛇口发生以言治罪的事情。

从 1988 年 8 月 8 日到 9 月 14 日，《人民日报》社收到 1531 篇来信、来稿，其中有 266 篇倾向或赞同曲啸等的观点。1988 年 8 月 27 日，李燕杰等以"北京师院青年教育研究所"的名义，写了一份题为《关于"蛇口风波"报道群众来信来访情况综述》的材料，报送中央领导机关并扩散到社会上。这份 6000 多字的材料分为两部分：一、对《人民日报》的做法普遍表示不理解。二、对蛇口某些人的做法表示强烈不满。座谈会就是突然发难，若干青年，包括蛇口的某些青年，抱有极端个人主义，为特区建设作出贡献的袁庚同志的言论和做法，实在令人吃惊。袁庚的表态亦像是"文化大革命"中站出来支持右派的角色如出一辙。我们想问一个问题：蛇口还走不走社会主义道路？蛇口一些淘金者的思想，实属不要党的领导，是绝对的自由人。发展下去，特区必然要走向邪路的。

1988 年 9 月 12 日，《人民日报》中《关于"蛇口风波"的议论》专栏刊登李燕杰、曲啸、彭清一写的《我们到底讲了些什么？》，表达了他们的观点。自 8 月中旬到 11 月中旬，全国几百家报刊纷纷就此发表文章，其中的绝大多数都指出思想政治工作必须改革，以适应商品经济发展的新形势。有些报刊还提出了"应该有一个'蛇口环境'，一个使人免于恐惧的环境"。

1988 年 9 月 14 日，《人民日报》在最后一期的议论专栏编发了来自《人民日报》内部的两种意见，并加了题为《没有结束的结束语》的编者按。

1988 年 11 月 21 日，当《人民日报》评论员吴国光访问日本，来到风光秀丽的京都产业大学的时候，该校著名教授小岛朋之向他提出的第一个问题就是：听说贵国北京派了几个人到深圳特区给青年讲演却遭到拒绝，这是怎么回事？我们都很关注，请介绍一下。

1988 年 9 月起，到 1989 年 1 月，美国著名的新闻媒介从各种角度广泛地报道了"蛇口风波"。美国的读者们从《纽约时报》《华盛顿邮报》《美国新闻与世界报道》《新闻周刊》上读到了曲啸与蛇口青年就"淘金者"的辩论，读到了彭清一问发言的青年叫什么名字，读到了争论双方对特区发展的不同看法。1989 年 1 月 23 日，《新闻周刊》还刊登该刊敏锐的女记者艾鼎德从"淘金者"的争论分析中国今后走向的文章。海外的华文报纸，更是争相发表社论和通讯，评述"蛇口风波"的是与非。

1989 年 3 月 1 日，中央宣传部副部长曾建徽来蛇口工业区考察访问，他说：想不到蛇口这个商品经济十分活跃的地方，精神文明建设会这样好。在这里看到的蛇口青年的风貌，与在内地听到的一些议论大不一样。这里离香港近，资本主义的东西比内地接触得多，但这里的社会秩序、文明程度要比内地好。事实证明，蛇口不仅对外开放搞得好，而且精神文明建设也搞得好，蛇口的许多做法，不仅对全国有指导意义，对外宣传也具有说服力。

1989 年 8 月 8 日，《中国教育报》发表《为什么要制造"蛇口风波"》一文，此文分三个部分：一、青年教育专家与蛇口座谈会报道摘录；二、风波是怎样刮起来的；三、实质是鼓吹和宣扬资产阶级思想，否定社会主义的思想政治工作。这显然是在大棍子打人，上纲上线，想给"蛇口风波"定性。

1998 年 6 月，袁庚在接受《百年潮》杂志记者采访时曾专门谈到"蛇口风波"：

> 1988 年的"蛇口风波"曾经轰动全国，现在回头来看，这件事其实很好理解。它的实质是计划经济与市场经济之间的矛盾冲突，是两种不同的经济体制下不同的价值观之间的冲突。市场经济讲的是公平合理，计划经济讲的是服从和无私奉献。……蛇口很早就建立了市场经济，蛇口青年的思想观念与他们的经济生活密切相关，他们不愿意接受计划经济时代的道德准则，因此冲突就不可避免地发生了。另一方面，在蛇口，人们已经习惯了公开地、自由地发表自己的意见，即使讲错了什么，也不担心祸从口出，再说这样的事在蛇口司空见惯。宦乡一共来了蛇口 5 次，最后一次他对我说，这里的青年争论得很厉害，思想非常尖锐，有些问题我根本回答不出来，你是怎么培养出这样一批人的？所以，"蛇口风波"虽然在外面闹得沸沸扬扬，蛇口本身却很平静，大家觉得这种事没有什么值得大惊小怪的。[①]

① 袁庚：《蛇口的十年辉煌》，《百年潮》1999 年第 2 期。

2008 年 9 月 15 日，《南方都市报》刊登的改革开放 30 周年风云人物评选的 100 名候选人中，"蛇口青年"排名第 86 位，其入选理由是：

> 1988 年 1 月 13 日，深圳蛇口举行了一场"青年教育专家与蛇口青年座谈会"。座谈会记录流出后引起巨大争议。《人民日报》推出记者调查《"蛇口风波"答问录》及 39 封读者来信。这场历时月余的大讨论如一声思想惊雷震撼了神州大地。甚至有人把它赞誉为"第二次关于真理问题的大讨论""蛇口五四运动"。

2010 年 8 月 22 日，袁庚在接受《南方都市报》记者采访时说：

> 当时《人民日报》的记者也曾问过我内地反响较大的"蛇口风波"，在蛇口却无反响。我当时回答，在蛇口，这种事本来就不值得谈，也不必要去争论它。有人说我们故意设圈套整他们，我们哪有空搞这些玩意儿，没有人这么无聊。
>
> 现在回过头来看，这件事情很好理解。它的实质就是计划经济与市场经济之间的矛盾冲突，是两种不同的经济体制下不同的价值观念之间的冲突。市场经济讲的是公平合理，计划经济讲的是服从和无私奉献。究竟如何取舍呢？请让我打个比方：两人分苹果，一个大，一

个小，你拿大的还是拿小的。我拿大的你说我损人利己。如果我反过来问，你愿意拿大还是拿小，你说拿小的。那我便说，你这不是陷我于不义吗？我还可以说：既然你愿意拿小的，那么我拿大的岂不是正合你意？怎么是损人利己呢？这样就乱了套。就像《镜花缘》里的君子国，让人不知所措。

　　当然，个人的道德行为另当别论。就整个社会的普遍原则说，离开公平合理讲无私奉献，是带强迫性的道德要求，只会造就另外一批占别人便宜的人。蛇口很早就建立了市场经济体系，蛇口青年的思想观念与他们的经济生活密切相关。他们不愿意接受计划经济时代的道德准则，因此冲突就不可避免地发生了。

"蛇口风波"虽然已经过去30年，变成了历史，但其历史的意义和给人的启示却是深远的。当年"蛇口风波"虽然在外面闹得沸沸扬扬，蛇口本身显得却很平静，大家觉得这没有什么值得大惊小怪的，许多青年员工甚至不知道什么是"蛇口风波"。当年这场风波所争论的问题，实际上已经超出这场风波本身。一方面，它所反映的是当代中国从传统向现代、从计划经济向市场经济的转型中价值体系所发生的激烈变迁和新旧思想观念的碰撞交锋；另一方面，它更反映改革开放初期特区人自主意识的觉醒和敢闯敢试的精神。这或许是"蛇口风波"给我们留下的最珍贵的历史遗产。笔者曾与中共深圳市原市委书记、市长李灏谈到"蛇口风波"，他说："'蛇口风波'无风波"，这句话更是意味深长。

六、中集集团迈向世界级企业

中国国际海运集装箱（集团）股份有限公司（简称"中集公司""中集集团"），于1980年诞生于蛇口工业区，是中国改革开放之后最早的几家中外合资企业之一，目前已发展成为世界领先的物流装备和能源装备供应商，主要经营集装箱、道路运输车辆、能源和化工装备、海洋工程、机场设备等装备的制造和服务，是深圳乃至全国少有的世界级企业。

1980年1月14日，招商局、丹麦宝隆洋行①和美国海洋集装箱有限公司三方签订在蛇口工业区合资经营中国国际海运集装箱股份有限公司的总协议。合资公司注册资本为600万美元，招商局与中国集装箱财团有限公

① 早在1978年，宝隆洋行就与交通部签订协议，宝隆洋行在两年的时间里负责为新港及上海设计集装箱码头，同时为中国远洋运输总公司训练集装箱运输各方面所需的人员。

司（China Container Consortium Limited，简称"CCC"，"宝隆"及"美国海洋"合资在百慕大注册的公司）双方各占股份 50%。协议商定：集装箱厂生产的集装箱将售予 CCC 或通过 CCC 作为代理商出售；三方各自不得以任何方式在中国及香港另行生产海运集装箱。即由招商局和 CCC 各出资 50%，组建中集公司，经营范围主要是生产、销售海上运输用的集装箱及其有关设备，特别是引进丹麦技术生产 20 英尺（1 英尺 ≈ 0.3048 米）国际标准集装箱。初期由宝隆洋行派员管理。在袁庚提议下，中集实施董事会领导下的总经理负责制。袁庚出任第一任董事长，聘请丹麦人莫斯卡做第一任总经理，从西方引进了公司的经营方式和管理制度。此时《中华人民共和国中外合资经营企业法》尚未出台。鲜为人知的是，这家与深圳经济特区同龄的跨国企业，是中国改革开放后的第二家中外合资企业。首任董事长是招商局集团有限公司常务副董事长袁庚，他参与项目引进和企业创办的全过程。股东的外资背景以及初期的外方负责经营管理，为中集的诞生注入国际化和市场化基因。

　　1982 年 9 月 22 日，"中国国际海运集装箱股份有限公司"正式投产。按投产时间计算，中集是国内第 4 家集装箱工厂，与同时期成立的国有企业相比投资规模没有优势，用的设备也是德国进口的二手设备，早期每天只能生产 8 个集装箱。

　　1983 年 1 月 8 日，袁庚就中国集装箱厂建设问题给国务院副总理万里写信，该信大意有：1982 年，我国一下子先后在广东有三个集装箱厂兴起，一个是蛇口厂（招商局与丹麦合资），一个是大旺厂（香港资本与侨务办合办），一个是广州造船厂的附属厂（外资补偿贸易）。但目前我国上述三个厂碰到的困难是世界航运业衰退，集装箱订单大大减少。因此，建议除本国集装箱厂在价格、质量和交货时间上要具有竞争性外，国家必须在税收上给予优惠，进口箱可以征收一定数额的关税，而对本国（包括特区）生产的集装箱则应豁免关税以提高其竞争性。这样用箱单位则应优先在国内各厂选购。万里在袁庚给他写的信上批示：同意袁庚同志意见，请劲夫同志找有关同志商定。1 月 11 日，国务委员兼国家经委主任张劲夫在袁庚信上批示：请海关总署研究提出意见并复袁庚同志。1 月 31 日，海关总署给张劲夫复信，陈述了有关政策和情况，不同意袁庚的意见。3 月 1 日，袁庚给海关总署写信，说明有关情况，并提出意见。3 月 28 日，海关总署给袁庚复信指出：对于蛇口工业区生产的集装箱内销必须征收关税和工商统一税。4 月 6 日，海关总署进出口局陆文枢给张劲夫、高修、李灏同志写信，提出：我们研究了招商局和袁庚同志的意见，认为总的情况来看，特区生产的产品主要应当外销或者在特区内销售。但目前在各国集装箱竞相削价的情况下，考虑到蛇口厂的具体情况，似可同意袁庚同志的意见，对今年蛇口厂销售给远洋公司的集装箱，可以免税，只征进口材料的关税，作为一个特殊情况处理。4 月 9 日，张劲夫在陆文枢同志的信上批示：拟同意所提意见。并告海关，作为特殊情况照顾，万里同志亦批示同意袁庚同志意见。[①]从这件事就可以看出，袁庚的办事能力、特区工作之艰辛和中央领导对特区的关照之心。

1983 年 10 月 10 日，深圳市人民政府以深府函〔1983〕393 号文，同意上述三个境外投资者合资成立的公司开业，注册资本为 300 万美元。其中美国海洋集装箱公司在签署总协议之后，将其在原公司的权益全部转让给丹麦宝隆洋行。

1986 年 8 月 27 日，中集停产集装箱，转产钢结构加工。工厂最初由丹麦宝隆洋行负责经营，由于国际航运业陷入萧条及公司在内部的文化冲突，中集在 1982 年投产后即连年亏损，至 1986 年陷入濒临倒闭的困境，董事会决定"内部清盘"，保留管理和技术骨干，停产集装箱，转产钢结构加工。丹麦宝隆洋行退出公司经营管理，中集转由招商局负责经营管理。

1986 年 9 月 3 日，中国国际海运集装箱公司召开董事会决定：香港宝隆洋行将退出管理，公司从 1986 年 10 月 1 日起由中方全权管理，招商局集团派出管理人员。公司董事会上，招商局宣布中国国际海运集装箱公司停产转业。

1987 年 7 月 1 日，中国远洋运输总公司入股中集，重组为三方合资企业。合资后的中集、中远和招商局各占股 45%，丹麦宝隆洋行占股 10%。中远的参股，为中集引进宝贵的市场资源。时值行业复苏，中集重新进入集装箱制造行业，以此为基础，公司完善技术，培养队伍，积累经验，逐步拓展国际市场。

1987 年 9 月 17 日，深圳市人民政府以深府口〔1987〕92 号文同意原公司增加中国远洋运输总公司为新股东、将股东香港招商局轮船股份有限公司变更为招商局集团有限公司。公司的注册资本为 300 万美元，其中：中国远洋运输总公司占 45%，招商局集团有限公司占 45%，丹麦宝隆洋行占 10%。至此，原公司正式注册为中外合资企业。

1988 年 8 月 13 日，深圳市人民政府以深府口〔1988〕123 号文批准原

① 香港招商局编：《广东省深圳特区招商局蛇口工业区文件资料汇编》（第三集），1983年，第 118—121 页。

公司注册资本增加至 400 万美元，各方股东的投资比例不变。1990 年 6 月 11 日，深圳市人民政府以深府口〔1990〕91 号文批准原公司注册资本增加至 1000 万美元，各方股东的投资比例不变。

1989 年 11 月 10 日，中国国际海运集装箱股份有限公司召开第 18 次董事会，决定把老厂、新厂连成一个大厂房，增加一条生产线，注册资本增加到 1000 万美元，决定聘请魏江令任代总经理。

1990 年，确立"做集装箱制造业的世界第一"的战略目标，但当时它的集装箱产量还不到全球产量的 1.46%，而且集装箱市场供过于求的局面已经形成。

1991 年 6 月 7 日，中国国际海运集装箱股份有限公司与重庆江北机场、成都双流机场、昆明巫家坝机场签署 200 万美元，9 条 CDBI 型旋转伸缩式登机桥订货合同。9 月，该公司生产的 CDB90II 型登机桥在天津通过部级鉴定并获得申请生产许可证的资格，该产品在国内处于领先地位，主要技术指标达到国外同类产品的先进水平。

1991 年 8 月 11 日，中国国际海运集装箱股份有限公司在香港启德国际机场旅客登机桥公开招标中中标，成为中国大型机场地面设备首个在国际招标中中标的项目。

1991 年 11 月，中集董事会会议原则通过中集推进股份制改革事宜。

1992 年 1 月 22 日，中国国际海运集装箱股份有限公司成功试制中国第一台开顶集装箱，并获得法国 BV 船级社颁发的样箱合格证书，第一批 250 只开顶箱于同年 2 月 26 日投入生产。

1992 年 5 月 7 日，深圳市人民政府经济体制改革办公室以深改复〔1992〕7 号文批准中国远洋运输（集团）公司、招商局集团有限公司和丹麦宝隆洋行共同作为发起人对原公司进行股份制改组。

1992 年 6 月，中集开始进行内部股份制改组。

1992 年 12 月，经深圳市人民政府办公厅深府办复〔1992〕1736 号文和中国人民银行深圳经济特区分行深人银复字〔1992〕第 261 号文批准，由原公司 3 家法人股东作为发起人，将原公司改组为定向募集的股份有限公司。定向募集完成后，本公司的总股本为 6400 万股，每股 1 元，其中存量净资产折股 5824 万股，由原 3 家法人股东按一定比例持有。其中：中国远洋运输（集团）总公司所持股份占本公司总股本的 40.95%；招商局集团有限公司所持股份占本公司总股本的 40.95%；丹麦宝隆洋行所持股份占本公司总股本的 9.1%；内部职工 576 万股，占总股本的 9%。

1993 年 1 月 5 日，中国国际海运集装箱股份有限公司员工开始以每股人民币 1.65 元的价格认购新增发行的内部股票。新增股本为 576 万股，占总股本的 9%。

1993 年 2 月 26 日，中国国际海运集装箱股份有限公司召开第一次股东大会，通过《中国国际海运集装箱股份有限公司章程》，产生改组后的第一届董事会及监事会。周祺芳任董事长、张泰山任副董事长、宋大卫任监事长。内部股份化后召开第一届董事会，聘请麦伯良为总经理，杜峰、黄守廉为副总经理。麦伯良 1982 年 7 月毕业于华南理工大学机械工程专业，获得学士学位，同年加盟中集公司，历任技术员、生产技术部经理及副总经理。麦伯良是五朝元老，董事长换了五位，但麦伯良一直未动。正是在麦伯良带领下，中集实现高速成长，从单一的集装箱小厂发展成为全球最大的集装箱生产集团，业务延伸到道路运输车辆、能源化工和食品装备、海洋工程等多个业务领域，相继取得集装箱、车辆、登机桥等多个领域的世界第一，公司成为国内外拥有 300 多家分支机构的跨国集团。

1993 年 2 月 26 日，中集首次实施跨区域并购策略，率先收购大连货柜工业 51.18% 的股权，在北方建立深圳以外的首个生产基地。此后，中集通过收购兼并及自建的方式快速在中国沿海主要港口构筑起面向客户的全方位生产基地格局，为中集成就行业领导地位奠定坚实基础。此后，收购兼并也成为中集战略扩张的主要方式。

1993 年 9 月 23 日，中国国际海运集装箱股份有限公司召开临时股东大会，通过改组成为上市公司的有关决议。拟申请发行 2500 万股股票，其中人民币 A 股 1200 万股、人民币特种股（B 股）1300 万股。

1993 年，中集在原技术部的基础上分立出新产品技术开发中心。

1993 年，中集将其国际营销窗口香港办事处升格为全资子公司——中集（香港）公司，主要负责集装箱的国际营销、原材料的进口和产品的售后服务，以实现"资源全球化、服务国际化"的经营目标，即在制造业成本最低的地方制造，在融资成本最低的地方融资，在资源价格最低的地方购买原料。中集先后与新日铁、浦项等世界知名企业建立材料供应关系，以保证材料质量和及时供货；与 MAERSK、TRYTON、OOCL、NYK、MOL 等世界十大集装箱租赁公司和航运公司建立长期客户关系，使中集拥有较稳定的客户和相对合理的销售价格；与渣打、兴业、三和等世界大银行建立融资授信关系，首开国际融资渠道。

1993 年 12 月 31 日，根据深圳市人民政府办公厅深府办复〔1993〕

925 号文《关于同意中国国际海运集装箱股份有限公司改组为公众公司的批复》，公司进行规范化公众公司的改组。

1994 年 3 月 23 日至 4 月 8 日，中集股票在深圳证券交易所上市交易。1992 年 6 月，中集开始进行内部股份化改组。1993 年 8 月，经深圳市政府批准成为公众上市公司。1994 年 2 月，中集获准发行股票，1994 年 3 月、4 月，中集 B 股（证券代码 2039）、A 股（证券代码 0039）先后在深圳证券交易所上市交易。公司上市，开辟资本市场的融资渠道，为公司的战略实施提供必要的资本支持。进一步优化公司治理结构，健全外部监督机制，推动公司管理规范化，为公司持续健康发展奠定良好的制度基础。

1994 年 3 月 7 日，麦伯良任中集集团总裁，兼任执行董事。

1995 年 3 月 22 日，上海中集冷藏箱有限公司合资合同签约，项目总投资额 5000 万美元，注册资本 2800 万美元，合资各方分别为中集集团（70%）、香港 FIORENS（20%）、上海罗南农工商总公司（8%）与德国 GRAFF（2%）。

1995 年 8 月 25 日，深圳市工商行政管理局以通知书的形式，核准公司更名为中国国际海运集装箱（集团）股份有限公司。公司拥有 11 家全资及控股公司，总资产为 15.73 亿元人民币，净资产 4.57 亿元人民币，已发展成为一业为主，多元经营的跨地区全国性集团公司。其主导产业集装箱生产能力居全国第一，世界第五，公司拥有 5 个集装箱专业生产厂家，分布在蛇口、新会、大连、南通、上海等地；公司在机场设备、内燃发电机制造、房地产开发等多元经营方面也有较大发展，其中机场设备在国内同类产品中的市场占有率达 80% 以上。

1995 年 9 月 19 日，中国国际海运集装箱股份有限公司召开临时股东大会，审议并通过关于新增发行 3000 万股 B 股议案。

1995 年 9 月 20 日，中国国际海运集装箱股份有限公司经国家工商管理总局批准为集团公司，公司更名为中国国际海运集装箱（集团）股份有限公司，正式以集团化方式开始运作，完成由单体企业向集团化企业运行模式的转变。在集团化运行中，通过统一营销管理、统一资金管理和统一采购管理等方式控制关键性战略资源，中集逐步形成大规模营运和集约化经营相融合的核心能力，构筑领先竞争对手的新的竞争优势。同时，集团总部通过不断探索，在运营管控、资源整合、内部协同中发挥积极有效的作用。

1995 年 12 月 18 日，经国家工商行政管理局批准，"深圳南方中集集装箱制造有限公司"正式成立，注册资本为 600 万美元，由中集集团全资控股，主要业务范围包括制造、修理集装箱，加工制造各类相关机械零部件等。

中集集团在走过低成本发展阶段后，开始探寻全球资源的优化配置，建立全球竞争力，将冷藏箱、罐箱等技术从西方引进到中国，加快中集产品的升级换代和多元化。

1996 年 1 月 1 日，中集集团通过中集（香港）公司收购广东新会大利集装箱有限公司 80% 股权。至此，中集集团成为世界集装箱第一大厂，其低成本扩张的战略获得巨大成功。

1996 年 4 月 3 日，经深圳市证管办深证办复〔1996〕10 号文批准，公司增发 3000 万股 B 股。上述股份于 1996 年 4 月 23 日在深圳证券交易所上市交易，发行完成后，公司股本总额为 15 460 万股。

1996 年，中集集团在美发行 5000 万美元商业票据。6 月 28 日，中集集团商业票据第二期 2000 万美元在美国成功发行。这是中国上市公司首次在美国发行商业票据，标志着中集成功进入全球最大的金融市场。中集在后续的 1996 年和 1997 年成功续发 7000 万美元和 5700 万美元商业票据，标志着中集的商业信用获得全球最发达金融市场的认可。

1996 年 9 月 29 日，上海中集冷藏箱有限公司正式投产。上海中集项目总投资 5000 万美元，引进世界先进的德国格拉芙有限公司的冷藏箱制造技术，设计能力年产 1 万箱，投资次年即开始盈利，是当时世界上规模最大、技术和设备最先进的冷藏箱生产厂。这标志着中集的产品技术开始从低技术含量向高技术含量发展，产品品种从单一化向系列化的转变。上海中集冷藏箱项目是中集在技术引进、技术消化、技术提升、技术主导及技术输出等方面的成功实践，而之后的青岛中集冷藏箱生产线成为这一实践的完美结晶。目前中集已经彻底掌控冷藏集装箱的全部技术体系，并在把握行业趋势、主导行业标准、维护知识产权等方面显示出一个行业领导者的角色。此外，中集还拥有国内最大的折叠箱生产厂和国内唯一的特殊箱专业生产厂。

1996 年 12 月 30 日，经深圳市证券管理办公室深证办复〔1996〕106 号文批准，招商局集团有限公司将其持有的全部中集公司股份，共 47 698 560 股转让给其全资子公司招商货柜工业有限公司。

1996 年，中集集团集装箱产销量达到 19.9 万标准箱，首次超过韩国进道、现代精工集团，上升至世界第一位。

1997 年 4 月 23 日，中集集团与法国兴业银行纽约分行等六家银行组

　　成的银团及美洲证券等金融机构在美国纽约签订在美发行 7000 万美元商业票据的协议。

　　1997 年 9 月 12 日，中集集团董事会推选李建红出任中集第七任董事长。

　　1997 年 10 月，经国务院证券委员会发〔1997〕62 号文批准，中集公司于 1997 年 12 月 30 日增发 4800 万股 B 股，发行完成后，公司总股本为 30 927.4 万股，荷兰银行认购本次增发的全部 4800 万股 B 股；发行后，荷兰银行所持股份占该公司发行完成后总股本的 15.52%。

　　1998 年 10 月 5 日，中集公司为庆祝累计生产 100 万个标准箱，举行"赏中秋明月，庆百万辉煌"庆典活动。

　　1998 年 12 月 18 日，中国远洋运输（集团）总公司的全资子公司中远（香港）集团有限公司的全资子公司 LON-G HONOUR 通过深圳证券交易所买入荷兰银行持有的公司 B 股 2640 万股，占公司已发行股份的 7.76%，中国远洋运输（集团）总公司直接和间接持有的该公司股份增加至 94 608 940 股，占公司已发行股份的 27.81%。

　　1998 年，中集集团先后兼并青岛现代集装箱厂、上海远东集装箱厂、天津北洋集装箱厂等。

　　1999 年 12 月，中集与英国 UBHI 签订"战略合作协议暨技术转让协议"，集团引进世界先进的 UBHI 罐箱生产技术，在南通建设罐箱生产基地。罐箱业务的起步，进一步提升集装箱产品的技术含量，丰富主流产品系列，填补国内产品空白，也成为中集集团发展能源化工和食品装备业务平台的起点。

　　20 世纪 90 年代，中集经过对大连、南通、新会、青岛、上海、天津等多家企业的并购，生产布局基本上形成华北、华东、华南三大产业基地。进入 21 世纪，与中集同时期成立的另外 3 家最早的集装箱厂，都因无法盈利先后退出市场，而中集却能在激烈的竞争中长期保持稳健增长，市场份额逐年攀升。

　　2000 年 12 月 23 日，中集集团董事会根据中央审计署、国家外汇管理局、中国证券监督管理委员会（简称"中国证监会"）等政府部门对中集集团在外汇管理和证券事务方面的违规操作的查处意见，对集团相关责任人员进行处分，并要求经营班子认真反思和总结问题产生的原因和深刻教训，针对存在问题，采取切实有效的整改措施。此事件增强集团内部法律意识和风险意识，推动了集团管理的制度化和规范化进程。

　　2001 年 5 月，在取得集装箱行业领导地位的基础上，中集提出"迈向世界级企业"的发展目标，并成立以麦伯良总裁为首的战略决策小组，聘请世界著名的发展战略咨询研究机构麦肯锡公司，进行两个多月的调查研究。中集明确远景战略目标是"在全球市场上提供一流的现代化交通运输装备和服务，创造为客户所信赖的国际知名品牌"。即从全球视野的角度，建立和并行发展三个层面的业务：第一层面为现有核心业务——集装箱业务；第二层面为厢式半挂车业务，后逐渐调整为道路运输车辆业务；第三层面为以更广泛的形式介入现代化交通运输装备及服务行业中有生命力的业务。这是中集历史上首次从战略高度全面化、系统化、清晰化地确立业务竞争领域，使中集对行业的认识在感性的基础上更加理性，在专注的基础上更加专业。

2001 年，中集成立的以深圳为中心的中集技术中心被认定为国家级技术中心，正式纳入国家技术中心的管理体系运作。2001 年落成的中集总部办公楼的正式名称便是"中集研发中心"。

2002 年 4 月 16 日，"中集半挂车 / 厢车半挂车产品发布会"在深圳蛇口举办，标志着中集集团"为现代化交通运输提供装备和服务"的第二层面业务——道路运输车辆业务正式启动。此后，中集通过收购兼并和投资新建等扩张手段，先后并购扬州通华、Hpa Monon、济南考格尔、驻马店华骏、张家港圣达因、洛阳凌宇、芜湖瑞江等业内知名企业，并购买多项罐式储运专利，建立起服务于全球主流市场的 20 多个生产基地。

2003 年 5 月，中集收购美国排名第五的半挂车商 Hpa Monon，支付 367.3 万美元，共获得 120 万平方米土地、6 座厂房和可以装配 2—3 座集装箱厂的冲压设备及其他大量生产设施，厂内还有一个面积约 40 万平方米的大湖，环境优美。

2004 年 4 月 21 日，李建红出任中集集团第四届董事会董事长。

2004 年 8 月 9 日，中国远洋运输（集团）总公司与中运海运集装箱运输有限公司（COSCO）签订《股权转让协议》，中国远洋运输（集团）总公司将其持有公司 163 701 456 股非流通国有法人股转让给 COSCO，上述股份转让于 2004 年 12 月 31 日，在中国结算公司深圳分公司完成过户手续。

2004 年 12 月 28 日，麦伯良总裁当选 "2004 CCTV 中国经济年度人物"。

2004 年，中集生产销售的集装箱已占据全球集装箱市场份额的 55.96%。

2005 年 3 月 3 日，非上市外资股总计 200 079 557 股正式在深圳证券交易所 B 股市场上市流通。上述股份变更事宜经 2003 年 7 月 25 日商务部商资二批〔2003〕444 号文批准，公司股东招商局货柜工业有限公司和

Profit Crown Assets Limited 于 2003 年 12 月 5 日起一年后将其所持有公司未上市流通的境外法人股分别计 102 313 410 股和 22 736 313 股转为境内上市外资股（B）股，并上市流通，该事项业经中国证监会证监公司字〔2003〕51 号文批准。

2005 年，"CIMC 中集"集装箱荣获"中国名牌产品"称号。

2005 年，公司股东招商局货柜工业有限公司及 Fair Oaks Development Limited 变更其公司名称。招商局货柜工业有限公司和 Fair Oaks Development Limited 均为招商局国际有限公司的全资附属公司。其中，招商局货柜工业有限公司名称变更为招商局国际（中集）投资有限公司〔China Merchants（CIMC）Investment Limited〕；Fair Oaks Development Limited 名称变更为招商局国际（中集）控股有限公司〔China Merchants（CIMC）Holdings Limited〕。

2006 年 3 月 31 日，公司股权分置改革方案获得国务院国有资产监督管理委员会产权管理局产权函〔2006〕15 号文批复同意；2006 年 4 月 4 日，公司公告《中国国际海运集装箱（集团）股份有限公司股权分置改革说明书》；2006 年 4 月 28 日，公司召开股权分置改革的 A 股流通股股东会议，审议通过《中国国际海运集装箱（集团）股份有限公司股权分置改革方案》；2006 年 5 月 22 日，公司发布股权分置改革方案实施公告，全体流通 A 股股东每持有 10 股流通 A 股将获得 7 份百慕大式认沽权证；2006 年 5 月 24 日，公司 A 股股票复牌且原非流通股股东支付给流通股股东的对价股份开始上市流通。

2006 年，中集在东北、华北、华东、华中、华南拥有道路运输车辆生产基地 15 个，生产各类专业汽车 12 万辆，中集道路运输车辆产销量实现世界第一。

2007 年 4 月 23 日，招商局集团总裁傅育宁担任中集第五届董事会董事长。

2007 年 12 月 10 日至 2008 年 3 月 6 日期间，COSCO 在深圳证券交易所收购公司之 B 股共 113 067 401 股（占公司已发行股本约 4.25%）。连同中远太平洋有限公司及其附属公司持有公司的 423 171 843 股 A 股（占公司已发行股本约 16.23%），中远太平洋有限公司及其附属公司在公司的股份已增至约 20.48%。

2007 年 7 月 30 日，中集正式收购香港上市公司安瑞科能源装备控股有限公司，并以此为平台，着手整合能源、化工及食品装备板块，进入天然气储存、运输、加工装备制造及应用工程领域。目前中集安瑞科已拥有10 余个产品品牌，一万多名员工遍布中国、德国、荷兰、丹麦及比利时等国家 20 多个制造基地和国际领先的研发中心，其营销网络遍布欧洲、南美、北美、中亚、东南亚等一百多个地区和国家。

2007 年 9 月，"CIMC 中集"集装箱荣获"中国世界名牌"称号。

2008 年 1 月 18 日，中集集团年度工作会正式提出"中集精益 ONE 模式"的构想。世界级企业需要世界级管理模式作为支撑。经过集团和部分企业的长期调研和探索，最终确定对标学习"精益生产"，构建中集管理模式。中集 ONE（Optimization Never Ending，中文直译为"持续改善，永无止境"）模式，意为"持续改善、永无止境"，它遵循 PDCA（Plan-Do-Check-Act，计划—执行—检查—处理）管理逻辑和全员参与的理念，由众多管理子系统、评价标准、思想论和方法论以及先锋人群组成。

2008 年 3 月 12 日，中集集团收购烟台来福士公司。通过境外子公司 Sharp Vision Holdings Limited 收购烟台来福士公司 29.9% 的股份，成为该公司的最大股东。来福士的总部设在新加坡，生产建造基地设在山东烟台，是国际领先的船舶及海洋工程设施建造公司，主要致力于各类钻井平台及其配套船舶的建造。收购烟台来福士公司标志着中集正式进入海洋油气开发装备即特殊船舶和海洋工程的建造业务领域。

2008 年 3 月 4 日，中集车辆（泰国）有限公司举行开工奠基仪式，工厂建设由设计阶段转入实质性的施工阶段。泰国公司工厂选址在泰国罗勇府东部海岸安美德工业城（Amata City）泰中罗勇工业园，距曼谷市 120 公里，距 LAMCHABAN 码头 30 公里，占地 64 000 平方米，年设计能力 5000 台。

2008 年 12 月 22 日，中集集团第五届董事会召开 2008 年度第 17 次会议，审议通过《关于成立中集集团财务有限公司的决议》。2009 年 6 月 18 日，中国银监会发出批复批准中集集团筹建财务公司。2010 年 2 月，中集集团财务有限公司领取《金融许可证》和《企业法人营业执照》并正式开展业务。注册资本为 5 亿元人民币，由中集集团发起并独资出资 5 亿元人民币。主要负责集团资金的统筹管理，提高营运资金效率和风险控制水平，为集团的运营和发展提供支持和服务，以满足因集团发展战略和产业升级而衍生的多种金融服务需求。

2009 年 3 月，由中集车辆集团、芜湖泰瑞投资、深圳九思投资三方合资的集瑞联合重工有限公司注册成立，标志着中集车辆重卡项目正式进入实质性启动阶段。

2009 年 4 月，一家欧洲客户与大连中集铁路装备有限公司签署转向架结构件供应协议，协议规定由大连中集向其供应 1000 套转向架结构件，价值约 3000 万元。这是中集轨道装备制造产业迈入欧洲市场的第一单。

2009 年 12 月 30 日，中集集团发布公告，再次启动股权激励计划。包括总裁麦伯良在内的 187 名高管和员工，获得 6000 万份中集集团股票认购权，占当前中集集团总股本的 2.25%。通过关键人才股权激励计划，促进关键人才与中集事业共同成长。2010 年 9 月 17 日，公司召开临时股东大会，审议通过《中国国际海运集装箱（集团）股份有限公司股票期权激励计划》，授予激励对象 6000 万份股票期权，每份股票期权拥有在行权有效期的可行权日以行权价格和行权条件购买一股中集集团 A 股股票的权利。

2009 年，中集集团各成员企业分别取得出口创汇大户、纳税大户、省地级技术中心、高新技术企业等认定。由于受全球金融危机冲击，经济下滑，主要业务出现亏损，但集团缴纳税款约 5.6 亿元，增长约 15.82%。

2010 年 3 月 4 日，中集集团升级领导委员会成立，作为集团"升级"行动的最高议事机构，负责升级行动计划和实施方案的审批和监督执行。随后发布《中集集团升级纲要（2010 版）》，集团升级行动全面启动。

2010 年 5 月 28 日，中集西澳公司成功获得 BHPB（必和必拓）西澳铁矿项目部的 5 年营地房的独家战略供应合同。合同规定 5 年内，中集西澳公司向 BHPB 西澳铁矿供应约 1 万人居住房及相关配套的公共设施，合同金额约 3 亿美元，标志着中集集团正式成为澳洲营地房市场的主流供应商。2003 年始，中集将集装箱所代表的模块化、标准化理念，延伸至建筑领域，开始模块化建筑的探索。施工周期短、施工用料耗损低、衍生建筑垃圾少、安全系数高、搬运方便、可循环使用，人类再熟悉不过的集装箱，变身为外形多样的房屋，为建筑延伸另外一种可能。

2010 年 10 月 25 日，李建红担任中集集团第六届董事会董事长。

2010 年 10 月 26 日，由中集来福士建造的中国首座深水半潜式钻井平台 COSL Pioneer 在烟台举行交船仪式。COSL Pioneer 的顺利交付，标志着中国已开始打破新加坡、韩国企业对高端海工产品的垄断。

2011 年 1 月，中集正式发文筹建干货箱产业板块，后调整为"集装箱业务板块"。随着升级行动的不断深化，以"分层管理"和"专业化经营"为特征的板块化管理思路逐步清晰，集装箱、车辆、能化和食品装备三大板块总部架构基本搭成，其他板块分层管理机制也逐步清晰。

2011 年，全球最先进的集装箱生产线在南方中集建成。这是当时全球最先进的集装箱生产线，包含自动化、环保化、智能化的思想，是产业迈向现代化的一个里程碑。"梦工厂"拉开中集集团传统产业升级的序幕。

2011 年，中集集团成为中国证监会首批主板上市公司内控规范实施试点之一。2012 年，中集集团作为中国证监会首批主板上市公司内控规范实施试点之一顺利过关。2012 年 5 月，深圳证监局发出 105 号红头文件称："中国平安、中集集团等 22 家重点试点公司已按要求全面完成内控建设。"

2012 年 9 月 22 日，中集与 CMA CGM 签署 10 艘 9200TEU 集装箱船租赁项目，同时分别与大连船舶重工等签署建造合同。2013 年 8 月，中集完美复制该商业模式，与地中海航运签署 14 艘 8800TEU 集装箱船租赁合同。上述两个项目总额超过 20 亿美元，这是世界顶尖船运公司首次在中国大批量订购大型集装箱船，也是中集"制造＋服务＋金融"多元化战略的重要节点事件。

2012 年 12 月 10 日，中集来福士海洋工程有限公司海外建造的大型海洋工程项目 300 尺（1 尺 ≈ 0.33 米）Super M2 自升式钻井平台 Caspian Driller 在俄罗斯阿斯特拉罕 OJSC Krasnye Barrikady Shipyard 完工交付，这是中集来福士在海外建造大型海洋工程项目的一次成功尝试。

2012 年 12 月 19 日，中集集团 H 股在香港联合交易所挂牌上市（股份代号：2039.HK），成为首家以境内上市外资股（B 股）转境外上市外资股（H 股）方式于香港联合交易所主板上市的公司。

2013 年 3 月 6 日，中集集团与中交集团签署股权转让协议，成功并购振华物流集团。物流服务板块在集团"制造＋服务"的发展战略下，融合物流装备制造和物流服务优势，确定综合多式联运、集装箱全生命周期、行业供应链、冷链生态圈 4 个发展方向，拥有集装箱全生命周期服务、国际货代、NVOCC、集装箱船货代、综合物流、项目物流及件杂货船货代、国内物流及供应链物流、器具制造等 8 个业务单元。同年 12 月 30 日，中集物流服务板块并购柏坚集团，并成立中集现代物流发展有限公司，中集物流服务板块整合雏形初步形成。

2013 年 12 月 13 日，中集并购德国齐格勒（Ziegler）集团，进入消防救援装备领域。中集集团斥资 4.56 亿元人民币完成对德国消防救援车辆装备百年老店齐格勒集团的收购，正式进入消防救援装备领域。齐格勒集团于 1891 年创立，比中集集团第一大股东招商局的创办时间仅晚 19 年，是德国最大的消防车生产商，在德国市场所占份额超过 30%。齐格勒集团虽技术优良，却一度因经营不善陷入困境。12 月，中集集团成功全资并购法国著名机场升降平台车制造商 Air Marrel 公司，并纳入空港业务板块进行业务托管，进一步丰富空港业务板块的产品系列和业务领域。

2013 年 12 月，中集集团全资收购瑞典知名海工设计企业 BT 公司（Bassoe Technology AB）。通过收购与自建，中集在国内上海、烟台的研发团队与国际团队联合设计，在迎接全球海工产业的新一轮转移中占据主动。

2014 年 11 月 19 日，中集来福士建造的中海油服"兴旺号"在山东烟台交付。2015 年 4 月 30 日正式开赴南海，7 月初正式在中国南海荔湾 3-2-2 井开钻作业。这是继"海洋石油 981"后，中国第二座在中国南海作业的国产平台。该系列平台也是中集海工批量化设计建造的半潜式钻井平台代表之一。

2014 年 12 月 31 日，中集集团获深圳市政府最高质量荣誉"市长质量奖"。总裁麦伯良表示："30 年前，中集参与缔造深圳速度；30 年后，中集依然代言深圳质量。"

2014 年 12 月 12 日，中集集团成立深圳中集电商物流科技有限公司（简称中集电商），注册资本 8000 万元，中集电商董事会、管理层与初创团队合伙出资 2400 万元认购公司股份，这是中集集团成立的第一家创新创业公司。首先在北上广深一线城市布点。2017 年中集电商并入丰巢科技，做大快递市场，完善快递"最后 100 米"网络及服务。

2015 年 5 月 19 日，中集赢得对美 53 英尺箱"双反"案调查。美国国际贸易委员会终裁认定，中国输美 53 英尺干货集装箱产品未对美国国内产业造成实质损害，否决美国商务部 2014 年 12 月作出的征收反倾销和反补贴关税的决定。这也是近年来，中国企业为数不多的应对美国贸易摩擦的成功案例。中集生产的 53 英尺集装箱在北美地区拥有 80%—90% 的市场占有率。双反案获胜直接避免集团年上亿美元的市场份额损失，进一步巩固集装箱业务在北美市场的地位，提升集团应对国际贸易纠纷的能力。

2015 年 7 月，在距离深圳东南约 290 公里的海面上，由中集设计建造的深水半潜式钻井平台"兴旺号"开钻。"兴旺号"堪称海工装备里的航空母舰，甲板面积超过一个标准足球场大小，平台上电缆总长度 900 公里；作业水深 1500 米，相当于深圳第一高楼平安金融中心高度的近 3 倍，最大钻井深度 8000 米，且首次开钻就直接挑战难度系数极高的油气层钻井和测试作业，并创下中国南海钻井作业起管速度新纪录。一座深水钻井平台造价 34 亿元，与大飞机相比有过之而无不及，即使是空中"巨无霸"A380，价格也仅有钻井平台的约 1/2。

2015 年 7 月，中集通过股权置换获得中国消防 30% 的股权。中集希望通过对中国消防的收购逐渐完成对中国中小消防车公司的整合，力争在国内消防车市场占比达到 30% 以上。

2015 年 8 月 27 日，麦伯良出任中集集团首席执行官。

2015 年 12 月 28 日，王宏任中集集团第七届董事会董事长。王宏于 2007 年 4 月起便出任中集集团非执行董事，先后担任招商局集团企划部总经理、招商局集团总经济师、招商局集团副总经理等职务。

2016 年 1 月 22 日，中集车辆成功引入三大战略投资者：上海太富祥中（属平安集团）、深圳南山大成（属南山集团）、住友商事株式会社（属住友集团）分别增资占中集车辆股本的 16.822%、1.544%、0.929%。中集车辆将与平安集团在金融领域、投资管理、租赁业务等方面充分合作；将与南山集团在轻型材料的应用、金融及海外业务拓展方面进行合作；将与住友商事就新一代创新产品、产业链上下游延伸产品及服务、新兴市场网点布局展开充分的合作。

2016 年 5 月 31 日，王宏任中集集团第八届董事会董事长。

2016 年 6 月，中集集团耗资人民币 2.18 亿元收购一家成立于清乾隆年间的英国企业。这家名为 Briggs 的公司拥有 276 年历史。此前，中集旗下已有另外两家百年企业：1891 年成立的德国齐格勒消防车公司；1852 年成立的德国吉曼公司（Ziemann）。

2016 年 6 月，中集海洋工程集团总部落户深圳前海，中集集团计划在深圳前海打造海洋金融及高端服务聚集区。

2016 年 6 月，中集来福士建造的中国首座可在北极海域作业的深水半潜式钻井平台"维京龙"号成功制造，将挺进北极圈作业。"维京龙"号能在 -20℃环境下作业，最大工作水深 500 米，可升级到 1200 米，最大钻井深度 8000 米，符合北海、巴伦支海海域作业要求，能够抵御北海百年一遇的风暴，2015 年 10 月已完成试航。

2017 年 5 月 18 日，由中集集团旗下中集来福士自主设计建造的全球最先进的超深水双钻塔半潜式钻井平台"蓝鲸 1 号"，作为核心装备承担中国首次海底可燃冰试采任务，试采全程达到 60 天，持续产气时间最长、产气总量最大、气流稳定、环境安全等多项表现取得重大历史性突破，助力中国可燃冰开采事业达到全球领先水平。中国实现在油气能源的勘查开发领域由"跟跑"到"领跑"的历史性跨越，"蓝鲸 1 号"是目前全球作业水深、钻井深度最深的半潜式钻井平台，以"国之重器"的姿态受到全球瞩目，2015 年 5 月在巴西举行的"中国装备制造业展览"上，受到国务院总理李克强的点赞。

2018 年 6 月 13 日，中共中央总书记习近平考察中集来福士烟台基地时指出：国有企业特别是中央所属国有企业，一定要加强自主创新能力，研发和掌握更多的国之重器。国有企业要深化改革创新，努力建成现代企业。要坚持党对国有企业的领导不动摇，坚持建强国有企业基层党组织不放松，为做强做优做大国有企业提供坚强组织保证。①

①《习近平：多谋民生之利 多解民生之忧》，《人民日报·海外版》2018 年 6 月 15 日。

中集公司是世界领先的物流装备和能源装备供应商，总部位于中国深圳，纳入合并范围的成员企业约 620 多家，主要业务领域有集装箱、道路运输车辆、能源化工及液态食品装备、海洋工程、物流服务、空港设备、金融、产城发展、大型重型卡车、模块化建筑、消防及援救设备等，提供高品质与可信赖的装备和服务。作为一家为全球市场服务的多元化跨国产业集团，中集在亚洲、北美、欧洲、澳洲等地区拥有 300 余家成员企业及 3 家上市公司，客户和销售网络分布在全球 100 多个国家和地区。2017 年，总资产 1.31 万元，实现营收 762.99 亿元，归母净利润约 25.09 亿元，上缴税收 12.51 亿元，拥有境内员工 50 688 人，干货集装箱产销量继续保持自 1996 年以来的全球行业第一，冷藏箱、罐式集装箱、登机桥、道路运输车辆、压缩天然气运输装备等产品在 17 个细分市场都已做到全球第一，同时是中国领先的高端海洋工程装备企业之一。中集是中国企业走出去的杰出代表之一，海外业务营收占比稳定在 60% 左右，中集"全球营运，地方智慧"的理念，已在全球各地开花结果，近 6000 名海外员工逐步融入中集文化。拥有 5 家研究院，21 家技术中心，研发人员 3389 人，研发投入 74.02 亿元，累计专利授权量 3878 件，累计发明专利授权量 828 件，参与国家和工业标准制定 150 多项，正式发表标准 60 余项。2017 年，中集集团居财富中国 500 企业 130 位，广东省企业 500 强 37 位，深圳企业 100 强 17 位。中集集团以"现代化交通运输提供装备和服务"为战略定位，以"技术创新挖掘行业发展内涵，引领行业健康发展"为理念，主要业务包括各类集装箱、专用车和半挂车及其他交通运输装备的设计、制造、销售及服务，在中国、北美、欧洲、亚洲、澳洲等世界主要物流系统建立客户网络，形成"立足中国，服务全球"的产业格局。中集集团作为中国制造业中由装备制造向全产业链衍生的典范企业，经过多年调整布局已形成装备、物流、金融等全产业链，第二、第三主业已经逐步赶上集装箱业务，同时培育的第三产业金融、地产、物流已形成稳定盈利规模，能够有效平滑业绩波动，实现稳定高质量增长。

七、招商银行迈入世界 500 强

招商银行，1987 年诞生于蛇口工业区，是中国境内第一家完全由企业法人持股的股份制商业银行，也是国家从体制外推动银行业改革的第一家试点银行。招商银行为香港联合交易所主板及上海证券交易所两地上市公司，股票代码分别为 03968 和 600036。

1984 年，蛇口工业区已有上百家企业，很多企业在银行都有账户，同时在工业区总会计师室也开有户头。细心的财务人员发现，同一家银行里同是工业区辖区企业，有的在存钱，有的在贷款，一存一贷之间一下子便损失部分利率差。因为存款的利率明显低于贷款的利息。于是，当时有人向袁庚建议：建立工业区内部结算中心，所属企业从内部结算中心开户，中心在银行统一开户。曾任蛇口工业区总会计师的刘昌汉曾说：成立结算中心有两大优点：一是可以节约使用资金，消除存款与贷款的时间差和利率差；二是确保资金的安全使用，避免因企业单独开户难以管理而引发其他问题。

1984 年 3 月 19 日，蛇口工业区成立内部结算中心，以实行货币资金内部集中管理、集中结算，采用内部结算中心的结算形式，以加快资金周转，减少货币资金占用额，并以蛇管发〔1984〕017 号文通知各直属单位：内部结算中心从 4 月 1 日建立并开始办公；工业区各直属公司的资金分期分批地进行集中，第一批集中的单位是汽车运输公司、供电公司、供水公司和通讯公司。结算中心服务于蛇口工业区内的企业，蛇口工业区全资直属的企业、蛇口工业区投资控股的企业和蛇口工业区部分参资的企业，这些企业只做记账业务，所有的资金流动都通过蛇口工业区结算中心来运行。

1985 年 8 月，蛇口工业区总会计师室代理主任刘渝向袁庚和熊秉权提出，可否申请设立财务公司，扩大蛇口工业区的融资能力。1985 年 7 月，刘渝从中国人民银行研究生部毕业后，被招商局蛇口工业区聘用为总会计师室代理主任，具体工作是负责工业区的财务核算、对外融资，并直接管理结算中心的日常运作。袁庚和熊秉权当即表示同意，并责成刘渝尽快完成蛇口财务公司的申报，重点强调要求获得外汇经营的许可权，尽快开展运营。

接着，熊秉权和刘渝马上向中国人民银行深圳特区分行汇报，中国人民银行深圳分行行长罗显荣表示十分支持，他建议蛇口工业区成立自己的财务公司，先进行内部各企业间的资金融通，如果内部调剂不足，再到银行申请贷款。接着，蛇口工业区管委会以蛇管函〔85〕139 号文向中国人民银行深圳分行呈送关于建立财务公司的申请报告及其章程。

1985 年 8 月 28 日，深圳市政府批准蛇口区管理局在招商局蛇口工业区内部结算中心的基础上建立蛇口财务公司。蛇口财务公司系非银行性质国营金融机构，投资总额与注册资本均为 1000 万元。经营年限为 10 年。批准经营范围为：开展存、放款，往来结算、咨询服务、投资以及其他批准的金融业务。成立财务公司的目的在于筹集建设资金，加速资金周转，提高资金运用效率。这是中国第一家企业内部的财务公司。

1985 年 9 月 29 日，蛇口工业区管委会通知各直属公司、各企业：经中国人民银行深圳经济特区分行审批同意，蛇口财务公司 9 月注册成立，并将于 10 月上旬正式对外营业，它的作用是为工业区筹集建设资金，加速资金周转，提高资金运用的经济效益。

1985 年 10 月 23 日，蛇口工业区管委会决定从 11 月起，直属单位的工资发放工作逐步转由蛇口财务公司代理。

1985 年下半年，国家在财政金融政策方面加强宏观控制，紧缩信贷资金。1985 年，深圳经济特区正处于非常困难的时候，大部分工业企业停止上马，很多外贸企业倒闭。蛇口工业区面临严重的资金短缺局面，主要是新建蛇口码头的两个突堤以及正在进行中的"七通一平"基础设施，共需资金 3 亿元人民币。在如此严峻的经济形势下，商业银行对企业不新增信贷，只能将已经到期的贷款作转期办理。当时，蛇口工业区唯一的途径是向上级招商局要钱。

1985 年 10 月初，经中国人民银行深圳分行获准，蛇口财务公司在内部结算中心的基础上升级为金融机构，重点从信贷和外汇两个业务领域拓宽蛇口工业区的融资渠道。

1985 年 12 月 10 日至 11 日，中央政治局候补委员、国务委员兼中国人民银行总行行长陈慕华视察蛇口工业区。袁庚、王世桢、熊秉权代表招商局集团有限公司和蛇口工业区，向陈慕华汇报蛇口工业区的建设情况。在汇报到蛇口工业区的财务制度改革时，袁庚他们借机提出：我国的政治体制和经济体制改革的步伐都很大、发展很快，但在金融体制改革方面却很不够，除了工、农、中、建四大专业银行以外再也没有其他的商业银行了。深圳经济特区的发展迫切需要建立新的商业银行体系才能适应，而蛇口工业区早在 1984 年就建立了自己的财务公司，能否在此基础上创建一家完全由企业持股、严格按照市场规律运作的中国式的商业银行？可不可以让招商局在这方面探索一下，闯一闯，看看能不能走出一条路子来？

袁庚他们的这一想法引起陈慕华的很大兴趣，她当即风趣地表示：老袁，有你在这儿，我放心！

1986 年 4 月，招商局蛇口工业区拟向中国人民银行总行申请，将蛇口财务公司升级为招商局国际信托投资公司，以吸收境外信托存款，支持不断扩大的外汇经营需求。

1986 年 5 月 2 日，刘渝到北京找到当时在中国人民银行总行资金管理司任副处长的万建华咨询此事。刘渝告诉万建华，经过半年的经营，蛇口财务公司的利润逾 100 万元，效益不错。招商局领导同意我们将蛇口财务公司升级为国际信托投资公司的打算。万建华表示，应该将财务公司的发展和金融改革的未来走势结合起来。他认为，与其申请升级为信托机构，不如直接申请成立一家商业银行，在传统国有专业银行体制之外，探索企业投资办银行的新路子。刘渝一听就兴奋起来，马上先想到给拟申请银行起名。他想了几个名字，如"招商局实业银行""南海商业银行"，以及历史上招商局曾经拥有的"通商银行"等，根本不敢用带有"中国"两字的名称。万建华在刘渝写的纸上划了"招商"和"银行"两词，并说，"招商局的历史悠久，用招商银行这个名称一上来就是老字号品牌"。"招商银行"的名字就此诞生。可以说，万建华是提出创办招商银行建议的第一人。此事就发生在原中原信托北京代表处在宣武饭店 512 房间的办公室。

接着，刘渝随即给袁庚打电话汇报此事，袁庚问刘渝有什么把握能够成功申报银行，并且说，不要被外界误认为"蛇口什么都要"。刘渝说，先报高的（银行），如不批，也会批低的（信托投资公司），并把万建华所说的金融改革背景情况向袁董解释。袁庚听后，似有认可，但仍然强调，"不能让外面误认为招商局是特权机构，乱要优待政策"。袁庚还要刘渝第二天打电话向其分管领导熊秉权请示，以其意见为准。刘渝马上就给管委会副主任熊秉权打电话。出乎刘渝意料的，熊秉权听后稍加思索，就一口同意。熊秉权要求刘渝在北京把申报材料写好，带回深圳尽快开始申报的实际进程。当晚，刘渝与万建华分头起草申报文件和可行性研究报告。刘渝写申报企业招商局的资格条件部分，万建华写办银行经营内容和管理部分。很晚了，万建华才带着草拟文稿回到中国人民银行在北洼路的宿舍。第二天（5 月 3 日）下午，万建华带上修改稿，还请来齐永贵（中国人民银行研究生部首届研究生，中原信托投资总公司总经理）和张志平（中国人民银行研究生部首届研究生，中国人民银行金融管理司体改处干部）四人一起对申报文稿进行了详细讨论，齐永贵在文稿的开头加入一段有关金融改革形势的内容。

1986 年 5 月 4 日，刘渝携带申报文件初稿回到深圳。5 月 6 日即向中国人民银行深圳分行行长罗显荣汇报。罗显荣行长当场找来金融管理处和办公室的负责人一同商量，并提出具体的思路：首先，申报主体由招商局改为蛇口工业区，以符合境内金融机构设立的申请资格；其次，由分行金融管理处具体负责申报的有关文件组织与初审，尽快转报总行；最后，中国人民银行深圳特区分行开绿灯，同时也在总行做工作。当时外资不能在中国开设银行，招商局有两块牌子，招商局集团在香港注册，招商局在北京注册。为尽快将这个事情办成，最后决定以蛇口工业区名义来申请招商银行注册。

5 月 5 日，蛇口工业区管理委员会向中国人民银行金融管理司呈报《关于成立"招商银行"的报告》（蛇管函〔86〕090 号），申请由招商局独资创办一家地区性银行。报告从招商局今后发展的趋向以及蛇口工业区已经形成的产业状况出发，论证了建立地区性银行的可能性，报告认为招商银行的建立对于推动深圳经济特区金融市场的形成也具有积极的实践意义，同时也可以为我国金融体制改革探索一点经验。在递交报告的同时，袁庚还给陈慕华写信，要求成立招商银行，请求她予以支持。袁庚说如果充分运用蛇口工业区这些年的经验，采用先进的人事管理体制，相信能够成功。陈慕华行长后来在讨论此事时力排众议，表态支持建立招商银行：请大家相信，袁庚不会拆烂污的。5 月中旬，中国人民银行深圳特区分行完成初审手续，向中国人民银行总行呈送《关于试办招商银行的请示》（深人融字〔86〕31 号），请总行审批。自 5 月 22 日，中国人民银行总行开始初审《试办招商银行的请示》。中国人民银行总行内部审批过程由万建华帮助推动，当时在金融管理司工作的张志平也给予帮助。5 月，经过一系列努力后，国家外汇局已先行批准蛇口财务公司有权开展外汇业务，改名为招商（蛇口）国际信托投资公司。

由于没有关于新设商业银行的条法规定，到 7 月上旬，审批处于不明朗状态，审核时间可能延长。刘渝直接问读研究生时的老师、时任中国人民银行副行长刘鸿儒审批中的障碍何在，刘鸿儒说，批给你们就干，不批就不能干。年轻人不要遇事想当然。随即，刘渝向在金融管理司工作的张志平询问有关审批情况，他建议，从多方面着手推进审批程序，设法减少负责审批金融机构设立的分管领导刘鸿儒的压力。刘渝请招商局领导要求北京办事处的马主任通过关系直接找到中国人民银行行长陈慕华的助手，转述招商局的请求。因为1985年末陈慕华行长在蛇口工业区视察工作，与招商局的多位领导都很熟识。刘渝主动求见陈慕华秘书殷介炎，他对此事是持正面态度的。但他也只是说，批银行不只是总行（指中国人民银行总行）的事情，需要先制定设立新银行的法规，才能进入审批阶段。没有办法为招商局一家开先例。到7月底传来消息，在讨论金融体制改革时，当时国务院主要领导问到金融体制的主要问题是什么，一些专家回答是缺乏竞争。这位领导说，那就应该多搞几个银行。当有人提起招商局想在蛇口创办一家小银行时，这位领导表示，可以试试，先从特区办，有经验后再扩大。他同时说，袁庚他们不会胡来。

1986年8月中旬，一直积极推进金融改革的中国人民银行副行长刘鸿儒，催促负责机构审批的金融管理司把同意蛇口工业区试办招商银行的签报文件给他，他很快在文件上签字。刘渝得到消息当即飞往北京取文件，并请万建华一同到蛇口商谈筹备成立事宜。8月11日下午，刘渝、万建华飞回广州。8月12日，刘渝与万建华从广州赶回深圳。熊秉权见到批文后特别高兴，他要求财务公司抓紧时间，尽快组建运作新银行。

1986年8月11日，中国人民银行发出《关于同意试办招商银行的批复》（银复〔1986〕175号文），该文件主要内容有：

> 总行认为，根据深圳经济特区的实际情况，可以试办招商银行。有关事项批复如下：
>
> （一）招商银行是深圳经济特区蛇口工业区投资的综合性银行，在中国人民银行深圳特区分行的领导下，执行国家统一的金融方针、政策、法规和中国人民银行制定的基本规章制度。招商银行的任务是按照国家的金融方针、政策，筹集和融通国内外资金，经营人民币和外币的有关金融业务。
>
> （二）招商银行可以经营以下业务：1、人民币、外币的存款、贷款、结算业务。2、城市居民储蓄存款业务；3、中国人民银行批准的证券发行业务；4、中国人民银行批准的其他业务。
>
> （三）招商银行设在广东深圳蛇口工业区。

（四）招商银行的注册资本为人民币 1 亿元。其实缴资本人民币 3000 万元和美元 500 万元，于开业前一次缴足。

（五）招商银行章程另行报批，经营外汇业务另报国家外汇管理局批准。[1]

2012 年 5 月 17 日，刘渝撰写发表《招商银行初创纪事：3 个月即获准成立——写在招商银行成立 25 周年之际》一文时指出：

> 批复同意试办招商银行，是很特殊的事件，因为，第一，没有任何政府背景；第二，没有高层社会关系。而招商局也没有设立任何专门机构从事此项工作，仅仅由几个初出校门的年轻人提出动议，并以探索金融改革的激情和干事创业的劲头促成此事。"初生"的招商银行是一家平民化的银行。

> 在整个审批过程中，刘鸿儒和罗显荣两位领导起了关键的作用，特别是刘鸿儒，如果没有他当时的勇气，也就没有后来的招商银行。他因此也承担了一定的政治责任和风险，当然也由此孕育出一家今天已享有盛名、被誉为中国最佳的商业银行，的确起到了金融改革标杆的作用。[2]

事实上，刘渝为创办招商银行作出重要贡献。他是中国人民银行首届研究生，中国人民银行总行副行长刘鸿儒是他的老师，万建华[3]是他在中国人民银行的研究生同学。刘渝后出任招商银行首任副总经理（副行长）。有趣的是，1993 年 3 月，一直关注和协助招商银行初创发展的万建华，也来加盟招商银行，1993 年至 2001 年，出任招商银行总行副行长、常务副行长，成为参与招商银行在 20 世纪 90 年代腾飞式发展的重要推动者。当然，招商银行创办的最大功臣当属袁庚及招商局领导层，没有袁庚的决断拍板和全力支持，再好的想法也无法落地。

1986 年 9 月 1 日，根据中国人民银行的批复，蛇口工业区组织召开筹建"招商银行"座谈会，开始以蛇口财务公司为基础开展筹建招商银行的各项筹备工作。这次座谈会经过充分讨论一致原则同意：招商银行是我国第一家由企业兴办的银行，必须十分慎重，稳妥行事；由小到大，逐步开拓业务；依靠交通部及交通系统支持，充分利用招商银行这一金融机构用活资金，然后逐步扩大到其他系统和行业；根据注册资本的比例，相应照顾各方利益。关于银行资本的筹集，座谈会建议请交通部投资 5000 万元，

[1] 招商局集团办公厅、招商局局史研究会：《袁庚文集》，2012 年 9 月编印，第 199 页。

[2] 参考刘渝：《招商银行初创纪事：3 个月即获准成立——写在招商银行成立 25 周年之际》，《当代金融家》2012 年第 5 期。

[3] 万建华，1982 年至 1985 年在中国人民银行金融研究所（现清华大学五道口金融学院）就读，获货币银行学硕士学位。1985 年至 1993 年任中国人民银行资金管理司副处长、处长。1993 年至 2001 年任招商银行总行副行长、常务副行长。

所需 500 万美元由招商局在香港筹集。外币资本金虽然不多，但在当时中国的银行业来说却是个创新，它表明新创建的招商银行将是一家"开放性"的商业银行，将按国际惯例兴办银行，并充分利用自身的地缘优势，重视国际业务、外汇业务的发展。座谈会同时建议，根据时任中国人民银行行长陈慕华同志的要求，由袁庚同志兼任招商银行董事长，并在国内金融界物色聘任资历较高的同志为行长。根据座谈会的精神，1986 年 9 月 6 日，招商局集团向交通部呈送《关于开办蛇口招商银行的报告》（〔86〕招办字第 218 号），报告筹建招商银行的初步意见。

开办初期的招商银行，是中国境内第一家完全由企业法人持股的股份制商业银行，也是国家从体制外推动银行业改革的第一家试点银行。中国人民银行有规定，这个批复的有效期只有半年，如果半年内不能成立银行这个批文就作废。当时，最难的还是人难找，尤其是寻找行长一事很费周折。袁庚他们开始四处物色行长，眼看批文限定的半年筹备期就要到期，行长人选却还没着落。于是，袁庚和江波力劝王世桢①出任，因为王世桢在远洋的时候，就负责买轮船，和国内外银行打交道比较多，对银行情况有一定了解。但王世桢死活不干，因为王世桢当时已 50 多岁了，马上就可安全着陆了，而且他认为自己也不懂得银行，金融的水很深。袁庚最后说，这件事关系到中国金融体制改革，你总不能因为你不肯做行长而让批文过期作废，让这么大的一件事告吹吧。你先干着，一边干，我们一边找人，找到人你就下。就这样王世桢"不情不愿"走马上任。结果上去容易下来难，王世桢这一干就是 12 年。

1987 年 3 月 31 日，招商银行在蛇口区工商局正式领取营业执照，注册资本为人民币 1 亿元，招商局轮船股份有限公司代表招商局集团作为独家出资人。袁庚兼任招商银行董事长，王世桢兼任首任行长（当时叫总经理）。

1987 年 4 月 7 日上午，招商银行在深圳南海酒店会议厅召开第一次董事会。袁庚、郑仁周、江波、熊秉权、王世桢（招商银行总经理）、梁鸿坤、王今贵、章秉权、黄小抗等九名董事出席第一次董事会，袁庚任董事长。刘渝、张瑞林（招商银行副总经理）列席董事会。会议认为，招商银行的成立，是中央对招商局集团和蛇口工业区在对外开放方面所作工作的肯定和支持；是中国人民银行对招商局集团和蛇口工业区的信任；是招商局集团和蛇口工业区在金融领域积极进取的结果；也是国家金融体制改革方面的一个试点。会议明确招商银行三大任务：第一、筹集和融通国内外资金，为蛇口工业区和交通部企业提供多种金融服务，促进招商局集团企

① 王世桢，1933 年生，籍贯江苏，1957 年毕业于上海交通大学船舶制造系，教授级工程师，美国南加州大学名誉工商管理博士。早年是中国远洋局涉外买船造船高级工程师，1985 年出任香港招商局董事副总经理，协助袁庚做工业、投资、旅游和管理蛇口工业区。1987 年，王世桢参与筹备国内第一家由企业创办的股份制商业银行招商银行，并出任首任行长，直至1999 年主动请退。1999 —2001 年任招商银行常务副董事长。

业内外延伸，实现国际化、多样化、工贸结合、产销合一的战略目标；第二，为全国的金融体制改革提供实践经验，促进银行企业化经营的创新试验；第三，为招商银行的投资者创造利润。会议审议通过招商银行的第一份发展规划：一、完善招商银行的建制，发展和巩固在深圳经济特区金融领域的地位。招商银行成立初期，首先要把在蛇口总行的工作做好，从内部建制、业务种类、对外关系、资信度方面尽快成熟起来，以此作为向内地发展的基础。二、积极争取在北京、广州、上海、天津、武汉等地设立分行，邀请当地交通部的大企业参股，扩大招商银行的资本，建立招商银行的分支网点。三、逐步进入国际金融市场。招商银行创建初期，可有选择性地与几家外资银行建立代理关系，以促进国际结算业务的开展。同时，稳妥地与外资银行建立起中、长期的资金融通关系，引进国外金融资本，推动国内交通企业的更新改革。

1987 年 4 月 8 日，招商银行在蛇口招商路北十栋举行热烈而简朴的开业仪式（图 4-19、图 4-20、图 4-21）。招商银行总经理王世桢主持开业典礼，国家外汇管理局局长唐赓尧、中共深圳市委书记兼市长李灏、中国人民银行深圳经济特区分行行长罗显荣、招商局集团常务副董事长袁庚出席剪彩仪式。袁庚在讲话中回顾了招商局九十年前曾参资兴办中国近代第一家银行——中国通商银行（创立于 1897 年 5 月 27 日，招商局占全部股份的 17.77%，为最大股东），九十年后的今天招商银行的成立又是新中国成立以来由企业集团创办的第一家银行，他表示招商银行将本着

图 4-19   1987 年 4 月，招商银行在蛇口开业

"灵活与稳妥、创新与求实"相结合的方针，力求为客户提供"主动、方便、周到"的服务。唐赓尧在讲话中也高度称赞了招商局集团的工作，认为"招商银行是我国企业集团办银行的一个新尝试，这在新中国的金融史上还是第一家，中国人民银行希望招商银行在经营管理上要创新，走银行企业化的道路"。李灏在讲话中高度赞扬招商局在特区建设中所做出的成绩，认为招商银行是中国金融体制改革的产物，是企业集团兴办银行的新尝试，只要招商银行发扬招商局一贯大胆而踏实的作风，就一定能在诸多银行业务交叉、互相竞争中获得成功，为深圳乃至全国金融体制改革做出贡献。1987 年出版的《深圳特区经济年鉴》中将招商银行的成立作为"进

图 4-20 招商银行开业典礼

图 4-21 招商银行创办时的全体员工（36 人）合影

一步改革银行体制，金融体系更趋完善"的实例进行评述："由国家集团企业创办的蛇口招商银行和通过向社会公开招股集资组建的股份制的深圳发展银行的相继成立，使特区金融向多元化方面发展，为深化特区金融体制改革作了积极的探索。"

招商银行成立之初，只有招商局一家股东，注册资本金仅有 1 亿元，一个营业网点，下设营业部、外汇业务部、信贷部、计划统计部、信息中心和办公室六个部门；第一批 36 名员工中有 23 名来自原蛇口财务公司。王世桢任招商银行总经理，刘渝、张瑞林任副总经理。[①]到 2005 年底，第一批员工中仍有 10 名员工继续在招商银行工作。1988 年 4 月，招商银行搬至蛇口招商大厦。创办初期，招商银行的条件十分艰苦。一共只有 36 个人，平均年龄 24.3 岁，大家挤在一个很小很小的地方。总经理王世桢的办公室只有 6 平方米，他坐着，别人只能站在那里跟他说话。王世桢后来回忆道，当时真叫做一张白纸，什么也没有。而王世桢在这样俭朴的工作环境里一坐就是七年。

招商银行成为中国第一家企业法人持股、自主经营、独立核算、自负盈亏的商业银行。在王世桢倡导和袁庚支持下，招商银行率先接轨国际惯例组成董事会，并在实践中坚持董事会领导下的行长负责制，招商银行建立了股份制银行决策经营制度，完全实行所有权与经营权分离：董事会要真管而不是假管，但不能干涉行长的经营管理。招商银行一开始就把这项制度写进银行章程。同一年批准成立的四家股份制银行——交通、中信实业、深圳发展、招商中，只有招商银行真正实行企业化运作这一模式，从一开始就摆脱国有银行经营模式的影响。

1987 年 9 月 24 日，蛇口招商银行与日本三和银行签订代理行协议。

① 1993 年 3 月 27 日招商银行第八次董事会决定将行领导谓称由总经理、副总经理改称为行长、副行长，为统一谓称以下均用"行长"和"副行长"。

至此，招商银行已经与中国香港友联银行、澳大利亚和新西兰银行集团有限公司等境外银行建立代理关系。

1987 年 10 月 28 日，出台《蛇口工业区住房抵押贷款办法》，招商银行在深圳率先办理购房抵押按揭贷款。

企业独资的银行有管理直接、决策迅速等优点，但在资本积累、市场开拓、业务发展等方面却存在较大的局限性。1987 年底，王世桢提出扩股增资的想法，将招商银行由企业独资兴办的银行改变成股份制的商业银行。

1988 年 9 月，招商银行研究制订《招商银行十年发展设想》，提出：要经过十年的建设和发展，稳步进入全面成熟的发展阶段，真正成为实力雄厚、管理科学、手段先进、多功能、社会化、国际化的股份制银行。

1988 年，招商银行修改章程，将其定位从"蛇口工业区投资创办的综合性银行"上升为"区域性股份制商业银行"。

1988 年 11 月 7 日，中国人民银行常务副行长、国家体改委副主任刘鸿儒到招商银行检查指导工作，听取招商银行总经理王世桢的汇报，充分肯定招商银行在金融体制改革中做出的成绩。

1989 年 1 月 17 日，根据中国人民银行〔1989〕12 号文《关于同意招商银行增资扩股等问题的批复》，审定该行新章程，确定招商银行为区域性、股份制的商业银行。由此，招商银行进行增资扩股，吸收 6 家新企业法人入股，注册资金变更为人民币 4 亿元，股东单位增加到 7 家：招商局集团、中国远洋总公司、广州海运局、广东省交通厅、山东省交通厅、南海东部石油公司、秦皇岛港务局，招商局轮船股份有限公司持有 45% 的股份。招商银行经首次增资扩股和股份制改造之后，成为国内第一家完全由企业法人持股的有限责任公司制银行。

1989 年初，王世桢等向深圳人民银行领导汇报外向型发展的计划，时任深圳人民银行行长罗显荣建议：招商银行可以发挥优势，试办离岸金融业务，以此开拓境外业务。1989 年 5 月 23 日，国家外汇管理局批准招商银行在国内金融界开展离岸金融业务。1989 年 7 月，招商银行正式开办离岸业务，并成为新中国第一家开办离岸业务的试点银行。到 1992 年底，招行离岸业务各项境外存款余额为 1.3 亿美元；各项境外贷款余额 2.65 亿美元，分别比上年增长 25.7% 和 28.6%；整年创利 444 万美元，开办四年累计创利 941 万美元，开创银行创汇的新途径。

1990 年 8 月 19 日，中国人民银行批准招商银行设立第一家分行上海分行，1991 年 4 月 29 日该分行正式开业。这是招商银行第一家外地分行，标志着招商银行走出深圳，走向全国。

1991 年 8 月，招商银行在内部设立证券业务部。

1991 年 9 月 16 日，招商银行证券部通过中国人民银行深圳特区分行验收，正式开业。

1991 年 12 月 28 日，中国人民银行批准招商银行设立第一家境外机构香港代表处。1992 年 8 月 28 日，招商银行香港代表处正式成立。这是招商银行首个境外机构，标志着招商银行跨出境（关境）外，走上国际金融的大舞台。

1992 年 3 月 26 日，招商银行召开第七次董事会，会议指出，小平同志的重要讲话，标志着一个新机遇即将出现，要求经营班子能够把握机遇，积极稳妥地加快机构建设的步伐，不失时机地在广州等沿海城市开设分行，迎来机构发展的又一高潮。

1992 年初，招商银行作出建立招商银行电脑系统的决策，明确提出中期目标：总行与各分行之间，统一系统、统一报表、电脑联网；稳定开发银行传统业务，逐步实现银行业务电脑化；三年之内完成基本业务处理电脑化，五年之内完成所有业务处理电脑化。

1993 年 3 月 27 日，招商银行召开第八次董事会，作出决议：袁庚因年龄问题不再担任招商银行董事长，留任名誉董事长；招商银行进行第二次扩股增资；招商银行总行从蛇口迁往深圳市区；行政领导的称谓由总经理、副总经理改为行长、副行长。

1993 年 3 月 27 日，中国人民银行批准招商银行第二次扩股增资，实收资本由 4 亿元增加到 28 亿元，股东增至 93 家。

1993 年 4 月 26 日，招商银行原 7 家股东单位与深圳蛇口招银服务公司签订《股份转让协议》，将 3% 之股权转让给予深圳蛇口招银服务公司。

1993 年 6 月 5 日，招商银行首次在境外发行 5000 万美元三年期可转让大额浮息存款证。

1993 年 6 月 26 日，深圳市体制改革委员会办公室以深改复〔1993〕73 号文《关于同意招商银行进行内部股份改组的批复》，同意招商银行进行内部股份制改组。

1993 年 11 月 28 日，招商银行总行迁至深圳市福田区华强北路 3 号深纺大厦，1994 年底又迁至深南中路 2 号新闻大厦。

1993 年 12 月，《2000 年的招商银行》规划中提出 2000 年的总体发展目标：通过坚苦卓绝的努力，把招商银行建设成为一家全国性、综合性、外向型、集团化的股份制商业银行。

1993 年，招银国际成立，注册资本港币 41.29 亿元，是招商银行在香港的全资附属公司，招银国际及其附属公司的主要业务包括投资银行业务、资产管理业务、财富管理业务。

1994 年 4 月 1 日，招商银行全面开通银行汇票业务，实现全面通汇。

1994 年 4 月 4 日，深圳市证券管理办公室以深证办复〔1994〕90 号文批准招商银行改组成为招商银行股份有限公司。

1994 年 4 月，经中国人民银行批准，招商银行证券部改制为具有独立法人地位的全资专业性证券公司——招银证券公司，注册资本 1.5 亿元。

1994 年 5 月 25 日，深圳市证券管理办公室以深证办复〔1994〕132 号文批准原招商银行调整新增发行股份数量和股权结构，同意新增发行 52 200 万股。股东共有 98 家，8 家发起人股东为招商局轮船股份有限公司、中国远洋运输（集团）总公司、广州海运（集团）公司、中国海洋石油南海东部公司、广东省公路管理局、山东省交通开发投资公司、交通部秦皇岛港务局、深圳蛇口招银投资服务公司。1994 年 5 月 25 日，深圳市证券管理办公室以深证办复〔1994〕133 号文批准招商银行章程。根据中国人民银行银管〔1996〕11 号文和人民银行深圳分行深人银复〔1996〕85 号文，招商银行部分股东的股权进行转让。截至 1996 年 2 月 28 日，股东数量为 93 家。

1995 年 1 月 1 日，招商银行各支行、办事处正式启用联网终端进行会计记账，理顺了全行会计账务处理系统。

1995 年 2 月，招商银行成立针对个人银行业务的储蓄信用卡部（后来的个人银行部），主推"一卡通"。

1995 年 7 月 3 日，招商银行率先在深圳地区推出集本外币、定期活期、多储种、多币种、多功能服务于一身的电子货币卡——"一卡通"。

1995 年 10 月 18 日，招商银行正式推出客户终端、图文电话、电话银行等电子化业务新产品。

1995 年 11 月 22 日，与 VISA 国际组织合作推出"一卡通"互联卡成为首家与港澳台互联的银行。

1996 年 3 月 27 日，中国人民银行以银复〔1996〕93 号文批准招商银行增加注册资本，注册资本由 11.23 亿元增为 28.07 亿元。股东仍为 93 家。

1996 年 6 月 28 日，招商银行实现"一卡通"全国通存通兑。

1996 年 6 月 26 日，招商银行人民币万事达信用卡首发。

1997 年 1 月 28 日，招商银行正式实施信贷弹性授权管理办法。

1997 年 7 月 31 日，招商银行在国际金融市场成功发行 1 亿美元 5 年期浮动利率债券，并在卢森堡证券交易所上市。

1998 年 1 月 20 日，招商银行实现"一卡通"ATM 全国联网。

1998 年 3 月 28 日，招商银行"一网通——企业银行"业务正式开通。

1998 年 3 月 18 日，招商银行在国内率先成功建立数据仓库系统。

1998 年 6 月 15 日，中国人民银行以银复〔1998〕173 号文批准招行增资扩股。根据该批复，中国人民银行深圳经济特区分行于 1998 年 7 月 1 日以深人银复〔1998〕122 号文批准招商银行扩股后实收资本增加人民币 14 亿元，达到人民币 42 亿元。1999 年 3 月 16 日，中国人民银行二司以银管二〔1999〕42 号文批准招商银行新老股东进行增资扩股，新增 14 亿股。该次增资扩股后，招商银行的实收资本为人民币 4 206 818 030 元。股东共有 108 家。1999 年招商银行完成增资扩股后，有部分股权进行转让和变更。截至 2001 年 12 月 31 日，招商银行股东数为 106 家。

1998 年 7 月 13 日，招商证券股份有限公司与中国长城资产管理公司、天津港（集团）有限公司、璟安股权投资有限公司、上海盛业股权投资基金有限公司、上海丰益股权投资基金有限公司、广厦建设集团有限责任公司合作成立博时基金公司，注册资本 25 000 万元，经营范围包括基金募集、基金销售、资产管理和中国证监会许可的其他业务，是中国内地首批成立的五家基金管理公司之一，总部设在深圳，在北京、上海、郑州、沈阳、成都设有分公司。

1998 年 11 月 8 日，中国证监会批准招商证券公司的增资改制方案，完成股份制改造，成为国内第一家由中国证监会批准增资改制的证券经营公司，并更名为"国通证券有限公司"，股东由招商银行 1 家扩大到 12 家，公司资本金增至 8 亿元，实收资本 13.2 亿元。

1998 年 12 月 22 日，招商银行"一卡通"实现全国 POS 消费联网。截至 1998 年底，"一卡通"累计发卡 337.3 万张，招商银行储蓄存款余额已达 240.9 亿元，而"一卡通"吸存 168.4 亿元，占 69.9%。1999 年 3 月，在《欧洲货币》杂志公布的 1999 年度"亚洲最大 100 家银行"的排名榜中，招商银行的股本回报率居亚洲首位。

1998 年，卸任交通部副部长担任招商局常务副董事长（2000 年担任董事长）的刘松金担任招商银行董事长。

截至 1998 年底，招商银行在 19 个大中城市设立 13 家分行，108 家支行，机构网点数达 166 家，基本形成全国性商业银行的格局。总资产 1509 亿元，各项存款 1109 亿元，1998 年利润实现 20.01 亿元。为此，招商银行首任行长王世桢被誉为"外行管理内行"。

1999 年 1 月，招商局蛇口工业区有限公司增持招商银行 2500 万股股份，由北亚集团股份有限公司持有的招商银行法人股 2500 万股转让，每股作价 3.5 元，转让给蛇口工业区。招商局蛇口工业区有限公司持有招商银行法人股达 1.83 亿股，持股比例为 4.34%。

1999 年，招商银行制定"坚持改革，改善质量，增收节支，稳健发展"的方针，提出"资产质量是银行的生命线""质量是发展的第一主题"的口号。同时，制定和实施"三步走"战略：网络化、资本市场化和国际化，使招商银行开始走上一条内涵式发展的道路。

1999 年 8 月 20—28 日，英国 BSI 公司和中国船级社质量认证公司对招商银行全系统储蓄服务 ISO 9001 质量体系联合进行评审认证，招商银行获得涵盖所有分支机构的 ISO 9001 认证证书，至此，招商银行实现全行整体通过储蓄服务 ISO 9001 质量体系认证的目标，这在国内金融业中尚属首家。

1999 年 9 月 6 日，招商银行全面启动网上银行。

1999 年 10 月 18 日，中国人民银行总行批准招商银行香港代表处升格为分行。

1999 年 11 月 4 日，中国人民银行批复同意招商银行开办网上个人银行业务，成为国内第一家由中国人民银行正式批准开展在线业务的银行。

1999 年 3 月，在招商银行第十九次董事会上，马蔚华①任行长，王世桢改任常务副董事长。马蔚华接过行长一职后，除下大力气建立风控机制外，开始将业务重心转移到零售业务上，以中小企业、家庭、自然人为主要服务对象。

2000 年 1 月，国通证券公司再次增资扩股，资本金增至 22 亿元，并被中国证监会批准为综合类证券商。

2000 年 5 月 15 日，招商银行手机银行业务在全行范围推出。

2000 年 9 月 15 日，招商银行"网上企业银行"全面升级，正式推出 3.0 版。

2000 年 10 月 20 日，招商银行"一卡通"发卡突破 1000 万张。

2000 年 11 月 20—30 日，英国 BSI 公司和中国船级社质量认证公司对招行质量体系实施审核，总行和深圳管理部、南京分行、大连支行会计业务质量体系顺利通过 ISO 9002 质量体系认证，至此招商银行成为国内首家

① 马蔚华，1949 年 6 月出生于辽宁锦州，1982 年吉林大学经济系本科毕业，1986 年获吉林大学经济学硕士学位，1999 年获西南财经大学经济学博士学位。1982 年至 1985 年，在辽宁省计委工作，历任副处长、副秘书长；1985 年至 1986 年，在辽宁省委办公厅工作；1986 年至 1988 年，在中共安徽省委办公厅工作；1988 年至 1990 年，任中国人民银行办公厅副主任；1990 年至 1992 年，任中国人民银行计划资金司副司长；1992 年至 1998 年，任中国人民银行海南省分行行长兼国家外汇管理局海南分局局长；1998 年 6 月，中国人民银行下令关闭海南发展银行，成立破产清算组，马蔚华任组长。1999 年 3 月至 2013 年 5 月 31 日，任招商银行行长。

获得会计服务 ISO 9002 质量体系认证的商业银行。

2000 年，招商银行总行成立风险控制部，集中控制风险。

2001 年，招商局集团董事长秦晓兼任招商银行董事长。

2001 年 12 月 2 日，招商银行总行迁至位于深圳市深南大道 7088 号的招商银行大厦。该楼耗资 10 余亿元，高 53 层（另有地下 3 层）237.1 米，占地面积 10 366 平方米，建筑面积 12 万平方米，是集金融、贸易、办公于一体的大型公共建筑。

2002 年，在国内同业中较早成立在董事会领导下的风险管理委员会，并建立从贷款调查、审批到回收各个环节相互分离、相互制约的信贷管理体系，实行统一授信、整体审批、弹性授权、独立操作放款的制度，并对新增不良贷款实行单笔报告制、行长问责制等。

2002 年 4 月，国通证券公司更名为招商证券股份有限公司。招商证券现为国内 AA 级券商之一，截至 2016 年底，招商证券在全国 114 个城市开设 226 家证券营业部。2012 年招商局成立招商局资本投资有限公司，截至 2016 年底，其管理直接投资基金规模近 1700 亿元。同时招商局旗下还有招商基金、博时基金，基金管理总规模超过两万亿元。

2002 年 4 月，招商银行在上海证券交易所挂牌上市。

2002 年 12 月 27 日，招商基金成立，注册资本 13.1 亿元，招商银行持有招商基金 55% 的股权，招商基金的经营范围包括发起设立基金、基金管理业务和中国证监会批准的其他业务。

2003 年年中，招商银行确立"一三五"经营理念（也称"一三五铁律"）以统率全行的经营活动，即"一个协调"：坚持效益、质量、规模协调发展；"三个理性"：理性对待市场、理性对待同业、理性对待自己；"五大关系"：把握管理与发展、质量与效益、眼前利益与长远利益、股东客户与员工、制度与文化建设的关系。

2003 年 8 月，招商信诺人寿保险有限公司在深圳成立，是中国加入世界贸易组织后成立的首家中外合资寿险公司，注册资本 28 亿元，招商银行持有招商信诺 50% 的股权。招商信诺人寿保险有限公司的主要业务是人寿保险、健康保险和意外伤害保险等保险业务及上述业务的再保险业务。

2004 年 9 月，年近九旬的袁庚在接待前来探望的招商银行员工时，开口的第一句话便是："招行要加快步伐，走向国际。"

2006 年 9 月，招商银行在香港上市，成为第一家股改后以 A+H 形式到香港上市的内地企业。

2006 年，招商银行首任董事长袁庚、首任行长王世桢荣膺"深商"风云人物"功勋奖"，行长马蔚华荣获"卓越奖"，招商银行荣获"最具社会责任企业"称号、"最佳个人网上银行奖"、中国"最佳企业公司行为奖"。

2008 年 10 月，招商银行开设纽约分行，成为自 1991 年美国颁布实施《加强外国银行监管法》以来第一家在美国设立分行的中资银行。

2010 年，招商银行以超过 46 亿美元的总价，成功并购具有 75 年历史、在香港本地银行中位列第四的永隆银行，这是中国内地迄今最大、香港近七年来最大的银行控股权收购案例。

2010 年 10 月，招商局集团董事长傅育宁兼任招商银行董事长。

2013 年 5 月 8 日，招商银行对外宣布，因年龄问题，65 岁的马蔚华不再担任招商银行主要领导。1999 年，马蔚华接手招商银行时，招商银行还只是一家资产总额千亿元的地方小银行，到 2012 年，招商银行资产总额已突破 3.4 万亿元，成为全国第六大商业银行，全球 500 强企业。马蔚华留下的是一个资产总额超过 3.4 万亿元，自营存款、自营贷款、营业净收入增长 20 多倍、净利润增长近 30 倍、年复合增长率超过 27% 的股份制银行"一哥"。2013 年 5 月起，田惠宇[①]担任招商银行行长、执行董事。

2013 年，招商银行新加坡分行设立。

2014 年 7 月，招商局集团董事长李建红兼任招商银行董事长。

2015 年，招商银行卢森堡分行设立。

2016 年，招商银行伦敦分行设立。

2016 年 12 月 6 日，招商银行率先推出银行业首个智能投资顾问产品——"摩羯智投"，即通过机器学习算法，为用户提供智能化的公募基金投资服务。目前摩羯智投规模已超百亿元，开创中国财富管理领域"人与机器""线上线下"的融合服务新模式。

2017 年，招商银行悉尼分行设立。

截至 2017 年底，招商银行境内外分支机构逾 1800 家，在中国内地的 130 余个城市设立服务网点，拥有 6 家境外分行和 3 家境外代表处，本国员工 72 530 人。此外，招商银行还在境内全资拥有招银金融租赁有限公司，控股招商基金管理有限公司，持有招商信诺人寿保险有限公司 50% 股权、招联消费金融公司 50% 股权；在香港全资控股永隆银行有限公司和招银国际金融控股有限公司。招商银行是一家拥有商业银行、金融租赁、基金管理、人寿保险、境外投行等金融牌照的银行集团。招商银行成立 31 年来，始终坚持"因您而变"的经营服务理念，品牌知名度日益提升，综合实力

① 田惠宇，美国哥伦比亚大学公共管理硕士学位，高级经济师。1998 年 7 月至 2003 年 7 月任中国信达资产管理公司信托投资公司副总裁，2003 年 7 月至 2006 年 12 月任上海银行副行长，2006 年 12 月至 2011 年 3 月历任中国建设银行股份有限公司（香港联合交易所和上海证券交易所上市公司）上海市分行副行长、深圳市分行主要负责人、深圳市分行行长，2011 年 3 月至 2013 年 5 月任中国建设银行零售业务总监兼北京市分行主要负责人、行长。

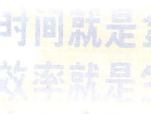

不断增强。2017 年，招商银行归属本行股东净利润为 701.5 亿元，总资产为 62 920 亿元，营业收入为 2208.97 亿元，不良贷款率 1.61%。零售客户数突破 1 亿户，公司客户总数超过 157 万户。截至 2017 年末，招商银行总市值超过 7100 亿元，位居全球上市银行第十一位。在《银行家》2017 中国商业银行竞争力排名中，位列"全国性商业银行财务评价"第 1 位。在英国权威金融杂志《银行家》公布的 2017 年全球银行品牌 500 强中，招商银行品牌价值 142.69 亿美元，位列全球第 12 位。《银行家》公布 2017 年全球银行 1000 强排名，招商银行位列全球第 23 位。在《财富》世界 500 强榜单中，招商银行连续 6 年强势入榜，2017 年名列世界第 216 位，中国区第 30 位。在"2017 中国企业 500 强"中排名第 47 位。招商银行业务发展和经营特色也深得国内外机构的认同，9 次荣膺《亚洲银行家》"中国最佳零售银行"，14 次荣获"中国最佳零售股份制银行"。2018 年招商银行首获"亚太区最佳零售银行"大奖。招商银行自诞生以来，开创中国银行业的数十个第一：创新推出了具有里程碑意义的、境内第一个基于客户号管理的借记卡"一卡通"；首个真正意义上的网上银行"一网通"；第一张国际标准双币信用卡；首个面向高端客户的理财产品"金葵花理财"；率先推出银行业首个智能投资产品"摩羯智投"。目前开创中国财富管理领域"人与机器""线上线下"的融合服务新模式，并在境内银行业率先推出离岸业务、买方信贷、国内信用证业务、企业年金业务、现金管理业务、银关通业务、公司理财与网上承兑汇票业务等。

八、平安成就全球最具价值品牌

中国平安保险（集团）股份有限公司，于 1988 年诞生于深圳蛇口工业区，是中国第一家股份制保险企业，至今已发展成为融保险、银行、投资三大主营业务为一体，核心金融与互联网金融业务并行发展的个人金融生活服务集团之一。公司为香港联合交易所主板及上海证券交易所两地上市公司，股票代码分别为 2318 和 601318。

1979 年，蛇口工业区建立伊始，便着手建立社会保障机制，要求在蛇口开办工厂的"资本家们"为每一个"打工仔""打工妹"缴纳养老、医疗、雇主责任险，缴纳比例为劳务费的 20%，费用由蛇口工业区劳动人事处代为收取。

　　1981 年 9 月，蛇口工业区内组建 13 个专业公司，其中劳动服务公司是其中一个公司。工业区劳动服务公司开始在各企、事业单位征收"劳动力管理费"，将其集中起来，作为职工退休养老基金，是工业区实行养老保险社会化的雏形。

　　1983 年 7 月，马明哲来到蛇口工业区，在蛇口工业区劳动人事处工作，担任一般干部。马明哲，1955 年 12 月出生于广东湛江，祖籍吉林。父亲是军人，随军南下广东湛江，不幸早逝，母亲是归侨，曾被打成特务，直到 1981 年才平反。18 岁高中毕业后，马明哲下乡当知青，学会了两件事——抽水烟和开拖拉机。回城后，他先被分配到阳春市八甲水电站。20 世纪 80 年代初，马明哲在湛江地委当通讯员，为领导开车。彼时在广东，"医生、司机、猪肉佬"是"三大宝"，司机乃是一个颇为风光的职业。后来，马明哲到了湛江地委公交系统政治部，以工代干，有了干部身份。

　　1985 年初，蛇口工业区劳动人事处调配一组组长马明哲参加一次重要的研讨会。会上，针对蛇口工业区实行的社会保障资金管理方式，一位联合国劳工署副署长提出"按照国际惯例，这笔钱由独立的实体来管理"。这给马明哲留下非常深刻的印象。

　　1985 年 10 月 22 日，蛇口工业区社会保险公司建立，这是中国第一家由企业创办的社会保险机构，全权接管蛇口工业区劳动人事处的社保相关职能，退休金改为由社保公司统一运作。具体负责筹谋此事的正是马明哲。一次工业区开会，社保公司经理不在，马明哲代之参加。讨论中，马明哲提出不同意见，袁庚有些不大高兴。马明哲说：袁董，你不是说大家都可以发表自己的意见吗？对与不对，最终你来决定。袁庚说：你继续说。袁庚记住了马明哲的名字。接着一次研讨会，他点名要马明哲和傅育宁（后任招商局集团总裁）、刘渝（招商银行创办人之一）等一起参加。一年内，马明哲由社保公司总经理助理升为副总经理，全面主持社保工作。当时社保公司汇聚了工业区大量的统筹资金，将来要用作支付职工退休金，如果遇上通货膨胀严重的时候，这笔钱放在银行里肯定要贬值。为此，社保公司把一部分钱投资给了一家领带厂、一家丝绸厂、几家商店以及一家信息技术企业金蝶公司（2000 年之后，在国内 ERP 应用软件市场上，这家企业占据半壁江山）。但马明哲意识到投资实业，绝非稳妥，一是回报率低，二是资本变现能力差。大家看到香港的商业保险做得不错，认定公司在工业区同样可以尝试。社保公司决定利用手头资金，搭锅支灶，将原来社保中的雇主责任险转变为工伤险，从这个险种入手开始操持办理商业保险。当时蛇口的工人经常发生工伤事故，马明哲建议每人每月交一定数量的钱作为基金，为工伤或离职人员提供保障。袁庚认可了这个建议，让马明哲来做。事情还没有开始做，中国人民保险公司深圳特区分公司总经理，同时也是保险监管单位中国人民银行深圳特区分行的一位副行长就赶到蛇口。这位人保总经理告诉马明哲："工伤保险属于商业保险的范畴，社保公司无权经营。依据《保险暂行管理条例》，现向你们正式提出此问题。"接着中国人民保险公司蛇口支公司的异议书随之而至。蛇口社会保险公司当时的几个兵，办公室秘书杨秀丽、业管处总经理黄建平跟着领导们一起讨论这个异议书，依旧还是那个意思：工伤保险属于商业保险，社会保险公司不能办商业保险，要办得申请新的执照。马明哲他们开始意识到，仅靠一家国有企业内部保险公司难以满足工业区企业对商业保险的需求，一定要把公司执照跑下来，办一家商业保险公司。1986 年 1 月，蛇口社会保险公司在一次办公会议上提出，将积存在银行的退休基金作实业投资，办一家保险公司。马明哲的想法得到袁庚的认可和支持。1 月 24 日，袁庚主持招商局蛇口工业区管委会会议，会议通过这项动议。

办商业保险公司从哪里入手？没有"办事指南"，大家谁也没个谱。于是一条线去跟金融业的监管部门谈，一条线跑去跟市政府谈。折腾几个回合，又搞明白一个意思：单办执照是不行的，要成立专门的商业保险公司来操作这个事情，要成立新性质的公司，非中国人民银行总行审批不行！虚耗不少精力，大家才搞明白问题要到北京解决。

1986 年初开始，马明哲几十次走访深圳有关部门，摸索办保险公司的门径。但几乎处处碰壁。中国人民保险深圳特区分公司多次以"条件不成熟，不能开办商业保险业务"驳回申请。

1986 年 4 月，全面主持社保公司工作的马明哲参加一个座谈会时，轮到他发言，他先简单地提及了招商局办保险的历史，之后把蛇口社会保险公司的困难说了。最后马明哲提出：情况就是这样，我们能不能像 100 年前招商局办保险公司一样，重新让工业区操起这份旧业呢？听马明哲说完，对招商局历史熟稔的袁庚却没有旧事重提，他回答说："我不同意你的观点。""我不同意你的观点，但是我捍卫你说话的权利。"对袁庚的做派，马明哲并不是没有耳闻。袁庚并不是一个固执己见的人，他只是需要更多的理由和陈述。

随后，马明哲一直努力寻找与袁庚单独见面的机会，希望能酣畅淋漓地陈述自己的理由，但当时一般干部要单独见到袁庚真的很难。对自己认准的事，马明哲绝不轻言放弃。马明哲找到时任蛇口工业区管委会副主任的车国宝，请他把更详细的报告转交给袁庚。车国宝找了袁庚，袁庚了解了马明哲的想法并表示了兴趣，让车国宝安排时间与马明哲面谈，这样马明哲才有机会去香港当面向袁庚汇报。

1986 年 7 月，马明哲和车国宝坐船轮渡到香港，在招商局总部面见袁庚。马明哲先自报家门，接着，切入正题，从人保深圳特区分公司总经理谈话到外商对蛇口只有一家保险公司垄断经营的怨言，再到招商局保险事业的历史承袭，详细阐述了创建一家现代商业保险公司的必要与前景。创办保险公司，一可以期恢复招商局办过保险的传统；二可为蛇口工业区的发展提供金融保障；三可突破中国金融体制的计划限制，探索股份制保险公司的道路。汇报了五分钟，袁庚听后，手重重拍在了桌子上，说：可以，我支持你们！怎么做？马明哲拿出早已拟订的草案递交给袁庚，袁庚仔细阅览了一遍，改动了几个字，说："可以，你们先报上去。"

马明哲回到蛇口，伏案连夜赶写了一个报告，直接报送给中国人民银行深圳特区分行。此后，马明哲接到中国人民银行深圳特区分行副行长、人保总经理的电话后赶过去，对方把批复意见指给他看："设想很好，按照保险公司设立条例，目前成立商业保险公司的条件不成熟，待条件成熟后再考虑。文件退回。"

袁庚以实干著称，知道申请受挫后，提笔写信给当时的中央财经领导小组秘书长张劲夫、中国人民银行行长陈慕华、副行长刘鸿儒、国务院特区办公室副主任胡光宝等，详述成立一家新型体制保险公司的必要性。

袁庚亲笔写给国务委员兼中国人民银行行长陈慕华、国务委员兼国务院财经小组副组长张劲夫的信的内容如下：

尊敬的陈慕华同志并报张劲夫同志：

感谢您对蛇口工业区的关心和支持。目前，工业区百业正举，万物蓬勃，一派欣欣向荣的工作场面。从祖国各地、五湖四海来的蛇口人已经有了一个共同的口号："时间就是金钱、效率就是生命"。前瞻未来，蛇口工业区是有信心、也有能力成为中国改革开放的窗口。

目前，从蛇口的整体发展部署而言，工业区的配套工作仍不理想。一个日趋成熟的工业区，不仅需要水、电、通、联等基础配套设施，而完善的金融设施将更会为发展增添活力。我们深知保险乃社会稳定大器，故创业之初，已积聚职工社保基金，但囿于计划体制之局限，变革拓展之难度，服务意识的建立和完善尚有待时日。特别是目前，外商对蛇口普遍看好，来往之际以诚相待，提供周到和细致的服务、周全和有效的保障就尤显重要。因此，保险就成为蛇口发展的一个重要环节。

　　百年招商，当需重振旧业。早在光绪元年（公元一八七五年）十月初七轮船招商局于沪成立了保险招商局①，时为欲求富国之强，需华商自立公司，自行建栈，自筹保险，以总股金十五万两白银，专保中国境内往来客货，后因某些原因歇业。一百一十年后，招商局再秉轮船招商，传继富民强国的信念，望能重振旧业，一可为蛇口工业区的发展提供金融保障，又可突破中国金融体制的计划限制，探索股份制保险公司的道路，拟设立社会主义股份制保险公司，将业务拓展至社会。

　　兹委托蛇口社会保险公司马明哲、车国宝同志北上赴京向您面陈一切，望能在百忙之中给予指示，至祷。

招商局蛇口工业区

袁庚

一九八六年七月十六日②

　　马明哲和时任蛇口工业区管委会副主任车国宝拿着袁庚的亲笔信一道去北京，希望能拜见张劲夫、陈慕华，获得张劲夫和陈慕华的指导和支持。袁庚的信件和马明哲的报告，经过层层辗转，终于递交到中国人民银行总行副行长刘鸿儒手中。刘鸿儒批写意见后，又转给陈慕华。陈慕华详阅后，将其批复给中国人民保险公司。一位负责国际业务的副总经理在人保大厦接待了马明哲。这位姓程的副总经理对马明哲肯定地讲："建议很好。"接着，语气一转，"但是，目前中国没有成熟的再保市场，条件不成熟，将来会支持你们"。马明哲赶紧进行辩解，但无济于事。对方客气地把他送到了楼下。据了解，1985年刚刚颁布的《保险企业管理暂行条例》，对新保险公司的成立有诸多限制，如新保险公司不能从事法定保险、各种外币保险业务，作为地方保险企业只能经营该地区的地方国营企业的保险。新成立的保险公司也无法获得再保险资格。由于当时的国营企业普遍缺乏必要的资金和保险意识，这些规定使得新成立的保险公司获得保费收入的空间很小，而作为一家保险企业，若没有再保险、没有一定的分保能力是不可想象的。

① 保险招商局，即1876年轮船招商局为防范航运风险而成立的仁和保险公司，这是中国人自办的第一家保险公司。

② 袁庚：《关于成立平安保险给陈慕华同志、张劲夫同志的信》，招商局集团办公厅、招商局史研究会：《袁庚文集》，2012年，第186—187页。

1987 年 11 月，马明哲到香港参加一个保险研讨会。会上，在收到的一叠名片中，香港太平、民安两家保险公司的名片触发他的灵感。他对自己说：以后要成立的保险公司就以"平安"命名。这个想法就此镌刻在了马明哲的心中。而在之前，他想到的公司名字有过"粤海""长城""泰山"等。

在上报遇挫后，马明哲决定到中南海拜见张劲夫。当马明哲赶到北京时，招商局北京办事处的人一本正经地对他说：进了中南海，第一不要随意停留，第二不要把手揣在兜里，否则，很容易被看成特务，藏着的机关枪就会伸出来。马明哲带着袁庚写给张劲夫的信到了中南海西门门口时，一位警卫拦住他说：信就放在这里好了。马明哲连忙解释说：这是袁庚同志写给张劲夫同志的信。一位身着军装、正要进门的老同志下意识转过身问：是谁的信？给我看看。这位老同志最终挥了挥手，马明哲免了一次口舌之累，终于进到中南海拜见张劲夫。张劲夫把文件批给中国人民银行、中国人民保险公司、国务院特区办公室。马明哲回头走的时候，找到张劲夫的秘书说：能不能把文件的附件还给我们？秘书对马明哲笑笑说：不可以的，没有这个先例。

1987 年 12 月 6 日，蛇口工业区正式向中国人民银行总行呈报《关于合资成立"平安保险公司"的请示报告》。

1987 年末，接到张劲夫的批复文件后，国务院特区办一位姓赵的局长立即着手召开一个由财政部、中国人民银行、中国人民保险公司参加的协调会，会议的主题就是一家股份制商业保险公司是否有必要出现在中国的保险市场上。会上，国务院特区办这位姓赵的司局级负责人说："无论如何，会议完了，这个事情必须要有个说法。"国家部委相关职能司的司、局级干部们依次代表本部门发言。会议最后原则同意在蛇口设立新体制的保险公司。刘鸿儒后来回忆说：社保公司于 1985 年成立。之后，该公司有意在社保基础上经办工伤保险，但中国人民保险公司最初持不同意见，对其成立商业保险公司的申请也多次予以驳回。1987 年末，国务院特区办召集财政部、中国人民银行、中国人民保险公司专门就此事召开协调会，原则同意在蛇口设立新体制的保险公司。当时袁庚曾多次来找他商量此事。中国人民银行总行打算以此为突破口，建立股份制保险公司，推动保险市场的发展，报经国务院同意。[①]当时，刘鸿儒在国务委员谷牧领导下，既要负责特区金融业的建设和改革，又要负责深圳银行系统的分家工作，忙得不可开交，最多的时候一年有 1/3 的时间待在深圳。20 世纪 80 年代末期，刘鸿儒受中国人民银行总行的委托，协助深圳市政府以及蛇口工业区组建

① 刘霞：《刘鸿儒回忆特区金融机构最初创业的故事》，《当代金融家》2010 年 9 月 8 日。

招商银行、深圳发展银行和平安保险公司等多家金融机构。刘鸿儒说，他同意在蛇口建立平安保险公司的初衷也是为了推进保险改革，改变人保一家垄断局面。保险市场亟待开发，而中国人保与专业银行一样有着行政机关的官派作风，没有企业意识。然而，当时对设立股份制保险公司持赞同意见的很少，很难讨论，缺少共同语言，不过，最后人民银行还是冲破阻力决定在特区搞突破，做试验。这个保险公司，是股份制保险公司，股东都是企业，没有政府介入，有利于充分借鉴香港的经验，形成市场化的机制。[①]刘鸿儒曾给平安题词：竞争中求发展。他也十分肯定平安的发展：市场化的机制，优秀的人才，这方面他们做得非常好。

　　1988 年 3 月，马明哲收到中国人民银行总行让其赴京的通知。他参照招商银行的章程撰写一份平安保险公司章程，呈报给中国人民银行保险司的负责人审看。中国人民银行终于首肯：可以发给金融从业许可证，但需要一家银行作为参股股东。马明哲立即打道回府，并开始寻找股东银行。进入蛇口工作前，马明哲在湛江地委公交系统政治部工作。因工作机缘，他结识了时任中国人民银行湛江市中心支行行长刘鉴庭。此时，刘鉴庭被任命为工商银行深圳特区分行行长已经几年。马明哲找到他，他将工商银行名下的信托投资公司副总经理何沛泉介绍给马明哲。按照政策规定，只有银行名下的信托公司可以作为股份制企业的投资主体。此事又惊动了工商银行信托投资公司的总经理徐光中。徐光中从北京飞抵深圳，与蛇口方面商定此事。最后商量结果是：注册资本 3000 万元人民币加 3000 万元港币，蛇口工业区、中国工商银行深圳信托投资公司分别出资 49% 和 51%，刘鉴庭任董事长，马明哲任总经理，实行总经理负责制。

　　1988 年 3 月 21 日，时任国务委员兼中国人民银行行长陈慕华、中国人民银行常务副行长刘鸿儒正式签发银复〔1988〕113 号文件，同意由蛇口工业区社会保险公司和中国工商银行深圳信托投资公司合资成立"平安保险公司"，同时颁发《经营金融业务许可证》。

　　1988 年 4 月 1 日，经中国人民银行总行批准，平安保险公司正式成立，这是新中国成立以来全国第一家合资创办的股份制、地方性金融保险企业，由此打破中国保险市场独家垄断经营的沉寂氛围。

　　1988 年 4 月 15 日，平安保险公司批准成立后，承保第一笔业务是深圳特区招商局蛇口工业区房地产公司，保额为 3072.1 万元人民币，收入保费 43 998 元人民币。

　　1988 年 4 月 22 日，平安保险公司取得深圳市工商行政管理局核发的

① 刘霞：《刘鸿儒回忆特区金融机构最初创业的故事》，《当代金融家》2010 年 9 月 8 日。

图 4-22　1988 年 5 月，平安保险开业，图为其设在招商北路的总部大堂

图 4-23　平安保险开业

营业执照（深新企字 05716 号），注册名称为深圳平安保险公司，注册资本为人民币 4200 万元，公司性质为全民所有制企业，主要经营企业财产险、货物运输险、船舶险、建筑工程险、安装工程险、机器损坏险、公众责任险、雇主责任险、产品责任险、雇员忠诚保险、煤气用户保险、家庭财产保险（附加盗窃险）、旅游保险等人民币和外汇业务。

1988 年 4 月 28 日，深圳平安保险公司第一届第一次董事会在深圳特区招商局蛇口工业区招商大厦八楼会议室举行。会议确认工商银行深圳分行刘鉴庭行长为董事长，招商局蛇口工业区副总经理顾立基为副董事长；任命马明哲为总经理，何沛泉为副总经理。

1988 年 5 月 27 日，深圳平安保险公司开业典礼在平安办公楼大厅举行（深圳特区招商局蛇口工业区招商路北六栋），公司正式对外营业（图 4-22、图 4-23）。开业典礼时，由刘鉴庭出面请到的最高领导是深圳市政府一个副秘书长，因为蛇口路途"遥远"，晚到了 40 分钟，剪彩后转身就走了。深圳平安保险公司总经理马明哲当时只有 32 岁。此时的平安只是一家很小的公司，一共 12 名员工，加上马明哲是 13 个人，矮矮的一个楼层的门面，400 平方米的办公面积。办公室有一台电脑、两台中英文打字机、一部复印机、一台传真机和一台拥有 5 条线的电话，初期只有财产保险业务。马明哲回忆说：我们的大部分人一上班就离开办公室，每人骑上一辆旧单车，顶着烈日去穿大街，爬楼梯，挨家挨户地开展业务，中饭随便在外面买两块面包充饥，晚上回来后一个个都被晒得红包片片，那时平均一个人每天要拜访十多家客户。1988 年，成立第一年就营收 418 万元，利润 190 万元。

1988 年 9 月 6 日，深圳市人行〔88〕深人融管字第 87 号批复，同意平安保险公司设立上步、宝安、沙头角分公司，同时领取《经营金融业务许可证》。

1988 年 11 月 21 日，中国人民银行总行批复深圳人行〔88〕深人融管字 75 号文《关于对平安保险公司在海南设立分支机构的意见的函》，同意设立海南分公司，这是平安保险公司在特区外设立的第一家分公司，平安开始跨出地域上的限制，向全国性保险公司迈进。

1989 年 3 月 23 日，中国人民银行总行副行长刘鸿儒、国家外汇管理局局长唐赓尧到平安保险公司检查工作。平安保险公司总经理马明哲、部门负责人李玉猛、杨秀丽及部分业务人员参加了座谈会。刘鸿儒对他们说，你们要给企业改革树立一个样板，真正独立自主经营，走一条新的路子。成立平安就是为了试验一家以企业股东说话算数的公司，其他什么人说话都不算数，在经营管理上政府的话也不要听。

1989 年 11 月 17 日，国家经济体制改革委员会副主任刘鸿儒一行考察平安保险公司。

1990 年 11 月 23 日，国家经济体制改革委员会副主任刘鸿儒一行访问平安保险公司。

1991 年 2 月 5 日，平安保险公司总部从深圳特区蛇口招商路北六栋迁至深圳国际信托投资大厦二楼办公。

1991 年 3 月 27 日，平安保险公司大连分公司经中国人民银行总行批准成立。

1991 年 7 月 26 日，平安保险公司承保的沱海轮在加拿大海域撞沉一艘日本籍渔业加工轮，造成 1620 万美元的责任赔偿事故，这是当时平安保险公司最大的一笔赔案。

1991 年 9 月 26 日，平安保险公司第一届董事会第九次会议在总公司会议室举行。这是深圳市政府参股后召开的第一次董事会，会议增选深圳市财政局的陈锡桃、孙枫为公司董事，并选举陈锡桃为公司董事会副董事长。

1991 年 10 月 21 日，经中国人民银行深圳分行批准，平安保险公司深圳分公司正式成立。平安保险公司深圳地区原有的分支机构更名为蛇口支公司、福田支公司、罗湖支公司、宝安支公司和沙头角支公司，这五家支公司统一隶属深圳分公司管理。

1991 年 12 月 18 日，中国人民银行行长李贵鲜视察平安保险公司。

1991 年，国家体改委、中国人民银行组织一个联合考察小组，对平安过去三年的发展进行考察和研讨。他们一致认为，平安所实行的是一种新型的保险企业运作机制，有条件向全国发展。1992 年 6 月 4 日，经中国人民银行以《关于你公司更改名称的批复》（银复〔1992〕189 号）批准，公司更名为中国平安保险公司，从一家地区性保险公司发展成全国性保险公司。1992 年 9 月 29 日，国务院办公厅正式发文（国办函〔1992〕93 号）批准深圳平安保险公司更名为中国平安保险公司，并同意中国平安保险公司办理法定保险和国营企业、三资企业的保险业务以及各种外币保险和国际再保险业务。平安保险冠以"中国"两字，使平安成为一家真正的全国性保险公司。同时，也确保了平安再保的地位，允许平安保险不受《中华人民共和国保险法》有关再保险条款的限制，可以自己办理国际再保险业务。从此，平安确立"立足深圳，面向全国，走向世界"的基本发展方针。

1992 年 4 月 21 日，中央政治局委员、国务院副总理田纪云为平安保险公司题词："发展保险事业，促进四化建设。"

1992 年 5 月 1 日，国务院副总理邹家华视察平安保险公司，并欣然题词："坚持改革开放　开拓保险市场　祝贺平安保险公司开业四周年。"

1992 年 5 月 27 日，平安保险公司广州分公司正式对外开业。

1992 年 7 月 2 日，中央政治局委员、国务院副总理田纪云视察中国平安保险公司。

1992 年 11 月 14 日，国务院以《关于中国太平洋保险公司和中国平安保险公司业务范围的复函》（国办函〔1992〕93 号）批准公司办理全国性的保险业务和国际再保险业务，中国平安成为全国三大综合性保险公司之一。

1992 年 11 月 14 日，经中国人民银行以《关于中国平安保险公司扩股增加资本金的批复》（银复〔1992〕505 号）批准，公司在 5 个法人股东基础上开始增资工作。

1992 年 11 月 12 日，中国平安保险公司美国分公司在美国特拉华州成立。这是中国保险业在海外设立的首家业务机构。

1992 年 12 月 18 日，中国平安保险（香港）有限公司正式开业。

1992 年 12 月 30 日、31 日，深圳市工商行政管理局、中国人民银行深圳经济特区分行分别同意中国平安保险公司成立深圳平安综合服务（平安职工合股基金）公司。

1993 年 1 月 3 日，中国平安保险公司证券总部及福田交易部落成暨开业典礼举行。

1993 年 1 月 6 日，中国平安保险公司乌鲁木齐业务代理处正式开业。

1993 年 4 月 16 日，中央政治局委员、国务院副总理田纪云一行视察中国平安保险公司，并为公司题词："在竞争中前进，在竞争中发展。"

1993 年 5 月 17 日，中国平安保险公司新加坡代理处正式被批准成立。

1993 年 12 月 17 日，中国人民银行《关于中国平安保险公司吸收摩根·士丹利和高盛公司参股方案的批复》（银复〔1993〕366 号）批准中国平安保险公司吸收摩根·士丹利和高盛公司参股。中国平安保险公司成为中国第一家有外资参股的全国性保险公司。

1994 年 4 月 20 日，中国平安保险公司第二届董事会第五次会议在总公司召开，马明哲当选为董事长兼总经理。

1994 年 10 月 13 日，中国平安保险公司成立核保／核赔管理委员会。

1995 年 8 月，中国平安保险公司总部——深圳平安大厦（位于深圳市八卦岭八卦三路）正式启用，总公司各部门、深圳分公司、深圳平安人寿保险公司、证券总部、珠江三角洲金融信托联合公司从 8 月 13 日起乔迁新址办公。

1995 年 9 月 11 日，中央政治局委员、全国人大常委会常务副委员长田纪云，全国人大财经委员会副主任委员李灏，中国证监会原主席刘鸿儒在深圳市委书记厉有为、市长李子彬的陪同下视察中国平安保险公司。

1995 年 11 月 6 日，中国人民银行以银复〔1995〕368 号文，批准成立平安证券有限责任公司，注册资本 1.5 亿元人民币。

1995 年 12 月 6 日，增资期间清退不合格股东等原因导致股东调整，中国人民银行以《关于核准中国平安保险公司扩股增资的批复》（银复〔1995〕437 号）正式批准这次扩股结果，公司注册资本增加到人民币 15 亿元。

1996 年 4 月，中国人民银行同意中国平安保险公司收购中国工商银行珠江三角洲金融信托联合公司，并更名为平安信托投资公司。

1996 年 5 月 24 日，中国人民银行出具《关于核准的批复》（银复〔1996〕157 号），核准中国平安保险公司规范为股份有限公司。

1996 年 8 月 21 日，中国平安保险（海外）控股公司正式成立。

1996 年 8 月，中国人民银行以银复〔1996〕228 号文，同意中国平安保险公司增资扩股，股本从 15 亿元人民币扩至 25 亿元人民币。

1996 年 12 月，中国平安保险公司的保费收入首次突破百亿元大关，成为中国第二大保险公司。

1997 年 1 月 16 日，经规范登记，国家工商总局向中国平安保险公司核发企业法人营业执照（注册号：10001231-6），公司正式更名为中国平安保险股份有限公司，注册资本为人民币 15 亿元。

1998 年 4 月 28 日，中国平安保险股份有限公司签署的第一份《被保险财产清单》原件，由蛇口工业区有限公司总经理周棋芳在中国平安保险股份有限公司第四届董事会第三次会议上，移交给该公司董事长马明哲。这份平安保险公司试营业期间签发的第一份财产险清单，其保险财产包括蛇口工业区大厦、招商大厦、碧涛中心、南山大厦等 8 项财产，保险总额为 3072 万元人民币，实际有效保额为 2981 万元，保险费为 43 998 元。

为进一步落实《中华人民共和国保险法》关于分业经营的规定，根据 2001 年 12 月 5 日中国保险监督管理委员会（简称"中国保监会"）下发的《关于中国平安保险股份有限公司分业经营改革的通知》（保监发〔2001〕197 号）和 2002 年 4 月 2 日下发的《关于中国平安保险股份有限公司分业经营实施方案的批复》（保监发〔2002〕32 号），公司开始进行分业经营工作。

2002 年 7 月，招商局集团出售平安保险股权工作全部完成，招商局集团将所持平安保险的 13.544% 股权悉数售出，共收回现金 14.84 亿元人民币。

2002 年 10 月 8 日，引入汇丰集团（HSBC）战略投资者。汇丰集团与中国平安保险股份有限公司在上海静安广场正式签署《认购协议》，以美元 6 亿元（约人民币 50 亿元）认购平安 10% 的股份。这是国内金融业当时金额最大的引进外资项目。作为战略投资者，汇丰集团还将在管理和技术方面与平安进一步合作。

2002 年 10 月 28 日，中国保监会以《关于中国平安保险股份有限公司有关变更事项的批复》（保监机审〔2002〕98 号）、《关于成立中国平安财产保险股份有限公司的批复》（保监机审〔2002〕350 号）、《关于成立中国平安人寿保险股份有限公司的批复》（保监机审〔2002〕351 号），批准公司控股设立中国平安财产保险股份有限公司（简称"平安产险"）和中国平安人寿保险股份有限公司（简称"平安寿险"）。

2003 年 1 月 24 日，在国家工商总局完成工商变更登记手续，名称变更为中国平安保险（集团）股份有限公司，注册资本增加到人民币 2 466 666 667 元，成为中国继中信、光大之后的第三家综合金融集团之一。

2003 年 12 月 29 日，经中国银行业监督管理委员会批准，平安信托投资有限责任公司正式获准收购福建亚洲银行。中国银监会同时批准，福建亚洲银行更名为"平安银行"。到 2003 年，平安逐渐打造一个集寿险、产险、信托、证券、投资、银行等业务的综合性平台。

2004 年 6 月，根据中国保监会出具的《关于中国平安保险（集团）股份有限公司境外发行 H 股并上市的批复》（保监复〔2003〕228 号）及中国证监会出具的《关于同意中国平安保险（集团）股份有限公司发行境外上市外资股的批复》（证监国合字〔2004〕18号），公司获准公开发行H股1 387 892 000股，同时公司H股发行前的1 170 751 698股外资股获准转换为H股。发行结束后，公司总股本变更为6 195 053 334股，其中H股为2 558 643 698股，占比41.30%，内资股为3 636 409 636股，占比58.70%。同年6月24日，公司H股股票在香港联合交易所上市，公司股份名称为中国平安，股份代号2318。中国平安集团成为中国第一家在海外上市的金融保险集团。

2004年9月8日，平安养老保险公司成立。

2005年1月，平安产险在全国分设东、南、西、北四大区域事业部，并制定完成《平安产险区域事业部管理指导手册》，建立起区域化经营标准与流程体系，总部对机构管理架构得以优化。

2005年3月，平安产险启动"一号工程"，旨在促进平安产险"精耕细作、转型发展、做大做强"策略实施，推动财产险业务大发展。

2006年7月28日，中国平安举资49亿元人民币收购深圳市商业银行89.24%的股份，年末，经中国银监会批准，深圳市商业银行正式加入平安大家庭。深圳市商业银行是中国第一家城市商业银行。深圳市商业银行的加盟使中国平安的银行业务实力大幅增强，综合金融服务体系进一步完善，向"一个客户，多个产品"的经营方向大大迈进。

2006年11月2日，美国《商业周刊》（*Business Week*）首次公布中国20大品牌排名，中国平安以130亿元人民币的品牌价值及较高的品牌知名度荣列榜单第六。

2006年11月，经中国保监会批准，中国平安产险成功增资人民币14亿元，总注册资本达30亿元，资本实力跃升至全国产险公司前三。

2007年3月1日，平安集团首次公开发行A股股票在上海证券交易所挂牌上市。股份名称为中国平安，股份代号601318。

2007年8月28日，深圳市商业银行吸收合并平安银行，正式更名为深圳平安银行股份有限公司，总行设在深圳，标志着中国平安集团完成旗下银行资源在单一品牌下的整合，也标志着深圳平安银行成为一家跨区域经营的股份制银行。

2007年11月，平安养老险正式获得年金基金账户管理人资格，成为首批同时拥有企业年金基金受托人、投资管理人和账管人三项资格的法人机构。

2007年11月29日，平安集团旗下平安人寿从二级市场直接购买富通集团约 4.18% 的股权，成为富通集团单一第一大股东。这是中国保险公司首次大规模投资全球性金融机构。

2008 年 7 月，中国平安进入《财富》"世界 500 强"。凭借 2007 年 180 亿美元的营业收入，中国平安首次入选《财富》"世界 500 强"，排名第 462 位，成为入选该榜单的中国内地非国有企业第一名。

2008 年 12 月，为推进集团综合金融战略，实现组织架构与运作模式的优化与完善，进一步推动后援集中项目，确立"一个客户，一个账户，多个产品，一站式服务"体系。按照最高公司治理准则的要求，对事业部实行公司化、市场化运作，成立平安科技（深圳）有限公司、平安数据科技（深圳）有限公司、深圳平安渠道发展咨询服务有限公司、深圳平安财富通咨询有限公司等多家子公司。

2009 年 6 月，在英国《金融时报》公布的 2009 年度"全球 500 强"企业榜单中，中国平安列全球寿险公司第二名，中国企业第八名，中国非国有企业第一名。

2009 年 8 月 29 日，118 层、高达 600 米的深圳新的第一高楼平安国际金融中心开工建设，总建筑面积约 46 万平方米，平安总部大楼位于深圳市福田区益田路与福华路交汇处的中心区一号地块，占地面积 18 931.74 平方米。2007 年 11 月，中国平安旗下骨干成员中国平安人寿保险股份有限公司，以 16 亿余元的挂牌起始价竞得这一地块，用于建设中国平安总部大楼，计划总投资 95 亿元。一期为北塔平安国际金融中心，于 2015 年 4 月 30 日如期实现主体结构封顶，即现在抬头可见的深圳第一高楼，楼高 592.5 米，塔楼层数 118 层，地下层数 5 层，二期为高度达 301 米的南塔，54 层。南北两塔通过连廊连接，分布在第 3、4、5、6 层楼，其中第四层楼连廊长度达 50 米。115 层及 116 层作为观光塔。

2011 年 1 月 7 日，平安大华基金公司宣布成立。

2011 年 12 月，平安首次进入由全球著名的品牌及媒体咨询服务集团 WPP 集团评选的"100 大最具价值全球品牌"，列 83 位，成为世界知名品牌。之前，在国际知名财经媒体《金融时报》发布的"全球最具价值品牌 100 强"报告中，平安凭借 105.4 亿美元的品牌价值荣登第 83 位。

2012 年 2 月 9 日，深圳发展银行和平安银行分别召开股东大会，同意深圳发展银行吸收合并平安银行，在平安银行股份有限公司因本次吸收合并注销后，公司的中文名称由深圳发展银行股份有限公司变更为平安银行股份有限公司。

2013 年 8 月，平安银行正式设立行业、产品和平台等 15 个事业部，实行由成本中心向利润中心的转变。平安银行确立"不一样的平安银行"的品牌定位，围绕"专业化、集约化、综合金融和互联网金融"四大特色进行经营思路和商业模式的创新，建立差异化品牌形象和竞争优势。

2014 年 5 月 21 日，中国平安成为全球保险业第一品牌。中国平安在"BrandZ 最具价值全球品牌 100 强"榜单中，以 124 亿美元的品牌价值名列保险行业全球第一品牌，标志着中国保险业在世界保险业的地位大幅提升。

目前，平安集团旗下子公司包括平安寿险、平安产险、平安养老险、平安健康险、平安银行、平安信托、平安证券、平安大华基金等，涵盖金融业各个领域，已发展成为中国少数能为客户同时提供保险、银行及投资等全方位金融产品和服务的金融企业之一。截至 2017 年 12 月 31 日，集团总资产达 6.49 万亿元，归属母公司股东权益为 4734 亿元。互联网用户规模约 4.36 亿个，拥有超过 172 万名员工和寿险销售人员。2017 年，营业收入达人民币 8908.82 亿元，净利润为人民币 999.78 亿元，归属于母公司股东净利润人民币 890.88 亿元，2017 年全年股价大幅上涨（A 股涨幅 101.4%，H 股涨幅 114.1%），市值突破 1.2 万亿元，居全球保险集团第一位。中国平安在 2017 年《福布斯》"全球上市公司 2000 强"中名列第 16 位，居全球多元化保险企业第一；美国《财富》世界 500 强第 39 位，并蝉联中国内地混合所有制企业第一。在英国 WPP 集团旗下 Millward Brown 公布的2017"BrandZ（TM）最具价值中国品牌 100 强"及"全球品牌 100 强"中，分别排名第 8 位及第 61 位；在 Brand Finance 发布的"2018 年全球最具价值保险品牌 100 强"排行榜中，再度荣膺全球保险品牌第一位。在全球最大品牌咨询公司 Interbrand 发布的"2017 年最佳中国品牌排行榜"中，名列第六位，并蝉联中国保险业品牌第一。2018 年 6 月 7 日，美国《福布斯》杂志发布 2018 年"全球上市公司 2000 强"排行榜，中国平安连续第 14 年入围该榜单，首次跻身全球第 10 位，蝉联全球多元保险企业第一。在中国入围企业中，中国平安排名第 5 位。在全球金融企业排名中，中国平安名列第 9 位。

2018 年是中国改革开放 40 周年，也是中国平安创立 30 周年。中国平安自创立之日起，始终秉承"在竞争中求生存，在创新中求发展"的经营理念，锐意进取、积极创新。中国平安作为中国第一家股份制保险企业，开创诸多行业第一：平安是中国金融保险业中第一家引入外资的企业，世界知名的高盛、摩根士丹利、汇丰先后"牵手"平安；首家大规模引进海外人才，率先聘请国际会计师进行审计工作的企业；首家开启中国企业引入外脑先例的企业，早在 1997 年就与国际咨询机构麦肯锡展开合作，为公司"体检看病"，提高管理水平。平安是国内第一家开展个人寿险营销的保险公司，并开出了全国第一张个人人寿保单。平安还是第一家建立大型综合性后援中心的公司，树立中国金融行业经营模式的样板，等等。中国平安创造了两个"世界第一"：一是中国平安是全球第一保险品牌；二是人脸识别技术世界第一。中国平安一直是中国公司治理的标杆和典范，并持续创造优良的业绩，过去 15 年公司的总资产、净利润实现近 30% 复合增长率。可以说，中国平安既是中国金融改革的重要产物，又为中国金融改革做出重要贡献。

2016 年 12 月 1 日，中国保监会发文批准招商局仁和人寿保险股份有限公司筹建。2017 年 6 月 30 日，中国保监会批复同意招商局仁和人寿保险股份有限公司开业，注册地位于深圳前海，注册资本 50 亿元。招商局通过其子公司持股 20%；另有 7 家股东中，三大电信运营商之一的中国移动通信集团公司（00941.HK）持股比例 20%，前海管理局旗下金控公司——前海金融控股有限公司持股比例 5%，央企中国民航信息网络股份有限公司（0696.HK）持股比例 17.5%，深圳市政府所属的投融资平台深圳市投资控股有限公司持股比例 15%，深圳市卓越创业投资有限责任公司持股比例 10%，深圳光汇石油集团股份有限公司（0933.HK）持股比例 7.5%，亿赞普（北京）科技有限公司持股比例 5%。中国第一家民族保险公司成功复牌。李建红任董事长，彭伟任总经理。

招商局在 140 多年的历史中，为中国的保险业做出了三次重大贡献：1875 年创办中国第一家民族保险公司仁和保险，1988 年创办中国第一家股份制保险公司平安保险，2016 年联合多家股东发起复牌仁和保险公司。此次复牌仁和，将中国民族保险业的历史往前推进了近 60 年，具有重大历史意义。就招商局自身而言，复牌"仁和保险"对于其完善金融领域布局有着重要的现实意义。招商局旗下金融板块已拥有招商银行、招商证券、博时基金等公司，尚缺保险公司，仁和人寿复牌后，招商局将得以实现打造全功能、全牌照综合金融服务平台的战略构想，大大拓展"融融"协同、"产融"协同的空间。未来，招商仁和人寿以建设成为具有创新特色的一流综合保险服务商为目标，充分发挥股东优势和后发优势，坚持两条腿走路，通过实施"境内＋境外""线下＋线上""新设＋并购"等策略，稳健起步，做大做强。

第五章

二次创业 从工业区到现代化城区
（1994—2008）

1993 年 5 月，袁庚从招商局常务副董事长岗位上离休，完全退出招商局和蛇口工业区的领导职务，蛇口工业区进入"后袁庚时代"。同时招商局蛇口工业区已把政府管理职能和管理权限交还给政府，蛇口工业区进入"纯企业时代"。进入 20 世纪 90 年代，深圳经济特区改革开放如火如荼，产业转型升级风头正劲。1995 年召开的中共深圳市第二次党代会提出"二次创业"，要求调整产业结构、发展高新科技等支柱产业。与此同时，国家调整取消经济特区的许多优惠政策。蛇口工业区发展由此迈入"二次创业"的新阶段。

一、迈入"二次创业"新阶段

经过 15 年的建设，招商局蛇口工业区有限公司在 10 余平方公里的土地上，可谓走到一个需要重新审视自己的十字路口。蛇口工业区在发展中面临一些问题：一是地域有限，后方土地不足；二是土地与劳动力等生产要素成本相对较高。1995 年 4 月，中共深圳市委向全市人民发出"二次创业"的号召，提出"以高新技术产业为先导，先进工业为基础，第三产业为支柱"的发展方针。2000 年 5 月，中共深圳市委提出，加快发展高新技术产业、现代金融业和现代物流业三大战略性支柱产业，全面提高经济素质和竞争力，更好地发挥对周边地区和内地经济发展的辐射和带动作用。至此，蛇口工业区必须加快产业转型和升级，寻找新的发展空间。

1994 年 1 月 1 日，招商局蛇口工业区有限公司第三届董事会和总经理班子正式开始运作。董事长李寅飞强调，对蛇口的问题要进行实事求是的分析，找出解决问题的办法。蛇口怎么讲也是一个企业，一定要以经济建设为中心，把"蛋糕"做大，满足员工的期望，同时要处理好直属、参资和外资企业的关系。招商局常务副董事长江波说：蛇口对招商局举足轻重，一年的利润占招商局的 1/3 左右；要在总结过去经验的基础上着重考虑未来发展，不能被过去的成绩蒙住了眼睛。

1994 年 1 月 8 日，原国家主席杨尚昆、全国政协原副主席谷牧分别来蛇口工业区视察。杨尚昆视察安科公司，9 日来到四海公园与当地居民一起游园，又与工业区职工亲切交谈，19 日，视察蛇口港和赤湾港，他说："蛇口工业区十多年的变化，证明了邓小平提倡的改革开放是完全正确的。"谷牧是第十三次来蛇口工业区，在招商局档案馆，谷牧仔细地看了当年他任国务院副总理时在批准建立蛇口工业区文件上的批阅文字。袁庚说："那会儿你还很年轻。"[①]

①《辑录蛇口：招商局蛇口工业区（1978—2003）》，2004 年 12 月编印，第 288—289 页。

1994 年 2 月 1 日，招商局蛇口工业区有限公司第三届董事会召开第二次会议，董事长李寅飞提醒说：蛇口领先之处不多了，不留心就会落伍。总经理顾立基提出，新建 518 套职工住房，解决 1993 年底前符合购房条件的无房户的住房问题；解决区内职工住宅漏水问题；改革教育、卫生系统的工资体制，使之更加公正合理；搞好环境绿化，全面实现"绿化达标"标准；提高水质，年内完成区内居民生活用水管网局部改造和第二水厂的前期工程；做好护坡工程，防止滑坡塌方；修建第二污水处理厂；正式启用文化宫，丰富职工业余文化生活；完成蛇口大南山发展规划，修成南山便道。

1994 年 3 月 3 日至 5 日，招商局集团董事会在北京召开全体会议。蛇口工业区有限公司常务副董事长乔胜利、总经理顾立基参加会议。3 月 4 日，时任中共中央总书记、国家主席江泽民在北京看望袁庚。

1994 年 3 月 25 日至 26 日，著名经济学家、国务院发展研究中心研究员吴敬琏应邀来蛇口工业区讲学。吴敬琏教授做了题为《中国怎样建立现代企业制度》《我国市场经济改革的基本思路》的学术报告。

1994 年 3 月 30 日，蛇口工业区有限公司召开干部大会，总经理顾立基指出，工业区处在转折时期，我们要练好内功，以经济效益为中心，搞好蛇口自己的事。他提出了当年要抓好的几项具体工作，要求真正按现代企业制度办事。

1994 年 4 月 20 日，蛇口工业区有限公司召开 15 年规划研讨会，认为工业区要寻求一个全新的思路和带有根本性转变的思维方式，尤其对于企业和社会角色的矛盾，如何减轻公司对社区的经济负担，又保证社区走向更加繁荣的新思路。

1994 年 6 月 18 日，中共中央总书记江泽民专程视察蛇口集装箱码头。招商局集团总经理、蛇口工业区有限公司董事长李寅飞向江泽民介绍了蛇口港和集装箱码头的发展情况。19 日，在江泽民与深圳部分企业家座谈时，工业区有限公司常务副董事长乔胜利汇报工业区的发展情况及今后的规划。在谈到开辟新的出海航道、建设人工岛和港口建设规划时，江泽民详细了解有关规划费用、技术等可行性，对蛇口的发展格外关注。

1994 年 7 月，国务院总理李鹏为纪念蛇口工业区成立十五周年题词："改革开放的前沿，积极开拓再前进。"

1994 年 7 月 28 日，中央书记处原书记、国务院原副总理谷牧为蛇口工业区建区十五周年题词："中国改革开放的排头兵"。

1994 年 7 月，原国家主席杨尚昆为纪念蛇口工业区成立十五周年题词："坚持改革开放，争创更高效益。"

1994 年 11 月 7 日，中央政治局委员、中央纪律检查委员会书记、中华全国总工会主席尉健行专程考察蛇口工业区，听取工作汇报，参观了安科、三洋电机、集装箱码头等企业。

1994 年 11 月 13 日，中央政治局常委、书记处书记胡锦涛视察蛇口工业区，听取汇报，参观南玻、安科、三洋等企业。胡锦涛说，工业区要把主要精力放在企业经营上，搞企业、搞经营、搞产权化管理。调整社区功能可以有一个过程，不一定一下子解决，能否先剥离出来搞企业化经营，公用事业也搞成公司，它将来与工业区也可变成服务关系。他指示工业区要加紧产业结构调整的步伐，走内涵发展的路子，真正吸引些资金对某些项目搞经营改造，提高我们的技术档次和企业的技术素质，有条件的向高新技术产业发展。要充分发挥地缘优势，利用香港回归的有利条件进一步发展自己。同时，我们发展了，对香港的繁荣稳定又是一个促进，这也是一篇文章。[1]

1994 年 11 月 18 日，蛇口工业区有限公司召开干部大会，总经理顾立基在会议上提出：第一，按市场经济要求，建立现代企业制度，增强自身实力，加快发展速度。工业区已初步设计了股份制改造方案、行业发展规划，以及完善管理与分配等一系列措施。要先把区内的事情办好，"走内涵

[1] 招商局蛇口工业区总经理办公室编：《招商局蛇口工业区文件资料汇编》（第十四集，上），1995 年，第 56—59 页。

式发展的路子"，在此基础上选准突破口走向区外，对内部管理，要强化科学管理方法和廉政建设，扶持正义，制止不正之风。第二，深化改革理顺关系，促进社区全面发展，把主要精力放在企业经营管理上，政府职能和社会职能应逐步还政于政。但服务社区、造福社区仍然是工业区的主导思想。第三，要利用香港回归的有利条件进一步发展自己。

1994 年 12 月 22 日，中央政治局委员、国务院副总理邹家华视察蛇口工业区。

1994 年 12 月 26 日，蛇口工业区为成立 15 周年举行庆祝酒会，李鹏、杨尚昆、田纪云、李铁映等 13 位党和国家领导人分别题词祝贺。工业区确定今后每年的 1 月 31 日为蛇口工业区建区日。

1995 年 1 月 10 日至 14 日，原国家主席杨尚昆视察蛇口工业区，参观中国国际海运集装箱股份有限公司。

1995 年 2 月 13 日至 15 日，中央政治局常委、全国人大常委会委员长乔石视察蛇口工业区。乔石在充分肯定招商局集团、蛇口工业区的成绩时说："几天来听了你们的汇报，看了真实情况，感到招商局确实是干实业的。"[1]

①《辑录蛇口：招商局蛇口工业区（1978—2003）》，2004 年 12 月编印，第 331 页。

1995 年 2 月 28 日，招商局蛇口工业区有限公司第三届董事会召开第四次会议，原则上通过《招商局蛇口工业区有限公司 1995—2010 年发展纲要》以及《招商局蛇口工业区有限公司部分行业三年（1995—1997 年）发展规划》，提出公司发展总目标：到 2010 年公司总资产、净资产和总收益分别为 480 亿元、300 亿元和 90 亿元人民币。工业区将成为第三产业较为集中的深港两地的卫星城，区内总产值达到 250 亿元，其中第三产业达到 150 亿元。董事长李寅飞在会上指出：企业的核心工作是创效益。

1995 年 3 月 6 日，中央政治局常委、书记处书记胡锦涛在北京听取工业区总经理顾立基的汇报。胡锦涛肯定了蛇口工业区以往 16 年在中国改革开放历史上所做的种种有益的尝试，肯定了蛇口工业区今后的发展设想，并说："蛇口下一步发展一定要把精力放在企业的经营上，搞企业，搞管理，按现代企业制度的要求，逐步政企分开，深圳市一定会支持你们这样做的。只有把精力放在企业上，才能在企业管理上摸索出新的经验，在企业效益上，为国家多做贡献，在企业发展上步伐迈得更大一些。""蛇口前一段在国际和香港制造业北移上起到了窗口的作用，现在你们又在金融、港航等第三产业后援支持系统、产业结构调整、引进物流中心、工业产品设计中心等方面努力，这个设想很好。蛇口、深圳吸引国外及香港的企业，发展一个阶段后再扩散，为广东及中国南方地区经济发展服务，你们又在新层次策划，继续起好窗口的作用。""你们应该有更高的目标，有条件可以到香港、到国外发展，你们比内地企业更早接触市场，更熟悉国际运作规律，更有条件在中国成为跨国性公司。""下一步蛇口的经济发展还要抓内涵和效率，不能光外延发展，你们狠抓内部管理，向管理要效率，做好了，为国内大中型企业提供管理经验，同时蛇口工业区的发展基础也牢固了。""招商局蛇口工业区从建立以来，一直在改革开放、建立社会主义市场经济方面走在前面，你们已为下一步的发展作好了准备，希望你们继续解放思想，奋力开拓，不断总结经验，不断发展。"胡锦涛还希望蛇口人在发展经济的同时，把精神文明更好地抓起来，使蛇口工业区继续在中国各方面都走在前面。[1]

　　1995 年 3 月 8 日，中央政治局委员、国务委员兼国家经济体制改革委员会主任李铁映在中南海听取蛇口工业区有限公司总经理顾立基汇报，并指示：蛇口工业区一定要构造自己的主体产业。没有主体产业、没有科技就会依附于别人。蛇口下一步的发展要以金融为核心，科技为基础，构造主体产业，形成大企业集团。要以蛇口为基地，以外向为主。蛇口欲立足于天下、世界，一定要有自己的东西。将来与内地合作要以技术、市场为基础来搞。要搞大企业战略，要进行发展战略的研讨，就如何构造大企业，大企业如何保证投资效率、效益与安全性进行研讨。[2]

　　1995 年 4 月 23 日，蛇口工业区有限公司举行新闻发布会，总经理顾立基、党委书记张振方分别就工业区社会保险、劳动人事、住房三项制度与深圳市接轨问题发表讲话。顾立基说：接轨的三个原则：（一）理顺关系，方便和有利于区内的企业发展。（二）"淡政强企"，将部分政府职能还给政府，强化企业自身性质，腾出更多精力干好企业的事。（三）着眼于维护蛇口老百姓的利益，从眼前看，利益可能受影响，但从长远看，得到的利益会更多。张振方指出：改革为本，以人为本，这是工业区十多年来走向成功最为宝贵的经验。三项制度接轨，就是着眼于最大限度地为蛇口人创造一个相对广阔的择业、择居空间。工业区从今年起，社会保险由市社会保险管理局统一征集、管理各项保险基金（含养老、工伤及住房）和支付各项社会保险基金。蛇口社会保险的业务由蛇口社会保险公司代办。

　　1995 年 7 月 14 日，交通部部长黄镇东到蛇口工业区检查和指导工作。

　　1995 年 7 月 30 日，中央政治局委员、国务院副总理李岚清视察蛇口工业区，参观考察蛇口迈瑞公司。

[1]《辑录蛇口：招商局蛇口工业区（1978—2003）》，2004 年 12 月编印，第 312—313 页。

[2]《辑录蛇口：招商局蛇口工业区（1978—2003）》，2004 年 12 月编印，第 313 页；招商局蛇口工业区总经理办公室：《招商局蛇口工业区文件资料汇编》（第十五集、上集），1996 年编印，第 29—30 页。

1995 年 8 月 16 日，深圳市委书记厉有为，市长李子彬，副市长李德成、郭荣俊带领市政府办公室、市体改办、市劳动局、市人事局、市住宅局、市社保局、市医保局、市经发局、市计划局、市国土局、市贸易发展局等部门负责人前来蛇口工业区现场办公。郭荣俊说：蛇口工业区 10 平方公里在 16 年期间已经基本开发完了，下一步企业的发展方向要抓住结构调整，重视高科技，抓紧产品结构调整和企业技术改造。第二是推进企业股份制的改造，组织实施，处理好职工内部股问题。办公会议认为，蛇口工业区改革起步早，发展快，为深圳市乃至全国的改革开放做出了具有开拓意义的贡献。今后，蛇口工业区要继续探索和深化改革，实行政企分开，改革原来既管企业，又管社会的体制，发挥大型企业集团的优势，积极参与深圳西部的开发建设，在我市的第二次创业中发挥先锋作用。要求蛇口工业区继续搞好投资环境建设，管好水、电供应的中间环节，继续办好工业企业，并积极寻找新的增长点，特别要大力发展高新技术企业，对较大较好的项目，如果蛇口条件有限，可以到南山区内其他工业区和龙岗大工业区谋求发展。支持蛇口工业区进行的股份制改造，力争年内完成。第三点是发挥港口的潜力。第四点是要考虑新的经济增长点。[1]厉有为说：蛇口工业区的建立比深圳市还早，在深圳市的经济发展中做出了突出贡献，给深圳市乃至全国都做出了榜样，全国都知道蛇口工业区，"蛇口模式"，今后还要继续改革发展。你们也在搞第二次创业，与深圳同步发展。要做出大贡献有几个问题要考虑：一是"以港兴区"的问题，依附港口发展确是非常有利的条件，港口货运不饱和的问题，你们要研究如何改革，口岸改革在深圳试点，你们当然在试点之内，当然有条件先走一步。还是要按国际惯例与国际接轨。另一个就是发展口岸型工业，搞高科技企业、高附加值项目，这样才有前途。你们有什么好的工业基础大项目，蛇口工业区如果摆不下去，深圳市地方任你们选。西部通道、铜鼓航道你们要参与，要积极与政府一起推动这项工作。第二个问题是考虑政企分开，一步步地走。第三个问题是企业要继续前进，必须走股份化的道路，政府支持你们，你们要尽快动作，你们已经走在前面了，还要继续走在前面，否则企业没有出路。[2]

1995 年，在"中华之最（1949—1995 年）"调查评价宣传活动中，国务院发展研究中心市场经济研究所、广东省人民政府社会经济发展研究中心授予"招商局蛇口工业区——中国第一个对外开放的工业区"称号。

1996 年 12 月 19 日，中央政治局委员、国务委员李铁映视察蛇口工

① 招商局蛇口工业区总经理办公室编：《招商局蛇口工业区文件资料汇编》（第十五集，上集），1996 年，第 40 页，第 103—105 页。

② 招商局蛇口工业区总经理办公室编：《招商局蛇口工业区文件资料汇编》（第十五集，上集），1996 年，第 40—42 页。

业区。

1997 年 4 月 19 日，中央政治局委员、国务院副总理邹家华视察蛇口工业区，考察天达空港设备公司。邹家华在得知天达公司拥有两项全球专利，产品的可靠程度在香港国际机场超过美国产品时指出："像这样优秀的民族工业产品，国内机场应该优先采用。"[1]

1997 年 5 月 8 日，蛇口工业区加入世界出口加工区协会。世界出口加工区协会（World Export Processing Zones Association，英文缩写 WEPZA）是经联合国工业发展署批准，于 1978 年成立的非营利性国际民间机构，会员包括 34 个国家的 40 个出口加工区。总部设在美国的亚利桑那州。蛇口工业区正式加入 WEPZA，是继台湾高雄出口加工区、香港大埔工业村、天津开发区之后，该协会在中国吸收的第四个会员。

1997 年 5 月 19 日，蛇口工业区重新修订颁布《蛇口工业区精神文明建设纲要》。

1997 年 5 月 30 日至 31 日，招商局集团在蛇口召开 1997 年董事会，确定招商局集团今后发展方针："立足香港，内外辐射；多元发展，集约经营；强化管理，稳中求进。"

1997 年 6 月 30 日，中央政治局常委、中央军委副主席刘华清来蛇口工业区考察并为工业区题词："改革开放，再立新功。"

1997 年 7 月 10 日至 11 日，中央电视台连续两天在一至四套《东方之子》栏目播出中国改革开放的风云人物、招商局蛇口工业区创始人袁庚的专题访问。

1997 年 7 月 29 日，招商局蛇口工业区有限公司第三届董事会召开临时会议，宣布招商蛇口新一届领导班子：总经理周祺芳，副总经理康健、熊栋梁、范建雄、王新生，总工程师刘梦虎。董事会由董事长李寅飞主持，董事孙寅、顾立基、张振方、康健、蒙锡、陈难先、梁尊，工业区党委副书记马纪凯，纪委书记黄宝魁，工会主席李亚罗，工业区总经理助理陈毅力、李雅生，副总经济师陈钢等出席董事会。

1997 年 8 月 18 日，招商局蛇口工业区有限公司总经理周祺芳、副总经理王新生等走访国务院特区办，向特区办主任葛洪升，副主任赵光华、万季飞汇报了工作。葛洪升指出：蛇口是我国搞特区搞得最早的地方，不仅在经济上有重要贡献，在对外开放，建立新的经济体制方面都有创新。现在整个特区都处在转变时期，这个转变是在国家提出"两个根本转变"的大方针下提出的。特区还有一个特有的问题。就是过去有许多优惠政策，

① 《辑录蛇口：招商局蛇口工业区（1978—2003）》，2004 年 12 月编印，第 348 页。

这些政策对特区的发展起了很大的作用。现在这些被取消了，这也是一个转变。特区应该在优惠政策取消和平等竞争中，发挥资金的特长外，创造新的优势。二次创业主要上水平，使产业升级。在政策上要有一定措施，扶持高新技术、高附加值的产业，让劳动密集型企业自然地向外转移，这是发展规律。我们的管理体制与国外相比，有相当大的距离，要加强现代化的管理建设，认准了这两条，就抓住了二次创业的核心。这个问题解决得好，比减税让利更好。特区办领导同意通过向国务院反映和由特区办协调等方法寻求解决有关问题。[①]

　　1997 年 8 月 19 日，招商局蛇口工业区有限公司总经理周祺芳、副总经理王新生走访国家计委和国家经委。周祺芳就蛇口工业区税收上缴后社会负担沉重，及国家税制改革后原蛇口进口免税电力征税等问题作了汇报，寻求蛇口工业区进一步发展的政策空间。国家计委和国家经委的领导指示蛇口工业区要按照市场规律寻求发展的途径。

　　1997 年 8 月 20 日，招商局蛇口工业区总经理周祺芳到任后用 3 个月时间进行调查研究并提出施政纲领，他认为蛇口要有一个大的整顿，要找到一种统一大家意志的精神，要建立发展机制、激励机制、管理机制，他对蛇口的未来充满信心，认为没有落后的群众，只有落后的领导，二次创业需要人才，要设法留住人才，要让有本事的人有奔头。

　　1997 年 8 月 22 日，国务院总理李鹏、副总理朱镕基和国务委员李贵鲜先后对国务院参事林鸿慈于 1997 年 4 月 18 日提出的建议："应重点保护'招商局'这块'国家级名牌'"作出重要批示，要求关注"招商局"名称问题，重点保护"招商局"这块"国家级名牌"，并要求中编办研究并提出解决办法。[②]

　　1997 年 11 月 6 日，招商局集团总裁李寅飞在蛇口工业区宣布交通部党组的任命和招商局集团董事会的决定：周祺芳同志担任招商局集团常务董事、副总裁兼蛇口工业区有限公司总经理。

　　1998 年 1 月 6 日，蛇口工业区有限公司总经理周祺芳在工业区干部会上提出"重整纲纪，重振士气，重组业务，重铸实力"的施政纲领和守成、发展、解决遗留问题三大任务。

　　1998 年 2 月 21 日至 23 日，蛇口工业区召开自创办以来的首次工作会议，会议主题就是面对新的历史时期，分析形势，研究对策，谋求进一步发展，开创新的局面。会议要求以全新的姿态投身二次创业（图 5-1）。工业区总经理周祺芳提出，二次创业分两步走：1998—2000 年为工业区整改

① 招商局蛇口工业区总经理办公室编：《招商局蛇口工业区文件资料汇编》（第十七集），1998 年，第 92 页。

②《辑录蛇口：招商局蛇口工业区（1978—2003）》，2004 年 12 月编印，第 356 页。

提高阶段；2001—2005 年为工业区高速发
展阶段。工业区已制定房地产、石化、金
融、物流、港口等一系列行业发展和战略
规划。西部通道建设，蛇口至香港夜航开
通，铜鼓航道、大小铲岛的开发，深圳西
部港口的整合，市区西移，对蛇口工业区
而言，全是利好消息。交通部副部长、招
商局集团常务副董事长刘松金做了题为

图 5-1　1998 年 2 月，招商局蛇口工业区有限公司工作会议举行，会议要求以全新的姿态投身二次创业

《回顾过去，正视现实，规划明天：以二次
创业推动蛇口工业区迈向新世纪》的报告，他指出：充分发挥毗邻香港的
地理优势和已形成的基础优势，不失时机地进行产业结构重组，坚决地推
进清理整顿工作，甩掉包袱，调整资本投向和资本投量，改造有前途的老
企业，建立和培育成规模的新的利润增长点；实现由土地开发营造投资环
境为主转到在保持基础设施优势的同时，重点发展自我投资经营上来；由
发展传统的临港产业为主，转到以金融、房地产、石化、高科技、港口为
基本支柱产业的综合产业结构的目标上来；积极探索公有制的多种实现形
式，开拓经营管理的新思路，以"二次创业"为动力，推动蛇口新的发展。
在策略上实行四个转变：一是由重开发、重投资的投资型扩张转到加强管
理、扩大内涵发展上来；二是由扩张型分散投资转到以优化产业结构，培育
新的利润增长点，增强经济效益的支柱产业建设上来；三是由招商引资为重
点转到增强自身投资经营上来；四是由社会职能行为与企业职能行为一体化
转到逐步淡化社会职能行为，突出企业职能行为，形成大企业集团上来。[①]

　　1998 年 6 月 9 日，蛇口工业区有限公司召开干部会议，宣布丁克义任
蛇口工业区有限公司党委书记，兼任蛇口工业区有限公司副总经理。工业
区有限公司原党委书记张振方调招商局集团工作。

　　1998 年 12 月 8 日，蛇口工业区有限公司召开干部大会，宣布招商局
集团决定：张大春任蛇口工业区有限公司董事长，周祺芳任蛇口工业区有
限公司常务副董事长。

　　1999 年 1 月 30 日，蛇口工业区有限公司在北京召开"蛇口工业区二
次创业研讨会"，会议由张大春主持，讨论由工业区起草的《招商局蛇口工
业区二次创业大纲》。国务院发展研究中心、中国社会科学院、深圳市政府
和招商局集团以及首都 200 余名专家、学者在研讨会上为蛇口跨世纪发展

① 招商局蛇口工业区总
经理办公室编：《招
商局蛇口工业区文件
资料汇编》（第十八
集，上集），1999 年，
第 35—52 页。

战略献计献策。谷牧、孙孚凌、陈清泰、于光远、李灏、焦若愚、董辅礽、艾丰、龙永图、邓楠、张宝顺、洪善祥、郭荣俊、毛晓培、刘吉、周干峙、何玉柏、杨启先、刘松金、周祺芳、丁克义等参加研讨会。

　　1999 年 1 月 31 日，为纪念招商局蛇口工业区开发建设 20 周年，国家邮政局发行贺年（有奖）邮资明信片一枚，主图为蛇口秀丽的六湾风光（图 5-2）。深圳市集邮公司发行"中国共产党十一届三中全会 20 周年、招商局蛇口工业区开发建设 20 周年"纪念邮册。

图 5-2　2000 年 8 月 19 日，深圳经济特区成立 20 周年之际，邮电部为此发行包括蛇口工业区在内的纪念邮票。蛇口工业区还印制了一套 10 枚的《蛇口》明信片。内容选取：蛇口晨曦、海上世界、女娲补天、渔港远眺、鲸山别墅、盖世金牛、生活小区、微波山下、蛇口夜色、蛇口港区

　　1998 年 4 月 29 日，招商局蛇口工业区有限公司向深圳市政府报送《关于蛇口进行"二次创业"实现持续发展有关问题的请示》，为使蛇口工业区持续发展和实现"二次创业"，请求市政府根据蛇口工业区的发展历史和成片开发的特点，维持现行规划土地管理体制至 2009 年。

　　1999 年 2 月 26 日至 27 日，在招商局蛇口工业区有限公司年度工作会议上，把启动"二次创业"和开展"管理年"作为年度工作重心。工业区有限公司总经理周祺芳代表公司做报告时指出：与一次创业时的以先发优势和政策优势塑造区域优势和经济优势，以社区开发带动社区经济的模式不同，二次创业必须以战略性创新塑造新的区域优势和经济优势，以企业创新发展来带动社区经济发展。战略性创新包括主营产业的创新、经营模式的创新、激励机制的创新、区域优势的创新、生存空间的创新、产权体制的创新等。二次创业的基本目标是，继续以果敢的实践，再一次为全国改革开放事业的进一步向纵深发展，为区域经济的开发和国有企业的改造再闯新路；力争在未来 10 年内把招商局蛇口工业区有限公司建成实力雄厚的现代控股公司模式的大型银企集团，把蛇口地区建成现代化的极富特

色的海滨花园城区。企业发展目标：招商局蛇口工业区有限公司要成为一个业务分布各地、根基稳扎蛇口的企业集团，按规模、结构、利润、潜力、人才储备等综合指标衡量跻身国内知名企业集团行列。区域开发目标：将蛇口建成具有个性化特征的现代化的海滨花园城区，成为国内外大型企业集团总部和区域总部的聚集地，集商务、物流、科研等功能于一体的经营生活园区。社会贡献目标：要为全国国有企业的改革探索有效的路径，为经济成熟区的"二次创业"探索新的经验。[①]

1999 年 3 月 11 日，蛇口工业区有限公司召开实施大地产战略专门会议，总经理周祺芳认为招商地产经过多年的耕耘，已进入收获期，而且潜力很大，关键是要利用现有的总体环境优势，把区域优势转化为企业优势。

1999 年 3 月 28 日，国务院原副总理、全国政协原副主席谷牧视察蛇口工业区，并会见袁庚。

1999 年 6 月，蛇口工业区有限公司总经理周祺芳宣布：酝酿已久的蛇口工业区高新技术产业，从现在起进入实质性启动阶段。工业区发展高新技术产业的方向是建立以信息服务业为主的数码港，使工业区成为高新技术产业的信息岛和后援基地。

1999 年 7 月 28 日，蛇口工业区有限公司邀请中国科学院原秘书长、科健集团董事长兼总裁侯自强教授在蛇口"新时代广场"作"知识经济与信息工程"专题高科技讲座，并聘请侯自强教授为蛇口工业区高级顾问。

1999 年 10 月 12 日，蛇口工业区有限公司举行"蛇口工业区园区规划汇报会"，通过了由新加坡 OD205 设计顾问公司和英国 Atkins 顾问有限公司为设计顾问，工业区规划室协同深圳市城市规划设计院设计的《招商局蛇口片区规划调整方案（草案）》，工业区的功能定位为"以大型集疏运港口为依托的国际性物流中心"和"独具滨海特色、高品质的居住社区"。

1999 年 11 月 5 日，广东省原省长刘田夫以及广东省老领导来蛇口工业区参观访问。

1999 年 12 月 30 日，蛇口工业区有限公司召开干部大会，宣布周祺芳任蛇口工业区有限公司总经理，丁克义、李雅生、林少斌任副总经理；丁克义任党委书记，周祺芳任副书记、黄宝魁任副书记兼纪委书记；李亚罗任工会主席。

2000 年 1 月 13 日至 15 日，全国政协原副主席谷牧视察蛇口工业区。

2000 年 4 月 25 日，招商局集团在香港举行"蛇口 2000 年世纪新规划新闻发布会"，周祺芳宣布在未来 3 年内，招商局集团将投资 58 亿元人民币，建设蛇口高尚海滨社区和蛇口信息岛。（一）将蛇口定位于国际性物流

① 招商局蛇口工业区总经理办公室编：《招商局蛇口工业区文件资料汇编》（第十九集，上集），2001年，第 63—70 页。

中心和高品质居住社区；（二）调整产业结构，加快产业升级和经济转型；（三）建设蛇口信息岛，把蛇口建设成全国第一个数字化程度最高的信息社区；（四）大规模的环境改造和物业开发。

2000 年 5 月 8 日，蛇口工业区调整经营管理领导班子，刘松金担任蛇口工业区有限公司董事长，原总经理周祺芳调任招商局集团第一副总裁，原副总经理丁克义接任蛇口工业区有限公司总经理，招商局总裁助理胡政兼任工业区第一副总经理。

2000 年 5 月 18 日，蛇口工业区党委在联合大厦召开党员、干部大会，招商局集团总裁、集团党委副书记傅育宁宣布蛇口工业区党委调整的决定：胡政任蛇口工业区党委书记，丁克义任党委副书记。新的党委由胡政、丁克义、黄宝魁、李雅生、林少斌、洪小源、董海波 7 人组成。

2000 年 10 月 30 日，蛇口工业区召开思想政治工作座谈会，工业区党委书记胡政指出，要在干部员工中大力强化"五个意识"（企业意识、创业意识、改革意识、责任意识、团队文化意识），倡导"四种风气"（学习研究之风、改革创新之风、业绩贡献之风、团队亲和之风）。

2000 年 11 月 20 日至 22 日，中央书记处原书记、国务院原副总理、全国政协原副主席谷牧再次视察来蛇口工业区。蛇口工业区有限公司党委书记、副总经理胡政前往南海酒店看望谷牧。谷牧十分关心工业区的建设与发展。

2000 年 12 月 5 日至 6 日，蛇口工业区有限公司召开二次创业战略框架研讨会，丁克义和胡政在研讨会上分别讲话。丁克义说：我们现在搞二次创业，与蛇口当年搞一次创业有着明显不同，一是当时我们的身份是社区开发商，现在我们的身份则是企业；二是当时我们处在计划经济向市场经济过渡阶段，现在我们则是处在市场经济条件下；三是当时我们处在传统经济为主时代，现在则是处在新经济时代；四是当时我们是白手起家，现在我们已有了一定基础；五是当时我们是领改革开放之先，一花独放，现在是我们的发展战略与招商局集团和深圳市协调一致。因此，我们有信心，有能力把我们的二次创业搞好，搞成功。胡政说：二次创业的总体战略是：充分运用和发挥工业区 20 年来创造的资源基础和业已存在的优势，正视蛇口面临的机遇与挑战，适应新经济发展趋势的需要，着眼于长远发展，通过产业结构调整，深化企业改革，实现体制机制创新，核心产业明确，核心竞争力增强，企业经济效益增长，企业文化先进的奋斗目标。研讨会确定了公司二次创业的总体战略意图：以 20 年来形成的资源为基础，正视面临的机遇和挑战，适应新经济发展趋势的需要，着眼于长远，通过调整业务结构实现产业创新，通过深化改革实现体制创新，通过大胆探索实现机制创新，进而达到公司核心产业明确、市场竞争力增强、经济效益持续增长、企业文化先进的战略目标。[①]

2001 年 1 月 17 日，招商局集团召开董事会会议，宣布中央决定：由秦晓接替刘松金，担任招商局集团董事长、党委书记，招商局集团新的董事会由秦晓、傅育宁、周祺芳、袁武、吴世荣、罗林竹、赵沪湘、范棣、丁克义组成。

2001 年 1 月 31 日，中央政治局委员、全国人大常委会副委员长姜春云视察蛇口工业区，并与招商局集团和工业区有关负责人座谈，听取招商局集团总裁傅育宁、工业区总经理丁克义有关情况的汇报。姜春云说：经过 20 余年的艰苦创业，蛇口工业区形成了很大的经济规模和实力，在税收等方面对国家的贡献也越来越大，去年工业区人均 GDP 达到 7700 美元，达到中等发达国家水平，这是一项了不起的成绩。蛇口的发展和变化，应当归功于邓小平理论的指导，归功于党中央、国务院的正确领导，归功于广东省、深圳市的直接领导和支持，也同样归功于工业区全体员工的奋发努力和艰苦创业。蛇口发展的意义和价值，不仅仅在于自身实力的快速壮大，而且还体现在对广大沿海地区乃至全国的示范带动作用。他希望工业区在新世纪里实现跨越式的发展，要求工业区认真贯彻中央精神，创造性地开展工作，在市委、市政府的领导下，为深圳市的发展做出进一步贡献。工业区内部应团结一致，齐心协力进行二次创业，积极努力地做好各项工作。[②]

2001 年 2 月，招商局集团在福建漳州召开工作会议（史称"漳州会议"），董事长秦晓代表集团提出并确定"重点培育核心产业，强化总部职能"的战略重组框架，明确集团的三大核心产业：交通运输及相关基础设施建设、经营与服务（港口、公路、能源运输与物流），金融资产投资与管理，房地产开发与经营。

2001 年 3 月 5 日至 6 日，招商局蛇口工业区有限公司举行 2001 年度工作会议，提出将"房地产业""现代物流业""高新科技产业"和"园区服务业"确定为蛇口工业区的核心产业。招商局集团总裁、蛇口工业区董事长傅育宁指出，核心产业整合：地产业的整合——要以蛇口招商地产为主，整合集团地产业；物流业整合——要以蛇口为主发展集团第三方物流业务；科技业务整合——集团决定将科技业务整合起来，集中交由工业区管理，在蛇口建设集团高科技产业发展基地。工业区发展到今天，面临着新的竞争环境，不改革创新，就没有前途，"二次创业"重在"创"字。工业区上下，不管是在思想观念上、管理方式上、产业结构上，都要有一些

① 《辑录蛇口：招商局蛇口工业区（1978—2003）》，2004 年 12 月编印，第 415 页。

② 《辑录蛇口：招商局蛇口工业区（1978—2003）》，2004 年 12 月编印，第 418—419 页。

新的东西。工业区过去的成绩，应该成为我们进一步发展的动力和基础。

2001 年 10 月 12 日，全国政协副主席、中国工程院院长宋健，科学技术部部长徐冠华，深圳市副市长郭荣俊等国家、省、市和科技界领导视察了工业区并出席蛇口火炬创业园签约及揭牌仪式。

2001 年 12 月 4 日，中央政治局委员、广东省委书记李长春率参加全省流通业改革与发展工作会议的 260 名代表来蛇口工业区考察访问。

2002 年 4 月 18 日，中央书记处原书记、国务院原副总理、全国政协原副主席谷牧与深圳市原市委书记李灏、山东省原副省长李烨、福建省政协原副主席邹尔均、厦门市原市长江平一行来蛇口工业区看望袁庚同志。丁克义、胡政接待谷牧等同志。

2002 年 5 月 13 日，招商局集团召开蛇口工业区新领导班子见面会，宣布聘任孙承铭为蛇口工业区有限公司总经理、任命其为蛇口工业区党委副书记；任命周亚力为蛇口工业区党委书记、聘任其为工业区有限公司副总经理；免去丁克义工业区总经理、党委副书记职务，办理退休手续，并聘任为工业区顾问；免去胡政蛇口工业区党委书记、副总经理职务，调回招商局集团任总裁助理，聘任为蛇口工业区副董事长。

2003 年 1 月 24 日，招商局集团董事长秦晓在集团年度工作会议上指出，创造招商局第三次辉煌，是我们追求的目标。招商局在 130 年的历史中，曾经有过两次辉煌，一次是李鸿章时代，一次是袁庚时代。李鸿章时代奠定了招商局的基础，为发展中国的民族工商业起到了示范和推动的作用；袁庚时代引领中国改革开放风气之先，使招商局实现了跨越式的发展。这两个时代，是招商局历史上的黄金时代。直到今天，我们这些后人依然也还受惠于这两个时代，并以这两个时代为荣。秦晓指出，近些年来，招商局集团经过大力度的调整，使一些影响我们发展的问题得到了有效解决，还有些问题正在解决。具备了考虑招商局集团长远发展的能力，提供了集团中长期发展目标的空间。我们已有能力，并且有责任提出创造招商局第三次辉煌的发展目标，把招商局这个国有大型企业做得更大更强，成为国家队的旗舰。这是我们这一代人的追求，也是我们这一代人的责任。[①]

2003 年 8 月 14 日，中央政治局委员、国务院副总理吴仪在广东省省长黄华华和深圳市委书记黄丽满等陪同下考察深圳西部港区蛇口集装箱码头公司（SCT），视察国家质检总局与 C—HNET（西部平台）联合开发的"海港口岸快速查验系统"的运行情况，招商局集团董事长秦晓和总裁

① 《辑录蛇口：招商局蛇口工业区（1978—2003）》，2004 年 12 月编印，第 458—469 页。

傅育宁向吴仪汇报港区的有关情况，吴仪对 SCT 码头全面实现报检电子化、奠定"电子海港"雏形予以充分肯定。

2003 年 8 月 28 日，中央政治局委员、国务院副总理曾培炎在蛇口东角头填海区宣布："深港西部通道工程开工"。

2003 年 9 月 25 日，深圳市政府同意将前海湾约 3.5 平方公里用地划给招商局作"港区联动物流园区"用地。

2004 年 5 月，广东省政府办公厅下发通知，撤销 397 个开发园区，其中包括招商局蛇口工业区和华侨城，开发区不仅要取消名称，同时要撤销管理机构，收回开发区各项管理权限。这标志着蛇口工业区有限公司将作为一个企业而存在，不再具有与企业自身性质不相称的社会职能，工业区也发展成为深圳市南山区主城区的一部分。

2004 年 6 月 18 日，中共深圳招商局蛇口工业区有限公司委员会被国务院国有资产监督管理委员会（简称"国务院国资委"）党委授予"中央企业先进基层党组织"称号。

2004 年 10 月 18 日，招商局集团与深圳市政府签署全面合作备忘录。招商局集团和深圳市政府将在既有合作基础上，进一步发展在综合物流、港口、机场、公路、铁路、航道、多式联运、物流新技术的应用和管理、物流培训和咨询服务、物流技术转让和设备供应等方面的合作与交流。

2005 年 9 月 1 日，中共广东省委常委、深圳市委书记李鸿忠来到蛇口，为工业区创始人袁庚老人佩戴党中央、国务院、中央军委颁发的中国人民抗日战争胜利 60 周年纪念章，高度评价袁庚对国家和人民的贡献，是"当之无愧的深圳英雄！"

2008 年 8 月 16 日，中央政治局委员、广东省委书记汪洋视察蛇口工业区，调研了解规划中的蛇口太子湾邮轮母港项目。

2008 年 8 月 31 日，招商局集团总裁傅育宁在《春天的故事》大型图片展开幕式上指出：蛇口工业区作为中国改革道路的起点，在新一轮的解放思想大潮中，将致力于新一轮的跨越发展。今天的蛇口工业区，正在进行产业结构调整、升级。招商局将把蛇口建设成为中国南部沿海重要的港口和物流中心、珠三角重要的水陆门户和现代化交通枢纽、深圳市高新技术孵化基地和文化创意产业基地与深圳市特色高尚居住地。招商局蛇口工业区还将继续成为招商局集团与深圳市全面合作、实现共赢的重要平台，在深圳市的总体发展战略框架下，力争为推进深圳市各项发展作出新贡献。

　　2008 年 11 月 17 日，为纪念中国改革开放 30 周年和招商局创办蛇口工业区 30 周年，招商局集团与凤凰卫视合作拍摄的《春天的故事》五集电视专题片在"凤凰大视野"栏目播出。

二、优化环境，为二次招商创造条件

　　第一，港口建设。1994 年 1 月 19 日，广东省重点渔港、深圳市首座国家一类渔港蛇口渔港工程动工。1994 年 7 月 10 日至 13 日，友联船厂（蛇口）有限公司兴建的 10 万吨级修船码头主体工程竣工验收，修船码头分设主码头和北码头，总长 651 米，主码头长 443 米，前沿设计水深 12 米，可停靠 10 万吨级空载或 35 000 吨级满载船舶，北码头长 208 米，前沿水深 8 米，可停靠万吨级以上船舶。1995 年 10 月，由蛇口招商港务有限公司和新加坡国际水泥有限公司合资兴建的 4 个 1.5 万吨级的筒仓组成的散装水泥集装站在蛇口港一突堤建成，总投资 1400 万美元。1995 年 11 月 24 日，由蛇口集装箱码头与新加坡宏海箱运有限公司合作开通首条蛇口—曼谷的集装箱班轮航线。1996 年 4 月，蛇口港散装水泥集装站正式投入使用，一条 7500 吨散装水泥船由大连驶来蛇口港。散装水泥集装站是由蛇口招商港务股份有限公司投资约 1.4 亿元人民币建造的，年设计通过能力为 120 万吨，散装水泥集装站已具备卸船、贮存、灌包、装车等功能。1997 年 5 月 10 日，以色列国家航运公司以星轮船公司与蛇口集装箱码头有限公司共同开辟蛇口至东南亚定期班轮航线。1997 年 8 月 18 日，国家计委批复深圳西部港区铜鼓航道立项，深圳西部港区包括蛇口港、赤湾港、妈湾港等，铜鼓航道是在香港烂角嘴至塔石角范围的暗士顿水道向西南沿槽切两滩至大海岛西侧新辟的一条航道，长 21 公里，建设规模为近期按第四代集装箱轮全潮通行的单向标准，航道底宽 200 米，水深 13.5 米。铜鼓航道挖泥量 3583 万方，总投资 6.8 亿元。1997 年 10 月 30 日，中国远洋开通蛇口直达北美西岸各主要港口的集装箱班轮航线。1998 年 12 月 8 日，西部港航项目建设办公室成立，铜鼓航道①、大铲岛油库气库前期工程启动。2003 年 1 月 28 日，蛇口港区 12 号泊位工程正式开工，泊位总长度 330.1 米，3 万吨级，以内贸集装箱为主，设计能力为年 40 万标准箱吞吐量。2003 年 4 月 22 日，蛇口港集装箱码头（SCT）成为新增的一条泛太平洋

①　2010 年 1 月 1 日，深圳铜鼓航道正式投入使用，结束了超大型集装箱班轮无法正常进出深圳西部港区的历史。

航线——GWX 首次挂靠码头。2003 年 12 月 22 日，招商港务公司二突堤西侧码头 12 号泊位建成试投产。2006 年，深圳市政府特别批准港区新增约 40 万平方米用地。

第二，供电供水设施建设。1994 年 3 月 1 日，香港中华电力公司宣布调高向蛇口工业区供电电费。工业区供电公司也根据实际情况对区内用电费用作适当调整。1994 年 3 月 28 日，广东省城镇供水企业资质评审团对蛇口工业区供水公司进行资质评审。评审结果全部符合建设部城市供水企业资质标准。1996 年 8 月 26 日，因香港中华电力公司电价上涨，蛇口工业区决定将工业区生活用电由每千瓦时 0.50 元上调至 0.60 元，调整后的电价与深圳市电价标准相符。工业区供电公司从香港中华电力公司购买电价为每千瓦时 0.68 元，工业区每年为生活用电补贴近 400 多万元人民币。2003 年 7 月 22 日，110 千伏第三变电站建成投产，优化了蛇口工业区供电结构，加强了电网供电的可靠性。2000 年 12 月 28 日，蛇口供水公司东滨水厂竣工。

第三，对外交通建设。1994 年 2 月 1 日，蛇口工业区港务公司客运站开通蛇口至广州快船航线。4 月 9 日，蛇口至海口的客运航线正式开通。10 月 1 日，平南铁路正式并入全国铁路网，全线 7 个站和全国铁路所有营业站之间可整车货物到发。10 月 28 日，蛇口至香港开通豪华快船。12 月 25 日，深圳滨海大道海堤工程开工，该大道建成后将大大缩短蛇口至深圳市区的距离。1995 年 6 月 1 日，平南铁路开通深圳西站至岳阳 59 次旅客特快列车，结束南头半岛无旅客列车的历史。1995 年 10 月 25 日，总投资 8000 万元建设的蛇口疏港大道试通车。疏港大道由蛇口二突堤南港大道经港湾大道、月亮湾与南山大道相接。疏港大道通车后，来往蛇口码头的 5 吨以上货车全部从疏港大道进出。1997 年 12 月 2 日，蛇口渔港总体改造工程的一期水上工程竣工，二期工程动工。1997 年 7 月 18 日，从蛇口港客运站到外伶仃岛的定期航班开通。1999 年 8 月 15 日，蛇口至香港客轮航班夜航正式开通。2000 年 8 月 19 日，蛇口太子路改造工程正式开工。2002 年 11 月 21 日，香港丽星邮轮开通蛇口至越南下龙湾航线。2003 年 5 月 13 日，万海船务在蛇口集装箱码头（SCT）增加一条到日本的亚洲航线。2003 年 9 月 16 日，深圳蛇口码头至香港国际机场水上客运航线航班试航，通过该"水上客运直通航线"直接到香港国际机场乘坐飞机，无须办理港方出入境手续。2003 年 12 月 25 日，由深圳市政府和平南铁路公司共同出资 700 万元的深圳西客站改造工程竣工投入使用。2006 年 12 月 31 日，连接蛇口、赤湾、妈湾港区和前海湾物流园区的深圳港西部港区疏港道路工程开工建设，其中深圳市政府投资 22 亿元。2008 年 12 月 28 日，安达运输与深圳巴士集团签署公交移交协议。协议的签署，标志着安达运输公交业务移交任务的基本完成。

第四，排水排污设施建设。1996 年 1 月，蛇口工业区综合污水处理厂主体工程正式开工。综合污水处理厂位于蛇口港三突堤，由原工业区第一污水处理厂与第二污水处理厂合并而成，设计规模 6 万吨，总投资 5000 万元，第一期先建 3 万吨，已完成一个污水进水泵、一个变电所和一条 7 公里的污水压力管。1998 年 1 月 1 日，工业区供水公司营业部赤湾分部成立。1998 年 4 月，蛇口第二水厂定名为“东滨水厂”，首期建设规模为 10 万吨，设备安装为 5 万立方米／日供水量，第二期工程完成后将达到 10 万立方米／日供水量，将大大提高蛇口地区的供水安全和质量。2003 年 3 月 27 日，工业区决定实行蛇口供排水一体化，将蛇口区域的污水处理系统委托给深圳招商供水有限公司管理。2006 年 2 月 15 日，招商水务公司被确定作为国家“水安全计划”项目的试点单位。

第五，配套设施建设。工业园区功能向城市功能的转化，最终使蛇口工业园发展成为配套完善、适合人居的新城（图 5-3）。1994 年 2 月 28 日，新建的蛇口工业区风华大剧院开业。3 月 18 日，联合医院被评定为深圳市二级甲等医院。3 月 28 日，蛇口招商城市信用社开业，注册资本 3000 万元人民币，为深圳市第十家城市信用社。4 月 9 日，蛇口工业区有线电视台推出有线电视加密传输业务。5 月 26 日，蛇口工业区商贸实业公司与深圳市液化石油气管理公司合资成立新公司，主要开发蛇口工业区液化石油气管道供气系统工程，以住宅小区为单位，分片推进，管道总站设于工业三路南山脚下。9 月，世界最高铜牛雕塑安装工程完工，由著名艺术家韩美林设计。铜牛雕塑宽 8 米，长 30 米，最高部分为 23 米，重 100 吨。6 月，著名作家魏明伦为铜牛雕塑撰写《蛇口盖世金牛赋》，刻石于公园铜牛雕塑旁。著名书法家沈鹏题写“盖世金牛”，刻于基座。10 月 1 日，中国光大银行深圳分行蛇口办事处开业。10 月 9 日，工业区投资建设的蛇口南山便道全部完工，开始使用。便道全长 4 公里，3600 多级台阶，每隔 100 级台阶筑一休息平台，成为南山郊野公园规划的一部分。11 月 1 日，南山宾馆和华苑海鲜酒家被工业区美伦山庄承包、接管和改造，达到三星级标准。1995 年 1 月 8 日，南京金鹏房地产有限公司与深圳招商房地产有限公

工业园区功能向城市功能的转化，最终使蛇口工业园发展成为配套完善、适合人居的新城

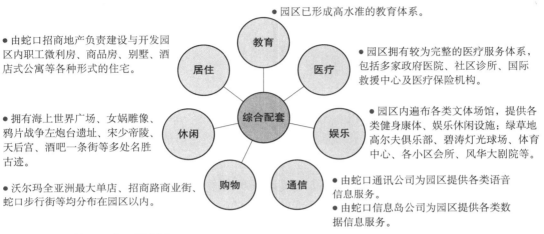

● 由蛇口招商地产负责建设与开发园区内职工微利房、商品房、别墅、酒店式公寓等各种形式的住宅。

● 拥有海上世界广场、女娲雕像、鸦片战争左炮台遗址、宋少帝陵、天后宫、酒吧一条街等多处名胜古迹。

● 沃尔玛全亚洲最大单店、招商路商业街、蛇口步行街等均分布在园区以内。

● 园区已形成高水准的教育体系。

● 园区拥有较为完整的医疗服务体系，包括多家政府医院、社区诊所、国际救援中心及医疗保险机构。

● 园区内遍布各类文体场馆，提供各类健身康体、娱乐休闲设施；绿草地高尔夫俱乐部、碧涛灯光球场、体育中心、各小区会所、风华大剧院等。

● 由蛇口通讯公司为园区提供各类语音信息服务。

● 由蛇口信息岛公司为园区提供各类数据信息服务。

图 5-3　蛇口工业区蜕变图

司签署土地开发合约，合作开发位于蛇口后海路的"中集大厦"（后改名为"天海豪园"），该大厦建筑总面积 22 000 平方米。1 月 18 日，蛇口华彩花园竣工，由 2 栋 30 层组成，总建筑面积 43 600 平方米。1 月 24 日，蛇口后海丽景大厦（景园大厦）主体工程封顶，大厦 32 层，总建筑面积 41 650 平方米。4 月，蛇口后海批发市场动工，总建筑面积 9000 平方米。1995 年 4 月，完成海上世界附近 15 万平方米填海工程。第一期种植海滨绿化带，兴建商业、餐饮、娱乐、休闲等设施。第二期兴建具有会议、展览等功能的建筑，以及游泳池、球场等。11 月 1 日，蛇口赤湾天后宫（庙）修复落成。1996 年 2 月 9 日，蛇口海景广场封顶，总建筑面积 70 966.14 平方米，总投资 35 000 万元。1996 年 3 月，蛇口管道煤气一期工程正式开工。1996 年 6 月 18 日，被称为深圳西部首座智能型写字楼的蛇口工业区新时代广场顺利封顶。[①]1996 年 7 月 9 日，蛇口松湖小区完成五通一平，投入二次招商。1996 年 11 月 24 日，赤湾港免税商店开张，是外轮供应公司继蛇口之后设立的又一家免税店，供应对象主要是进出境的船舶与船员。1996 年 12 月 31 日，蛇口工业区首批社会微利房公开发售，共 169 套。1996 年，蛇口工业区网站建成（网址：www.shekou.com）。1997 年 7 月 4 日，蛇口工业区将原由工业区投资建设的海关生活区宿舍和办公楼的红线图及产权无

① 在封顶典礼上，袁庚说："十几年前要在蛇口码头广场建造几层高的蛇口工业区大厦，我在施工设计方案上批了这样几个字：'为何如此豪华？'不用说，这给后人留下了一个大笑话。如今建造这么高级的 38 层的新时代广场，我已经没有权力再批什么字了，如果有，如果我再批那么几个字，不用说，留给后人的将是更大的笑话。为什么？再过 10 年，新时代广场也将显得落后！"袁庚又说："如果要我们做检讨，那就经常检讨一下我们往前看、往远看的眼光够不够。"

偿提供给蛇口海关。1997 年 2 月 18 日，酝酿已久的营造优美环境工程项目全面启动，整个工程共有 30 左右个项目，5 个大类：从育才一小到上海轻工业品总汇的招商路射灯、树灯等 5 个灯光安装项目；微波山灯塔美化企业形象 3 个项目；海上世界广场绿化带改造等 4 个绿化项目；招商大厦草坪及四海公园草坪增设自动喷灌系统等 7 个设施改造项目；工业七路 6 个市容整顿项目；各重要地段总计摆放鲜花 2 万盆等 2 个项目。1997 年 10 月 1 日，蛇口"一号信息平台"试运行，接通国际互联网。1997 年，新时代广场 38 层、海景广场 35 层、明华国际海事中心 25 层、南海东部石油海上油田指挥楼 28 层、招商银行培训中心 12 层高层楼宇陆续竣工，总面积达 27.31 万平方米，总投资 11.5 亿元，使蛇口成为深圳市海景办公楼最多的地区。1998 年 1 月 18 日，蛇口工业区房地产公司开发的"招商名仕花园""千叶苑"两个商品房楼盘双双交房。1998 年，蛇口工业区提出大力整治和优化环境，打造蛇口。1998 年 2 月 16 日，蛇口工业区文化广告公司、安达广告装潢公司、招商港务客运广告部举行联合经营开业，目的在于"优化环境，使蛇口热起来"。1998 年 4 月 8 日，蛇口通讯公司在 ISDN（窄带）建设方面走在全国的前列，率先在深圳市推出 ISDN 一线通业务，深圳市将蛇口作为 ISDN 示范小区。1998 年 4 月 28 日，深圳蛇口绿草地俱乐部有限公司开业。蛇口绿草地俱乐部位于蛇口商贸中心区内，毗邻"海上世界"明华轮、南海酒店、新时代广场、海景广场，占地 4.7 万平方米，由招商房地产有限公司投资 1000 万元建成。俱乐部有 2 层 64 个打位的高尔夫球练习场，内设高尔夫电脑模拟器、高尔夫用品专卖店、中西餐厅、酒吧、健身房、更衣室、蒸汽浴室等。1998 年 5 月 6 日，招商房地产公司在蛇口新时代广场布设 13 000 个信息节点，将其引上信息高速公路，使新时代广场成为南山区内首座高智能化办公大楼。1998 年 6 月 28 日，蛇口工业区总部机关从招商大厦迁入新时代广场，新时代广场是蛇口第一高楼，地面以上 38 层，地下 3 层，高 188.8 米，建筑面积 87 000 平方米。大厦除标准写字楼之外，还有会议中心、多功能展览中心、高级商务会所等，是一座配套完善、分工合理的"办公城"。1998 年 7 月 2 日，蛇口大南山导航台落成投入使用。大南山导航台担负为深圳机场和香港新机场服务的重任。1998 年 7 月 5 日，蛇口工业区招商物业管理有限公司实行物业管理一体化，正式接管爱榕园、翠薇园、文竹园、桂园、金竹园、玫瑰园、翠竹园、联合医院宿舍等 11 个小区的物业管理权，包括保安、维修、清洁、绿化等项内容。1999 年 3 月 2 日，明华国际会议中心划归蛇口工业区。1999 年，工业区加大环境综合治理和道路建设力度，投资 1600 万元用于"两点一线"（"两点"是指工业大道入口处和蛇口港客运站；"一线"是指工业大道）的改造。同时推进东滨路关键改造、新华路拓宽改造、蛇口港客运站广场改造工程建设，并松湖小区北山坡、招商培训中心后山坡进行水土流失治理。2000 年 1 月 12 日，蛇口工业区四海新综合市场开业。2000 年 2 月 26 日，招商海月花园交房。2001 年，国家建设部公布 2001 年科学技术项目计划——信息技术研究开发与示范项目中，蛇口工业区被列为信息智能化示范社区。这是当时全国唯一的国家级信息智能化示范社区。蛇口工业区计划在三年内建成一个信息岛。2002 年 1 月 17 日，蛇口花园城小区成为深圳市第一个通过建设部住宅产业化促进中心 A 级认定的商品住宅小区。2002 年 1 月 30 日，招商桃花园 A 区通过竣工入伙，这是蛇口工业区职工住宅有限公司开发的职工住宅社会微利房小区，共 480 套。2002 年 3 月 6 日，招商局物流松湖分发中心首个数码仓试运营。2002 年 3 月 5 日，中国民生银行蛇口支行开业，至此各类银行在蛇口开设的支行达到 13 家。2004 年 11 月 26 日，招商地产与华侨城地产联手，以 16.85 亿元拍得尖岗山片区二期出让的 4 宗地块。2005 年 12 月 28 日，招商地产开发的深圳首家五星级国际化服务式公寓——深圳泰格公寓正式开业。2006 年 5 月 1 日，大型综合类商业项目花园城购物中心建成，成为蛇口最大的购物中心。2006 年 5 月 18 日至 21 日，由科技集团与招商地产共同打造的创意产业基地南海意库（原三洋厂房），首次亮相第二届中国（深圳）文化产业博览会。截至 2006 年底，蛇口工业区吹填造陆工程累计完成吹填量约 885 万平方米，占总工程量的 90.67%，已吹填面积占总吹填面积的 85%，交付熟地 1.56 平方公里。2008 年 5 月 12 日，深圳市光明新城全面建设启动，作为首批建设的重点项目之一的招商局科技企业加速器举行开工仪式。

第六，社会建设。1995 年 4 月，蛇口工业区育才中学、育才一小、育才二小被评为"省一级学校"。1995 年 8 月 24 日，"蛇口工业区教育基金会"正式成立，工业区有限公司率先捐赠 100 万元人民币，工业区及所属各企业捐款 50 万元。1996 年 1 月 26 日，决定修订工业区与区内企业的《总协议》，停止收取企业管理费，并提出工业区教育基金方案。1996 年 2 月 2 日，蛇口工业区决定将原育才一中与育才二中（图 5-4）合并，合并后更名为育

图 5-4　育才二中

才中学。1998 年，工业区与深圳市政府合办的后海小学动工建设。2000 年 4 月 29 日，沃尔玛蛇口分店正式开业。沃尔玛购物广场是沃尔玛公司在深圳开设的第五家分店，也是在中国开设的第七家分店；蛇口沃尔玛营业的实际面积为 19 600 平方米，共分两层，一层是生鲜食品，二层为百货场，设收银台 43 个。这是沃尔玛在蛇口建立的亚洲最大的也是最具美国风格的沃尔玛购物广场。沃尔玛购物广场及环境配套的建成提升蛇口的综合配套水平。2000 年 6 月 30 日，蛇口"信息岛"计划 HFC 宽频网暨国讯育才教育网正式开通。2002 年 12 月 24 日，蛇口电视台完成网络升级扩容，传输节目频道由原来的 33 套增加到 43 套，新增 10 套电视节目。2003 年 4 月 8 日，育才教育集团挂牌成立，蛇口工业区有限公司及招商地产有限公司向育才教育集团捐款 100 万元，支持蛇口社区教育事业的发展。2003 年 12 月 22 日，招商局档案馆改造工程竣工和新馆开馆。2008 年，蛇口工业区制订《企业文化建设大纲》，为公司文化建设提供指引。

三、西部通道优化蛇口交通区位

深港西部通道，又称深圳湾大桥，是内地与香港间大型跨境基础工程，也是国家干线公路网连接香港特区的唯一高速公路通道，是广东省沿江高速公路的咽喉工程，也是深港间继落马洲、文锦渡、沙头角后启用的第四条车用过境通道，整个工程由深港双方共同投资建造。西部通道的建设，将极大地改变蛇口工业区的对外交通格局，与香港的陆路连接从末端（早期经罗湖口岸，后来经福田口岸）变成前端（深圳湾口岸），使蛇口工业区直接与香港的元朗相连，将对蛇口工业区经济社会发展产生重大影响。

深圳经济特区毗邻香港特别行政区，两地客流和物流来往十分频繁，深港间往来的运输车辆占全国出入境车辆总量的 80% 左右。随着内地和香港经济的繁荣发展，出入境陆路交通量快速增长，既有陆路口岸通行能力趋于饱和，制约了两地的社会经济发展。且已有的罗湖口岸、皇岗/落马洲口岸、文锦渡口岸、沙头角口岸等陆路交通口岸分布于中东部的罗湖区、福田区、盐田区，而深港西部的口岸通关十分不便，双方建设西部通道的愿望均很迫切。

　　1991年，深圳市委市政府倡议在深圳蛇口至香港屯门之间建造跨海大桥，开辟深港间新的陆路交通走廊，并进行研究论证。1993年，正式向国务院及国家有关部委提出建设深港西部通道的建议。1993年11月1日，中共深圳市委书记和市长厉有为在会见英国前首相希思时透露，在不远的将来，要把蛇口和香港用跨海大桥连接起来。1994年10月30日，《深圳市西部深港通道可行性研究报告》通过评审，拟建设的西部通道长6.41公里，连接蛇口和香港元朗。1995年3月7日，中英关于香港和内地跨境大型基建协调委员会考察团到达蛇口，对几个预选场址进行实地勘察。1996年，深圳市深港西部通道工程筹建办公室成立。1996年3月9日，中共深圳市委书记厉有为在北京宣布：西部通道公路跨海大桥的起点为蛇口东角头，登陆点为香港的天水围外侧；双方各投资一半，合资建设长5.3公里的跨海大桥；双方成立合资公司，共同设计、招标、建设西部通道。1997年12月29日，国务院批准深港西部通道正式立项，深圳侧定址为蛇口东角头。2000年8月2日，深圳市市长于幼军到蛇口工业区现场办公，决定蛇口工业区参与深港西部通道建设，负责按规划实施填海造地工程，填海造地2平方公里。在满足大桥和口岸建设所需1平方公里的前提下，剩余约1平方公里土地由工业区开发使用。填海投入资金从开发剩余的约1平方公里土地向深圳市政府交纳的有关费用中抵扣。2000年，经国务院港澳办批准，深圳湾公路大桥的建设模式由原先的深圳单方负责建设改为深港双方共同建设，采取"以粤港分界线为界，各自投资，共同建设，各自拥有，各自管理"的建设模式，香港侧工程总投资约78亿元港币，深圳侧工程总投资约50亿元人民币。2001年10月，深港双方开始跨海大桥方案设计和规划勘察。2002年3月，西部跨海大桥初步设计和详细设计相继启动。2002年11月，经国务院总理办公会审议原国家计委批准的深港西部通道（深圳湾公路大桥）可行性研究报告。2002年4月，口岸区填海工程开工。2002年5月，深港西部通道工程可行性研究报告通过交通部专家组审查。2002年11月，国务院批准深港西部通道工程2003年开工。2003年8月28日，深港西部通道工程开工，包括西部通道的深圳侧接线工程，起自港湾大道，途经东滨路、后海滨路，止于深圳侧一线口岸，横跨整个蛇口。2005 年 12 月 19 日，深圳湾公路大桥非通航孔桥全部合龙。2006 年 1 月 20 日，主体工程深圳湾公路大桥贯通。2006 年 12 月 31 日，西部通道土建工程完工。2007 年 7 月 1 日 11 时 30 分，国家主席胡锦涛一行车队通过深圳湾公路大桥深港分界线的时候，胡锦涛主席的专车冲开置于该处的彩带，象征大桥正式开通。在深港西部通道深圳湾联检大楼内，国家主席胡锦涛出席"深港西部通道"开幕仪式。

深港西部通道分为深圳侧和香港侧，深圳侧主要工程包括深圳湾公路大桥深圳段、深圳湾口岸和深圳侧接线工程三大部分，香港侧包括深圳湾公路大桥香港段和香港侧接线（即后海湾干线）工程。西部通道深圳湾口岸是国家一类口岸，也是世界上同类口岸中最大的现代化、智能化口岸，设计通关能力为旅客流量 6 万人 / 日，车流量 5.86 万辆 / 日。口岸位于深圳南山区蛇口东角头，规划的后海滨路东侧，东滨路南侧，其东南面紧临深圳湾，通过深圳湾跨海公路大桥与香港元朗连接，北面通过沙河西路和东滨路与滨海大道及其他城市干道相连。深圳湾公路大桥从东角头填海区跨海至香港鳌磡石登陆，由深方和港方共建，全长 5545 米。深圳侧总长 2040 米，香港侧总长 3505 米，按照高速公路标准建造，桥面设计为双向六车道加两侧紧急停车带，设计行车速度为 100 公里 / 小时，桥宽 38.6 米。为改善行车条件，增加大桥景观效果，桥轴线平面采用 S 形。大桥设南、北两个通航孔，采用主跨为 210 米和 180 米独塔钢梁斜拉桥方案。非通航孔采用 75 米跨等截面箱梁。大桥设计寿命 120 年，为国内目前最高标准，左右换道立交设在深圳侧登陆点，与口岸衔接。西部通道深圳侧接线工程全长 4.48 公里，与深圳湾公路大桥采用同一标准设计，连接口岸至深圳前海港湾大道。主要由箱涵式隧道、高架桥等结构形式构成，以高架桥方式经过大南山北麓后进入，穿过东滨路建成区和后海湾填海区的地下通道直达深圳湾口岸货检区，深圳侧接线的下沉式地下通道长约 3.09 公里，是目前全国最长的城市地下隧道项目。深港西部通道香港侧包括深圳湾公路大桥香港段和后海湾干线。大桥香港段长度为 3.5 公里，从新界西北部的鳌磡石横跨深圳湾连接大桥深圳段。后海湾干线是长度为 5.4 公里的双向 6 车道公路，连接鳌磡石的登陆点和位于蓝地的元朗干线公路。深圳湾口岸采用全新的"一地两检"通关模式，从蛇口到香港仅需 15 分钟。待广深沿江高速开通后，广州与香港的距离将缩短至 100 公里。

四、进一步完善现代企业制度

第一，根据发展需要，调整精简机构。1994 年 1 月 20 日，蛇口工业区调整部分职能处室和直属单位机构：计划统计室与经济发展办公室合并，统一使用经济发展办公室名称，日常事务暂挂靠总经理办公室，后来不再挂靠总经理办公室，按职能处室独立运作；发展部的功能和人员并入企业管理室；电子开发公司的功能和人员并入轻纺开发公司；监察室与纪律检查委员会合署办公，对外使用上述两个名称；成立资金部，按职能部门开展工作，并负责财务公司筹备事项，待财务公司正式成立后撤销；撤销原育才学校校董会建制，成立蛇口工业区教育卫生办公室，负责统一管理、协调工业区各教育、卫生单位工作，该室设在公用事业室内；体育中心的建制和人员划归公用事业室管理。1994 年 11 月 7 日，蛇口港务监督正式从蛇口工业区划出，成立交通部蛇口海上安全监督局。1995 年 12 月 4 日，交通部与深圳市政府签订协议，改变深圳市水上安全监督"一水两监"的管理体制，合并深圳市海上安全监督局和交通部蛇口海上安全监督局，成立交通部深圳海上安全监督局。改革之后，深圳市港务局的港监职能部分划归交通部直接管理。1996 年 5 月 17 日，撤销原工业区理财服务公司。1996 年 12 月 31 日，决定原中层领导班子由 38 个精简到 35 个，中层领导班子成员由 114 人精简到 101 人，中层领导干部的平均年龄为 42.3 岁。1997 年，蛇口工业区有限公司成立人力资源部，旨在加强人力资源管理，合理利用和开发蛇口工业区人力资源。1998 年 5 月 28 日，蛇口工业区有限公司公布《蛇口工业区总部机关精简人员方案》。1999 年 7 月 15 日，蛇口工业区对总部机关进行机构调整。设置总经理办公室、企业管理部、财务部、人力资源部（党委组织部）、党群工作部（党委宣传部、团委）、社区管理部、审计室、监察室（纪委）、工会 9 个部（室），南海石油服务办公室不再列入总部管理机构，挂在南海石油服务有限公司，撤销教育培训中心，恢复培训中心的功能和名称。1999 年 9 月 2 日，蛇口工业区服务咨询及投诉中心成立。1999 年 10 月 22 日，蛇口工业区总部机关开始试运行办公自动化 OA 系统。1999 年，公司总部成立法律事务部，在重点单位设立专职的法律事务联络员。2000 年 10 月 8 日，成立工业区有限公司蛇口"信息岛"项目公司筹备组。筹备组将按照工业区整体部署，负责研究并提出组建"信息岛"公司的总体规划方案。2000 年 10 月 31 日，蛇口工业区总部调整机构，突出企业特点，总部实行经理主管制，废除科长称谓。工业区党委通过人力资源部（党委组织部）、企业文化建设部（党委宣传部）的职能设定及岗位描述的人员配置。11 月 15 日，工业区决定成立竞聘上岗考评委员会。11 月 13 日，成立深港西部通道后海填海工程筹备办公室，专门负责后海填海工程。2001 年 1 月 10 日，成立发展研究策划部。2001 年 3 月 12 日，成立学习指导委员会，研究提出公司培训目标，交流培训情况并解决培训中出现的重大问题，审核培训计划和内容，确定年度培训经费额度并审查培训经费使用情况，提出审核学习型组织奖名单。2003 年 1 月 21 日，公司总部机构设置由原来的 15 个部门调整为 11 个，其中常设机构 9 个，非常设机构 2 个。常设机构：总经理办公室、财务部、企业规划部、人力资源部、建设规划地政部、社区管理部、审计部、党群工作部、工会联合会。非常设机构：资产优化办公室、深港西部通道后海填海工程筹建办公室。原信息技术部、企业管理部、法律事务部、发展研究策划部、组织部、企业文化建设部、监察室等机构职能归并到调整后的相关部门中。2003 年 3 月 18 日，撤销原蛇口劳动人事服务中心和原蛇口劳动就业服务中心，相关职能交还南山区政府。2006 年 2 月 27 日，蛇口工业区党委正式更名为招商局蛇口工业区有限公司党委。2006 年 10 月 19 日，工业区团委更名为公司团委。2006 年 10 月 26 日，中共深圳市委驻深单位工作委员会决定，深圳平南铁路股份有限公司党委划归公司党委管理。2008 年 4 月 22 日，召开临时会议，决定正式解散工业区管委会。2008 年 6 月 17 日，公司总经理办公室更名为公司办公室。

第二，完善内部制度建设，健全约束和激励机制。1994 年 4 月 26 日，颁发《参资企业管理条例》。1994 年 10 月，制定《公用车辆使用管理规定》和《公务活动接待办法》，规定各单位禁止为领导干部配备专车，不准用公车接送小孩上学和亲属上下班，各单位要有专人负责管理车辆，由工业区监察室负责监督检查。规定公务活动住房标准和伙食标准。1994 年 10 月 29 日，颁布《海外公司管理办法》和《外派人员工资、福利等待遇的暂行规定》。1995 年 3 月 28 日，决定实行财务总监制。工业区向参资和直属、控股公司派出总会计师，以财务总监的身份参与公司的经营管理。1995 年 8 月 17 日，试行企业管理信息系统，包括投资研究、财务分析、资源配置等内容，先在房地产公司、供电公司、供水公司、商贸实业公司等 7 家企业试点，再向所属企业推广实施。1996 年 12 月 24 日，发布《劳动人事管理暂行办法（试行）》。1997年1月3日，颁布《关于登记上交董事酬金和礼品的规定》。1997年2月26日，颁布《建设工程项目报审管理规定》《建设工程施工现场管理规定》《建设监理管理规定》《开山填海工程建设管理规定》《建设工程施工招标投标管理规定》《市政建设管理规定》和《基本建设投资管理规定》。1997年7月23日，颁布《排水设施使用费征收办法》。1997年11月13日，颁布《外商投诉管理办法》。1997年，对历年的各种规章制度进行一次全面归整和清理，提出今后管理体制框架和方案，建立目标管理制度体系。1998年4月7日，印发《管理制度汇编》，共汇集公司41项管理制度，其中行政管理类8项、财务管理类10项、企业经营管理类10项、审计类2项、社区事务管理类4项、组织人事管理类7项。1998年11月5日，针对直属和控股企业中滥购健身、球类、娱乐卡和高尔夫、游艇、赛马等会员证现象，颁布《关于公款购买、使用各种卡（证）管理暂行办法》。1998年举办"管理年"活动，全面规范公司各项管理工作，提升公司治理水平，颁布《内部交易暂行办法》。1999年8月1日，颁布《法律事务管理办法》《聘请外部律师管理细则》《诉讼事务管理细则》和《法律事务联络员制度》。1999年8月17日，蛇口工业区在物业公司、外轮理货、永富制衣、招商文化公司、工程监理公司、物资公司、经营服务公司和社保公司建立职代会制度和实行企务公开制度。1999年10月12日，发布《推行企务公开制度实施方案》。2000年5月9日，颁布《委派董事和监事程序实施细则》。2000年9月5日，发布《蛇口工业区职工董事、职工监事选举与罢免制度》《蛇口工业区职工董事、职工监事议事制度》和《蛇口工业区职工董事、职工监事培训制度》。2000年9月26日，颁布《员工突出贡献奖励办法》。2001年1月1日，颁布《资产优化工作若干规定》。1999年1月10日，开始执行《总部工资制度》。2003年10月23日，工业区公司总部决定实行以岗定薪、岗变薪变的岗位年薪制，建立员工的岗位工资调整和奖金发放的激励机制。高管人员的工资由岗位工资、工龄工资和年奖金构成；普通员工的工资由岗位工资、工龄工资、加班工资和年终奖金构成。员工的奖金具体数额，依据员工考核成绩确定。工龄工资、加班工资在总部固定工资总额内列支。公司总经理将依据公司薪酬管控规定核定、发放。

第三，加强劳动保护和社会保险。1994年3月18日，颁布《补充养老保险实施办法》。1994年3月1日，深圳市劳动局发文，授权蛇口工业区劳动人事中心管辖红线内企业劳务工。1995年7月1日，决定调高

1995—1996 年度职工子女医疗保险收费标准。职工子女医疗保险是工业区保险公司独立开展的福利性保险项目，没有任何补贴来源，只能靠收支平衡。1996 年 1 月 1 日，蛇口工业区社会保险制度与深圳市社会保险制度接轨，工业区停止征收保险费（含管理费）。1998 年 1 月 1 日，蛇口劳动人事服务中心决定将综合服务费由原每人每月 20 元，降低为每人每月 15 元。1998 年 3 月 31 日，蛇口劳动人事服务中心召开劳动人事工作会议，要求从严执行有关再就业的政策：一是坚持"先市内，后市外"的招工原则。坚决杜绝私招乱雇、"先斩后奏"的行为；二是实行企业用工岗位空缺申报制度；三是坚决执行居民按比例就业的规定，加大对企业用工的监督力度；四是严把裁员关，审批原则适度从紧，可裁可不裁的坚决不裁，动员和鼓励企业内部转岗、消化；五是开展再就业培训，为下岗员工提供多方位服务；六是对批量招用失业员工的企业，给予招调工指标奖励；七是加强对失业员工的管理和解困工作；八是实行下岗申报备案制度。1998 年 4 月 24 日，工业区工会决定成立"工会职工下岗分流服务中心"。1999 年 6 月 17 日，蛇口劳动人事服务中心首创人力资源代理制，成立人力资源代理公司。2003 年 5 月 1 日，工业区规范企业为职工购买保险的财务处理办法。2000 年 1 月 4 日，蛇口社会保险公司发放企业职工补充养老个人账户本。2003 年 5 月 15 日，决定所属企业统一按企业工资总额的 14% 计提应付福利费，在企业成本中列支。2008 年 4 月 1 日，蛇口职工补充养老保险金的资产、业务和管理人员整体移交给平安养老保险股份有限公司协调管理，从当日起，平安养老担任补充养老金的受托人和投资管理人，招商银行担任补充养老金的托管人和账户管理人。

五、重组资产，增资控股南油集团

蛇口工业区建区 15 年来，在港口运输、房地产、商业贸易、金融保险、旅游酒店、电子、轻工、建材、医药等众多行业遍地开花，初步实现多元化的经营战略。但是，单纯追求多元化导致"僧多粥少"，资源配置不合理，成为规模化经营的障碍。不少行业及企业规模偏小，致使经营成本上升，经济效益低下。为合理配置资源，提高效益，蛇口工业区加快资产重组和股份制改革步伐。其中大手笔增资重组南油集团，为蛇口进一步发展获取大量优质资源和空间。

1994年初，工业区提出，以解决资源特别是资金短缺为目标发展重点行业，强化产权经营，提高理财技术，力争大量积聚资金和大幅度提高集聚资金的能力，努力增强企业竞争实力。全面做好股份制改造。一是完成商贸系统的股份制改造并力争年内上市；二是完成港航各单位借壳上市的股份制改造；三是对现有丝绸制品、医药等行业进行重组，形成工业区名牌拳头产品；四是完成工业区总体股份制改造的设计方案，力争获得招商局集团批准；五是对各直属公司进行调研，逐步完成股份化或有限公司改造。通过分步骤、分层次实施，形成工业区总部负责企业产权经营，下属公司负责产品／服务经营的新型管理体系，从而完成整个工业区的现代企业的构造工作。同时，积极开展以产权融资为中心，多层次、大规模的产权经营活动，重点选择一些大、中城市，通过金融市场进行系列的收购、兼并、重组活动。

1994年2月28日，蛇口工业区转让集装箱码头股权交易完成，由招商局集团、中国远洋运输集团公司、英国铁行集团、香港太古集团共同组建的蛇口集装箱码头公司，铁行集团接手管理。

1994年8月9日，蛇口工业区有限公司第三届董事会召开第三次会议，审议通过《关于建立现代企业制度若干问题的报告》，就明晰产权、理顺关系、解决政企分开、解决"双重角色"和股份制改造等问题提出新的改革思路。

1994年8月15日，蛇口工业区有限公司成立股份制改造领导小组，李寅飞任组长，乔胜利任副组长，成员有顾立基、张振方、梁宪、赵庆生、孙寅、蒙锡、康健、熊栋梁、刘昌汉、陈钢。主要负责审定蛇口工业区在股份制改造过程中的重大决策及所形成的对外报告等文件，下设工作小组。

1994年8月20日，招商局集团发文同意蛇口工业区收购招商局发展公司在达峰公司的股份。

1994年10月28日，蛇口工业区向深圳市政府呈报《关于深圳蛇口招商局石油化工实业有限公司股权重组资产评估立项申请书》和《关于招商局蛇口工业区商贸实业公司的下属燃化公司、外轮供应公司股权重组资产评估立项申请书》。

1994年10月28日，根据招商局集团《关于同意深圳安达实业股份有限公司进行资产重组的批复》，决定将部分石化企业注入安达公司，拟同意工业区商贸实业公司下属燃化公司、外轮供应公司转让给安达公司。

1995年7月10日，招商局集团同意蛇口工业区启动属下经营性机构集合募股上市计划及资产评估立项。

1995 年 7 月 12 日，招商港务股份有限公司 B 股在新加坡证券交易所挂牌交易。

1995 年 8 月 16 日，中共深圳市委书记厉有为，深圳市市长李子彬、副市长李德成、郭荣俊带领市政府有关部门负责人前来蛇口工业区现场办公，要求进一步完善现代企业制度，完成工业区股份制改造，最终完成集合募股上市计划等。

1995 年 9 月 20 日，中国国际海运集装箱股份有限公司经国家工商总局批准为集团公司，公司更名为中国国际海运集装箱（集团）股份有限公司。公司拥有 11 家全资及控股公司，总资产为 15.73 亿元人民币，净资产 4.57 亿元人民币，已发展成为一业为主，多元经营的跨地区全国性集团公司。

1995 年 9 月 26 日，蛇口工业区投资开发公司收购申新时装公司港方股东所占 70% 的股权，申新时装公司成为投资开发公司的全资子公司。

1995 年 9 月 27 日，蛇口工业区增持"深安达"股份 214.67 万股，占股比例由 37.94% 上升至 40.5%。蛇口安达实业股份有限公司的附属公司安龙投资发展有限公司收购蛇口工业区有限公司所持有的蛇口招商石油化工实业有限公司的全部股份。安龙公司所拥有的蛇口招商石油化工实业有限公司股权由原有的 26.71% 提高到 63.03%，完成对该公司的控股计划。

1995 年 10 月，深圳亚洲自行车厂有限公司因严重亏损，资不抵债，实行股权重组。股权重组后，工业区投资开发公司持股 70%，香港达峰贸易公司持股 30%。

1995 年 12 月，深圳蛇口招商石油化工实业有限公司完成重组工作，完成收购华丝公司拥有招商石化公司 11.91% 的股权，并对招商石化公司进行增资扩股，同时将工业区所属燃化公司、外轮供应公司、华南液化气船务公司等 9 个石化项目的股权注入招商石化公司，以求资源在更为集中和专业化的层面进行管理与运作，提高规模效应。

1996 年 10 月 30 日，招商局决定将招商局中银漳州经济开发区转由蛇口工业区有限公司经营管理。集团将所持的开发区股权的一半，采用内部转让方式，转让给工业区，法律上不变更股东名称。同意工业区按原值购买上述股权，累计股值 8250 万元人民币，可作为工业区向集团借款，不计利息。交易完成后，招商蛇口将持有招商漳州 78% 的股权，为招商漳州控股股东。

1996 年 12 月 31 日，中国证监会下发《关于确定招商局蛇口工业区实业股份有限公司为境外上市预选企业的通知》，工业区计划重组房地产（物业租赁）、石油化工、港口储运和供水、供电等附属企业在海外上市，工业区拟定到香港上市的 H 股，发行数量为 3 亿股，筹资 12 亿港元用于完善港口设施建设和石油化工项目。

1997 年 8 月 8 日，根据招商局集团的决定，蛇口工业区从招商局置业有限公司承让招商局中银漳州经济开发区商务酒店项目 30% 的股权，使工业区对该项目的持股由 40% 增加到 70%。

1997 年 10 月，蛇口安达实业股份有限公司将旗下的蛇口船舶燃料运输供应有限公司的部分股权转让给深圳市源政投资发展有限公司。

1997 年，"蛇口工业区房地产公司"更名为"深圳招商房地产有限公司"。

1998 年 3 月 24 日，根据招商局集团的指示，蛇口工业区有限公司决定将所持有的深圳联通项目 30% 股权之 15% 转让给招商局集团，15% 转让给香港海通公司。

1999 年 1 月，蛇口工业区有限公司增持招商银行 2500 万股股份，工业区有限公司持股比例为 4.34%。

1999 年 2 月 19 日，蛇口工业区有限公司正式完成工商规范登记，登记后的名称为招商局蛇口工业区有限公司，注册资本由原先的 2 亿元变更为 3 亿元，股东单位变更为招商局集团有限公司（95%）和招商局轮船股份有限公司（5%）。

1999 年 3 月 2 日，招商局集团把明华国际会议中心划归蛇口工业区有限公司。

1999 年 6 月 7 日，招商港务股份有限公司以债权资产和投资资产置换招商地产、招商供电、招商供水 3 家公司各 40% 的股份，交易金额为 6.7 亿元人民币。至此，招商港务公司已分别持有上述 3 家公司的各 70% 股份，同时剔除公司逾 10 亿元人民币的不良资产和闲置资产，使资产内容变成以交通基建和城市基础设施经营为主业的综合性集团企业。①

1999 年 12 月，对蛇口招商港务股份有限公司进行大规模资产置换和业务重组，由单一的港口业务扩展为工业园区的综合开发经营，使工业区有限公司实现借壳上市。决定将"蛇口招商港务股份有限公司"更名为"招商局蛇口控股股份有限公司"（即"蛇口控股"），对工业区旗下的招商房地产公司、供电公司、供水公司持股额已达到 70%，公司增发的新股募集资金收购招商石化公司 50% 的股权，对招商石化公司的持股额达到 75%。工业区已将其除金融资产以外的大部分核心资产注入蛇口控股。同时决定设立港航公司，将招商港务公司原有港航及相关业务的资产、人员和管理机

① 招商房地产有限公司是蛇口工业区有限公司、蛇口大众投资有限公司和深招港共同投资成立的有限责任公司，注册资本为 1.06 亿元，为国家一级房地产综合开发公司，截至 1998 年底总资产为 7.98 亿元人民币，净资产为 2.55 亿元，1998 年税后利润 1.23 亿元。招商供水有限公司由蛇口工业区有限公司和深招港出资建立，主要供应蛇口工业区、深圳市南山区蛇口、赤湾地区共 16 平方公里区域的用水。注册资本 4300 万元人民币，1998 年末总资产为 1.57 亿元，净资产为 1.4 亿元，1998 年税后利润为 1056.84 万元。招商供电有限公司由蛇口工业区有限公司和深招港出资成立，注册资本 5700 万元人民币。截至 1998 年末总资产 2.43 亿元，净资产 1.79 亿元，1998 年税后净利润 7592.62 万元。目前，该公司年供电量 5 亿多千瓦时，供电可靠率达 99.99%。

构纳入港航公司。

2000 年 1 月 5 日，蛇口工业区召开"总部功能与社区功能专题会议"，决定将招商地产、招商石化、招商供水、招商供电的管理职能全部划归招商港务，并要求强化招商港务董事会的管理权限，以及董事会秘书处和投资委员会的职能。

2000 年 1 月 6 日，蛇口招商港务股份有限公司召开股东大会，通过关于将公司更名为"招商局蛇口控股股份有限公司"的决议，并选举周祺芳为董事长。7 月 21 日，经对外贸易部批准和工商行政管理部门核准登记，蛇口招商港务股份有限公司正式更名为招商局蛇口控股股份有限公司。7 月 28 日，招商局蛇口控股股份有限公司上市交易名称改为"招商局 A 和招商局 B"。2001 年，港口业务从上市公司中剥离。

2001 年初，招商局集团新管理层在福建漳州举行的一次会议上，统一对招商局进行重组的意见，之后就进行了大刀阔斧的改革。1997 年之前，招商局进行多元化的扩张，涉足的领域达 16 个之多，包括航运、交通运输、基础设施、金融服务、房地产、贸易、船舶修理、制造业、酒店和旅游等，但其中很少有业务真正创造价值并实现高于资本成本的价值回报，因此在 1997 年遇到亚洲金融风暴而受到重大打击。招商局集团明确自己的核心产业：以港口公路为主的交通基建业、以银行证券为主的金融服务业、以能源运输及第三方物流为主的物流业、以房地产开发和配套为主的房地产业等，并围绕这些核心产业，对集团范围内的相同业务进行归并整合，把核心产业做实、做强、做大。

2001 年 5 月 15 日，整合后的招商局科技集团有限公司开始运作。顾立基任科技集团董事长，洪小源任副董事长兼总经理。整合后的招商局科技集团有限公司为工业区有限公司下属一级公司，实行两块牌子、一套班子、两地注册（境内外），境外为在香港注册的招商局科技集团有限公司，境内为深圳市招商局科技投资有限公司，该公司是工业区有限公司从事科技产业的投资、经营、管理的一间专业公司。

2001 年 11 月 27 日，蛇口工业区酒店业管理系统整合工作会议召开，成立"招商局蛇口工业区美伦酒店管理有限公司"和"招商局国际酒店管理公司"。整合的酒店分别位于蛇口、广州、上海、杭州、香港等地，包括明华国际会议中心、太子宾馆、广州招商宾馆、上海招商宾馆、杭州招商宾馆等 17 家酒店，其中多数为工业区和招商局集团的全资酒店，也有部分是参资持股的。整合后的酒店建筑总面积达 13.1 万平方米，经营档次从四星级酒店到招待所均有。各酒店统一交由美伦酒店管理有限公司和招商局国际酒店管理公司管理，这两家酒店管理公司实行的是两块牌子，一套班子，实行董事会领导下的总经理负责制。陈毅力出任酒店管理公司董事长，张跃农出任酒店管理公司总经理。

2002 年 2 月 3 日，蛇口工业区有限公司召开年度工作会议，会议认为工业区先后完成科技、物流、地产、物业、酒店、港口 6 大业务整合，公司围绕物流、地产、科技 3 大核心产业积极拓展，成果明显。

2002 年 9 月 16 日，蛇口工业区有限公司决定，招商创业和招商局置业进行整合，两家公司合并。整合后以两块牌子、一套人马方式运作，管理总部设在深圳蛇口，总资产超过 50 亿元。

2004 年 6 月，"招商局蛇口控股股份有限公司"正式更名为"招商局地产控股股份有限公司"，原 A 股证券简称"招商局 A"更名为"招商地产"，进一步突出上市公司主营业务。

2004 年 12 月 17 日，招商局集团有限公司和深圳市投资控股有限公司签订《关于深圳市南油（集团）有限公司增资和重组协议》。招商局集团及其关联实体将以现金向南油集团注册资本增资的方式，承接南油集团本部的债务，取得该集团 76% 股权。招商局稳步推进深圳西部港区的港口与物流资源的整合、提升和发展。1983 年 12 月 7 日，中外合资的南海石油深圳开发服务总公司成立。1984 年 8 月 1 日，深圳经济特区发展公司、香港光大实业公司、中国南油联合服务总公司签订协议，联合组成南海石油深圳开发服务总公司，负责对深圳西部南头半岛东濒深圳湾、西临珠江口、占地 23 平方公里的土地进行开发建设，并代理政府对南油开发区内的土地规划、工程建设、项目引进、人才引进、教育医疗等行使管理职能，曾是深圳特区综合实力最强的企业集团。南油开发区也是当时深圳特区规模最大的综合园区。1989 年 1 月 14 日，深圳市政府将其在南海石油深圳开发服务总公司的股权划归深圳市投资管理公司持有，成为深圳市投资管理公司的相对控股企业。1994 年 5 月 23 日，南海石油深圳开发服务总公司正式更名为"深圳南油（集团）有限公司"。2000 年 7 月、2001 年 5 月，深圳市投资管理公司分别收购中国光大集团和中国南海石油联合服务总公司持有南油集团 32.5% 的股权，南油集团成为深圳市投资管理公司下属独资国有企业。至 2003 年，南油开发区已成为深圳市面积最大的经济开发区，注册资本 2.48 亿元，拥有土地 23.01 平方公里，已开发利用土地 6.3 平方公里，建成 4 个工业区、1 个港口仓储区，拥有妈湾港区等港口资源，形成以地产、港口、仓储为主导，以能源、旅游、商贸、纺织、印染、石油化工、电子电器为支撑的产业体系。南油片区尚有未开发土地 16.7 平方公里，其中可开发土地 9.7 平方公里，主要位于月亮湾片区和后海湾片区。南油开发区一度追求规模效益，摊子铺得过大，投资又主要集中在地产和贸易等领域，消耗大量存量资金，出现数十亿元的巨大债务负担。1998 年，南油将优良资产南油物业作价 2 亿元卖给光彩集团。接着又作价 2.9 亿元出售南油石化公司一个油码头和两个加油站。2001 年，南油制订《十年战略规划》，拟投资南油开发区西部前海地区 5 平方公里的住宅区和以妈湾港口为核心的西部物流区两个战略项目，总投资超过 100 亿元。但由于盲目投资、过度负债、管理不善等原因，南油集团债务危机严重，经营举步艰难，已濒临破产边缘。此时，深圳市正启动新一轮国有企业改革，改革的重心是用市场经济方法大力推进国有经济的战略性调整。2004 年 12 月 11 日，招商局集团与深圳市投资控股有限公司就南油重组改制事宜进行了长时间谈判和充分协商后，草签《关于深圳市南油（集团）有限公司增资和重组的协议》。12 月 17 日，招商局与深控股正式签署上述协议，招商局集团及其关联实体将通过注册资本增资的方式对南油集团进行全面重组，招商局集团宣布托管南油集团，委派孙承铭、郑宏杰、余利明、周亚力、杨天平五人担任深圳市南油（集团）有限公司董事会董事，孙承铭任董事长，郑宏杰任副董事长，杨天平任总经理。经招商局集团授权，蛇口工业区有限公司具体负责南油集团的增资重组工作。招商局集团向南油集团投入不少于 4 亿元的资本金，占股 76%，并负责对南油集团的债务进行重组，承担原南油集团员工的经济补偿和安置费用及离退休人员的经济补偿费用。深控股不再向南油集团提供任何资金或担保，占股 24%，即使南油集团在招商局集团增资重组前已经资不抵债，其股权比例也不变化。重组途径为：招商局先增资，解开南油集团的债务链，接着按顺序进行资产剥离改制、土地确权、员工补偿安置等后续工作。2005 年 3 月 24 日，深圳市政府与招商局集团召开全面合作协调委员会第一次会议，再次明确招商局集团增资入股南油集团的工作按如下顺序进行：第一，由深圳市国有资产监督管理委员会先对未含土地资产的评估报告出具证明，由招商局集团办理南油集团增资的工商变更登记；第二，由招商局集团注入增资资金，解决南油集团债务问题；第三，由深圳市国土、国资部门会同招商局集团等相关企业根据实际情况及有关政策法规，尽快研究制订南油历史用地的方案。2005年 1 月 2 日，《深圳特区报》刊发《对接未来桩桩件件话发展》一文，"招商局增资控股南油"被列深圳 2004 经济大事之一。2005 年 1 月 24 日，南油集团增资重组的主体——南油控股有限公司完成工商注册登记。2006 年 2 月 4 日，深圳南油控股公司正式成立，注册资本 1 亿元，其中蛇口工业区出资 9500 万元，占出资比例 95%，深圳招商电子工业开发有限公司出资 500 万元，占出资比例的 5%。蛇口工业区和电子开发公司按上述出资比例向南油控股投入合计 4 亿元的股东垫款。5 月上旬，招商局将 4 亿元资金注入与深投控的共管账户，其中 2 亿元以资本金形式向南油进行首期增资。5 月 11 日，南油集团增资扩股工商变更登记手续完成，增资和重组后的南油集团由国有独资公司变更为有限责任公司，招商局集团在南油的控股股东地位在法律上得到确认。由此南油集团由招商局集团和深圳市投资控股公司合资经营，成为招商局集团和深圳市政府全面合作的一个重要平台。招商局出资 7.95 亿元，通过一系列资本运作，取得对特大国有企业南油集团的控股权，意义重大。招商局通过增资重组南油集团，大幅度扩展了发展空间。现深圳市重点开发的前海合作区中，有 12 平方公里土地来自于原南油开发区。特别是蛇口、赤湾、妈湾三大港区从此连成一体，进一步提升西部港区的战略地位。蛇口、赤湾、南油三大片区连成一片，基本上实现当年李先念将整个南头半岛交给招商局开发的重托。通过这次增资控股，招商局集团获得了支持核心产业发展的战略性资源，同时通过发挥旗下蛇口工业区、西部港区与南油集团的协调效应，将产生巨大的经济与社会效益。南油重组后，招商局集团的核心产业——港口运输业、物流业、房地产业都获得快速健康发展。从 2008 年开始，南油集团利用重组后的资金优势和资源优势，全力打造物流和地产核心产业。

2018 年 2 月 12 日，深圳市新南山控股（集团）股份有限公司发行 A 股，其新增 830 252 240 股、吸收合并深圳赤湾石油基地股份有限公司的申请，得到中国证监会证监许可〔2018〕339 号批复的核准。

六、着力打造"四大核心产业"

在 20 世纪 90 年代，深圳经济特区的产业结构开始调整，把高新技术产业、金融业、物流业作为支柱产业来发展。随着外资企业制造业基地外迁，工业区面临产业空心化的威胁。蛇口工业区开始主动剥离低端加工制造业，加快产业转型升级，重点发展四大产业，即"房地产业""现代物流业""高新科技产业"和"园区服务业"。

1995 年 2 月，蛇口工业区启动二次招商计划，提出将蛇口工业区发展成为深圳西部的商务中心、物流中心、高尚住宅区、新型工业城的目标。重点引进临港型、储运及代理等中转型项目和包括境外商贸与金融业后援机构、石油公司与承包公司在内的后援基地项目，稳住现有骨干企业并欢迎收益或综合效益佳的工业项目进入。同时要加强环境软、硬件建设，充分挖掘无形资产，从多角度做好招商引资形象设计和宣传推介工作。

1997 年 4 月 11 日，蛇口工业区颁布《招商引资工作暂行管理规定》。工业区二次招商引资的项目有"六优先"：（一）区内三资企业结构调整和扩大生产规模；（二）国际跨国公司和知名财团新办高科技产业或成片开发综合性高尚物业；（三）国际银行和金融组织开设的分支机构或办事处；（四）商务中心、展示中心、培训中心、设计中心、电脑中心、休闲中心；（五）进出口物流及后勤保障中心；（六）石油开采后援供应基地。"六禁止"：（一）简单来料加工型企业；（二）投资少于 1000 万港元的工业项目；（三）投资不足 100 万港元的第三产业项目；（四）技术落后的淘汰型产业；（五）"三废"严重，污染处理不好的企业；（六）技术含量低的劳动密集型工业。规定中明确工业区经济发展办公室为工业区招商引资的常设管理机构；工业区规划室、企业室、房地产公司、物业管理公司、通讯公司、供水公司、供电公司等部门和单位在招商引资中均负有重要职责，规定还就如何高效、文明、优质服务提出具体要求。

1999 年 6 月 4 日，蛇口工业区有限公司总经理周祺芳主持召开第七次总经理办公会议，研究讨论工业区如何抓住机遇，启动发展高新技术产业相关的各项工作。会议认为，工业区内外部条件表明，实质性启动以信息业务为主的高新技术产业发展计划的时机已经成熟。工业区工作思路是：（一）以信息服务业为切入点，介入高新技术产业的目标为：中期目标是促进蛇口工业区的区域经济转型，提升已投入资源的收益；长期目标是培植工业区新的利润增长点。（二）以启动高新技术产业发展计划和利用"高交会"的机遇，在"造热蛇口"的基础上，突出"信息岛"和"高新技术产业后援基地"的特点，进一步营造气氛，宣传蛇口，招商引资，加大写字楼的出租力度。（三）尽快形成"信息岛"的功能，当前的主攻方向是构造环境，包括硬件建设、软件平台建设、寻求信息出口和提供综合信息服务。（四）实施信息服务业的发展计划，要坚持先构架后投资的原则，当前要集中力量构造硬件投资发展、服务投资发展、项目投资发展的框架。会议决定：成立工业区发展高新技术产业领导小组。周祺芳任组长，成员为熊栋梁、马纪凯、陈钢、陈毅力、林少斌，特邀成员顾立基。领导小组负责方针制定、资源配置和重大事项的决策；成立工业区发展高新技术产业工作小组。熊栋梁任组长，成员单位和个人为企业室、经发室、规划室、宣传部、通讯公司、房地产公司、有线电视台、陈钢、王克朴，特邀成员单位为招商局科技集团。工作小组负责具体策划、组织实施与协调等工作；成立工业区发展高新技术产业项目小组。总部层面上的策划与组织的日常工作主要集中于企业室，具体项目的实施由相关单位和人员组成的项目小组负责落实。

2001年3月5日至6日，蛇口工业区有限公司举行年度工作会议，提出调整工业区产业结构，将"房地产业""现代物流业""高新科技产业"和"园区服务业"确定为工业区的核心产业。

第一，发展高科技产业。蛇口工业区坚持"五不引进"和"六禁止"，项目引进起点就较高。先后有一批技术先进的企业落户蛇口，一批科技含量高的产品相继问世。1994年1月18日，深圳蛇口协通实业发展有限公司开业，由广东科达公司投资1500万元，挂靠蛇口工业区管理，主要经营石油制品、化工原料、机电设备等。1994年4月，深圳科健医电投资发展有限公司在蛇口成立，总投资额6000万元，主要从事医疗、电子设备等高科技产品的投资和电子信息产品开发、生产与销售业务。1994年5月17日，中国南玻集团股份有限公司跻身深圳50家综合实力强的企业集团行列。深圳南玻伟光镀膜玻璃有限公司位居100家经济效益最好的工业企业榜首。1995年4月，蛇口工业区出资1500万元通过天元生物技术有限公司收购东方药业保健品有限公司，并正式接手东方药业保健品有限公司的经营管理。东方药业保健品有限公司由工业区和安达实业股份有限公司分别持40%和60%的股份。1995年12月，招商局在蛇口成立深圳市中联通投资有限公司。2001年4月，中联通投资有限公司更名为深圳市招商局科技投资有限公司，注册资本1亿元。1996年6月13日，香港陆氏实业有限公司和惠州TCL王牌电子有限公司签约，在蛇口工业区成立深圳TCL王牌电子有限公司。截至1998年底，蛇口工业区经深圳市认定的高科技企业有16家：（1）1991年认定，深圳安科高技术有限公司，注册资本744万元；（2）1991年认定，中国科健股份有限公司，注册资本11 589万元；（3）1991年认定，深圳南方信息企业有限公司，注册资本3000万元；（4）1993年认定，深圳华达电源系统有限公司，注册资本2113万元；

（5）1995 年认定，深圳华达微电路有限公司，注册资本 960 万元；
（6）1996 年认定，深圳伟光镀膜玻璃有限公司，注册资本 2977 万元；
（7）1996 年认定，深圳迈瑞电子有限公司，注册资本 4500 万元；（8）1996
年认定，深圳中集天达空港设备有限公司，注册资本 1736 万元；（9）1996
年认定，深圳伟光导电膜有限公司，注册资本 2894 万元；（10）1996 年认
定，蛇口广华电子技术材料有限公司，注册资本 1000 万元；（11）1996 年
认定，深圳天玉高分子材料有限公司，注册资本 1000 万元；（12）1997 年
认定，深圳华德电子有限公司，注册资本 305 万元；（13）1997 年认定，
深圳市华达电子有限公司，注册资本 6480 万元；（14）1997 年认定，深圳
市金蝶软件科技有限公司，注册资本 28 000 万元；（15）1998 年认定，深
圳南虹电子陶瓷有限公司，注册资本 5000 万元；（16）1998 年认定，深圳
南玻结构陶瓷有限公司，注册资本 3000 万元。

　　1999 年 1 月 9 日，招商局科技集团有限公司在香港注册成立，代表招
商局集团负责在港高科技产业的管理和投资。1999 年 5 月 18 日，深圳华
为技术有限公司进驻蛇口新时代广场，华为技术有限公司共租用新时代广
场 19—26 层，计 16 000 平方米。1999 年 6 月 11 日，日本加贺电子有限公
司签订协议决定投资加贺微电子 SMT 高速生产线项目。首期投资 300 万
美元，租用工业区 3000 多平方米的办公、住宅楼和 400 多平方米的厂房，
并将公司的中国华南总部迁来蛇口。1999 年 9 月 21 日，与加拿大天宇网
络有限公司合作开发建设中国第一个全商业性的有线电视高速信息传输网
络"蛇口信息岛"项目。1999 年 10 月 5 日，蛇口工业区以投资商身份参
加深圳首届高新科技成果交易会，推出蛇口信息岛、蛇口专线游等项目，
展示蛇口作为深圳市高科技后援基地的优良环境。蛇口参展高新科技成果
交易会的还有 TCL、中国科健、宏达实业、三洋等企业。2000 年 1 月 21
日，蛇口工业区颁布《扶持高新技术产业发展的若干规定》，明确工业区出
资 1 亿元发起成立科技创业投资有限公司；设立工业区科技创业服务中心
（孵化器）；工业区每年出资 500 万元人民币作为出国留学人员创业资助资
金等一系列扶持政策。2002 年 6 月 18 日，蛇口科技大厦落成，由一栋厂
房和一栋辅助楼组成。菲利浦公司、IBM 公司、意大利萨巴夫有限公司、
DOVER 集团属下的环球仪器公司入住科技大厦。

　　在打造高科技创业基地，促进产业结构调整与升级方面，蛇口工业区
做了三件事：一是建蛇口火炬创业园、创业孵化基地和蛇口软件园，建设
科技大厦；二是搞风险投资；三是设立 5000 万元的招商局高科技产业发

展基金，支持高科技产业发展。2000 年 6 月 25
日，蛇口工业区有限公司与深港产学研基地签
订协议合作创建高科技孵化器基地——深圳市
北大港科招商创业有限公司，注册资本 2000 万
元，蛇口工业区占股 45%，深港产学研基地占
股 35%，另有 20% 为经营者持股。孵化器基地
启动面积为 13 000 平方米，逐步启用基因工程、
生物制药、电子信息、医疗诊断、新材料等高
科技企业专业孵化器，为入孵的中小企业或项
目提供优良的软、硬件环境。2000 年 9 月 2 日，
北科创业公司开业并高科技孵化基地在北科创
业大厦正式启用（图 5-5），首批入孵的有深港
产学研基地产业中心、香港科技大学深圳新技
术中心和固高科技（深圳）有限公司等 9 家企
业（或项目）。这是国内首家完全按照企业化机
制运作，主要针对电子通信、生物工程等领域

图 5-5　2000 年北科创业大厦正式启用

的高新技术项目（或企业）进行孵化、培育和扶持，并以孵化项目（或企
业）为投资对象，进行种子期创业投资的专业孵化器管理公司。到 2000 年
下半年，入孵北科创业大厦企业达 40 多家。一些著名高科技企业，如北
大招商、TCL 信息集团研发中心、华为公司研发中心等先后在蛇口设立研
发机构或办事处。2001 年 10 月，高新科技成果交易会期间，招商局蛇口
工业区与科学技术部、深圳市政府签署合作协议，充分利用蛇口的社区配
套功能，开始建设区域性的大孵化器——蛇口火炬创业园。2001 年 10 月
12 日，蛇口火炬创业园揭牌成立，是由政府支持、企业承办的区域性孵化
器，重点扶持中小科技企业、海外留学人员回国创业项目，并对获得国家
科技型中小企业创新基金的孵化企业，提供配套创业基金和服务，以及项
目进行投融资等。① 2002 年，蛇口火炬创业园北科创业大厦、碧涛中心投
入运作，形成近 27 000 平方米的高新技术孵化基地，初步形成研发、孵
化、中试、产业化及创业基金支持的发展体系。2003 年 10 月 13 日，由招
商局科技集团主办，北科创业承办的"2002 年中国科技企业孵化器论坛"
在蛇口举行。招商地产和科技集团表示，将联合从物业租赁、管理到住宅
安置、子女入学，从配套服务到创投，为入驻企业提供一站式、全程化服
务。2003 年 4 月 24 日，深圳市政府将"深圳市留学人员（火炬）创业园"

① 蛇口火炬创业园已建
起北科创业大厦、碧
涛中心、科技大厦三
个孵化基地，面积
近 3 万平方米，受理
企业孵化申请 300 余
家，接纳 100 多家企
业入孵，已有雷杜电
子、科皓信息、世纪
经纬等十几家入孵企
业"毕业"。

牌匾授予蛇口火炬创业园，纳入深圳市留学生创业园体系。2003 年 9 月 3 日，深圳市科技企业孵化器评审小组评定"深圳市北大港科招商创业有限公司（北科创业）"为"深圳市科技企业孵化器"。2003 年 10 月 16 日，深圳软件园蛇口分园（包括北科创业大厦、碧涛中心及蛇口科技大厦）揭牌成立，入驻蛇口软件园的软件企业将在房租补贴、税收等多个方面享受政府的优惠政策。蛇口火炬创业园除北科创业大厦和碧涛中心两个孵化基地外，位于蛇口的振兴大厦、科技大厦、联合大厦、南山大厦已成为蛇口火炬创业园框架下的高新建设中试基地、产业化基地和数据中心，形成研发、孵化、中试、产业化一条龙的发展体系。2004 年 9 月，蛇口火炬创业大厦建成投入运营，位于蛇口沿山路，规划中的蛇口高新技术园区中心，建筑面积 10 000 平方米。2005 年，深圳市首家专业化数字文化创业基地深圳创意产业园在蛇口火炬创业大厦成立，主要吸纳动漫游戏、创意设计企业入住。到 2005 年 11 月底，有丛林互动、光宇天成、英特天盟、建陶创意、嘉扬科技、喜诺德创意设计、意炬科技、世纪经纬等企业入住。2005 年 11 月 10 日，深圳创意产业园获首批"深圳市文化产业示范基地"称号，是首批文化产业示范基地中唯一一家"创意产业孵化基地"。2006 年 5 月 18 日至 21 日，由招商科技集团与招商地产共同打造的创意产业基地——南海意库（原三洋厂房），首次亮相第二届中国（深圳）文化产业博览会。实际上，整个蛇口地区以其良好的人居和创业环境成为名副其实的"大社区孵化器"。

2001 年 5 月，招商局集团将两年前成立的科技集团的科技资产进行全面整合，招商局科技集团有限公司从香港迁至蛇口，注册地仍在香港。深圳市招商局科技投资有限公司从深圳迁至蛇口。两家公司由蛇口工业区直接管理，实行两块牌子一套人马的合署办公管理方式，主营业务为风险投资、高科技资产管理及高科技产业基地建设，资产规模 6.32 亿港元，经营管理各类高科技企业 15 家（蛇口通讯公司、中国联通、北科创业、北大招商、招商天宇网络、蛇口电视台等），业务涉及通信、高科技风险基金、孵化器等。旗下的蛇口软件园总建筑面积 61 000 平方米，全部基地为智能化、数字化大厦，入住企业 60 家。2001 年 12 月，蛇口软件园被授予国家级深圳软件创业园蛇口园区，享有国家及深圳市有关科技资金及发展政策的支持。截至 2005 年底，招商局科技集团累计投资约 8 亿元，投资企业超过 50 家，涉及资讯、通信、软件、半导体、生物制药、新材料、新能源、自动化等高科技领域。2005 年 4 月 8 日，招商局科技集团有限公司在"2005

中国风险投资论坛"上，荣获国家最佳投资与融资机构奖。2006 年 4 月 7日，在第八届中国风险投资论坛上，招商局科技集团有限公司荣获"最佳风险投资机构奖"。

2002 年 7 月 5 日，蛇口信息岛网络有限公司开业，为由中国电信集团广东电信公司和招商局蛇口工业区有限公司合资经营的高科技企业。该公司整合蛇口区域内已有的信息化资源，为区内提供更优质的信息服务。蛇口信息岛网络有限公司力争在较短的时间内，把蛇口建设成为 21 世纪国内三网融合的示范智能社区。

中国科健股份有限公司成功研制中国第一部国产品牌数字移动电话和第一部国产品牌中文双频手机，开发出中国第一个"康发"系列计算机（CAE）辅助工程工作站，成功研制中国第一台高斯超导磁体系统。安科高技术股份有限公司生产的磁共振成像仪，被列为 1989 年中国十大科技成果之一。安科研制的超导型共振成像系统、高档次 B 超及彩色维纳斯 ASU-3000Plus 在国内都属于高新技术产品。开发科技（蛇口）公司成功研制出中国第一部计算机硬盘磁头。1997 年 5 月，深圳市金蝶软件科技有限公司获得中国软件行业协会公布的"中国优秀产品"称号。金蝶软件科技有限公司生产的管理软件居 2001 年全国金融行业管理软件第一位。1998 年 1 月，蛇口工业区社会保险公司将持有的深圳金蝶软件科技有限公司 40% 的最大股份全部转让给其他股东，退出深圳金蝶软件科技有限公司。蛇口工业区被深圳市认定的高新技术企业已有 30 多家，而且大多分布在蛇口工业大道沿线，如中国科健、奥尊电脑、安科高技术等。2004 年，工业大道改名为南海大道。2005 年 10 月 12 日，招商局科技集团及相关的投资项目大族激光、海云天、安凯科技参展第七届中国国际高新技术成果交易会。

2003 年 12 月 30 日，招商地产联手华侨城地产以人民币 5.8 亿元夺得宝安尖岗山地块，土地用途为居住用地，土地使用年期为 70 年。2003 年获深圳市政府批准的宝安光明南 2 平方公里高科技工业用地。工业区决定，将利用该用地建设光明科技园项目，并将部分蛇口工业区内企业搬迁到光明科技园，为工业区产业升级改造腾出空间。2004 年 9 月 28 日，招商局光明科技园有限公司正式成立，由招商局蛇口工业区有限公司和招商局地产控股有限公司投资组建，注册资本 2 亿元，主要负责光明科技园 2平方公里地块的基础设施建设与经营，园区配套服务设施建设及高新技术与先进制造业项目的引进、投资与经营服务。2004 年 10 月 18 日，深圳市政府与招商局集团签署全面合作协议，将招商局光明科技园列为重点合作项目并给予大力支持与推进。公司计划投资 20 亿元，分期完成园区内基础设施建设，同时建设以高成长科技中小企业为主要服务对象，充分满足高成长企业对于空间、管理、服务、合作等方面个性化需求的新型空间载体和服务网络，着力打造以高新技术产业为支柱，体现 21 世纪"生态、共享、可持续"的发展理念。2006 年，获得园区首期 1.4 平方公里的用地蓝线，"科技企业加速器"项目成功列入科学技术部火炬中心全国首家加速器建设试点。

第二，发展现代物流业。根据《深圳市城市总体规划（1996—2010）》，蛇口工业区属深圳市九大功能组团中的南山组团，该区的功能定位为"港口、工业、城市次中心和滨海生活配套区"。招商局独资开发的蛇口港区和合资开发的赤湾港区为招商局物流核心产业提供基础条件。蛇口工业区历来把港口建设视为"生命线"。蛇口港是华南地区集装箱运输、石油和液化气运输、散杂货运输、旅客运输、货物中转、石油后勤保障、保税仓储等于一身的多功能港口，拥有港区面积 130 多万平方米，码头岸线 6 公里，各种吨级码头 42 个，是深圳市当时最大的货运港口，也是深圳市最大的客运港。货物吞吐量和集装箱运输量均占深圳港的 1/3 左右，可与赤湾港联合发展。与之相配套的引航、理货、外代等港航机构和海关、商检等口岸机构齐全。招商局直属或控股的安达、平南铁路、招商石化等众多企业，长期分别从事公路运输、铁路运输和液化气分销，形成广泛的公路、铁路运输和液化气分销网络。招商局形成以港口物流为主体，包括铁路、公路、液化气分销及船代、货代、理货、外轮代理、外轮供应在内的物流体系，并为招商局物流业发展提供软硬件支持。

1995 年 10 月 19 日，美国克罗公司正式与蛇口工业区房地产公司、招商港务公司签约，三方共同投资 1000 多万美元，在蛇口松湖公园共同开发仓储项目。1996 年 1 月，深圳新科安达后勤保障有限公司成立，成为蛇口诞生的首家中外合资的现代物流业公司，由安达实业股份有限公司与新加坡后勤保障私人有限公司合资组成，注册资本 1000 万美元，中方持股 49%，新方持股 51%。到 2000 年已在国内 16 个地区建立配送网，分发网络覆盖全国 270 个城市。新科安达作为国内后勤保障领域的排头兵，其综合实力进入国内同行第三名，一度被称为"中国物流行业第一梯队的种子选手"。1996 年 5 月 9 日，蛇口工业区二次招商迎来基新仓储有限公司，其位于蛇口工业区三突堤，由香港新兴鸿基货仓（荃湾）有限公司、香港中银集团、中远欧洲公司、蛇口工业区有限公司合资组成，总投资 1600 万港元。公司专门从事收集珠江三角洲各生产厂家和进口集装箱散货和集装箱运输业务。1997 年 10 月，深圳海上豪华游艇有限公司注册成立，并在蛇口开展业务。1998 年 4 月，深圳天白安达物流有限公司在蛇口成立，注册资本 25 万美元，由安达实业公司和英国天白集团及香港和记黄埔合资组建，主要管理百佳超市在深圳石岩的零售配送中心。1998 年 4 月 22 日，深圳海上豪华游艇会有限公司和蛇口工业区有限公司签订入区总协议，游艇会将陆续把游艇开进蛇口。蛇口将建成东南亚最大的游艇维修中心。深圳海上豪华游艇会已被国际游艇协会吸收为首家中国大陆会员，并与美国 40 多家游艇俱乐部联网。1999 年，招商局蛇口工业区委托深圳市城市规划设计院编制的《招商局蛇口片区规划调整方案》，将蛇口工业区功能定位为"以大型集疏运港口为依托的国际物流中心"。此外，安达下属的安达国际储运公司、招商港务公司下属的万通货运代理公司和国际货运公司等都是多年经营物流业的专业公司。

2000 年 7 月 12 日，深圳市西部港航开发有限公司注册成立，注册资本 3.066 亿元人民币，招商局蛇口工业区有限公司占股 37%。2000 年，深圳安达国际储运公司正式变更为招商物流公司，成为国内第一家具有一级货运代理资格的物流企业。2001 年 3 月，由招商迪辰系统有限公司开发研制的物流与企业供应链管理综合服务系统在蛇口开通运营。2001 年 5 月 23 日，经深圳市工商局批准，安达实业有限公司正式更名为"招商局物流集团有限公司"（简称"招商物流"）。招商物流旗下有 20 多家港航、物流企业，其中包括新科安达、外轮代理、外轮理货、迅隆船务、招商安达、克罗仓储、招商船企等；业务范围以第三方物流为主，包括特种物品的物流、进出口物流、供应链的管理等。2001 年 6 月 4 日，迅隆公司和理货公司划归招商物流管理。2001 年 9 月 21 日起，招商物流对深圳迅隆船务运输公司、中国外轮理货总公司蛇口分公司、招商燃气投资公司、深圳外轮代理公司、深圳新科安达后勤保障公司、深圳基新仓储公司、招商石化公司 7 家公司按持股比例（20% 至 100%）行使股东权利。同时，招商物流对达峰公司投资的安达集装箱运输有限公司、安达货运公司、安达客运有限公司、迅隆船务有限公司 4 家企业按达峰的持股比例（25%）行使股东权利。2001 年 9 月，改建扩建招商物流下属的蛇口一湾分发中心，堆存量达 1.5 万立方米，堆存能力提高 50%，主要储品为饼干、食用油、电子彩管等。2001 年 8 月，招商物流开工建设蛇口松湖分发中心，货物堆存量近 3 万立方米，为该公司建立的第一个数码仓库。2001 年 10 月，深圳克罗仓储实业有限公司和深圳基新仓储有限公司的股权划归招商物流管理。2003 年 9 月 12 日，深圳市政府原则同意将前海湾约 3.5 平方公里的用地划给招商局作为"港区联动物流园区"的用地。2003 年 12 月 23 日，中国南山开发（集团）股份有限公司与深圳市政府签署《关于处理赤湾港用地有关问题的协议》，赤湾港区 2.2 平方公里土地使用权问题获得解决。2003 年，招商局集团将深圳前海湾港区联动物流园区的建设交由蛇口工业区有限公司负责。招商局集团深圳前海湾港区联动物流园区，位于深圳市目前重点发展的前海物流片区内，占地面积 3.5 平方公里。功能规划为：仓储配送、港口补足、物流加工、国际物流配送及汽车交易市场等。截至 2005 年 11 月，前海湾物流园区填海造地 165 万平方米，完成临海大道东段、兴海路、妈湾大道等部分路段的施工或综合整治工程。2004 年 4 月，作为前海湾港区联动物流园区重要组成部分的深圳市平方汽车园区有限公司（深圳汽车城）动工兴建，总投资 18 亿元，蛇口工业区有限公司占股 65%。2004 年 10 月，深圳市政府与招商局签署《全面合作备忘录》，双方决定在联合物流、物流新技术的应用和管理、物流培训和咨询服务、物流技术转让和设备供应等方面进行广泛合作。招商局集团计划在 5 年内在深圳再投资 100 亿港元发展物流业，包括兴建前海湾 3.5 平方公里的港区联动物流园区等，并愿意为深港两地政府和两地物流市场的交流和发展提供服务。2005 年 1 月 21 日，由招商局蛇口工业区有限公司与深圳西部物流有限公司合资组建的深圳市平方汽车园区有限公司建立的"深圳汽车城"招商启动。截至 2006 年 1 月，前海湾物流园区填海 1.3 平方公里并形成陆域，第一期保税仓库投入使用。经深圳市政府批准，占地 3.5 平方公里的招商局前海湾港区联动物流园区、占地 0.6 平方公里的西部物流第三方物流服务基地、占地 0.55 平方公里的南方中集西部物流基地已入住前海湾物流园区。

2004 年 11 月 17 日，招商物流被深圳市现代物流业发展工作领导小组认定为深圳市首批综合型重点物流企业。截至 2005 年，招商物流在北京、上海、广州、深圳等全国 21 个城市设有 30 多家子公司和分支机构，初步建立覆盖中国华南、华北、华东、华中、东北、西南等地区的配送网络，总资产 26.67 亿元，品牌价值 47 亿元，物流配送可及时抵达全国 725 个城市，在全国拥有各类运输车辆 1200 余辆，内地香港过境车牌照 80 多块；可支配仓库超过 40 万平方米，在沿海和长江流域拥有油气库 8 座，油气专用码头 7 个，近海和内河运输船舶 15 艘，宝洁、可口可乐、BP 石油、青岛啤酒等原有客户市场份额扩大，新增埃克森、美孚、中海、壳牌、沃尔玛等大客户。招商物流总部设在深圳，并在南山区建有超过 3.5 万平方米的现代化分发中心，为南海油脂以及三星、TCL 等企业提供物流服务。

2003 年，招商物流被中国物流与采购联合会评为唯一一家"中国物流"示范基地。2005 年，招商物流在"中国物流百强"中名列第 4 名。2005 年 12 月 23 日，招商物流荣获"最能代表 25 年深圳形象的深圳名片"称号。2005 年，招商局集团增资控股南油集团，为物流业进一步发展提供巨大机会和发展空间。

招商局蛇口工业区有限公司主要经营交通运输、工业制造、金融保险、对外贸易、房地产、邮电通信、旅游、酒店和其他各类业务，曾连续 10 年获得 AAA 级资信等级。截至 2008 年 12 月 31 日，招商局蛇口工业区有限公司总资产为 471.92 亿元，净资产为 173.35 亿元。2008 年实现营业收入 78.15 亿元，净利润为 20.03 亿元。详见表 5-1。

表 5-1　招商局蛇口工业区有限公司（蛇口工业区）发展情况

年份	总资产（亿元）	净资产（亿元）	营业收入（亿元）	净利润（亿元）
1994	48.71	19.38	13.66	2.88
1995	54.05	24.10	14.78	3.60
1996	59.52	27.99	—	3.57
1997	62.74	31.12	—	3.76
1998	66.47	35.58	15.77	4.10
1999	99.62	36.48	15.21	2.22
2000	106.95	40.38	46.62	2.14
2001	114.76	45.89	45.89	3.42
2002	120.52	44.17	51.71	2.79
2003	138.44	50.19	66.68	3.76
2004	172.39	57.71	80.68	5.03
2005	215.84	64.95	84.45	5.41
2006	268.77	74.08	70.76	10.05
2007	445.15	145.59	85.96	20.76
2008	471.92	173.35	78.15	20.03

资料来源：招商局蛇口工业区有限公司年度工作报告和上市公司年度报表（历年）

七、招商地产从蛇口走向全国

招商地产，是伴随着蛇口工业区的不断崛起而逐步发展起来的。

1979 年 7 月 20 日，蛇口工业区建设指挥部正式成立，下设办公室、工程、人事、财务、物资、总务 6 个科室，其主要职能是组织和管理工业区基础工程建设。

1979 年 10 月 30 日，蛇口工业区成立地产管理处（对外称地产管理公司）和人事管理处（对外称劳动服务公司）。地产管理处，主要负责工业区辖区内土地的征用、规划、建设、经营和管理。

1981 年 9 月，蛇口工业区建设指挥部再次调整管理机构设置，指挥部下设 3 室和 13 个专业公司。3 室即办公室（包括临时党委办公室）、总会计师室、总工程师室。工业区内组建 13 个专业公司，房地产公司为 13 个专业公司之一，这便是招商地产的前身。房地产公司负责辖区内土地征用、规划及房子的建设、经营和管理。

1982 年，蛇口工业区房地产公司下设规划科、房地产管理科、工程科三个机构。

1984 年 4 月，蛇口工业区房地产公司（简称"蛇口房地产公司"）正式注册成立，注册资金 200 万元，职工 162 人，主要负责工业区内土地的征用、经营管理，同时承担区内所有物业（包括福利房、商品房、公寓、别墅、写字楼、工业区厂房、商铺）的开发建设和经营管理。这是新中国成立最早的经营房地产的公司。1984 年底，蛇口房地产公司建成中国第一批"准成本房"——水湾 B 区。同时实施《蛇口工业区职工住房经营管理暂行规定》，在全国率先开展住房制度改革。房改的成功和水湾 B 区的建成为蛇口工业区房地产公司发展奠定基础。蛇口房地产公司开发的碧涛苑成为深圳第一个引入国外建筑事务所参与设计的小区，原汁原味地引入澳大利亚的建筑风格，至今仍不落伍。此外，它在深圳地产界的创新还有：第一个带电梯的小高层住宅；第一个设置高级业主会所的物业。

1985 年，蛇口工业区在深圳乃至全国率先进行职工住房商品化改革，分阶段逐步实现"居者有其屋"的社会理想，蛇口房地产公司是职工住宅商品化实施的具体承担者。蛇口房地产公司开发了海滨花园小区，在其南海小筑身上具有直到今天仍受市场追捧的诸多设计理念——大户型、大客厅、复式、开放式厨房、旋转楼梯、独立门厅等。同时，蛇口房地产公司以土地、资金入股等参资的方式进行投资，实行规范化管理，共计 19 家参资企业。参资合资带来庞大的资金，这为蛇口房地产公司的发展奠定强大的基金积累。1982 年至 1985 年，蛇口房地产公司完成五湾、六湾的挖山填海工程，铺设道路管线 2000 多米，修建配电站 1 座，移走 50 多米高的山丘 1 座，提供工业区用地 30 万平方米。

1987 年，经深圳市人民政府批准，蛇口工业区房地产公司成为具有国家一级房地产综合开发资质的房地产公司。

1989 年，蛇口工业区房地产公司走出深圳，成功兴建位于广州市流花路的招商宾馆。

1990 年，蛇口工业区房地产公司确立"立足蛇口，依托内地，面向海外"的发展方针，且荣获深圳市"重合同守信用企业""广东省一级综合开发公司""深圳市建行信用一级开发公司"等殊荣，为公司进军蛇口以外和深圳以外市场奠定良好信誉基础。当年，在深圳市福田区成功地开发福星花园。

1991 年，蛇口工业区房地产公司与惠阳方合作，分期投资开发惠阳淡水招商花园并成功销售。

1992 年，蛇口工业区房地产公司开发建设广州文德、中山金斗山庄、淡水招商花园 2 期、上海永生、天津海运国际大厦共五个项目，成为历史上合作开发区外项目最多的阶段。随着公司进一步发展，公司注册资本增加到 1 亿元。公司试建一种方便改造的"可变式住宅"——翠薇园，每户内部空间由住户自行分隔，给住户提供一个弹性的生活空间。公司撤销职工住宅部，成立职工住宅公司，专责蛇口工业区内的住房制度改革和职工住宅的经营管理事务。10 月，蛇口工业区决定从蛇口工业区房地产公司内分拆成立蛇口工业区物业管理公司，专责工业区物业管理事务。

1996 年，随着蛇口房地产公司商品房开发销售力度加大，公司增设销售部。

1996 年，蛇口工业区房地产公司在后海片区填海造地，为后来深港西部通道提供大量可用土地。同年对海上世界广场填海开发，为工业区提供土地储备。

1997 年，蛇口工业区房地产公司更名为深圳招商房地产有限公司（简称"招商地产"），注册资本增加至 10 600 万元，成为招商局蛇口工业区有限公司直属一级全资企业。招商地产开发的新时代广场以 188.8 米的高度占据蛇口乃至整个深圳西部的建筑制高点。

1998 年，深圳招商房地产有限公司分立为深圳招商房地产有限公司和深圳市招商创业有限公司，均为具有独立法人地位的经济实体，注册资本分别为 10 600 万元和 5000 万元。深圳招商房地产有限公司的股东单位有招商局蛇口工业区有限公司、蛇口大众投资有限公司和招商港务股份有限公司，主要从事商品房的开发经营业务。深圳市招商创业有限公司股东由招商局蛇口工业区有限公司、蛇口大众投资有限公司构成，主要负责职工住宅的开发和经营，蛇口工业区土地开发、经营与管理及区外项目的管理。从 1981 年蛇口工业区在全国率先推出初步实现商品化的住宅小区——水湾小区，到 1992 年蛇口工业区职工住宅公司成立，蛇口房地产公司一直承担工业区住房改革和住宅开发任务。住宅公司成立后，招商地产继续承担职工住宅的开发任务，至 20 世纪初，共建成职工住宅小区 19 个，总建筑面积 89.85 万平方米，其中出售房屋 61.81 万平方米，租赁房屋 28.04 万平方米。在蛇口片区推出招东小区、花果山大厦、海琴花园、海月花园、花园城、雍华府、半山海景别墅、金竹园、半山兰溪谷、泰格公寓、鲸山别墅区（别墅 188 栋、公寓 5 栋、文化设施 3 栋和配套的国际学校、俱乐部、卫星电视接收站等设施，总建筑面积 6 万平方米）等一批真正的商品房。此外，还开发建设新时代广场、沃尔玛超大购物广场、大型购物中心花园城、海上世界综合体等大型综合性商业设施。

1999 年，深圳招商房地产有限公司、深圳招商供电有限公司和深圳招商水务有限公司三家企业的股权被注入上市公司——蛇口招商港务股份有限公司。

2000 年，"蛇口招商港务股份有限公司"又更名为"招商局蛇口控股股份有限公司"，上市交易名称"招商局 A"。当年招商花园城一期热销，成为闻名业界的小户型项目，同时将"家在蛇口"的概念传播到香港。5 月，招商地产成立"招商地产会员俱乐部"（简称"招商会"），招商会为客户提供组织社区活动、引进联盟商家、解决子女入学、开通业主专车等生活服务。12 月，招商地产通过政府土地拍卖获得深圳湾填海区两块土地，大规模商品房开发开始走出蛇口区。

2001 年 1 月，港口业务从上市公司中剥离。招商局集团将旗下的地产企业及蛇口工业区有限公司分布在全国的地产业务，全部统归到"招商蛇口控股"。"招商蛇口控股"也因此转变成以地产业务为主的大型上市公司，总资产高达 97.4 亿元。整合后的"蛇口控股"一举跻身深圳地产公司三甲。

3 月，招商地产成立租售代理部，介入房地产三级市场。4 月，招商地产成立客户服务中心，全面推广"全程服务体系"，为业界瞩目。8 月，以"纯正蛇口生活"为号召的雍华府推向市场，深受客户喜爱。

2004 年 4 月，"招商局蛇口控股股份有限公司"正式更名为"招商局地产控股股份有限公司"，原 A 股证券简称"招商局 A"更名为"招商地产"，进一步突出上市公司的主营业务。招商地产成为招商局集团房地产业务的统一管理平台，并成为国务院国资委房地产资产重组重点支持的五家央企之一。当年，提出"绿色地产"发展战略。

2005 年 12 月，经过中国证监会审核，招商局地产控股股份有限公司股改程序正式启动，将招商局物业管理有限公司和南京招商局国际金融中心项目两大优质资产注入上市公司。

2006 年 5 月 27 日，招商地产荣膺 2006 年中国房地产上市公司综合实力 10 强第二名，并荣获上市公司财富创造能力、上市公司地产绩优股 10 强第三名的称号。

2008 年，招商局地产控股股份有限公司及深圳招商房地产有限公司迁址深圳蛇口南海意库 3 号楼。

2009 年，由联合国人居署主办的联合国 HBA "人居最佳范例奖"在印度新德里隆重颁奖，全球仅有 5 个项目获此殊荣。招商地产及其招商金山谷项目获中国唯一"联合国人居最佳范例奖"。

2009 年 11 月 30 日，招商地产收购惠州市泰通置业投资有限公司 50% 的股权。

2010 年，深圳经济特区五个领域六十大项目暨海上世界城市综合体等三大项目联合开工仪式在蛇口海上世界举行，标志着招商局与深圳市全新战略合作的开始，海上世界城市综合体等标志项目正式开工建设。

2011 年，深圳招商商置投资有限公司在深圳蛇口南海意库 3 号楼正式成立。

2013 年 4 月，招商地产控股子公司东力实业控股有限公司召开特别股东大会，瑞嘉投资和东力实业的资产重组交易顺利完成，完成反向收购，东力实业实现新上市。6 月，完成收购注资之后，"东力实业控股有限公司"更名为"招商局置地有限公司"。

截至 2014 年底，招商地产的业务范围已涵盖商品房开发、物业租赁、物业管理和园区供水、供电服务、酒店管理、房地产中介等业务，在华中、华北、华南和华东四大区域成功布局，已进入深圳、北京、上海、广州、天津、苏州、南京、佛山、珠海、重庆、厦门、青岛、镇江、哈尔滨等 30 个城市，形成以深圳为核心，以珠三角、长三角和环渤海经济带为重点经营区域的市场格局，成为一家集房地产开发、物业管理有机配合、物业品种齐全的房地产集团，完成由一个区域性企业向全国性房地产综合开发商的角色转变。

截至 2014 年 12 月，招商地产拥有独资、合资、合作企业 20 余家，分别从事房地产开发、区内水电配套、工程监理、建筑设计、建筑装修、物业管理、商业贸易、酒店业务咨询、宾馆和酒家等业务。招商地产一直坚持走绿色地产之路、改革创新之路。截至 2014 年底，总资产 1516.92 亿元，归属于上市公司股东的净资产 310.94 亿元。2014 年，实现营业收入总额 433.85 亿元，归属于上市公司股东的净利润 42.64 亿元。截至 2015 年上半年，招商地产土地储备 1500 万平方米。

第六章

又立潮头 百年招商再造新蛇口
（2009—2018）

2008 年受全球金融危机和工业区内外环境变化的影响，招商局蛇口工业区面临新的巨大挑战。特别是随着中国特色社会主义进入新时代，中共中央总书记习近平要求深圳经济特区在"四个全面"中创造新业绩，努力做到"四个走在全国最前列"。招商局蛇口工业区也再次站在中国改革开放的最前沿，面临新的发展机遇，肩负新的历史使命。

一、加快城市更新，再造新蛇口

历史进入 2009 年，蛇口工业区站在一个新的转折点上（图 6-1）。

第一，2008 年金融危机席卷全球，实体经济急转直下。受 2008 年全球金融危机的剧烈影响，蛇口工业区区域内部分企业减产甚至倒闭，房地产市场持续低迷，量价齐跌。2008 年，蛇口工业区有限公司的营业收入增长同比下降 9.08%。同时，受宏观经济和蛇口产业结构调整等因素影响，蛇口工业区制造类企业陆续外迁或压缩生产规模，给公司土地及物业租售、公共设施及园区配套等业务带来了较大冲击，导致土地和物业退租现象增多，空置规模上

图 6-1 你好！招商蛇口

升，租金下调压力加大，水电业务量下降。同时，由于到期用地和厂房被陆续回收，蛇口工业区土地和厂房的闲置问题加剧。由于历史原因，部分土地和物业确权难度增大，成本上升。2008 年的工业用水量和工业售电量分别比 2005 年下降 43% 和 35%。2008 年是 21 世纪以来蛇口工业区发展最为困难的一年。蛇口工业区迫切需要解决主营业务的持续经营和发展壮大问题。

第二，旧的产业优势逐渐式微，新的产业优势尚未确立。2009 年是蛇口工业区建区 30 周年。历经 30 年快速发展的工业化和城市化进程，蛇口工业区正由当初的工业制造基地向高新技术、金融服务、港口物流、高尚住宅等产业并存的滨海新城转变，原有的工业制造业正在萎缩，部分建设陈旧、设施老化，空间品质有待提升。因社会职能移交，区域内政府投入不足，影响了道路交通、硬件设施、环境形象等，特别是区域连接外部交通拥堵。而进入后工业时代的新的产业格局才刚刚新生，尚未定型。如果不加快城市更新和产业升级，加速发展高新技术产业和现代服务业等后工业时代的新产业，蛇口工业区发展就有失速的可能。同时传统产业给蛇口工业区带来的附加值越来越低，而各方面的成本却越来越高，蛇口工业区面临的压力很大。转型升级，为工业区注入新的动力，成为必然选择。

第三，作为经济特区的政策优势和先发优势逐渐丧失。蛇口工业区曾经是特区中的"特区"，在深圳经济特区中有着举足轻重的地位。作为改革开放的先行者，深圳经济特区正加快产业转移、调整、升级步伐，以求在更高层次获得新的发展。而今天的蛇口，在与深圳经济特区和其他一些城区的比较中已经没有优势。如果采取无为而治、放任自流的态度，任由产业的自然生长，蛇口工业区将很有可能出现产业空心化和"边缘化"，发展后劲将会丧失殆尽。同时，蛇口作为招商局集团立足深圳的"大本营"，蛇口的发展和未来也直接关系到集团的根本利益和长远利益。因此，如何在竞争中打造蛇口的新特色、赢得竞争的主动权，拓展发展的新空间，是一个现实而且迫切需要解决的问题。

因此，面对外部形势的挑战，基于蛇口发展的需要，蛇口工业区郑重提出，以产业升级转型为核心，以全面改善、提升、深化软硬件环境、服务和设施为主要措施，充分利用深港各种有利条件，创新发展理念和工作思路，掀起新一轮的招商热潮，吸引全球资本和知识阶层，努力开创蛇口在后工业时代继续创新发展的新局面。

2009 年，蛇口规划和建设的主要担纲者招商局及其蛇口工业区有限公司，以"新蛇口、新梦想、新生活"为指导思想，宣布投入 600 亿元巨资，全力推进园区产业转型和软硬件升级，正式启动"再造新蛇口"工程。[①]

（一）发展定位：确立"两区两基地"，即粤港澳创新合作先行区重要组成部分，低碳社区和深港优质生活圈重要组成部分，高端服务业基地，科技、文化产业基地。建设一个生产、生态、生活三生和谐的现代化城区，即一个美好文明的家园；一个绿色舒适的环境；一个产业和服务业的高地，一个充满创新的沃土；一个具有持续自我创新和拓展能力的国际化前沿城区。

（二）主要内容：（1）在产业发展方面，要总体营造一个商务发展、科技创新的创富环境，重点引入物流总部、科技服务、网络信息、文化创意类企业入驻，适度引入国际教育、高端医疗等公共服务类机构。通过打造产业园区核心竞争力，形成高效益产业和高素质人口的聚集，实现土地、物业营利能力逐步最大化和可持续化。（2）在配套建设方面，要配合园区形象定位、产业发展的目标和功能布局，以满足目标企业需求为导向，打造园区"公共大配套环境"（除交通外，市政设施、服务配套、环境整治三个专项完全按照国际化城区标准进行规划和建设）和"个性化小服务平台"（包括数据中心、人力资源、知识产权保护、融资等），建立齐全、领先、创新等特色，以特色吸引和留住客户，树立国内高端配套和国际化城区的标杆。在交通改善方面，完善南海大道交通、景观轴带；设法打通与前海便捷通道，突破与外部重要节点联系；疏通与后海中间交通循环，丰富与香港的多层次交通联系；构建与产业布局一致的片区内交通体系；完善区域内部梳理，在片区组团内部构建方便地连接，包括地铁的社区内部交通网络；构建区域内步行休闲、自行车交通等特色交通体系。（3）在人文建设方面，依照"创新、高尚、多元化"理念，与蛇口产业升级相结合，根据蛇口不同区域特色打造多个主题文化区，并以文化活动为主要载体，使文化活动系统化、品牌化、常规化，打造一座"中西兼容、高雅时尚、创新发展的文化之城"。（4）在环境建设方面，继续保持现有舒适、优美、国际化的生活环境，提升蛇口作为国际化生态城区的生活品位，推行低碳生活理念，打造蛇口的"国际化低碳生活模式"，成为全国领先的低碳经济发展区和生活区。

（三）发展目标："新四化"，即"产业升级高端化、硬件设施智慧化、城区环境低碳化、生活休闲国际化"，为蛇口未来绘就一幅更加美好的发展蓝图。

（四）空间布局：蛇口未来的区域发展，依照"一轴一心三核"的设想进行产业布局。"一轴"，是以南海大道为园区发展的主轴。"一心"，是以

① 招商局蛇口工业区有限公司：《"再造新蛇口"十年发展规划》（2009 年）。

蛇口体育中心、四海公园为中心的区域，通过改造、提升原有设施，打造城区的体育、社会活动中心。"三核"，是以沿山（高附加值工业）、海上世界（服务业）、太子湾（服务业）为重点核心的三个产业发展的集聚区域和主要空间载体。

（五）产业布局：向现代高端服务业转型升级，重点发展网络信息、科技服务、文化创意产业，确定"两带三心"产业空间布局，即以"蛇口网谷"为核心的网络信息和科技服务产业带、由太子湾经海上世界延伸至南海意库的滨海文化产业带；以花园城、海上世界、太子湾三个综合开发项目为载体，发展高端商业和商务中心。"两带三心"产业布局与建设，成就国内高端配套和国际化城区标杆。

（六）发展策略：即推进"六大工程"建设，即"智慧蛇口""低碳蛇口""文化蛇口""畅通蛇口""平安蛇口""无忧蛇口"，逐步完善和提升城区服务配套体系，营造一个宜居宜业、生态低碳的新蛇口。

（七）四大主题文化区：国际商旅区、时尚区、创意设计区、科技创新区。

（八）分期目标：一年筹划、三年初成、五年大变、十年成就。至2020 年，新蛇口建成产业领先、配套完善的特色城区。

（九）重点打造片区。（1）太子湾片区（面积 75 万平方米）：通过功能调整和改造升级，打造成为集客运、商务和滨海休闲活动于一体的城市战略节点和集"海、陆、空、铁"于一体的综合性现代客运区和深圳海上门户的综合功能片区。（2）海上世界片区（面积 101 万平方米）：商务重心，通过提升改造原有功能设施和规划建设，打造具有国际吸引力的滨海特色文化休闲娱乐中心、高端商务办公和居住生活聚集区，成为深港联动"海上门户"的重要组成部分。重点布局创新金融、服务外包、文化创意等产业。核心是发展创意、文化产业及香港产业，重视国外和国内文化融合，包括酒吧、音乐、新媒体以及带来的设计发展等。这是蛇口商务楼宇最多、最集中、建筑面积最大的区域，是蛇口的 CBD。（3）沿山片区（面积 52 万平方米）：蛇口网谷所在地，产业升级的最重要的高端活力复合功能区。通过整体更新规划，分步骤、阶段进行改造，升级为南海大道综合产业及服务功能轴上的重要节点，打造产业转型升级最重要的产业功能基地和具有高端活力的复合功能片区。重点布局科技服务、网络信息等产业。核心是发展科技创新及风险投资产业，重视国内外科技与商业的融合，包括科技服务、网络信息等。

　　（十）提升发展片区。（1）体育中心片区（面积36万平方米）：蛇口体育活动和配套功能区。通过对蛇口体育中心、青少年活动中心以及四海公园的整合，打造蛇口体育活动和配套功能片区。（2）桃花源片区（面积49万平方米），打造园区服务配套综合功能片区。（3）花园城片区（面积114万平方米）：打造高端商业和社区综合服务以及居住配套的综合功能片区。（4）招北片区（面积52万平方米），打造居住配套及社区综合服务功能片区。

　　（十一）维护延续片区。（1）鲸山片区（面积48万平方米），打造高端居住片区；（2）龟山和兰溪谷片区（面积50万平方米），打造蛇口最集中的高端居住、会议、服务配套等综合功能片区。（3）港口片区（面积30万平方米），功能定位：交通运输及物流功能。产业导向：发展港口、航运、物流园区等相关领域产业。

　　（十二）发展措施：（1）加大重点项目引进力度，促进园区产业升级。（2）加快物业更新改造，为园区转型升级提供基础。（3）完善园区综合配套，营造良好的营商环境。（4）加强区域营销，提升园区知名度和美誉度。（5）加强基础研究与综合策划，为工作开展提供技术基础。（6）加强体制保障，确保再造新蛇口工程顺利进行。

　　从2009年开始，蛇口工业区启动"再造新蛇口"工程，在"老蛇口"的基础上，公司再一次从产业转型、配套环境、园区服务、空间发展、环境美化、交通优化等六大方面对蛇口进行再造，全面推进城区更新和文化体系的提升，并以产业升级为切入点，带动人口结构、功能配套等要素的全面升级，争取用5—8年的时间构建区域服务和创新中心。除继续发展传统优势行业如贸易、物流等，还要主导发展网络信息、科技服务、文化创意三大新兴产业，推出三类产业园区：网谷（网络信息），E城（科技服务），意库（文化创意）。从内外交通改善（南海大道、工业七路等的改造，深港西部通道、西部港区疏港道路工程和广深沿江高速的建设，地铁线开通等）、片区改造和产业布局（宝耀片区、水湾片区、四海片区等城市更新，海上世界、沿山片区改造升级等），到全面完成前湾填海造地工程，再到蛇口园区整体环境和素质提升方面都取得积极成果。通过旧工业厂房改造，在蛇口的沿山路片区形成以"蛇口网谷"为核心的网络信息和科技服务产业带。由蛇口最早的工业港口经海上世界延伸至原三洋工业厂房，打造以"蛇口创意岛""南海意库""潮人码头""工业设计港"为主要项目的滨海文化产业带。以花园城、海上世界、太子湾三个综合开发项目为载体，发展高端商业和商务中心。目前以文化创意产业为核心的南海意库在业内已负有盛名，创意岛文化创意产业集群、"价值工厂"等创意产业园陆续投入使用；以城市商务、休闲、生活方式为核心的"海上世界"滨水综合体已成为蛇口的名片；以文化聚集为核心的海上世界文化艺术中心建成启用；以互联网、电子商务、物联网等高新技术产业为核心的蛇口网谷于2015 年荣获国家电子商务示范基地和广东省物联网示范基地称号。在做好产业升级的同时，招商蛇口也在致力于不断改善园区环境和配套服务，引入高质量的国际学校、国际医院，并逐步优化蛇口的交通系统，提升软环境。2010 年 9 月，蛇口工业区在北京人民大会堂获首批"全国低碳国土实验区"正式授牌，以"国际化低碳生活模式"正式列入全国低碳国土实验区共建工程（图 6-2）。低碳化发展是"再造新蛇口"的核心理念之一。蛇口的绿色生态开发，追求生态效益、经济效益、社会效益三位一体的可持续发展，这是蛇口人的绿色梦想。2011 年 5 月 12 日，中央政治局委员、广东省委书记汪洋、省长黄华华率省有关部门、珠三角各市代表到深圳检查落实珠江三角发展纲要情况，听取招商局蛇口工业区关于蛇口工业区转型升级和"蛇口网谷"建设及成果的情况汇报。2011 年，蛇口工业区有限公司确立"创新求变谋发展，实干转型再创业"的指导思想，对地产板块进行新的战略调整，把金融、交通、地产确立为三大主要产业，提出要做一个卓越的园区综合开发运营商。根据新的定位，蛇口工业区的业务将专注于园区土地开发与租售，各种物业开发、投资与经营和相关的基金管理，园区综合服务，与高科技密切相关的产业投资及其基金管理。2012 年 4 月19 日，中央政治局委员、广东省委书记汪洋率队再次到蛇口工业区视察和指导工作。截至 2015 年底，蛇口工业区集聚战略性新兴产业企业 400 余家，实现年产值约 200 亿元。

2005 年，蛇口工业区积极响应深圳市"文化立市"的号召、国家低碳节能可持续发展的战略方针，践行"绿色地产"的企业精神，将三洋厂房6 幢老厂房整体改造为创意文化产业园区"南海意库"。南海意库位于蛇口工业三路与太子路交汇处（海上世界旁），占地面积 4.4 万平方米，总建筑面积 12 万平方米（图 6-3）。园区由建筑相关设计类、网络网游设计类、平面广告及营销设计类业态所组成，并辅以形象设计、烘焙创意、时装设计、手工艺创意等商业业态，容纳吸引一批初创公司、上市公司以及国际知名企业。面点王、太平洋咖啡、星巴克等商店错落有致地分布其中。改造后具有典型"包豪斯思潮"的老厂房已成为创意产业理想的工作场所。截至2016 年底，南海意库入住 169 家企业，年产值为 60 亿元，利润总额达到

图 6-2 蛇口以花园式环境赢得关注

17.5 亿元，共缴纳税收 5.7 亿元，释放出巨大文化生产力。南海意库不仅是一个成功的文化创意产业园区，同时也是深圳一个商业旅游目的地。设计、创意、文化企业总部的有机产业链，形成创意界首脑云集的总部集群，同时还具有五星级标准的公园生态办公空间。这里拥有数十家主题餐厅、创意商品铺子、设计师品牌服装、特色咖啡与酒吧，给消费者带来全新的体验感受。

"价值工厂"，位于蛇口海湾路 8 号，是"蛇口滨海深港创业创新产业带"重点项目之一，也是前海蛇口自贸片区（图 6-4）自贸新城建设十大战役的重点项目。价值工厂前身是原广东浮法玻璃厂，该玻璃厂 1985 年建厂引进中国第一条世界先进水平的浮法玻璃生产线，后来随着城市发展和产业转移，于 2009 年搬离，2013 年第五届深港城市/建筑双城双年展的举办将沉寂近 5 年的广东浮法玻璃厂旧厂房唤醒，并为其重新命名"价值工厂"。更新改造后价值工厂规划有艺术中心、品牌工作室、公寓、集装箱商业等功能区，旨在面向香港及国际，集合艺术、工业设计、新科技体验、活动会展、产业教育、配套服务、创客空间、创新成果孵化、俱乐部等要

图 6-3 蛇口南海意库

图 6-4 中国（广东）自贸试验区前海蛇口片区

素，打造以"艺术＋科技"为主，最终作用于先进制造业的创新型创意产业园，实现实体经济价值。2013 年，深港城市、建筑双城双年展分会场选址浮法玻璃厂，分别是 A 馆：价值工厂（原广东浮法玻璃厂）；B 馆：文献仓库（蛇口码头旧仓库）。2015 年 12 月 28 日，蛇口价值工厂正式开园。价值工厂占地面积 5 万平方米，项目包括对工业遗址进行保护性改造及新建两部分，保留原玻璃厂的原貌作为历史纪念。目前已从历史上生产玻璃的工厂变身创意产业平台，作为深圳市文博会的常设分会场，非遗创客论坛、创客教育与创客空间论坛、筒仓涂鸦艺术、陶艺空间工作坊、创意集市等与创客有关的精彩活动接连在此上演。价值工厂已成为蛇口的创客集聚地，凝聚多样化的创客群体，形成创客生态圈，将更新成为高新园区。蛇口价值工厂开园后，成了深圳文艺青年约会胜地，成为深圳旅游新景点。

"蛇口网谷"（图 6-5），位于沿山路和南海大道之间，北起工业八路，南至工业四路，产业空间以更新改造为主，分三期进行建设。蛇口网谷定位为互联网以及电子商务产业园区，园区内涵盖电子信息、创意设计、电子商务、移动互联网等产业。蛇口网谷建设重心，是对原有的生产厂房、

图 6-5　蛇口网谷

老办公楼、老宿舍区进行改造升级，吸引高科技企业落户。蛇口网谷是南山区政府与招商局蛇口工业区联手推出的一个融合高科技与文化产业的互联网及电子商务产业基地，定位为"中国互联网南方总部基地和应用示范基地""深圳市具有示范效应的战略新兴产业基地""中国传统工业区成功转型升级的示范区"和"南山区政府和蛇口工业区战略合作发展区"。网谷产业发展目标是提高核心竞争力和发展质量，实现创新驱动、内生增长，集中突破关键技术，占据产业链关键环节，主要面向三个重要领域，即移动互联网、电子商务、物联网，通过园区的不断运营，打造产业的核心聚集区。计划到 2015 年，引进 300—500 家互联网企业，实现 300 亿元的总产值。蛇口网谷将建设成为网络信息、科技服务产业的聚集地。蛇口网谷办公楼是在工业厂房拆除后建成的，这些厂房都是蛇口当年的知名企业如宝耀、华益铝厂、海虹油漆、

神威电子等。这片土地的单位产值已从过去的 2000 元 / 平方米增加到 4 万元 / 平方米。2012 年 2 月，蛇口网谷被认定为深圳市第三批文化产业基地。2013 年 11 月 18 日，由深圳市投资推广署主办的"深圳市重点高新园区推介暨投资项目签约会"在会展中心举行。蛇口网谷作为深圳市 11 个重点高新园区之一，在现场对园区进行展示。蛇口网谷不仅是文化产业园，更是一个科技产业园，成为深圳科技园之外，又一科技创新集聚区。2015 年，蛇口网谷企业客户达 400 多家，包括 IBM、苹果、腾讯、感知集团、飞利浦、天祥检测、盾牌防雷、科脉技术、谷姐网、安络科技、中通信息、世纪互联、信可科技等，以电子商务、移动互联网和物联网企业为主，形成强大的产业聚合效应，从业人数约 3 万人，其中本科及以上的高学历白领占比达到 84%，实现产值 200 亿元，目前单位面积产值已经超过 6 万元 / 平方米。2015 年 11 月 17 日，蛇口网谷"广东省物联网产业示范基地"揭牌成立。2016 年 1 月 28 日，苹果公司正式签约入驻蛇口网谷，从而使蛇口网谷成为苹果公司在中国的三大管理中心之一——华南区域中心及覆盖华南与东南亚的采购中心。2016 年 5 月 8 日，国务院办公厅印发《关于建设大众创业万众创新示范基地的实施意见》（国办发〔2016〕35 号），系统部署"双创"示范基地建设工作，招商局名列首批 7 家企业"双创"示范基地之一。2018 年 5 月。雀巢（中国）研发中心正式入驻蛇口网谷。这是继苹果之后，又一家将研发中心落户深圳蛇口的世界 500 强企业。2010 年 8 月 24 日，蛇口工业区、中国科学院深圳先进技术研究院联手打造的深圳现代产业技术创新和育成中心正式入驻蛇口沿山创新产业园区，中国科学院深圳先进技术研究院携 32 家高新技术企业正式入驻，总资产规模逾 12 亿元。设立 10 亿元产业基金，联手中国银行、招商证券、道富资本等国内知名金融机构，构筑发展战略性新兴产业的资金支撑平台。育成中心是中国科学院在全国的重点产业化布局之一，致力于新工业技术转移和企业孵化。育成中心共有 31 个专业实验室，其中有 6 个国家或地区重点实验室，涵盖光、机、电、材料、生物、能源等多个技术领域，200 位博士建立的核心科研支撑体系能为企业提供技术咨询、检测、开发、升级等服务。在原来的眼镜厂旧址上，一座现代化的中国科学院育成中心大楼矗立眼前。育成中心将面向机器人与智能系统领域、低成本健康与高端医学影像领域、电动汽车领域、数字城市与超级计算领域。目前育成中心已初步形成科研—产业化—资本平台"三位一体"的发展格局，孵化与育成战略性新兴企业 40 余家，吸纳社会资金 13 亿元，市值达 50 亿元。蛇口网谷，无疑是蛇口工业区产业转型升级过程中的一个典型样本。蛇口网谷是转型升级的品牌，被纳入广东省产业转型升级突破点及深圳市"十二五"规划战略新兴产业基地，得到国务院国资委及省市政府高度重视。

2014 年 11 月 1 日、2 日，作为庆祝中法建交 50 周年系列活动之一的 2014 中法·深圳蛇口创意论坛在美丽的深圳蛇口举行。本次论坛由教科文法国全国委员会与中国联合国教科文组织全国委员会、深圳市政府、招商局集团主办，以"创意面向未来"为主题，邀请百余名来自法国和中国的顶级学者、业界精英就教育领域创新、文化创意产业发展、建筑与城市发展以及环境气候等全球社会热点议题进行深入的探讨和思考。最终形成《蛇口宣言：创意使世界更美好》，蛇口创意学谷也同期揭牌启动。"创意学谷"是再造新蛇口工程的重要组成部分，是蛇口发展文化创意产业的系统安排。通过打造"创意学谷"，蛇口将努力实现创意思想平台、创意教育机构、创意研究机构以及创意企业的体系建设，建立系统的创意学理论，培养复合型的创意产业人才，加强创意产业集群的培育，努力将蛇口建设成为汇聚创意智慧、经济产出率高的乐园。这一套创意体系的完善，彼此各个元素之间的互动，会产生全新的创意思想、创意产品，这对推动创意产业发展、推动经济转型升级都会发挥重要作用。

图 6-6　海上世界，深圳城市名片

2013 年 12 月 20 日，升级之后的"海上世界"（图 6-6）以全新面貌重新开放，蛇口希尔顿南海酒店开业，首届国际灯光节同时举行，招商局广场也投入使用。重新规划的蛇口海上世界由招商地产斥资 600 亿元改造，总建筑面积达 100 万平方米，由海上世界广场、太子广场、金融中心、招商局广场、伍兹公寓、希尔顿酒店、女娲滨海公园、文化艺术中心和高端住宅等 28 个项目组成。海上世界作为 15 公里长的深圳湾滨海生态景观长廊的起点，形成海陆一体的时尚、商务、娱乐体系。改造后的海上世界集餐饮、娱乐、购物、酒店、办公、艺术、度假、休闲、居住于一体，成为国际滨海休闲片区，成为深圳最有国际影响力的城市综合体之

图 6-7　蛇口夜景概貌

一和深圳城市更新的典范之作（图 6-7）。

正在建设中的太子湾片区将开启丰富优质的国际旅游和商业文化资源，成为融合居住、教育、科技、文化、创意、艺术、休闲度假、高端商务等为一体的世界级国际化半岛湾区，是落实国家"一带一路"倡议和促进粤港澳大湾区发展的重要项目。太子湾片区是蛇口工业区最早开发起步的港区，蛇口工业区对太子湾片区进行重新规划，将这个原来的散杂货以及集装箱混运码头改造为国际邮轮、港澳客运码头及滨海商业商务区。总投资额 189 亿元的太子湾邮轮母港项目占地 69.764 万平方米，太子湾片区总建筑面积 170 万平方米，2010 年已经动工，整个项目分 3 期，2020 年全部建成。项目建成后，能停泊 22 万吨位的国际豪华邮轮，将创下华南区邮轮母港的新纪录，将成为深圳最重要的海上门户。2013 年 11 月 5 日，太子湾联检楼正式命名深圳蛇口邮轮中心。2016 年 4 月，招商蛇口与云顶香港签署战略合作框架协议，云顶香港是世界主要邮轮公司之一，拥有知名邮轮品牌以及自主造船能力。招商蛇口通过战略合作的方式，进一步开发建设太子湾邮轮港口，开发以太子湾为母港的国际邮轮航线，开发具有吸引力和竞争力的邮轮产品。2016 年 5 月 17 日，国家旅游局同意在深圳蛇口工业区太子湾设立（图 6-8）"中国邮轮旅游发展实验区"，占地面积 9.4 平方公里，将为全国邮轮旅游发展积累经验。2016 年 9 月 30 日，招商蛇口邮轮预订平台正式上线。邮轮预订平台的成功上线，标志着邮轮产品宣传推

图 6-8　建设中的太子湾片区

图 6-9　太子湾邮轮母港

图 6-10　2017 年 7 月 1 日，太子湾邮轮母湾迎来星梦邮轮"云顶梦号"与皇家加勒比"海洋航行者号"
双船同泊

广、咨询、预订支付、售后跟单等全流程服务的实现。邮轮预订平台涵盖
邮轮船票产品预定、邮轮资讯、目的地风光、出行百科、邮轮生活等，为
用户提供邮轮产品全流程服务。太子湾邮轮母港包含运动员公寓、购物中
心、办公楼、酒店式公寓、码头等，可为近 3 万人提供就业岗位，构建
"码头消费圈"，推动"邮轮经济"和相关产业的发展。2016 年 10 月，蛇
口太子湾邮轮母港正式运行（图 6-9、图 6-10）。2016 年 11 月 12 日，由
深圳市政府、招商局集团联合主办的内地与港澳邮轮旅游合作发展大会暨
太子湾邮轮母港开港仪式举行。11 月 13 日，丽星邮轮公司旗下国际豪华
邮轮"处女星号"首航。此外，招商系公司以独资、参股或联合开发的形
式介入天津、青岛、上海、厦门、深圳邮轮母港的开发运营，其中天津、
青岛、上海、厦门邮轮母港 2015 年接待邮轮旅客达 228.3 万人次，占中国

全年邮轮旅客接待总量的 90%。

2016 年 3 月 19 日，海上世界文化艺术中心（图 6-11）建成，并联合英国国立维多利亚与艾伯特博物馆（V&A）公布新型文化综合机构品牌"设计互联"。海上世界文化艺术中心由包括 V&A 展馆在内的蛇口设计博物馆（筹）、剧场、滨海多功能发布厅、深圳观复博物馆，以及宝库中国、宝库一号与餐饮、文化商业组成，并将开

图 6-11　海上世界文化艺术中心

展多样化的教育活动与公共项目，致力于成为深圳市与南山区宜居宜业的文化旅游目的地。2018 年 9 月，美国《时代周刊》首次公布"全球百佳目的地"排行榜，作为国内少有的海边艺术馆，海上世界文化艺术中心凭借建筑景观和艺术氛围入选其中，备受推荐。

2016 年 9 月 8 日，由招商蛇口和厦门港务集团主办的厦门海上世界 & 国际邮轮码头开工仪式盛大举行。招商蛇口和厦门港务集团领导分别致辞，共同为项目培土奠基。这是招商蛇口在深圳以外打造的又一个"海上世界"，旨在通过国际邮轮母港推动"前港—中区—后城"商业发展模式，实现产业的流动和升级。据悉，厦门海上世界暨国际邮轮码头依托优越的地理位置，将发展为独具特色的"海峡邮轮经济圈"核心港，通过"船、港、城、游、购、娱"联动发展，推行"前港、中区、后城"的发展模式。项目 7 个地块功能已基本确定，包括商业、办公、酒店、文化等，建成后将成为厦门一张崭新的城市名片。

2017 年 12 月 26 日，中国改革开放蛇口博物馆正式面向公众开放。中国改革开放蛇口博物馆位于设计互联｜海上世界文化艺术中心三层，由招商局集团发起承办，展示蛇口近 40 年轰轰烈烈的改革和发展历程以及"改革先锋""蛇口之父"袁庚先生的生平事迹。这是中国首家以"改革开放"为主题的博物馆，弘扬了创新创业、开拓进取的蛇口精神。

"再造新蛇口"工程，将继续致力于将蛇口发展成为深港高端服务业和创新产业合作的先行区，成为一个具备高成长性、持续自我拓展的前沿产

业园区，一个具有国际品牌的、有活力的、有核心竞争力的复合功能片区。最终目标是要全力推进国际化低碳园区的建设，着力在居住、教育、医疗等方面完善服务体系，不断探索"可复制的园区发展模式"，努力打造一个宜居宜业的高标准综合园区。

二、再次站在改革开放的最前沿

党中央、国务院不断赋予深圳经济特区和蛇口工业区新的历史新使命，不断布局国家级项目，历史再次将招商蛇口推到中国改革开放的最前线。

第一，习近平总书记给广东、深圳工作提出新要求。2012 年 12 月 7 日至 8 日，习近平总书记在中共十八大召开后考察地方的第一站就是广东和深圳经济特区，并视察前海合作区，强调要坚定不移走改革开放的强国之路，做到改革不停顿、开放不止步。对广东提出"三个定位、两个率先"的重要指示，即广东要努力成为发展中国特色社会主义的排头兵、深化改革开放的先行地、探索科学发展的试验区，为率先全面建成小康社会、率先基本实现社会主义现代化而奋斗。习近平总书记考察前海合作区时特别指出：前海如今的开发开放，让我们重新看到了深圳特区初创时的景象：一张白纸，从零开始。但也正因为是一张白纸，可以画出最美、最好的图画。[1]2015 年 1 月 5 日，习近平总书记对深圳工作作出重要批示，充分肯定党的十八大以来，深圳各项事业发展取得的新成绩。批示要求，深圳市要牢记使命、勇于担当，进一步开动脑筋、解放思想，特别是要鼓励广大干部群众大胆探索、勇于创新，在全面建成小康社会、全面深化改革、全面依法治国、全面从严治党中创造新业绩，努力使经济特区建设不断增创新优势、迈上新台阶。[2]2017 年 4 月 4 日，习近平总书记对广东工作作出重要批示，要求以"四个坚持、三个支撑、两个走在前列"统领广东工作全局。他充分肯定党的十八大以来广东各项工作，希望广东坚持党的领导、坚持中国特色社会主义、坚持新发展理念、坚持改革开放，为全国推进供给侧结构性改革、实施创新驱动发展战略、构建开放型经济新体制提供支撑，努力在全面建成小康社会、加快建设社会主义现代化新征程上走在前列。[3]2018 年 3 月 8 日，习近平总书记参加十三届全国人大一次会议广东代表团的审议，认真听取并同大家交流，最后做重要讲话。他充分肯定党的十八大以来广东工作，要求广东的同志们进一步解放思想、改革创新，真

[1]《南海之滨又东风：习近平总书记在深圳考察纪实》，《深圳特区报》2012 年 12 月 14 日。
[2]《习近平总书记对深圳工作作出重要批示》，《深圳特区报》2015 年 1 月 8 日。
[3]《习近平总书记对广东工作作出重要批示》，《南方日报》2017 年 4 月 12 日。

抓实干、奋发进取，以新的更大作为开创广东工作新局面，在构建推动经济高质量发展体制机制、建设现代化经济体系、形成全面开放新格局、营造共建共治共享社会治理格局上走在全国前列。[①]2018年1月，中共深圳市委六届九次全会提出，到2020年，基本建成现代化国际化创新型城市，高质量全面建成小康社会；到2035年，建成可持续发展的全球创新之都，实现社会主义现代化；到21世纪中叶，建成代表社会主义现代化强国的国家经济特区，成为竞争力影响力卓著的创新引领型全球城市，特别强调"新时代走在最前列、新征程勇当尖兵"。基于此，招商局蛇口工业区既肩负新的历史使命，又面临新的巨大发展机遇。

第二，国务院批准设立前海湾保税港区。2008年10月18日，经国务院批准设立的深圳前海湾保税港区，位于深圳西部港区，大、小南山西侧，珠江入海口东侧（图6-12）。2009年7月10日通过验收，2009年底正式封关运作。保税港区规划面积3.71平方公里。保税港区实行封闭管理，一期围网封关面积1.176平方公里，包括港口作业区（妈湾港区集装箱码头5、6、7号泊位）0.456平方公里和物流园区0.72平方公里两部分，由招商局集团下属企业具体运营。前海湾保税港区享有国家有关保税港区的一系列特殊优惠政策，具有以"保税"为主要特征的货物贸易及服务贸易功能，主要开展国际采购、国际配送、国际中转、国际转口贸易以及与之相应的金融、保险、代理、展示、检测、维修、航运服务等服务贸易。重点发展航运服务、供应链物流、国际贸易、创新金融四大主导产业。

第三，国务院批准设立前海深港现代服务业合作区。2010年8月26日，

① 《习近平参加广东团审议：以新的更大的作为实现"四个走在全国前列"》，新华社2018年3月8日。

图6-12　建设中的前海

国务院发出《关于前海深港现代服务业合作区总体发展规划的批复》（国函〔2010〕86 号），批复建立前海深港现代服务业合作区，将前海的战略定位为：现代服务业体制机制创新区、现代服务业发展集聚区、香港与内地紧密合作的先导区、珠三角地区产业升级的引领区，重点发展金融、现代物流、信息服务、科技服务和其他专业服务四大产业。将前海开发提升到国家战略的高度，要求广东和深圳要充分发挥香港国际经济中心的优势和作用，利用前海粤港合作平台，推进与香港的紧密合作和融合发展，逐步把前海建设成为粤港现代服务业创新合作示范区，引领带动全国现代服务业发展升级，为全国现代服务业的创新发展提供新经验。2012 年 12 月 7 日，中共中央总书记习近平在广东考察第一站就选择深圳前海深港现代服务业合作区。在仔细了解了前海的地理范围、发展定位等后，习近平指出：中央决定批复发展建设前海，是为了进一步促进粤港和深港更深层次的合作发展。前海开发开放是深圳经济特区发展的新契机，是转型升级的新推力，是改革开放的新起点，是粤港、深港合作的新平台。希望前海深港合作区要准确把握中央赋予的战略定位，依托香港、服务内地、面向世界；要求继续发扬特区敢为天下先的精神，坚定不移、持之以恒、艰苦奋斗、开拓创新，落实比特区还要特的先行先试政策，精雕细琢、精耕细作，画出最美最好的图画。[1]前海湾保税港区是前海深港现代服务业合作区的重要组成部分，是前海深港现代服务业合作区的先行启动区和重要功能区，同时享受前海现代服务业示范区的相关优惠政策。同时，招商局集团及其下属企业拥有前海合作区土地 3.9 平方公里，占到前海地区土地总面积的近四分之一，由此带来巨大的发展机会和空间。

第四，国务院批准设立中国（广东）自由贸易试验区前海蛇口片区。2014 年 12 月 31 日，国务院发出《关于同意设立中国（广东）自由贸易试验区的批复》（国函〔2014〕176 号），批复设立中国（广东）自由贸易试验区，实施范围 116.2 平方公里，涵盖三个片区：广州南沙新区片区 60 平方公里，深圳前海蛇口片区 28.2 平方公里，珠海横琴新区片区 28 平方公里。蛇口与前海一同纳入中国（广东）自由贸易试验区，体现中央和广东省对蛇口工业区的高度重视和殷切期望。2015 年 3 月 24 日，中共中央总书记习近平主持召开中共中央政治局会议，审议通过广东（三大片区：广州南沙自贸区、深圳蛇口自贸区、珠海横琴自贸区）、天津、福建自由贸易试验区总体方案。2015 年 7 月 22 日，《中国（广东）自由贸易试验区深圳前海蛇口片区建设实施方案》正式公布，将前海蛇口自贸片区划分为三

① 引自刘光琦：《走进深圳前海》，《中国储运》2014 年第 7 期。

个功能区：一是前海金融商务区，即前海区块中除保税港区之外的其他区域，主要承接服务贸易功能，重点发展金融、信息服务、科技服务和专业服务，建设中国金融业对外开放试验示范窗口、亚太地区重要的生产性服务业中心。二是以前海湾保税港区为核心的深圳西部港区，重点发展港口物流、国际贸易、供应链管理与高端航运服务，承接货物贸易功能，努力打造国际性枢纽港。三是蛇口商务区，即蛇口区块中除西部港区之外的其他区域，重点发展网络信息、科技服务、文化创意等新兴服务业，与前海区块形成产业联动、优势互补。其中第二、三个功能区与招商局蛇口工业区有关。《实施方案》包含十项任务和七十一条措施，具体包括坚持法治先行、创新行政管理体制、推进深港服务贸易自由化、强化国际贸易功能、建设国际枢纽港、深化金融开放创新、增强区域辐射带动功能、创新监管服务模式、落实配套政策、完善保障机制等方面的内容。前海蛇口自贸区坚持"四个全面"战略布局，牢固树立创新、协调、绿色、开放、共享发展理念，依托港澳、服务内地、面向世界，围绕建设粤港澳深度合作示范区、21 世纪海上丝绸之路重要枢纽和全国新一轮改革开放先行地的总目标，以建设粤港澳大湾区战略枢纽为突破口，以高端产业为引领，以基础设施为支撑，创建国际化、法治化、市场化、便利化的世界一流营商环境，重点发展金融、现代物流、信息服务、科技服务等战略性新兴服务业，全面建成前海蛇口自贸城、前海国际金融城、香港现代产业城、蛇口国际枢纽港等"三城一港"，全力打造"一带一路"倡议支点、最具中国质量的粤港澳合作新平台和中国自由贸易试验区新标杆。具体来讲，前海蛇口片区的战略定位有：（1）建设标杆型中国自由贸易试验区。（2）构建高标准的国际品质滨海生态新城。（3）国家金融业对外开放试验的示范窗口。（4）打造"一带一路"倡议支点。（5）打造粤港澳合作的新平台。（6）构建服务经济和未来产业高地。（7）营造更具辐射带动力的引擎区域。（8）建设中国特色社会主义法治示范区。（9）建设国家人才管理改革试验区。2015 年 4 月 27 日，深圳市政府与招商局集团签署《关于深化合作加快推进中国（广东）自由贸易试验区前海蛇口片区发展建设框架协议》，招商局集团将借助自身独特优势，将蛇口打造成为国家 21 世纪海上丝绸之路的桥头堡、枢纽港和始发站，成为深圳市湾区经济建设的重要门户。2017 年 7 月 13 日，深圳市规划和国土资源委员会发布《中国（广东）自由贸易试验区深圳前海蛇口片区综合规划（草案）》，自贸区新增大小南山片区和蛇口南及赤湾片区。

这给蛇口片区发展提出更高的要求和使命，使蛇口工业区再次站在中国改革开放的最前沿，迎来难得的历史发展新机遇。

第五，国家提出"一带一路"合作倡议。2013 年 9 月和 10 月，中共中央总书记、国家主席习近平分别提出建设"丝绸之路经济带"和"21 世纪海上丝绸之路"的合作倡议。2015 年 3 月 28 日，国家发展和改革委员会、外交部、商务部联合发布《推动共建丝绸之路经济带和 21 世纪海上丝绸之路的愿景与行动》，提出利用长三角、珠三角、海峡西岸、环渤海等经济区开放程度高、经济实力强、辐射带动作用大的优势，充分发挥深圳前海、广州南沙、珠海横琴、福建平潭等开放合作区作用，深化与港澳台合作，打造粤港澳大湾区。以扩大开放倒逼深层次改革，创新开放型经济体制机制，加大科技创新力度，形成参与和引领国际合作竞争新优势，成为"一带一路"特别是 21 世纪海上丝绸之路建设的排头兵和主力军。广东省提出，作为古代海上丝绸之路重要发祥地和改革开放先行地，广东着力打造 21 世纪海上丝绸之路的桥头堡。深圳市提出，当好"一带一路"建设排头兵，加快打造"一带一路"枢纽城市。目前，深圳已在 135 个国家和地区投资，累计投资金额 819 亿美元，形成聚焦高端产业、投资形态多样、资源高效配置的对外投资合作全球布局，其中包括蛇口工业区的贡献。招商局蛇口工业区在园区建设、港口航线建设和产业发展方面具有独特的优势。目前，招商局集团境外实体机构 184 家，在"一带一路"沿线 20 个国家和地区已拥有 50 个港口，已经形成遍布于东南亚、南亚、非洲、欧洲、大洋洲等地的港口、物流、金融及产业园区网络，这些布局大都位于"一带一路"沿线国家和地区的重要点位。与此同时，招商局以海外园区综合开发作为重要载体，通过输出"区港联动、以点带面，集中开发、落地生根"的蛇口综合开发模式，正在开发建设吉布提自贸区项目、斯里兰卡科伦坡港与汉班托塔港项目、白俄罗斯中白工业园项目、多哥项目和坦桑尼亚项目。招商局蛇口工业区作为"一带一路"国际经贸先导合作区和 21 世纪海上丝绸之路战略支点和招商局作为中国企业"走出去"的先锋，拥有更大的发展空间，将发挥更大作用。

第六，国家提出建设粤港澳大湾区。2017 年 7 月 1 日，在国家主席习近平见证下，广东省、香港特别行政区、澳门特别行政区在香港签署《深化粤港澳合作 推进大湾区建设框架协议》，粤港澳三地将在中央有关部门支持下，完善创新合作机制，促进互利共赢合作关系，共同将粤港澳大湾区建设成为更具活力的经济区、宜居宜业宜游的优质生活圈和内地与港澳深度合作的示范区，打造国际一流湾区和世界级城市群。2017年10月18日，中共中央总书记习近平在中共第十九次代表大会做报告时指出：要支持香港、澳门融入国家发展大局，以粤港澳大湾区建设、粤港澳合作、泛珠三角区域合作等为重点，全面推进内地同香港、澳门互利合作，制定完善便利香港、澳门居民在内地发展的政策措施。2018年3月7日，中共中央总书记、国家主席习近平在参加十三届人大一次会议广东代表团审议时指出，要抓住建设粤港澳大湾区重大机遇，携手港澳加快推进相关工作，打造国际一流湾区和世界级城市群。[①]粤港澳大湾区建设已经写入十九大报告和政府工作报告，提升到国家发展战略层面。湾区经济是以海港为依托、以湾区自然地理条件为基础，发展形成的一种区域经济形态，具有开放的经济结构、高效的资源配置能力、强大的集聚外溢功能和发达的国际交往网络等突出优点。湾区经济以大体量、高密度和高产出的特征成为带动区域经济发展的新引擎。粤港澳大湾区指的是由广州、佛山、肇庆、深圳、东莞、惠州、珠海、中山、江门9市和香港、澳门两个特别行政区形成的城市群，是继美国纽约湾区、美国旧金山湾区、日本东京湾区之后，世界第四大湾区，也是国家建设世界级城市群和参与全球竞争的重要空间载体。国家即将出台《粤港澳大湾区发展规划纲要》，目的是把粤港澳地区建设成为"一带一路"倡议支撑区域、培育具有世界级竞争力的创新中心、成为促进港澳长期繁荣稳定的重要保障、打造世界级城市群与经济增长重要引擎，把粤港澳大湾区建成国际一流湾区和世界级城市群。2018年2月，中共深圳市委六届九次全会提出，坚定不移推进更紧密更务实的深港澳合作，坚决贯彻"一国两制"方针，坚持"依托香港、服务内地、面向世界"，共建粤港澳大湾区核心引擎。发展大湾区经济已是世界经济强国的"标配"，粤港澳大湾区承担着打造中国参与国际竞争国家队的重要使命。招商蛇口在大湾区的核心城市深圳的核心位置——蛇口、太子湾、前海、宝安国际会展中心区域拥有大量待开发的优质资源，面临巨大的发展机遇，同时肩负着参与打造粤港澳大湾区核心引擎的历史使命。

　　第七，国家赋予深圳经济特区新使命，给蛇口发展带来新机遇。2008年12月，国家发展和改革委员会批准实施的《珠江三角洲地区改革发展规划纲要（2008—2020年）》提出：深圳市要继续发挥经济特区的窗口、试验田和示范区作用，增强科技研发、高端服务功能，强化全国经济中心城市和国家创新型城市的地位，建设中国特色社会主义示范市和国际化城市。2010年5月，国务院批准实施的《深圳市综合配套改革总体方案》提出：

① 《习近平参加广东代表团审议》，央视网，2018年3月7日。

与香港功能互补，错位发展，推动形成全球性的物流中心、贸易中心、创新中心和国际文化创意中心。2014 年 6 月，国务院批准深圳建设国家自主创新示范区，该示范区成为第一个以城市为基本单位的国家自主创新示范区。2016 年 3 月，第十二届全国人民代表大会第四次会议上通过的《国民经济和社会发展第十三个五年规划纲要》指出，支持珠三角地区建设开放创新转型升级新高地，加快深圳科技、产业创新中心建设。2017 年 5 月，国家海洋局发布的《全国海洋经济发展"十三五"规划》提出："推进深圳、上海等城市建设全球海洋中心城市。"深圳建设全球海洋中心，将进一步推动航运、海洋生物、海洋装备、海洋旅游、海洋服务等发展，而招商蛇口在这方面具有很好的基础和优势，将有很大的发展空间和机会。2010 年 5 月，中共深圳市第五次代表大会报告提出：到 21 世纪中叶，让深圳发展成为联手香港、融合珠三角、服务全国、辐射亚太、影响全球的科技创新中心、高端制造中心、金融服务中心、商贸物流中心、时尚创意中心。2015 年 5 月，中共深圳市第六次代表大会提出："解放思想、真抓实干，勇当'四个全面'排头兵，努力建成现代化国际化创新型城市。"2018 年 1 月 14 日中共深圳市第六届委员会第九次全体会议提出到 2020 年，基本建成现代化国际化创新型城市，高质量全面建成小康社会；到 2035 年，建成可持续发展的全球创新之都，实现社会主义现代化；到 21 世纪中叶，建成代表社会主义现代化强国的国家经济特区，成为竞争力影响力卓著的创新引领型全球城市。

第八，重大交通设施建设增强交通区位优势。2007 年 7 月，连接深圳蛇口与香港新界元朗之间的深港西部通道和深圳湾口岸建成通行，实现蛇口与香港之间直接陆路相连，极大改善蛇口与香港之间的陆上交通条件。2013 年 12 月 28 日，广深沿江高速公路全线通车，不仅拉近蛇口与深圳机场、珠三角地区的通行距离，而且成为西部蛇口、赤湾、大铲湾三个港区的疏港主通道。2016 年 12 月 28 日，深中通道跨海工程西人工岛正式开建，标志着深中通道海中桥隧主体工程动工建设。加上已经建成的港珠澳大桥，未来还将规划建设深珠高铁城际线（珠海淇澳—伶仃洋岛—深圳南山），进一步改善蛇口与珠江西岸地区的交通往来和经济联系。广东省将规划建设1600 公里滨海公路、串联 14 个沿海城市和 90 个景点，打造一条一路都是美景的滨海景观公路。目前在优化西部关键走廊通行能力方面，加快南坪快速二期平南铁路段、桂庙路快速化、沙河西路与西部通道侧接线连接工程建设，开工建设沙河西路快速化改造、沿江高速深圳段二期工程和大南山隧道，推进海滨大道、妈湾跨海通道、月亮湾大道快速化改造等前期工作。望海路、沙河西路升级在即，环蛇口半岛快速路网将很快形成。这些道路工程建设将极大改善和优化进出蛇口的公路交通。在地铁建设方面，2010 年 12 月，地铁 2 号线开通，蛇口片区拥有赤湾站、蛇口港站、海上世界站、水湾站、东角头站、湾厦站、海月站、登良站、后海站 9 个站点。地铁 12 号线动工，串通深圳西部发展轴，蛇口片区拥有左炮台站、太子湾站、海上世界站、工业六路站、四海站 5 个站点。13 号线已开工，串联深圳湾口岸、后海中心、南山科技园、西丽高铁枢纽、留仙洞总部，是中西部发展轴快速线路。地铁 9 号线西延线连通蛇口、前海，蛇口南海大道支线设有南油站、四海站、工业六路、海上世界站，将有效缓解蛇口及南海大道的交通压力。2016 年 10 月，太子湾邮轮母港（又名蛇口邮轮中心）正式启用，水域建设包括 22 万 GT 邮轮泊位 1 个，5 万 GT 邮轮泊位 1 个，1 万 GT 客货滚装泊位 1 个，客运码头 3 座，生活岸线约 600 米，港池航道疏浚；陆域建设包括填海造地，形成陆域面积约 29 公顷。太子湾邮轮母港建设完成后，成为华南地区唯一的集"海、陆、空、铁"于一体的现代化国际邮轮母港，设计通过能力为 760 万人次 / 年，太子湾片区规划总用地面积约 72 公顷，总建筑量 170 万平方米，可停靠 22 万吨级国际上最大型的邮轮。全球最大的邮轮可以在这里停靠，太子湾成了深圳通连香港、走向世界的"海上门户"，环游世界的梦想成为现实。

前海蛇口片区位于深圳西部，珠江入海口的咽喉要地，伶仃洋东侧，珠江口东岸，地处珠三角区域发展主轴和沿海功能拓展带的十字交汇处和粤港澳大湾区广州、深圳和香港黄金发展中轴上，处于在珠三角一小时和香港半小时交通圈内，15 分钟左右可达深港两地机场，半小时内可达香港中环，具有良好的海陆空交通条件和突出的综合交通优势。蛇口 30 公里半径范围内拥有两大国际机场（香港机场、深圳机场）和两大世界级集装箱枢纽港（香港港、深圳港），深圳中山跨江通道、深圳西部港区和深圳北站、广深沿江高速公路贯穿其中，具有深港融合圈、空港辐射圈、海港服务圈"三圈叠加"效应，具备加快开发开放的最佳交通条件。前海蛇口片区内有 9 条规划轨道交通线路，其中城际轨道交通 4 条：港深西部快线（深圳机场—香港机场，深港西部快速轨道全长 42 公里，从深圳机场至香港机场仅需 30 分钟）、穗莞深城际线（广州增城—东莞—深圳）、深惠城际线（前海妈湾—惠城）、深珠城际线（珠海—深圳）。

前海蛇口片区叠加建设全球科技产业创新中心、自由贸易试验区、深港现代服务业合作区、"一带一路"、全球海洋中心城市等多重国家战略和倡议，肩负深圳经济特区未来 30 年继续先行先试、勇当科学发展排头兵、打造深港合作先行区、自由贸易试验区新标杆和"一带一路"重要桥头堡的历史使命。

招商蛇口加快高质量发展具有以下优势：

第一，招商局集团内的业务协同优势。招商局集团作为招商蛇口的控股股东和实际控制人，旗下拥有一批横跨实业和金融两大领域的优秀企业，如招商局港口、招商轮船、招商公路、招商银行、招商证券、招商局资本、仁和保险、外运股份、长航集团及漳州开发区等。近年来招商局集团内资源整合促进招商蛇口对内的资源互补，对外构建独特的竞争优势，为招商蛇口多渠道、低成本地获取资源和资金起到良好的背书作用，促进招商蛇口实现跨越式发展，其拥有的外部协同资源也将给招商蛇口带来巨大的商业机会。

第二，独特的战略资源优势。园区的开发建设、系统的大规模的产业集聚需要充裕的土地储备以及政策和区位优势。招商蛇口在大湾区的核心城市深圳的核心位置——蛇口、太子湾、前海、宝安国际会展中心区域拥有大量待开发的优质资源土地。随着粤港澳大湾区的不断发展，招商蛇口享受的独特政策和战略区位优势将日益凸显。

第三，丰富的城区和产业园综合开发运营经验。经过 40 年对蛇口工业区的建设运营，招商蛇口已经具备各项资源的综合整合能力，培养一定数量的既有专业业务能力又有丰富实践经验的管理团队，形成完整的城区和产业园区综合开发的体系和服务理念。公司的"前港—中区—后城"片区开发模式，以优质的产业、商业、教育、医疗、文化、环境等配套的分阶段完善，梯次满足人民对美好生活的需要，从而实现价值洼地向价值高地的变身。公司邮轮、园区和社区三大板块业务相互协同、互为促进，发挥不同阶段的经济效应。三大板块的协作发展，交叉运营，形成招商蛇口特有的发展路径和竞争优势。

三、强强重组，打造世界 500 强企业

2010 年 8 月 23 日，招商局集团在香港召开干部大会，宣布关于招商局集团主要负责人调整的决定：傅育宁担任招商局集团董事长，李建红担

任招商局集团董事、总裁。

2014年7月2日，招商局集团在香港召开干部会议，宣布招商局集团主要负责人调整的决定：李建红任招商局集团董事长，李晓鹏任招商局集团董事、总经理。

2014年4月17日，招商局集团董事长李建红参加中共中央政治局常委、国务院总理李克强在京主持召开的专题座谈会。会议以深入推进金融改革开放，助力实体经济升级发展为主题。邀请国家发展和改革委员会、财政部、中国人民银行等国务院9部委负责人及国家开发银行、中国农业银行、招商银行、人保集团等23家大型金融机构负责人参加。李建红董事长在会上作了专题发言。

2014年12月29日至30日，招商局集团在深圳召开务虚会，提出"建设具有国际竞争力的世界一流企业"的战略目标，勾画出"招商2020"和"招商150"的战略愿景。2018年初提出实现"世界一流"，"两步走"的战略安排：第一步，到2020年中国全面建成小康社会和2022年招商局创立150周年时，招商局初步建成世界一流企业，部分产业和企业达到世界一流水平。第二步，到2035年中国基本实现社会主义现代化时，集团要基本建成世界一流企业，多数产业和企业达到世界领先水平。

2015年2月5日至6日，招商局集团2015年年会在深圳召开。董事长李建红做了题为《蓄势、识势、用势，汇聚全集团之力乘势而上》的讲话，他指出：未来5到6年，我们要再造一个招商局，主要经营和资产指标基本都要在2014年的基础上翻一番。在产业方面，要基本培育出三个"世界一流"（即世界一流的航运企业、世界一流的港口综合服务商、世界一流的供应链物流服务商）、四个"全国领先"（即国内领先的城市综合开发和运营服务商、国内领先的金融控股集团和特色金融服务商、国内领先的高速公路投资服务商、国内领先的海空装备服务商）。同时，努力在保险、资产管理、高端邮轮旅游等产业领域培育出一批新的增长点，使招商局成为全球和国内相关行业的资源整合者和产业链的重要参与者与集成者。我们有信心通过五年的发展，到"十三五"末，将招商局打造成为"有质量的、有可持续发展能力的世界500强"，基本形成世界一流企业格局。

2015年4月3日，招商地产（000024.SZ）停牌。

2015年6月26日，招商局蛇口工业区完成股份制改造。

2015年9月16日，国务院国资委批准招商蛇口吸收合并招商地产及募集配套资金的总体方案。由招商蛇口拟发行 A 股股份换股吸收合并招商地产，招商地产将被注销，招商蛇口将作为存续公司承继及承接原招商地产的全部资产、负债、业务、人员等。招商蛇口与招商地产合二为一。原招商蛇口作为一个蛇口工业区的开发主体，自筹资金，独立开发、建设一个相对独立的城区，主要负责工业园区开发运营等业务。招商地产前身为蛇口招商港务股份有限公司，是 1999 年由招商局将招商房地产、招商供电、招商供水公司合并而成的地产上市主体。主要业务包括港口、房地产以及相关配套。2001 年港口业务剥离，并且更名为招商地产。公司主营业务变为房地产开发与销售、出租物业经营以及园区供水供电（包括蛇口工业园区）。

2015 年 9 月 17 日，招商地产公布重组方案，由招商蛇口拟发行 A 股股份换股吸收合并招商地产，招商地产将被注销，招商蛇口将作为存续公司承继及承接原招商地产的全部资产、负债、业务、人员等。招商局蛇口工业区、招商地产板块合二为一。

2015 年 9 月 18 日，完成所有的资产评估。

2015 年 10 月 9 日，股东大会 98% 高票通过 B 股转 A 股方案、配套融资、股权激励等方案。

2015 年 11 月 5 日，商务部原则同意招商蛇口吸收并合并招商地产及募集配套资金的有关事项。

2015 年 11 月 27 日，中国证监会核准招商蛇口吸收合并招商地产及募集配套资金的有关事项。

2015 年 11 月 30 日上午，中央政治局常委、国务院副总理张高丽视察招商局深圳西部港区。张高丽副总理高度肯定招商局在践行国家"一带一路"倡议中做出的积极探索和卓有成效的贡献。对于招商局把前港后园的模式创造性地运用到白俄罗斯的中白工业园和立陶宛的克莱佩达港，整合国际资源给予特别的肯定和鼓励，表示中央对于招商局所做的有关工作给予了很高的评价。他勉励招商局继续在推进"一带一路"倡议中做出更大的贡献。

2015 年 12 月 30 日，招商局蛇口工业区吸收合并招商地产 A 股、B 股在深圳证券交易所挂牌整体上市，证券简称为"招商蛇口"。新公司全称为招商局蛇口工业区控股股份有限公司，股票代码为 SZ001979。这是中国证监会特批的代码，意为招商局蛇口工业区 1979 年诞生。招商局蛇口工业区控股股份有限公司发行 A 股换股吸收合并招商地产 A 股、B 股，实现整体上市并配套募集资金方案，是国内首例 A+B 股同时被换股吸收合并转换为新上市公司 A 股的案例，同时，方案还实现新加坡上市 B 股退市并参与换股、吸收合并，同时配套募集资金，首次在吸收合并同时引入近 120 亿元战略投资实现混合所有制改革，同步实施员工持股计划等诸多创新之举，开创中国资本市场的先河。通过本次重组，招商蛇口实现整体上市、混合所有制改革、解决 B 股历史遗留问题、建立长效激励机制等多重目标，并募资 120 多亿元用于前海蛇口自贸区的发展，积极参与国家"一带一路"倡议实施。12 月 30 日，招商蛇口 A 股在深圳证券交易所主板上市，普通股股份总数为 740 179.76 万股，按开盘参考价 25.30 元 / 股估算，招商蛇口的总市值达 1873 亿元。可以说，本次方案是国有企业通过资本市场深化国企改革、践行国家战略的典范之作。招商蛇口是招商局集团旗下城市综合开发运营板块的旗舰企业，也是集团内唯一的地产资产整合平台及重要的业务协同平台。招商蛇口聚合原招商地产和蛇口工业区两大平台的独特优势，成为中国领先的城市和园区综合开发运营服务商，聚焦园区开发与运营（提升产品价值，补充成片土地资源，提高全产品线开发能力）、社区开发与运营（提高全产品线开发运营能力，提升产品价值，补充优质资源）、邮轮产业建设与运营（完善基础设施，加速港区发展，以港兴园，聚集邮轮上下游产业）三大业务板块，以"前港—中区—后城"独特的发展经营模式，以打造智慧城市、智慧商圈、智慧园区、智慧社区为目标，推动城市升级发展。

2016 年 2 月，在 2016 年工作年会上，招商蛇口提出：新公司要在转型中求变、在转型中求新、在转型中求进，发挥聚合效应、强化内部协同、打造蛇口自贸区样板、配合国家"一带一路"倡议、创造突出业绩贡献，早日成为中国领先的城市及园区综合开发和运营服务商。会议强调，招商局集团在招商蛇口整合之初，即为招商蛇口确定"133341"战略，即"一个战略定位"："成为中国领先的城市及园区综合开发和运营服务商"；"三大业务板块"："社区运营、园区运营、邮轮运营"；"三项核心能力"："项目开发、运营服务、资产管理"；"三种基础策略"："区域聚焦、城市深耕、转型发展"；"四大业务抓手"："产、网、融、城一体化"；"一大驱动力量"："创新驱动"。

2016 年 7 月，招商蛇口发布全新品牌体系，公司采用单一品牌架构，即"招商蛇口"主品牌。具体包括品牌定位："城市升级引领者"；品牌使命："用对待生命成长的方式升级城市"；具体包括品牌能力支柱："自然持续、多元丰盛、创新赋能、尊重谦和、以人为本"；品牌个性："丰盛、从容、活力、融于自然"；品牌推广语："城市生长的力量"以及品牌写真。

2016 年 8 月 29 日，招商蛇口和华侨城联合体以 310 亿元成功夺标深圳宝安区大空港新会展中心（一期）配套商业用地，此举超越此前广州亚运村保持的 255 亿元的全国纪录。该商业用地组团包含 11 宗土地，出让宗地总面积共计 52.82 万平方米，规定总建筑面积 154.33 万平方米，包括商业、酒店和商务等分项功能建筑。大空港地区位于宝安区北部，由广深高速、机荷高速延长线、珠江治导线、深莞行政界线、茅洲河、松福大道、福海大道围合区域，总规划面积 95 平方公里。其中空港新城位于该地区北部，规划面积 45 平方公里。战略定位是前海功能拓展区、海上丝绸之路互联互通枢纽区、大湾区经济核心区、国际一流空港都市区。2017 年 6 月 17 日，招商蛇口与深圳市宝安区政府签署战略合作框架协议，双方正式确立战略合作关系，合作范围包括在宝安区范围内园区开发与运营、城市更新、社区开发与运营、产业投资、合作招商等领域。深圳宝安区联手招商蛇口，重点打造大空港 + 海滨小镇 + 海上田园。从海港到空港开发，是招商蛇口战略投资的又一跨越。

2016 年 12 月 15 日，国务院国资委批复同意《关于招商局蛇口工业区控股股份有限公司实施首期股票期权激励计划的批复》，原则同意公司实施股票期权激励计划。

2016 年 12 月 29 日，招商蛇口完成公司股票期权激励计划首次授予登记工作，共向 252 名激励对象授予 4407.6 万份股票期权，行权价格为 19.51元 / 股，期权简称：招商 JLCI，期权代码：037047。

2016 年，是招商蛇口重组上市后的起步之年。招商蛇口通过园区、社区、邮轮三大业务版块的综合开发和运营服务，整合中高端配套，带动产业转型、城市升级，孵化、培育、推动城市有机生长；以特有的"产、网、融、城一体化"模式，培植汇聚各类资源、多方优势互补协同的有效平台和产业生态圈，营造国际化、现代化、生态化的城市氛围和无限活力；着力筑造绿色低碳、健康环保、生机盎然的城市空间，满足人们生活、工作、生命周期的不同需求，实现人们对城市生活的憧憬。截至 2016 年底，招商蛇口社区开发与运营城市布局已覆盖布局全国 36 个城市及香港、新西兰等海外地区，园区开发与运营方面，在立足蛇口样板园区升级改造的同时，在广州、重庆、青岛、镇江等多个城市开展主题特色产业园区的开发和运营。邮轮产业方面，招商蛇口在全国邮轮港口进行网络化布局及商业模式复制，实现"船、港、城、游、购、娱"一体化联动管理，构建集旅游地产、母港经济、邮轮产业于一身的高端旅游服务生态圈。招商蛇口已初步完成深圳、厦门、青岛、上海等沿海城市的邮轮母港布局，树立中国本土邮轮品牌，建设具有全球影响力的邮轮产业标杆。

2017年1月，在招商蛇口2017年工作年会上，招商蛇口再次明确提出以打造"改革创新、转型发展、自贸区建设、资本市场"四个新标兵为抓手，围绕"133341"战略的有效落地，建设能力，提质增效，为迈向千亿元销售打下坚实基础。招商局集团董事长李建红强调，招商蛇口要着重提升三种能力。一是提升创新能力。将创新看成使命，坚持创新驱动，增强创新的紧迫感、动力和活力，实现弯道超车。二是提升整合能力。由原来的内生增长"单轨制"发展模式向内生增长、外部兼并收购"双轨制"发展模式转变。内生增长靠活力、动力，对外扩张兼并收购需要眼光和胸怀。三是提升战略实施、战略落地的能力。企业与企业竞争，企业家与企业家竞争，关键就是看战略实施能力，看战略能不能落地，能不能把"思想变为现实"。将目标转化为现实，体现的就是执行力。优秀企业家与一般企业家的区别，是能把不可能变成可能，能实现"心想事成，梦想成真"。

2018年2月，在招商蛇口2018年会上，招商局集团董事长李建红，结合新形势，提出两方面工作要求：一是立足长远、把握当下，做新时代新标兵；二是在新征程上贡献新作为。李建红说，十九大后，中国特色社会主义进入新时代，中国经济发展也进入高质量发展的新时代。招商蛇口作为改革开放的先行者，要立足长远、把握当下，切实转变发展理念，从追求规模增长向追求"有质量、有效益、有特色"转变，争做新时代的新标兵，为世界一流企业建设作出更多更大的贡献。要充分利用发展机遇，加快推动高质量发展，打造"质量第一、效益优先、特色鲜明"的城市和园区运营服务商，成为"业界的招行"。新征程要有新作为，一是创新驱动有新作为。"招商血脉、蛇口基因"核心就是改革创新。招商蛇口要继续提高创新能力与水平，在商业模式、管理体制、科技创新等方面争取更大成果。二是人才驱动有新作为。三是在防范风险上有新作为。注意防范流动性风险，防范分化格局下部分城市、地区的资产贬值风险，补短板、固底板，杜绝风险盲区、盲点和死角，防范风险于未然。李建红指出：招商蛇口是一个有历史内涵、精神内涵的品牌，在中国改革开放史上，招商局蛇口工业区是一面旗帜、一个精神符号。在步入新时代、打造新标兵的今天，我们更要不忘初心、勇于担当，肩负新的历史使命，当好改革开放的促进派和实干家，当好创新的推动者和实践者，无私奉献青春和智慧、力量，为实现中华民族伟大复兴的中国梦谱出新篇章！招商蛇口提出，坚决贯彻落实集团打造"四个新标兵""做业界招行"的最新要求，以关键任务为抓手，提升能力、提质增效，进一步落实"133341"战略，致敬改革开放四十周年。目前招商蛇口在社区运营、园区运营、邮轮运营方面已经形成多种内容供应元素。在医疗、健康、养老、教育、文化等运营服务领域，正积极探索新的发展模式，加快项目落地。招商蛇口将沿着城市功能升级（邮轮母港、会展中心、文体场馆、城市客厅、历史街区、环境配套）、生产方式升级（孵化器、联合办公、主题园区、智慧写字楼、精品酒店、长租公寓）、生活方式升级（品质住宅、精品园林、智慧社区、体验式商业、大健康配套、大教育配套）三大系列，持续升级迭代招商蛇口"美好生活圈"全生命周期产品体系，以生活品质为目的、以城市生长为半径、以生命周期为广度，为人民打造美好生活新方式。招商蛇口以"产、网、融、城一体化"推动城市功能升级、产业服务升级、产品功能升级、生活方式升级，不断实现人们对城市美好生活的憧憬。

截至 2017 年末，招商蛇口总资产为 3326.21 亿元，净资产为 927.83 亿元，实现签约销售额 1127.79 亿元（首次突破千亿元）、营收 754.55 亿元、每股净利润 122.2 亿元，比规划提前一年实现"千亿销售、百亿利润"的目标。公司业务覆盖全球近 50 个城市和地区，开发精品项目超 300 个，服务百万名客户。2017 年全国多达 17 家房企踏入千亿俱乐部，年销售额 2000 亿—3000 亿元房企 4 家，5000 亿元以上就有 3 家。TOP10 的门槛值高达 1450 亿元。可以说，1000 亿元将是生存的门槛，2000 亿—3000 亿元是发展的基石，5000 亿元才能成为王者的敲门砖。招商地产为何在地产过去十年中逐渐掉队？曾几何时，"招保万金"（招商、万科、保利、金地），被称为中国房地产上市公司"四强"。2000 年，万科全年营业收入为 38.7 亿元，招商地产是 29 亿元，两家的主营业务收入相差并不大。但在随后的数年中，万科和龙湖、碧桂园、恒大等后起之秀迅猛发展，央企招商地产却渐落下风，沦落到二线房企阵营。2017 年，中国房地产公司销售额排名，招商蛇口居第 14 位，重组上市后的招商蛇口，正在努力追赶。

任何行业快速或者高速发展时，都隐藏着隐患和风险。招商蛇口要实现"中国领先的城市和园区综合开发运营服务商"的公司愿景，唯有改革创新，没有他路可走。

因此，招商蛇口以更开放、更长远、更全面、更深刻、更有效、更有力等"六个更"为基本原则，适时启动"质效提升百分之一工程"。招商蛇口通过反复的酝酿和研讨，形成"重构总部、做实战区、做专兵种"为核心的总体组织变革方案，以及公司总部—事业部和专业公司—区域总部和城市公司的分步实施计划。这场变革的实施从总部着手，以高度匹配战略目标和真正满足战略运营需求为原则，梳理总部职责，明确下放事权，厘清管理边界，实行精干高效的大部门制，将总部职能重构为战略运营、风险管控、综合保障三模块。与此相应的是，招商蛇口将按照新的部门职责，重新设岗定编，精简中层管理职数。大部门制的核心是将部门配置重新整合，理顺部门间的关系，削减职能相似与交叉的部门，从而提高行政以及运营效率。在推进总部组织变革过程中，招商蛇口关注干部员工的胜任度、敬业度、贡献度，以调结构、提质量、促效率为目标，制定部门管理人员的选聘办法及多渠道的员工配置措施，在最大程度上实现"人尽其才"。通过中层干部的公开选聘及员工的重新盘点配置，优化"岗人匹配"，激发团队活力。同时，事权的进一步下放，将会有更多的总部员工到一线单位工作，强化一线经营管理力量，实现干部交流常态化的目的，修订出台外派员工管理制度。实施变革前，招商蛇口包含管理系列和技术系列在内的总部中层干部 76 人，优化后 57 人，减少 19 人；部门管理人员优化前 56 人，优化后 29 人，减少 27 人，其中 18 人充实到了区域总部、事业部或专业公司。

四、积极参与打造自贸区建设新标杆

2014 年 12 月 31 日，国务院发出《关于同意设立中国（广东）自由贸易试验区的批复》（国函〔2014〕176 号），批复设立中国（广东）自由贸易试验区，实施范围 116.2 平方公里，涵盖三个片区：广州南沙新区片区

60 平方公里，深圳前海蛇口片区 28.2 平方公里，珠海横琴新区片区 28 平方公里。其中前海蛇口片区分为前海区块（15 平方公里，含前海湾保税港区 3.71 平方公里）和蛇口区块（13.2 平方公里，其中有招商局蛇口工业区 9.4 平方公里、招商局国际西部港区 3.8 平方公里）。2015 年 3 月 24 日，中共中央政治局审议通过《中国（广东）自由贸易试验区总体方案》。2015 年 4 月 8 日，国务院印发《中国（广东）自由贸易试验区总体方案》（国发〔2015〕18 号），战略定位为：依托港澳、服务内地、面向世界，将自贸试验区建设成为粤港澳深度合作示范区、21 世纪海上丝绸之路重要枢纽和全国新一轮改革开放先行地。

2015 年 4 月 27 日，中国（广东）自由贸易试验区前海蛇口片区正式挂牌。深圳市政府与招商局集团签署《关于深化合作加快推进中国（广东）自由贸易试验区前海蛇口片区发展建设框架协议》，在蛇口区块方面，深圳和招商局蛇口将打造一个门户、搭建"3+N"个平台，推动"四个突破"。深圳将致力于将前海蛇口片区打造成为 21 世纪海上丝绸之路桥头堡、枢纽港、始发地及深圳湾区经济建设的重要门户；围绕三大（交通运输、金融投资、房地产开发）核心产业，积极搭建城市转型升级发展大平台、金融创新发展大平台和国际枢纽港口大平台；在实现片区土地再规划、产业发展再升级、交通组织破瓶颈、重大项目快建设上取得突破。

2015 年 7 月 23 日，《中国（广东）自由贸易试验区深圳前海蛇口片区建设实施方案》公布，将前海蛇口自贸片区划分为三个功能区：（1）前海金融商务区，主要承接服务贸易功能，重点发展金融、信息服务、科技服务和专业服务，力求打造中国金融业对外开放试验示范窗口、亚太地区重要的生产性服务业中心。（2）以前海湾保税港区为核心的深圳西部港区，重点发展港口物流、国际贸易、供应链管理与高端航运服务，承接货物贸易功能，力求打造国际性枢纽港。（3）蛇口商务区，重点发展网络信息、科技服务、文化创意等新兴服务业，与前海区块形成产业联动、优势互补。

2015 年 7 月 30 日，前海蛇口自贸新城建设提质提速大会战誓师动员大会在前海创新商务中心工地现场启动，提出年底要完成的 10 项任务，包括前海港货中心启用、完善交通设施、拆除平南铁路深圳西站以南段、增加办公面积等。前海蛇口自贸新城建设包括道路交通、轨道交通、水环境、景观工程、地下空间、重大产业平台和综合体项目等。

2015 年 12 月 21 日，前海蛇口自贸区片区累计推出 102 项改革创新成果，31 项纳入广东自贸区首批 60 条创新经验，14 项在广东全省复制推广。

2016 年 6 月 18 日，招商局集团与前海管理局签署《关于组建合资公司推动前海蛇口自贸片区管理体制机制创新的框架协议》，合作成立深圳市前海蛇口自贸投资发展有限公司，招商蛇口控股子公司深圳市招商前海实业发展有限公司与前海管理局下属全资子公司深圳市前海开发投资控股有限公司各占 50% 股权，各自出资 5 亿元合资成立深圳市前海蛇口自贸投资发展有限公司。深圳市前海蛇口自贸投资发展有限公司，是深圳市委市政府与招商局集团为共同推进前海深港合作区开发开放、前海蛇口自贸片区创新发展而设立的核心战略合作平台，统筹前海妈湾片区 2.9 平方公里土地开发建设和产业运营，目标是成为全球领先的自贸园区综合开发和运营服务商。2016 年 9 月 21 日，深圳市前海蛇口自贸投资发展有限公司正式成立。

2016 年 8 月 15 日，招商蛇口与深圳国际控股有限公司签署战略合作协议。招商蛇口和深圳国际一致认为双方业务契合度高、资源互补性强，在物流领域、地产领域、公路领域和其他领域发展有着广阔的合作前景，一致决定双方达成长期的、全方位的战略合作伙伴关系。

2017 年 9 月 9 日，《中国（广东）自由贸易试验区深圳前海蛇口片区暨前海深港现代服务业合作区国民经济和社会发展第十三个五年规划纲要》颁布，提出坚持"四个全面"战略布局，牢固树立创新、协调、绿色、开放、共享发展理念，依托港澳、服务内地、面向世界，围绕建设粤港澳深度合作示范区、21 世纪海上丝绸之路重要枢纽和全国新一轮改革开放先行地的总目标，以建设粤港澳大湾区战略枢纽为突破口，以高端产业为引领，以基础设施为支撑，创建国际化、法治化、市场化、便利化的世界一流营商环境，重点发展金融、现代物流、信息服务、科技服务等战略性新兴服务业，全面建成前海蛇口自贸城、前海国际金融城、香港现代产业城、蛇口国际枢纽港等"三城一港"，全力打造"一带一路"倡议支点、最具中国质量的粤港澳合作新平台和中国自由贸易试验区新标杆。具体来讲，前海蛇口片区的战略定位有：（1）建设标杆型中国自由贸易试验区。（2）构建高标准的国际品质滨海生态新城。（3）国家金融业对外开放试验的示范窗口。（4）打造"一带一路"倡议支点。（5）打造粤港澳合作的新平台。（6）构建服务经济和未来产业高地。（7）营造更具辐射带动力的引擎区域。（8）建设中国特色社会主义法治示范区。（9）建设国家人才管理改革试验区。

2017 年 7 月 13 日，深圳市规划和国土资源委员会发布《中国（广东）自由贸易试验区深圳前海蛇口片区综合规划》，规划范围约 37.9 平方公里，规划范围包括两个部分：一是国务院批复的自贸区范围，面积 28.2 平方公里；二是考虑规划片区完整性、系统性和连续性，将前海蛇口自贸片区及周边地区一并纳入规划，促进前海蛇口自贸片区及周边地区协同发展。规划区定位为"立足港澳、服务内地、面向世界的粤港澳深度合作示范区和城市新中心、'一带一路'倡议支点"。规划目标为：要素自由流通的全球开放之城、深港共建的国际创新之城、滨海宜人的绿色人文之城。空间方案显示，总体结构为"一港两带七板块"。其中"一港"为蛇口国际枢纽港，包括妈湾港、赤湾港（图 6-13）和蛇口港三个作业区。以建设国际集装箱枢纽港和亚太国际邮轮母港为目标，提升港口效率、升级港口功能、集约利用土地、强化产城协同、优化疏港交通。"两带"为滨海生态文化休闲带和城市综合服务功能带，包括：（1）滨海生态文化休闲带——布局邮轮游艇、海上休闲、会议交流、博物展示、文化演艺、娱乐消费等功能，东西链接深圳湾和宝安海岸，形成集生态、景观、文化于一体的高品质滨海公共活动带。（2）城市综合服务功能带——依托轨道等公共交通服务，沿梦海大道和南海大道重点布局金融商务、科技服务、创新产业、创意设计、教育培训、医疗康体、居住生活等综合功能，形成城市综合服务功能集聚的发展带。"七板块"，包括：（1）桂湾版块包括桂湾组团，重点发展金融服务业和商务服务业，吸引金融企业总部集聚，建设国际金融城和全球总部中心。（2）前湾版块包括前湾组团，重点发展商务、科技及信息服务等生产性服务业，兼顾承接桂湾片区和妈湾片区的功能拓展。同时安排体育、教育、医疗等在内的公共服务业，建设香港现代产业城和功能复合的综合发展区。（3）妈湾版块包括妈湾组团，重点发展跨境贸易、现代物流、航运物流、供应链管理、创新金融及其他专业服务业等，建设前海蛇口自贸城、具有区域影响力的国际商贸中心和全球供应链管理中心。（4）邮轮母港版块包括邮轮母港组团，重点发展邮轮旅游、文化创意、旅游服务、科技服务及信息服务等生产性服务业，建设国际邮轮旅游发展试验区和深圳"海上门户"。（5）蛇口版块包括蛇口中组团和蛇口沿山组团，重点发展科

图 6-13　2015 年，赤湾港

技研发、信息服务、科创金融、文化创意等产业（图 6-14、图 6-15），建设深圳智能科技研发中心和科创企业孵化平台。（6）赤湾版块包括赤湾组团，重点发展商务、科技、信息服务等生产性服务业、文化创意产业及现代物流产业等，建设科技创新服务区和文化创意聚集区。（7）大小南山版块包括小南山北组团、大南山西组团和大南山北组团，重点发展体育、教育、配套等公共服务业和生活服务业。总体规模为：规划区总建筑规模 4725 万平方米，产业建筑面积为 2500 万—2600 万平方米，居住建筑面积为 1500 万—1600 万平方米。规划就业人口规模约 88 万人，居住人口规模约 60 万人。

　　作为前海蛇口自贸试验区片区的最大建设主体，招商蛇口肩负着自贸片区建设和运营的战略重任。企业化管理，市场化运作，充分挖掘体制机制创新红利和深港合作，是前海蛇口自贸区相比其他自贸区最突出的优势。招商蛇口拥有近 2000 万平方米土地储备，50% 左右在深圳前海蛇口自贸区，蕴藏巨大发展机会。招商蛇口目前正在打造国际枢纽港口、城市转型升级发展和金融创新发展三大战略大平台。在产业发展再升级、片区土地再规划、交通组织破瓶颈、重大项目快建设上实现“四个突破”。积极在自贸区配套设施建设、邮轮母港、平台建设、贸易投资便利化、跨境电子商务、金融改革与互联网＋等领域进行突破创新，推动“绿色、智慧自贸区”建设，为把前海蛇口自贸区建设成为深港合作先行地、亚太地区重要生产性服务业中心、世界服务贸易重要基地和国际性枢纽港做出新贡献，打造成为中国自由贸易试验区建设的新标杆。

　　招商蛇口已完成蛇口自贸区片区的产业规划、空间规划、交通规划，深圳港西部港区的散杂货码头、油气码头将陆续迁出，面粉厂、油脂厂等临港工业也将完成外迁，重金打造的太子湾邮轮母港投入使用。2016 年来，

图 6-14　蛇口海上世界

图 6-15　蛇口港区俯瞰

招商局前海自由贸易中心、太子湾自贸启动区、蛇口滨海深港创业创新产业带、蛇口网谷离岸数据中心等城市升级重点项目如期启动，新项目不断取得新进展。2017 年 8 月 31 日，前海深港设计创意产业园二元桥项目正式启动，定位为以深港新兴的文化创意产业为支撑，融合香港国际化设计资源和深圳广阔市场需求，打造以文化创意为核心，以设计、影视、科技、金融、信息为外延的"1+N"产业平台。

2017 年，前海蛇口自贸片区完成固定资产投资额达到 430.83 亿元，注册企业实现增加值 2030.26 亿元，实现税收收入 344.98 亿元，实际利用外资 44.48 亿美元。截至 2017 年底，前海蛇口自贸片区累计注册企业 16.49 万家，开业运营 6.68 万家，开业率达 40.53%。2017 年，前海蛇口自贸片区全年新增注册企业 4.44 万家，新增注册资本 2.36 万亿元；世界 500 强新增设立企业 60 家，总量达到 323 家，内地上市公司新增投资设立企业 71 家，总量达到 625 家，纳税千万元企业总数达到 549 家。2017 年，前海蛇口自贸片区新增注册港资企业 2482 家，新增注册资本 3140.32 亿元；全年注册港资企业实现增加值 486 亿元，占比 23.9%；纳税 91.87 亿元，占比 26.6%；完成固定资产投资 161.24 亿元，占比 37.4%；实际利用港资 43.30 亿美元，占比 97.4%；截至 2017 年底，片区累计注册港资企业 7102 家，注册资本 8705.42 亿元。在经济增长的同时，坚持开发开放，制度创新取得丰硕成果。截至 2017 年底，累计推出制度创新成果达 319 项，全国首创或领先 131 项，其中全国复制推广 8 项、广东省推广 49 项、深圳市推广 31 项。前海蛇口片区成为新一轮改革创新的引领区，走在全国自贸试验区制度创新的"第一方阵"。

五、积极参与打造海上丝绸之路桥头堡

推进"丝绸之路经济带"和"21世纪海上丝绸之路"建设，是以习近平同志为核心的党中央统筹国内国际两个大局，顺应地区和全球合作潮流，契合沿线国家和地区发展需要，立足当前、着眼长远提出的重大倡议和构想。2014年12月，中共深圳市委市政府召开工作会议，提出将"大力发展湾区经济，建设21世纪海上丝绸之路桥头堡"作为新时期深圳发展的重大战略。2015年3月，广东在全国率先发布《广东省参与建设"一带一路"的实施方案》，提出将广东打造成为"一带一路"倡议的枢纽、经贸合作中心和重要引擎。2017年5月，中共深圳市委提出，加快打造"一带一路"枢纽城市。作为中央管理的大型国有骨干企业，招商局集团及其下属招商蛇口自觉把企业战略融入国家战略，努力做"一带一路"倡议积极实践者和勇敢探索者。招商局集团一直以国际视野、开放心态，并借"一带一路"倡议，立足两种资源、两个市场，加快推进国际化进程。2014年底，根据国家赋予的前海蛇口功能定位，招商局提出打造21世纪海上丝绸之路桥头堡、枢纽港、始发地。

第一，积极构建全球物流网络。21世纪海上丝绸之路建设离不开航运业。航运业是招商局的传统产业。截至2017年底，集团航运业务船队总运力达3295万载重吨，排名世界第三；加手持订单，总运力达4500万载重吨，排名世界第二。集团投入运营的VLCC有43艘，手持VLCC订单10艘，拥有世界一流、全球领先的超级油轮船队；拥有和管理世界规模领先的超大型矿砂船队VLOC8艘（手持订单20艘）和LNG船队；VLCC和VLOC的规模均排世界第一。2015年12月，经国务院批准，中外运长航整体并入招商局集团。中外运长航是中国最大的综合物流运营商，第三方物流和货运代理服务分别位居全球第六名和第五名。2017年7月，招商局集团设立物流航运事业部，与中外运长航实行"一套班子、两块牌子"。目前，招商局集团拥有完善的物流服务网络，业务范围覆盖全球主要贸易国家和地区。截至2017年底，招商局已在20个国家和地区拥有52个港口；集团境外企业总资产达7240亿元、营业收入583亿元、利润总额34亿元，境外实体企业193家，分布于五大洲44个国家和地区，形成遍布东南亚、

南亚、非洲、欧洲、大洋洲等地的港口、物流、产业园区及金融服务网络。特别是与"一带一路"高度契合，在"一带一路"沿线 30 多个国家和地区拥有 100 多个公司，其中重点在白俄罗斯、吉布提、多哥、斯里兰卡和坦桑尼亚进行投资建设。招商局集团主要聚焦于中国香港、新西兰、澳大利亚、"一带一路"沿线国家和其他英语系国家的一线门户城市。

第二，积极构建"一带一路"港口网络。招商局港口是中国最大、世界领先的港口开发、投资和营运商。招商局以港口业务为龙头，物流、园区、海工、金融等产业为支撑，沿着"一带一路"、高增长区域等重要战略节点寻机布局。在港口方面，招商局集团及其下属企业在全球投资布局港口网络，在全球 20 个国家和地区拥有 52 个港口，已经形成遍布于东南亚、南亚、非洲、欧洲、大洋洲等地的港口、物流、金融及产业园区网络，而且大都位于"一带一路"沿线国家和地区的重要点位，包括科伦坡国际集装箱码头（CICT）、吉布提港、土耳其 Kumport 港、尼日利亚庭堪国际集装箱码头（TICT）、多哥洛美集装箱码头（LCT）等。招商局集团在斯里兰卡投资的科伦坡集装箱码头，改变斯里兰卡不能停靠大型集装箱船舶的历史，远洋集装箱班轮航线直达科伦坡。2008 年开始，招商局港口就开始实施海外战略。2010 年，收购尼日利亚 TICT 集装箱码头 47.5% 股权，正式进入海外港口市场。2011 年，成功持有斯里兰卡 CICT55% 股权，这是招商局港口第一个海外控股的码头。2014 年 9 月 16 日，在国家主席习近平、斯里兰卡总统拉贾帕克萨的共同见证下，招商局国际与斯里兰卡政府签署斯里兰卡汉班托塔港二期集装箱码头 SOT 项目关键条款协议，以及开发斯里兰卡国际航运中心的框架协议两项协议。习近平主席视察招商局科伦坡码头（"CICT"），招商局集团董事长李建红率领招商局国际和 CICT 团队迎接并向两国元首汇报招商局在斯里兰卡的发展情况。2015 年 12 月 1 日至 3 日，招商局集团李晓鹏总经理拜会斯里兰卡总理拉尼尔·维克勒马辛哈，并考察汉班托塔港二期项目。维克勒马辛哈总理表示，斯里兰卡政府正努力将由招商局参与投资的科伦坡打造成为国际航运、物流和制造业中心，同时也关注国内不同区域的协同发展，希望加强同招商局的合作，吸引更多外资，促进斯里兰卡的经济发展。李晓鹏总经理阐述招商局拟在斯里兰卡开展"三加三（Three Plus Three）"合作的构想，即通过海外母港建设、自贸区规划建设、城区建设等三个途径帮助斯里兰卡升级成为国际航运中心，通过加大投资、合作引进中国政府优惠贷款、金融租赁等三种模式为斯里兰卡经济发展提供组合金融服务。2013年2月5日，招商局国际有限公司与吉布提港有限公司在吉布提签约，收购其已发行股本的23.5%，正式入股吉布提港有限公司，成第二大股东，投资修建现代化的多哈雷多功能码头，设计年吞吐能力700万吨。招商局正在将吉布提由一个贫穷落后的小国逐步打造为区域航运中心、物流中心、贸易中心，建设一个东非的"蛇口"。

第三，积极推进中白工业园项目和中欧物流大通道建设。招商局集团利用多年工业园区开发经验，参与"一带一路"的标志性项目——中白工业园的开发和运营管理。招商局重点推进中国—白俄罗斯工业园区项目的开发和运营管理，直接投资5亿美元的中白商贸物流园首发区已建成投入营运，为中白工业园首个建成投产项目。中白工业园是白俄罗斯招商引资的最大项目，也是中国最大的海外工业园区。习近平总书记特别强调，要把中白工业园"打造成丝绸之路经济带上的明珠和双方互利合作的典范"。在"中白工业园"建设过程中，招商局集团积极与白俄罗斯政府深入沟通，从全面维护白俄罗斯国家长远利益出发，把生态环境保护作为园区开发首要任务，建立投资项目负面清单制度，出台《中白工业园生态环保管理规定及实施办法》，得到当地民众的赞赏。在双方共同努力下，中白工业园逐渐成为"一带一路"的标志性项目之一。招商局集团又针对白俄罗斯区位优势和内陆国家特点，创造性提出中白工业园的发展方案，提出"12234"开发战略，即"一带一路"、跨越两国（白俄罗斯、立陶宛）、沟通两区（欧亚经济联盟、欧盟）、连接三点（白俄罗斯中白工业园、立陶宛考纳斯自贸区、立陶宛波罗的海克莱佩达港）、融合四流（公路、铁路、航空、海运物流），通过立陶宛打通中白工业园到波罗的海的物流大通道，通过跨境铁路直接连接"前港"和"中区"，解决白俄罗斯作为内陆国家与欧盟市场之间的贸易往来问题，为中白工业园发展提供全新思路，为长期以来困扰中白工业园的招商引资难题找到一条可行的破解途径。目前正加快落实在立陶宛的投资布局，锁定克莱佩达港口、海铁联运综合物流项目，打通中白工业园区与立陶宛之间的出海大通道。同时，着力通过"津新欧""粤新欧""沪新欧"等打通中欧物流大通道。目前"粤新欧"已开通每周四班到欧洲和中亚的固定班列。

第四，复制"前港—中区—后城"的蛇口模式到海外。招商蛇口在有条件的"一带一路"沿线国家复制"前港—中区—后城"模式，以获取更多优质的资源，承担更多的建设重任，实现更大的商业价值。目前招商蛇口将依托其新模式，走向国内外，因地制宜地把"蛇口样本"在东非国家吉布提等"一带一路"沿线国家进行落地。硬环境建设包括建设一流的港口设施，打通港口与腹地之间的集疏运通道，开发产业园区、物流园区、自由贸易区等，建设产业发展所需的商业配套设施和生活配套设施。软环境建设则包括通关、结算、支付、物流、培训等服务。招商局集团入股吉布提港后，为其建设新港，推动老港区搬迁，开发大自贸区，得到各方的高度认可。这种模式即以港口为龙头和切入点，以临港的产业园区为核心和主要载体，系统解决制约东道国产业转移的硬环境短板和软环境短板，打造国际产能合作的平台。2018 年 9 月 4 日，在招商局集团董事长李建红与吉布提共和国总统伊斯梅尔·奥马尔·盖莱等见证下，招商蛇口董事总经理许永军和吉布提港口与自贸区管理局主席哈迪签署《吉布提老港改造项目合作谅解备忘录》，启动吉布提老港改造工作。招商蛇口将运用其在城市和园区综合开发运营服务方面的专业能力、丰富经验和管理优势，把东非的 CBD 规划好、建设好，使"前港—中区—后城"模式在吉布提全部落地。招商局集团今后将继续在海外复制这一模式，打造国际产能合作的平台。

第五，积极参与"一带一路"人文交流。2015 年 3 月 26 日，招商蛇口与北京外国语大学签署相关协议，双方将在蛇口创意学谷合作共建"丝绸之路研究院"。该研究院涵盖内容主要包括：建设服务国家"一带一路"倡议的新型智库；积极开展协同创新，在蛇口创意学谷打造符合"一带一路"倡议要求的产学研平台；培养"一带一路"倡议急需的国际化、创新型人才；开展研究成果的体现、转化；深化人文交流等。

2018 年 9 月 2 日，在招商局集团董事长李建红、中国国际贸易促进委员会会长姜增伟、深圳市委常委、前海蛇口自贸片区管委会主任田夫等领导的见证下，深圳市前海蛇口自贸投资发展有限公司总经理胡勇与中国国际贸易促进委员会台港澳中心主任陈志团代表双方在北京签署合作备忘录，拟在深圳前海共同建设"中国贸促前海中心"项目。姜增伟表示，当前全球贸易形势错综复杂，中国国际贸易促进委员会作为全国性对外投资贸易促进机构，在推动企业与国际贸易规则全面对接，促进国家对外开放、"一带一路"建设方面责任重大。未来中国国际贸易促进委员会将携手深圳市、招商局集团，共同在前海建设"中国贸促前海中心"项目，整合中国国际贸易促进委员会国内外资源，打造对外开放的重要门户和平台，促进"一带一路"贸易投资、商事法律等服务创新，为提升中国企业的全球竞争力写下浓墨重彩的篇章。

第六，提升海外发展组织保障。充分发挥集团总部的引领和统筹作用，设立集团海外业务部，利用好招商投资的海外投资平台，调动各业务板块海外发展的积极性。适时设立非洲、中南美洲代表机构，加强海外业务协调。启动海外发展激励和考核机制，调动"走出去"的积极性。需要强调的是，要加强与中外运长航已有海外运营网络的对接与合作，避免重复投资，强化协同共享。

第七，发挥蛇口毗邻香港、外向型、国际化和招商局集团身处香港的优势，联动前海，形成深圳+香港的港口、机场互动群落，有效整合深港两地海空港资源，连通21世纪海上丝绸之路沿线港口、机场和重要节点城市，推动粤港澳大湾区建设，服务国家南海开发战略和"一带一路"倡议，参与世界范围的竞争合作，加快打造21世纪海上丝绸之路桥头堡、枢纽港、始发地。依托深圳西部港区作为招商局集团全球港口网络始发站的战略优势，支持其开展大规模的产业和资源整合，发展国际中转、国际船舶管理、航运保险和金融等高端航运服务业，以深圳前海蛇口片区为战略支点，推进深港两地海空港基础设施协同运营，促进深港超级港口群、机场群发展为世界一流的国际性枢纽港群，打造21世纪海上丝绸之路国际枢纽港，构建"一带一路"海上通道和智慧化港口服务中枢。

第七章

历史启示　招商蛇口为什么能成功

　　招商局蛇口工业区是中国第一个对外开放的工业区，也是中国内地办得最早的一个经济特区（出口加工区模式）。蛇口工业区的创办与发展，取得巨大成功。"蛇口模式"和"深圳速度"成为中国改革开放和现代化建设中两张非常靓丽的名片。

一、招商蛇口的成功之处及其因素

　　蛇口工业区创造了由一家企业独立地开发、建设、经营、管理一个工业区（社区）的成功案例，实现经济效益、社会效益、生态效益三位一体的可持续发展。蛇口工业区无论是作为一家企业、一个工业区，还是作为一个社区或城区，都取得巨大成功。招商蛇口之于深圳、之于国家都做出巨大贡献。

　　第一，创造经济发展的巨大经济效益。创造商业利润、创造经济价值是招商蛇口不变的追求。经过 40 年的开发、开放与建设，蛇口工业区发生了翻天覆地变化，从昔日一个偏僻荒芜的小渔村、"十屋九空"之地，发展成为今日环境优美、经济发达、社会繁荣稳定、投资环境和基础设施完善、社区功能齐全、人口约 25 万、年产值超过 600 亿元、年人均 GDP 超过 6 万美元的现代化、国际化、宜居宜业的海滨花园城区。在开发初期，这里每平方米土地年产值仅 2000 多元，但发展到今天每平方米土地年产值 5 万元，核心区域"蛇口网谷"更是高达 10 万元，成为"双创"高地。招商局仅以其利润留成的 5000 万港元在蛇口工业区起步，经过近 40 年的开发与建设，招商蛇口已发展成为一家拥有房地产、现代物流业、园区服务业和高科技业等产业群组，资产规模超过 3000 亿元的大型投资控股型企业集团。截至 2017 年底，招商蛇口总资产为 3326 亿元，净资产为 927.83 亿元，2017 年实现销售收入 1127.79 亿元、净利润 150.1 亿元，销售业绩站上千亿台阶。累计投资孵化企业超过 800 家。2016 年 1 月，招商蛇口（001979）在其披露的《投资者关系活动记录表》中表示，合并完成后，招商蛇口拥有近 2000 万平方米土地储备，50% 左右在深圳前海蛇口自贸区。百年招商创造了第二次辉煌，招商局集团总资产从 70 年代末仅为 1.3 亿港元，发展到 2017 年底的 7.3 万亿元，规模在央企中排名第一，2017 年实现利润总额 1271 亿元，在央企中排名第二，成为全国 8 家连续十四年荣获国务院国资委经营业绩考核 A 级的央企之一和连续四个任期的"业绩优秀企业"。无疑，对蛇口的投资是招商局历史上最成功、最赚钱的一笔投资之一。除此之外，招商蛇口还为国家创造了大量就业机会、税收收入（2017 年招商蛇口纳税 146 亿元）和外汇收入。可以说，招商蛇口创造了巨大的商业利润和经济效益。

第二，创造社会发展的巨大社会效益。招商蛇口 40 年发展，成功实现从工业区到现代化社区的转型，不仅创造了巨大的商业利益和经济效益，而且创造了巨大的社会效益。这里基础设施完善、社区功能齐全。招商蛇口一直扮演着社区角色，对社区设施投入大量的资金，兴建一批高标准的学校、培训中心、医院、商场、剧院、图书馆、广场、公园、住宅区、体育设施等生活和文化娱乐设施，在交通、教育、培训、卫生、住房、文化、社会保险等方面提供良好的公共服务，切实解决了员工和居民的民生福利问题。招商蛇口一直严守国家法律法规和商业道德，不断完善内部管理，全面推进风险控制与廉政建设工作，以诚信、稳健、合规的运营夯实公司发展根基。在抓紧产业发展和经济建设的同时，招商蛇口积极发展社会事业，建设与之相适应的企业文化、公益文化和社区文化，不断提高人们的文化素质和生活质量，做到经济与社会、文化相辅相成，为员工和居民创造了一个秩序井然、生活充实的环境。这里环境优美，干部廉洁，学习氛围浓，治安良好，社会风气好。这里不但宜业，而且宜居，取得物质文明和精神文明建设的双丰收。多年来招商蛇口肩负起作为央企应有的社会责任，助力社会公益事业，为构建和谐社会贡献自身的力量。更主要的是，蛇口工业区作为中国改革开放的先行者、试验区，为全国改革开放做出重要探索，提供经验借鉴。它所创造的社会价值，是无法用数字来估量的。

第三，创造环境建设的巨大生态效益。绿色是现代和谐文明园区的基调和象征。蛇口工业区创业者始终把环境保护、植树造林和绿化放在重要的位置，把创建人与自然和谐相处的现代文明园区作为自己的使命，提出"把蛇口建设成最适合人类居住的地方"。蛇口工业区在建设中采取了以下五个方面措施。一是拒绝污染产业。1979 年，蛇口工业区提出"五个不引进"（来料加工项目不引进，补偿贸易项目不引进，残旧机器设备不引进，不能处理的污染工业不引进、占用国内配额的项目不引进），拒绝"夕阳工业"和"垃圾工业"。1989 年，又提出："纯劳动密集型的企业不引进"。1997 年提出"六禁止"，包括：（1）简单来料加工型企业；（2）投资少于1000 万港元的工业项目；（3）投资不足 100 万港元的第三产业项目；（4）技术落后的淘汰型产业；（5）"三废"严重，污染处理不好的企业；（6）技术含量低的劳动密集型工业。2009 年提出"新四化"，其中包括"城区环境低碳化"。二是加强环境保护。蛇口工业区先后建立第一、二和综合污水处理厂和垃圾处理场，加强饮用水、海水、大气污染的检测和保护。三是构建宜居、宜业、宜人的绿色城区。蛇口工业区专门成立园林公司，负责辖区的园林绿化，做到"路修到哪里，树就种到哪里；楼盖到哪里，草就铺到哪里"，坚持对南山植树造林，做到工业区公园化，把一个草乱尘飞的黄土世界打造成为绿树成荫、绿草如茵、四季有花的园林花园式海滨宜居城区，昔日不毛之地变成"国际花园城市中的花园"。四是制定绿色发展"163 行动"，践行绿色开发模式。蛇口工业区建立全方位绿色管理体系，搭建绿色合作平台，将绿色基因植入公司发展，创新绿色技术，推动产业结构低碳化，加强运营节能减排，不断降低生产能耗，推进绿色建筑、绿色生产和绿色服务。五是积极传播绿色观念。蛇口工业区树立和践行绿水青山就是金山银山的理念，践行绿色倡议，引导公众将绿色理念融入生产、服务和生活。招商蛇口经常开展爱行走、"绿丝带"等公益活动，持续传播正能量。

第四，创造工业区转型升级的成功案例。招商蛇口是城市转型升级的开拓者和成功实践者。位于深圳的蛇口片区，是招商蛇口城市综合开发的典型案例。蛇口的成功，说到底是其产业和园区转型升级的成功。从一开始，蛇口工业区就坚持"产业构成以工业为主、资金来源以外资为主、产品市场以外销为主"，在全国率先建立起外向型工业的经济结构。到 20 世纪 80 年代末，蛇口工业区提出要发展知识密集型行业，要发展第三产业，要把建设蛇口港放在第一位，将蛇口建设成为高智能的社区。到 20 世纪 90

年代初，蛇口工业区提出在维持"三个为主"前提下，鼓励发展第三产业，即运输、房地产、贸易、旅游、金融、信息、咨询、培训和会展行业，进一步提高蛇口工业区作为南海石油开发后勤服务基地的地位，重点引进效益好的技术密集（或高科技）型企业、资金密集型企业、高附加值企业和临港型企业。1996年蛇口工业区提出二次招商引资的项目"六优先"，包括：（1）区内三资企业结构调整和扩大生产规模；（2）国际跨国公司和知名财团新办高科技产业或成片开发综合性高尚物业；（3）国际银行和金融组织开设的分支机构或办事处；（4）商务中心、展示中心、培训中心、设计中心、电脑中心、休闲中心；（5）进出口物流及后勤保障中心；（6）石油开采后援供应基地。到2001年，提出大力发展"房地产业""现代物流业""高新科技产业"和"园区服务业"四大核心产业。2009年，蛇口工业区实施"再造新蛇口"战略，提出"新四化"（产业升级高端化、硬件设施智慧化、城区环境低碳化、生活休闲国际化），主导发展网络信息、科技服务、文化创意三大产业。2015年底，招商蛇口聚合招商地产和蛇口工业区两大平台的独特优势，以"中国领先的城市及园区综合开发和运营服务商"为战略定位，聚焦园区开发与运营、社区开发与运营和邮轮产业建设与运营三大业务板块，而且以"前港—中区—后城"独特的发展经营模式，配套提供多元化的、覆盖全生命周期的产品与服务，为城市发展与产业升级提供综合性的解决方案。2016年，蛇口工业区又提出"区域聚焦、城市深耕、转型发展"。过去40年，在历经多次产业和城市形态的升级之后，今日蛇口已拥有完善的城市功能、连通国际的创富平台和宜居的自然人文环境。从园区开发升级为城市开发运营，招商蛇口成为引领中国产业升级、城市更新的标杆。

第五，创造可复制、可推广的"蛇口模式"。20世纪80年代，招商蛇口以风险意识为精神底蕴，以自身拥有和创造的物质力量，独立地开发、建设、经营和管理一个相对独立的区域，从以港口建设为重点的"五通一平"基础工程建设开始，到大规模招商引资，大力发展外向型工业及其配套产业，同时进行市场经济体制改革以及配套改革的实验，形成独特的"蛇口模式"。蛇口模式的核心，就是摆脱计划经济体制的束缚和行政的不合理干预，充分发挥企业自主权，按照经济规律办事，运用经济手段管理经济、搞活经济。蛇口模式不仅为中国经济特区起步建设提供经验与借鉴，也为中国改革开放和现代化建设提供重要经验。蛇口的经验也因此被总结和提炼，成为中央和其他地区作出决策和制定政策的重要参考，极大地推动中国改革开放的历史进程。此后，招商蛇口深耕园区发展运营，历经多次产业升级和创新发展，蛇口模式已经进入"前港—中区—后城"时代（图 7-1），构建起"港、产、城"深度融合、联动发展的崭新模式，带动城市可持续生长。招商蛇口的三大核心业务布局是：园区开发与运营、社区开发与运营、邮轮产业建设与运营。简单说，"前港"，即港口邮轮产业建设与运营。"中区"，即园区开发与运营。"后城"，即社区开发与运营。蛇口新模式把产业和城市综合起来开发，以港口先行，产业园区跟进，再配套城市新区开发，实现港、产、城联动，将政府、企业和各类资源协同起来，从而最终实现成片

图 7-1　　"前港—中区—后城"蛇口新模式

区域的整体发展，其内涵是产业的流动和升级，从而把城市盘活。"前港—中区—后城"是有时间和空间的概念，前面是港口，中间是出口加工区和自贸区，加上后面的产业的升级。目前"前港—中区—后城"的模式，已在全国重点城市得到复制和推广。招商蛇口背靠招商局，通过合并招商地产使之成为招商局唯一的地产上市平台，拥有较大的协同资源，拥有足够的实力来推广复制其蛇口模式，实现以企业为主导的政企共同开发建设园区或城区，从而完成蛇口模式的快速推广。招商蛇口具有强大的产业地产开发和运营能力，并且其产业定位符合重点城市的产业结构调整升级需求，颇受国内一、二线城市青睐。同时，蛇口模式也在"一带一路"沿线国家和地区得到复制和推广。吉布提是新蛇口模式第一个落地的国家。目前探索将蛇口模式复制到多哥、坦桑尼亚、斯里兰卡等多个项目的可行性，争取"前港—中区—后城"模式在"一带一路"上得以推广。

第六，孵化催生一批知名本土企业。蛇口的开发和建设，不仅使招商蛇口和招商局集团不断壮大发展，更主要的是在蛇口这块热土上，催生了一批著名的本土企业，据统计蛇口累计投资孵化企业超过 800 家。这个贡献更值得称道。短短 40 年，蛇口工业区诞生了中华人民共和国首家企业股份制银行招商银行、首家企业股份制保险公司平安保险，全球最大的集装箱企业中集集团，中国首家中外合资股份制企业南山开发，中国第一家物

流行业上市企业深基地，中国第一个港口行业上市企业深赤湾，还有招商地产、招商蛇口、南玻科控等，这些企业都成长成为国内外的标杆企业。除此之外，蛇口工业区还有金蝶、TCL、安科、科健、奥尊、迈瑞、海王集团、分众传媒等一批高科技企业，它们从蛇口走向全国乃至世界。中国联通，起步之初招商局（实为蛇口工业区）为其发起人之一。蛇口工业区因此被称为"单位面积培育知名企业最多的地方"，蛇口工业区成为现代企业成长的新"黄埔"（表 7-1、表 7-2）。

表 7-1　招商局集团下属二级公司

招商局蛇口工业区控股股份有限公司	招商局金融集团有限公司	招商局海通贸易有限公司
中国外运长航集团有限公司	招商局港口控股有限公司	招商局集团财务有限公司
招商局能源运输股份有限公司	招商局工业集团有限公司	中国外运股份有限公司
招商局创新投资管理责任有限公司	中国外运长航集团有限公司	招商局融资租赁有限公司
招商局仁和人寿保险股份有限公司	招商局漳州开发区有限公司	招商证券股份有限公司
招商局重庆交通科研设计院有限公司	招商局资本投资有限责任公司	中国长江航运集团有限公司
招商局公路网络科技控股股份有限公司	深圳市招商平安资产管理有限责任公司	

表 7-2　招商局集团所持上市公司名单

招商局蛇口工业区控股股份有限公司	招商银行股份有限公司	招商局中国基金有限公司
招商局能源运输股份有限公司	招商局港口控股有限公司	招商证券股份有限公司
上海国际港务（集团）股份有限公司	深圳赤湾港航股份有限公司	山东高速股份有限公司
江苏宁沪高速公路股份有限公司	青岛港国际股份有限公司	长航凤凰股份有限公司
中外运空运发展股份有限公司	黑龙江交通发展股份有限公司	吉林高速公路股份有限公司
福建发展高速公路股份有限公司	中外运航运有限公司	现代投资股份有限公司
安徽皖通高速公路股份有限公司	广西五洲交通股份有限公司	深圳高速公路股份有限公司
四川成渝高速公路股份有限公司	深圳市长亮科技股份有限公司	中国外运股份有限公司
湖北楚天高速公路股份有限公司	河南中原高速公路股份有限公司	招商局置地有限公司
湖南山河智能机械股份有限公司	桂林广陆数字测控股份有限公司	宁波舟山港股份有限公司
招商局公路网络科技控股股份有限公司	中国移动多媒体广播控股有限公司	中国国际海运集装箱（集团）股份有限公司

注：统计截止日为 2017 年 12 月 31 日

第七，发挥了改革开放的"试管"和"窗口"作用。40 年来，蛇口始终站在改革开放最前沿，充分运用中央赋予的自主权，以"敢为天下先"的勇气与智慧，率先突破计划体制束缚，进行以市场为取向的经济体制改革，大胆推进管理体制、基建体制、用工制度、分配制度、干部人事制度、住房制度、社会保障制度、企业制度、金融制度和党建工作、工会工作等一系列改革，在中国从计划经济体制到市场经济体制的转变中发挥了重要试验探路作用。蛇口工业区率先"引进来"，大力发展"三个为主"外向型经济，然后勇敢地"走出去"，积极参与国际竞争和国际合作，成为中国企业"走出去"的标杆，在中国从外向型经济到开放型经济体系的建设中发挥了重要先锋作用。特别是从 2013 年习近平总书记提出"一带一路"倡议以后，作为央企的招商局积极践行"一带一路"倡议，在"一带一路"沿线国家、重点地区布局"前港—中区—后城"商业模式，取得积极成效。40 年，蛇口在中国改革开放和现代化建设中，创造许许多多的全国第一，为全国市场经济改革和对外开放提供宝贵经验和有益借鉴，发挥了改革开放的"试管"和"窗口"作用。蛇口工业区既是深港合作的重要组成部分，也是深港合作的重要成果。蛇口工业区的创办与发展对港澳顺利回归和繁荣稳定发挥了积极促进作用。蛇口虽小，但与中国改革开放和社会主义现代化建设事业的全局和进程息息相关，作为中国体制改革和对外开放的先行区，蛇口率先做出许多探索、试验和创新，所取得的成果被深圳和全国各地广泛借鉴并利用。可以说，招商局蛇口工业区为中国改革开放和现代化建设积累了宝贵经验，为探索中国特色社会主义道路做出了重要贡献，被称作中国的"希望之窗"，改革的"试管"，"改革开放的梦工厂"。

第八，解放思想，推动观念变革。在传统计划体制前提下，蛇口工业区开发开放不得不首先更新观念，转变思想。蛇口工业区在开发、开放与建设过程中，大胆冲破旧有的价值观念，努力倡导与市场经济和对外开放相适应的种种新观念，如时间观念、效率观念、竞争观念、市场观念、价值观念、人才观念、信息观念、平等观念、信用观念、契约观念、职业道德观念、民主与法制观念和主人翁意识。其中最有影响的是提出"时间就是金钱，效率就是生命""空谈误国，实干兴邦""技术至上，质量第一""知识就是财富，信息就是生命""社会呼唤正义，人类需要良知""明天会更好"等口号。同时，蛇口工业区青年更新观念，开创新风，结婚不收彩礼，不坐彩车，不摆酒席，不盲目追求高消费，坚持文明简朴办婚事。这些新观念不仅为蛇口工业区各项改革的顺利进行奠定了思想基础，而且在国内产生深刻的影响。这些观念变革被称为"冲破思想禁锢的第一声春雷",曾引领中国改革开放风气之先。

招商蛇口之所以能够成功,得力于"天时""地利""人和"三要素,缺一不可,具体来讲主要有以下几个方面。

第一,得益于邓小平理论与党的改革开放政策。蛇口工业区改革发展的每一步,都离不开党中央、广东省和深圳市的关怀、指导和支持,这是"天时"。百年招商局之所以能够创造第二次辉煌,招商蛇口能够创办成功,首先得益于邓小平理论的指引和党的改革开放的政策。可以说,如果没有邓小平理论和中国特色社会主义理论的指引,没有党和国家几代领导人的领导、关怀和支持,没有党的改革开放的路线、方针和政策的指引,就不可能有招商局和招商蛇口的今天。

第二,得益于地处深圳特区、毗邻香港的区位优势。经济特区建设最终要成功,能否科学合理选址很重要。我们讲的"地利",其实讲的就是地理上的"区位优势",即某一地区在发展经济方面客观存在的有利条件。一个地区的区位优势主要是由地理位置、自然资源、劳动力、工业聚集、交通等因素决定的。蛇口工业区地处深圳经济特区,毗邻香港,背靠珠三角地区,具有极佳的经济地理优势。深圳是中国办得最好、影响最大的经济特区,是中国四大一线城市之一。香港是国际经济中心城市。"香港因素"在蛇口开发和开放中起到极为重要的作用。从开发小区域来讲,蛇口工业区东临深圳湾,西依珠江口,与香港隔海相望,可建港口和海上交通,距离对外陆路交通干线不远,离水源地和电力干线不远,可较快建立起供水供电设施。同时沿海湾地面较为平坦,便于平整土地、建设厂房和其他设施。从较大的区域讲,除本身处于深圳经济特区外,毗邻国际中心城市香港,离华南中心广州也不远,容易直接受到中心城市的辐射和影响。而且背靠珠三角地区随着周边大区域交通的建设和改善(机场、高速公路、西部通道、地铁),蛇口的区位优势更加突出。蛇口工业区邻近中心城市的区位优势,是其取得成功的重要因素之一。

第三,得益于中央和省市等各方面的关心和支持。招商局蛇口工业区得到了中央几代领导人的关心、支持和指导。邓小平、习近平、江泽民、胡锦涛、胡耀邦、叶剑英、李先念、杨尚昆、万里、彭真、李鹏、乔石、朱镕基、李瑞环、王震、习仲勋、姚依林、李岚清、尉健行、李长春、张高丽、汪洋、谷牧、胡启立、田纪云、薄一波、余秋里、康世恩、陈慕华、廖承志、王首道、黄华、宋任穷、胡乔木、叶飞、彭冲、姬鹏飞、邓颖超、张劲夫、张廷发、李铁映、郝建秀、邹家华、王兆国、吴仪、谢非、胡春华等党和国家领导先后视察过蛇口工业区或做出过指示。邓小平先后两次视察蛇口工业区，并为蛇口明华轮题词"海上世界"。胡耀邦曾视察蛇口工业区，并多次就蛇口工业区建设工作做出重要批示。江泽民多次到蛇口视察和指导工作，并题词"祝愿蛇口工业区不断进步日益繁荣"。胡锦涛曾视察蛇口工业区，并就蛇口工业区工会工作做出重要批示（图 7-2），就蛇口工业区进一步发展做出重要指示。习近平就任总书记后，首次外出考察就来到深圳经济特区和前海合作区，并发表重要讲话。这之后习近平又先后就广东工作、深圳工作做出重要批示，发表重要讲话。2013 年 3 月 24 日，习近平主席在出访坦桑尼亚期间，出席在达累斯萨拉姆招商局集团与坦桑尼亚财政《巴加莫约经济特区综合开发项目战略合作框架协议》的签署仪式。2014 年 9 月 16 日，习近平主席出访斯里兰

图 7-2　1995 年，全国总工会在蛇口举行"蛇口工业区工会工作模式"理论与实践研讨会

卡政府签署斯里兰卡汉班托塔港二期集装箱码头 SOT 项目关键条款协议，以及开发斯里兰卡国际航运中心的框架协议两项协议签署仪式，并视察招商局科伦坡码头（"CICT"）。2014 年 11 月 17 日，习近平主席出访澳大利亚在悉尼，出席招商局集团与 Hastings 管理公司签署的战略合作协议签署仪式。2015 年 5 月 12 日，习近平主席在出访白俄罗斯期间，莅临中白工业园项目视察，见证中白工业园管委会向首批 7 家企业颁发入园企业证书和 14 家企业向园区管委会提交入园意向协议，并为园区题名留念。习近平主席指出，要将中白工业园"打造成为丝绸之路经济带上的明珠和双方互利合作的典范"。[1]2018 年 6 月 13 日，习近平总书记考察中集来福士烟台基地，并指出："基础的、核心的东西是讨不来买不来的，要靠我们自力更生、自主创新来实现。我看你们有这个信心，希望你们迎难而上、再接再厉。"[2]

① 《打造丝绸之路经济带上的明珠》，《人民日报》2017 年 5 月 12 日。
② 《烟台创新驱动引领发展：牢记嘱托鼓足自主创新这股劲》，《大众日报》2018 年 6 月 19 日。

　　1979 年 1 月，李先念批准创办蛇口工业区，并于 1986 年为蛇口工业区题写"希望之窗"。1980 年 4 月，叶剑英视察蛇口工业区，并题写"香港招商局蛇口工业区"。作为主管中国对外开放和经济特区工作的谷牧从 1980 年到 2002 年，曾先后 19 次来到蛇口工业区视察和指导工作，他的脚步几乎踏遍了蛇口这片热土，并为蛇口工业区题写"中国改革开放的排头兵"。交通部历任部长都亲自指导招商局和蛇口工业区发展，叶飞、曾生、彭德清、李清、钱永昌、黄镇东等交通部领导都对招商局和招商蛇口的工作非常支持。叶飞亲自领导和创办了蛇口工业区。习仲勋、任仲夷、刘田夫、吴南生、梁湘、李灏、厉有为等广东省市领导非常支持和关心蛇口工业区的创办与发展。招商局蛇口工业区也是袁庚及其之后的几代招商局集团、蛇口工业区的领导和员工艰苦创业，脚踏实地，锐意改革、不断进取的结果。蛇口工业区的创办与发展得到各方面和许许多多人的关心和支持。蛇口工业区从一开始就非常重视知识和人才的作用，打破计划体制，率先推进人才公开招聘制、干部聘用制、干部和员工培训制和薪酬分配制，吸引和培训大批人才，通过建立和完善激励和约束机制做到"人尽其才"和"才尽其用"。正是高层次人才的高聚集才托起了蛇口工业区经济社会发展的高起点、高速度和高效益。招商局蛇口工业区之所以能够创造奇迹，就是因为它聚集了较多的优秀人才。一个地区经济发展是"天时""地利"和"人和"等综合因素的结果。再好的发展机遇和再优惠的政策如果运用不好，瞎折腾，也不会有好的结果。俗话说得好，"和气生财"，"人和"是招商蛇口取得成功非常重要的因素。

　　第四，坚持规划先行，着力创造良好的发展环境。对于经济特区建设，科学合理地制定经济特区发展规划，是一项基础性、方向性、前瞻性工作。规划工作在经济特区发展全局中具有重要的地位和作用。经济特区建设，规划工作是前提，是基础，是关键，是龙头。经济特区发展只有先做好规划，才能做到事半功倍。只有坚持规划先行，充分发挥规划的先导作用、主导作用和统筹作用，才能推动经济特区科学发展、跨越式发展。习近平曾强调："考察一个城市首先看规划，规划科学是最大的效益，规划失误是最大的浪费，规划折腾是最大的忌讳。"[1]发展环境是一个园区或地区经济、政治、社会、文化、生态文明程度的综合反映，决定着这里的干部群众用什么样的想法理解和认识发展，用什么样的态度对待发展，以及用什么样的手段谋求发展的问题。园区发展环境包括经济、政治、社会、生态等方面。政治环境由政局稳定程度、政策连续性、政府对外资

[1]《习近平指出城市规划科学是最大效益，失误是最大浪费》，《解放日报》2014 年 2 月 27 日。

的态度等因素组成。经济环境主要是指基础设施、行政管理效率、市场条件、劳动力资源、工资水平、物价水平等因素。其中基础设施包括水力、电力、能源供给、交通运输、电讯网络、金融、保险、文化、娱乐和市政设施等便于投资商生产和生活的各项服务。社会环境主要是指社会治安状况、居民文化素质、居民对外资的态度等。良好环境是经济特区能够取得经济社会发展的基本条件。环境就是资源，就是竞争力，是经济特区加快发展的关键。蛇口工业区动工建设之初，袁庚就要求交通部和广东省有关规划设计单位先到蛇口地区进行勘测和设计，制定基础工程建设方案和产业规划布局，然后制定经济社会发展规划。蛇口工业区不仅先后制定总体发展规划和各个专项发展规划，而且根据发展需要不断加以修订和完善。除了早期建设方案及其各项规划外，蛇口工业区 1982 年编制《蛇口工业区 1983—1988 年总体规划》，1985 年编制《蛇口工业区 1986—1994 年总体规划》，1990 年编制《蛇口工业区 1991—2000 年十年社会经济发展纲要和城区总体规划》，并相继组织编制《蛇口工业区精神文明建设大纲》《蛇口工业区商贸中心区详细规划》《后海湾区居住区详细规划》《蛇口工业区港区规划》和《海上世界广场详细规划》等。可以说，规划工作一直伴随着蛇口工业区创办、转型和升级的全过程。蛇口工业区按照和遵循"六先六后"开发时序，即："先规划、后建设""先地下、后地上""先基础，后开发""先绿化、后发展""先工业、后服务业""先园区、后城区"。首先推进"五通一平"基础工程及其配套设施建设，坚持"开发一片，建成一片，收效一片"的方针，有重点、分期分批地进行开发建设，由小到大，逐步展开。蛇口的规划和建设比较符合实际情况，体现了其自身特色，不是一味地贪大、求新、求高、求全。同时，蛇口通过管理体制改革和制度建设，提高管理效率，并提供"一站式"管理和"一条龙"服务。袁庚曾说过："深圳基础工程'七通一平'，而我们是'五通一平'，比蛇口先进了一步。经济开发区基础工程是一定要搞的。万丈高楼平地起，要建高楼，首先要把地搞平，还得搞通水、通电、通电讯、通航等'五通'或'七通'。不然，谁愿意到你这里投资办厂，谁愿意住你的大楼。"[1]实际上，各经济特区发展到最后，它们之间的竞争不仅是优惠政策上的竞争，更是综合投资环境的竞争，投资环境优劣的权重要远远大于单纯的优惠政策，特别是配套的产业环境、规范的市场环境和完备的法制环境成为投资营商环境的核心内容。正是招商蛇口宜业、宜居的良好环境，吸引并促进了各种生产和创新要素的聚集，促进了产业发展和人才聚集，并最终实现了招商蛇口经济社

① 招商局集团办公厅、招商局史研究会：《袁庚文集》，2012 年 9 月编印，第 87 页。

会发展的高速度和高效益。

第五，坚持解放思想，敢为天下先，敢闯敢试。经济社会发展与进步，总是首先伴随着思想观念的巨大变革。解放思想是用足、用好、用活政策的关键。蛇口工业区是解放思想的产物，也是解放思想最大的受益者。邓小平指出："看准了的，就大胆地试，大胆地闯。深圳的重要经验就是敢闯。"[①] "不解放思想、不敢放开手脚，结果是丧失时机，犹如逆水行舟，不进则退。"[②] 这既道出了招商蛇口成功"诀窍"，又讲出了一个深刻的道理：改革开放和现代化建设，一是要解放思想，二是要大胆实践。蛇口工业区从无到有，在无经验可借鉴的情况下，敢于向旧体制、旧思想、旧习惯挑战，靠的就是解放思想。蛇口工业区40年实践所形成的最大优势，就是敢闯敢试的创新精神，就是先人一步的开放意识。蛇口改革开放和现代化建设每一个重大步骤和每一个巨大变化，无一不是解放思想，大胆地试，大胆地闯的结果。蛇口实践的成功经验，就是不把精力用于抽象地争论姓"资"姓"社"的问题上，而是对于看准了的，就大胆地试、大胆地闯。2012年12月，习近平总书记在考察深圳经济特区时指出，开发建设过程中，要充分发挥特区人"敢为天下先"的精神，敢于"吃螃蟹"，落实好国家给予的"比特区还要特"的先行先试政策。既然授权给你们了，就要大胆地往前走！[③] 以"先行先试"为其他地区的改革开放积累经验。2015年1月，习近平总书记对深圳工作作出重要批示，要求深圳市牢记使命、勇于担当，进一步开动脑筋、解放思想，特别是要鼓励广大干部群众大胆探索、勇于创新。[④] 蛇口工业区正是敢于解放思想，敢试敢闯，结果闯出了发展的新路子，闯出了发展的新局面，成为中国改革的"试管"，开放的"窗口"和现代化的"希望之窗"。

第六，坚持通过市场化改革解放发展社会生产力。招商蛇口的成功，说到底就是坚持市场取向改革的成功。20世纪80年代初，当全国还在争论计划和市场关系时，蛇口就充分运用中央赋予的自主权，勇于突破传统计划经济体制束缚，率先进行以市场化为取向的改革，努力做到"地"尽其利，"工"善其事，"人"尽其才，"货"畅其流，"物"尽其用。坚持把社会主义基本经济制度与发展市场经济很好地结合起来，把公有制为主体与发展多种所有制经济很好地结合起来，把按劳分配为主体与按生产要素分配很好地结合起来，把推动经济基础变革同推动上层建筑改革结合起来，敢闯敢试，勇于探索，从单项改革突破到配套改革，从经济领域改革推

① 《邓小平文选》，第3卷，北京：人民出版社，1993年，第372页。

② 《邓小平文选》，第3卷，北京：人民出版社，1993年，第377页。

③ 《南海之滨又东风——习近平总书记在深圳考察纪实》，《深圳特区报》2012年12月14日。

④ 《习近平总书记对深圳工作作出重要批示》，《南方日报》2015年1月8日。

进到其他领域改革，在全国率先建立起比较完善的社会主义市场经济体制和运行机制。蛇口在过去近 40 年的改革开放中，产生出一批优秀的企业和企业家，从早期的袁庚、马明哲、马蔚华、麦伯良到后期的秦晓、傅育宁、李建红等为代表的企业家群体，一个个将"敢于冒险、崇尚创新、追求成功"企业家精神演绎传承。"蛇口模式"的核心就是企业摆脱行政的不合理干预，充分发挥自主权，按照市场法则和经济规律办事，运用经济手段管理经济、搞活经济，更好地激发人的积极性、主动性和创造性，极大地解放和发展社会生产力。蛇口实践的成功，说到底是市场经济的成功。在社会主义条件下，不走计划经济的老路而开市场经济的先河，是蛇口成功之所在。习近平曾指出："理论和实践都证明，市场配置资源是最有效率的形式。""市场经济本质上就是市场决定资源配置的经济。健全社会主义市场经济体制必须遵循这条规律，着力解决市场体系不完善、政府干预过多和监管不到位问题。"[1]招商蛇口实践的事实证明，市场经济体制尽管也有自身的缺陷，但它确实是充满生机活力的经济体制，是激发劳动者积极性、创造性的经济体制。只有市场经济才能给经济快速发展、长期繁荣提供持久的动力和活力。

第七，坚持开放发展，主动从"引进来"到"走出去"。蛇口工业区紧紧抓住经济全球化和区域积极一体化的历史机遇，比邻港澳、面向海外，充分利用中央给予的自主权、政策和香港招商局的资源，坚持对外开放，有效实行"引进来"和"走出去"，积极利用国际国内两个市场、两种资源，成功运用国外境外资金、技术、人才和管理经验加快经济发展。蛇口工业区 40 年来，积极推进从以吸引港资为主到外资来源全球化，从引进资金到引进技术、人才和管理经验，从内向联合到外向合作，从利用"香港因素"到深港紧密合作，从全国服务蛇口、支持蛇口建设到蛇口服务国家发展大局、支持内地发展，从积极"引进来"到主动"走出去"，加快实现从外向型经济到开放型经济的转变。开放、合作、共赢成为蛇口工业区经济发展的主旋律。特别是蛇口工业区一开始就提出"三个为主"即产业构成以工业为主、资金来源以外资为主、产品市场以外销为主，成为全国发展外向型经济的成功典范。今天，招商局及招商蛇口勇敢地"走出去"，积极践行"一带一路"倡议，成为中国企业"走出去"的标杆。一部蛇口工业区开发建设的历史，就是一部对内对外的开放史。开放成为蛇口经济社会发展进步的活力之源。正如习近平总书记所指出的那样："开放带来进步，封闭必然落后。"[2]正是由于初步实现社会主义与发达资本主

① 习近平:《关于中共中央关于全面深化改革若干重大问题的说明》,《人民日报》2013 年 11 月 16 日。

② 习近平:《开放共创繁荣　创新引领未来》（2018 年 4 月 10 日）,《人民日报》2018 年 4 月 10 日。

义国家和地区最进步的科技与管理经验等的有效结合，才使得蛇口经济快速发展和社会全面进步。没有开放就无所谓真正意义的改革，也就没有真正经济社会的跨越式发展。对外开放既是发展的主要动力，又是改革的重要手段。以开放促进改革、促进发展也是蛇口发展的成功实践和重要经验。

第八，坚持产业转型升级，从"三个为主"到"三大板块"。一个地区竞争的本质是提高产业发展能力的竞争。产业是国民经济中以社会分工为基础，在产品和劳务的生产经营上具有某些相同特征或同一属性的企业或其他经济实体及其经济活动的集合。一个地区内不同产业的集合构成地区国民经济。区域内社会资源最终要配置到各个产业部门，并形成强弱不同的产业经济，从而决定一个地区创造社会财富的能力。一个地区的经济发展能力以该地区众多产业发展能力的集合为基础，地区之间的经济竞争本质上表现为地区产业发展能力之间的竞争。蛇口工业区不仅在产业发展和产业转型升级方面做得早，而且做得很成功。蛇口工业区的成功，说到底还是产业发展和产业转型升级的成功，是爬坡过坎的成功。初创时期，坚持"三个为主"和"五个禁止"，大力发展外向型工业经济，为园区发展奠定坚实基础。到 20 世纪 90 年代初，蛇口工业区开始重点引进效益好的技术密集（或高科技）型企业、资金密集型企业、高附加值企业和临港型企业，提出二次招商引资的项目"六优先"和"六禁止"。到 21 世纪初，蛇口工业区提出发展"房地产业""现代物流业""高新科技产业"和"园区服务业"四大核心产业。2009 年，蛇口工业区实施"再造新蛇口"战略，提出"新四化"，主导发展网络信息、科技服务、文化创意三大产业。2015年，蛇口工业区把招商蛇口业务聚焦在园区开发与运营、社区开发与运营和邮轮产业建设与运营三大业务板块。蛇口工业区产业发展和转型的最成功之处和最大亮点在于：孵化和孕育一批像中集、招商银行、平安集团等那样的本土企业，这才是蛇口、深圳傲视全国、走向世界的最大本钱。招商蛇口经过多次产业蜕变和升级，从工业到高科技产业和现代服务业，从园区开发升级为城市开发运营，成为引领中国产业升级、城市更新的标杆。蛇口工业区正是主动以转型升级实现经济发展质量和可持续发展能力的双提升。招商蛇口是产业和城市转型升级的开拓者和成功实践者。

第九，坚持产城融合，实现从园区到城区的成功转型。产业是城市发展基础，城市是产业载体。只有产业和城市协调互动，才能不断优化要素配置，提升发展效益，激发发展活力，焕发城市生机。城市没有产业支撑，即便再漂亮，也就是"空城"。招商局创办蛇口工业区，不仅仅是为了办一个园区，发展产业而已，而是要通过园区发展和产业发展，建设一个现代化的城区，为地方经济社会综合发展做出贡献。蛇口工业区从一开始，就扮演着园区运营和社区建设的双重角色。一方面，通过园区建设，加快招商引资和产业发展，发展外向型工业和配套服务业；另一方面，加强配套设施建设，提供完备的公共服务，打造环境优美和功能完备的现代化城区，实现产业发展与城区建设的良性互动。蛇口工业区开发与建设的历史就是一部以产促城、以城兴产、产城融合的完整演进历史。工业区及其配套产业的发展，为城市化和现代化奠定基础；城区建设为人才聚集、产业转型升级、拓展和提高产业附加值提供有效载体。蛇口工业区正是通过产城融合发展，实现产业转型升级与城市转型升级相同步，以城市的转型来引领产业和社会的转型，以城市功能的完善、城市品质的跃升、生活环境的改善，引领和推动经济社会的有序发展、空间格局的优化调整，以及民生福利的整体提高，从而实现地区的工业区、城市化和现代化，打造一个宜居宜业的现代化滨海城区。蛇口新模式是一个产城融合的开发模式，即"前港—中区—后城"时代，通过构建"港、产、城"深度融合、联动发展，带动城市可持续生长。招商蛇口一大业务就是通过蛇口新模式打造产城融合综合体，为中国城市化建设和"一带一路"国家和地区的发展不断做出新贡献。

第十，坚决守住发展与生态底线，实现经济、社会、生态和谐发展。邓小平说："我们必须有两手，不能只有一只手。一手是坚持对外开放、对内搞活经济的政策。这一政策的正确性已经得到实践的证明。""另外一手要头脑清醒，提高警惕，长期地、坚持不懈地抓好打击经济领域犯罪活动的斗争。如果没有这一手，就会偏离社会主义方向，现代化建设也不能搞好。"[①]2015 年 6 月，习近平总书记在贵州调研时强调，要守住发展和生态两条底线。这不仅是对贵州经济社会发展的明确要求，也是对全国各地的殷切希望。招商蛇口一直坚持发展和生态底线。蛇口工业区近 40 年的实践，就是坚持实行开放政策与打击经济犯罪相结合，坚持物质文明建设和精神文明建设相结合，坚持经济发展与生态保护相结合，坚持经济社会发展与民主法制建设相结合。招商蛇口一直严守国家法律法规和商业道德，不断完善内部管理，建立和完善内部管理制度体系，全面推进风险控制与廉政建设工作，以诚信、稳健、合规的运营夯实公司发展根基，为工业区和公司健康、长足发展保驾护航。蛇口工业区积极发展社会事业，建设与之相适应的企业文化、公益文化和社区文化，不断提高人们的文化素质和

① 中共中央文献研究室编：《邓小平年谱》（下），北京：中央文献出版社，2004 年，第 810 页。

生活质量，为员工和居民创造一个秩序井然、生活充实的环境。这里一直坚持环境保护，拒绝污染产业，长期坚持绿化美化。这里环境优美，干部廉洁，学习氛围浓，治安良好，社会风气好。这里不但宜业，而且宜居，蛇口工业区取得了物质文明和精神文明建设的双丰收。没有一个良好的经济社会秩序和发展环境，经济发展不可能快和好。坚持两手抓、两手硬，既是蛇口实践的重要内容，又是蛇口实践成功的重要经验。

二、招商血脉，百年老店何以长青

招商局集团是一家总部位于香港的大型国有企业。

蛇口工业区是招商局集团创办的中国第一个对外开放的工业区。招商局集团创造了蛇口工业区，蛇口工业区也成就了招商局集团。蛇口工业区的创办与发展，造就百年招商的第二次辉煌。

招商局创立于1872年的晚清洋务运动时期，是中国最早的民族工商企业，至今走过了146年的历史。

经历过两次鸦片战争的创伤之后，中国一批有识之士将"洋务运动"开展得轰轰烈烈。经过10余年的"求强"探索，外强侵略依旧日胜一日，国之利权丧失殆尽，人们逐渐意识到，强兵必先富国，只有富裕了才能强大。当时，许多思想家开始提出要"以商立国"。从19世纪70年代开始，洋务派坚持"自强"兼及"求富"，在继续筹办军事工业的同时，着手筹办交通运输、采矿、冶炼、纺织等民用工业。

19世纪70年代，在外国航运势力冲击下，中国运输漕粮和南北物资的旧式航运业遭到严重破坏。1872年12月23日，北洋大臣、直隶总督李鸿章上书清政府《试办轮船招商局折》，奏请"设局招商"，试办现代轮运业，以"自强求富、振兴工商、堵塞漏卮、挽回利权"。三天后，1872年12月26日，清政府批准李鸿章奏折，设立轮船招商局。随即李鸿章委派沙船富商、浙江海运委员、候补知府朱其昂、朱其绍兄弟在上海洋泾浜永安街设局招集商股，定名为"轮船招商公局"。中国近代第一家民族工商企业和中国第一家近代轮船航运公司由此诞生。

1873年1月17日，轮船招商局在上海南永安街正式对外开局营业。借官款制钱20万串，并招商集股。洋行买办和工商业活动家徐润、洋行买办和洋务企业家唐廷枢先后参加招商局，在集股和经营方面有所贡献。1

月 19 日，招商局从英国购置的 507 吨的"伊敦"号货轮由上海装货首航香港，从此打通中国沿海南北航线。6 月 4 日，李鸿章委任唐廷枢为招商局总办。7 月底，招商局轮船开始悬挂红底黄色圆月旗，这是招商局历史上使用过的第二面旗帜。第一面旗帜为双鱼龙旗。8 月初，"伊敦"轮首航日本的神户、长崎。这是中国商轮第一次在国际航线上航行。8 月 7 日，总局迁上海三马路新址，改称轮船招商总局。由于受到外国势力的阻挠，当时仅经营南北洋航线和长江航线，国外航线未能通航。后来，先后在天津、汉口、牛庄、烟台、香港、长崎、横滨、神户等港口设 19 个分局。

1875 年 11 月，发起组建保险招商局，是为中国人自办保险业之始。同年招商局请上海英国工部局技术协助，架设从总局至虹口码头的电缆，这是中国人自己架设的第一条专用电话线。1876 年 7 月，创设仁和保险公司。1877 年 3 月 1 日，招商局收购美资旗昌轮船公司举行换旗过户。该公司 7 艘海轮、9 艘江轮及各种趸船、驳船、码头、栈房等全部财产作价白银 222 万两，购归局有。这也是中国民族工商企业第一次收购外商资产。12 月 26 日，与英资太古、怡和签订第一次齐价合同。这是中国民族企业对抗外商倾轧的一次重大胜利，打破外资洋行垄断中国航运业的格局，招商局成为中国民族航运业的象征。1878 年 3 月，在保险招商局的基础上，重新招股 20 万两，成立"济和船栈保险局"。1878 年 4 月，济和船栈保险局进行第二次招股，并改名称为"济和水火险公司"，保险业务扩大到保客货兼保船险。1878 年 10 月 19 日，招商局"和众"轮首航檀香山，载客 400 余人，次年开航北美，7 月 30 日到达美国西海岸城市旧金山，成为中国航海史上一大壮举。同年在温州设轮船招商总局温州分局。在新加坡设立南洋分局。

1881 年 1 月，由招商局第二任总办唐廷枢起草，经李鸿章核定的《轮船招商章程》正式颁布执行。该章程是招商局开办初期的根本制度，包括机构、管理、财务、漕运、保险、轮运等方面，规定了招商局的管理体制和营业方向。10 月 4 日，招商局"美富"轮装载茶叶首航英国。1881 年，招商局股本招足 100 万两白银。招商局投资修筑中国第一条运煤专用铁路——胥各庄铁路。1882 年，投资中国近代最早的大型煤矿开采企业——开平矿务局，此为招商局局外投资之始。1883 年，招商局共招股本 200 万两。1885 年夏，招商局颁布《用人章程》《理财章程》各十条，正式确立官督商办体制。1886 年 2 月，合并仁和、济和两家保险公司，成立仁济和保险公司。1887 年，在上海试办中国近代第一家保税仓栈。1891 年，投资创设中国近代第一家机器纺织企业上海机器织布局。1893 年春，设重庆分局。1896 年 11 月，投资创设中国近代第一家银行中国通商银行。同年投资创设南洋公学，现上海交通大学前身。1897 年，招商局以历年盈余转作资本增资为 400 万两。1899 年，添设南京分局。1908 年，汉阳铁厂、大冶铁矿、萍乡煤矿合组为汉冶萍厂矿公司，这是中国近代第一家钢铁煤炭联合企业，招商局在该公司投资白银 101 万两，是当时招商局向外投资数额最大的企业。1909 年 8 月 15 日，招商局在上海张园举行第一次股东大会，与会股东 732 人，组成了招商局首届董事会。招商局奉旨归清政府邮传部管辖。9 月 21 日，招商局召开第一次董事会，推举盛宣怀为主席。

　　1912 年 2 月 1 日，招商局临时股东大会议决，同意将局产押借给孙中山临时政府作借款用。2 月 16 日，股东特别会议决定另立积余产业公司，将所有非航运业务划入此公司，招商局实现历史上第一次航产分业。3 月 31 日，招商局第二次股东常会在上海张园召开，这次会议将招商局更名为商办招商局轮船公司，招商局进入完全商办时期。1918 年 9 月 11 日，招商公学开学，学生 156 人，首任校长丁赓尧。1924 年，改为股份公司。1927 年 4 月底，国民党中央执行委员会议决组成国民政府清查整理招商局委员会，指派张静江等 11 人任委员，对招商局进行了全面清查整理。11 月，国民政府交通部在招商局设立监督办公处。1928 年 1 月，交通部监督处命招商局董事会全体董事停职，改设总管理处，赵铁桥任总办。李国杰代行董事会会长职权。7 月 3 日，设上海分局。8 月 18 日，全国交通会议议决，招商局以收归国营为原则，而以官商合办为过渡。10 月 3 日，招商公学附设的航海专科学校正式开学。1929 年 6 月 17 日，国民党二中全会决定，招商局脱离交通部改隶国民政府。

　　1930 年 10 月 23 日，国民党中常会决定，将招商局收归国营。10 月 28 日，行政院明令将招商局收归国营。1932 年初，国民党中央政治会议决定，招商局仍归交通部管辖，性质为民有国营。11 月 11 日，商办轮船招商局正式更名为国营招商局。11 月 15 日，国民党政府正式颁布招商局收归国营令。1932 年 11 月，将招商局划归交通部管辖。运输降至 5 万余吨；房地产投资则续增，占总资产的 80% 左右。1943 年 4 月，交通部令招商局在重庆恢复总局。1945 年 10 月 23 日，招商局总局正式迁沪办公。1946 年 2 月 1 日，招商局与中国石油有限公司合资组建的中国油轮有限公司在上海正式成立，招商局投资占 40%，该公司专门从事石油产品运输。1947 年，招商局共拥有船舶 246 艘，25.7 万吨，约占全国船舶总吨位的 40%，成为当时中国最大的航运企业。1948 年 10 月 1 日，轮船招商局完成股份化改造，轮船招商局改制为招商局轮船股份有限公司，刘鸿生任董事长，徐学禹任总经理。在日本东京设立分局，在横滨、神户设立办事处，积极开拓中日航运业务。12 月，招商局产业部奉命派人赴台筹备迁台事宜。1949 年 3 月 26 日，国民党当局对招商局全面实行军管。4 月 30 日，董事会决定在台湾成立招商局总管理处。5 月 12 日，招商局董事长徐学禹离沪赴台。招商局总部后迁至台湾，1995 年在台湾的招商局正式并入阳明海运公司。1949 年 5 月 27 日，人民解放军解放上海，上海市军管会接管招商局，招商局从此回到人民手中。9 月 19 日，招商局"海辽"轮在从香港赴汕头应差途中，在船长方枕流率领下庄严宣告起义。10 月，中华人民共和国成立后，招商局在大陆的财产由人民政府接管。1950 年 1 月 13 日，迁往香港的招商局全体员工及其 13 艘轮船在香港宣告起义，随即交通部给香港招商局颁发证明书，正式确认该公司为交通部下属企业。当时，除将所属的 13 艘旧船开回内地使用外，在香港保留职工 20 多人以及部分房舍、仓库等资产，沿用招商局原名继续对外营业。①招商局总部设在上海，香港招商局成为交通部驻香港的机构。

1951 年 2 月，招商局（上海总公司）改组为中国人民轮船总公司。香港招商局归中国人民轮船总公司领导。3 月，中国人民轮船总公司复函香港招商局同意该公司继续保留招商局轮船股份有限公司的名称。1952 年 1 月 1 日，招商局划归交通部华南区海运管理局领导。1958 年 11 月 28 日，交通部决定将招商局划归交通部远洋运输局直接领导。1962 年开始，内地来港货物的中转事宜全部由招商局办理。1965 年 6 月 14 日，成立友联船厂。1966 年 12 月，招商局投资 150 万港元，将干诺道西 15 号原四层高的办公楼改建为楼高 14 层的招商局大厦竣工。

20 世纪五六十年代，香港招商局经营发展不大，主要依靠国家财政补贴。1971 年后，周恩来亲自抓了一下招商局的工作，让其承担对外买船任务后，逐渐有了较大发展。1972 年，海通公司成立。1975 年，叶飞任交通部部长后，在大批量购买远洋运输船的过程中，招商局再次发挥重要作用，借此其经济实力有进一步发展。

1978 年 10 月 9 日，中共交通部党组向中共中央、国务院递呈《关于充分利用香港招商局问题的请示》，对招商局提出"立足港澳、背靠内地、面向海外、多种经营、买卖结合、工商结合"的 24 字经营方针，请求扩大招商局的经营自主权。10 月 12 日，中央批准交通部请示。1978 年 11 月，招商局耗资 6100 万港元，购入香港中区干诺道中一幢 24 层的商业大厦，

① 当时，香港招商局资产只剩下一些不动产，包括一栋 4 层 335 平方米的办公楼、一栋 6 层的宿舍楼、几处货仓以及香港、澳门两处破旧码头，按照当时股价，这些资产总共价值约 340 万港元。

以此作为公司办公场所。1979 年 1 月 3 日，招商局代交通部和广东省革委会起草致国务院的《关于我驻香港招商局在广东宝安建立工业区的报告》。1 月 31 日，李先念、谷牧两位副总理接见交通部副部长彭德清与袁庚，李先念当即批准交通部、广东省革委会的联名报告。中国对外开放第一个工业区招商局蛇口工业区正式诞生。1980 年 1 月 8 日，招商局船务部改组为香港明华船务有限公司。2 月 8 日，中共交通部党组规定招商局的经营方针加上"以航运为中心"，即将 24 字方针发展为 30 字方针。1982 年 3 月 21 日，国务院批准交通部呈报的建设赤湾深水港计划，批准招商局自 1984 年起，再延长 10 年不上缴利润，用以入股南山开发公司，开发赤湾港。6 月 14 日，由 6 家中外公司组成的中国南山开发股份有限公司正式成立，其中招商局占股 40%。

　　1985 年 11 月 12 日，国务院批准交通部《关于香港招商局集团董事会调整的请示》，招商局集团有限公司正式成立，为交通部直属一级企业。1986 年 6 月，收购在香港上市的友联银行，成为第一家利用股票市场收购上市公司的中资企业，也成为第一家拥有银行的非金融性企业。1986 年 10 月 14 日，招商局集团有限公司在中华人民共和国国家工商行政管理局注册。12 月 18 日，谷牧及国家旅游局批准招商局集团在北京成立中国招商国际旅游总公司。1987 年 4 月 8 日，中国人民银行总行批准招商局发起创立招商银行。这是中华人民共和国第一家企业投资创办的股份制商业银行。1988 年 3 月 25 日，招商局集团做出收购董氏航运集团散货船及超级油轮 10 余艘、共约 160 万载重吨的决策。4 月 1 日，中国人民银行总行批准招商局发起创立平安保险公司。这是中华人民共和国第一家由企业发起创办的股份制保险公司。8 月 28 日，招商局投资 1 亿港元，建成香港第一家全空调无柱式米仓，成为香港最大的米仓。1989 年 3 月，招商局与中国远洋运输公司开始合资兴建蛇口集装箱码头，该码头 1991 年投入使用。12 月 28 日，蛇口工业区安达运输股份有限公司的股票"深安达"上市，成为深圳第四家、蛇口首家公开发行股票的公司。

　　1990 年 6 月，海虹集团（现招商局国际）在香港上市，开创中资企业在香港上市的先例。6 月 18 日，签约成立招商局中银漳州经济开发区。12 月 23 日，上海招商局大厦奠基，这是浦东开发以来批租的第一块土地。1993 年 9 月，招商局与其他股东同香港政府签署了投资香港西区海底隧道协议。该工程总投资 39 亿港元，招商局占股 13%。1994 年 4 月，国务院领导批示，中央编委发文要求切实保护"招商局"企业名称。5 月 29 日，招商局海虹正式易名招商局国际。12 月 19 日，中国交通进出口总公司签约加入招商局集团。1994 年 9 月 28 日，招商局集团参与投资的平南铁路建成运营，它是中国没有政府投资、完全依靠企业筹资贷款建设的地方合资铁路，也是中国第一条由中外企业合资修建，并按照股份制方式经营和管理的铁路。1998 年 5 月 16 日至 17 日，招商局集团总部搬迁入信德中心招商局大厦办公。1999 年 4 月 1 日，华建交通经济开发中心与交通部脱钩，成建制地划入招商局。招商局由交通部直属企业改为由中央直接管理的 39 家国有重要骨干企业之一。

2000 年 4 月 19 日，招商局集团与中国工商银行正式签署股权转让协定，招商局集团以每股 7.52 元价格，共 18.04 亿元，向中国工商银行悉数转让所持友联银行的 2.4 亿股股权（占友联银行 4.5 亿股总股数的 53.23%）。7 月 7 日，交通部重庆公路科学研究所转制进入招商局集团有限公司。2001 年 2 月 26—28 日，招商局集团在漳州开发区召开集团工作会议。会议提出集团发展战略及重组调整实施方案。随后进行大规模的产业整合，地产、物流、科技、港口等初步形成统一经营的格局。2002 年 4 月 9 日，招商银行上市，募集资金 107 亿元人民币。7 月，招商局集团出售平安保险股权工作全部完成。招商局集团将所持平安保险的 13.54% 股权悉数售出，共收回现金 14.84 亿元人民币。2003 年，招商局集团取得深圳前海湾 3.5 平方公里港区联动的物流园区开发用地及深圳宝安区光明南 1.7 平方公里科技工业园的用地，获得新的发展空间。2004 年 12 月 16 日，预计投资逾 23 亿的招商局深圳孖洲岛友联修船基地项目正式动工建设。12 月 17 日，招商局集团成功收购深圳南油（集团）有限公司 76% 股权。12 月 27 日，招商局能源运输股份有限公司成立。12 月 29 日，投资 55.7 亿入股上海港，成为上海国际港务（集团）股份有限公司第二大股东，持股 30%，这标志着招商局已基本完成在中国沿海集装箱枢纽港的战略布局。2005 年 8 月 19 日，国务院国资委宣布，纳入国务院国资委 2004 年度考核的 179 家中央企业中，招商局为 25 家 A 级中央企业之一（A 级为最高级）。12 月 27 日，经国务院国资委批准，招商局集团以无偿划转的形式，正式向香港中旅集团移交中国招商国际旅游管理总公司。2006 年 7 月，招商局集团投资 10.55 亿元增持招商证券，招商局集团占股由 35.43% 增加到 51.65%，实现控股。增资扩股后，招商证券净资产由 17 亿元增加到 32 亿元，实力显著增强，加快了扩张步伐，招商证券收购 21 家证券营业部，托管 16 家营业部，管理的营业部由原来的 31 家扩张到 69 家。9 月 22 日，招商银行在香港联交所主板成功上市，增发新股 24.2 亿股，共募集资金 200 亿港元（已扣发行费）。10 月 26 日，招商局国际为第二大股东的上海国际港务集团（股票简称上港集团，股票代码 600018）在上海证券交易所以吸收合并上港集箱的方式成功上市。12 月 1 日，招商局能源运输股份有限公司（招商轮船，601872.SH）在上海证券交易所成功上市。2007 年 11 月 2 日，招商局集团被国务院国资委授予"业绩优秀企业"称号。12 月 26 日，招商证券以 63.2 亿元的价格成功收购博时基金 48% 的股权，加上此前持有的 25% 股权，招商证券将合计持有博时基金公司 73% 的股权，处于绝对控股地位。成立于 1998 年 7 月 13 日的博时基金管理有限公司是中国内地首批成立的五家基金公司之一。2007 年底，博时基金公募基金规模达到 2500 亿元，是中国管理资产规模最大的基金管理公司之一。同年招商局物流集团升级为一级公司，由集团直接管理并全资持股。香港海通公司受让中国交通进出口总公司，统一经营集团贸易业务。集团以 29.5 亿元收购招商局国际所持招商局亚太的全部股权。2004 年 12 月 16 日，总投资达 27.65 亿元的深圳孖洲岛修船基地正式开工建设，蛇口友联、招商重工开始陆续向岛上搬迁。该修船基地投产后，招商局工业集团共有坞容合计达 88 万吨，大大提升招商局工业集团的修船及海洋工程产能和竞争力。2008 年 9 月 8 日，招商局与越南航海总公司在越南首都河内举行成立头顿国际集装箱港合营公司签约仪式，这标志着招商局国际迈出向海外投资的第一步。10 月，由招商局集团主导的深圳前海湾保税港区获国务院正式批复同意设立。深圳前海湾保税港区规划控制面积 3.71209 平方公里，是继招商局青岛前湾保税港区以后由国务院批准的国内第 9 个保税港区。

2010 年 1 月 1 日，深圳铜鼓航道正式投入使用，结束超大型集装箱班轮无法正常进出深圳西部港区的历史。4 月 25 日，经国务院批准，招商局漳州开发区升级为国家级经济技术开发区，定名为漳州招商局经济技术开发区。7 月 5 日，招商局集团正式完成对澳大利亚路凯（Loscam）公司的收购，成为路凯公司的绝对控股股东，成功进入托盘共享租赁行业。2011 年 4 月 21 日，新疆生产建设兵团与招商局集团有限公司在乌鲁木齐签署合作协议，共同设立总规模 100 亿元的中新建招商股权投资基金，重点支持新疆建设兵团重点建设项目和产业化龙头企业发展。6 月 20 日，华建交通经济开发中心完成公司制改制，正式更名为"招商局华建公路投资有限公司"，简称"招商局公路"。8 月 12 日，招商局将投资和管理的科伦坡港南集装箱码头项目 BOT 协议在深圳正式签署。2012 年 12 月 3 日，招商局资本有限公司揭牌。招商局资本有限公司是集团为整合 200 亿元现有各类投资基金业务而搭建的投资管理平台。12 月 27 日，招商局国际以 17.87 亿元人民币收购南山集团所持有的深圳赤湾港航股份有限公司 25% 的 A 股股份。12 月 29 日，招商局国际以 1.85 亿美元收购位于东非及红海要塞的吉布提的码头资产。招商局资本投资有限公司成立，专门从事私募股权投资，目标是发展成为国内规模和效益领先的 PE 企业。2013 年 1 月 25 日，招商局国际与法国达飞海运集团签署股份购买协议，招商局国际以 4 亿欧元现金收购达飞海运旗下全资子公司 Terminal Link 49% 的股权，涉及海外 15 个码头资产。2 月 5 日，招商局国际有限公司与吉布提港有限公司在吉布提签约，收购其已发行股本的 23.5%，正式入股吉布提港有限公司。3 月 24 日，招商局集团与坦桑尼亚财政部在达累斯萨拉姆签署《巴加莫约经济特区综合开发项目战略合作框架协议》。招商证券成功发行 100 亿公司债，成为国内第一家发行公司债的券商，开创证券公司在资本市场融资的新途径，所募集资金将重点用于支持创新业务发展。3 月，招商工业在江苏海门投资 3 亿美元注册成立招商局重工（江苏）有限公司，并由新公司江苏重工出资 18.5 亿元收购江苏海新船务重工有限公司的船厂资产，开始在华东地区经营海工装备修造业务。5 月 28 日，招商局集团和斯里兰卡港口和公路部在人民大会堂签署《斯里兰卡北部高速及港口物流框架协议》。8 月 20 日，招商局集团全资附属公司深圳市招广投资控股有限公司、中信资本及苏州元禾控股牵头的联合体等机构与顺丰速运签署协议，共同作为战略性投资者入股顺丰速运，合共持有顺丰速运不超过 25% 的股份。2014 年 4 月 21 日，招商局国际控股管理的斯里兰卡科伦坡国际集装箱码头（CICT）举行竣工典礼。4 月 30 日，招商局集团收购澳大利亚纽卡斯尔（Newcastle）港口 98 年的收费管理权和土地租赁权。9 月 16 日，招商局国际与斯里兰卡政府签署斯里兰卡汉班托塔港二期集装箱码头 SOT 项目关键条款协议，以及开发斯里兰卡国际航运中心的框架协议两项协议。11 月 17 日，招商局集团与 Hastings 管理公司签署的战略合作协议。12 月 29—30 日，招商局集团务虚会在深圳召开。会议指出，要推进百年招商局成为世界一流企业，实现新的跨越。12 月 31 日，国务院正式批复，决定设立中国（广东）自由贸易试验区包含 28.2 平方公里的深圳前海蛇口片区，其中有招商局蛇口工业区 9.4 平方公里、招商局国际西部港区 3.8 平方公里，合计 13.2 平方公里。

2015 年 2 月 5—6 日，招商局集团在深圳召开 2015 年年会，会议提出：未来 5 到 6 年，我们要再造一个招商局，主要经营和资产指标基本都要在 2014 年的基础上翻一番。在产业方面，要基本培育出三个"世界一流"、四个"全国领先"，并且要努力培养出一些新的增长点。3 月 6 日，招商局集团与中国银行签署"一带一路"倡议合作总协议。本次签约金额达 1000 亿元人民币。双方将在"丝绸之路经济带"和"21 世纪海上丝绸之路"开展多方面的合作。3 月 18 日，招商局与河北签约联合设立创投基金。双方将发挥各自优势，探索政企合作新模式。由招商局资本管理有限公司与河北省科投集团有限公司联合发起设立总规模为 30 亿元人民币的创投基金，首期规模不少于 10 亿元人民币。基金将以加速科技成果转化为核心，立足京津冀，重点关注符合国家战略导向、中国经济结构调整转型领域的高成长性企业。3 月 24 日，招商局集团与吉布提签署自贸区合作框架协议。招商局将凭借丰富的园区开发经验，做好吉布提自贸区项目，管理并经营好海上丝绸之路的重要驿站。7 月 30 日，招商局能源运输股份有限公司（招商轮船）与淡水河谷航运新加坡公司（淡水河谷）达成"船舶买卖协议"。招商轮船将收购四艘淡水河谷拥有的 40 万吨级超大型矿砂船。9 月 16 日，招商局国际等三方联合体收购土耳其 Kumport 码头 65% 的股权。Kumport 是土耳其第三大集装箱码头，靠近伊斯坦布尔，占据欧亚大陆连接处的重要战略地理位置，是黑海和地中海之间的咽喉要地。12 月 18 日，招商局创新投资管理有限责任公司和招商启航互联网创新孵化器正式成立，招商创投从事母基金投资（FOF）和直接投资，总投资规模达 50 亿元人民币；招商启航总投资规模为 3 亿人民币，将与暨南大学、蛇口电视台合作共建新媒体专业孵化平台，与招商局国际合作共建智慧港口专业孵化平台，与招商自贸商城合作共建跨境电商专业孵化平台等，尝试更多样的创新可能。集团还在北京设立"招商局科技创新发展研究院"，以期立足产业科技最前沿，通过加强资本与科技资源的结合，形成协同创新红利。12 月 28 日，经国务院批准，招商局集团与中国外运长航集团实施战略重组，中国外运长航集团以无偿划转方式整体并入招商局集团，成为其全资子企业。

2016 年 7 月，国资委正式将招商局集团列入国有资本投资公司试点。8 月 27 日，招商局公路网络科技控股股份有限公司创立。10 月 7 日，股份代号为 6099 的招商证券 H 股成功在香港联交所主板上市。10 月 17 日，首期规模为 122 亿元的中央企业贫困地区产业基金正式成立，招商局集团出资 5 亿元参与创立。12 月 1 日，中国保监会批复同意招商局仁和人寿保险股份有限公司的筹建申请。此次复牌的仁和人寿源于招商局 1875 年创办的中国第一家真正意义上的民族保险公司。"仁和保险"成功复牌，将光复中国民族保险品牌，并将中国民族保险业的历史提前近 60 年。

2017 年 7 月，招商仁和人寿开业，至此招商局集团金融板块"4+N"布局初具雏形。12 月 4 日，招商公路换股吸收合并华北高速获证监会批准，已上市 18 年的华北高速将退市注销，并由招商公路承接其全部资产、负债，在深交所主板上市，将成为招商局旗下又一个市值过千亿的上市公司。2018 年 7 月 5 日，招商局集团主导建设的吉布提国际自贸区一期工程 2.4 平方公里起步区竣工开园。

招商局诞生于"中国三千年未有之大变局"的清末，抱着"实业救国、民族复兴"的理想，组建中国第一支现代商船队，开辟中国第一条远洋、近海、内河商业航线，创办中国第一家银行、保险公司、电报局、现代采矿与冶炼企业，修建中国第一条铁路等，首次在中国引进公司制度，一举打破外资洋行垄断中国航运的格局，开创中国近现代民族航运业及诸多近现代经济领域，拉开中国百多年近现代化进程的厚重帷幕，创造了自身发展的第一次辉煌，成为中国民族航运业的象征和中国近现代民族工商业的先行者，在中国近现代经济史和社会发展史上具有重要地位，产生重要影响。作为一家商业机构，招商局固然是在"谋利"的考虑下创办的，但它的创办，不仅是谋一企之利，而是谋举国之利；不仅是谋一时之利，而是谋万世可行之利。也就是李鸿章所言："以商务立富强之基"。在理念上，招商局第一次把"商"提升到国家战略的高度。在人才上，招商局第一次把国家的社会精英吸引向"商"的领域。在资本上，招商局第一次把社会资源向"商"的领域集中。在制度上，招商局第一次把"公司"引入中国，为"商"在中国的发展开拓广阔的天地。在风气上，招商局第一次举起"重商、崇商、兴商"的旗子，开国人风气之先。[①]

在"文化大革命"结束后中国历史大转折中，招商局再次勇立潮头，敢闯敢试、敢为人先，创办中华人民共和国第一个对外开放工业区——蛇口工业区，炸响中国改革开放的"第一炮"，喊响"时间就是金钱，效率就是生命"等口号，大胆在管理体制、基建体制、用工制度、分配制度、干部人事制度、住房制度、企业制度、社会保障体系、金融改革等进行一系

① 傅育宁：《传承百年使命，回应时代命题，为民族振兴强大做出新的贡献——在纪念招商局创立 140 周年大会上的讲话》（2012 年 12 月 13 日），《人民日报》海外版 2012 年 12 月 26 日。

列改革试验，创下二十多项当时全国第一，创办中集公司、招商银行、平安保险等国内外知名企业，孵化出金蝶软件、分众传媒等高科技企业，被誉为"中国改革开放的排头兵"和现代化的"希望之窗"。招商局从一家以港口航运为主的企业，发展成为包括交通运输、金融、地产、综合开发等核心主业在内的大型企业航母，资产规模从不足 1 亿元人民币发展到 2017 年 7.33 万亿元，复合增长率分别为 31%，利润总额仅 1000 多万元人民币发展到 2017 年的 1271 亿元，复合增长率 25%。蛇口工业区也从昔日的小渔村，发展成为人均 GDP 超过 6 万美元的现代化、国际化滨海城区。招商局集团成为 8 家连续十四年荣获国务院国资委经营业绩考核 A 级的央企之一和连续四个任期"业绩优秀企业"。百年招商创造自身发展的第二次辉煌，在中国改革开放和现代化建设历史进程中具有重要地位，产生重要影响。

作为硕果仅存的百年民族工商企业，招商局在 19、20、21 的三个世纪都深深地留下了自己的足迹，是一部百年不衰、薪火相传的商业传奇。在 146 年的发展历程中，招商局历经晚清、民国、中华人民共和国等不同历史时期的许多重大社会、政治变革，一直站在时代的前列，发挥着特殊的作用，它是一部百年中国近现代化进程的见证者和参与者。招商局自 1872 年创立以来，其发展为什么能够从无到有、从小到大、从大到强，一路走来，历久弥新，生机盎然，行稳致远，关键在于招商局和招商人始终秉承"爱国、自强、开拓、诚信"[①]的"招商血脉"，尊崇"崇商、创新、均衡、共赢"的经营理念，与祖国共命运，同时代共发展，以商业成功推动时代进步，在广阔的历史舞台上取得辉煌成就，在中华民族"站起来、富起来、强起来"的三个重要历史阶段都做出了应有的贡献（图 7-3）。

目前，招商局提出建设具有全球竞争力的世界一流企业远景目标，努力培育出三个"世界一流"（世界一流的超级油轮船队和超级矿砂船队、世界一流的港口综合服务商、世界一流的供应链综合物流服务商）、四个"国内领先"（国内领先的城市综合开发和运营服务商、国内领先的金融股份集团和特色金融服务商、国内领先的高速公路投资运营服务商、国内领先的海工装备制造商），并努力培育出保险、资产管理等一批新的特色金融服务产业和高端旅游、大健康等新的增长点，成为央企国家队主力、产业领先者、行业整合者。我们完全有理由相信，在中国特色社会主义新时代，全面深化改革开放的新阶段，在从"引进来"到"走出去"和推进"一带一路"倡议的历史进程中，招商局和招商人一定能沿着一代代招商

① 2002 年 7 月 10 日，在招商局成立 130 周年之际，中共中央政治局常委、国务院总理朱镕基致函招商局集团董事长秦晓以示祝贺，"秦晓同志：欣逢招商局成立 130 周年，谨表祝贺，百年民族企业，喜看硕果仅存。希望继续发扬'爱国、自强、开拓、诚信'的优良传统，共创中华民族新世纪的辉煌"。招商局集团官网关于招商局的介绍中有"我们的精神：爱国、自强、开拓、诚信"。

图 7-3　新时期的招商蛇口，正致力于成为中国领先的城市和园区综合开发运营服务商

人探索出来的百年商道，续写招商局基业长青故事的新篇章，再创百年招商新的辉煌。

三、蛇口基因，现代企业的立命之基

招商蛇口之所以能够成功，不仅是因为其传承了"爱国、自强、开拓、诚信"的"招商血脉"，而且因为其结合时代新的要求，注入了新的"蛇口基因"。

《万科周刊》2008 年第 532 期曾发表万科董事局主席王石题为《深圳现象》一文：

　　在《经济观察报》与北大管理案例研究中心主办的 2007 年度中国最受尊敬企业榜上，15 家本土企业，深圳企业占了 6 家。深圳新兴企业、企业家群体已经成为中国经济的一种"现象"。一个从边陲渔村起步的新城市，为何能培育出优秀企业、企业家群体？一般最容易想到两个理由：1、特区的优惠政策；2、临近香港的地理优势。但我感觉，这两点解释力不足。

　　说到深圳新兴企业，无法不提中集集团、招商银行和平安集团这三家"蛇口系"企业。我找出它们发展过程中的一些共同点，大家看看是否能解释"深圳现象"？

　　股权结构和公司治理。中集、招行、平安这三家企业较早就有意识地进行公众化、甚至国际化的股权结构改造，市场化程度较高。三家企业在相当长时间内，都形成了既有股份制企业的治理结构，又有股权比例不是很大的国有股股东，既有做大规模的可能性，也保证现行体制下的安全性。这种股权结构和公司治理特点，使得"蛇口系"企业如袁庚老先生所说，"自出娘胎就先天具有适应国际化市场经济的功能。"

职业经理人式的企业家。今天，中集、招行和平安的掌舵人，无一是"大股东的人"。从1991年起，中集集团的管理层成员就不隶属于任何一方股东。1998年以来，董事长更换了几任，但总经理/总裁一直是麦伯良。以麦伯良为首的管理团队相对稳定，保证公司经营思想的一致性和战略的连续性。马蔚华，以央行官员身份空降招商银行担任行长。在他治下，招行逐渐形成职业经理人管理团队。同时，马蔚华又是一个很有创新和变革精神的企业家，他推行的战略变革让招行脱胎换骨，从一家区域性小银行发展为全国性商业银行，网上银行和信用卡业务远远领先同行，并被认为是中国最健康的银行。马明哲，最初以蛇口工业区社会保险公司副经理的身份，筹建平安保险公司，今天成为一个寿险、产险、银行、证券、信托、资产管理、企业年金混业经营的金融控股集团的董事长。马明哲自己说过一句话："我20年来一直为平安卖命。"他既有职业经理人的身份，又是典型的创业型企业家。由职业经理人式的企业家主导，由管理层推动，是这些深圳优秀企业的特色。

解放思想。中集、招行和平安，这三家企业曾经有同一个董事长——袁庚。袁庚说："蛇口的发展是从人的观念转变和社会改革开始的。"解放思想打开了一个口子，使得市场资源、优秀人才从高压的地方向自由的地方迅速流动，涌入深圳，推动城市经济发展，催生了优秀企业群。只有在思想相对解放的地方，才会吸引有创新精神的人群，诞生有市场活力的企业组织。正如袁庚所说，要引进外国的资金、技术、设备等等，并不是十分困难的事，而要创造一个适应这个经济发展的社会环境，则要困难得多。进步的社会、进步的人，是任何一个国家和民族经济起飞的大前提。[①]

① 王石：《深圳现象》，《万科周刊》2008年第532期。

《中国企业家》2008年第8期曾发表刘建强撰写的题为《蛇口基因：破解平安、中集、招行、万科、华为体内共同的密码》，该文说：

　　我们确实能从平安保险、中集、招商银行这几家创建于蛇口的企业身上捕捉到几点类似的特点与气质。比如多年来坚守主业、不做投机取巧事、进取的企业战略、创新开放的文化、在政策资源与市场意识之间游走。但这只是一些表象，还不能被称作是"基因"。

　　进一步，我们可以将这些表象溯源到它们自一成立便建立起的股份制架构、相对完善的公司治理、对现代企业制度的推崇和学习。然而令人进一步产生追问的是，这样的企业何以能诞生在20世纪80年代的中国？

　　蛇口工业区创始人袁庚曾被人问及"蛇口是怎么发展起来的？"他回答："是从人的观念转变和社会改革开始的。"如果没有袁庚和中央从20世纪80年代初在蛇口一手掀起思想解放、政治体制改革的试验，80年代中蛇口断然不会长出中集。企业是一系列契约的集合，而什么样的共识与价值观支撑、决定着这一系列契约是苟且、不可持续的，还是能最大限度满足人性的需求、放大人性的光辉？新的共识与理念（走市场经济道路、淡化特权、鼓励思想上的创新与自由）——使蛇口那批企业有别于当时其他所有中国企业——它们，才是蛇口企业难能可贵的基因。招商银行、平安保险等等日后被证明是带有优质市场化基因的企业。

　　30年前，蛇口一度成为中国最大程度模拟市场经济的区域，我们今天身处其中、飞速成长的商业社会就是从那里发端的。蛇口的创建者们希望建立起一批以西方现代企业制度为模板的中国企业。它们与洋务运动的"官督商办"不同，但又不可回避地有着"官商"色彩。而在股权结构上，国有股并不占绝对多数，国有股东与其他股东的话语权取得了巧妙的均衡。一方面严格的股份制结构保证了企业决策的科学性（你看它们基本上多年来皆坚守本业，不做投机取巧事），另一方面国有股东的存在拓宽了企业的生存空间，它们不像那些完全生长于草根的民营企业在初期得不到政策一点点的优惠与滋养。

　　它们是真正具有中国特色的企业。[①]

① 刘建强：《蛇口基因：破解平安、中集、招行、万科、华为体内共同的密码》，《中国企业家》2008年第8期。

　　从网上，我们搜寻到，也有人从蛇口系企业的生命迹象中，推导出"蛇口基因"的八个重要特征：第一，敢为天下先；第二，宗教般的企业精神；第三，一切因势、因时而变；第四，固守核心价值观，不做机会主义者，基于此的执行力；第五，专业创造价值；第六，务实的理想主义；第七，学习力，作为一个组织的变革能力；第八，强烈的危机感。

中共中央机关刊物《求是》杂志2018年第12期及2018年6月15日"求是网"刊登招商局集团董事长李建红的署名文章《历史只会眷顾坚定者、奋进者、搏击者——蛇口40年改革开放的实践与启示》，该文比较全面地总结了招商蛇口40年改革开放的实践，这篇文章的核心观点和关键词有：

> 远见：找准方向、勇立潮头；
> 创新：敢闯敢试、敢为人先；
> 开放：率先开放、拥抱世界；
> 实干：求真务实、艰苦创业。[①]

这篇文章实际上已经点出"蛇口基因"的精髓之所在：一是责任担当，与祖国共命运，同时代共发展，以商业成功推动时代进步；二是解放思想，坚决走"市场化"改革之路，做到"工"善其事，"货"畅其流，"人"尽其才，"物"尽其用，解放发展生产力；三是创新发展，不拘泥、不固守、不唯上，通过制度创新和技术进步，使"创新驱动发展，质量成就未来"真正成为现实；四是开放发展，坚决走"国际化"发展之路，主动从"引进来"到"走出去"，善用国内国外"两种资源，两个市场"，积极参与国际分工和国际竞争；五是实事求是，脚踏实地，求真务实，艰苦创业，真抓实干，按合同规则办事，诚信经营，利取之有道。

"招商血脉、蛇口基因"，已积淀成为招商局和招商蛇口企业文化的核心思想和企业品牌的核心内涵。

四、蛇口之父，袁庚留下的历史遗产

2016年1月31日凌晨3时58分，招商局集团原常务副董事长，招商局蛇口工业区和招商银行、平安保险、中集集团等企业创始人，"蛇口精神"的主要缔造者，百年招商局第二次辉煌的主要缔造者，中国改革开放事业的重要探索者袁庚因病医治无效，在深圳蛇口平静地离开了这个世界，享年99岁。

招商局造就了蛇口工业区，蛇口工业区也造就了今天的招商局。没有创办蛇口工业区，就不会有百年招商的第二次辉煌。同样，没有袁庚，就没有蛇口工业区，也就没有百年招商的第二次辉煌。无疑，袁庚是招商局和招商蛇口的灵魂人物。作为深圳"拓荒牛"的代表，袁庚当之无愧为

① 李建红：《历史只会眷顾坚定者、奋进者、搏击者——蛇口40年改革开放的实践与启示》，《求是》杂志2018年第12期。

"蛇口之父"，即使袁庚自己曾多次反对这样说。招商局和招商蛇口也同时成就了袁庚人生的第二次辉煌。

　　袁庚一生跨越战争年代与和平年代，具有传奇色彩。袁庚是土生土长的老宝安人。1917 年 4 月，袁庚出生于广东省宝安县大鹏镇水坝村。父亲欧阳亨，海员。母亲袁燕，家庭主妇。海员之子的家庭背景与毗邻香港的见闻，使他自幼就对外面的世界持有好奇心，求知欲甚强。袁庚非其本名，他的真名叫欧阳汝山。1923 年，欧阳汝山在水坝村私塾读书。1924—1925 年，就读于水坝村松山小学。1925—1930 年，在大鹏镇王母圩新民小学读书，小学毕业证改名为欧阳珊。1931 年，欧阳珊赴广东远东学校补习。同年以会考第 8 名的成绩进入广东省广雅第一中学读书。1934 年，初中毕业，考入"地政人员养成所"。1935 年，毕业分配到南海县石湾第四十测量队当测量员兼绘图。1936 年，考入中央军校广州分校。1937 年 8 月，七七事变后，军校人心涣散，欧阳珊因对时局失望遂返回乡下。9 月，应母校大鹏新民小学校长王仲芬之邀，在该小学代课。同时，开始参加抗日救亡活动，成立沿海青年抗敌后援会，欧阳珊被推举为负责人。1938 年，被新民小学正式聘为教员。同年，参加大鹏抗日自卫大队。1939 年，任大鹏区立小学校长。3 月 27 日，加入中国共产党，为不连累家人，随母亲姓，改名袁更。"更"，意为"更改"。

　　1939 年 11 月，袁庚被调到惠阳抗日游击大队工作。后任军事教员。1940 年 3 月至 9 月中旬，袁庚随惠阳游击大队与东莞大队东移至海陆丰地区，参加黄潭战斗。1941 年初，被惠宝人民抗日游击总队长曾生派到东莞宝太线上区开展工作。同年底，袁庚开辟一条地下航线，打通内地与香港新界之间的水上交通要道，为游击队秘密运送药品。1942 年 3 月，袁庚被调离东莞到大亚湾沿海的护航大队任副大队长，参与"省港大营救"，袁庚和他的战友们利用地下航路营救出何香凝、柳亚子、邹韬奋、乔冠华和胡蝶等各界精英，他们的行动被称之为抗战以来最伟大的抢救工作。袁庚他们同时还营救出许多盟军被俘人员、国际友人和对日作战遇险的美军飞行人员。1944 年 5 月，袁庚奉命调至东江纵队司令部工作。6 月，曾生临时派袁庚到大鹏半岛统一指挥东江纵队的一支部队和当地税收站。8 月，根据党中央指示，东江纵队成立联络处，袁庚任联络处处长，负责广东沿岸及珠江三角洲敌占区的情报工作，为美军太平洋舰队和第十四航空队提供大量极有价值的准确情报，除此之外，袁庚还在东江两岸和港九地区积极开展抗日游击战。1945 年 9 月，日军战败后，袁庚以东江纵队港九大队上校身份，被派往香港与英方就港九游击队撤离九龙半岛问题进行谈判并在香港设立驻港办事处，该办事处即新华社香港分社的前身。11 月底，袁庚被调回东江纵队指挥部。1946 年 5 月，袁庚被临时调至东江纵队负责北撤筹备组工作。6 月随部队北撤山东烟台。10 月，袁庚入华东军政大学学习。1947 年 5 月，袁庚毕业于华东军政大学，被分配到三野二纵队四师参谋处见习，参与南麻临朐战役和昌维战役。1948 年，两广纵队成立，任纵队侦查科长，后任作战科长。9 月，参加济南战役。11 月，参加淮海战役。1949 年 2—3 月，两广纵队成立炮兵团，袁庚任炮兵团长。9 月，两广纵队炮兵团沿湖北、江西，进入粤境，解放沿海岛屿。10 月，解放大铲岛。11 月，解放三门岛前夕，袁庚奉命调至中央军情部参加武馆受训。

　　1950 年 4 月，袁庚作为情报和炮兵顾问，奔赴越南援越。后参加越南高平战役。1951 年 5 月，奉调回国。8 月，参加高干班学习，听苏联情报顾问讲课。1952 年 8 月，任中国驻印尼总领事馆领事。1955 年 4 月，周恩来总理赴雅加达参加"亚非会议"期间，袁庚负责情报组织工作。1959 年 9 月，任中央调查部一局二处处长。1961 年，调任调查部一局副局长，分管东南亚工作。1963 年，派往柬埔寨，破获国民党暗杀刘少奇的"湘江案"。1965 年 8 月—1966 年 5 月，在河北定兴县五里窑公社参加"四清"运动。1966 年 6 月—1967 年 5 月，抽调至由国家外办、侨委、外交部、交通部等单位组成的接侨办公室工作，被指派为小组长兼光华轮党委书记，往返印尼接侨。1967 年 6 月，回调查部机关上班，并参加"文化大革命"运动。1968 年 4 月，袁庚被康生等一伙以"特务和汉奸"等莫须有的罪名陷害拘捕，囚禁于秦城监狱。1973 年 9 月 3 日，在周恩来等人过问下被释放回家。1975 年 10 月，袁庚不想回原单位中央调查部工作。在五届全国人大常委会副委员廖承志的帮助下，袁庚找到在部队时的老领导，时任交通部部长的叶飞和交通部副部长的曾生，被安排到交通部任职，先是外事局负责人，不久被正式任命为外事局副局长。

　　1978 年 6 月，袁庚受交通部部长叶飞委派，赴香港调查两个月，起草一份《关于充分利用香港招商局问题的请示》报告，经交通部党组讨论会于 10 月 9 日上报中共中央和国务院。10 月，袁庚被任命为交通部所属的香港招商局常务副董事长，主持招商局全面工作。12 月，袁庚向交通部部长呈报招商局发展计划，提出在广东设立后勤基地。1979 年 1 月 31 日，中共中央副主席、国务院副总理李先念和国务院副总理谷牧接见交通部副部长彭德清和袁庚，听取关于招商局在广东宝安建立蛇口工业区的汇报。当袁庚汇报到要求在蛇口划出一块地段作为招商局的工业用地时，李先念当即批示："拟同意。请谷牧同志召集有关同志议一下，就照此办理。"2 月，中共中央调查部委员会为袁庚平反并恢复名誉。1980 年 3 月，蛇口工业区建设指挥部改组，袁庚出任总指挥，在蛇口工业区实行"择优招雇聘请制"。同月，袁庚开始运作开发赤湾。1981 年 4 月 29 日，丹麦女王在访港的盛大酒会上，接见袁庚。8 月，国务院总理视察蛇口工业区，听取袁庚汇报，肯定"蛇口模式"。11 月，蛇口企业干部培训班开学，为工业区培训大批管理人才，被誉为蛇口的"黄埔军校"。同年，袁庚多次提出"时间就是金钱，效率就是生命"的口号。1982 年 3 月，袁庚给中组部部长宋任穷写信，提出在有关省、市、院校"招考招聘"所需人才。6 月，袁庚出任中国国际海运集装箱股份有限公司首任董事长。7 月，中国第一家股份制中外合资企业——中国南山开发股份有限公司成立，袁庚被公推为董事长兼总经理。1983 年初，袁庚在蛇口工业区试行"干部冻结原有级别，实现聘任制"，并对领导干部实行公开的民主选举和信任投票制度。4 月 4 日，蛇口工业区建设指挥部改为蛇口工业区管理委员会，袁庚出任蛇口工业区党委书记与管委会主任。1984 年 6 月，中央批准袁庚为谷牧同志的顾问。8 月 17 日至 22 日，袁庚应邀访问福建，作三场报告。10 月 8 日，经深圳市委批准，袁庚出任中共蛇口区委书记。1985 年 2 月，袁庚派员赴美国和加拿大招聘学成的留学生到工业区工作，开辟又一条人才来源的渠道。10 月，袁庚批准成立全国第一家由企业创办的保险机构——蛇口社会保险公司。1988 年 3 月，经中国人民银行批准，发展成为平安保险公司。12 月 25 日，袁庚在谷牧主持的特区工作会议上作题为《克服困难，迎接未来》发言。1986 年 3 月 26 日，工业区创办的南海酒店开业。5 月 6 日，袁庚应香港中文大学邀请，发表题为《蛇口——中国开放改革的"试管"》的报告。1987 年 4 月 8 日，袁庚提出的创办招商银行的建议获得批准，中华人民共和国第一家由企业创办的股份制商业银行招商银行在蛇口工业区开业，袁庚出任董事长。4 月，袁庚下决心将管委会改为董事会，力图让工业区恢复企业的本来面目。1988 年 1 月 13 日，一场"青年教育专家与蛇口青年座谈会"引发日后轰动全国的"蛇口风波"。9 月 10 日，袁庚指出：蛇口工业区要转型，要发展知识密集型行业，要提高智能公司，发展智力输出，要发展第三产业，要把建设蛇口港放在第一位，更好地发挥窗口作用。1989 年2 月 2 日，袁庚在蛇口工业区干部大会上讲话，希望将蛇口建设成为高智能的社区。9 月 30 日，袁庚在纪念蛇口工业区建区 10 周年的两个酒会上发表演讲，强调坚定不移地探索具有中国特色的社会主义道路。1991 年，袁庚考察福建沿海地区后，招商局决定在厦门湾南岸参与投资漳州经济开发区。1992 年 11 月，75 岁，袁庚离休，享受副部级待遇。晚年在蛇口定居。①

　　1978 年，袁庚刚接手香港招商局时，公司全部资产加起来不到 1 亿元，两个修船厂加上一个不到 13 层的很旧的楼。等到袁庚离开工作 15 年的招商局集团时，集团总资产已有 200 多亿元资产。2003 年 7 月，袁庚被香港特区政府授予"金紫荆勋章"（图 7-4）。2003 年 10 月，被上海市人民政府授予"中国改革之星"称号。2005 年 9 月 1 日，中共深圳市委书记李鸿忠向袁庚颁发由党中央、国务院、中央军委制作的中国人民抗日战争胜利 60 周年纪念章。2006 年 4 月 23 日，袁庚虚岁 90岁大病初愈，应蛇口工业区之邀，乘船游览海域，察看晚年献身的这片热土，渡过 90岁大寿。②

图 7-4　2003 年 7 月，袁庚被香港特区政府授予"金紫荆勋章"

　　2006 年，袁庚荣获首届"深商风云人物"功勋奖。

　　2008 年，袁庚被评为"改革开放三十年影响深圳三十个经济人物"之一。

　　2008 年，袁庚当选为"全国十大改革闯将"和"改革开放 30 周年感动广东人物"。

　　2009 年，凤凰网在其"新中国 60 年经济史记人物列传"专栏这样评价袁庚："袁庚，花甲之年出任深圳蛇口工业区掌门人。执掌蛇口港的十几年里，袁庚披荆斩棘，突破了僵化的计划经济体制，打碎了'大锅饭'，引入了市场经济。这一突破迅速催生招商银行、平安、中集等一批优秀企业。……他是那个年代的智者，他的改革思想简单明晰，知行合一。袁庚是充满激情的先行者，他睿智而无畏，引导了那个时代的潮流。"③

　　其实可以说，袁庚是"蛇口之父"和"改革开放先驱者"。中共广东省委原第一书记任仲夷晚年曾称赞袁庚："袁庚这人思想很开放的。'深圳速

① 招商局集团办公厅、招商局史研究会：《袁庚文集》，2012 年 9 月编印，第 289—396 页。

② 《袁庚年表》，招商局集团办公厅、招商局史研究会：《袁庚文集》，2012 年 9 月编印，第 389—396 页。

③ 《十大改革闯将之袁庚：改革先锋，探路蛇口》，《和讯网：改革开放 30 年（人物列传）》。

① 李次岩：《任仲夷画传》，北京：人民出版社，2014年，第231页。

度'，首先是来自'蛇口速度'，而后才有建国贸大厦的'深圳速度'。"①

2016 年 1 月 31 日，也就是蛇口工业区创办 37 周年的纪念日，袁庚病逝于蛇口，享年 99 岁（图 7-5）。

2016 年 2 月 4 日，招商局集团董事长李建红发表万字长文《传承袁庚精神的"一根五脉"》怀念袁公，该文说：

图 7-5　袁庚

> 袁庚是百年招商局历史上一位杰出的领导者，是中国改革开放事业中一位标志性人物。他既属于招商局，也属于国家；既属于历史，也属于今天和未来。他是一个勇立潮头高举改革开放旗帜的旗手，一个冲锋陷阵的闯将，他从事的蛇口改革是一座历史丰碑。他的名字与中华民族抗日救亡紧紧联系在一起，与追求光明的民主革命紧紧联系在一起，与图强求富的改革开放紧紧联系在一起。他把自己的一生奉献给了党和人民，奉献给了招商局的事业。他的一生是革命的一生、战斗的一生、光辉的一生。
>
> 袁庚给我们留下了巨大的财富，其中既包括物质财富，也包括精神财富。就物质财富而言，今天兴旺发达的招商局、繁荣美丽的蛇口，吊机林立的港口、远航四海的船队、耸立云天的大厦、充满活力的银行等等，都处处留有他的身影。但袁庚的遗泽、袁庚的影响远超于此，他为人们所追忆和怀念的最宝贵的东西，他超越招商局、超越时代的最大的影响，是他留给我们的精神财富，也就是袁庚精神。
>
> 纵观袁庚的一生，我们不难发现他的精神中具有一些鲜明的特质，概括起来，我以为就是"一根五脉"。一根，就是"责任担当"；五脉，就是"改革、开放、创新、激情、务实"。我们纪念袁庚，就是要学习其精神之魂："一根五脉"。
>
> 世上再无袁庚，改革仍在进行。在这个大有可为的时代，在进一步深化改革开放的今天，我们这一代人，唯有继承袁庚的精神遗产，"向前走，莫回头"，奋发有为，一往无前，坚定不移地做"改革的促进派和实干家"，以新的闯关和新的建树，推动世界一流企业的建设，实现招商局新的跨越、新的辉煌，这才是我们对袁庚老先生最好的纪念和告慰！②

② 李建红：《传承袁庚精神的"一根五脉"》（2016 年 2 月 4 日），内部资料。

我们说，招商局集团董事长李建红对"袁庚精神""一根五脉"的归纳和总结是非常到位的。我们在此仅补充两点，袁庚的一生，不仅是革命的一生、战斗的一生、光辉的一生，更是不断追求知识、追求真理、追求进步、为理想与事业奋斗的一生。对知识的渴望，对学习的坚持，是他一生不变的追求。袁庚不仅敢于冒险，他的敢闯敢干是建立在守法和守约的基础上的，诚信守法是他一生坚持的原则，也是他行稳致远的根本之所在。"好学"和"守约"是袁庚众多优良品格中的两项非常重要的品格，也是他给我们留下的一笔宝贵精神财富。

2017年4月23日，招商局集团纪念袁庚百年诞辰暨袁庚塑像揭幕仪式在深圳蛇口海上世界举行。一尊撸起衬衫袖子、西装搭在手臂上、迎着海风迈步向前的袁庚塑像展现在人们的面前。基座的石碑上刻着袁庚的生平事迹——袁庚缔造了中国经济特区雏形，是招商局蛇口工业区的灵魂人物，是招商银行、平安保险、中集集团等著名企业的创始人，是百年招商局二次辉煌的主要缔造者，是中国改革开放具有标志性的先行者和探索者之一。招商局集团董事长李建红说："这既是一尊袁老塑像，也是一尊精神塑像。袁老虽然离开了我们，但他的崇高品质和奉献精神永远映照着特区这片热土，他的'向前走，莫回头'的殷殷嘱托言犹在耳。希望招商人要将袁老对党绝对忠诚的品质，无私无畏的责任担当，改革、开放、创新、激情、务实的精神，永远传承发扬下去，以强烈的责任感和使命感争做深化改革的排头兵，开拓进取、砥砺奋进，努力把招商局建设成为具有国际竞争力的世界一流企业。"

2017年11月1日，深圳市人才公园开园，其中人才雕塑园树立"袁庚"雕塑。

2017年12月26日，位于深圳蛇口海上世界文化艺术中心的蛇口改革开放博物馆正式开馆，在蛇口改革开放博物馆"袁庚"展厅的前言部分，评价袁庚为"百年一男儿"。

改革、开放、创新、激情、务实、守约、好学的袁庚精神，敢于担当、勇于尝试，执着向前，是袁庚留给中国社会改革进步的巨大财富。

生命有限，精神永存。

参 考 文 献

白天主编：《走向现代化：深圳 20 年探索》，深圳：海天出版社，2000 年。

陈宏：《1979—2000 深圳重大决策和事件民间观察》，武汉：长江文艺出版社，2006 年。

陈开枝：《1992·邓小平南方之行》，北京：中国文史出版社，2004 年。

陈禹山、陈少京：《袁庚之谜》，广州：花城出版社，2005 年。

《邓小平与深圳经济特区》编委会：《邓小平与深圳经济特区》，深圳：海天出版社，1993 年。

《改革开放亲历记：胡平访谈录》，北京：中央文献出版社，2010 年。

《谷牧回忆录》，北京：中央文献出版社，2009 年。

广东地方史志办公室：《当代广东简史》，北京：当代中国出版社，2005 年。

《广东经济特区十年》编辑委员会：《广东经济特区十年》，广州：广东科技出版社，1990 年。

广东省档案馆：《广东改革开放三十年重要档案文献》（1—5 卷），北京：中国档案出版社，2008 年。

广东省档案馆：《图说广东改革开放 30 年》，广州：广东人民出版社，2008 年。

广东省地方史志编纂委员会：《广东省志经济特区志》，广州：广东人民出版社，1996 年。

广东省经济特区研究中心：《广东经济特区要览（1983—1984）》，1985 年。

广东省委宣传部：《永远的春天：邓小平与广东改革开放》，广州：岭南美术出版社，2004 年。

广东省政协文史资料研究委员会：《经济特区的由来》，广州：广东人民出版社，2002 年。

胡政：《春天的故事》，广州：广东出版集团、花城出版社，2008 年。

胡政：《我说招商局》（内部），2004 年。

胡政主编，张后铨编著：《招商局与深圳》，广州：广东出版集团、花城出版社，2007 年。

黄浩：《路是这样走出来的：广东改革开放风雨录》，广州：广东人民出版社，2008 年。

黄振超、陈禹山：《希望之窗：深圳特区招商局蛇口工业区的经验》，北京：光明出版社，1984 年。

江潭瑜：《深圳改革开放史》，北京：人民出版社，2010 年。

鞠天相：《争议与启示：袁庚在蛇口纪实》，北京：中国青年出版社，1998 年。

乐正：《深圳之路》，北京：人民出版社，2010 年。

雷厉：《历史风云中的余秋里》，北京：中央文献出版社，2006 年。

李春雷：《木棉花开：任仲夷在广东》，广州：广东人民出版社，2008 年。

李次岩：《任仲夷画传》，北京：人民出版社，2014 年。

《李灏深圳工作文集》，北京：中央文献出版社，1999 年。

李岚清：《突围：国门初开的岁月》，北京：中央文献出版社，2008 年。

李茸、冯涛：《招商银行——因您而变》，北京：中国人民大学出版社，2005 年。

《李先念传》编写组：《李先念传（1949—1992）》（上、下），北京：中央文献出版社，2009 年。

李晓军：《筚路蓝缕，先行一步：广东改革开放初期历史研究》，广州：广东人民出版社，2008 年。

李妍：《对外开放的酝酿与起步》，北京：社会科学文献出版社，2008 年。

李正华：《中国改革开放的酝酿与起步》，北京：当代中国出版社，2002 年。

厉有为、邵汉青：《深圳经济特区探索之路》，广州：广东人民出版社，1995 年。

梁川：《广东经济特区的创立和发展》，北京：中共党史出版社，2007 年。

梁灵光：《梁灵光回忆录》，北京：中共党史出版社，1996 年。

梁振球：《海南建省办经济特区 20 周年纪事（1988.4—2008.4）》，北京：中共中央党校出版社，2008 年。

林亚杰：《经济特区的由来》，广州：广东人民出版社，2010 年。

林雨如：《中国经济特区简志》，广州：广东人民出版社，1990 年。

林祖基：《邓小平与深圳经济特区》，深圳：海天出版社，2008 年。

刘会远：《谷牧画传》，北京：人民出版社，2014 年。

刘田夫：《刘田夫回忆录》，北京：中共党史出版社，1995 年。

刘向东：《对外开放起始录》，北京：经济管理出版社，2008 年。

刘中国：《纪事：深圳经济特区 25 年》，深圳：海天出版社，2006 年。

芦荻、杨建、陈宪宇：《广东改革开放发展史》，北京：中共党史出版社，2001 年。

罗木生：《中国经济特区发展史稿》，广州：广东人民出版社，1999 年。

马立诚：《蛇口风波》，北京：中国新闻出版社，1989 年。

彭立勋：《邓小平经济特区建设理论与实践》，武汉：湖北人民出版社，1999 年。

彭立勋：《迈向新世纪的深圳经济特区》，武汉：湖北人民出版社，1998 年。

彭立勋、钟坚：《深圳经济特区改革开放专题史》，深圳：海天出版社，2010 年。

千家驹、卢祖法：《特区经济理论问题论文集》，北京：人民出版社，1984 年。

全国政协委员会办公厅：《改革开放的岁月：一九七八年以来的谷牧》，北京：中央文献出版社，2004 年。

全国政协文史和学习委员会：《经济特区的建设》，北京：中国文史出版社，2009 年。

邵汉青：《邓小平理论与深圳实践》，深圳：海天出版社，1998 年。

深圳博物馆：《深圳改革开放史》，北京：文物出版社，2010 年。

深圳博物馆：《深圳特区史》，北京：人民出版社，1999 年。

深圳经济特区研究会等：《深圳 28 年改革纵览》，深圳：海天出版社，2008 年。

深圳史志办公室：《深圳改革开放纪事》（1978—2009），深圳：海天出版社，2009 年。

深圳市博物馆：《宝安三十年史（1949—1979）》，北京：文物出版社，2014 年。

深圳市档案馆：《深圳市十年大事记》，深圳：海天出版社，1991 年。

深圳市档案局：《谷牧同志关于特区工作的谈话要集》（内部），1995 年。

深圳市史志办公室：《李灏深圳经济特区访谈录》，深圳：海天出版社，2010 年。

深圳市史志办公室:《深圳市大事记》,深圳:海天出版社,2001 年。

深圳市史志办公室:《中国共产党深圳历史》第二卷,北京:中共党史出版社出版,2012 年。

深圳市史志办:《中国共产党深圳历史大事记》,深圳:深圳报业集团出版社,2012 年。

深圳市政协文史和学习委员会:《深圳:一个城市的奇迹》,北京:中国文史出版社,2008 年。

苏东斌:《中国经济特区史略》,广州:广东经济出版社,2001 年。

孙儒、许隆:《中国经济特区的理论与实践》,北京:经济科学出版社,1988 年。

田纪云:《改革开放的伟大实践:纪念改革开放三十周年》,北京:新华出版社,2009 年。

涂俏:《袁庚传:改革现场(1978—1984)》,北京:作家出版社,2008 年。

涂俏:《袁庚传:改革现场(1978—1984)》(修订版),深圳:海天出版社,2016 年。

汪文庆:《中国共产党与经济特区》,北京:中共党史出版社,2014 年。

王大勇、朱士秀:《招商局史(现代部分)》,北京:人民交通出版社,1995 年。

王玉德等:《再造招商局》,北京:中信出版社,2008 年。

《王震传》编写组:《王震传》,北京:人民出版社,2008 年。

《王震传》编写组:《王震传》(下),北京:当代中国出版社,2001 年。

习近平:《习近平谈治国理政》,北京:外文出版社,2014 年。

《习仲勋传》编委会:《习仲勋传》(上、下卷),北京:中央文献出版社,2013 年。

《习仲勋文选》编委会:《习仲勋文选》,北京:中央文献出版社,1995 年。

《习仲勋主政广东》编委会:《习仲勋主政广东》,北京:中共党史出版社,2007 年。

香港招商局:《广东省深圳特区蛇口招商局蛇口工业区文件资料汇编》(第一至四集),1981、1982、1983、1984 年编印。

向明:《改革开放中的任仲夷》,广州:广东教育出版社,2000 年。

新民周刊:《深圳蛇口工业区建设始末》,2006 年 1 月 25 日。

阎启英:《习仲勋画传》,北京:学习出版社,2013 年。

杨润时:《邓小平特区建设思想研究》,北京:社会科学文献出版社,

1994 年。

《叶飞传（1914—1999）》（上、下），北京：中央文献出版社，2007 年。

《叶飞回忆录》（上、下），北京：解放军出版社，2014 年。

易惠莉、胡政：《招商局与近代中国研究》，北京：中国社会科学出版社，2005 年。

于光远：《1978：我亲历的那次历史大转折》，北京：中央编译出版社，2008 年。

曾生：《曾生回忆录》，北京：解放军出版社，1992 年。

张后铨：《招商史话》，北京：中国文史出版社，1992 年。

张岳琦、李次岩：《先行一步：改革开放篇》（任仲夷论丛第 2 卷），广州：广东人民出版社，2000 年。

张振方：《当代中国的"乌托邦"——深圳蛇口启示录》，北京：红旗出版社，1994 年。

招商局集团办公厅、招商局史研究会：《袁庚文集》（内部），2012 年。

招商局蛇口工业区管委会办公室：《招商局蛇口工业区文件资料汇编》（第五集），1986 年编印。

招商局蛇口工业区：《辑录蛇口（1978—2003）》，2004 年。

招商局蛇口工业区控股股份有限公司：《2016 年年度报告》，2017 年。

招商局蛇口工业区控股股份有限公司：《2017 年年度报告》，2018 年。

招商局蛇口工业区总经理办公室：《招商局蛇口工业区文件资料汇编》（第六至二十三集），1988—2004 年编印。

招商局史研究会：《招商局墨存》（内部），2006 年。

招商银行：《招商银行发展史纲》（内部），2005 年。

政协广东省委员会办公厅、广东省政协学习和文史资料委员会：《广东经济特区的创立和发展》，北京：中共党史出版社，2007 年。

中共广东省委办公厅：《中央对广东工作指示汇编》（1979 年—1982 年），1986 年。

中共广东省委办公厅：《中央对广东工作指示汇编》（1983 年—1985 年），1986 年。

中共广东省委办公厅：《中央对广东工作指示汇编》（1986 年—1987 年）（上、下），1988 年。

中共广东省委党史研究室：《广东改革开放大事记》（1978.12—1998.12），广州：广东人民出版社，1999 年。

中共广东省委党史研究室：《广东改革开放决策者访谈录》，广州：广东人民出版社，2008 年。

中共广东省委党史研究室：《习仲勋主政广东忆述录》，北京：中共党史出版社，2013 年版。

中共广东省委党史研究室：《中国共产党广东历史大事记》（1949 年 10 月—2004 年 9 月），广州：广东人民出版社，2005 年。

中共深圳市委办公厅办文处：《党和国家领导人视察深圳讲话资料汇编（1981—1991）》（上册，内部资料），2005 年 8 月。

中共深圳市委办公厅办文处：《党和国家领导人视察深圳讲话资料汇编（1992—2005）》（下册，内部资料），2005 年 8 月。

中共深圳市委党史研究室：《中国经济特区的建立与发展》（深圳卷），北京：中共党史出版社，1996 年。

中共深圳市委宣传部写作组：《深圳的斯芬克斯之谜》，深圳：海天出版社，1992 年。

中共文献研究室邓小平研究组：《开创：邓小平决策改革开放史话》，杭州：浙江人民美术出版社，2008。

中共中央党史研究室第三研究部：《邓小平与改革开放的起步》，北京：中共党史出版社，2005 年。

中共中央党史研究室第三研究部：《中国改革开放史》，沈阳：辽宁人民出版社，2002 年。

中共中央党史研究室第三研究部：《中国沿海城市的对外开放》，北京：中共党史出版社，2007 年。

中共中央党史研究室：《习仲勋纪念文集》，北京：中共党史出版社，2013 年。

中共中央文献编辑委员会：《邓小平文选》（第一、二、三卷），北京：人民出版社，1989 年、1983 年、1993 年。

中共中央文献编辑委员会：《胡锦涛文选》（第一、二、三卷），北京：人民出版社，2016 年。

中共中央文献编辑委员会：《胡耀邦文选》，北京：人民出版社，2015 年。

中共中央文献编辑委员会：《江泽民文选》（第一、二、三卷），北京：人民出版社，2006 年。

中共中央文献编辑委员会：《李先念文选》（1935—1988），北京：人民出版社，1989 年。

中共中央文献研究室：《邓小平年谱》（1975—1997）（上、下），北京：中央文献出版社，2004 年。

中共中央文献研究室：《改革开放三十年大事记》，北京：中央文献出版社，2009 年。

中华全国总工会政策研究室：《蛇口模式》（内部），1995 年。

中央政策研究室：《改革开放 30 年的辉煌成就和宝贵经验》，北京：研究出版社，2008 年。

钟坚：《大试验：跨世纪的中国经济特区》，武汉：武汉出版社，1995 年。

钟坚：《大试验：中国经济特区创办始末》，北京：商务印书馆，2010 年。

钟坚、郭茂佳、钟若愚：《中国经济特区文献资料》（第一、二、三辑），北京：社会科学文献出版社，2010 年。

钟坚：《空间有限，创新无限：前海（蛇口）开发开放与深圳城市发展研究》，北京：中国社会科学出版社，2018 年。

钟坚：《深圳与香港经济合作关系研究》，北京：人民出版社，2001 年。

钟坚：《世界硅谷模式的制度分析》，北京：中国社会科学出版社，2001 年。

钟坚：《世界经济特区发展模式研究》，北京：中国经济出版社，2006 年。

钟坚：《台湾经济性特区的发展与转型研究》，北京：中国经济出版社，1999 年。

钟坚：《中国经济特区发展报告（2009）》，北京：社会科学文献出版社，2009 年。

钟坚：《中国经济特区发展报告（2010）》，北京：社会科学文献出版社，2010 年。

周祺芳：《见证蛇口》，广州：花城出版社，1999 年。

周溪舞：《亲历深圳工业经济的崛起》，深圳：海天出版社，2006 年。

朱崇山、陈荣光：《深圳市长梁湘》，广州：花城出版社，2011 年。

〔美〕傅高义：《邓小平时代》，北京：生活·读书·新知三联出版社，2013 年。

后　记

　　呈现在广大读者面前的这部拙作，是受招商局蛇口工业区控股股份有限公司的委托，为纪念中国改革开放 40 周年而撰写的一部著作。

　　招商局蛇口工业区的创办与发展，几乎与中国改革开放的伟大历史进程同步。招商局蛇口工业区的酝酿、创办与发展，也将走过不平凡的 40 年。招商局蛇口工业区是中国第一个对外开放的工业区，也是中国内地办得最早的一个经济特区（出口加工区模式），是"特区中的特区"。蛇口的开发、开放与建设，是中国经济特区建设历史中精彩而生动的一章，是中国实行改革开放政策以来实现历史性变革的一个重要缩影。

　　笔者自 20 世纪 90 年代初开始进行经济特区方面的研究，到今天也已走过 20 多年的研究路程。这 20 多年的时间里，尽管笔者的研究涉及很多领域，但对经济特区的研究一直坚持，没有中断过。研究经济特区，就不得不关注、研究蛇口工业区。蛇口工业区是本人长期坚持经济特区研究重点关注的区域之一。1992 年，本人成功申报国家教委"八五"青年人文社会科学基金规划项目"经济特区实践与建设有中国特色社会主义研究"，并于 1995 年出版该项目终期研究成果《大试验——跨世纪的中国经济特区》（武汉出版社，1995）。其中，在研究深圳经济特区一章中，有"蛇口：特区的'发轫地'"专节研究蛇口工业区。2006 年，本人配合深圳市社会科学院原院长、深圳市社会科学联合会原主席彭立勋教授主持深圳经济特区研究会课题"深圳经济特区改革开放专题史"，在收集资料的过程中有幸接触和收集到香港招商局和招商局蛇口工业区编印的《招商局蛇口工业区文件汇编》（第一至十九集），对招商局蛇口工业区有了更进一步的了解。2008 年，是中国改革开放 30 周年；2009 年，是招商局蛇口工业区正式建立 30 周年；2010 年，是中国经济特区建立 30 周年。当时本人就萌发撰写一本专门研究蛇口工业区著作的设想。本人当时带着一个本科生的研究小组，本人指导研究小组到招商局蛇口工业区有限公司（招商局档案馆）收集了部分资料，同时拟定写作提纲。2009 年，本人成功申报并主持国家社会科学基金项目"中国共产党创办经济特区的历史与经验研究"和广东省哲学社会科学"十一五"规划重点课题"广东省经济特区发展历程与经验研究"。由于研究任务繁重，加之撰写出版《大试验——中国经济特区创办始末》（商务印书馆，2010）一书，以纪念中国经济特区建立 30 周年，上述设想只好暂且放下。但在上书中，有"中央批准创办蛇口工业区""蛇口模式及其影响"两节涉及研究蛇口工业区。2015 年，本人完成上述国家课题，最终形成研究成果《中国共产党创办经济特区的历史与经验研究》（上、中、下三册，共 141 万字）结项，结项成绩为"良好"。2016 年，本人对上述国家课题成果进行修改和补充，最终形成研究成果《中国经济特区建设史》（上、中、下三册，160 多万字），由江西人民出版社申报国家出版规划，2016 年 4 月该成果当时被国家新闻出版广电总局列入"十三五"国家重点图书、音像、电子出版物出版规划，将于 2018 年由江西人民出版社出版。该著作设有专章"蛇口模式与蛇口风波"来研究蛇口工业区。2017 年 10 月，本人接受招商局蛇口工业区控股股份有限公司的委托，开始并至今完成本著作的撰写工作，多年前的夙愿终于得以变为现实。

本著作具有以下特点：（1）把招商局蛇口工业区酝酿、创办与发展放到中国改革开放和现代化建设的时代背景和历史进程中做研究，同时以历史时间为主线建构全书的篇章结构，层层推进。（2）对蛇口工业区创办与发展的全过程进行分阶段地论述，重点阐述蛇口工业区开发、开放和建设循序渐进的五个阶段的演进过程和主要特征，既有全局的把控论述，又有细微处的描写刻画。（3）重点研究蛇口工业区创办与发展过程中影响较大的历史事件（如邓小平两次蛇口之行、蛇口模式、蛇口风波和著名口号等）和有关历史人物（包括大人物和小人物），阐述关键事件和关键人物在蛇口工业区创办和发展中的地位和作用，特别是对蛇口工业区的创办者袁庚有较多着墨。（4）比较系统地总结和研究了蛇口工业区创办与发展的主要成就、经验、教训与启示。（5）文献资料较为丰富、翔实和完整，其中有不少史料是首次公开发表。同时对有些说法和看法进行考证，以还历史的本来面目。（6）把真实的"故事"穿插于较为严肃的历史叙事之中，语言比较轻松，叙事相对活泼，不仅适合专业人士阅读参考，也适合非专业人士阅读消遣。

本著作的撰写与出版，最想表达的意思主要有两点：一是本人对蛇口工业区创办决策者、领导者和参与者一份真诚的尊敬之意；二是本人对这段精彩历史岁月的一点点不成熟的理解、思考和看法。本书的写作和出版虽已完成，但对蛇口工业区的关注和研究远没有结束。本人今后还需要不断学习，不断思考，不断探求。由于本人水平有限，加之受有关文献资料不足的局限，特别对蛇口工业区创办与建设的经历者的采访尤为不足，书中一定存在诸多疏漏和不足，甚至错误。在此，热切祈盼得到有关领导、蛇口工业区广大创业者、学术界同行和广大读者的批评指正。

本著作的撰写和出版得到许许多多的指导、帮助和支持。首先要感谢袁庚和招商局、招商局蛇口工业区控股股份有限公司，他们开创的事业和成功实践，他们精心记录、保存的诸多文献资料，仿佛使我身临其境，受益匪浅。其实本书不是我完成的，而是他们完成的，我只是一个记录者而已。在此，我要特别感谢招商局集团有限公司董事长、招商银行股份有限公司董事长、招商局仁和人寿保险股份有限公司董事长李建红先生，他非常关心和支持本书的写作，并亲自为本书作序。同时，我还要特别感谢招商局蛇口工业区控股股份有限公司董事长孙承铭先生和党委书记、总经理许永军先生以及党委副书记、常务副总经理刘伟先生，感谢他们为本书写作提供的强有力的支持和指导。其次，要感谢招商局蛇口工业区控股股份有限公司行政总监狄浅先生，综合管理部副总经理、办公室（党委办公室）主任李文雅女士，华中区域行政人事总监王明龙先生，综合管理部公共关系总监、办公室（党委办公室）副主任仪克江先生对本书的撰写、审定、完稿和出版给予大力指导和支持。特别是狄浅先生自始至终给予了多方面的支持，多次与本人交流沟通，悉心指导，费心良多。在此还要感谢招商局蛇口工业区控股股份有限公司综合管理部张云峰先生和杜卓伦先生，中国改革开放蛇口博物馆执行馆长杜量女士、顾问谭子青女士和林小静女士，特别是张云峰先生作为公司该项目与本人的直接联络人，非常尽心尽职，提供了大量文献资料和好的建议，他还不时打来电话，询问进展状态，让我丝毫不敢懈怠。本书所配照片均由招商局集团有限公司和招商局蛇口工业区控股股份有限公司提供。本人在进行有关实地调研和文献资料收集过程中，得到招商局蛇口工业区控股股份有限公司不少部门和朋友的热情帮助和鼎力支持。在此，谨对上述诸位表示最真挚的谢意！

在这里要特别提到四部记录、研究蛇口工业区和袁庚的著作。一是鞠天相著的《争议与启示：袁庚在蛇口纪实》（中国青年出版社，1998年）；二是陈禹山、陈少京著的《袁庚之谜》（花城出版社，2005年）；三是涂俏著的《袁庚传：改革现场（1978—1984）》（修订本，海天出版社，2016年）；四是胡政主编，张后铨编著的《招商局与深圳》（花城出版社，2007年）。这四部著作是研究蛇口工业区和袁庚的重要论著和文献，为本书的撰写提供了重要的参考史料，尤其是其中描写了诸多历史细节。在此，对这四部著作的作者表示崇高的敬意和衷心的感谢！

　　本书的撰写与出版得到科学出版社的支持和帮助。特别是本书责任编辑李春伶女士对本书的撰写、修订和出版给予了大力指导和帮助，提出不少好的意见和建议，在此谨致以最真心的感谢！深圳大学及经济学院有关领导、同事对本课题研究和本书出版给予诸多支持和帮助，在此表示感谢！同时，对于给予诸多启发、帮助在此未能一一述及的师友，也致以最诚挚的谢意！

钟　坚

2018 年 10 月 28 日